压力管道设计与施工常用标准规范手册

第三篇 GB类公用管道

中国石油化工集团有限公司配管设计技术中心站 编

中国石化出版社
HTTP://WWW.SINOPEC-PRESS.COM

图书在版编目(CIP)数据

压力管道设计与施工常用标准规范手册. 第三篇, GB类公用管道 / 中国石油化工集团有限公司配管设计技术中心站编. —北京：中国石化出版社，2022. 9
ISBN 978-7-5114-6818-5

Ⅰ. ①压… Ⅱ. ①中… Ⅲ. ①压力管道-管线设计-标准-汇编-中国 ②压力管道-管道施工-标准-汇编-中国 Ⅳ. ①U17-65

中国版本图书馆 CIP 数据核字（2022）第 142954 号

中国石化出版社出版发行
地址:北京市东城区安定门外大街 58 号
邮编:100011　电话:(010)57512500
读者服务部电话:(010)57512575
http://www.sinopec-press.com
E-mail:press@ sinopec.com
北京科信印刷有限公司印刷
全国各地新华书店经销
*
880×1230 毫米 16 开本 43 印张 1224 千字
2023 年 6 月第 1 版　2023 年 6 月第 1 次印刷
定价:275. 00 元

前　言

为适应压力管道设计新形势的要求，规范压力管道设计、校核和审批人员的培训和考核工作，国家市场监督管理总局委托中国石油化工股份有限公司工程建设管理部负责组织编写了《全国压力管道设计和审批人员培训教材》(以下简称《培训教材》)。《培训教材》出版以来，在石油、石油化工、化工、机械、电力、冶金、市政等行业得到广泛使用，发挥了积极作用，可满足和适应压力管道设计许可(或换证)的设计、校核和审批人员培训、考核的需要。

为深入贯彻《中华人民共和国标准化法》，加强压力管道设计和施工的标准化，并配合《培训教材》的学习和相关设计、校核和审批人员的培训和考核工作，汇集了有关压力管道的法律和法规，以及现行国家标准和行业标准，汇编成《压力管道设计与施工常用标准规范手册》(以下简称《手册》)。

《手册》分为五篇，各篇内容如下：

第一篇　法律法规

第二篇　GA 类长输管道

第三篇　GB 类公用管道

第四篇　工业管道—GC 类工艺管道

第五篇　工业管道—GCD 类动力管道

《手册》汇编收集的标准为现行国家标准和行业标准，仅汇编标准正文，条文说明省略，读者在使用这些标准时，其属性以《手册》标明的年版为准(标准正文“引用标准”中标准的属性请读者查对)。条文说明部分请查阅原标准的“条文说明”。

鉴于《手册》收录的标准发布年代不尽相同，汇编时对标准所用计量单位、符号、格式未做改动；标准发布后的有关“修改单”附在标准正文的后面。

《手册》可供石油、石油化工、化工、机械、电力、冶金、市政等行业的压力管道设计单位的设计人员使用。

《手册》编写人员：丘　平　张德姜　许　丹　陈永亮

中国石油化工集团有限公司配管设计技术中心站

目　　录

一、公用管道—GB1 类燃气管道 ……（1）

GB/T 38942—2020　压力管道规范　公用管道 ……（3）

GB 50028—2006　城镇燃气设计规范 ……（93）

GB 51102—2016　压缩天然气供应站设计规范 ……（170）

GB 51142—2015　液化石油气供应工程设计规范 ……（199）

GB 55009—2021　燃气工程项目规范 ……（234）

CJJ 33—2005 城镇燃气输配工程施工及验收规范 ……（249）

CJJ 63—2018 聚乙烯燃气管道工程技术标准 ……（274）

CJJ 94—2009 城镇燃气室内工程施工与质量验收规范 ……（296）

CJJ 95—2013 城镇燃气埋地钢质管道腐蚀控制技术规程 ……（332）

CJJ/T 153—2010 城镇燃气标志标准 ……（351）

CJJ/T 250—2016 城镇燃气管道穿跨越工程技术规程 ……（379）

二、公用管道—GB2 类热气管道 ……（409）

CJJ 28—2014　城镇供热管网工程施工及验收规范 ……（411）

CJJ 34—2010　城镇供热管网设计规范 ……（496）

GJJ/T 81—2013　城镇供热直埋热水管道技术规程 ……（533）

CJJ/T 104—2014　城镇供热直埋蒸汽管道技术规程 ……（575）

GJJ 105—2005　城镇供热管网结构设计规范 ……（602）

GJJ/T 185—2012　城镇供热系统节能技术规范 ……（627）

GJJ/T 220—2014　城镇供热系统标志标准 ……（643）

一、公用管道—GB1 类燃气管道

ICS 23.040
J 74

中华人民共和国国家标准

GB/T 38942—2020

压力管道规范　公用管道

Pressure piping code—Utility piping

2020-06-02 发布　　2020-12-01 实施

国家市场监督管理总局
国家标准化管理委员会　发布

目　次

前言
1　范围
2　规范性引用文件
3　术语和定义
4　材料
5　设计与计算
6　制作与安装
7　检验与试验
8　安全运行与维护
附录 A(规范性附录)　热力用塑料管道性能参数
附录 B(规范性附录)　常用钢管的性能参数
参考文献

前　言

本标准按照 GB/T 1.1—2009 给出的规则起草。

本标准由全国锅炉压力容器标准化技术委员会(SAC/TC 262)提出并归口。

本标准起草单位：中国市政工程华北设计研究总院有限公司、北京市煤气热力工程设计院有限公司、全国化工设备设计技术中心站、天津市管道工程集团有限公司、北京市燃气集团研究院、北京市建设工程质量第四检测所、深圳市燃气集团股份有限公司、杭州燃气工程安装有限公司、港华投资有限公司、重庆燃气集团股份有限公司、浙江伟星新型建材股份有限公司、上海燃气工程设计研究有限公司、天津市迅尔自控设备制造有限公司、广西佳迅管道工程有限公司、中国特种设备检测研究院、天津昱丞高科工程设计有限公司、北京豪特耐管道设备有限公司、北京市热力集团有限责任公司、四川鑫中泰新材料有限公司、北京市热力工程设计有限责任公司、唐山兴邦管道工程设备有限公司、昊天节能装备有限责任公司、安阳益和热力有限责任公司、天津天地龙管业股份有限公司、中国城市建设研究院有限公司。

本标准主要起草人：李颜强、李建勋、王淮、王启、马鸿敬、赵惠中、阎海鹏、杜建梅、赵国强、吴洪松、高建文、金树奎、廖荣平、赵志楠、杨永慧、冯继蓓、黄正林、蔡暖姝、尤子涵、王景松、于燕平、白冬军、应援农、俞善东、陈秋雄、杨光、磨承礼、陈淑贤、李大治、周扬、刘军、于乘麟、吉建立、何仁洋、蒋建志、贾丽华、李萍、李想、王云琦、邱华伟、周曰从、郑中胜、杨永峰、刘秀清、王刚。

压力管道规范　公用管道

1　范围

1.1　本标准规定了公用管道(燃气管道和热力管道)的材料、设计与计算、制作与安装、检验与试验、安全运行与维护等与安全相关的基本要求。

1.2　本标准适用于以下城镇燃气管道和城镇热力管道：

a)　燃气管道：由门站、储配站、各类气源厂站等燃气厂站至用户之间或厂站之间公用性质的燃气管道及其附属设施。附属设施包括线路阀室、调压站(含调压箱)、凝水缸等，详见图1。

b)　热力管道：由热源出口分界点至热用户(民用或工业)进口分界点之间，敷设在城镇范围内的蒸汽管道和热水管道及其附属设施，详见图2。其中蒸汽介质设计压力小于或等于2.5MPa,设计温度小于或等于350℃；热水介质设计压力小于或等于2.5MPa，设计温度小于或等于200℃。

1.3　本标准不适用于以下燃气管道和热力管道：

a)　燃气系统中厂站内(调压站除外)的燃气管道和热力系统中厂站内(热力站和热分配站除外)的热力管道；

b)　工业用户内部燃气和热力管道(以厂界划分)；

c)　商业和居民用户内部燃气管道(以用户引入管阀门为界)和热力管道(以热力入口为界)；

d)　燃气和热力设备内部管道。

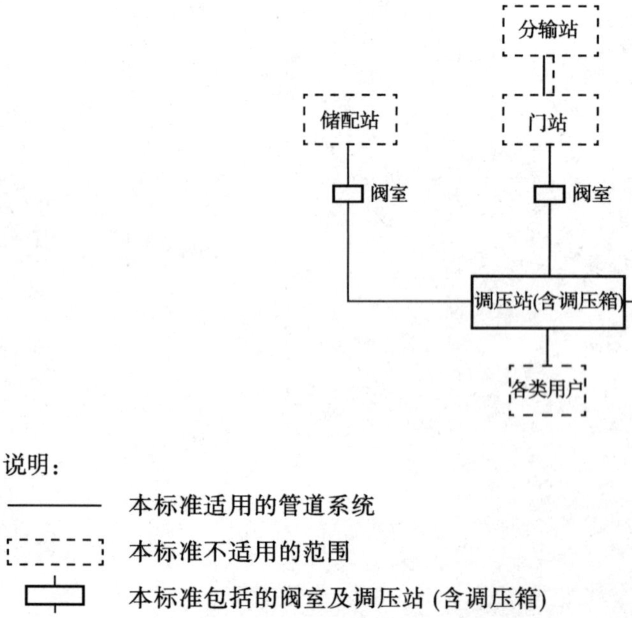

分输站至门站之间的燃气管道,应执行GB/T 34275,当敷设在城市建成区时,可参照本标准执行。

图1　本标准适用的燃气管道系统范围

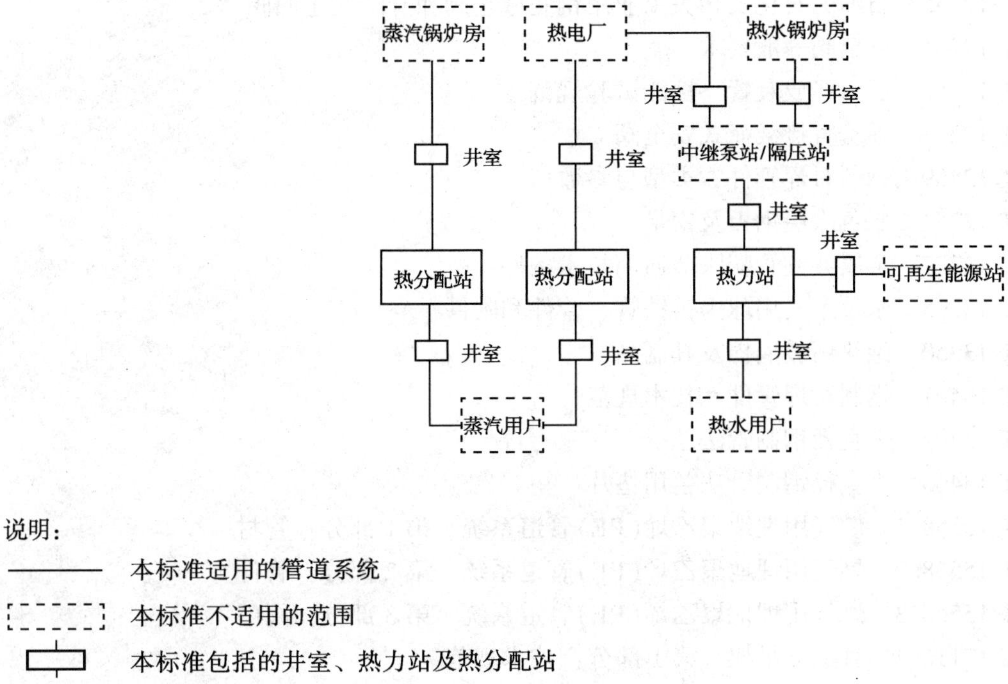

图 2　本标准适用的热力管道系统范围

2　规范性引用文件

下列文件对于本文件的应用是必不可少的。凡是注日期的引用文件，仅注日期的版本适用于本文件。凡是不注日期的引用文件，其最新版本(包括所有的修改单)适用于本文件。

GB/T 150　(所有部分)　压力容器

GB/T 229　金属材料　夏比摆锤冲击试验方法

GB/T 1048　管道元件　公称压力的定义和选用

GB/T 2518　连续热镀锌和锌合金镀层钢板及钢带

GB/T 3091　低压流体输送用焊接钢管

GB/T 3280　不锈钢冷轧钢板和钢带

GB/T 3880　(所有部分)　一般工业用铝及铝合金板、带材

GB/T 4622.1　缠绕式垫片　分类

GB/T 4622.2　缠绕式垫片　管法兰用垫片尺寸

GB/T 4622.3　缠绕式垫片　技术条件

GB/T 8163　输送流体用无缝钢管

GB 8624　建筑材料及制品燃烧性能分级

GB/T 8923.1　涂覆涂料前钢材表面处理　表面清洁度的目视评定　第 1 部分：未涂覆过的钢材表面和全面清除原有涂层后的钢材表面的锈蚀等级和处理等级

GB/T 9124.1　钢制管法兰　第 1 部分：PN 系列

GB/T 9124.2　钢制管法兰　第 2 部分：Class 系列

GB/T 9125　管法兰连接用紧固件

GB/T 9711　石油天然气工业　管线输送系统用钢管

GB/T 10699　硅酸钙绝热制品

GB/T 11835　绝热用岩棉、矿渣棉及其制品

GB/T 12234　石油、天然气工业用螺柱连接阀盖的钢制闸阀

GB/T 12235　石油、石化及相关工业用钢制截止阀和升降式止回阀

GB/T 12241　安全阀一般要求

GB/T 12242　压力释放装置　性能试验规范

GB/T 12243　弹簧直接载荷式安全阀

GB/T 12459　钢制对焊管件　类型与参数

GB/T 12754　彩色涂层钢板及钢带

GB/T 12777　金属波纹管膨胀节通用技术条件

GB/T 13295　水及燃气用球墨铸铁管、管件和附件

GB/T 13350　绝热用玻璃棉及其制品

GB/T 13401　钢制对焊管件　技术规范

GB/T 13402　大直径钢制管法兰

GB/T 13403　大直径钢制管法兰用垫片

GB/T 15558.1　燃气用埋地聚乙烯(PE)管道系统　第1部分：管材

GB/T 15558.2　燃气用埋地聚乙烯(PE)管道系统　第2部分：管件

GB/T 15558.3　燃气用埋地聚乙烯(PE)管道系统　第3部分：阀门

GB/T 17116.1　管道支吊架　第1部分：技术规范

GB/T 17116.2　管道支吊架　第2部分：管道连接部件

GB/T 17116.3　管道支吊架　第3部分：中间连接件和建筑结构连接件

GB/T 17794　柔性泡沫橡塑绝热制品

GB/T 19285　埋地钢质管道腐蚀防护工程检验

GB/T 19292.1　金属和合金的腐蚀　大气腐蚀性　第1部分：分类、测定和评估

GB/T 19326　锻制承插焊，螺纹和对焊支管座

GB/T 19473.1　冷热水用聚丁烯(PB)管道系统　第1部分：总则

GB/T 19473.2　冷热水用聚丁烯(PB)管道系统　第2部分：管材

GB/T 19473.3　冷热水用聚丁烯(PB)管道系统　第3部分：管件

GB/T 20801　(所有部分)　压力管道规范　工业管道

GB/T 21447　钢质管道外腐蚀控制规范

GB/T 21448　埋地钢质管道阴极保护技术规范

GB/T 23257　埋地钢质管道聚乙烯防腐层

GB/T 25775　焊接材料供货技术条件　产品类型、尺寸、公差和标志

GB/T 25778　焊接材料采购指南

GB 26255.1　燃气用聚乙烯管道系统的机械管件　第1部分：公称外径不大于63mm的管材用钢塑转换管件

GB 26255.2　燃气用聚乙烯管道系统的机械管件　第2部分；公称外径大于63mm的管材用钢塑转换管件

GB/T 28799.1　冷热水用耐热聚乙烯(PE-RT)管道系统　第1部分：总则

GB/T 28799.2　冷热水用耐热聚乙烯(PE-RT)管道系统　第2部分：管材

GB/T 28799.3　冷热水用耐热聚乙烯(PE-RT)管道系统　第3部分：管件

GB/T 29047　高密度聚乙烯外护管硬质聚氨酯泡沫塑料预制直埋保温管及管件

GB/T 29168.1　石油天然气工业　管道输送系统用感应加热弯管、管件和法兰　第1部分：感应加热弯管

GB/T 29168.2　石油天然气工业　管道输送系统用感应加热弯管、管件和法兰　第2部分：管件

GB/T 29461　聚乙烯管道电熔接头超声检测

GB/T 29639　生产经营单位生产安全事故应急预案编制导则

GB/T 32270—2015 压力管道规范 动力管道
GB/T 32563 无损检测 超声检测 相控阵超声检测方法
GB/T 34275 压力管道规范 长输管道
GB/T 34336 纳米孔气凝胶复合绝热制品
GB/T 34611 硬质聚氨酯喷涂聚乙烯缠绕预制直埋保温管
GB/T 35842 城镇供热预制直埋保温阀门技术要求
GB/T 35979 金属波纹管膨胀节选用、安装、使用维护技术规范
GB/T 35990 压力管道用金属波纹管膨胀节
GB/T 37190 管道腐蚀控制工程全生命周期 通用要求
GB/T 37228 公共安全 应急管理 突发事件响应要求
GB/T 37261 城镇供热管道用球型补偿器
GB/T 37263 高密度聚乙烯外护管聚氨酯发泡预制直埋保温钢塑复合管
GB/T 37369 埋地钢质管道穿跨越段检验与评价
GB/T 37827 城镇供热用焊接球阀
GB/T 37828 城镇供热用双向金属硬密封蝶阀
GB/T 38097 城镇供热 玻璃纤维增强塑料外护层聚氨酯泡沫塑料预制直埋保温管及管件
GB/T 38105 城镇供热 钢外护管真空复合保温预制直埋管及管件
GB/T 38343 法兰接头安装技术规定
GB 50016 建筑设计防火规范
GB 50028 城镇燃气设计规范
GB 50032 室外给水排水和燃气热力工程抗震设计规范
GB 50052 供配电系统设计规范
GB 50057 建筑物防雷设计规范
GB 50086 岩土锚杆与喷射混凝土支护工程技术规范
GB 50201—2012 土方与爆破工程施工及验收规范
GB 50235 工业金属管道工程施工规范
GB 50236 现场设备、工业管道焊接工程施工规范
GB 50251—2015 输气管道工程设计规范
GB 50264 工业设备及管道绝热工程设计规范
GB 50369 油气长输管道工程施工及验收规范
GB 50423 油气输送管道穿越工程设计规范
GB 50460 油气输送管道跨越工程施工规范
GB/T 50470 油气输送管道线路工程抗震技术规范
GB 50494 城镇燃气技术规范
GB 50683—2011 现场设备、工业管道焊接工程施工质量验收规范
GB/T 50698 埋地钢质管道交流干扰防护技术标准
GB 50764—2012 电厂动力管道设计规范
GB 50779 石油化工控制室抗爆设计规范
GB/T 50811 燃气系统运行安全评价标准
GB 50838 城市综合管廊工程技术规范
GB 50991 埋地钢质管道直流干扰防护技术标准
GB/T 51098 城镇燃气规划规范
GB/T 51241 管道外防腐补口技术规范
GBZ/T 205 密闭空间作业职业危害防护规范

CJ/T 246　城镇供热预制直埋蒸汽保温管及管路附件
CJ/T 402　城市供热管道用波纹管补偿器
CJ/T 480　高密度聚乙烯外护管聚氨酯发泡预制直埋保温复合塑料管
CJ/T 487　城镇供热管道用焊制套筒补偿器
CJJ 28—2014　城镇供热管网工程施工及验收规范
CJJ 34　城镇供热管网设计规范
CJJ 63　聚乙烯燃气管道工程技术标准
CJJ/T 81　城镇供热直埋热水管道技术规程
CJJ 88　城镇供热系统运行维护技术规程
CJJ 95　城镇燃气埋地钢质管道腐蚀控制技术规程
CJJ/T 104　城镇供热直埋蒸汽管道技术规程
CJJ/T 153　城镇燃气标志标准
CJJ 203　城镇供热系统抢修技术规程
CJJ/T 220　城镇供热系统标志标准
CJJ/T 250　城镇燃气管道穿跨越工程技术规程
CJJ/T 254　城镇供热直埋热水管道泄漏监测系统技术规程
DB31/T 1058　燃气用聚乙烯(PE)管道焊接接头相控阵超声检测
DL/T 5072　发电厂保温油漆设计规程
HG/T 3707　工业用孔网钢骨架聚乙烯复合管件
HG/T 3831　喷涂聚脲防护材料
HG/T 20592　钢制管法兰(PN 系列)
HG/T 20606　钢制管法兰用非金属平垫片(PN 系列)
HG/T 20607　钢制管法兰用聚四氟乙烯包覆垫片(PN 系列)
HG/T 20609　钢制管法兰用金属包覆垫片(PN 系列)
HG/T 20610　钢制管法兰用缠绕式垫片(PN 系列)
HG/T 20611　钢制管法兰用具有覆盖层的齿形组合垫(PN 系列)
HG/T 20612　钢制管法兰用金属环形垫(PN 系列)
HG/T 20613　钢制管法兰用紧固件(PN 系列)
HG/T 20614　钢制管法兰、垫片、紧固件选配规定(PN 系列)
HG/T 20615　钢制管法兰(Class 系列)
HG/T 20623　大直径钢制管法兰(Class 系列)
HG/T 20627　钢制管法兰用非金属平垫片(Class 系列)
HG/T 20628　钢制管法兰用聚四氟乙烯包覆垫片(Class 系列)
HG/T 20630　钢制管法兰用金属包覆垫片(Class 系列)
HG/T 20631　钢制管法兰缠绕式垫片(Class 系列)
HG/T 20632　钢制管法兰用具有覆盖层的齿形组合垫(Class 系列)
HG/T 20633　钢制管法兰用金属环形垫(Class 系列)
HG/T 20634　钢制管法兰用紧固件(Class 系列)
HG/T 20635　钢制管法兰、垫片、紧固件选配规定(Class 系列)
JB/T 3223　焊接材料质量管理规程
JB/T 12936　旋转补偿器
JGJ 111　建筑与市政工程地下水控制技术规范
JGJ 120　建筑基坑支护技术规程
NB/T 47013.2—2015　承压设备无损检测　第 2 部分：射线检测

NB/T 47013.3—2015　承压设备无损检测　第3部分：超声检测
NB/T 47013.4—2015　承压设备无损检测　第4部分：磁粉检测
NB/T 47013.5—2015　承压设备无损检测　第5部分：渗透检测
NB/T 47013.7　承压设备无损检测　第7部分：目视检测
NB/T 47013.8　承压设备无损检测　第8部分：泄漏检测
NB/T 47014　承压设备焊接工艺评定
NB/T 47018（所有部分）　承压设备用焊接材料订货技术条件
NB/T 47054　整体式绝缘接头
SY/T 0087.1　钢制管道及储罐腐蚀评价标准　第1部分：埋地钢质管道外腐蚀直接评价
SY/T 0096　强制电流深阳极地床技术规范
SY/T 0315　钢质管道熔结环氧粉末外涂层技术规范
SY/T 0407　涂装前钢材表面处理规范
SY/T 0447　埋地钢质管道环氧煤沥青防腐层技术标准
SY/T 0516　绝缘接头与绝缘法兰技术规范
SY/T 5257　油气输送用钢制感应加热弯管
SY/T 6784　钢质储罐腐蚀控制标准
SY/T 6793　油气输送管道线路工程水工保护设计规范
SY/T 7368　穿越管道防腐层技术规范

3　术语和定义

下列术语和定义适用于本文件。

3.1

公用管道　utility piping

城市或乡镇范围内用于公用事业或民用的燃气管道和热力管道，燃气管道为GB1级，热力管道为GB2级。

3.2

设计压力　design pressure

在相应设计温度下用以确定管道壁厚的压力，其值不得小于管道的最大工作压力。

3.3

设计温度　design temperature

管道在正常情况下，设定元件的温度。

注：设计温度与设计压力一起作为设计条件。

3.4

设计使用年限　design working life

在规定的时期内，工程设施只需正常维护而不需大修就能按预期目的使用的年限。

3.5

应力分析　stress analysis

通过应力计算验证管道通过自身变形吸收热胀、冷缩和其他位移变形的能力。

3.6

弹性敷设　pipe laying with elastic bending

管道在外力或自重作用下产生弹性弯曲变形，利用这种变形进行管道敷设的一种方式。

3.7

综合管廊　utility tunnel

建于城市地下用于容纳两类及以上城市工程管线的构筑物及附属设施。

3.8

燃气　gas

气体燃料的总称。

注：城镇燃气一般包括天然气、液化石油气和人工煤气等。

3.9

燃气置换　gas displacement

燃气管道建设或维修完成后，将管道中的空气置换为燃气的过程。

3.10

气质转换　gas conversion

燃气管道由于某种原因，需要由一种燃气转换成另一种燃气的过程。

3.11

用户引入管　building service pipe

室外配气支管与用户室内燃气进口管总阀门(当无阀门时，指距离室内地面1.0m高处)之间的管道。

3.12

管件　pipe fittings

弯头、弯管、三通、异径接头和管封头等管道上各种异形连接件的统称。

3.13

冷弯管　cold bends

在不加热条件下，用模具(或夹具)将直管弯制成需要角度的弯管。

3.14

热煨弯管　hot bends

在加热条件下，在夹具上将直管弯曲成需要角度的弯管。

3.15

绝缘接头　insulating joint

绝缘法兰　insulating flange

对同时具有埋地钢质管道要求的密封性能和电法腐蚀防护工程要求的电绝缘性能接头的统称。

3.16

钢塑转换接头　transition fitting for PE plastic pipe to steel pipe

燃气管网系统中用于钢管转换为 PE 塑料管或 PE 塑料管转换为钢管时的转换连接件。

3.17

无损检测　non-destructive inspection

在不损害或不影响被检测对象使用性能、不伤害被检测对象内部组织的前提下，利用材料内部结构异常或缺陷存在引起的热、声、光、电、磁等反应的变化，以物理或化学方法为手段，借助现代化的技术和设备器材，对试件内部及表面的结构、性质、状态及缺陷的类型、性质、数量、形状、位置、尺寸、分布及其变化进行检查和测试的方法。

3.18

防腐层补口　antiseptic layer patch cut

对管道连接处或者外防腐层损伤处进行的防腐措施。

3.19

聚乙烯燃气管道　polyethylene(PE) gas pipe

由燃气用聚乙烯管材、管件、阀门及附件组成的管道系统。

3.20

热熔对接　fusion-jointing

塑料管道经过加热升温至(液态)熔点后的一种连接方式。广泛应用于 PP-R 管、PB 管、PE-RT 管、金属复合管、曲弹矢量铝合金衬塑复合管道系统等新型管材与管件连接。

3.21

电熔连接　electrofusion-jointing

用专用的电熔管件和电熔焊机，使铜丝发热实现塑料管道的熔接。

3.22

管道支、吊架　pipe supports and hangers

将管道自重、输送介质重量、压力和温差造成的荷载以及振动、风力、雪载、冲击和位移应变引起的荷载等传递到管架结构上的元件。

3.23

安全泄放装置　safety relief device

在非正常运行工况下，为防止系统内压力超过预定安全值，利用进口静压力作用开启，泄放流体的装置。

3.24

长输供热热水管网　long distance heating hot water network

供热系统中包含中继泵站、中继能源站或隔压换热站，自热源至主要厂站长度超过 20km 的热水管道及其沿线的管路附件和附属构筑物的总称。

3.25

热力塑料管　heating plastic pipes

由高分子材料复合制成的管道。

注：供热中主要使用耐热聚乙烯(PE-RTⅡ)和聚丁烯(PB)。

3.26

钢塑复合管　plastic-steel-plastic composite pipes

由耐热聚乙烯和增强钢带复合挤出成型的塑料管。

3.27

预制直埋热水保温管　prefabricated directly buried hot water insulating pipe

由工作钢管、硬质聚氨酯泡沫保温层、外护管三者紧密结合的保温结构，可以直接埋设于土壤中，用于输送热水的预制保温管。

3.28

预制直埋蒸汽保温管　prefabricated directly buried steam insulating pipe

由工作钢管、保温层、外护管形成的保温结构，可以直接埋设于土壤中，用于输送蒸汽的预制保温管。

3.29

预制保温塑料管　prefabricated plastic insulating pipe

工作管为热力塑料管的预制直埋保温管。

3.30

保温管补口　heat preservation pipe patch cut

热水或蒸汽管道连接处的保温层、外护管及防腐层的接口处理。

4　材料

4.1　一般规定

4.1.1　应根据设计工况、制作安装环境(包括焊接、冷热加工以及热处理等)、介质特性和试验要求等具体使用条件以及本章规定的材料使用要求和限制，选择适用和安全的管道及组成件材料。

4.1.2　受压元件用材料应有足够的强度、塑性和韧性，在最低使用温度下应具备足够的抗脆断能力。

4.1.3　在管道上直接焊接的管道附件宜采用与管道相同的材料，当几种不同的材料组合使用时，应考虑可能产生的不利影响。

4.1.4　管道组成件应具有规定的产品标记，采购时还应提供质量证明文件。

4.1.5　管道所用材料、管道附件和设备的材质、规格和型号应符合设计要求，合格证要求见7.5的规定。

4.2　焊接材料

4.2.1　焊接材料的品种和型号应符合焊接工艺规程的要求。

4.2.2 焊接材料的供货技术条件、产品类型、尺寸、公差和标志应符合 GB/T 25775 的规定。

4.2.3 焊接材料(焊条、焊丝及填充丝、焊剂及焊接用气体)在采购、验收、仓储及使用过程中的管理应符合 JB/T 3223 的规定。

4.2.4 焊接材料采购基本要求、批量标识、组批规则、质量证明、复验、保管和运输应符合 GB/T 25778 和 NB/T 47018 的规定。

4.2.5 焊接材料的技术要求、熔敷金属弯曲试验、试验方法和产品标识应符合 NB/T 47018 的规定。

4.2.6 保护气体的纯度和干燥度应满足焊接工艺规程的要求，二氧化碳气体纯度不宜低于 99.5%，含水量和含氧量不超过 0.1%，气路系统中应设置干燥器和预热装置。氩气纯度不宜低于 99.96%。

4.3 燃气管道材料

4.3.1 材料的使用限制

4.3.1.1 管材选用球墨铸铁时，管道设计压力不应大于 0.4MPa，最低使用温度为 0℃。管道接口应使用机械接口，密封圈应选用不受输送介质影响密封性能的材料。

4.3.1.2 管材不得选用灰口铸铁和可锻铸铁材料。敷设在综合管廊的燃气管道应选用钢管。

4.3.1.3 管材选用钢管及钢制对焊管件时，应符合表 1 的规定。

表 1 钢管及钢制对焊管件

标 准	材料牌号或等级	使用限制
GB/T 3091	A 级钢	设计压力不大于 0.2MPa； 免除冲击试验的最低使用温度-10℃(壁厚不大于 10mm)
	除 A 级钢外	设计压力不大于 0.4MPa； 免除冲击试验的最低使用温度-10℃(壁厚不大于 10mm)
GB/T 8163	20	设计压力不大于 4.0MPa； 免除冲击试验的最低使用温度大于-20℃(壁厚不大于 16mm)
GB/T 9711	PSL1	设计压力不大于 4.0MPa； 设计压力不大于 1.6MPa 时，免除冲击试验的最低使用温度大于-20℃
GB/T 13401	CF370	设计压力不大于 0.2MPa； 免除冲击试验的最低使用温度-10℃
GB/T 13401	CF415、CF485	设计压力不大于 1.6MPa； 免除冲击试验的最低使用温度-20℃

4.3.1.4 管材选用聚乙烯燃气管道材料时，应符合下列规定：

a) 工作温度为-20℃~40℃，工作压力不大于 0.8MPa；

b) 在输送人工煤气和气态液化石油气时，应考虑燃气中存在的其他组分(如芳香烃、冷凝液)对管材性能的影响；

c) 聚乙烯管材焊制成型的管件不得用于聚乙烯燃气管道系统；

d) 聚乙烯燃气管道不应露明敷设。

4.3.2 球墨铸铁管道和钢管材料

4.3.2.1 机械接口球墨铸铁管道应符合 GB/T 13295 的规定。

4.3.2.2 焊接钢管或无缝钢管应符合 GB/T 3091、GB/T 8163、GB/T 9711 或不低于上述标准相应技术要求的其他钢管标准的规定。

4.3.2.3　对于设计压力大于 1.6MPa 的钢制燃气管道，还应根据管道服役环境的最低设计温度提出夏比冲击试验要求。

4.3.2.4　对于设计压力大于 4.0MPa 的钢制燃气管道，按 GB/T 9711 选用钢管时，钢管的产品规范水平不应低于 PSL2 级，并应根据管道的重要程度，由设计文件提出钢管的性能和检验要求。

4.3.2.5　用于生产螺旋缝埋弧焊钢管的钢带宽度不得小于钢管公称外径的 0.8 倍，也不得大于钢管公称外径的 3.0 倍。钢板或板卷不得含有任何补焊焊缝，制管过程中也不得进行补焊。

4.3.2.6　当对直缝埋弧焊管进行冷扩径时应采用全长冷扩径，冷扩径技术要求见表 2。

表 2　燃气管道用钢管冷扩径技术要求

钢管种类	技术要求
埋弧焊(SAW)	a)　直缝埋弧焊钢管应全长扩径。扩径量范围为 0.4%~1.4%。即 $$0.4\% \leqslant \frac{\text{扩径后外径}-\text{扩径前外径}}{\text{扩径前外径}} \times 100\% \leqslant 1.4\%$$ b)　管外径不小于 711mm 螺旋缝埋弧焊管管端 150mm 范围内应冷扩径；管端扩径量范围为 0.3%~0.6%
高频焊(HFW)	可采用扩径或减径的方法将钢管定径至最终尺寸。定径比 S_r 不超过 1.5%，即 $$\frac{\lvert\text{定径后外径}-\text{定径前外径}\rvert}{\text{钢管规定外径}} \times 100\% \leqslant 1.5\%$$

4.3.3　钢制弯管

4.3.3.1　冷弯管可采用直缝埋弧焊钢管(SAWL)、螺旋缝埋弧焊钢管(SAWH)和无缝钢管制作。设计压力大于 4.0MPa、L485 及以上的燃气管道用冷弯管应采用直缝埋弧焊钢管(SAWL)或无缝钢管制作。

4.3.3.2　冷弯管宜选用同钢级、同规格、同批次的钢管制作。冷弯管的弯制角度、弯制工艺与质量检验应符合设计文件及现行相关技术规范的要求。

4.3.3.3　热煨弯管可采用具有相同或相近的钢级、化学成分、力学性能和尺寸偏差的钢管制作。用于制作热煨弯管的钢管应具有良好的再次热加工性能和不出现裂纹等缺陷的能力。

4.3.3.4　不得采用螺旋缝钢管制作热煨弯管，用于制作热煨弯管的钢管不得有对接的环焊缝，其壁厚应有足够的裕量以满足由于感应加热弯制带来的外弧侧壁厚减薄。

4.3.3.5　热煨弯管的制作与质量应符合设计文件及 GB/T 29168.1 或 SY/T 5257 的要求。

4.3.3.6　热煨弯管、冷弯管的外观和主要尺寸应按表 3 的要求执行。

表 3　热煨弯管、冷弯管的外观和主要尺寸要求

种类	曲率半径	外观和主要尺寸	其他规定
热煨弯管	≥5*D*	无褶皱、裂纹、重皮、机械损伤；两端椭圆度小于或等于 1.0%，其他部位的椭圆度不应大于 2%，外径偏差$^{+2}_{-1}$，壁厚减薄量≤9%壁厚。弯曲半径小于或等于 1000mm 时，允许偏差为 ±5mm；弯曲半径大于 1000mm 时，允许偏差为±0.5%，弯曲平面度≤2.0mm	应满足清管器和探测仪器顺利通过，端部直管段≥1*D* 且不小于 0.5m
冷弯管	≥40DN	无裂纹、机械损伤，弯管椭圆度小于 2.0%，弯曲角度误差在 ±0.2°，其平面度不大于 8mm，冷弯管褶皱深度≤3mm	端部 2m 的直管段
注：*D* 为管道外径，DN 为冷弯管的公称直径。			

4.3.4 钢质管道用管件

4.3.4.1 钢质管道用管件的原材料应具有要求的韧性和热处理状态，并适合与钢质管道用管材技术条件等相应标准要求的管件、法兰和钢管进行现场焊接。

4.3.4.2 制造管件的原材料应为各类锻件、板材、无缝管或有填充金属的焊接钢管。弯头本体不应有丁字或环形焊缝。

4.3.4.3 当管件与连接钢管焊接需要预热时，制造商应说明规定的预热条件，并在管件上做出永久性标记。

4.3.4.4 弯头、异径管、三通、管帽等管件的类型与参数应符合设计及 GB/T 12459 的规定；技术要求应符合 GB/T 13401 或 GB/T 29168.2 的规定，并应符合以下要求：

a) 管件表面不应有裂纹、过热、过烧等；
b) 管件内外表面应光滑、无有损强度及外观的缺陷，如结疤、划痕、起皮等；
c) 不得用焊接方式对管件焊缝错边超标部分进行修补。

4.3.4.5 支管座应符合 GB/T 19326 的规定。

4.3.4.6 波纹补偿器应符合 GB/T 12777、GB/T 35990 的规定。

4.3.4.7 管法兰应符合下列要求：

a) 管法兰的材料、压力-温度额定值、尺寸与公差、连接密封面、螺栓连接副、焊接段型式及尺寸、加工制造与试验、检验与验收应符合 GB/T 9124.1、GB/T 9124.2、HG/T 20592、HG/T 20606、HG/T 20607、HG/T 20609~HG/T 20615、HG/T 20623、HG/T 20627、HG/T 20628 和 HG/T 20630~HG/T 20635 的要求；
b) 管法兰应根据工艺条件、管径、按 PN 系列或 Class 系列选择配合；
c) 管法兰工作温度下的最高无冲击工作压力和管法兰材质应满足上述标准的相关规定；
d) 燃气管道宜选用带颈对焊法兰；
e) 对焊法兰的端部坡口处不应有碰伤，螺纹法兰的螺纹应完好；
f) 法兰的螺栓连接副应满足装配要求，不应有影响装配的划痕、毛刺、翘边等，且应符合相应标准的规定；
g) 螺栓预紧扭矩值应与垫片、紧固件材料和尺寸、法兰压力等级相适配，并应符合 GB/T 38343 的规定。

4.3.4.8 绝缘接头(法兰)应符合 SY/T 0516 或 NB/T 47054 的相关要求，并应符合下列要求：

a) 绝缘接头(法兰)外观应平整、端部坡口内侧以及锻件本体内侧应与所接管道的内侧齐平，对焊坡口不应有严重的损伤；
b) 表面涂层用设计规定的绝缘电压值进行电火花检测应无漏点；
c) 绝缘接头压力等级应符合设计要求。绝缘接头的绝缘电阻值应大于 10MΩ。

4.3.5 阀门

4.3.5.1 钢制阀门的设计、制造、测试和文件的要求应符合相关产品标准的要求。

4.3.5.2 聚乙烯燃气阀门应符合 GB/T 15558.3 规定的要求。

4.3.5.3 阀门应有产品合格证，带有伺服机械装置的阀门应有安装使用说明书。

4.3.6 聚乙烯燃气管材和管件

4.3.6.1 聚乙烯燃气管材的性能应符合 GB/T 15558.1 的规定。

4.3.6.2 聚乙烯燃气管件的性能应符合 GB/T 15558.2 的规定。

4.3.6.3 钢塑转换管件应符合 GB 26255.1 和 GB 26255.2 的规定。

4.3.7 外护防腐材料

4.3.7.1 聚乙烯防腐层应符合 GB/T 23257 的有关规定。

4.3.7.2 纤维缠绕增强玻璃钢防腐层应符合 GB/T 38097 的有关规定。

4.3.7.3 熔结环氧粉末防腐层应符合 SY/T 0315 的有关规定。

4.3.7.4 环氧煤沥青防腐层应符合 SY/T 0447 的有关规定。

4.3.7.5 聚脲防腐层应符合 HG/T 3831 的有关规定。

4.3.8 电化学防腐材料

4.3.8.1 锌合金阳极成分中锌的含量应不小于 99.314%，高纯锌合金阳极成分中锌的含量应不小于 99.99%，锌合金阳极化学成分应符合表 4 的规定。

表 4 锌合金阳极化学成分

元素	锌合金主要化学成分的质量分数/%	高纯锌合金主要化学成分的质量分数/%
Al	0.1~0.5	≤0.005
Cd	0.025~0.07	≤0.003
Fe	≤0.005	≤0.0014
Pb	≤0.006	≤0.003
Cu	≤0.005	≤0.002
其他杂质	总含量≤0.1	—

4.3.8.2 镁合金阳极化学成分应符合表 5 的规定。

表 5 镁合金阳极化学成分

元素	标准型主要化学成分的质量分数/%	镁锰型主要化学成分的质量分数/%
Mn	≥0.25	0.50~1.50
Al	5.0~7.0	≤0.05
Zn	2.0~4.0	≤0.03
Fe	≤0.005	≤0.03
Ni	≤0.003	≤0.002
Cu	≤0.08	≤0.02
Si	≤0.30	≤0.05
其他杂质	≤0.30	≤0.30
Mg	余量	余量

4.3.8.3 外加电流辅助阳极材料可选用高硅铸铁阳极、石墨阳极、钢铁阳极、导电聚合物柔性阳极和金属氧化物阳极。各阳极材料应符合相关标准的要求。

4.4 热力管道材料

4.4.1 工作管材

4.4.1.1 常用工作钢管和热力塑料工作管的材质及适用范围应符合表 6 的规定。

表 6　供热管道材料及适用范围

材 料	设计参数	管壁厚度
Q235B	P≤2.5MPa，T≤300℃	≤20mm
L290、L360	T≤200℃	不限
20、Q345B、低合金钢	可用于本标准使用范围的全部参数	不限
耐热聚乙烯(PE-RTⅡ)、聚丁烯(PB)、钢塑复合管	P≤1.0MPa，T≤75℃	详见附录 A

4.4.1.2　工作钢管可采用无缝钢管、直缝钢管和螺旋缝钢管。钢管性能及尺寸公差应满足 GB/T 8163、GB/T 9711 和 GB/T 3091 的规定。

4.4.1.3　常用钢管的性能参数可按附录 B 选取。工作钢管可选用性能高于 4.4.1.1 的钢质材料，相应工作钢管壁厚应根据材料性能及管道受力情况重新计算，且所选用材料性能应满足相应规范的要求。

4.4.1.4　热力塑料工作管的性能参数可按附录 A 选取。

4.4.2　钢制管件

4.4.2.1　钢制管件的壁厚应符合设计规定，最小壁厚不应低于工作钢管直管的壁厚。

4.4.2.2　钢制管件应符合 GB/T 12459 和 GB/T 13401 的规定，热煨弯管管件应符合 SY/T 5257 的规定。工作钢管弯头应符合下列规定：

a)　不得使用由直管段做成的斜接缝弯头；

b)　弯头弯曲半径不宜低于 1.5D。

4.4.2.3　带焊缝管道的热煨弯管应符合下列规定：

a)　应对热煨前后整个弯管的焊缝进行磁粉或渗透检测，并且进行 100%超声检测。磁粉或渗透检测按照 NB/T 47013.4—2015 或 NB/T 47013.5—2015 执行，超声检测按照 NB/T 47013.3—2015 执行，均要求Ⅰ级合格。

b)　制作弯管的母管不应有对接的环焊缝，不应对母管管体进行补焊。

4.4.2.4　钢管焊制三通应对支管开孔进行补强，承受干管轴向荷载较大的直埋敷设管道，还应对三通干管进行补强。

4.4.2.5　异径管应采用压制或钢板卷制，且圆锥角不应大于 20°。

4.4.3　钢制阀门

4.4.3.1　蒸汽管道和热水管道的阀门均应采用钢制阀门。

4.4.3.2　直埋热水管道阀门应采用能承受轴向荷载的钢制全焊接式球阀或三偏心双向密封蝶阀，旁通阀门应采用球阀。球阀性能应符合 GB/T 37827 的规定，蝶阀性能应符合 GB/T 37828 的规定。保温阀门应符合 GB/T 35842 的规定。

4.4.3.3　蒸汽管道阀门宜为无盘根的截止阀、闸阀或蝶阀，截止阀性能应符合 GB/T 12235 的规定，闸阀性能应符合 GB/T 12234 的规定，蝶阀性能应符合 GB/T 37828 的规定。

4.4.3.4　管道的放气阀和泄水阀应采用球阀，球阀性能应符合 GB/T 37827 的规定。

4.4.4　补偿器

4.4.4.1　波纹补偿器应符合 GB/T 12777 和 CJ/T 402 的要求。

4.4.4.2　套筒补偿器应符合 CJ/T 487 的规定。

4.4.4.3　旋转补偿器应符合 JB/T 12936 的规定。

4.4.4.4　球型补偿器应符合 GB/T 37261 的规定。

4.4.5 支、吊架

管道支、吊架的材料和质量应符合 GB/T 17116.1、GB/T 17116.2、GB/T 17116.3 的规定。

4.4.6 热力塑料工作管及管件

4.4.6.1 用于热水二级供热管网的塑料工作管可选用耐热聚乙烯(PE-RTⅡ)管道、聚丁烯(PB)管道、钢塑复合管道等。

4.4.6.2 耐热聚乙烯(PE-RT Ⅱ)管道及管件的外观、规格尺寸、性能等应符合 GB/T 28799.1、GB/T 28799.2、GB/T 28799.3 的规定。

4.4.6.3 聚丁烯(PB)管道及管件的外观、规格尺寸、性能等应符合 GB/T 19473.1、GB/T 19473.2、GB/T 19473.3 的规定。

4.4.6.4 钢塑复合管道的外观、规格尺寸、性能等应符合 GB/T 37263 的规定，管件应符合 HG/T 3707 的规定。

4.4.7 保温材料

4.4.7.1 直埋热水管道中硬质聚氨酯泡沫的性能应符合 GB/T 29047、GB/T 34611 的规定。

4.4.7.2 架空(管沟)热水管道的保温材料可选用聚氨酯硬质泡沫，也可选用高温玻璃棉、纳米孔气凝胶绝热材料、岩棉、矿渣棉、柔性泡沫橡塑等无机保温材料，并应符合下列规定：

a) 硬质聚氨酯泡沫的性能应符合 GB/T 29047 的规定；

b) 高温玻璃棉的外观和性能应符合 GB/T 13350 的规定；

c) 纳米孔气凝胶绝热材料的外观和性能应符合 GB/T 34336 的规定；

d) 绝热用岩棉、矿渣棉及其制品的外观和性能应符合 GB/T 11835 的规定；

e) 柔性泡沫橡塑绝热制品的外观和性能应符合 GB/T 17794 的规定。

4.4.7.3 蒸汽管道的保温材料可选用硅酸钙绝热制品、高温玻璃棉、纳米孔气凝胶绝热材料、岩棉等无机保温材料或聚氨酯硬质泡沫与无机保温材料组成的复合保温层，并应符合下列规定：

a) 硅酸钙绝热制品的外观和性能应符合 GB/T 10699 的规定；

b) 其他保温材料的外观和性能详见 4.4.7.2 中的 a)、b)、c)、d)。

4.4.8 外护管材料

4.4.8.1 直埋热水管道的外护材料应选用高密度聚乙烯或玻璃钢，高密度聚乙烯应符合 GB/T 29047、GB/T 34611 的规定，玻璃钢应符合 GB/T 38097 的规定。

4.4.8.2 直埋蒸汽管道的外护管应选用钢管。钢管应符合 GB/T 8163、GB/T 9711 和 GB/T 3091 的规定。

4.4.8.3 架空(管沟、综合管廊)管道的外护应根据敷设条件、环境条件选用合适的材料，可选用彩钢板、热镀锌钢板、不锈钢板、铝板等材料，并应符合下列规定：

a) 彩钢板应符合 GB/T 12754 的规定；

b) 热镀锌钢板应符合 GB/T 2518 的规定；

c) 不锈钢板应符合 GB/T 3280 的规定；

d) 铝板应符合 GB/T 3880 的规定。

4.4.9 预制保温管道

4.4.9.1 直埋热水管道应选用工作管、保温层及外护管三位一体的结构，且为工厂预制的保温管道，其设计寿命不应低于 30 年。预制保温管道应符合 GB/T 29047、GB/T 34611 和 GB/T 38097 的规定。

4.4.9.2 直埋预制保温塑料管道应符合 GB/T 37263 或 CJ/T 480 的规定。

4.4.9.3 架空(管沟、综合管廊)热水管道保温材料应符合 4.4.7.2 的规定，外护材料应符合 4.4.8.3 的规定。

4.4.9.4 直埋蒸汽管道应选用钢套钢结构的预制保温管道，其设计寿命不应低于 25 年。直埋蒸汽管道应符合 CJ/T 246 的规定。钢外护管真空复合保温预制直埋管及管件应符合 GB/T 38105 的规定。

4.4.9.5 架空(管沟、综合管廊)蒸汽管道保温材料应符合 4.4.7.3 的规定，外护材料应符合 4.4.8.3 的规定。

4.4.10 泄漏监测系统

直埋热水管网泄漏监测系统的设备和材料应符合 CJJ/T 254 的规定。

4.5 材料标记和质量证明文件

4.5.1 材料标记

4.5.1.1 材料标记应符合相应标准的规定和合同约定。

4.5.1.2 标记内容至少应包括制造厂标识、产品规格、工作管材质、壁厚、生产日期等。

4.5.1.3 材料应逐件标记，标记应清晰、牢固。

4.5.2 质量证明文件

4.5.2.1 材料应具有相应的质量证明文件。

4.5.2.2 质量证明文件应包括标准以及合同规定的检验和试验结果，且具有可追溯性。进口材料还应提供原产地证明文件，并应获得中国制造许可或型式试验验证等证明文件。

5 设计与计算

5.1 燃气管道设计

5.1.1 一般规定

5.1.1.1 管道输送的燃气质量应符合 GB 50494 和 GB 50028 的规定。

5.1.1.2 燃气组分的波动应符合燃气互换的要求。

5.1.1.3 管道输送压力下的燃气水露点应比输送条件下最低环境温度低 5℃，烃露点应低于最低环境温度，气体中硫化氢含量不应大于 $20mg/m^3$。

5.1.2 设计条件

5.1.2.1 设计压力

燃气管道的设计压力应根据上游气源条件、用户需要、工艺要求，经水力计算后综合确定，应不小于运行中可能出现的最大工作压力。必要时，还应附加满足事故工况分析和动态水力分析要求的安全裕量。

5.1.2.2 设计温度

设计温度应综合管道内介质温度、管道运行条件和环境条件确定。不同管道组成件的设计温度可以不同。

5.1.2.3 设计荷载

管道、管道附件、支撑固定件和支撑结构件，应根据管道结构形式、所处环境和运行条件，按下列可能同时出现的永久荷载、可变荷载和偶然荷载的组合后进行设计：

a) 永久荷载包括：
   1) 管道内压；
   2) 管道内介质重量；
   3) 管道及其附件、绝缘层、保温层、结构附件的重量；
   4) 横向和竖向的土压力；
   5) 管道内介质静压力和水浮力；
   6) 温度作用荷载以及静止流体由于受热膨胀而增加的应力；
   7) 连接构件相对位移而产生的作用力。

b) 可变荷载包括：
   1) 试压时的水重量；
   2) 架空管道上的冰荷载、雪荷载；
   3) 内部高落差或外部风、浪、水流等因素产生的冲击力；
   4) 车辆及行人等地面荷载；
   5) 清管荷载；
   6) 检修荷载；
   7) 施工过程中的各种作用力。

c) 偶然荷载包括：
   1) 地震荷载；
   2) 振动和共振所引起的应力；
   3) 冻土或膨胀土中的膨胀压力；
   4) 地基沉降附加在管道上的荷载。

5.1.2.4 环境影响

环境温度小于0℃时，应考虑因表面冷凝、冰冻而引起的阀门、调压装置或排放管道故障，以及低温对管道系统材料选用的影响。

5.1.3 燃气管道设计要求

5.1.3.1 一般规定

5.1.3.1.1 燃气管道设计除应满足使用功能外，还应遵循安全、环保、节能、经济合理的原则。

5.1.3.1.2 管道的管径、流量及敷设位置、埋设深度等设计应符合 GB 50494、GB 50028 和 GB/T 51098 的规定。

5.1.3.1.3 设计所选用的管材及管件应符合国家相关标准和第 4 章的规定。

5.1.3.1.4 燃气管道与管道附件应具有承受设计压力和设计温度下的强度及密封性。

5.1.3.1.5 供气压力应稳定，系统压力变化应保持在允许的范围内。

5.1.3.1.6 敷设于抗震设防要求地区的燃气管道选材和管道构造等，应符合 GB 50032 和 GB/T 50470 的规定。

5.1.3.2 管线敷设

5.1.3.2.1 燃气管道宜采用埋地敷设；当受到条件限制时，局部地段可采用地上敷设；规划有综合管廊的地段宜设置在综合管廊内。

5.1.3.2.2　埋地燃气管道的埋设深度应根据管道所经地段的冻土深度、地面荷载、地形和地质条件、地下水深度、管道稳定性要求综合确定。

5.1.3.2.3　埋地管道的基础宜为原土层。凡可能引起管道不均匀沉降的地段，其基础应进行处理。

5.1.3.2.4　当埋地管道通过的地面坡度较大时，视土壤情况和坡长以及管道在坡上敷设的方向，应采取防止地面径流、渗水侵蚀和土体滑动影响管道安全的措施。

5.1.3.2.5　管道穿越河道，或在沼泽、水网地区敷设时，应进行管道抗浮计算，当管道覆土层不足以克服钢管浮力时，应采取稳管措施。

5.1.3.2.6　当管道穿(跨)越冲沟，或管道的一侧临近发育中的冲沟或陡坎时，应对冲沟的边坡、沟底和陡坎采取加固措施。

5.1.3.2.7　管道平面走向适应地形变化时，可采取弹性弯曲、冷弯管、热煨弯管等措施，并执行 GB 50028 的相关规定。

5.1.3.2.8　当钢管采用弹性弯曲敷设时，应符合下列要求：

a）采用弹性弯曲敷设的管道其曲率半径应满足钢管的强度要求，且不应小于钢管外径的 1000 倍。对于垂直面上弹性敷设管道的曲率半径尚应大于管道在自重作用下产生的挠度曲线的曲率半径，其曲率半径应按式(1)计算：

$$R \geqslant 3600\sqrt[3]{\frac{1-\cos\frac{\alpha}{2}}{\alpha^4}D^2} \qquad (1)$$

式中：

R——管道弹性弯曲曲率半径，单位为米(m)；

D——管道的外径，单位为厘米(cm)；

α——管道的转角，单位为度(°)。

b）在相邻的反向弯曲管段之间应采用直管段连接，直管段长度不应小于钢管的外径，且不应小于 500mm。

c）当管道平面和竖向同时发生转角时，不宜采用弹性敷设。

5.1.3.2.9　热煨弯管和冷弯管不应使用褶皱弯和虾米弯，管道对接偏差不应大于 3°。

5.1.3.2.10　埋地管道穿越铁路、公路时，除应符合国家现行标准的有关规定外，还应符合下列规定：

a）管道宜垂直穿越铁路、公路；

b）当穿越铁路、高速公路和Ⅱ级及以上公路时，管道应敷设在套管或涵洞内；当采用定向钻方式穿越，并征得铁路或高速公路及公路有关部门同意时，可不加套管；

c）当穿越电车轨道或城镇主要干道时，管道宜敷设在套管或管沟内，且管沟内应填满中性砂。

5.1.3.2.11　埋地管道与重力流管道、沟、涵、暗渠等交叉时，交叉处应加套管，或采取其他有效的防护措施。

5.1.3.2.12　在燃气管道及附属设施的保护和控制范围内，从事可能危及燃气管道的活动应执行 GB 50494 的相关要求。钢制埋地管道与建构筑物、电缆或相邻管道之间的净距应执行 GB 50028 的相关规定，聚乙烯燃气管道与热力管道之间的净距应执行 CJJ 63 的相关规定。

5.1.3.2.13　燃气管道与交流电力线接地体的水平净距应执行 GB 50028 的相关规定。

5.1.3.2.14　抗震设计应符合下列要求：

a）管道的抗震设计应按 GB/T 50470 和 GB 50032 的要求执行；

b）对于一般埋地管道，当位于设计地震动峰值加速度大于或等于 0.20g 地区的管道，应进行抗拉伸和抗压缩校核；

c）重要区段内的管道，应按 1.3 倍基本地震动峰值加速度及速度计算地震作用，且应采用罕遇地震动参数进行抗震校核。

5.1.3.2.15 管道防护工程在保护管道安全运行的同时，还应具有水土保持功能。其防护工程设计应满足 SY/T 6793 的要求。

5.1.3.2.16 管道的锚固应符合下列要求：

a) 管道沿高差较大陡坡敷设或在起伏较大区段敷设，应作管道纵向失稳校验，不满足要求时，应增加管道埋深或增设锚定装置；

b) 当管道的设计温度与安装温度之差影响管道的稳定性时，宜在管道的出土段、弯头、管径改变处以及管道和清管器收发筒装置连接处，根据计算采取管道锚固措施；

c) 设有绝缘接头的埋地管道，应在绝缘接头受力侧设置锚固墩。

5.1.3.2.17 埋地管道沿线应设置里程桩、转角桩、交叉桩和警示牌等永久性标志，并应符合 CJJ/T 153 的有关规定。

5.1.3.3 阀室设置

5.1.3.3.1 燃气管道的阀室设置应按 GB 50028 和 GB 50838 的规定执行。

5.1.3.3.2 管道沿线的大型穿跨越处，应增设阀室，中型穿跨越处、地质灾害敏感地段，宜增设阀室。

5.1.3.3.3 阀室宜设在交通便利、检修方便、工程地质条件较好的地方。

5.1.3.3.4 燃气管道阀门与管道连接不应设置导致结构不连续效应的波纹管调长器。

5.1.4 埋地管道设计计算

5.1.4.1 钢管壁厚计算应按式(2)～式(4)进行计算。设计压力小于或等于 1.6MPa 的钢制燃气管道，最小公称壁厚应按 GB 50028 的规定执行。设计压力大于 1.6MPa 的钢制燃气管道，直管段壁厚应按式(2)计算：

$$\delta = \frac{PD}{2\sigma_s \Phi F} \qquad (2)$$

式中：

δ——钢管计算壁厚，单位为毫米(mm)；

P——设计压力，单位为兆帕(MPa)；

D——钢管外径，单位为毫米(mm)；

σ_s——钢管的最小屈服强度，单位为兆帕(MPa)；

F——强度设计系数，根据地区等级选取，见表 7；

Φ——焊缝系数，当采用符合 GB/T 9711 的 PSL2 和 GB/T 8163 的钢管时，取 1.0。

弯管壁厚应按式(3)和式(4)计算：

$$\delta_b = \delta \times m \qquad (3)$$

$$m = \frac{4R - D}{4R - 2D} \qquad (4)$$

式中：

δ_b——弯管的壁厚，单位为毫米(mm)；

δ——弯管所连接直管段的计算壁厚，单位为毫米(mm)；

m——弯管壁厚的增大系数；

R——弯管的曲率半径，单位为毫米(mm)；

D——弯管的外径，单位为毫米(mm)。

5.1.4.2 钢管的选用壁厚应根据管道的计算壁厚，并考虑管道直径偏差引起的对口焊接要求，按钢管产品规格中公称壁厚系列选取。

5.1.4.3 计算热煨弯管壁厚时，钢管如果是经冷加工又经加热处理，且加热温度高于320℃，其屈服强度应取该管材最低屈服强度(σ_s)的75%。

5.1.4.4 设计压力大于1.6MPa燃气管道通过的地区，按沿线建筑物的密集程度划分为4个管道地区等级，并依据管道地区等级作出相应的管道设计。

5.1.4.5 地区等级划分及相应管道强度设计系数应符合下列规定：

a) 沿管道中心线两侧各200m范围内，任意划分为1.6km长并能包括最多供人居住的独立建筑物数量的地段，作为地区分级单元。

注：在多单元住宅建筑物内，每个独立住宅单元按一个供人居住的独立建筑物计算。

b) 管道地区等级应根据地区分级单元内建筑物的密集程度划分，并应符合下列规定：

1) 一级地区：有12个或12个以下供人居住的独立建筑物；

2) 二级地区：有12个以上80个以下供人居住的独立建筑物；

3) 三级地区：介于二级和四级之间的中间地区，有80个和80个以上供人居住的独立建筑物但不够四级地区条件的地区、工业区或距人员聚集的室外场所90m内铺设管线的区域；

4) 四级地区：4层或4层以上建筑物(不计地下室层数)普遍且占多数、交通频繁、地下设施多的城市中心城区(或镇的中心区域等)。

c) 地区的长度应按下列规定调整：

1) 四级地区垂直于管道的轴线距最近4层或4层以上建筑物不应小于200m；

2) 二、三级地区垂直于管道的边界线距该级地区最近建筑物不应小于200m。

d) 确定城镇燃气管道地区等级时，宜考虑该地区的城市规划发展情况。

e) 燃气管道的强度设计系数(F)见表7。

表7 燃气管道的强度设计系数

地区等级	强度设计系数 F
一级	0.72
二级	0.60
三级	0.40
四级	0.30

f) 穿越铁路、公路和人员聚集场所的管道的强度设计系数 F 见表8。

表8 穿越铁路、公路和人员聚集场所的钢制管道强度设计系数

<table>
<tr><th rowspan="3">管道及管段</th><th colspan="4">地区等级</th></tr>
<tr><th>一级</th><th>二级</th><th>三级</th><th>四级</th></tr>
<tr><th colspan="4">强度设计系数 F</th></tr>
<tr><td>有套管穿越Ⅲ、Ⅳ级公路的管道</td><td>0.72</td><td>0.6</td><td rowspan="5">0.4</td><td rowspan="5">0.3</td></tr>
<tr><td>无套管穿越Ⅲ、Ⅳ级公路的管道</td><td>0.6</td><td>0.5</td></tr>
<tr><td>有套管穿越Ⅰ、Ⅱ级公路、高速公路、铁路的管道</td><td>0.6</td><td>0.6</td></tr>
<tr><td>门站、调压站(箱)内管道及其上、下游各200m管道、截断阀室管道及其上、下游各50m管道(其距离从站和阀室边界线起算)</td><td>0.5</td><td>0.5</td></tr>
<tr><td>人员聚集场所的管道</td><td>0.4</td><td>0.4</td></tr>
</table>

5.1.4.6 受约束的埋地直管段轴向应力计算和当量应力校核如下：

a) 由内压和温度引起的轴向应力应按式(5)和式(6)计算：

$$\sigma_L = \nu\sigma_h + E\alpha(t_1 - t_2) \quad \cdots\cdots (5)$$

$$\sigma_h = \frac{Pd}{2\delta} \quad \cdots\cdots (6)$$

式中：

σ_L——管道的轴向应力，拉应力为正，压应力为负，单位为兆帕(MPa)；

ν——泊松比，取0.3；

σ_h——由内压产生的管道环向应力，单位为兆帕(MPa)；

P——管道设计压力，单位为兆帕(MPa)；

δ——管道公称壁厚，单位为厘米(cm)；

d——管道内径，单位为厘米(cm)；

E——钢材弹性模量，单位为兆帕(MPa)；

α——钢材线膨胀系数，单位为米每米开尔文[m/(m·K)]；

t_1——管道下沟回填时的温度，单位为摄氏度(℃)；

t_2——管道的工作温度，单位为摄氏度(℃)。

b) 受约束热胀直管段，按最大剪应力强度理论计算当量应力，并应满足式(7)的要求：

$$\sigma_e = \sigma_h - \sigma_L < 0.9\sigma_s \quad \cdots\cdots (7)$$

式中：

σ_e——当量应力，单位为兆帕(MPa)；

σ_s——钢管的最小屈服强度，单位为兆帕(MPa)。

5.1.4.7 管道径向稳定性校核应按式(8)~式(10)进行计算。对于无套管穿越公路、穿越用钢套管以及管道埋设较深或外荷载较大时，应按无内压状态校核稳定性：

$$\Delta x = \frac{ZKWD_m^3}{8EI + 0.061E_sD_m^3} \quad \cdots\cdots (8)$$

$$W = W_1 + W_2 \quad \cdots\cdots (9)$$

$$I = \frac{\delta_n^3}{12} \quad \cdots\cdots (10)$$

式中：

Δx——钢管径向最大变形量，单位为米(m)，$\Delta x = 0.03D$；

D——管道外径，单位为米(m)；

D_m——钢管平均直径，单位为米(m)；

W——作用在单位管长上的总竖向荷载，单位为牛每米(N/m)；

W_1——单位管长上的竖向永久荷载，单位为牛每米(N/m)；

W_2——地面可变荷载传递到管道上的荷载，单位为牛每米(N/m)；

Z——钢管变形滞后系数，宜取1.5；

K——基床系数，对于公用管道工程，取0.103；

E——管材弹性模量，单位为帕(Pa)；

I——单位管长截面惯性矩，单位为四次方米每米(m^4/m)；

δ_n——钢管公称壁厚，单位为米(m)；

E_s——土壤变形模量，单位为帕(Pa)，取2.8×10^6。

5.1.4.8 受内压和温差共同作用下弯头的组合应力，按GB 50251—2015附录C进行计算。

5.1.4.9 与没有约束直管连接的管道附件，其承受热胀强度校核按GB 50251—2015附录E进行计算。

5.1.5 穿跨越管道设计计算

5.1.5.1 一般规定

5.1.5.1.1 燃气管道通过河流可采用河底穿越、管桥跨越和利用道路桥梁跨越的形式，并应符合

CJJ/T 250 的有关规定。

5.1.5.1.2　穿越铁路、公路和人员聚集场所的钢质管道强度设计系数，应符合表 8 的规定。

5.1.5.1.3　燃气管道穿越河底时，还应符合下列要求：

a）设计压力大于 0.4MPa 的燃气管道应采用钢管，穿越位置应结合工程条件确定，避免水流下切扰动区段穿越，宜垂直穿越河流；

b）燃气管道至河床的覆土厚度，应根据水流冲刷条件及规划河床确定，对不通航的河流不应小于 0.5m；对通航的河流不应小于 1.0m，还应考虑疏浚和投锚深度；

c）稳管措施应根据计算确定；

d）在埋设燃气管道位置的河流两岸上、下游应设立标志。

5.1.5.1.4　当利用道路桥梁跨越河流时，应符合下列要求：

a）随桥梁跨越河流的燃气管道输送压力不应大于 0.4MPa；

b）敷设于桥梁上的燃气管道应采用加厚的无缝钢管或焊接钢管，尽量减少焊缝；

c）跨越通航河流的燃气管道的管底标高应符合通航净空的要求，管架外侧应设置护桩；

d）燃气管道与随桥梁敷设的其他管道的间距应符合 CJJ/T 250 的有关规定；

e）对燃气管道采取必要的热补偿和减震措施；

f）随桥梁敷设的燃气管道应采用较高等级的防腐保护，当连接的埋地燃气管道为钢管并进行阴极保护时，应根据阴极保护需要设置绝缘装置；

g）跨越河流的燃气管道的支座(架)材料的耐火极限不应低于 1.00h；

h）应采取有效技术措施避免桥梁不均匀沉降对燃气管道的影响和燃气管道热膨胀对桥梁的影响。

5.1.5.1.5　管道穿跨越位置应经规划、河道、铁路、公路等相关管理部门同意批复，按主管部门的要求进行相关评价后再进行穿跨越设计。

5.1.5.1.6　穿越高铁、电气化铁路、城市轨道交通时，应采取防止杂散电流腐蚀的措施并确保有效。

5.1.5.2　开挖穿越设计计算

5.1.5.2.1　开挖穿越河渠段的燃气管道埋深，应经河道管理部门同意，根据水流冲刷条件及规划河床确定，并符合 5.1.5.1 的规定。

5.1.5.2.2　水下穿越管段敷设后，不能发生管段漂浮和位移，当管段抗漂浮或抗位移的稳定性核算不满足要求时，应采取稳管措施。抗漂浮或抗位移的稳定性宜按式(17)进行核算。

5.1.5.2.3　穿越管段钢管许用应力应按式(11)计算：

$$[\sigma] = \eta F \Phi K_1 \sigma_s \tag{11}$$

式中：

$[\sigma]$——钢管许用应力，单位为兆帕(MPa)；

η——钢管许用应力提高系数，运营阶段工况取 1.0，施工阶段工况(包括试压工况)取 1.3；

F——管道强度设计系数，应按表 8 采用；

Φ——钢管焊缝系数，符合 5.1.4.1 规定的钢管，取 1.0；

K_1——温度折减系数，当温度小于 120℃时，取 1.0；

σ_s——钢管的最小屈服强度，单位为兆帕(MPa)。

5.1.5.2.4　穿越管段强度验算应根据作用效应组合分别计算轴向应力、环向应力和弯曲应力，对各工况的单项应力代数和、当量应力按下列规定分别进行核算：

a）内压产生的环向应力按式(6)计算。

b）内压与温度变化产生的轴向应力分别按式(12)和式(5)计算：

当管段轴向变形不受约束时：

$$\sigma_L = 0.5\sigma_h \quad \cdots\cdots (12)$$

当管段轴向变形受约束时，按式(5)计算。

c） 弹性敷设产生的弯曲应力按式(13)计算：

$$\sigma_b = \pm\frac{ED}{2R} \quad \cdots\cdots (13)$$

式中：

σ_b——管段钢管的弯曲应力，单位为兆帕(MPa)。

5.1.5.2.5 其他作用引起的环向应力、轴向应力和弯曲应力，应根据实际可能发生的情况进行计算。

5.1.5.2.6 穿越管段各单项应力、当量应力核算应满足式(14)~式(16)的要求：

$$\sum\sigma_L \leqslant [\sigma] \quad \cdots\cdots (14)$$

$$\sum\sigma_h \leqslant [\sigma] \quad \cdots\cdots (15)$$

$$\sigma_e = \sum\sigma_h - \sum\sigma_L \leqslant 0.9\sigma_s \quad \cdots\cdots (16)$$

式中：

$\sum\sigma_L$——各作用产生的轴向应力代数和，单位为兆帕(MPa)；

$\sum\sigma_h$——各作用产生的环向应力代数和，单位为兆帕(MPa)；

σ_e——穿越管段钢管的当量应力，单位为兆帕(MPa)。

开挖穿越管段应按式(17)进行抗漂浮稳定性核算：

$$W_1 \geqslant KF_s \quad \cdots\cdots (17)$$

式中：

W_1——单位长度管段总重力(包括管身结构自重、加重层重、设计洪水冲刷线至管顶的土重，不含管内介质重)，单位为牛每米(N/m)；

K——稳定安全系数，大中型穿越工程取1.2，小型穿越工程取1.1；

F_s——单位长度管段静水浮力，单位为牛每米(N/m)。

对于下凹形竖向弹性敷设穿越管段，W_1 应减去按式(1)、式(18)~式(20)计算的管段向上的弹性抗力。

$$q = \frac{884EIf}{5L^4} - 0.024\,6615(D-\delta)\delta \quad \cdots\cdots (18)$$

$$I = \frac{\pi}{64}(D^4 - d^4) \quad \cdots\cdots (19)$$

$$f_e = R - \sqrt{R^2 - \frac{L}{4}} \quad \cdots\cdots (20)$$

式中：

q——弹性敷设管段单位长度抗力，单位为牛每米(N/m)；

E——钢管弹性模量，单位为帕(Pa)；

I——钢管截面惯性矩，单位为四次方米(m^4)；

f_e——弹性敷设的矢高，单位为米(m)；

L——弹性敷设起点与终点间的水平长度，单位为米(m)；

D——钢管外径，单位为米(m)；

δ——钢管壁厚，单位为米(m)；

d——钢管内径，单位为米(m)；

R——管段弹性敷设设计曲率半径，单位为米(m)，不应小于1000D。

5.1.5.3　**定向钻穿越设计**

5.1.5.3.1　定向钻穿越铁路、河流、公路等的埋深，应符合相关管理部门的规定。

5.1.5.3.2　定向钻穿越入、出土角应根据穿越长度、穿越管段埋深、穿越管径、弹性敷设条件、地形条件，按 GB 50423 和 CJJ/T 250 的相关规定确定。

5.1.5.3.3　采用定向钻穿越河流防洪堤坝时，不应危及堤坝的安全。应根据穿越场地地质条件采取回灌固孔措施，防止管涌控制堤坝和地面沉降。

5.1.5.3.4　定向钻穿越段管道防腐层设计、施工及检验宜按照 SY/T 7368 执行。定向钻穿越段回拖前应对防腐层及补口进行质量检测，穿越完成后应对防腐层性能进行评价；对定向钻穿越段实施阴极保护，并纳入管线阴极保护系统中。

5.1.5.3.5　定向钻穿越管段在扩孔回拖时，应按式(21)~式(25)进行空管在泥浆压力作用下的径向屈曲稳定核算：

$$P_s \leqslant F_d \cdot P_{yp} \qquad (21)$$

$$P_{yp}^2 - \left[\frac{\sigma_s}{m} + (1+6mn)P_{er}\right]P_{yp} + \frac{\sigma_s P_{er}}{m} = 0 \qquad (22)$$

$$m = \frac{D}{2\delta} \qquad (23)$$

$$n = \frac{f_0}{2} \qquad (24)$$

$$P_{er} = \frac{2E\left(\frac{\delta}{D}\right)^3}{1-\nu^2} \qquad (25)$$

式中：

P_s——泥浆压力，取 1.5 倍泥浆静压力或回拖施工时的实际动压力，单位为兆帕(MPa)；

F_d——穿越管段径向屈曲稳定设计系数，按 0.6 选取；

P_{yp}——穿越管段所能承受的极限外压力，单位为兆帕(MPa)；

P_{er}——钢管弹性变形临界压力，单位为兆帕(MPa)；

σ_s——钢管屈服强度，单位为兆帕(MPa)；

D——钢管外径，单位为米(m)；

δ——钢管壁厚，单位为米(m)；

f_0——钢管椭圆度，以百分比(%)表示，取 1%；

E——钢管弹性模量，单位为兆帕(MPa)。

5.1.5.4　**隧道穿越设计**

5.1.5.4.1　顶管法、盾构法隧道埋深应根据地面环境、地下设施、工程地质和水文地质条件、设备特性等按 GB 50423 和 CJJ/T 250 的相关规定确定，并应满足隧道抗浮稳定性要求。

5.1.5.4.2　矿山法隧道穿越宜选择在稳定的地层中，不宜穿越工程地质和水文地质复杂以及溶洞、暗河、煤矿采空区等不良地层段。

5.1.5.4.3　隧道净空尺寸应满足管道建筑限界、隧道施工、管道安装及运营维护等要求。

5.1.5.4.4　顶管法隧道应进行顶进套管允许顶力验算、顶进套管强度、稳定性验算、钢套管变形验算、混凝土套管裂缝宽度验算及顶管总顶力和中继站数量估算。

5.1.5.4.5　盾构法隧道应进行管片主体承载力及接头连接计算、千斤顶推力验算、壁后注浆压力验算、管片裂缝宽度验算、管片环及接头变形验算。

5.1.5.4.6　矿山法隧道应设衬砌，衬砌结构型式、设计参数应按照围岩级别、水文地质条件、埋置深度、隧道断面、施工条件等，应按 GB 50423 和 GB 50086 通过工程类比和结构计算确定。

5.1.5.5 水工保护设计

5.1.5.5.1 河流护岸工程设计应符合下列要求：

a） 可能受水流淘刷或冲蚀威胁的穿越管段，应满足水流顺畅，不产生集中冲刷的要求。为保持岸坡稳定，应修筑护坡工程。

b） 防护工程的设计洪水位宜与穿越工程相同，护岸顶应高出设计洪水位（包括浪高和壅水）0.5m。若堤岸顶低于设计洪水位，护岸宜至堤顶。

c） 防护工程和基础底埋深要求在水床面下 1m～2m，同时应满足设计冲刷线下 1.0m 和冰冻线下 0.3m 的要求。

d） 护坡（岸）顺水流方向长度，应根据实地水流形态、岸坡地质条件及管沟开挖宽度确定，且不应小于 5m。

e） 管道穿越黄土冲沟时，应根据当地水土保持部门的要求进行防护设计。

5.1.5.5.2 隧道洞口防护设计应符合下列要求：

a） 隧道、明洞的洞口应设置截水沟和排水沟，水量可根据现场调查结论。排水沟应接至天然排水处。

b） 多雨地区，宜采取措施防止洞口仰坡范围内地表水下渗的冲刷。

c） 洞外路堑的水不宜流入隧道，当出洞方向路堑为上坡时，宜将洞外侧沟做成与隧道坡度相反，且不宜小于 0.2%的坡度。

5.1.5.6 跨越工程设计

5.1.5.6.1 随桥梁外挂敷设时，跨越结构型式应根据桥梁形式、桥梁跨度、管径、航运、水文地质及工程地质条件等确定。当采用自建管桥或自承式跨越时，应符合国家相关结构设计规范的要求。

5.1.5.6.2 跨越管两端需锚固设计时，应满足地基承载力、变形、稳定性要求。

5.1.5.6.3 跨越管段钢管许用应力应按式（11）计算。

5.1.5.6.4 跨越管段强度验算应根据作用效应组合分别计算环向应力、轴向应力、弯曲应力和剪应力，对各工况的当量应力按下列规定进行核算；

a） 管道输送介质内压引起的环向应力应按式（6）计算。

b） 管道输送介质内压引起的轴向应力应按式（5）计算。

c） 荷载效应引起的弯曲应力应按式（26）计算：

$$\sigma_{L2} = \frac{M}{W} \qquad (26)$$

式中：

σ_{L2}——桥面荷载效应组合引起的弯曲应力，单位为兆帕（MPa）；

M——桥面荷载效应组合产生的弯矩，单位为牛毫米（N·mm）；

W——管道净截面抗弯矩，单位为三次方毫米（mm^3）。

d） 管道弯曲变形引起的轴向应力应按式（27）计算：

$$\sigma_{L3} = \frac{4EDf}{L^2 + 4f^2} \qquad (27)$$

式中：

σ_{L3}——管道悬垂引起的轴向应力，单位为兆帕（MPa）；

E——钢材弹性模量，单位为兆帕（MPa）；

D——管道外径，单位为毫米（mm）；

f——矢高，单位为毫米（mm）；

L——跨度水平长度，单位为毫米(mm)。

e) 跨越结构应进行温度补偿，补偿后的温度应力应按式(28)计算：

$$\sigma_{Lt}=\frac{F_t}{A} \quad \cdots\cdots (28)$$

式中：

σ_{Lt}——温度变化引起的轴向应力，单位为兆帕(MPa)；

F_t——温度变化引起的弹性力，单位为牛(N)；

A——管道截面面积，单位为平方毫米(mm^2)。

f) 两端固定管道的温度应力应按式(29)计算：

$$\sigma_{Lt}=\alpha E\Delta t \quad \cdots\cdots (29)$$

式中：

σ_{Lt}——温度变化引起的轴向应力，单位为兆帕(MPa)；

α——钢管线膨胀系数，单位为米每米开尔文[m/(m·K)]；

E——钢材弹性模量，单位为兆帕(MPa)；

Δt——温差，单位为摄氏度(℃)。

g) 管道最大剪应力应按式(30)计算：

$$\tau_{max}=\frac{2V}{A} \quad \cdots\cdots (30)$$

式中：

τ_{max}——管道剪切引起的最大剪应力，单位为兆帕(MPa)；

V——管道剪力，单位为牛(N)；

A——管道截面面积，单位为平方毫米(mm^2)。

h) 当量应力应按式(31)计算：

$$\sigma_e=\sqrt{\sigma_x^2+\sigma_y^2-\sigma_x\sigma_y+3\tau_{xy}} \quad \cdots\cdots (31)$$

式中：

σ_e——跨越管段钢管的当量应力，单位为兆帕(MPa)；

σ_x、σ_y——X、Y方向的应力，单位为兆帕(MPa)；

τ_{xy}——XY平面上的剪应力，单位为兆帕(MPa)。

i) 跨越管段当量应力应满足式(32)的要求：

$$\sigma_e\leqslant[\sigma] \quad \cdots\cdots (32)$$

式中：

$[\sigma]$——许用应力，单位为兆帕(MPa)。

5.1.6 管道补偿和应力分析

5.1.6.1 一般规定

5.1.6.1.1 管道补偿应根据压力、温度、管内介质特性、运行工况及敷设条件确定补偿方式。管道补偿应优先采用自然补偿，当自然补偿不能满足时，应优先采用无结构不连续效应的补偿器。

5.1.6.1.2 管道应力分析和计算宜根据运行中正常工况与其他工况的耦合和可能出现的极端工况等条件确定。

5.1.6.1.3 当进行管道应力分析和计算时，宜对整个管道系统按 GB/T 34275 给出的方法进行计算。

5.1.6.2 架空管道的热变形

架空管道的热变形计算按照 GB/T 32270—2015 中 6.4.2 的规定执行。

5.1.7 管道腐蚀控制

5.1.7.1 一般规定

5.1.7.1.1 钢质燃气管道应进行外涂层处理，采用挤压聚乙烯防腐层材料应符合 GB/T 23257 的规定。

5.1.7.1.2 新建钢质埋地管道应采用外涂层辅以阴极保护的腐蚀控制措施，仅有外涂层保护的在役管道宜追加阴极保护系统。

5.1.7.1.3 处于强干扰腐蚀地区的管道，应采取防干扰保护措施。

5.1.7.2 腐蚀控制设计

腐蚀控制设计应符合 CJJ 95、GB/T 21447、GB/T 21448、SY/T 6784 和 SY/T 7368 的有关规定。

5.1.7.3 管道阴极保护系统

5.1.7.3.1 管道阴极保护系统宜按下列设计原则进行：

a) 城镇燃气埋地钢质管道(以下简称管道)应依据敷设方式和敷设土壤环境因素采用适宜的外涂层保证阴极保护系统的有效性和经济性；
b) 管道运行期间阴极保护不应间断；
c) 处于杂散电流干扰腐蚀区域的管道，经确认需采取排流措施后，应根据干扰腐蚀的状况，及时采取适当的保护措施；
d) 实施阴极保护的管道应与其他金属构筑物电绝缘。除非阴极保护系统将其纳入，且有充分的保护电流提供给其他金属构筑物，经测试确认需保护的管道已符合阴极保护准则的要求；
e) 管道阴极保护系统设计应考虑高温、防腐层剥离、隔热保温层、屏蔽、细菌侵蚀及电解质的异常污染等特殊条件；
f) 阴极保护工程应与主体工程同时勘察、设计、施工和投运。当阴极保护系统在管道埋地三个月内不能投运时，应采取临时阴极保护措施保护管道，在强腐蚀性土壤环境中，应在管道埋地时施加临时阴极保护措施；临时阴极保护措施应维持至永久阴极保护系统投运；对于受到直流杂散电流干扰影响的管道，阴极保护系统及排流保护措施应在三个月之内投运。

5.1.7.3.2 阴极保护系统方式的确定应考虑下列因素：

a) 有无经济便利的电源；
b) 被保护管道所需保护电流密度；
c) 与周围地下金属构筑物的相互影响；
d) 土壤环境的腐蚀性；
e) 技术、经济、实施的可行性；
f) 管道敷设的地理位置、交通状况、建筑密度和人员密度；
g) 对生物安全和土壤环境的影响。

5.1.7.3.3 牺牲阳极材料应能持续提供管道所需的保护电流，总质量应满足阴极保护系统设计寿命要求，阳极利用系数一般取 0.8，牺牲阳极电缆应通过测试装置与管道实现电连接。

5.1.7.3.4 应分析阳极及填料对环境的不利影响。对于锌合金阳极，当土壤电阻率大于 50Ω·m 时，应现场试验确认其有效性；对于镁合金阳极，当土壤电阻率大于 100Ω·m 时，应现场试验确认其有效性。

5.1.7.3.5 外加电流阴极保护设计：

a) 电源设备应使用市电或所在站场稳定可靠的交流或直流电源。
b) 电源设备的输出电压不宜超过 50V。

c) 深井阳极地床的设计、安装、运行与维护应符合 SY/T 0096 的规定。浅埋阳极地床可采用水平式或立式，在非永冻土地区，辅助阳极应安装在冻土层下，埋深不宜小于 1m；在永冻土地区，辅助阳极应安装在岛状冻土之间的非永冻土层或冻融地层内。

d) 辅助阳极材料可选用高硅铸铁阳极、石墨阳极、钢铁阳极、导电聚合物阳极和金属氧化物阳极等。材料特性见第 4 章。

5.1.7.3.6 阴极保护准则应符合 GB/T 21448 的要求。

5.1.7.3.7 阴极保护管道应与非保护金属结构、公共或厂区接地系统、工艺站场内管道、非阴极保护的管道和钢质套管等金属结构电绝缘。在爆炸危险区，应采用防爆电绝缘装置。电绝缘装置安装位置和安装原则应符合 GB/T 21448 的要求。

5.1.7.3.8 阴极保护管道在杂散电流干扰区域可安装电绝缘装置分段隔离。电绝缘无法实现时，阴极保护设计应提供足够的阴极保护电流和有效的电流分布。

5.1.7.3.9 绝缘接头和绝缘法兰应设置防电涌保护器。防电涌保护器设置不应影响绝缘接头或绝缘法兰的性能。电涌保护器的选型与安装应符合 GB/T 21448 的要求。

5.1.7.3.10 阴极保护管道应具有良好的电连续性。电连续性跨接可设置在电绝缘装置两侧，对于非焊接钢制管道，电连续性跨接应设置在管道接头处。

5.1.7.3.11 所有接地设施不应对阴极保护系统造成不利影响。

5.1.7.3.12 阴极保护测试装置应与阴极保护系统同步安装。测试与监测装置的安装位置及安装原则应符合 GB/T 21448 的要求。

5.1.7.3.13 直流干扰电流的判断规则、防护措施、效果评定应符合 GB 50991 的规定。交流干扰电流的判断规则、防护措施、效果评定应符合 GB/T 50698 的规定。

5.2 热力管道设计

5.2.1 设计条件和设计准则

5.2.1.1 设计条件

5.2.1.1.1 管道设计应根据设计压力、设计温度及管内介质特性等工艺条件，并结合环境、荷载等综合条件进行。

5.2.1.1.2 管道组成件的设计压力，不应低于运行中可能出现的最大工作压力，且应不小于管内介质静止时的静态压力。必要时，还应附加事故工况分析和动态水力分析要求的安全裕量。

5.2.1.1.3 设计压力确定原则应符合下列规定：

a) 装有安全泄放装置的管道，其设计压力不应小于安全泄放装置的设定压力；

b) 热水管道的设计压力，不应小于循环水泵最大出口压力加上地形高差产生的静水压力；

c) 蒸汽管道的设计压力，不应小于锅炉、汽轮机抽(排)汽口、减温减压装置(排)汽口的最大工作压力；

d) 凝结水管道的设计压力，不应小于用户凝结水泵最高出水压力加上地形高差产生的静水压力；

e) 直埋蒸汽管道外护管计算压力取 0.2MPa。

5.2.1.1.4 设计温度确定原则应符合下列规定：

a) 管道组成件的设计温度，不应小于运行中可能出现的最大工作温度；

b) 热水管道的设计温度，不应小于供热系统设计供水温度；

c) 蒸汽管道的设计温度，不应小于锅炉、汽轮机抽(排)汽口、减温减压装置(排)汽口的最高工作温度；

d) 凝结水管道的设计温度，不应小于用户凝结水箱最高温度；

e) 管道工作循环最低温度，对于全年运行的管道，地下敷设时应取30℃，地上敷设时应取15℃；对于只在供暖期运行的管道，地下敷设时应取10℃，地上敷设时应取5℃；

f) 非金属材料衬里的管道，设计温度宜按介质的最高温度确定；

g) 直埋蒸汽管道外护管计算最高温度取95℃，计算安装温度取安装时当地的最低温度。

5.2.1.2 设计准则

5.2.1.2.1 管道组成件的压力-温度等级除用设计压力和设计温度表示外，还可用公称压力表示。

5.2.1.2.2 管道组成件公称压力的选用应符合GB/T 1048的有关规定。

5.2.1.2.3 热水管道和凝结水管道在设计温度下的最大允许工作压力，应不大于公称压力。

5.2.1.2.4 蒸汽管道在设计温度下的最大允许工作压力，应符合相关标准规定的压力-温度额定值。

5.2.1.2.5 对于只标明公称压力的管件，除另有规定外，在设计温度下的允许工作压力应按式(33)进行计算：

$$P_t = K_{PN} \times PN \frac{[\sigma]^t}{[\sigma]^s} \quad \cdots\cdots (33)$$

式中：

P_t——在设计温度下的允许工作压力，单位为兆帕(MPa)；

K_{PN}——系数，$K_{PN}=0.1\text{MPa}$；

PN——公称压力；

$[\sigma]^t$——在设计温度下材料的许用应力，单位为兆帕(MPa)；

$[\sigma]^s$——公称压力对应的基准应力，是指材料在指定某一温度下的许用应力，单位为兆帕(MPa)。

5.2.1.3 许用应力

5.2.1.3.1 管道及管件用钢材的许用应力，应根据钢材的有关强度特性取下列三项中的最小值：

$$\frac{R_m^{20}}{3},\ \frac{R_{eL}^t}{1.5} \text{或} \frac{R_{p0.2}^t}{1.5},\ \frac{\sigma_D^t}{1.5} \quad \cdots\cdots (34)$$

式中：

R_m^{20}——钢材在20℃时的抗拉强度最小值，单位为兆帕(MPa)；

R_{eL}^t——钢材在设计温度下的下屈服强度最小值，单位为兆帕(MPa)；

$R_{p0.2}^t$——钢材在设计温度下0.2%规定非比例延伸强度最小值，单位为兆帕(MPa)；

σ_D^t——钢材在设计温度下10^5h持久强度平均值，单位为兆帕(MPa)。

5.2.1.3.2 许用应力应符合下列规定：

a) 材料的许用应力系指许用拉应力，焊接管道和焊接管件采用许用应力时，应另外按表9计入焊接接头系数；

b) 许用剪切应力为许用应力的0.8倍；

c) 压缩许用应力应符合结构稳定性的要求，且不大于拉伸许用应力。

表9 纵向焊接接头系数

序号	接头型式	检测比例	系数
1	单面焊(无填充金属)	按产品标准检测	0.85
		100%射线或超声检测[a]	1.00
2	单面焊(有填充金属)	按产品标准检测	0.80
		100%射线或超声检测[a]	1.00

表 9 纵向焊接接头系数(续)

序号	接头型式	检测比例	系数
3	双面焊(无填充金属)	按产品标准检测	0.90
		100%射线或超声检测[a]	1.00
4	双面焊(有填充金属)	按产品标准检测	0.90
		100%射线或超声检测[a]	1.00
[a] 射线检测、超声检测应符合第 7 章或相应的材料标准的要求。			

5.2.2 管道组成件的选用

5.2.2.1 一般规定

5.2.2.1.1 管道组成件应根据管道系统内介质的性质、各种可能出现的运行工况、外部环境、材料的使用性能和工艺性能以及经济性等综合因素选用。

5.2.2.1.2 按照本标准中所列的有关标准制造的采用焊接连接，法兰连接的管道组成件均可用于管道系统。但其材料压力和温度都应符合本标准的规定。弯头、弯管、支管连接、封头和异径管等材料的选用宜与所连接的管道材料一致。

5.2.2.1.3 对于本标准所列标准中未包括的管道组成件应同时符合 5.2.3 的规定，方可采用。

5.2.2.1.4 在管道系统中，管道组成件的连接形式宜采用对接焊接。

5.2.2.1.5 弯头、弯管、支管连接、异径管、封头、法兰盖的强度计算应符合 5.2.3 的规定。

5.2.2.1.6 管道及管件的最小壁厚或厚度应符合 5.2.3 的规定。

5.2.2.2 管道

管道材料的选用应符合 4.4.1 的规定

5.2.2.3 弯头

弯头宜采用长半径弯头，弯头曲率半径根据应力计算确定，并应符合 4.4.2 的规定。

5.2.2.4 弯管

5.2.2.4.1 弯管曲率半径应根据应力计算确定，并应符合 4.4.2 的规定。

5.2.2.4.2 弯管制作应按照 GB/T 32270—2015 中 7.3.4 执行。

5.2.2.5 支管连接

5.2.2.5.1 支管连接宜优先采用预制三通。

5.2.2.5.2 支管连接在满足补强要求的前提下可采用直管开孔连接。

5.2.2.5.3 除直埋敷设热水管道外，支管连接的强度计算(补强)方法可采用等面积补偿法和压力面积法，并应考虑内压和温度变形的作用。

5.2.2.6 异径管

5.2.2.6.1 异径管宜采用钢管模压型式。

5.2.2.6.2 热水管道宜采用同心异径管。

5.2.2.6.3 蒸汽管道宜采用偏心异径管。

5.2.2.7 封头、法兰盖

5.2.2.7.1 适用于本标准的管道可采用平焊封头。

5.2.2.7.2 法兰盖的型式选用应符合 GB/T 9124.1 的规定，法兰盖的材料选用应符合 GB/T 32270—2015 表 A.1 中规定的温度范围，并应符合 5.2.2.9 的规定。

5.2.2.8 阀门

5.2.2.8.1 阀门应根据管道的设计温度、设计压力、介质性质和管道系统对阀门的功能要求选择，应考虑外部荷载对阀门操作性能和密封性能的影响。

5.2.2.8.2 阀门应按相应标准规定的压力-温度等级选用。

5.2.2.8.3 连接不同压力等级管道的阀门、法兰等管道组成件，应按压力等级高的选用。

5.2.2.8.4 热水管道应采用双向密封阀门，阀门的泄漏等级应符合 GB/T 37827 和 GB/T 37828 的规定。

5.2.2.8.5 当开启阀门前需预热主管线或用于平衡阀门两侧压力以便于阀门操作时，需设置旁通阀。

5.2.2.9 法兰

5.2.2.9.1 法兰应符合 GB/T 9124.1 中关于压力-温度等级的规定。

5.2.2.9.2 连接不同压力等级管道的法兰应按高等级选用。

5.2.2.9.3 管道法兰型式的选择除应符合 GB/T 9124.1、GB/T 13402 等相关标准的规定外，并应满足下列要求：

a) 设计温度大于 300℃ 的管道，宜选用对焊法兰；设计温度在 300℃ 及以下且公称压力小于或等于 PN25 的管道，宜选用带颈平焊法兰，也可选用板式平焊法兰；

b) 带颈平焊法兰应采用突面(RF)型式。

5.2.2.9.4 法兰的材料选用应采用符合 GB/T 32270—2015 表 A.1 中规定的温度范围。

5.2.2.9.5 当需要选配特殊法兰时，除应核对接口法兰的尺寸外，还应按本标准及相关标准进行计算，保证所选用的法兰厚度不小于连接管道公称压力下国家标准法兰的厚度。

5.2.2.10 垫片

5.2.2.10.1 垫片应根据流体性质、使用温度、压力以及法兰密封面等因素选用，垫片的密封荷载应与法兰的压力等级、密封面型式、表面粗糙度和紧固件相适应。

5.2.2.10.2 设计温度大于 300℃ 的管道，宜选用柔性石墨金属缠绕式垫片，并应符合 GB/T 4622.1、GB/T 4622.2、GB/T 4622.3 和 GB/T 13403 等相关标准的规定；设计温度小于 300℃ 时，可选用非金属垫片。

5.2.2.11 紧固件

5.2.2.11.1 六角头螺栓、等长双头螺柱、螺母和垫圈等紧固件的选用应符合 GB/T 150 和 GB/T 9125 等相关标准的规定。

5.2.2.11.2 法兰紧固件选用应符合下列规定：

a) 紧固件应符合预紧及设计参数下垫片的密封要求；

b) 高温条件下使用的紧固件应与法兰材料具有相近的热膨胀系数。

5.2.3 管道组成件的强度设计

5.2.3.1 一般规定

管道组成件强度计算方法是内压下的强度计算。

5.2.3.2　直管的壁厚计算

直管的壁厚计算按照 GB/T 32270—2015 中 6.3.2 执行。

5.2.3.3　弯管弯头的壁厚计算

弯管弯头的壁厚计算按照 GB/T 32270—2015 中 6.3.3 执行。

5.2.3.4　支管连接的补强

支管连接的补强按照 GB/T 32270—2015 中 6.3.4 执行。

5.2.3.5　异径管壁厚计算

异径管壁厚计算按照 GB/T 32270—2015 中 6.3.5 执行。

5.2.3.6　法兰及法兰附件计算

法兰及法兰附件计算按照 GB/T 32270—2015 中 6.3.6 执行。

5.2.3.7　封头的厚度计算

封头的厚度计算按照 GB/T 32270—2015 中 6.3.7 执行。

5.2.4　管道应力计算(验算)

5.2.4.1　一般规定

管道应力宜按管道系统进行计算，对各种可能工况进行应力校核。

5.2.4.2　架空(管沟、综合管廊)管道

架空(管沟、综合管廊)管道应力计算按照 GB/T 32270—2015 中 6.4.2 执行。

5.2.4.3　直埋热水管道

5.2.4.3.1　计算原则应符合下列要求：

a）管道的应力验算应采用应力分类法，并应符合下列规定；
   1）一次应力的当量应力不应大于钢材的许用应力；
   2）一次应力和二次应力的当量应力变化范围不应大于 3 倍钢材的许用应力；
   3）局部应力集中部位的一次应力、二次应力和峰值应力的当量应力变化幅度不应大于 3 倍钢材的许用应力。
b）进行管道应力计算时，计算参数应按下列规定取值：
   1）计算压力应取管道设计压力；
   2）工作循环最高温度应取供热管网设计供水温度；
   3）工作循环最低温度，对于全年运行的管道应取 30℃，对于只在采暖期运行的管道应取 10℃；
   4）计算安装温度应取安装时的最低温度；
   5）计算应力变化范围时，计算温差应采用工作循环最高温度与工作循环最低温度之差；
   6）计算轴向力时，计算温差应采用工作循环最高温度与计算安装温度之差。
c）保温管与土壤之间的单位长度摩擦力应按式(35)和式(36)计算：

$$F = \mu\left(\frac{1 + K_0}{2}\pi \times D_c \times \sigma_v + G - \frac{\pi}{4}D_c^2 \times \rho \times g\right) \quad \cdots\cdots (35)$$

$$K_0 = 1 - \sin\varphi \quad \cdots\cdots (36)$$

式中：

F——单位长度摩擦力，单位为牛每米(N/m)；

μ——摩擦系数；

D_c——外护管外径，单位为米(m)；

σ_v——管道中心线处土壤应力，单位为帕(Pa)；

G——包括介质在内的保温管单位长度自重，单位为牛每米(N/m)；

ρ——土壤密度，单位为千克每立方米(kg/m^3)，可取 $1800kg/m^3$；

g——重力加速度，单位为米每二次方秒(m/s^2)；

K_0——土壤静压力系数；

φ——回填土内摩擦角，单位为度(°)，砂土可取 30°。

d) 土壤应力应按式(37)和式(38)计算：

1) 当管道中心线位于地下水位以上时的土壤应力：

$$\sigma_v = \rho \times g \times H \quad \cdots\cdots (37)$$

式中：

σ_v——管道中心线处土壤应力，单位为帕(Pa)；

ρ——土壤密度，单位为千克每立方米(kg/m^3)，可取 $1800kg/m^3$；

g——重力加速度，单位为米每二次方秒(m/s^2)；

H——管道中心线覆土深度，单位为米(m)。

2) 当管道中心线位于地下水位以下时的土壤应力：

$$\sigma_v = \rho \times g \times H_w + \rho_{sw} \times g(H - H_w) \quad \cdots\cdots (38)$$

式中：

ρ_{sw}——地下水位线以下的土壤有效密度，单位为千克每立方米(kg/m^3)，可取 $1000kg/m^3$；

H_w——地下水位线深度，单位为米(m)。

e) 保温管与土壤间的摩擦系数应根据回填条件确定，可按表 10 采用。

表 10 保温管外壳与土壤间的摩擦系数

回填料	摩擦系数	
	最大摩擦系数 μ_{max}	最小摩擦系数 μ_{min}
中砂	0.40	0.20
粉质黏土或砂质粉土	0.40	0.15

f) 管道径向位移时，土壤横向压缩反力系数宜根据当地土壤情况实测数据确定，当无实测数据时，可按下列规定确定：

1) 管道水平位移时，可按 $1\times10^6N/m^3 \sim 10\times10^6N/m^3$ 取值；

2) 管道水平位移，对于粉质黏土、砂质粉土，回填密实度为 90%~95%时，可按 $3\times10^6N/m^3 \sim 4\times10^6N/m^3$ 取值；

3) 管道竖向向下位移时，可按 $5\times10^6N/m^3 \sim 1000\times10^6N/m^3$ 取值。

5.2.4.3.2 直管段应力验算应符合下列规定：

a) 工作管的屈服温差应按式(39)和式(40)计算：

$$\Delta T_y = \frac{1}{\alpha \times E}[n \times \sigma_s - (1 - \nu)\sigma_h] \quad \cdots\cdots (39)$$

$$\sigma_h = \frac{P_d \times d}{2\delta} \qquad (40)$$

式中：

ΔT_y——工作管屈服温差，单位为摄氏度(℃)；

α——钢材的线膨胀系数，单位为米每米开尔文[m/(m·K)]；

E——钢材的弹性模量，单位为兆帕(MPa)；

n——屈服极限增强系数，取 1.3；

σ_s——钢材的屈服极限最小值，单位为兆帕(MPa)；

ν——钢材的泊松系数，取 0.3；

σ_h——管道内压引起的环向应力，单位为兆帕(MPa)；

P_d——管道计算压力，单位为兆帕(MPa)；

d——工作管内径，单位为米(m)；

δ——工作管公称壁厚，单位为米(m)。

b) 直管段的过渡段长度应按式(41)和式(42)计算：

1) 直管段过渡段最大长度：

$$L_{max} = \frac{[\alpha \times E(t_1 - t_0) - \nu \times \sigma_h] A \times 10^6}{F_{min}} \qquad (41)$$

当 $t_1 - t_0 > \Delta T_y$ 时，取 $t_1 - t_0 = \Delta T_y$。

2) 直管段过渡段最小长度：

$$L_{min} = \frac{[\alpha \times E(t_1 - t_0) - \nu \times \sigma_h] A \times 10^6}{F_{max}} \qquad (42)$$

当 $t_1 - t_0 > \Delta T_y$ 时，取 $t_1 - t_0 = \Delta T_y$。

式中：

L_{max}——直管段的过渡段最大长度，单位为米(m)；

L_{min}——直管段的过渡段最小长度，单位为米(m)；

F_{max}——单位长度最大摩擦力，单位为牛每米(N/m)；

F_{min}——单位长度最小摩擦力，单位为牛每米(N/m)；

t_1——管道工作循环最高温度，单位为摄氏度(℃)；

t_0——管道计算安装温度，单位为摄氏度(℃)；

A——工作管管壁的横截面积，单位为平方米(m^2)；

ΔT_y——工作管屈服温差，单位为摄氏度(℃)。

c) 在管道工作循环最高温度下，过渡段内工作管任一截面上的最大轴向力和最小轴向力应按式(43)和式(44)计算：

1) 最大轴向力：

$$N_{t \cdot max} = F_{max} \times L' + F_f \qquad (43)$$

当 $L' \geqslant L_{min}$ 时，取 $L' = L_{min}$。

2) 最小轴向力：

$$N_{t \cdot min} = F_{min} \times L' + F_f \qquad (44)$$

式中：

$N_{t \cdot max}$——过渡段内计算截面的最大轴向力，单位为牛(N)；

$N_{t \cdot min}$——过渡段内计算截面的最小轴向力，单位为牛(N)；

F_{max}——单位长度最大摩擦力，单位为牛每米(N/m)；

F_{min}——单位长度最小摩擦力，单位为牛每米(N/m)；

L'——过渡段内计算截面距活动端的距离，单位为米(m)；

F_f——活动端对管道伸缩的阻力，单位为牛(N)；

L_{min}——直管段的过渡段最小长度，单位为米(m)。

d) 在管道工作循环最高温度下，锚固段内的轴向力应按式(45)计算：

$$N_a = [\alpha \times E(t_1 - t_0) - \nu\sigma_h] A \times 10^6 \quad \cdots\cdots (45)$$

当 $t_1 - t_0 > \Delta T_y$ 时，取 $t_1 - t_0 = \Delta T_y$。

式中：

N_a——锚固段的轴向力，单位为牛(N)；

t_1——管道工作最高循环温度，单位为摄氏度(℃)；

t_0——管道计算安装温度，单位为摄氏度(℃)。

e) 对工作管直管段的当量应力变化范围应进行验算，并应符合下列规定：

1) 当量应力变化范围应按式(46)和式(47)验算：

$$\sigma_j = (1 - \nu)\sigma_h + \alpha \times E(t_1 - t_2) \leqslant 3[\sigma] \quad \cdots\cdots (46)$$

式中：

σ_j——内压、热胀应力的当量应力变化范围，单位为兆帕(MPa)；

t_1——管道工作循环最高温度，单位为摄氏度(℃)；

t_2——管道工作循环最低温度，单位为摄氏度(℃)；

$[\sigma]$——钢材的许用应力，单位为兆帕(MPa)。

2) 当不能满足式(46)时，管系设计时不应布置锚固段，且过渡段长度应按式(47)计算：

$$L \leqslant \frac{(3[\sigma] - \sigma_h)A}{1.6F_{max}} \times 10^6 \quad \cdots\cdots (47)$$

式中：

L——设计布置的过渡段长度，单位为米(m)；

$[\sigma]$——钢材的许用应力，单位为兆帕(MPa)；

F_{max}——单位长度最大摩擦力，单位为牛(N)。

5.2.4.3.3 直管段局部稳定性验算应符合下列规定：

a) 对由于土壤摩擦力约束热胀变形或局部沉降造成的高内力的直管段，不得出现局部屈曲、弯曲屈曲和皱折。

b) 公称尺寸大于DN500的管道应进行局部稳定性验算，并应符合式(48)的计算规定：

$$\frac{D}{\delta} \leqslant \frac{E}{4[\alpha \times E(t_1 - t_0) + \nu \times P_d] + 2 \times \sqrt{4[\alpha \times E(t_1 - t_0) + \nu \times P_d]^2 - \nu \times E \times P_d}} \quad \cdots (48)$$

式中：

D——工作管外径，单位为米(m)；

δ——工作管公称壁厚，单位为米(m)；

t_1——管道工作最高循环温度，单位为摄氏度(℃)；

t_0——管道计算安装温度，单位为摄氏度(℃)；

P_d——管道计算压力，单位为兆帕(MPa)。

c) 对于承受较大静土压和机动车动土压的管道不得出现径向失稳。

d) 公称尺寸大于DN500的管道应按式(49)和式(50)进行径向稳定性验算：

$$\Delta x = \frac{1.728W \times D_o}{E(\delta^3/r^3) + 2562} \quad \cdots\cdots (49)$$

$$\Delta x \leqslant 0.03D_o \quad \cdots\cdots (50)$$

式中：

Δx——工作管径向最大变形量，单位为米(m)；

W——管顶单位面积上总垂直荷载，单位为千帕(kPa)，包括管顶垂直土荷载和地面车辆传递到钢管上的荷载，直埋管道管顶单位面积上总垂直荷载应符合表11的规定；

D_o——工作管外径，单位为米(m)；

r——工作管平均半径，单位为米(m)。

表11　直埋管道管顶单位面积上总垂直荷载

管顶覆土深度/m	管顶单位面积上总垂直荷载/kPa
1.3	62
1.4	60
1.5	58
1.6	56

5.2.4.3.4　管件应力验算应符合下列规定；

a)　弯头的升温弯矩及轴向力宜采用有限元法计算。

b)　弯头工作管在弯矩作用下的最大环向应力变化幅度应按式(51)~式(54)计算：

$$\sigma_{bt}=\frac{\beta_b \times M \times r_{bo}}{I_b}\times 10^{-6} \qquad (51)$$

$$\beta_b = 0.9\times\left(\frac{1}{\lambda}\right)^{\frac{2}{3}} \qquad (52)$$

$$\lambda=\frac{R\times\delta_b}{r_{bm}^2} \qquad (53)$$

$$r_{bm}=r_{bo}-\frac{\delta_b}{2} \qquad (54)$$

式中：

σ_{bt}——弯头在弯矩作用下最大环向应力变化幅度，单位为兆帕(MPa)；

β_b——弯头平面弯曲环向应力加强系数；

M——弯头的弯矩变化范围，单位为牛米(N·m)；

r_{bo}——弯头工作管横截面的外半径，单位为米(m)；

r_{bm}——弯头工作管横截面的平均半径，单位为米(m)；

I_b——弯头工作管横截面的惯性矩，单位为四次方米(m^4)；

λ——弯头工作管的尺寸系数；

R——弯头的曲率半径，单位为米(m)；

δ_b——弯头工作管的公称壁厚，单位为米(m)。

c)　弯头工作管的强度验算应符合式(55)和式(56)：

$$\sigma_{bt}+0.5\sigma_{pt}\leqslant 3[\sigma] \qquad (55)$$

$$\sigma_{pt}=\frac{P_d\times r_{bi}}{\delta_b} \qquad (56)$$

式中：

σ_{bt}——弯头在弯矩作用下最大环向应力变化幅度，单位为兆帕(MPa)；

σ_{pt}——弯头在内压作用下的最大环向应力，单位为兆帕(MPa)；

$[\sigma]$——钢材的许用应力，单位为兆帕(MPa)；

P_d——管道计算压力，单位为兆帕(MPa)；

r_{bi}——弯头工作管横截面的内半径，单位为米(m)；

δ_b——弯头工作管的公称壁厚，单位为米(m)。

d)　三通等管件工作管应根据内压和主管轴向荷载联合作用进行强度验算，应采用应力测定或有限元法进行疲劳分析，当不能满足应力验算条件时应进行加固。

e） 三通工作管加固应采取下列一项或几项措施：

1） 加大主管壁厚，提高三通总体强度（包括采用不等壁厚的锻钢三通）；

2） 在开孔区采取加固措施（包括增加支管壁厚），抑制三通开孔区的变形；

3） 在开孔区周围加设传递轴向荷载的结构。

5.2.4.3.5 管道竖向稳定性验算应符合下列规定：

a） 直管段上的垂直荷载应符合式（57）：

$$Q \geqslant \frac{\gamma_s \times N_{p\cdot max}^2}{E \times I_p \times 10^6} f_o \qquad (57)$$

式中：

Q——作用在单位长度管道上的垂直分布荷载，单位为牛每米（N/m）；

γ_s——安全系数，取1.1；

$N_{p\cdot max}$——管道的最大轴向力，单位为牛（N），按式（43）或式（45）计算；

f_o——初始挠度，单位为米（m）；

I_p——直管工作管横截面的惯性矩，单位为四次方米（m^4）。

b） 初始挠度应按式（58）计算：

$$f_o = \frac{\pi}{200}\sqrt{\frac{E \times I_p \times 10^6}{N_{p\cdot max}}} \qquad (58)$$

当f_o<0.01m时，f_o取0.01m。

式中：

f_o——初始挠度，单位为米（m）；

I_p——直管工作管横截面的惯性矩，单位为四次方米（m^4）；

$N_{p\cdot max}$——管道的最大轴向力，单位为牛（N），按式（43）或式（45）计算。

c） 垂直荷载应按式（59）~式（62）计算：

$$Q = G_W + G + S_F \qquad (59)$$

$$G_W = \left(H \times D_c - \frac{\pi \times D_c^2}{8}\right) \times \rho \times g \qquad (60)$$

$$S_F = \rho \times g \times H^2 \times K_0 \times \tan\varphi \qquad (61)$$

$$K_0 = 1 - \sin\varphi \qquad (62)$$

式中：

Q——作用在单位长度管道上的垂直分布荷载，单位为牛每米（N/m）；

G_W——单位长度管道上方的土层重量，单位为牛每米（N/m）；

G——包括介质在内的保温管单位长度自重，单位为牛每米（N/m）；

S_F——单位长度管道上方土体的剪切力，单位为牛每米（N/m）；

H——管道中心线覆土深度，单位为米（m）；

D_c——外护管外径，单位为米（m）；

ρ——土壤密度，单位为千克每立方米（kg/m^3），可取1800kg/m^3；

g——重力加速度，单位为米每二次方秒（m/s^2）；

K_0——土壤静压力系数；

φ——回填土内摩擦角，单位为度（°），砂土可取30°。

d） 当竖向稳定性不满足要求时，应采取下列措施：

1） 增加管道覆土深度或管道上方荷载；

2） 降低管道轴向力。

5.2.4.3.6 热伸长计算应符合下列规定：

a) 两过渡段间驻点位置 Z(图3)应按式(63)计算：

$$l_a = \frac{1}{2}\left[(l_a + l_b) - \frac{F_a - F_b}{F_{min}}\right] \quad \cdots\cdots (63)$$

式中

l_a、l_b——分别为驻点两侧过渡段长度，单位为米(m)；

F_a、F_b——分别为驻点两侧活动端对管道伸缩的阻力，单位为牛(N)；当 F_a 或 F_b 的数值与过渡段长度有关，采用迭代计算时，F_a 或 F_b 的误差不应大于10%；

F_{min}——管道单位长度最小摩擦力，单位为牛每米(N/m)。

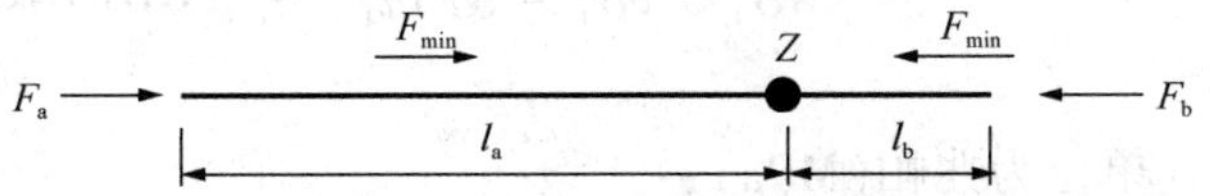

图3 计算驻点位置简图

b) 管段伸长量应根据该管段所处的应力状态按式(64)~式(67)计算：

1) 当 $t_1 - t_0 \leqslant \Delta T_y$ 或 $l \leqslant L_{min}$，整个过渡段处于弹性状态工作时：

$$\Delta l = \left[\alpha(t_1 - t_0) - \frac{F_{min} \times l}{2E \times A \times 10^6}\right] \times l \quad \cdots\cdots (64)$$

式中：

Δl——管段的热伸长量，单位为米(m)；

t_0——管道计算安装温度，单位为摄氏度(℃)；

t_1——管道工作循环最高温度，单位为摄氏度(℃)；

F_{min}——管道单位长度最小摩擦力，单位为牛每米(N/m)；

l——设计布置的管段长度，单位为米(m)；当 $l \geqslant L_{max}$ 时，取 $l = L_{max}$；

ΔT_y——工作管屈服温差，单位为摄氏度(℃)；

L_{min}——直管段的过渡段最小长度，单位为米(m)；

L_{max}——直管段的过渡段最大长度，单位为米(m)。

2) 当 $t_1 - t_0 > \Delta T_y$，且 $l > L_{min}$，管段中部分进入塑性状态工作时：

$$\Delta l = \left[\alpha(t_1 - t_0) - \frac{F_{min} \times l}{2E \times A \times 10^6}\right] \times l - \Delta l_p \quad \cdots\cdots (65)$$

$$\Delta l_p = \alpha(t_1 - t_0 - \Delta T_y) \times (l - L_{min}) \quad \cdots\cdots (66)$$

式中：

Δl_p——过渡段的塑性压缩变形量，单位为米(m)。

3) 当 $l \geqslant L_{max}$ 时，l 取 L_{max}。

c) 过渡段内任一计算点的热位移应按式(67)计算：

$$\Delta l_d = \Delta l - \Delta l_a \quad \cdots\cdots (67)$$

式中：

Δl_d——计算截面的热位移量，单位为米(m)；

Δl_a——假设过渡段的热伸长量，单位为米(m)，按式(64)计算，式中 l 取计算点到活动端的距离。

d) 采用套筒、波纹管、球型等补偿器对过渡段的热伸长或分支三通热位移进行补偿时，选用补偿器的补偿能力应符合下列规定：

1) 当过渡段的一端为固定点或锚固点时，补偿器补偿能力不应小于计算热伸长量(或热位移量)的1.1倍；

2） 当过渡段的一端为驻点时，补偿器补偿能力不应小于计算热伸长量(或热位移量)的 1.2 倍，但不应大于按过渡段最大长度计算出的热伸长量的 1.1 倍。

5.2.4.4 直埋蒸汽管道

直埋蒸汽管道应力计算应按照 CJJ/T 104 的规定执行。

5.2.4.5 直埋塑料管道

直埋塑料管道应力计算应符合下列规定：

a） 沿管道长度方向的轴向应力按式(68)计算：

$$\sigma_L = \nu\sigma_h - \alpha E(t_1 - t_0) \quad \cdots\cdots (68)$$

式中：

σ_L——轴向应力，单位为兆帕(MPa)；

t_1——管道工作循环最高温度，单位为摄氏度(℃)；

t_0——管道计算安装温度，单位为摄氏度(℃)。

b） 沿管道直径方向的径向应力按式(69)计算：

$$\sigma_j = p_n \quad \cdots\cdots (69)$$

式中：

σ_j——径向应力，单位为兆帕(MPa)；

p_n——管道的工作压力，单位为兆帕(MPa)。

c） 环向应力按式(70)计算：

$$\sigma_h = \frac{p_n(D^2 + d^2)}{D^2 - d^2} \quad \cdots\cdots (70)$$

式中：

σ_h——环向应力，单位为兆帕(MPa)；

d——工作管内径，单位为米(m)；

D——工作管外径，单位为米(m)。

d） 当量应力验算按式(71)计算：

$$\sigma_e = \sqrt{\frac{1}{2}[(\sigma_L - \sigma_j)^2 + (\sigma_j - \sigma_h)^2 + (\sigma_h - \sigma_L)^2]} \leqslant 1.2[\sigma] \quad \cdots\cdots (71)$$

$$[\sigma] = \sigma_s/1.5 \quad \cdots\cdots (72)$$

式中：

σ_e——当量应力，单位为兆帕(MPa)：

$[\sigma]$——许用应力，单位为兆帕(MPa)；

σ_s——屈服强度，单位为兆帕(MPa)，按附录 A 中表 A.5 选取。

5.2.4.6 管道支承反力的计算

架空(管沟)管道支承反力的计算按照 GB/T 32270—2015 中 6.4.3 执行。

5.2.5 管道布置和敷设

5.2.5.1 城镇供热管网的布置应在城镇规划的指导下，根据热负荷分布、热源位置、其他管线及构筑物、园林绿地、水文、地质条件等因素确定。

5.2.5.2 当抗震设防烈度为 9 度时，管道敷设宜采取管沟敷设。

5.2.5.3 直埋热水管道的布置应按照 CJJ/T 81 的规定执行。

5.2.5.4 架空(管沟)热水管道布置应按照 CJJ 34 的规定执行，并应符合下列要求：

a) 保温外表面与地面的净空距离不宜小于300mm；

b) 对于平行敷设的两根管道，两管保温外表面的净空距离不宜小于150mm；

c) 当管道有热位移时，a)、b)规定的各项间距，在考虑管道热位移后不宜小于50mm；

d) 管道跨越各类通道的净空距离应考虑管道位移的影响，并应符合下列规定：

1) 当管道横跨人行通道上空时，管道保温外表面与通道地面的净空距离不宜小于2.5m；当通道需要通行车辆时，净空高度应满足车辆通行的需要；

2) 当管道跨越道路时，管道保温外表面与道路的净空距离不宜小于5.0m；

e) 连续弯头或弯管中间应有直管段，其长度不应小于管道外径，且不应小于500mm；

f) 当供热管道的埋设深度大于建(构)筑物基础深度时，最小水平净距应按土壤内摩擦角计算确定；

g) 在不同深度并列敷设各种管道时，各种管道间的水平净距不应小于其深度差；

h) 供热管道检查室、方形补偿器壁龛与燃气管道最小水平净距应符合表12中规定。

5.2.5.5 供热管道管沟的外表面、直埋敷设热水管道或地上敷设管道的保温结构表面与建筑物、构筑物、道路、铁路、电缆、架空电线和其他管线的最小水平净距、垂直净距应符合表12和表13的规定。

表12 地下敷设供热管道与建筑物(构筑物)或其他管线的最小距离 单位为米

建筑物、构筑物或管线名称		供热管线形式	最小水平净距	最小垂直净距
建筑物基础		管沟	0.5	—
		直埋管道	3.0	—
铁路钢轨(或坡脚)		管沟、直埋管道	5.0	轨底1.2
有轨电车钢轨		管沟、直埋管道	2.0	轨底1.0
道路侧石边缘		管沟、直埋管道	1.5	—
桥墩(高架桥、栈桥)边缘		管沟、直埋管道	2.0	—
架空管道支架基础边缘		管沟、直埋管道	1.5	—
通信、照明或10kV以下电力线路的电杆		管沟、直埋管道	1.0	—
高压输电线铁塔基础边缘	电压≤330kV	管沟、直埋管道	3.0	—
	电压>330kV	管沟	3.0	—
		直埋管道	5.0	
通信管线		管沟、直埋管道	1.0	0.25
电力管线		管沟	1.0	电力直埋0.5 保护管或隔板0.25
		直埋管道	2.0	
燃气管道	燃气压力<0.01MPa	供热管沟	1.0	燃气钢管0.15 聚乙烯管 在上0.2聚乙烯管 在下0.3
	燃气压力≤0.4MPa		1.5	
	燃气压力≤0.8MPa		2.0	
	燃气压力>0.8MPa		4.0	
	燃气压力≤0.4MPa	直埋管道	1.0	燃气钢管0.15 聚乙烯管在上0.5 聚乙烯管在下1.0
	燃气压力≤0.8MPa		1.5	
	燃气压力>0.8MPa		2.0	
给水管道		管沟、直埋管道	1.5	0.15
雨、污排水管道		管沟、直埋管道	1.5	0.15

表 12　地下敷设供热管道与建筑物(构筑物)或其他管线的最小距离(续)　单位为米

建筑物、构筑物或管线名称	供热管线形式	最小水平净距	最小垂直净距
再生水管道	管沟	1.5	0.15
	直埋管道	1.0	
地铁隧道结构	管沟、直埋管道	5.0	0.8
电气铁路接触网电杆基础	管沟、直埋管道	3.0	—
乔木(中心)	管沟	1.5	—
	直埋热水管道	1.5	—
	直埋蒸汽管道	2.0	—
灌木(中心)	管沟	1.0	—
	直埋管道	1.5	—
机动车道路面	管沟	—	0.5
	直埋管道	—	1.0
非机动车道路面	直埋管道	—	0.7
注 1：供热管道与电力电缆平行敷设时，电缆处的土壤温度与月平均土壤自然温度比较，全年任何时候对于电压 10kV 的电缆不高出 10℃，对于电压 35kV～110kV 的电缆不高出 5℃时，可减小表中所列距离。 注 2：在条件不允许时，可采取有效技术措施，可以减小表中规定的距离，或采用埋深较大的排开挖法施工。			

表 13　地上敷设供热管道与建筑物(构筑物)或其他管线的最小距离　单位为米

建筑物、构筑物或管线名称		最小水平净距	最小垂直净距
铁路钢轨		轨外侧 3.0	轨顶一般 6.0；电气铁路 10.5
电车钢轨		轨外侧 2.0	路面 9.0
公路边缘		1.5	—
公路路面		—	4.5
架空输电线(水平净距：导线最大风偏时；垂直净距：热力网管道在下面交叉通过导线最大垂度时)	<3kV	1.5	1.5
	3kV～10kV	2.0	2.0
	35kV～110kV	4.0	3.0
	220kV	5.0	4.0
	330kV	6.5	5.0
	500kV	6.5	6.5
	750kV	9.5	8.5
通信线		—	1.0
其他管线		—	0.25
树冠		0.5(到树中不小于 2.0)	—

5.2.5.6　直埋蒸汽管道布置应按照 CJJ/T 104 的规定执行。

5.2.5.7　架空(管沟)蒸汽管道布置应符合下列要求：

a)　架空(管沟)蒸汽管道布置应同时满足 5.2.5.4 的规定；

b)　当蒸汽管道采用多层布置时，可将管径小、压力高、有阀门或法兰连接的布置在上面。管道垂直间距应满足安装和检修要求。

5.2.5.8 直埋保温塑料管道应符合下列要求：

a) 直埋保温塑料管道应采用无补偿敷设方式；

b) 直埋保温塑料管道埋深不应小于表14的要求。

表14 直埋保温塑料管道的最小覆土深度

工作管公称外径 d_n/mm	最小覆土深度/m	
	机动车道	非机动车道
≤125	0.8	0.7
140～315	1.0	0.7
355～450	1.2	0.9

5.2.5.9 长输供热热水管网应符合下列要求：

a) 长输供热热水管网除进行静态水力分析外，还应进行动态水力分析；

b) 长输供热热水管网宜对工作管道内壁进行减阻处理，减小内壁当量粗糙度；

c) 长输供热热水管网的比摩阻宜采用20Pa/m～50Pa/m；

d) 长输供热热水管网的线路选择应符合下列规定：

1) 宜避开多年生经济作物区和重要的农田基本建设设施；

2) 应避开重要的军事设施、易燃易爆仓库、国家重点文物保护区和塌陷区；

3) 不应占用铁路或高速公路的隧道，可与桥梁合建；

e) 长输供热热水管网采用直埋敷设时，应采用预热安装或冷安装的无补偿敷设方式；

f) 长输供热热水管网应装设分段阀门，分段阀门的间距宜为3km～5km；

g) 长输供热热水管网上宜设置管道检漏报警系统；

h) 长输供热热水管网在向下穿越河流、池塘或交通设施时，应在穿越前后两端介质方向的管道上设置除污装置；

i) 长输管线系统补水装置的小时补水总能力，不宜小于最长管道分段阀门之间单根管道水容积的10%。

5.2.5.10 综合管廊内热力管道应符合GB 50838的要求。

5.2.5.11 热力管道穿跨越工程应符合下列要求：

a) 当热力管线穿(跨)越铁路、公路、桥梁、堤坝等设施时，应保证各种设施安全；

b) 当热力管线跨越水面或河底敷设时，不应妨碍河流通航、泄洪和河道整治；

c) 当采用顶管、暗挖、盾构的结构工艺时，管道应力计算按照GB/T 32270—2015中6.4.2执行；

d) 当采用定向钻的工艺时，管道应力计算按照5.2.4.3执行。

5.2.6 管道支、吊架

5.2.6.1 一般规定

5.2.6.1.1 管道支、吊架的设置和选型应根据管道布置和对支、吊架的功能要求确定。

5.2.6.1.2 支、吊架间距应根据管道荷载的合理分布，并满足管道强度、刚度和防止振动等要求。

5.2.6.1.3 支、吊架应支承在可靠的构筑物上，便于施工，且不影响设备检修及其他管道的安装和扩建。

5.2.6.1.4 支、吊架零部件应有足够的强度和刚度，结构简单，宜采用标准产品。

5.2.6.1.5 室外管道吊架的拉杆，在穿过保温层处应采取防雨措施。

5.2.6.2 支、吊架允许间距

5.2.6.2.1 水平直管道支、吊架间距应满足下列要求：

a) 强度条件确定的支、吊架间距按式(73)和式(74)计算:

$$L_{\max} = 2.24\sqrt{\frac{W\phi[\sigma]^{t}}{q}} \qquad (73)$$

$$W = \frac{\pi}{32}\frac{D^4 - d^4}{D} \qquad (74)$$

式中:

$L_{\max}$——支、吊架最大允许间距,单位为米(m);

q——管道单位长度自重,单位为牛每米(N/m);

W——管道截面抗管矩,单位为三次方厘米(cm^3);

D——钢管外径,单位为厘米(cm);

d——管道内径,单位为厘米(cm);

ϕ——管道横向焊缝系数,一般ϕ=0.9,也可参考表15选取;

$[\sigma]^{t}$——钢材在设计温度下的许用应力,单位为兆帕(MPa)。

表15 管道横向焊缝系数ϕ值

管道横向焊缝	ϕ值	管道横向焊缝	ϕ值
手工电弧焊	0.7	手工双面加强焊	0.95
有垫环对焊	0.9	自动双面焊	1.0
无垫环对焊	0.7	自动单面焊	0.8

b) 刚度条件确定的支、吊架间距按式(75)和式(76)计算:

$$L_{\max} = 0.19 \cdot \sqrt[3]{\frac{100E_{t}Ii_0}{q}} \qquad (75)$$

$$I = \frac{\pi}{4}\left[\left(\frac{D}{2}\right)^4 - \left(\frac{d}{2}\right)^4\right] \qquad (76)$$

式中

i_0——最大弯曲挠度,单位为毫米(mm),一般管道排水坡度,$i_0 \geqslant 0.002$;

E_t——管道材料在设计温度下的弹性模量,单位为兆帕(MPa);

I——管道截面惯性矩,单位为四次方厘米(cm^4)。

c) 水平直管支、吊架的允许间距,应取强度和刚度确定的间距最小值;在水平管道方向改变处,两支、吊点间的管道展开长度不应超过水平直管支、吊架允许间距的3/4。

5.2.6.2.2 垂直管道支、吊架的间距可大于水平直管支、吊架的允许间距,在最不利荷载作用下不应使管壁应力超过允许值。为防止管道侧向振动,垂直管道宜设置适当数量的管道侧向约束装置。

5.2.6.3 支、吊架荷载及荷载组合

5.2.6.3.1 支、吊架荷载及荷载组合应符合GB/T 17116.1的规定。支、吊架应能承受管道和相关设备在可能出现的各种工况下所施加的静荷载和规定的动力荷载。支、吊架零部件应按对其结构最不利的组合荷载进行选择和设计。在管道支、吊架设计时,应考虑的荷载包括(但不限于)下列各项:

a) 管道组成件及保温层的重力;

b) 支、吊架的重力;

c) 管道输送介质的重力;

d) 对于蒸汽管道,应根据具体情况考虑水压试验或管道清洗时的介质重力;

e) 管道中柔性管件由于内压力产生的作用力;

f) 支、吊架约束管道位移所产生的约束反力和力矩;

g） 管道位移时在活动支、吊架上引起的摩擦力，摩擦系数μ可按表16取值；

h） 室外管道受到的雪荷载；

i） 室外管道受到的风荷载；

j） 正常运行时，由于种种原因引起的管道振动力；

k） 管内流体动量瞬时突变（如汽锤、水锤、安全阀排汽反力）引起的瞬态作用力；

l） 流体排放产生的反力；

m） 地震引起的荷载，但不考虑地震荷载与风荷载同时出现的工况。

5.2.6.3.2 支、吊架结构荷载应符合GB 50764—2012中10.3.2的规定。支、吊架结构荷载计算应根据具体情况考虑下述工况：

a） 运行初期冷态工况；

b） 运行初期热态工况；

c） 管道应变自均衡后的冷态工况；

d） 管道应变自均衡后的热态工况；

e） 水压试验或管路清洗工况；

f） 各种瞬态工况。

5.2.6.3.3 管道位移在活动支、吊架上引起的摩擦力，其摩擦系数μ可按表16取值。

表16 摩擦系数

序号	摩擦形式	摩擦系数
1	钢与钢滑动摩擦	0.3
2	钢与聚四氟乙烯板之间	0.2
3	聚四氟乙烯之间	0.1
4	不锈钢（镜面）薄板之间	≤0.1
5	不锈钢（镜面）与聚四氟乙烯板之间	0.05~0.07
6	钢表面的滚动摩擦	0.1

5.2.6.4 支、吊架材料

5.2.6.4.1 与管道直接接触的支、吊架零部件，其材料应按管道设计温度选用。与管道直接焊接的零部件，其材料应与管道材料相同或相容。

5.2.6.4.2 钢材的使用温度上限应符合GB/T 32270—2015附录A的规定。

5.2.6.4.3 用于承受拉伸荷载的支、吊架零部件应采用有冲击吸收能量保证值的钢材。当采用没有冲击吸收能量保证值的钢材时，应按GB/T 229的要求补做冲击韧性试验，其冲击吸收能量值符合有关国家标准的规定。

5.2.6.4.4 支、吊架零部件不应采用沸腾钢或铸铁材料。

5.2.6.5 支、吊架结构及强度

5.2.6.5.1 支、吊架管部结构不应使管道局部产生额外应力。

5.2.6.5.2 管部结构的设计应符合下列规定：

a） 管部结构应能承受功能所要求的力和力矩，保证管部与管道之间在预定约束方向不发生相对位移。管部结构的设计应控制管壁应力，防止管道局部塑性变形。

b） 管部结构尺寸应与管道外径相配，且应保证其与支、吊架其他连接部件相连接的部位裸露

在管道保温层外。

c） 垂直管道的管部结构或限制管道轴向位移的双臂管部结构，管部的任一侧应能承受该支、吊架点的全部荷载。

5.2.6.5.3 支、吊架的连接件设计应符合以下规定：

a） 螺纹拉杆的最大承载力可根据其许用应力和螺纹根部截面计算，螺纹拉杆的许用应力按照 GB/T 32270—2015 附录 A 的 75%取用。用于不大于 DN50 管道上的吊杆直径不应小于 10mm，用于大于 DN50 管道上的吊杆直径不应小于 12mm。

b） 任何状态下吊杆与垂线之间夹角应符合下列规定值：

1） 刚性吊架吊杆与垂线之间夹角不应大于 3°；

2） 弹性吊架吊杆与垂线之间夹角不应大于 4°；

3） 当不能满足 1）、2）的规定时，应采取偏装或加装滚动装置等措施。

c） 吊杆应有足够的螺纹长度，并配有调节垂直高度的部件，螺纹连接处应设锁紧螺母。

d） 垂直管道双拉杆刚性吊架的连接件应按单侧承受全部结构荷载选择。

5.2.6.5.4 支、吊架的焊接和根部钢结构设计应符合 GB/T 17116.3 的规定。

5.2.6.6 其他支座的要求

5.2.6.6.1 地下敷设管道固定支座的承力结构宜采用耐腐蚀材料，或采取可靠的防腐措施。

5.2.6.6.2 地沟、综合管廊及架空敷设供热管网中，导向支座、滑动支座和固定支座应采取相应的隔热措施。

5.2.7 管道防腐

5.2.7.1 腐蚀环境类型

5.2.7.1.1 大气腐蚀性等级应按 GB/T 19292.1 的规定划分。

5.2.7.1.2 土壤腐蚀性等级应按 GB/T 19285 的规定划分。

5.2.7.2 一般规定

管道在下列条件下应进行外部防腐：

a） 架空和管沟敷设的热水管道、凝结水管道；

b） 架空和管沟敷设季节运行的蒸汽管道；

c） 无防腐功能的保护层。

5.2.7.3 防腐设计

5.2.7.3.1 防腐涂料的性能应与腐蚀环境相适应。

5.2.7.3.2 防腐涂料的选择应符合下列规定：

a） 热水管道宜选择富锌涂料；

b） 蒸汽管道应按介质的最高温度选择涂料；

c） 直埋蒸汽管道外护管应按重腐蚀环境选择涂料，长期耐温不应低于 70℃。

5.2.7.3.3 防腐涂层体系的设计应符合下列规定：

a） 具有良好的附着力、耐蚀性、抗冲击、电绝缘性、低吸水性、低水蒸气穿透性和抗温度变化的能力；

b） 应符合 DL/T 5072 的有关规定。

5.2.7.3.4 直埋蒸汽管道的外护管应采取阴极保护措施。

5.2.8 管道保温

5.2.8.1 一般规定

5.2.8.1.1 热水管道和蒸汽管道均应保温。

5.2.8.1.2 保温层结构应保证在设计条件下运行时，其外表面温度不应高于50℃。

5.2.8.1.3 管沟和综合管廊内管道保温应满足管沟和综合管廊内的环境温度要求。

5.2.8.2 保温材料及保护层材料性能

5.2.8.2.1 保温材料应符合下列规定：

a) 对环境无污染，对人体无伤害；

b) 无机保温材料在平均温度为70℃时的导热系数不得大于0.080W/(m·K)，有机保温材料在平均温度为50℃时的导热系数不应大于0.043W/(m·K)；

c) 硬质保温材料的密度不应大于250kg/m^3，软质保温材料的密度不应大于150kg/m^3；

d) 硬质保温材料的抗压强度：无机保温材料不应小于0.4MPa，有机保温材料不应小于0.3MPa；

e) 最高使用温度、吸湿率、收缩率、抗折强度、腐蚀性及耐蚀性等性能应符合相关标准的规定；

f) 室内及综合管廊内管道和设备的保温材料，燃烧性能应不低于GB 8624难燃材料的要求，且氧指数不应小于30%。

5.2.8.2.2 保护层材料应符合下列规定；

a) 对环境无污染，对人体无伤害；

b) 具有良好的防水性、防湿性、防潮性及抗大气腐蚀性；

c) 具有稳定的化学性能，不易老化变质，不应对保温层产生腐蚀或溶解；

d) 室内及综合管廊内的管道和设备保护层材料，燃烧性能应不低于GB 8624难燃材料的要求。

5.2.8.3 保温设计

5.2.8.3.1 保温材料应按介质的最高温度选择。

5.2.8.3.2 保温计算应符合下列规定：

a) 直埋热水管道保温计算应符合CJJ/T 81的规定；

b) 直埋蒸汽管道保温计算应符合CJJ/T 104的规定；

c) 架空管道保温计算应符合GB 50264的规定。

5.2.8.3.3 保温结构应符合下列规定：

a) 保温结构宜由保温层和保护层组成；

b) 保温结构应有足够的机械强度；

c) 保温结构宜为固定式，但需要维修的部位宜采用可拆卸式；

d) 直埋热水管道应采用整体保温结构。

6 制作与安装

6.1 一般规定

6.1.1 承担压力管道制作、施工与安装的单位应按照国家规定具有相关资质，应有与生产相适应的专业人员、生产场地和检测手段，有与生产相适应的设备、设施和工作场所。

6.1.2 承担压力管道制作、施工与安装单位应具有健全的压力管道安装安全、技术、质量管理、环境保护管理体系和施工现场管理制度。

6.1.3 承担公用管道、设备焊接的人员应取得国家相应部门颁发的特种作业人员资格证书，所从事的工作范围应与资格证书相符。承担其他材质公用管道安装的人员，应经过相关专业机构的专门培训。

6.1.4 施工前，应进行图纸会审、设计技术交底等，并应依据设计和规范编制施工组织设计及专项施工方案。应准备与工程项目相适应的焊接工艺评定、焊接作业指导书等文件。

6.1.5 管道施工前，施工单位应向工程所在地的特种设备监察机构送达施工告知文件。

6.1.6 管道工程施工所使用的管材、设备、管道组成件、压力容器及元件、防腐材料、阴极保护材料、管道标示材料等，应符合设计要求，其质量应符合国家现行有关产品标准的规定，并具有材质证明文件、质量证明书、出厂质量合格文件以及使用说明书。

6.1.7 施工前应依据设计文件进行地上、地下障碍物调查，调查情况、处置方案应纳入施工组织设计，实施情况留有影像资料并应纳入竣工档案。

6.1.8 在管道焊缝竣工单线图上应标明焊缝位置(里程)、焊缝编号、焊工代号、焊接位置、返修焊缝、无损检测方法及其抽查的焊缝、扩大检验的焊缝、热处理及硬度抽查的焊缝等。

6.1.9 防腐层补口现场施工前，应对选用的补口材料和施工方式进行工艺评定试验(PQT)；补口施工环境应满足材料的施工要求。

6.2 材料、设备的进场检验

6.2.1 钢质管道、管件、设备的检查与验收

6.2.1.1 在入库和进入施工现场安装前，应对管道组成件进行检查，其材质、规格、型号应符合设计文件和合同的规定，并应按现行的国家产品标准进行外观、椭圆度、壁厚、尺寸等检查；对外观质量设计文件或本标准有要求时应进行有关质量检验，不合格者不得使用。

6.2.1.2 当有相关文件要求时，应对材料进行复验。复检的材料应按照相关规范的规定进行复检。牌号及质量性能不明的材料不应用于管道(承压)组成件，不合格的材料、管道附件、设备不应安装使用。

6.2.1.3 管道组成件应逐件进行核实并标记，标志内容一般包括制造单位代号或商标、许可标志、材料(牌号或强度等级、规格、炉批号)、产品编号等。产品规格较小，无法标记全部内容时，可采用标签或按照相关要求省略部分内容。产品标志应能够追溯到产品质量证明文件。

6.2.1.4 现场安装的阀门应逐个进行外观检查，其外观质量应符合下列要求：

a) 阀体、阀盖、阀外表面无气孔、砂眼、裂纹等；

b) 垫片、填料应满足介质要求，安装应正确；

c) 丝杆、手轮、手柄无毛刺、划痕，且传动机构操作灵活、指示正确；

d) 铭牌完好无缺，标识清晰完整；

e) 备品备件应数量齐全、完好无损。

6.2.1.5 阀门安装前应按照有关国家标准或行业标准进行性能和严密性检查。试验合格后立即将水渍清理干净。有特殊要求时，试验介质应符合设计文件的规定。经建设方或其监造代表认可的阀门生产商的出厂性能检验证明文件，阀门可免除现场检验。

6.2.1.6 法兰的公称压力应符合设计要求，法兰密封面应平整光洁，不得有毛刺及径向沟槽。法兰螺纹部分应完整，无损伤。凹凸面法兰应能自然嵌合，凸面的高度不得低于凹槽的深度。

6.2.1.7 螺栓及螺母的螺纹应完整，不得有伤痕、毛刺等缺陷；螺栓与螺母应配合良好，不得有松动或卡涩现象。设计压力大于或等于1.6MPa的管道使用的高强度螺栓、螺母设计文件有疑问时，应按照相关规范要求进行复验。

6.2.1.8 石棉橡胶垫、橡胶垫及软塑料等非金属垫片应质地柔韧，不得有老化变质或分层现象，表面不应有折损、皱纹等缺陷；金属垫片的加工尺寸、精度、光洁度及硬度应符合要求，表面不得有

裂纹、毛刺、凹槽、径向划痕及锈斑等缺陷；包金属及缠绕式垫片不应有径向划痕、松散、翘曲等缺陷。

6.2.2 聚乙烯管材、管件、设备的检查与验收

6.2.2.1 管材、管件的验收，应按有关标准进行，检验合格后方可使用。

6.2.2.2 管材、管件的储存应符合 CJJ 63 的有关规定，管材存放时间超过 4 年，密封包装的管件存放时间超过 6 年，应对其抽样检验，性能符合要求方可使用。

6.2.2.3 钢塑转换接头应光滑整洁，不应有明显的划伤、凹陷、鼓包等表面缺陷，其质量应符合 GB 26255.1、GB 26255.2 的规定。

6.2.3 球墨铸铁管道检查与验收

6.2.3.1 管材及管件表面不得有裂纹及影响使用的凹凸不平等缺陷。

6.2.3.2 使用橡胶密封圈密封时，其性能应符合燃气输送介质的使用要求。橡胶圈应光滑、轮廓清晰，不得有影响接口密封的缺陷。

6.2.3.3 球墨铸铁管、管件和附件质量应符合设计要求和 GB/T 13295 的有关规定。产品应有出厂气密性试验合格文件，试验压力不应小于 0.6MPa。管材及管件承插口密封工作面铸造不应有连续的轴向沟纹，管材及管件承口密封工作面应喷涂防腐漆。

6.2.4 补偿器的检查与验收

6.2.4.1 补偿器的材质、规格型号、压力等级、技术要求、外型尺寸等应符合设计要求，其产品质量应符合 GB/T 12777 和 GB/T 35990 的相关规定。

6.2.4.2 补偿器的焊缝质量、压力试验应经检验符合设计要求。

6.2.5 凝水缸的检查与验收

6.2.5.1 凝水缸应按设计要求进行施工安装与制作。

6.2.5.2 凝水缸应逐个进行外观检查，并进行强度和严密性试验。

6.2.5.3 凝水缸抽水管及井内管件应涂刷两道油漆防腐，油漆可选用红丹防锈漆。

6.2.6 外防腐层检查

6.2.6.1 管道防腐层材料、补口补伤材料及防腐等级应符合设计要求，防腐补口材料应与管体防腐层材料相同或相容，且施工工艺应能适应具体工程的现场施工环境及施工条件。防腐层基本结构应符合 CJJ 95 的有关规定。

6.2.6.2 用电火花检漏仪进行针孔检查，单层环氧粉末或热收缩带(套)底漆时，检漏电压为 5V/μm；聚乙烯三层结构时，检漏电压为 25kV；热收缩带(套)防腐层时，检漏电压为 15kV；绝缘接头(法兰)表面涂层用设计规定的绝缘电压值进行电火花检测应无漏点。

6.2.6.3 防腐补口材料的检查验收除应符合本标准规定外，尚应满足 GB/T 51241 的要求。

6.2.7 焊接材料

6.2.7.1 焊接材料生产厂商应随货提供必要的质量证明文件，工程使用前采购方应对不同批号的焊接材料进行复检。

6.2.7.2 焊材的品种和型号应符合焊接工艺规程的要求，焊材包装应完好，标识应清晰。

6.2.7.3 焊条应无破损、霉变、油污、锈蚀，焊丝应无锈蚀和折弯，焊剂应无变质现象，保护气体的纯度和干燥度应满足焊接工艺规程的要求。

6.2.7.4 保护气体的纯度应满足 4.2.6 的要求。

6.2.8 支、吊架的验收

支、吊架应按照 GB/T 32270—2015 中 7.2.5 的规定进行验收。

6.3 材料运输与存放

6.3.1 钢制管材、管件的保管

6.3.1.1 管材、管件装卸时，不应抛摔、拖拽和剧烈撞击。存放时的堆放高度、环境条件(湿度、温度、光照等)应符合产品的要求，应避免暴晒和雨淋。

6.3.1.2 管材、管件入库前应查验产品质量合格文件或质量保证文件等，并应妥善保管。

6.3.1.3 管材、管件应按产品储存要求分类储存，堆放整齐、稳固，便于管理。

6.3.1.4 管材、管件应平放在地面上，存放和堆置高度应保证管道不会发生损伤和永久变形，并应采取防止滚落的措施。每层防腐管之间应垫放软垫，最下层的管道下宜铺垫两排枕木或砂袋，支撑物应牢固，直管道等长物件应做连续支撑；管道距地面的距离宜大于 200mm。

6.3.1.5 山地、丘陵、冲沟、水网地段堆管场地应选择在不易受洪水、滑坡、滚石侵害的地方。

6.3.1.6 在沿海、空气潮湿、盐雾腐蚀等地区存放钢管和管件应有防止潮湿空气、盐雾侵蚀的措施。

6.3.1.7 暂不安装的管材、管件和阀门等，应对端口进行妥善封闭。

6.3.2 阀门保管

6.3.2.1 阀门宜采用室内库房存放保管，阀门入库前要进行检验，核对合格证等技术资料与实物是否相符。入库后保管员应及时办理入库手续。

6.3.2.2 阀门应按阀门的规格、型号、材质分别存放。

6.3.2.3 壳体压力试验和密封试验后的阀门，闲置时间超过半年，使用前应重新进行检验。

6.3.2.4 外露阀杆的部位，应涂润滑脂进行保护。除塑料和橡胶密封面不准许涂防锈剂外，阀门的其他关闭件和阀座密封面应涂工业用防锈油脂。

6.3.2.5 阀门的内腔、法兰密封面和螺栓螺纹应涂防锈剂进行保护。阀门试验合格后，内部应清理干净，阀门两端应加防护盖，填写试验记录。

6.3.3 补偿器保管

6.3.3.1 补偿器运输过程中应采取有效措施防止相互碰撞。起吊时吊具不应吊在波纹管、拉杆或拉板上。

6.3.3.2 补偿器进场后应检查产品合格证，核对产品型号，并对外观质量和安装尺寸进行复检，安装前不得拆除运输紧固装置。

6.3.3.3 补偿器应按不同规格、型号分类储存并分别做好标识，并采取防锈、防变形措施。

6.3.3.4 补偿器露天存放时，场地应坚实，平整，不得有积水、石块等，并应采用篷布覆盖。

6.3.3.5 补偿器宜放置在方木上，平行支撑不少于 2 道，均匀对称配置，方木高度不小于 200mm。

6.3.4 聚乙烯燃气管道和热力塑料管道、管件的保管

6.3.4.1 管材、管件和阀门的运输应符合下列规定：

a) 搬运时，不得抛、摔、滚、拖，在冬季运输时应小心轻放。当采用机械设备吊装直管时，应用非金属绳(带)吊装。

b) 管材运输时，应放置在带挡板的平底车上或平坦的船舱内，堆放处不得有可能损伤管材的

尖凸物，并应采用非金属绳(带)捆扎、固定，以及应有防晒措施。

c) 管件、阀门运输时，应按箱逐层叠放整齐、固定牢靠，并有相应的防雨淋措施。

6.3.4.2 管材、管件和阀门的储存过程中应符合下列规定：

a) 管材、管件和阀门应存放在通风良好的库房或棚内，远离热源，且应有防晒、防雨淋的措施；不应与油类或化学品混合存放，库区应有防火措施；管材、管件和阀门存放时，应按不同规格尺寸和不同类型分别存放，并应遵守“先进先出”的原则。

b) 管材应水平堆放在平整的支撑物或地面上。当直管采用三角形式堆放和两侧加支撑保护的矩形堆放时，堆放高度不宜超过1.5m；当直管采用分层货架存放时，每层货架高度不宜超过1m，堆放总高度不宜超过3m；管件储存应成箱存放在货架上或叠放在平整地面上；当成箱叠放时，堆放高度不宜超过1.5m。

c) 管材、管件在户外临时存放时，应有遮盖物遮盖。

6.3.5 球墨铸铁管材、管件的保管

6.3.5.1 管材、管件及设备运至施工现场，卸车时要使用软带吊装，轻吊轻放，避免管道互相碰撞，入槽前管道要放在适当的砂袋拖架上，防止损坏管道外防腐。

6.3.5.2 存放地面应平坦松软，场地附近不得有腐蚀性化学物品。

6.3.5.3 管材在运输、装卸过程中管身要设弧形支座，支座外包麻袋片，管身应用外套胶管的钢丝拉紧。

6.3.5.4 管材、管件运至现场后，可沿沟槽一侧摆放，在搬运和装卸过程中不得使管道摔落、相互撞击、自由滚动或沿地面拖拉。

6.3.6 焊材保管

6.3.6.1 焊材应在干燥通风的室内分类存放，室内温度应在5℃以上，相对湿度小于60%，防止受潮气、雨水、雪霜及油类等有害物质的侵蚀。

6.3.6.2 焊接材料应按有关的技术要求和安全规程妥善保管。因吸潮而可能导致失效的焊接材料在存放时应采取必要的防潮措施。如设置货架、采用防潮剂或去湿器等。品种、型号及牌号、批号、规格、入库时间不同的焊接材料应分类存放，并有明确的区别标志，以免混杂。

6.3.6.3 在保管和搬运时，应避免损害焊接材料及其包装，包装开启后，应保护其不致变质，凡有损害或变质迹象的焊材不应使用。

6.3.6.4 施工现场应建立焊接材料的保管、烘干、清洗、发放、使用和回收制度。

6.3.6.5 库存管理人员应具备有关焊接材料保存的基本知识，熟悉本岗位的各项管理程序和制度。定期对库存的焊接材料进行检查，并将检查结果作书面记录。发现由于保存不当而出现可能影响焊接质量的缺陷时，不得使用。

6.3.7 防腐补口材料保管

6.3.7.1 防腐补口材料应有进货清单，抽检复核资料，入库时分类清点，分类存放。

6.3.7.2 防腐补口材料应存放在通风干燥的库房。存放地点应远离火源，阴凉通风，避免雨淋和阳光直射。

6.3.7.3 库房应有严禁动火警示标识，照明等器材应为防爆型。同时库房应配备足够的消防器材，留有消防通道。

6.3.7.4 搬运过程中应轻装轻放，不得撞击、翻滚、倾倒，防止包装容器损坏。

6.3.7.5 对可燃性和有毒性材料应有紧急防范措施。

6.3.7.6 喷砂用石英砂应在半露天库存放并做到防潮、防雨。

6.4 燃气管道制作与安装

6.4.1 管沟开挖

6.4.1.1 沟槽及基坑的开挖、支护应根据工程地质条件、施工方法、周围环境等要求进行，并应符合 GB 50201—2012、JGJ 120 的规定。

6.4.1.2 开挖前应对地下土质情况、建构筑物分布情况、已建管道的衔接位置与高程进行调查，并与管理单位洽谈处理方案，同时制定土方开挖、调运方案及安全措施。

6.4.1.3 混凝土路面和沥青路面的开挖应使用机械切割。

6.4.1.4 在地下水位较高的地区或雨期施工时，应采取降水或排水措施，并应采取防止管道、构筑物漂浮的措施。施工降水、排水应符合 JGJ 111 的规定。

6.4.1.5 开挖管沟时，应保护地下文物，当发现文物时应保护现场，并向当地主管部门报告。

6.4.1.6 管道沟底宽度和工作坑尺寸应符合设计要求，当设计无要求时可按下列规定执行：

a）当单管沟底组装时，沟底宽度可按表 17 确定；

表 17 单管沟底组装沟底宽度

管道公称尺寸 *DN*/mm	沟底宽度 *A*/m
50~80	0.6
100~200	0.7
250~350	0.8
400~450	1.0
500~600	1.3
700~800	1.6
900~1000	1.8
1100~1200	2.0
1300~1400	2.2

b）当单管沟边组装或双管同沟敷设时，沟底宽度可按式(77)确定：

$$A = D_1 + D_2 + s + c \quad \cdots\cdots (77)$$

式中：

A——沟底宽度，单位为米(m)；

D_1——第一条管道外径，单位为米(m)；

D_2——第二条管道外径，单位为米(m)；

s——两管道之间的设计净距，单位为米(m)；

c——工作宽度，单位为米(m)，在沟底组装 c 取 0.6，在沟边组装 c 取 0.3。

c）梯形槽(图 4)上口宽度可按式(78)确定：

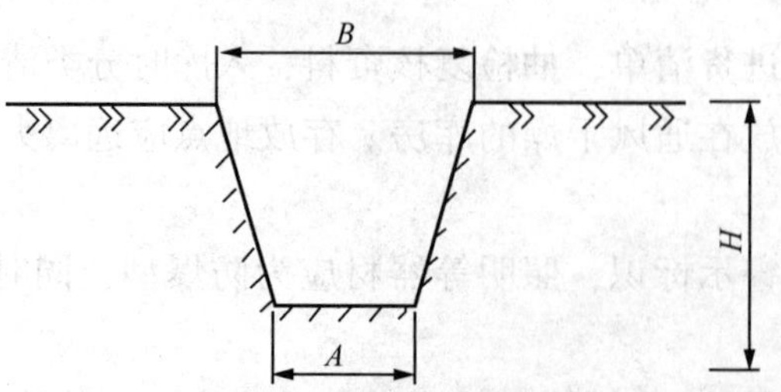

图 4 梯形槽横断面

$$B = A + 2n \times H \quad (78)$$

式中：

B——沟槽上口宽度，单位为米(m)；

A——沟槽底宽度，单位为米(m)；

n——沟槽边坡率(边坡的水平投影与垂直投影的比值)，按表18取值；

H——沟槽深度，单位为米(m)。

表18 深度在5m以内的沟槽最大边坡率

土的类别	边坡坡度(高：宽)		
	坡顶无荷载	坡顶有静载	坡顶有动载
中密的砂土	1：1.00	1：1.25	1：1.50
中密的碎石类土(充填物为砂土)	1：0.75	1：1.00	1：1.25
硬塑的粉土	1：0.67	1：0.75	1：1.00
中密的碎石类土(充填物为黏性土)	1：0.50	1：0.67	1：0.75
硬塑的粉质黏土、黏土	1：0.33	1：0.50	1：0.67
老黄土	1：0.10	1：0.25	1：0.33
软土(经井点降水后)	1：1.25	—	—

6.4.1.7 当在无地下水的天然湿度土壤中开挖沟槽，且沟深不超过表19的规定时，沟壁可不设边坡。

表19 不设边坡沟槽深度

土的类别	沟槽深度/m	土的类别	沟槽深度/m
密实的砂土或砾石土	≤1.00	黏土	≤1.50
亚砂土或亚黏土	≤1.25	坚土	≤2.00

6.4.1.8 当土壤具有天然湿度、构造均匀、无地下水、水文地质条件良好，且挖深小于5m，沟槽不设支撑时，沟槽的最大边坡率可按表18确定。

6.4.1.9 当无法达到6.4.1.8的要求时，应采用支撑加固沟壁。对不坚实的土体应及时做连续支撑，支撑物应有足够的强度。支撑应按先撑后挖、限时、对称、分层、分区等的开挖方法确定开挖顺序，不应超挖，应减小沟槽无支撑暴露开挖时间和空间。

6.4.1.10 沟槽一侧或两侧临时堆土位置和高度不得影响边坡的稳定性和管道安装，临时堆土高度不宜超过1.5m，且不得靠墙堆土。堆土前应对消防栓、阀门井、雨水口等设施进行保护。

6.4.1.11 沟槽的开挖断面、边坡坡度应符合施工组织设计(方案)的要求。沟槽、基坑开挖的允许偏差及检查应符合表20和表21的规定。

表20 沟槽开挖的允许偏差及检查

检查项目	允许偏差/mm		检查数量		检查方法
			范围	点数	
槽底高程	土方	±20	100m	3	用水准仪测量
	石方	+20、-200			
槽底中线每侧宽度	正偏差		100m	6	挂中线用钢尺量测，每侧计3点
沟槽边坡率	正偏差		100m	6	用坡度尺量测，每侧计3点

表21　基坑开挖的允许偏差及检查

检查项目	允许偏差/mm		检查数量		检查方法
			范围	点数	
平面位置	≤50		每轴	4	经纬仪测量，纵横各2点
槽底高程	土方	±20	每 $25m^2$	1	5m×5m方格网挂线尺量
	石方	+20、-200			
平面尺寸	0、+50		每座	8	用钢尺量测，坑底、坑顶各4点
边坡坡度率	正偏差		每边	2/边	用坡度尺量
边坡平台宽度	+100、-50		每级	2/边	用钢尺量
基底表面平整度	20		每 $25m^2$	1	用2m靠尺、塞尺量测

6.4.1.12　不良地质处理应符合下列规定：

a）沟槽开挖后，应对槽底原状土进行检查，若土质及地层情况与设计不符、应与设计人员洽商确定处理方法。

b）管道沟槽应按设计规定的平面位置和标高开挖。当采用人工开挖且无地下水时，槽底预留值宜为0.05m~0.10m，当采用机械开挖或有地下水时，槽底预留值不应小于0.15m，管道安装前应人工清底至设计标高。

c）当沟底无地下水，且超挖在0.15m以内时，可用原土回填；当超挖在0.15m以上时，可用石灰土处理。超挖部分回填后应压实，其密度应接近原地基天然土的密实度。

d）槽底地基槽基土浸泡或含水率较大时，应根据浸泡土及含水率较大土层的厚度采用不同的处理方法：

1）浸泡土层厚在200mm以内，将浸泡土铲除采用石灰土或中粗砂换填夯实；

2）含水率较大土层厚度在200mm~500mm时，将该土层挖除采用中粗砂、天然级配砂砾或砂石换填分层夯实；

3）含水率较大土层厚度在大于500mm时，将该土层挖除采用卵石或块石回填，再用砂砾石填充空隙并找平表面；或按设计要求进行处理。

6.4.1.13　在土石方开挖施工过程中，当发现有毒有害液体、气体、固体或不明情况时，应立即停止作业，进行现场保护，并应报有关部门处理后方可继续施工。

6.4.1.14　采用其他方法进行管道地基处理时，应满足设计要求和国家有关规范的规定。

6.4.1.15　验槽应符合下列规定：

a）沟槽和基坑边坡应稳定，边坡护坡应完整，支撑无明显变形，不得有滑坡、塌方现象；

b）沟槽和基坑有地下水或雨季施工时，应排除积水，槽底无浸泡现象；

c）管道下沟前，应按照表20和表21的规定复查沟槽和基坑，并清除沟槽和基坑内的石块、冰雪、冻土等有损防腐层的杂物。

6.4.2　钢管敷设

6.4.2.1　钢管下料切割及坡口加工应符合下列规定：

a）管道及配件的制作应符合本标准及合同约定，管道及配件应在工厂内制作，钢管、管件制作和质量要求应符合GB/T 9711、GB/T 12459、GB/T 13401、GB/T 29168.1、SY/T 5257的要求。

b）碳钢、碳锰钢可采用机械加工方法或火焰切割方法切割和制备坡口。合金钢宜采用机械加工方法切割和制备坡口。若采用火焰切割，切割后应采用机械加工或打磨方法去除热影响区。

c) 跨越管道管段加工前应对管段的长度、管径和壁厚进行选配，每根钢管最小长度不宜小于 8m。

d) 管材、管件切口表面应平整，尺寸应正确，并应无裂纹、重皮、毛刺、凸凹、缩口、熔渣、气化物、铁屑等现象。

e) 除设计另有规定外，坡口端面偏斜度 Δf 应符合表 22 的规定。

表 22 坡口端面偏斜度偏差

图例	Δf
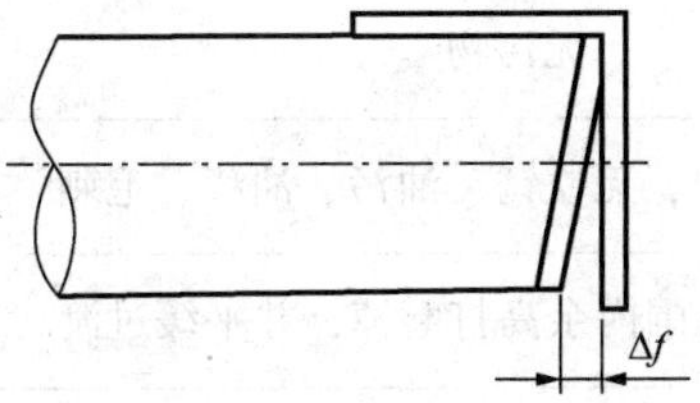	不应大于管道外径的 1% 且不大于 3mm

f) 坡口及边缘 20mm 内母材应无裂纹、重皮、破损、弧坑、氧化铁、毛刺缺陷及污染物。管道坡口加工尺寸应符合设计要求，设计无要求时应按 GB 50236 的相关规定执行。

g) 钢管如有凿痕、槽痕、凹陷、变形等有害缺陷，应按下列方法修复或消除后使用：

1) 凿痕、槽痕可用砂轮磨去，但磨剩的厚度不得小于材料标准允许的最小厚度，否则，应将受损部分整段切除；

2) 凹陷的深度不得超过公称管径的 2%，凹陷位于纵向焊缝或环向焊缝处，应将凹陷处管道受损部分整段切除；

3) 变形的管段超过钢管制造标准时，应废弃。

h) 标记移植：

1) 管道组成件应尽量保存材料的原始标记，当切割、加工不可避免地破坏原始标记时，应采用移植方法重新进行材料标识，也可采用管道组成件的工程统一编码；

2) 所采用的标记方法应对材料表面不构成损害或污染，避免降低材料的使用性能。

6.4.2.2 钢管安装应符合下列规定：

a) 三通、弯头(弯管)、异径管等管路附件应采用机制管件，当需要现场制作时，应符合 GB/T 12459、GB/T 13401、GB 50235 的相关规定。弯头(弯管)上不得带有环焊缝。

b) 管道安装前，管道、管件、阀门等内部已清理干净、无杂物。对管内有特殊要求的管道，其质量应符合设计文件的规定。

c) 接头设计及对口间隙应符合所采用的焊接工艺规程的要求。管道接口应按照焊接工艺规程的要求，对接焊应选用对口器。

d) 在城市综合管廊、阀室、深基坑等密闭空间进行管道安装作业应符合 GBZ/T 205 的相关规定。

e) 管道固定口连头：

1) 固定口连头前应及时将管道临时封堵装置、护口器、防尘盖等拆除方可进行连头工作；

2) 固定口留头位置地形宜选择在地势较高处，沟底比设计深度加深 500mm～800mm，连头处人行通道修成阶梯形，沟壁应坚实，对不良地质应加设防护装置；

3) 固定口连头前，两侧宜各留出 60m 管线不回填，并且连头处两管头应对中，连头宜有 2 根～3 根管长度；

4) 固定口连头应参与整体管道试压，若“固定口”两侧管道已分段试压合格，该焊口应经双百无损检测。

f) 新、旧燃气管道连接使用不停气开孔连接工艺，应由有相关资质的单位单独编制施工组织设计及应急预案，经施工单位、监理单位和建设单位技术负责人审批后方可实施。

g) 燃气管道穿入套管前，应进行隐蔽工程检查，套管内的污物应清扫干净。

6.4.2.3 管口的组对应符合下列规定：

a) 管口组对的坡口型式应符合焊接工艺规程的规定。管道组对应符合表23的规定。

表23 管道组对规定

检查项目	规定要求
管内清扫	无污物
管口清理（10mm 范围内）和修口	管口完好无损，无铁锈、油污、油漆、毛刺
管端螺旋焊缝或直缝余高打磨	端部 10mm 范围内余高打磨掉，并平缓过渡
两管口螺旋焊缝或直缝间距	错开间距大于或等于 100mm
错口和错口校正要求	当壁厚 t<14mm 时，不大于 1.6mm； 当 14mm<t≤17mm 时，不大于 2mm； 当 17mm<t≤21mm 时，不大于 2.2mm； 当 21mm<t≤26mm 时，不大于 2.5mm； 当 t≥26mm 时，不大于 3mm。 局部错边均不应大于 3mm，错边沿周长均匀分布
钢管短节长度	不应小于钢管外径值且不应小于 0.5m
钢管对接偏差	不应大于 3°
管端斜口	不能

b) 不应使用锤击的方法对管口整形。

c) 不等壁厚对焊管端宜采用加过渡管或坡口过渡处理措施。壁厚差小于或等于 2mm 时可直接焊接，大于 2mm 时，应采用内削边处理，内坡角度宜为 15°～30°，并应按图5进行加工修整。

d) 管道连接时，不得采用强力对口。端面的间隙、偏差、错口或不同心等缺陷不得采用加热管道、加偏垫等方法消除。

e) 当允许在根焊道完成前撤离对口器时，则在卸下对口器前，完成的根焊道应均匀分布于管口圆周。且每段焊道长度和间距近似相等；如使用内对口器，应在卸去内对口器张力前焊完全部根焊道；在外对口器撤离前，完成的根焊道应均匀分布于管口圆周，焊道累计长度应不少于管周长的 50%。

f) 弯管吊装安装时，弯管上的吊点设置不应少于3个且绑扎牢固，安装过程中不得出现弯管突然翻转现象。

g) 钢制管道安装允许偏差应符合表24的规定。

h) 钢质燃气管道穿越化粪池、窨井、雨、污水井、电缆井、热力井、人防工事等地下设施且与各设施净距小于 1m 时，应增设套管，套管管径宜大于穿越管二级管径以上，套管长度为套管两端与各地下设施最外侧垂直净距，宜大于 2m。

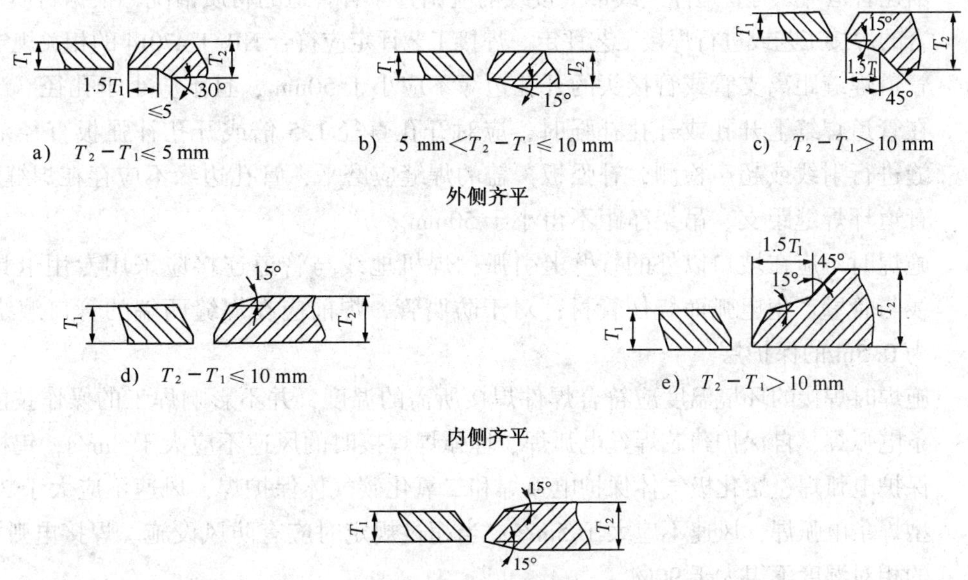

f) 内外侧均不齐平

图5　不等厚对接焊件坡口加工

表24　钢制管道安装的允许偏差

项　目			允许偏差/mm
坐标	架空、套管、涵管、地沟	室外	25
		室内	15
	埋地		60
标高	架空、套管、涵管、地沟	室外	±20
		室内	±15
	埋地		±25
水平管道平直度		$DN\leqslant 100$	$2L\times10^{-3}$，最大 50
		$DN>100$	$3L\times10^{-3}$，最大 80
立管铅垂度			$5L\times10^{-3}$，最大 50
成排管道间距			15
交叉管的外壁间距			20
注：L——管道安装段的长度。			

6.4.2.4　钢制管道焊接应符合下列规定；

a)　一般规定：

1)　在进行正式焊接施工前，应根据评定合格的焊接工艺编制焊接工艺规程。焊接工艺规程在管道焊接作业时应严格执行。

2)　焊接所用设备应配有指示焊接工艺参数的电流表、电压表，气压表和流量表应读数准确并能够满足焊接工艺要求，具有良好的工作状态和安全性，适合于野外工作条件。不符合要求的焊接设备应予以更换或维修。

3） 新建管道与原有管道停气或带气接线前应调查原有管道的材质情况，根据材质情况确定符合的焊接工艺或进行焊接工艺评定。焊接工艺评定应符合 NB/T 47014 的相关规定。

4） 管道焊缝距离支管或管接头的开孔边缘不应小于 50mm，且不应小于孔径。当无法避免在管道焊缝上开孔或开孔补强时，应对开孔直径 1.5 倍或开孔补强板直径范围内的焊缝进行射线或超声检测，补强板覆盖的焊缝应磨平，管孔边缘不应存在焊缝缺陷。

5） 管道环焊缝距支、吊架净距不得小于 50mm。

6） 施焊时不应在坡口以外的管壁上引弧；焊机地线与管道连接应采用专用卡具，防止地线与管壁产生电弧而烧伤管材；对于防腐管，焊前应在焊缝两端的管口缠绕一周宽度为 0.5m 的保护层。

7） 施焊时焊接的环境温度应符合焊件焊接所需的温度，并不影响焊工的操作技能。同时焊条电弧焊、自保护药芯焊丝电弧焊、埋弧焊焊接时的风速不应大于 8m/s；钨极惰性气体保护电弧焊、熔化极气体保护电弧焊和二氧化碳气体保护焊，风速不应大于 2m/s；低氢型焊条电弧焊，风速不应大于 5m/s；当超过规定时应有防风设施。焊接电弧 1m 范围内的相对湿度不得大于 90%。

b） 焊接材料：

1） 低氢型焊条焊前应按产品说明书要求进行烘干、保存及使用，当天未用完的焊条应回收存放，重新烘干后首先使用，重新烘干的次数不得超过 2 次；

2） 自保护药芯焊丝不应烘干，纤维素焊条不宜烘干；

3） 焊丝应在焊接前打开包装，当日未用完的焊丝应妥善保管，防止污染。

c） 焊前预热：

1） 焊前预热及焊后热处理应符合 GB/T 20801 的相关规定；

2） 需要预热的焊件，其层间温度应不低于预热温度，碳钢和低合金钢的最高预热温度和道间温度不宜大于 250℃；

3） 当焊接两种具有不同预热要求的材料时，应以预热要求较高的材料为准；

4） 预热应均匀达到要求，层间温度宜用相同的加热方式保持，在实际施焊期间温度不应降至最低值以下。预热宜选用合适的测温工具，保证在焊接前和焊接过程中及时获得温度数据。温度测量仪表应经检定或校准合格。

d） 定位焊：

1） 定位焊的焊接材料、焊接工艺、焊工和预热温度等应与正式焊相同；

2） 定位焊的长度、厚度和间距应能保证焊缝在正式施焊过程中不致开裂；

3） 定位焊后应立即检查，如有残留疤痕、裂纹等缺陷应立即清除，重新定位焊。

e） 焊接过程控制：

1） 管道焊接应符合焊接工艺规程的要求；

2） 根焊完成后应立即进行填充焊；

3） 管道接头应进行打磨，相邻两层的接头不得重叠，应错开 30mm 以上；各焊道宜连续焊接，焊接过程中，应控制道间温度；焊道上的焊渣，在下一道焊接前应清除干净；焊口完成后应清除表面焊渣和飞溅物；

4） 焊口宜当日焊完，当日不能完成的应至少完成管壁厚的 50%，且不应少于 3 层；

5） 在焊接作业中，焊工应对自己所焊的焊道进行自检和修补工作，每处修补长度不应小于 50mm；

6） 对需要后热或热处理的焊缝，应按焊接工艺规程的规定进行处理；

7） 每日作业结束后应将管线端部管口临时封堵，遇水及沟下焊管线应采取防水措施；

8） 焊口应有标识，焊口标识可用记号笔写在距焊口 1m 处防腐层表面，并应同时做好焊接记录；

9) 因地势受限，水平定向钻穿越管道采用二接一、三接一或多接一方式时，两条(或多条)管段的接口焊接工艺宜采用低氢型焊条氩电联焊，每层焊道层间温度及预热温度按照6.4.2.4c)焊前预热规定执行。

f) 焊缝缺陷的清除和修补：

1) 焊缝缺陷的清除和修补应符合NB/T 47014的要求；

2) 电弧烧痕应打磨掉，打磨后剩余壁厚应不小于材料标准允许的最小厚度，否则应将含有电弧烧痕的这部分钢管整段切除；

3) 焊缝在同一部位的返修，不应超过2次。根部只允许返修1次，非裂纹性缺陷修补长度不应小于50mm，否则应将该焊缝切除。返修后，按原标准检测。裂纹性缺陷应切除。

6.4.2.5 钢质管道防腐补口和补伤应符合下列规定：

a) 根据补口防腐层材料和设计要求的除锈等级可选择喷射处理工艺和工具除锈的表面处理方法，钢质管道表面处理应按GB/T 8923.1、SY/T 0407执行；

b) 防腐质量应采用外观检查、厚度检查、电火花检漏、黏结力测试等方法进行；

c) 管道锚固墩、穿越段管道、阴极保护测试线焊接处的防腐，检查合格后方可进行下一道工序，阴极保护测试线焊接处的防腐材料应与管道防腐层相匹配并与测试线外皮黏接良好；

d) 防腐补口补伤施工除应符合本标准规定外，尚应满足GB/T 51241的要求。

6.4.2.6 管道下管应符合下列规定：

a) 管道应采用起重设备进行下沟，不得使用推土机或撬杠等非起重工具；采用多台起重设备下沟时，起重设备不宜少于3台，起吊点距离管道环焊缝不应小于2m。起吊高度以1m为宜，吊点间距应符合GB 50369的相关规定。

b) 管道下沟前应使用电火花检漏仪检查管道防腐层，检测电压应符合6.2.6.2的规定，如有破损或针孔应及时修补。

c) 管道下沟时，应注意避免与沟壁碰撞，以防止擦伤防腐层。管道应与沟底充分结合，局部悬空应用细土填塞密实。

d) 管道下沟时，应由专人统一指挥作业，应采取有效措施防止管道滚沟。

6.4.2.7 阴极保护应符合下列规定：

a) 管道牺牲阳极阴极保护的施工与调试应符合GB/T 21448的规定；

b) 强制电流阴极保护系统的施工与调试应符合GB/T 21448的规定。

6.4.3 聚乙烯燃气管道敷设

6.4.3.1 聚乙烯燃气管道安装与敷设应符合CJJ 63的有关规定。

6.4.3.2 聚乙烯燃气管道安装施工前，应根据评定合格的焊接工艺编制焊接工艺规程。

6.4.3.3 管道连接前应进行外观检查，管材表面划伤深度不应超过管材壁厚的10%，穿跨越敷设时，管材表面划伤深度不应超过管材壁厚的5%，管件及管道附属设备的外包装应完好。

6.4.3.4 聚乙烯管材、管件的热熔对接连接，应采用全自动焊机进行，焊机应定期进行校准和检定，周期不应超过1年。

6.4.3.5 管道连接时，聚乙烯管材的切割应采用专用割刀或切管工具，切割端面应垂直于管道轴线，并应平整、光滑、无毛刺。切割端口的不圆度应符合要求。

6.4.3.6 热熔对接连接的操作应符合下列规定：

a) 在固定连接件时，应将连接件的连接端伸出夹具，伸出的自由长度不应小于公称外径的10%；

b） 连接件的端面接触后，应将其校直到同一轴线上，错边量不应大于壁厚的10%；

c） 铣削连接件端面，使其与轴线垂直，连续切屑的平均厚度不宜大于0.2mm；

d） 接口端面对接面最大间隙应符合表25的规定。

表25 接口端面对接面最大间隙

单位为毫米

管道元件公称外径 d_n	接口端面对接面最大间隙
$d_n \leqslant 250$	0.3
$250 < d_n \leqslant 400$	0.5
$400 < d_n \leqslant 630$	1.0

6.4.3.7 电熔连接的操作应符合下列规定：

a） 应刮除插入端表皮的氧化层，刮削表皮厚度宜为0.1mm~0.2mm；

b） 通电加热焊接的电压或电流、加热时间等焊接参数的设定应符合电熔焊机和电熔管件产品说明书的要求。

6.4.3.8 法兰式钢塑转换管件的法兰盘、紧固件应经过喷塑或镀锌的防腐处理。

6.4.4 球墨铸铁管道安装

6.4.4.1 球墨铸铁管及其管件应采用机械型柔性接口输气球墨铸铁管(包括NI和S型)。

6.4.4.2 现场切割短管应符合下列规定：

a） 切割管道应采用砂轮切割机或其他有齿锯的切管工具，不得使用气割方法；

b） 切割后进行打磨处理，打磨插口的长度应与插入承口内的长度一致，管道断面不得有毛边，管道两端应按原材料管端的要求进行倒角处理；

c） 打磨后应进行磨光处理。

6.4.4.3 球墨铸铁管宜沿沟槽一侧连续布管。公称尺寸小于DN300的管道可采用人工下管方法，公称尺寸大于或等于DN300的管道宜采用机械下管法。

6.4.4.4 管道对口前，插口端向承口方向240mm范围和承口端工作范围应将管道表面铸瘤、沥青、砂子铲除干净，表面应涂覆润滑剂。

6.4.4.5 接口支撑环、胶圈应无裂纹、龟裂等缺陷，支撑环、胶圈应进入正确位置，管道接口应严密，胶圈应采用尼龙棒、硬杂木等非金属棒敲击就位。橡胶圈安装位置正确，不得扭曲、外露；沿圆周各点应与承口端面等距，其允许误差应为±3mm。

6.4.4.6 管道安装时，应保证插口压兰中心点与管道的轴径同心，压兰压头压在胶圈断面中心上，承口法兰螺孔与压兰螺孔应对准，圆周间隙均匀，所有螺栓均匀锁紧达到扭矩值。法兰接口的螺栓和螺母等连接件的规格型号应一致，防腐处理应符合产品说明书要求。

6.4.4.7 接口借转角应在管道按直线安装完成，螺栓拧到80%紧固力后再摆至预定角度，最后逐个紧固螺栓。管道最大借转角应符合表26的规定。

表26 球墨铸铁管允许最大借转角

管道公称尺寸 DN/mm	100~300	350~600	700
平面借转角/(°)	1.5	1.15	0.75
6m管道平面借转距离/mm	157	120	78
注：垂直借转距离为平面借转距离的1/2。			

6.4.4.8 管道敷设时，弯头、三通和固定盲板处均应砌筑永久性支墩。

6.4.4.9 管道安装允许偏差应符合表27的规定。

表 27 管道安装允许偏差

项　目	允许偏差/mm	检验频率		检查方法
		范围	点数	
高程	±10mm	20m	1	水准仪
中心线位移	5mm/10m	20m	1	经纬仪、挂边线、量尺
	全长≤30mm			

6.4.4.10 输送湿燃气的管道安装管底高程应符合设计要求，偏差±15mm。

6.4.5 架空管道安装

6.4.5.1 管道支、吊架安装前应进行标高和坡降测量并放线，固定后的支、吊架位置应正确，安装应平整、牢固，与管道接触良好。

6.4.5.2 涂料的种类、涂敷次序、层数、各层的表面要求及施工的环境温度应按设计和所选涂料的产品要求进行。

6.4.5.3 管道安装前应涂底漆。涂漆前应清除被涂表面的铁锈、焊渣、毛刺、油、水等污物，涂漆完成后方可进行管道安装。

6.4.5.4 吹扫、压力试验完成后，应补刷底漆并完成管道设备的防腐。

6.4.6 管沟回填与管道标识

6.4.6.1 管道主体安装完成，焊接、防腐检验合格，井室及其他附属构筑物的现浇混凝土强度或砌体水泥砂浆强度达到设计要求后，应及时对沟槽或基坑进行回填。

6.4.6.2 回填时应采取防止管道发生位移或损伤的措施。井室周围回填应与沟槽回填同时进行。回填压实时应沿井室中心对称进行，且不得漏夯。

6.4.6.3 回填土或其他回填材料运入槽内时不得损伤管道及其防腐层。管道两侧和管顶以上 500mm 范围内的回填材料，应由沟槽两侧对称运入槽内，不得直接回填在管道上。

6.4.6.4 沟槽应分层夯填密实。管道两侧及管顶以上 500mm 内的回填土应采用人工压实，管顶 500mm 以上的回填土可采用小型机械压实。每层虚铺厚度应符合表 28 的规定。

表 28 回填土的每层虚铺厚度

单位为毫米

压实机具	虚铺厚度
木夯、铁夯	≤200
轻型压实设备	200~250
压路机	200~300
振动压路机	≤400

6.4.6.5 回填材料不得用有机物、冻土、垃圾、木材及软性物质。管道周围两侧及管顶以上 500mm 范围内的回填土应采用细砂或细土，不得含有碎石、砖块等，且不得用灰土回填。距管顶 500mm 以上的回填土中的石块不得大于 10%，直径不得大于 100mm，且应均匀分布。

6.4.6.6 回填前应将槽底施工遗留的杂物清除干净，且不得积水。

6.4.6.7 沟槽回填土应分层压实，分层检查填土压实度，合格后方可进行上层填土施工。沟槽回填压实度应符合下列规定(图 6)：

a) 对(Ⅰ)区部位，采用中、粗砂或细土分层回填，每层厚度为 100mm~200mm，压实度不应小于 90%；

b) 对(Ⅱ)区部位，采用符合要求的原土或中、粗砂回填，压实度不应小于 85%；

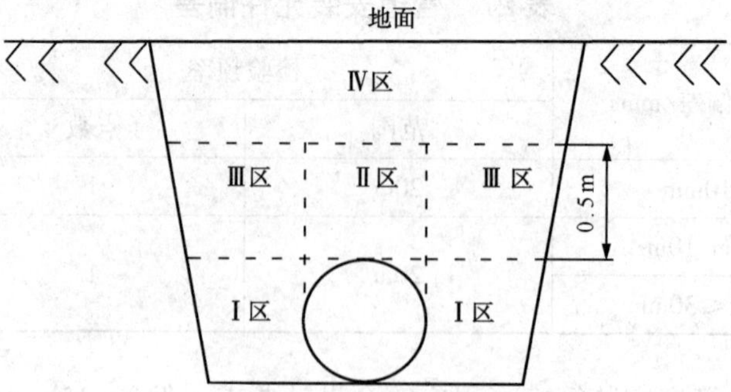

图6 回填土断面图

c） 对(Ⅲ)区部位，采用符合要求的原土或中、粗砂回填，压实度不应小于90%；

d） 对(Ⅳ)区部位，采用原土分层回填，压实度应符合相应地面对压实度的要求。

6.4.6.8 基坑回填土的压实度应大于或等于95%。

6.4.6.9 燃气管道与其他地下管线或设施交叉安装完成后，其交叉位置2m范围内的沟槽回填应密实，以免对其他管线造成影响，可采用水撼砂或其他材料回填，湿陷性黄土地区应严格控制水撼砂含水量。水撼砂为采自河槽或料场的中-细砂，回填前应剔除砂子中的石子。

6.4.6.10 聚乙烯管道穿越道路不具备增设套管的情况下，管道上方500mm及管道两侧300mm范围内宜采用水撼砂回填。

6.4.6.11 埋设燃气管道的沿线应连续敷设警示带(板)。警示带(板)敷设前应将敷设面压实，并平整地敷设在管道的正上方，距管顶的距离宜为300mm~500mm，不得敷设在路基和路面里。

6.4.6.12 公称尺寸小于或等于DN400的燃气管道上方可敷设一条警示带，公称尺寸大于DN400的燃气管道可敷设两条警示带，且间距宜为150mm。

6.4.7 管道附件安装

6.4.7.1 法兰连接应符合下列规定；

a） 应检查法兰密封面及密封垫片，不得有影响密封性能的划痕、斑点等缺陷，否则应予修理或更换。

b） 一对法兰密封面间只允许使用一个垫片。当大直径垫片需要拼接时，应采用斜口搭接或迷宫式拼接，不得平口对接。

c） 法兰接头装配应与管道同心，并应保证螺栓自由穿入。法兰螺栓孔应跨中安装。法兰间应保持平行，其偏差不得大于法兰外径的0.15%，且不得大于2mm。法兰接头装配时，垫片应均匀地压缩到预定的设计载荷。不得用强紧螺栓的方法消除法兰接头的歪斜。

d） 法兰接头装配应使用同一规格螺栓，安装方向应一致。螺栓紧固后应与法兰紧贴，不得有楔缝。需加垫圈时，每个螺栓不应超过1个。所有螺母应全部拧入螺栓。任何情况下，螺母上未完全啮合的螺纹应不大于1个螺距。

e） 法兰接头装配时，如两个法兰的压力等级或力学性能有较大差别，应予特别注意。宜将螺栓拧紧至预定的扭矩。

6.4.7.2 螺纹连接应符合下列规定：

a） 用于螺纹的保护剂或润滑剂应适用于工况条件，并对输送的燃气和管道材料均不产生不良影响。

b） 进行密封焊的螺纹接头不得使用螺纹保护剂和密封材料。

c） 采用垫片密封而非螺纹密封的直螺纹接头，直螺纹上不应缠绕任何填料，在拧紧和安装后，不得产生任何扭矩。直螺纹接头与主管焊接时，应防止密封面变形。

d） 螺纹接头密封材料宜选用聚四氟乙烯带，外露螺纹2扣~3扣为宜，拧紧螺纹时，不得将密封材料拧入管内。

e） 应采取措施防止螺纹接头因热膨胀导致的螺纹松动。

6.4.7.3 阀门安装应符合下列规定：

a） 阀门吊装应平稳，不得用阀门手轮作为吊装的承重点，不得损坏阀门，已安装就位的阀门应防止重物撞击。

b） 当焊接球阀水平安装时应将阀门完全开启，当垂直管道安装且焊接阀体下方焊缝时，应将阀门关闭。焊接过程中应对阀体进行降温，避免焊缝热影响区对阀体造成影响。当阀门与管道以法兰或螺纹方式连接时，阀门应在关闭状态下安装；当阀门与管道以焊接方式连接时，阀门不得关闭，且宜采用氩弧焊打底。

c） 阀门不得强行组对连接或承受外加重力负荷，以防止由于附加应力而损坏阀门。

d） 当焊接安装时，焊机地线应搭在同侧焊口的钢管上、不得搭在阀体上。

e） 阀门焊接完成降至环境温度后方可操作。

f） 阀门安装时，应按阀门标示的介质流向与管道介质的流向确定阀门的安装方向，避免强力安装。

6.4.7.4 管道补偿装置应符合下列规定：

a） 自然补偿器的安装应符合下列规定：

1） 应按设计文件规定进行预拉伸或预压缩，允许偏差为预伸缩量的 10%，且不大于 10mm；

2） 水平安装时，平行臂应与管道坡度相同，两垂直臂应平行。

b） 波纹管膨胀节的安装应符合下列规定：

1） 应按设计文件规定进行预拉伸或预压缩，受力应均匀；尚应符合 GB/T 35979 的相关要求；

2） 波纹管膨胀节内套有焊缝的一端，在水平管道上应迎介质流向安装，在铅垂管道上应置于上部；

3） 波纹管膨胀节应与管道保持同轴，不得偏斜；

4） 安装波纹管膨胀节时，应设临时约束装置，待管道安装固定后再拆除临时约束装置；

5） 燃气管道跨越工程补偿器安装应按 GB 50460 的规定执行。

6.4.7.5 支、吊架安装应符合下列规定：

a） 管道安装时，应及时进行支、吊架的固定和调整工作。支、吊架位置应正确，管道和支承面接触应良好。

b） 固定支架应在补偿装置预拉伸或预压缩前固定。导向支架或滑动支架的滑动面应洁净平整，不得有歪斜和卡涩现象。

c） 支、吊架的焊接应由合格焊工施焊，并不得有漏焊、欠焊或焊接裂纹等缺陷。管道与支架焊接时，管道不得有咬边、烧穿等现象。

d） 不得在滑动支架底板处临时点焊定位。仪表及电气的支撑件不得焊在活动支架上。

6.4.8 管道吹扫与清管

6.4.8.1 管道吹扫与清管应符合下列规定：

a） 球墨铸铁管道、聚乙烯管道和公称尺寸小于 DN100 或长度小于 100m 的钢质管道，可采用气体吹扫；公称尺寸大于或等于 DN100 的钢质管道，宜采用清管球(器)进行清管，管道直径应是同一规格，不同管径的管道应断开分别进行清管。

b） 管道吹扫、清管前，应仔细检查管道支、吊架的牢固程度，对有异议的部位应进行加固。对不准许吹扫、清管的设备及管道应进行隔离。

c） 管道吹扫、清管前，应编制施工方案，制定安全措施，考虑施工人员及附近公众与设施安全，管道吹扫、清管作业应统一指挥，并配备必要的交通工具、通信及医疗救护设备。

d）管道吹扫、清管清理出的污物、残余水，应按照工程所在地环保部门指定的地点进行排放，排放标准应符合工程所在地环保部门的相关要求和按照国家相关法律规定执行。

e）管道吹扫、清管宜与管道试压充分结合进行。已吹扫、清管干净的管道组成件、装配管段或整个管道系统应及时采取封闭管口或充氮保护等措施防止再污染。

f）燃气管道压缩空气吹扫、等径管道清管球(器)清管时，压缩机出口端应安装油水分离器和过滤器；在对聚乙烯管道吹扫及试验时，进气口应采取冷却措施，确保管道进气口气体干燥，且其温度不应高于40℃；聚乙烯管道吹扫出口应设置一段钢制管道，且应静电接地。

6.4.8.2 管道气体吹扫应符合下列规定：

a）气体吹扫应符合下列要求：

1）吹扫口应设在开阔地段并加固，吹扫时应设置安全区域，吹扫出口前不应站人；

2）吹扫压力不得大于管道的设计压力；

3）吹扫介质宜采用压缩空气，不应采用氧气和可燃性气体；

4）吹扫合格设备复位后，不得再进行影响管内清洁的其他作业；

5）吹扫出口宜设置快开盲板。

b）吹扫气体流速不宜小于20m/s，吹扫口与地面的夹角应在30°~45°，吹扫口管段与被吹扫管段应采取平缓过渡对焊，吹扫口直径应符合表29的规定。

表29 吹扫口直径

单位为毫米

末端管道公称尺寸	DN<150	150≤DN≤300	DN≥350
吹扫口直径	与管道同径	150	250

c）每次吹扫钢质管道的长度不宜超过500m，当管道长度超过500m时，宜分段吹扫。聚乙烯管道每次吹扫长度不宜大于1000m。

d）当吹扫出口目测排气无烟尘时，应在排气口设置白布或涂白漆木靶板检验，5min内靶上无铁锈、尘土等其他杂物为合格。

6.4.8.3 管道清管球(器)清管应符合下列规定：

a）燃气管道当采用清管球(器)清管时，分段试压前应进行清管球(器)清管，清管次数不应少于2次，分段清管的长度应根据分段试压长度确定。

b）清管应设临时清管球(器)收发装置，发射装置及接收装置应由发球筒、压力表、进气阀、放散阀、排污阀组成。临时清管球(器)收发装置首次使用前应进行压力试验，试验压力为管线设计压力的1.5倍，试压介质为洁净水，稳压1h，无压降、无泄漏为合格。

c）清管球(器)接收装置应选择在地势较高，且50m内没有建筑物和人口的区域内，并应设置警示装置。

d）管线上有支管部分应在三通连接处设置挡栅，挡栅的规格以设计要求为准，宜采用与主管道内壁相同的弧度设置，且不得有毛刺、焊瘤等缺陷，以确保清管球(器)在管线中顺利通过。

e）清管球(器)的选择：

1）清管球(器)过盈量应结合管道与管件外径或内径对齐的具体情况，宜为管内径的2.5%~5%(1%~2%)；

2）清管球(器)应适用于管线弯管的曲率半径。

f）清管球(器)清管时，宜采用压缩空气推动清管球(器)运行，清管器运行时速度应控制在3km/h~9km/h，工作压力宜为0.05MPa~0.2MPa，如遇阻力可提高其工作压力，但最大压力不应超过设计压力。在地形起伏较大的地区，应设置背压控制清管球(器)运行速度。

g) 清管球(器)清管时应及时检查清管效果，应将管道内的水、泥土、杂物清理干净。

6.5 热力管道制作与安装

6.5.1 钢制管道(件)制作

钢制管道的制作详见 6.4.2.1。

6.5.2 热力塑料管道(件)制作

6.5.2.1 塑料工作管可选用耐热聚乙烯(PE-RTⅡ)、聚丁烯(PB)管材，并应符合下列规定：

a) 耐热聚乙烯(PE-RT Ⅱ)管材应符合 GB/T 28799.2 的规定；

b) 聚丁烯(PB)管材应符合 GB/T 19473.2 的规定；

c) 钢塑复合管应符合 GB/T 37263 的规定。

6.5.2.2 塑料管道管件应与管材相匹配，并应符合下列规定：

a) 与耐热聚乙烯(PE-RT Ⅱ)管材连接的管件应符合 GB/T 28799.3 的规定；

b) 与聚丁烯(PB)管材连接的管件应符合 GB/T 19473.3 的规定；

c) 与钢塑复合管管材连接的管件应符合 HG/T 3707 的规定；

d) 塑料工作管弯头不得使用由直管段做成的斜接缝弯头，弯头的最小壁厚不得小于直管段壁厚；

e) 塑料工作管三通主管和支管任意点的壁厚不应小于对应焊接的直管壁厚；

f) 塑料工作管异径管应采用同心异径管，异径管壁厚不应小于直管道的壁厚。

6.5.3 热水保温管及管件制作

6.5.3.1 预制热水保温管及管件应采用工厂预制。

6.5.3.2 预制直埋高密度聚乙烯外护管硬质聚氨酯泡沫塑料保温管及管件的制作应符合 GB/T 29047 和 GB/T 34611 的规定。

6.5.3.3 玻璃纤维增强塑料外护层聚氨酯泡沫塑料预制直埋保温管及管件制作应符合 GB/T 38097 的规定。

6.5.3.4 架空(管沟、综合管廊)热水保温管及管件的制作可参照 GB/T 29047 的规定执行。

6.5.4 蒸汽保温管及管件制作

6.5.4.1 预制蒸汽保温管及管件应采用工厂预制。

6.5.4.2 预制直埋蒸汽保温管及管件的制作应符合 CJ/T 246 的规定。

6.5.4.3 钢外护管真空复合保温预制直埋管及管件的制作应符合 GB/T 38105 的规定。

6.5.4.4 架空(管沟、综合管廊)蒸汽保温管及管件的制作可参照 CJ/T 246 的规定执行。

6.5.5 保温管接头补口

6.5.5.1 预制直埋热水保温管接头保温应符合 GB/T 29047 和 GB/T 34611 的规定。

6.5.5.2 预制直埋热水保温管接头发泡前，应做气密性检测，且在接头外护层冷却到 40℃ 以下进行。气密性检验的压力应为 0.02MPa，保压时间不应小于 2min，不漏气为合格，并应符合 CJJ 28—2014 的规定。

6.5.5.3 钢外护管预制直埋蒸汽保温管接头保温应符合 CJ/T 246 的规定。钢外护管真空复合保温预制直埋管接头保温应符合 GB/T 38105 的规定。

6.5.5.4 架空(管沟、综合管廊)热水保温管接头保温可参照 GB/T 29047 的规定执行。

6.5.5.5 架空(管沟、综合管廊)蒸汽保温管接头保温可参照 CJ/T 246 的规定执行。

6.5.6 管道及附件的装配与安装

6.5.6.1 现场施工准备、工程测量、土建工程、防腐与保温施工应按照 CJJ 28—2014 的规定执行。

6.5.6.2 现场管道及管路附件的安装应按照 GB/T 23257、CJJ 28—2014、CJJ/T 81、CJJ/T 104、CJJ/T 254 等的规定执行。

6.5.6.3 热力塑料管道的焊接与安装可参照 CJJ 63 的规定执行。

6.5.7 热力管道清洗

6.5.7.1 供热管网的清洗应在试运行前进行，并应符合 CJJ 28—2014 的相关规定。

6.5.7.2 清洗前应编制清洗方案，并应报有关单位审批。方案中应包括清洗方法、技术要求、操作及安全措施等内容。清洗前应进行技术、安全交底。

6.5.7.3 清洗方法应根据设计及供热管网的运行要求、介质类别确定，可采用人工清洗、水力冲洗和气体吹洗。当采用人工清洗时，管道的公称直径应大于或等于 DN800；蒸汽管道应采用蒸汽吹洗。

6.5.7.4 清洗前应完成下列工作：

a） 减压器、疏水器、流量计和流量孔板(或喷嘴)、滤网、调节阀芯、止回阀芯及温度计的插入管等应已拆下并妥善存放，待清洗结束后方可复装；

b） 不与管道同时清洗的设备、容器及仪表管等应隔开或拆除；

c） 支架的强度应能承受清洗时的冲击力，必要时应经设计核算；

d） 水力冲洗进水管的截面积应不小于被冲洗管截面积的 50%，排水管截面积应不小于进水管截面积；

e） 蒸汽吹洗排气管的管径应按设计计算确定，吹洗口及冲洗箱应按设计要求加固；

f） 设备和容器应有单独的排水口。

6.5.7.5 人工清洗应符合下列规定：

a） 钢管安装前应进行人工清洗，管内不得有浮锈等杂物；

b） 钢管安装完成后、设备安装前应进行人工清洗，管内不得有焊渣等杂物，并应验收合格。

6.5.7.6 水力冲洗应符合下列规定：

a） 冲洗应按主干线、支干线、支线分别进行。二级管网应单独进行冲洗。冲洗前先应充满水并浸泡管道。冲洗水流方向应与设计的介质流向一致。

b） 清洗过程中管道中的脏物不得进入设备，已冲洗合格的管道不得被污染。

c） 冲洗应连续进行，冲洗时的管内平均流速不应小于 1m/s；排水时，管内不得形成负压。

d） 冲洗水量不能满足要求时，宜采用密闭循环的水力冲洗方式。循环水冲洗时管道内流速应达到或接近管道正常运行时的流速。在循环冲洗后的水质不合格时，应更换循环水继续进行冲洗，并达到合格。

e） 水力冲洗应以排水水样中固形物的含量接近或等于冲洗用水中固形物的含量为合格。

f） 水力清洗结束后应打开排水阀门排污，合格后应对排污管、除污器等装置进行人工清洗。

g） 冲洗后的污水不得随意排放，不得污染环境。

6.5.7.7 蒸汽吹洗时应划定安全区，并设置标志。在整个吹洗作业过程中，应有专人值守。

6.5.7.8 蒸汽吹洗应符合下列规定：

a） 吹洗前应缓慢升温进行暖管，暖管速度不宜过快，并应及时疏水。检查管道热伸长、补偿器、管路附件及设备等工作情况，恒温 1h 后再进行吹洗。

b） 吹洗使用的蒸汽压力和流量应按设计计算确定。吹洗压力不应大于管道工作压力的 75%。

c） 吹洗次数应为 2 次~3 次，每次的间隔时间宜为 20min~30min。

d） 蒸汽吹洗应以出口蒸汽无污物为合格。

6.5.7.9　空气吹洗适用于公称尺寸小于或等于 DN300 的热水管道。

6.5.7.10　供热管网清洗合格后应填写清洗检验记录，并应符合 CJJ 28—2014 中表 A.0.30 的规定。

7　检验与试验

7.1　检验范围

7.1.1　管道组成件制作和安装的检查及检验应符合本标准的规定。

7.1.2　管道、管件、法兰及阀门等制作，防腐保温层的质量以及安装前的验收应符合 6.2 的规定。

7.1.3　有热处理的管道应在全部热处理结束后进行检查及检验检测工作。

7.1.4　无损检测及强度试验合格后方能进行管道保温补口。

7.2　一般规定

7.2.1　检验检测机构

7.2.1.1　从事燃气、热力管道检验检测的单位应具备省(部)级以上市场监督管理部门对该检验检测机构核发的相关产品及参数，第三方检测的计量认证证书，其中，从事燃气管道和热力管道检验、无损检测的单位还应取得国家市场监督管理总局颁发的特种设备检验检测机构核准证书。

7.2.1.2　进行燃气、热力管道检测前应按相关标准的规定编制符合要求的检验检测工艺规程。

7.2.1.3　检测程序及检测结果应正确、完整并应有相应责任人员签名认可。

7.2.1.4　检测用仪器和设备应进行定期检定(校准)，并提供仪器设备的溯源，且有记录可查。

7.2.2　检测人员资质

7.2.2.1　从事检验检测的人员，应按相应技术标准进行培训，通过考核取得相应资格证书，持证上岗。

7.2.2.2　从事全自动超声波检测以及其他新检测技术的人员还应接受设备调试、检测结果评定等培训，经考核合格方可从事检测工作。

7.2.2.3　检测人员视力和辨色力应符合 NB/T 47013.7 的要求。

7.2.3　检查方法

7.2.3.1　一般规定

7.2.3.1.1　本条规定了主要检查方法。如使用本条规定以外的方法，则应在设计文件中规定其验收标准。

7.2.3.1.2　检查的比例包括 100%检查、抽样检查和局部检查，并应符合以下规定：

a）100%检查应在指定的一批管道中，对某一具体项目进行全部检查；

b）抽样检查应在指定的一批管道中，对某一百分数的管道做某一具体项目的全部检查；

c）局部检查应在指定的一批管道中，对每一件管道规定的部分做某一具体项目的检查。

7.2.3.2　目视检查

目视检查的范围、内容、基本要求及结果评价应符合 GB/T 20801 和 NB/T 47013.7 的相关规定。

7.2.3.3　无损检测

7.2.3.3.1　无损检测应在目视检查合格后进行。

7.2.3.3.2 钢质管道无损检测应符合下列规定：

a) 无损检测应按 NB/T 47013.2—2015、NB/T 47013.3—2015、NB/T 47013.4—2015、NB/T 47013.5—2015 的规定进行；

b) 除设计文件另有规定外，现场焊接的管道及管道组成件的对接环焊缝、对接式支管连接焊缝应进行射线检测或超声检测；

c) 射线检测复验、抽查时，若发现不合格焊口，应对该焊工或流水作业焊工组在该日或该检查段中焊接的焊口加倍检查，如再有不合格的焊口，则对其余的焊口进行 100% 的射线检测；

d) 管道采用全自动超声检测时，可不进行射线检测复查；

e) 要抽查的无损检测焊接接头位置及检查点应由监理选择或批准。

7.2.3.3.3 塑料管道无损检测应符合下列规定：

a) 无损检测可按照 GB/T 32563、GB/T 29461 和 DB 31/T 1058 的规定进行；

b) 除设计文件另有规定外，现场电熔焊接和热熔焊接的管道及管路附件焊接处宜进行 100% 相控阵超声检测，当进行焊接前工艺评定或焊口检测结果出现争议时，参照 TSG D2002 规定的破坏性检验与试验方法进行试验验证；

c) 城镇燃气和供热中使用的聚乙烯塑料管道中，公称尺寸为 DN40～DN400 的电熔焊接接头和公称尺寸为 DN75～DN400 的热熔对接焊接接头可进行相控阵超声检测。其他规格聚乙烯管道和其他类型塑料管道焊接接头的相控阵超声无损检测技术可参照实施。

7.2.3.4 过程检查

7.2.3.4.1 钢质管道制作过程中的检查内容应包括下列内容：

a) 焊接坡口的制备和清洗；

b) 预热；

c) 连接前的预组装、连接间隙以及内侧对准；

d) 焊接工艺规定的技术参数，包括填充材料、焊接位置等；

e) 焊接清理后的根部焊道(包括外侧和可及内侧)状况，按焊接工艺指导书的规定进行磁粉检测或渗透检测；

f) 焊渣的清除和焊道间焊缝情况；

g) 完工后接头外观。

7.2.3.4.2 聚乙烯和聚丁烯管道热熔对接焊过程控制的检查内容应包括下列内容：

a) 焊接前准备工作要求：

   1) 清洁油路接头，正确连接焊机各部件；

   2) 测量电源电压，确认现场电压符合焊机施焊要求；

   3) 检查加热板表面质量，清理聚乙烯残留物，油污、油脂等污物，当加热板表面涂层损坏时应及时予以更换；

   4) 按照焊接工艺评定结果正确设置吸热、冷却时间及加热板温度等参数，并在焊接前适当预热，保证加热板温度均匀。

b) 焊接管道及附件的装夹；检查即将焊接的管道及附件是否垫平，调整同心度到同一轴线，并用夹具校正准备施焊管材的不圆度，焊接错边量不应大于管壁厚的 10%。连接端伸出夹具预留足够焊接距离，自由端长度不应小于公称外径的 10%。

c) 焊接面的清理和铣削：

   1) 焊接前连接部位应进行擦拭，清理污物并保持干燥；

   2) 需要焊接件的端面应进行铣削，使其与轴线垂直，连续切削时每次切削量不得大于 0.2mm，应确保焊接时对接端面的间隙小于 0.3mm，错边量小于焊接处管壁厚的 10%。重新装夹需重新铣削。

d） 拖动压力的测量与检查：每次焊接时都应测量和记录拖动压力。

e） 加热：

1） 放置加热板，调整焊接压力等于拖动压力与焊接规定压力之和；

2） 当加热板两侧焊接处圆周卷边凸起高度达到规定值时，焊接压力降至拖动压力或在确保焊接端面与加热板紧密粘合的情况下开始吸热记录时间。

f） 切换对接：吸热时间达到规定要求后，抽出加热板，使待连接面完全接触，并调整压力匀速升至焊接压力并保持规定时间，不得发生高压碰撞。

g） 焊接接头采用自然冷却的方式，冷却期间，不得拆卸夹具。

7.2.3.4.3 聚乙烯和聚丁烯管道电熔焊接过程控制的检查内容应包括下列内容：

a） 焊接前准备工作要求：

1） 清洁电源输出接头，保证良好导电性；

2） 测量电源电压，确认焊机工作时电压符合施焊要求；

3） 检查焊机的输出端尺寸是否和管件接线部位匹配。

b） 管材截取过程：

1） 管材端面应垂直其轴线．垂直度偏差应小于5mm；

2） 当准备施焊管材的不圆度影响安装时，应使用夹具校正。

c） 焊接面的清理：

1） 焊接前连接部位应进行擦拭，清理污物并保持干燥，管件应在焊接时拆除封装袋；

2） 测量待焊接管件的长度或中心线，对待焊管材的端部标识处管件长度一半加10mm的热熔焊区域的待焊接面刮削0.1mm~0.2mm，去除氧化层。

d） 管材与管件承插：

1） 在管材上重新划线，检查位置距端面应为1/2的管件长度；

2） 将清洁的电熔管件与要焊接的管材承插，保持管件外缘与标线平齐；

3） 安装电熔焊夹具，不得使电熔管件承受外力，管材与管件不同轴度应小于2%。

e） 焊机输出端与管件接线端连接应牢固，不得虚接，必要时可使用专用的转换连接接头。

f） 焊接：按照要求设定电熔焊接的模式，并根据设备和管件的使用要求来确定电压、电流、加热时间等焊接参数，实施电熔接头的焊接作业。

g） 焊接接头冷却采用自然冷却的方式，时间按照管件产品说明书确定，冷却过程中不得向焊接件施加任何外力，冷却完成后才可拆卸夹具。

7.3 燃气管道检验

7.3.1 钢质管道无损检测

7.3.1.1 无损检测通用工艺规程和工艺卡应根据相关法规、产品标准、有关的技术文件和本标准的规定，并结合本单位的特点和检测能力编制。通用工艺规程由无损检测Ⅲ（高）级人员编制，工艺卡由无损检测Ⅱ（中）级及以上人员编制，无损检测责任工程师审核，所在单位技术负责人批准。修订、更改时也应履行上述程序。

7.3.1.2 当采用未经本标准规定的无损检测方法时，此检测方法应经相关部门审核并在相关行业有成功的应用经验，并制定了相关的检测标准。

7.3.1.3 焊缝检查、检测比例及合格标准应符合表30的规定，并应符合下列要求：

a） 管道焊缝外观检查的合格标准应符合GB 50683—2011的规定；

b） 管道焊缝无损检验的合格标准应符合NB/T 47013.2—2015和NB/T 47013.3—2015的规定；

c） 有延迟裂纹倾向的管道焊口应在24h后进行无损检测。

表 30　焊缝质量检验比例及合格标准

项　　目	焊缝外观		射线检测		超声检测	
	比例	合格标准	比例	合格标准	比例	合格标准
设计压力大于 4.0MPa 在三类地区及以上管道焊口	100%	≥Ⅱ	100%	≥Ⅱ	100%	Ⅰ
设计压力小于或等于 4.0MPa 且大于 0.4MPa 管道焊口	100%	≥Ⅱ	100%	≥Ⅱ	100%	Ⅰ
设计压力小于或等于 0.4MPa 管道焊口	100%	≥Ⅱ	≥30%	≥Ⅲ	—	
穿越或跨越铁路、公路、河流、桥梁、城市地铁等地的管道焊口	100%	≥Ⅱ	100%	≥Ⅱ	100%	Ⅰ
车行道下、套管和过街沟内全部管道	100%	≥Ⅱ	100%	≥Ⅱ	—	
固定焊口	100%	≥Ⅱ	100%	≥Ⅱ	100%	Ⅰ
设计压力小于或等于 4.0MPa 液态液化石油气管道焊口	100%	≥Ⅱ	100%	≥Ⅱ	100%	Ⅰ
综合管廊内的管道	100%	≥Ⅱ	100%	≥Ⅱ	100%	Ⅰ
有延迟裂纹倾向的管道焊口	100%	≥Ⅱ	100%	≥Ⅱ	100%	Ⅰ

7.3.1.4　对焊缝进行抽查时，同一项目每位焊工不应少于一条焊缝，并应侧重抽查固定焊口。每出现一道不合格焊缝，应增加检测同一焊工两道焊缝，二次抽检仍出现不合格时，应对该焊工本项目同批施焊的全部焊缝进行检验，且应采用同样的检验方法。

7.3.1.5　对检验不合格的焊缝应进行现场返修，并应对全部返修的焊缝进行无损探伤检验。同一焊缝返修次数不应超过 2 次，根部缺陷只允许返修 1 次。

7.3.1.6　实施无损检测的单位应保存无损检测原始记录，正确填写检测报告，保管期限不应少于 7 年。

7.3.2　燃气管道压力试验

7.3.2.1　燃气管道工程完工后应按确定的施工方案依次进行管道吹扫、强度试验和严密性试验。

7.3.2.2　管道在吹扫和压力试验时应与无关系统采取隔离措施，与现已运行的燃气管道应加盲板断开，不应用阀门隔离。

7.3.2.3　压力试验环境温度不宜低于 5℃，当环境温度低于 5℃时，应采取防冻措施。

7.3.2.4　压力试验检查合格后，卸压时应缓慢。在压力试验过程中发现泄漏时，不应带压处理，应在试验压力降至大气压时进行修补，修补后应进行复试。

7.3.2.5　管道吹扫和清管球清扫应符合 6.4.8 的规定。

7.3.2.6　管道强度试验应符合下列规定：

a)　强度试验压力与试验介质应符合表 31 的规定；

表 31　强度试验压力及试验介质

管道类型	设计压力 P/MPa	试验介质	试验压力/MPa
钢制管道	P>0.8	清洁水	1.5P
	P≤0.8	清洁水	1.5P，且≥0.4
		空气或惰性气体	1.25P，且≥0.4
球墨铸铁管道	P≤0.4	空气或惰性气体	1.5P，且≥0.4
燃气聚乙烯管道	P>0.4	空气或惰性气体	1.5P
	P≤0.4	空气或惰性气体	1.5P，且≥0.20

b) 当 $P>0.8$MPa 时，现场条件不允许进行水压试验，并且具备 GB 50251—2015 中表 10.2.3 中 全部各项条件时，经建设单位与设计单位书面同意，也可采用气压试验代替水压试验，并应采取安全保护措施，试验压力为 1.15；

c) 若所有焊口经 100%无损检测合格，可免除水压强度试验(一级地区 0.8 设计系数的管道除外)；

d) 进行强度试验时，压力应逐步缓升，首先升至试验压力的 50%，应进行初检，无泄漏、异常，继续升压至试验压力，待稳压后，试验持续时间为 1h，每 30min 记一次压力表读数，无压降为合格。

7.3.2.7 管道严密性试验应符合下列规定：

a) 严密性试验介质宜采用压缩空气，当强度试验以水为介质时，应将管内的水排除干净后再进行严密性试验；当强度试验以空气为介质时，应及时将管内压力降至严密性试验压力；

b) 设计压力小于 2.5MPa，且大于或等于 0.1MPa 时，试验压力应为设计压力的 1.15 倍，且不应小于 0.1MPa；设计压力大于或等于 2.5MPa 时，试验压力应为设计压力；

c) 试验待稳压后，持续时间应为 24h，每小时记录不应少于 1 次，当试验仪表采用电子压力记录仪时，试验开始与试验结束时相比压力无变化为合格。

7.4 热力管道检验

7.4.1 目视检测

7.4.1.1 管件和钢管的检验，应按制管标准检查钢管的外径、壁厚、圆度等钢管尺寸偏差，尺寸偏差应符合要求，设计或购方有特殊要求时，按照订货要求执行。钢管表面不应有裂纹、结疤、折叠以及其他深度超过公称壁厚偏差的缺陷。钢管如有凿痕、槽痕、凹坑、变形或压扁等有害缺陷，应按照 6.4.2.1g) 执行。

7.4.1.2 弯管端部应标注弯曲角度、钢管外径、壁厚、曲率半径及材质等参数。凡标注不明或不符合设计要求的不应使用。

7.4.1.3 焊缝应进行 100%外观质量检验，并应符合下列规定：

a) 焊缝表面应清理干净，焊缝应完整并圆滑过渡，不得有裂纹、气孔、夹渣及熔合性飞溅物等缺陷；

b) 焊缝高度不应小于母材表面，并应与母材圆滑过渡；

c) 加强高度不得大于被焊件壁厚的 30%，且应小于或等于 5mm，焊缝宽度应焊出坡口边缘 1.5mm~2.0mm；

d) 咬边深度应小于 0.5mm，且每道焊缝的咬边长度不得大于该焊缝总长的 10%；

e) 表面凹陷深度不得大于 0.5mm，且每道焊缝表面凹陷长度不得大于该焊缝总长的 10%；

f) 焊缝表面检查完毕后应填写检验报告，并可按 CJJ 28—2014 中表 A.0.16 的规定填写。

7.4.2 无损检测

7.4.2.1 应由有资质的单位进行检测。

7.4.2.2 宜采用射线检测。当采用超声检测时，应采用射线检测复检，复检数量应为超声波检测数量的 20%。角焊缝处的无损检测可采用磁粉或渗透检测。

7.4.2.3 无损检测数量应符合设计的要求，当设计未规定时应符合下列规定：

a) 干线管道与设备、管件连接处和折点处的焊缝应进行 100%无损检测；

b) 穿越铁路、高速公路的管道在铁路路基两侧各 10m 范围内，穿越城市主要道路的不通行管沟在道路两侧各 5m 范围内，穿越江、河或湖等的管道在岸边各 10m 范围内的焊缝应进行 100%无损检测；

c） 不具备强度试验条件的管道焊缝，应进行 100%无损检测；

d） 现场制作的各种承压设备和管件，应进行 100%无损检测；

e） 其他无损检测数量应按表 32 和表 33 的规定执行，且每个焊工不应少于 1 个焊缝。

7.4.2.4 无损检测合格标准应符合设计要求。当设计未规定时，应符合下列规定：

a） 要求进行 100%无损检测的焊缝，射线检测不得低于 NB/T 47013.2—2015 中规定的Ⅱ级质量要求，超声检测不得低于 NB/T 47013.3—2015 中规定的Ⅰ级质量要求；

b） 进行无损检测抽检的焊缝，射线检测不得低于 NB/T 47013.2—2015 中规定的Ⅲ级质量要求，超声检测不得低于 NB/T 47013.3—2015 中规定的Ⅱ级质量要求；

c） 直埋蒸汽保温管及管件的钢外护管无损检测要求：钢外护管的焊接应进行 100%超声检测．并应符合 NB/T 47013.3—2015 中规定的Ⅱ级质量要求；当管道保温层采用抽真空技术时，应符合 NB/T 47013.3—2015 中规定的Ⅰ级质量要求。当公称壁厚小于或等于 6.0mm 的角焊缝无法进行超声检测时，可采用渗透检测进行替代，渗透检测不应低于 NB/T 47013.5—2015 中规定的Ⅰ级质量要求。

7.4.2.5 当无损检测抽样检出现不合格焊缝时，对不合格焊缝返修后，并应按下列规定扩大检验：

a） 每出现一道不合格焊缝，应再抽检两道该焊工所焊的同一批焊缝，按原检测方法进行检验；

b） 第二次抽检仍出现不合格焊缝，应对该焊工所焊全部同批的焊缝按原检测方法进行检验；

c） 同一焊缝的返修次数不应大于 2 次。

表 32 钢质管道无损检测数量(1)

介质名称	管道设计参数		焊缝无损检测检验数量/%							
			地上敷设				综合管廊、通行及半通行管沟敷设			
	温度/℃	压力/MPa	DN<500mm		DN≥500mm		DN<500mm		DN≥500mm	
			固定焊口	转动焊口	固定焊口	转动焊口	固定焊口	转动焊口	固定焊口	转动焊口
过热蒸汽	200<T≤350	1.6<P≤2.5	30	20	36	18	40	22	46	18
过热或饱和蒸汽	200<T≤350	1.0<P≤1.6	30	20	36	18	40	22	46	18
	T≤200	P≤1.0	30	20	36	18	40	22	46	18
高温热水	150<T≤200	1.6<P≤2.5	30	20	36	18	40	22	46	18
	120<T≤150	1.0<P≤1.6	20	20	36	18	40	22	46	18
热水	100<T≤120	P≤1.6	18	12	22	16	26	20	30	16
	T≤100	P≤1.0	12				20			
凝结水	T≤100	P≤0.6	10				16			

表 33　钢质管道无损检测数量(2)

介质名称	管道设计参数		焊缝无损检测检验数量/%						
			不通行管沟敷设(含套管敷设)				直埋敷设		
			DN<500mm		DN≥500mm				
	温度/℃	压力/MPa	固定焊口	转动焊口	固定焊口	转动焊口	主要道路	一般道路	其他
过热蒸汽	200<*T* ≤350	1.6<*P* ≤2.5	50	30	60	40	100	100	100
过热或饱和蒸汽	200<*T* ≤350	1.0<*P* ≤1.6	50	30	60	40	100	100	100
	T≤200	*P*≤1.0	50	30	60	40	100	100	100
高温热水	150<*T* ≤200	1.6<*P* ≤2.5	50	30	60	40	100	100	100
	120<*T* ≤150	1.0<*P* ≤1.6	50	30	60	40	100	100	100
热水	100<*T* ≤120	*P*≤1.6	40	28	50	40	100	100	100
	T≤100	*P*≤1.0	30	20	50	30	60	40	30
凝结水	*T*≤100	*P*≤0.6	20				60	40	30

7.4.3　热力管道压力试验

7.4.3.1　钢质管道进行强度试验和严密性试验，并应符合下列规定：

a）强度试验压力应为 1.5 倍设计压力，且不得小于 0.6MPa；严密性试验压力应为 1.25 倍设计压力，且不得小于 0.6MPa；

b）当设备有特殊要求时，试验压力应按产品说明书或根据设备性质确定。

7.4.3.2　塑料管道试验压力应符合下列规定：

a）聚乙烯(PE-RT Ⅱ)和聚丁烯(PB)管道试验压力不应小于工作压力的 1.5 倍，且不应小于 0.8MPa；

b）钢塑复合管道试验压力应大于工作压力加 0.5MPa，且不应小于 0.9MPa。

7.4.3.3　试验过程应符合下列规定：

a）钢质管道压力试验应按强度试验、严密性试验的顺序进行，试验介质应采用清洁水，对于奥氏体不锈钢工作管道，水压试验时，试验用水中氯离子含量应不超过 25mg/L。

b）压力试验前，供热管道焊缝外观检查及焊接质量无损检测应合格。

c）安全阀的爆破片与仪表组件等应拆除或已加盲板隔离。加盲板处应有明显标识。

d）压力试验应编制试验方案，并应报有关单位审批。试验前应进行技术、安全交底。

e）压力试验前应划定试验区、设置安全标志。在整个试验过程应有专人值守，无关人员不得进入试验区。

f）检查室和沟槽中应有可靠的排水系统。试验现场应进行清理，使具备检验的条件。

g）强度试验前应完成下列工作：

1）强度试验应在试验段内的管道接口防腐、保温及设备安装前进行；

2）管道安装使用的材料、设备资料应齐全；

3）管道自由端的临时加固装置应安装完成，并应经设计核算与检查确认安全可靠，试验管道与其他管线应用盲板或采取其他措施隔开，不得影响其他系统的安全；

4） 试验用的压力表应经校验，其精度不得小于1.0级，量程应为试验压力的1.5倍~2倍，数量不得少于2块，并应分别安装在试验泵出口和试验系统末端。

h） 严密性试验前应完成下列工作：

1） 严密性试验应在试验范围内的管道工程全部安装完成后进行，压力试验长度宜为一个完整的设计施工段；

2） 试验用的压力表应经校验，其精度不得小于1.5级，量程应为试验压力的1.5倍~2倍，数量不得少于2块，并应分别安装在试验泵出口和试验系统末端；

3） 管道各种支架已安装调整完毕，固定支架的混凝土已达到设计强度，回填土及填充物已满足设计要求；

4） 管道自由端的临时加固装置已安装完成，并经设计核算与检查确认安全可靠。试验管道与无关系统应采用盲板或采取其他措施隔开，不得影响其他系统设备正常使用。

i） 压力试验应符合下列规定：

1） 当管道充水时应将管道及设备中的空气排尽；

2） 试验时环境温度不宜小于5℃，当环境温度小于5℃时，应有防冻措施；

3） 当运行管道与压力试验管道之间的温度差大于100℃时，应根据传热导致的温度变化对压力试验的影响采取保证运行管道和试验管道安全的措施；

4） 地面高差较大的管道，试验介质的静压应计入试验压力中，热水管道的试验压力应以最高点的压力为准，最低点的压力不得大于管道及设备能承受的额定压力；

5） 压力试验方法和合格判定应符合表34的规定。

表34 压力试验方法和合格判定

<table>
<tr><th>项目</th><th colspan="2">试验方法和合格判定</th><th>检验范围</th></tr>
<tr><td colspan="4">钢质管道</td></tr>
<tr><td>强度试验</td><td colspan="2">升压到试验压力，稳压10min无渗漏、无压降后降至设计压力，稳压30min无渗漏、无压降为合格</td><td>每个试验段</td></tr>
<tr><td rowspan="3">严密性试验</td><td colspan="2">升压至试验压力，当压力趋于稳定后，检查管道、焊缝、管路附件及设备等无渗漏，固定支架无明显的变形等</td><td rowspan="3">全段</td></tr>
<tr><td>长输热水管线和一级管网</td><td>稳压在1h，前后压降不大于0.05MPa为合格</td></tr>
<tr><td>二级管网</td><td>稳压在30min，前后压降不大于0.05MPa为合格</td></tr>
<tr><td colspan="4">塑料管道</td></tr>
<tr><td>预试验阶段</td><td colspan="2">a） 将试验管段内水压应缓缓地升至试验压力并稳压30min。
b） 期间如有压力下降可注水补压，但不得高于试验压力。
c） 当管道接口、配件等处有漏水、损坏现象时，应及时停止试压，查明原因并应采取相应措施后重新试压</td><td>每个试验段</td></tr>
<tr><td>主试验阶段</td><td colspan="2">a） 聚乙烯（PE-RT Ⅱ）和聚丁烯（PB）管道：预试验阶段结束，停止注水补压并稳定30min后，压力下降不应大于60kPa，再稳压2h后压力下降不应大于20kPa，水压试验结果应判定为合格。
b） 钢塑复合管道：预试验阶段结束后，停止注水补压并稳定15min后，压力下降不应大于20kPa，再将试验压力降至工作压力并保持恒压30min，压力不降、无渗漏，水压试验结果应判定为合格</td><td>每个试验段</td></tr>
</table>

j） 试验过程中发现渗漏时，不得带压处理，消除缺陷后，应重新进行试验。

k） 试验结束后应及时排净管内积水、拆除试验用临时加固装置。排水时不得形成负压，试验用水应排到指定地点，不得随意排放，不得污染环境。

l） 压力试验合格后应填写供热管道水压试验记录、设备强度和严密性试验记录，并应按CJJ 28—2014 中表 A.0.28 和表 A.0.29 的规定进行记录。

7.5 合格证和记录

7.5.1 检查人员应通过审阅合格证、质量证明书、标记和其他证明文件，确信材料和组成件均为规定等级并经过要求的热处理、检查和试验。检查人员应向检验人员提交一份说明规范和工程设计规定的全部质量控制要求已经执行的证明文件。

7.5.2 管道所用材料、管道附件和设备的材质、规格和型号应符合设计要求，其质量性能应符合本标准所列标准最新版本的规定，并具备出厂合格证、盖有制造单位质量检验章的质量证明书，以及材质证明书或使用说明书，进口物资应有商检报告。实行监督检验的管道组成件，还应提供特种设备检验检测机构出具的监督检验证书。质量证明文件除包括产品合格证外，还应包括以下内容：

a） 材料化学成分；

b） 材料及焊接接头力学性能；

c） 热处理状态；

d） 无损检测结果；

e） 压力试验结果（适用于有关安全技术规范及其相应标准或者合同有规定的）；

f） 型式试验结果（适用于有型式试验要求的）；

g） 产品标准或用户规定的其他检验项目；

h） 阀门应有产品合格证，带有伺服机械装置的阀门应有安装使用说明书；

i） 防腐保温材料的品种、规格、性能应符合设计和环保要求，产品应具有出厂质量证明文件或检验证明；

j） 管道焊前、焊接过程中、焊后检查、焊接缺陷的清除和返修、焊接工程交工的检验记录。

7.6 定期检验

7.6.1 燃气管道和热力管道均应进行定期检验。

7.6.2 燃气管道定期检验应符合下列要求：

a） 设计压力大于 1.6MPa 的燃气管道，定期检验参照 TSG D7003 的规定执行，其中地区级别划分按照 GB 50028 的规定执行；

b） 设计压力大于 0.1MPa 且小于或等于 1.6MPa 的燃气管道，定期检验参照 TSG D7004 的规定执行；

c） 燃气输配系统中调压站（箱）、阀室及管道、安全保护装置、附属设施的定期检验参照 TSG D7005 和 TSG 21 的有关规定执行；

d） 重要穿跨越区段的燃气管道检验应符合 GB/T 37369 的有关规定。

7.6.3 热力管道定期检验应符合下列要求：

a） 当敷设方式为管沟敷设或者架空敷设时，管道本身、附属设施与安全保护装置定期检验参照 TSG D7005 的规定执行；

b） 当敷设方式为直埋敷设时，定期检验参照 TSG D7004 的规定执行；

c） 安全保护装置、附属设施的定期检验参照 TSG D7005 和 TSG 21 的有关规定执行。

8 安全运行与维护

8.1 燃气管道运行

8.1.1 一般规定

8.1.1.1 燃气管道运营单位应建立、健全安全生产管理制度，以及运行维护和抢修作业的操作规程。运行维护制度应明确燃气管道运行维护的周期。安全生产管理制度和操作规程应包括下列内容：

a) 事故统计分析制度；

b) 隐患排查和分级治理管理制度；

c) 运行维护制度和操作规程；

d) 日常运行中发现问题及事故处理的报告处置程序。

8.1.1.2 燃气管道运营单位应设立运行维护和应急抢修的管理部门，并应配备专职安全管理人员和抢修队伍；应设置并向社会公布 24h 报修方式，抢修人员应 24h 值班。从事燃气管道运行维护和应急抢修的人员应经过专业技术培训，培训合格后方可上岗。

8.1.1.3 燃气管道运营单位宜建立设施监控及数据采集系统，具备故障判断、作业指挥及事故统计分析的智能化管理功能。

8.1.1.4 燃气管道重要部位应设置明显的标志标识，并应定期进行检查和维护。燃气设施运行维护和抢修过程中，应设置安全警示标志和警戒范围。

8.1.1.5 燃气管道运营单位应按国家相关要求建立安全事故报告和统计分析制度。

8.1.1.6 燃气管道运营单位应编制燃气安全生产事故应急预案，应急预案的编制程序、内容和要素等应符合 GB/T 29639 和 GB/T 37228 的有关规定。应急预案应报有关部门备案，并定期演习，每年不得少于 1 次。

8.1.1.7 对于停止运行、报废的燃气管道，管道运营单位应及时进行处置，暂时没有处置的应采取安全措施，继续对其进行管理，并应与运行中的其他管道系统进行有效隔断。

8.1.1.8 已竣工但未投入运行的燃气管道应采取安全保护措施，并应符合下列规定：

a) 采用惰性气体或空气保压，压力不宜超过运行压力，并应按本标准有关规定进行检查和运行维护；

b) 未投入运行的管道与运行管道之间应采取有效隔断，不得使用阀门作为隔断措施；

c) 未进行保压的管道，应在通气前重新进行压力试验，试验合格后方可通气运行。

8.1.1.9 燃气管道运营单位应定期对燃气设施进行安全评价，并应符合 GB/T 50811 的有关规定。

8.1.1.10 燃气管道设施进行维修或抢修时应有专人监护。

8.1.2 管道及管道附件的运行维护

8.1.2.1 输送不同种类燃气的相连管段之间应进行有效隔断。输送不同压力燃气的相连管段之间应通过调压装置连接。

8.1.2.2 燃气管道运行维护应做好相关记录。运行维护中发现问题应及时上报，并应采取有效的处理措施。

8.1.2.3 当钢质管道服役年限达到管道的设计使用年限时，应对其进行安全专项评价。

8.1.2.4 埋地燃气管道的泄漏检查应符合下列规定：

a) 埋地燃气管道应进行周期性泄漏检测。管道泄漏检测周期应符合下列规定：

1) 聚乙烯管道和设有阴极保护的钢质管道，检测周期不应超过 1 年；

2) 球墨铸铁管道和未设阴极保护的钢质管道，检测周期不应超过半年；

3) 管道运行时间超过设计使用年限的1/2时，检测周期应缩短至原周期的1/2；

4) 出现多次抢维修的或者检测评价结果证明剩余使用寿命较短的管道，应适当增加检测频次。

b) 埋地管道因腐蚀发生泄漏后，应对管道的腐蚀控制系统进行检查，并根据检查结果对该区域内腐蚀因素近似的管道增加检测频次。

c) 发生地震、塌方和塌陷等自然灾害后，应立即对所涉及的埋地管道及设备进行泄漏检测，并根据检测结果增加检测频次。

d) 泄漏检测方法应符合NB/T 47013.8的规定，并根据检测项目和检测程序进行选择，可按表35的规定执行。当同时采用两种以上方法时，应以仪器检测法为主。

表35 泄漏检测方法

检测项目		检测程序		
		泄漏初检	疑似泄漏判定	确定泄漏部位
管道	埋地	仪器检测环境观察	气相色谱分析	仪器检测钻孔或开挖
	架空	激光甲烷遥测		

8.1.2.5 埋地燃气管道的泄漏检查过程应符合下列规定：

a) 泄漏检测速度不应超过仪器的检测响应速度限定值；

b) 检测宜在白天进行，且宜避开风、雨、雪等恶劣天气；

c) 检测时宜沿管道走向在管道附近的道路接缝、路面裂痕等处进行检测；

d) 检测仪器有浓度显示时应进行疑似泄漏判定，确定为燃气泄漏时应对周边的建构筑物空间进行检测；

e) 检测确认的燃气浓度数值应是连续稳定的。

8.1.2.6 运行中的钢质燃气管道，第一次发现腐蚀漏气点后，应查明腐蚀原因，并对该管道的防腐层及腐蚀情况进行选点检查，并应根据实际情况制定运行维护方案。

8.1.2.7 对在役燃气管道的防腐层及燃气管道的阴极保护系统应进行周期性检查。检测周期应符合下列规定：

a) 设计压力大于0.4MPa的管道每3年不得少于1次；

b) 设计压力小于或等于0.4MPa的管道每5年不得少于1次；

c) 再次检测的周期可依据上一次的检测结果和维护情况适当缩短。

8.1.2.8 管道防腐层的检测方法与内容应符合下列规定：

a) 管道防腐层检测评价应符合SY/T 0087.1和GB/T 37190的有关规定；

b) 管道防腐层的绝缘性能可用电流-电位法定量检测或交流电流衰减法定性检测；

c) 管道防腐层的缺陷可采用直流电位梯度法、交流电位梯度法、交流电流衰减法、密间隔电位法等进行检测，对一种检测方法检出的评价为“重”的点应采用另一种检测方法进行再检，加以校验；

d) 可采用开挖探坑或在检测孔处通过外观检测、黏结力检测及电火花检测评价管道防腐层状况；

e) 已实施阴极保护的管道，可采用检测阴极保护的保护电流、保护电位、保护电位分布评价管道防腐层状况。出现下列情况应检查管道防腐层：

1) 运行保护电流大于正常保护电流范围；

2) 运行保护电位超出正常保护电位范围；

3） 保护电位分布出现异常。

8.1.2.9 电流干扰防护系统的检测周期和检测内容应符合下列规定：

a） 直流干扰防护系统应每月检测 1 次，检测内容应包括管地电位、排流电流(最大、最小、平均值)；

b） 交流干扰防护系统应每月检测 1 次，检测内容应包括管道交流干扰电压、管道交流电流密度、防护系统交流排流量；

c） 当干扰环境发生较大改变时，应及时对干扰源和被干扰管道进行调查测试，对干扰防护系统进行调整或改进防护措施；

d） 保护电位测试的正常周期为半年，对电位变化较快的测试异常点，测试周期为 1 个月，直至保护电位恢复正常。

8.1.2.10 架空敷设的燃气管道应设置安全警示标志，在可能被车辆碰撞的位置应设置防撞保护设施，并应定期对管道的外防腐层进行检查和维护。

8.1.2.11 燃气管道阀门的运行维护应符合下列规定：

a） 应定期检查阀门，不得有燃气泄漏、损坏等现象；

b） 阀门井内不得有积水、塌陷，不得有妨碍阀门操作的堆积物；

c） 应根据管网运行情况，对阀门定期进行启闭操作和维护保养；

d） 无法启闭或关闭不严的阀门，应及时维修或更换；

e） 带有系统联动执行机构的阀门应定期检查执行机构的运行状态。

8.1.2.12 燃气管道的凝水装置运行维护应符合下列规定：

a） 护罩、排水装置应定期进行检查，不得有泄漏、腐蚀和堵塞的现象及妨碍排水作业的堆积物；

b） 应定 期排放积水，排放时不得空放燃气；

c） 排出的污水应收集处理，不得随地排放。

8.1.3 停气、降压和动火作业

8.1.3.1 燃气管道停气与降压作业应符合下列规定：

a） 停气作业时应可靠地切断气源，并应将作业管段和设备内的燃气安全地排放或进行燃气置换；

b） 降压作业应有专人监控管道内的燃气压力，降压作业时应控制降压速度，管道内部不得产生负压；

c） 密度大于空气的燃气输送管道进行停气或降压作业时，应采取防爆风机驱散在作业坑内积聚的燃气。

8.1.3.2 燃气管道设施进行动火作业时，应有燃气运营单位的安全或技术管理等部门进行配合和监护。

8.1.3.3 燃气管道设施动火作业时应保持空气流通，动火作业区内可燃气体浓度应小于其爆炸下限的 20%。在通风不良的有限空间内作业时应采用防爆风机进行强制通风。

8.1.3.4 燃气管道设施动火作业过程中，操作人员不得正对管道开口处。

8.1.3.5 旧管道接驳新管道的动火作业时，应采取措施使管道电位达到平衡。

8.1.3.6 燃气管道设施停气动火作业时，应检测管段和设备内可燃气体浓度的变化情况，并应符合下列规定：

a） 当有燃气泄漏等异常情况时应立即停止作业，待消除异常情况并再次置换合格后方可继续进行；

b） 当作业中断或连续作业时间较长时，应再次取样检测并确认合格后方可继续作业；

c） 燃气管道内积有燃气杂质时，应采取有效措施进行处置。

8.1.3.7 燃气管道设施带气动火作业应符合下列规定：

a） 带气动火作业时燃气设施内应保持微正压，且压力不宜高于 800Pa，并应设专人监控压力；

b） 动火作业引燃的火焰，应采取可靠有效的方法进行扑灭。

8.1.4 通气与置换转换作业

8.1.4.1 燃气管道设施通气前应按规定程序组织验收并合格。

8.1.4.2 新建燃气管道设施通气作业应编制作业方案，并经过安全技术部门批准后方可实施。

8.1.4.3 设计压力大于 0.4MPa 的燃气管道升压过程应分阶段实施，应实施分级保压，期间应对各阀室静密封点进行检漏，无异常后继续升压。达到规定压力后保压 24h，再对所有静密封点进行查漏，检查过程中无异常、无泄漏为合格。

8.1.4.4 燃气管道设施置换合格或停气后恢复通气前，应进行全面检查并符合运行要求，且应提前有效地通知相关联的燃气用户。

8.1.4.5 置换放散时，作业现场应有专人负责监控压力及进行浓度检测。并应符合下列要求：

a） 间接置换：采用惰性气体置换空气时，氧浓度的测定值应小于 2%体积浓度；采用燃气置换惰性气体时，燃气浓度测定值应大于 85%体积浓度。采用液氮气化工作工艺置换时，应控制氮气温度不应小于 5℃。

b） 直接置换：采用燃气置换空气时，燃气浓度测定值应大于 90%体积浓度。

8.1.4.6 置换作业时，应根据管道情况和现场条件确定放散点数量与位置，管道末端应设置临时放散管，在放散管上应设置控制阀门和检测取样阀门。

8.1.4.7 临时放散管的安装应符合下列规定：

a） 放散管应远离居民住宅、明火、高压架空电线等场所，当无法远离居民住宅等场所时，应采取有效的防护措施；

b） 放散管应高出地面 2m 以上；

c） 放散管应采用金属管道、安装牢固并应可靠接地。

8.1.4.8 临时放散火炬的设置应符合下列规定：

a） 放散火炬应设置在带气作业点的下风向，并应避开居民住宅、明火、高压架空电线等场所；

b） 放散火炬的管道上应设置控制阀门、防风和防回火装置、压力测试接口；

c） 放散火炬应高出地面 2m 以上；

d） 放散燃烧时应有专人现场监护，控制火势，监护人员与放散火炬的水平距离宜大于 25m；放散火炬现场应备有有效的消防器材。

8.1.4.9 天然气转换前应对在役埋地燃气管道进行升压试验，检验管道的承压能力，以适应将来天然气运行压力的要求，并符合下列要求：

a） 升压试验前应制定《埋地燃气管道升压试验方案及应急预案》，预案中应对试验管段发生泄漏、阀门内漏等不同情况采取相应的应急措施，预防事故的发生或扩大；

b） 升压试验作业点应设置合理的警戒区域，现场配备足够的消防器材，不应有明火，无关人员不应入内；

c） 在升压和稳压期间，若发现试验管道存在泄漏，应使用燃气泄漏检漏仪对试验管段及周边污水井、电缆沟、地下井进行检漏，并进行连续监控检查，待查清压力下降原因并对泄漏点妥善处理后方可继续进行试验；

d） 在升压和稳压期间，若发现管道控制阀门存在内漏，应查清内漏原因并采取可靠措施消除阀门内漏，必要时可将内漏阀门予以更换，待确认隐患消除后方可继续进行试验；

e） 升压试验完成后，将试验管段列入重点管网巡查范围，试验后 1 天内巡查周期为半天 1 次，3 天内巡查周期为每天 1 次。

8.1.4.10 气质转换前应制定片区转换计划和地下燃气管网转换作业方案，作业过程中对转换片区及周边地下燃气管网压力进行监控。转换作业结束，对地下管网不同气质处分界阀门设置“禁止开启”标志牌，并加强对分界阀门的检查管理。当压力出现异常时，应立即停止转换作业，关闭气源控制阀门，查明原因并妥善处理后，方可继续实施转换作业。

8.1.4.11 管网巡查保护应符合下列规定：

a） 下列情况巡视周期每天应至少 1 次：

1） 重点区域的燃气管网在重大节假日期间及前 5 天内；

2） 大型社会活动场所的燃气管网在活动期间及前 5 天内；

3） 特殊地段(穿越跨越处、斜坡)燃气管网在暴雨大风等恶劣天气后。

b） 对地下管道及设施的完好性以及标志桩的完整性和准确性进行检查。管道及设施的巡察周期每半年至少开展 1 次。

8.1.5 安全防护

8.1.5.1 埋地管道安全防护应符合下列规定：

a） 燃气管道与建构筑物或相邻管道之间的水平和垂直净距，应满足 GB 50028 的规定；

b） 埋地燃气管道敷设过程中宜避开土壤酸碱度比较高的地段；

c） 宜建立埋地管线安全运行评价体系，并宜符合下列要求：

1） 定期检查埋地钢管牺牲阳极保护系统阳极腐蚀损耗情况，将检查情况建立数据库以评估管线的腐蚀情况；

2） 定期检查埋地钢管管体的腐蚀情况，将检查情况建立数据库以评估管线的腐蚀情况；

3） 定期检查埋地聚乙烯管道的管体环境蠕变及老化情况，将检查情况建立数据库以评估管线的腐蚀情况；

d） 燃气管道应装设能提示埋地管线的走向及相对位置的标志，标志的设置应符合 CJJ/T 153 的要求。

8.1.5.2 架空管道安全防护应符合下列规定：

a） 架空管线与其他建筑墙壁的最小净距不宜小于 0.1m；

b） 配电箱、线缆与架空管线的最小净距不宜小于 0.3m，且不得交叉；

c） 架空燃气管道与铁路、道路、其他管线交叉时的垂直净距应符合 GB 50028 的规定；

d） 架空管线应在支架、支墩或管线转弯处，管线首末端及直线段处设置永久标志牌；

e） 架空敷设的金属燃气管道应设防直击雷措施，并符合 GB 50057 的相关要求；

f） 架空敷设的金属燃气管道应设防感应雷措施，并应符合如下规定：

1） 管道及放散管均应接到防闪电感应的接地装置上；

2） 距离建筑物 100m 的架空管道，应每隔 25m 左右接地一次，其冲击电阻不应大于30Ω；并应利用金属支架或钢筋混凝土支架的焊接、绑扎钢筋网作为引下线，其钢筋混凝土基础宜作为接地装置；

3） 防雷防静电共用接地装置，接地电阻不大于 10Ω。

8.1.5.3 超压保护和放空应符合下列规定：

a） 设计压力不大于 0.4MPa 的燃气管道上不应直接安装加压设备；

b） 燃气管道系统中应设防止燃气压力过高的安全保护装置；

c） 调压器宜加装压力远程监测系统，并宜设置进出口压力上限、下限报警功能。

8.1.5.4 管廊管道安全防护应符合下列规定：

a） 综合管廊燃气舱的燃气管道应设置远程控制的电液联动紧急切断阀，事故时紧急切断阀应处于关闭状态；

b） 燃气舱内应设置燃气浓度检测报警器，并由管理室集中监视和控制，燃气浓度报警值不得大于其爆炸下限值的20%，并联动燃气舱内事故分段及相邻分段事故通风风机；

c） 人口聚集区等重要区段的燃气舱主要本体结构应按抗爆设计，抗爆结构的爆轰荷载和结构形式应按GB 50779的要求执行；

d） 管廊设置的排风系统风机、燃气泄漏紧急切断系统和应急照明系统应按GB 50052规定的二级负荷供电；

e） 进出综合管廊的燃气管道和廊内跨越变形缝处的管道应采取防止管廊沉降的自适应措施，并确保有效；

f） 天然气管道进出综合管廊附近的埋地管线、放散管、天然气设备等均应满足防雷、防静电接地的要求。具有阴极保护系统的燃气管道进出综合管廊时应配置绝缘接头，同时在绝缘接头受力侧设锚固墩。

8.1.6 应急抢修

8.1.6.1 燃气管道运营单位应根据供应规模设立抢险机构，应配备必要的抢修车辆、抢修设备、抢修器材、通信设备、防护用具、消防器材、检测仪器等装备，并保证设备处于良好状态。

8.1.6.2 应根据燃气泄漏程度确定警戒区并设立警示标志，应随时监测周围环境的燃气浓度。在警戒区内应管制交通，不应有明火，无关人员不应入内。

8.1.6.3 操作人员进入抢修作业区前应按规定穿戴好防静电服、鞋及防护用具，并不应在作业区内穿脱和摘戴。作业现场应有专人监护，不应单独操作。

8.1.6.4 在警戒区内燃气浓度未降至安全范围时，不应使用非防爆型的机电设备及仪器、仪表等。

8.1.6.5 抢修人员进入事故现场，应立即控制气源、消灭火种，切断电源，驱散积聚的燃气。燃气管道泄漏的抢修宜在降低燃气压力或切断气源置换安全后进行。

8.1.6.6 当抢修中暂时无法消除漏气现象或不能切断气源时，应及时通知有关部门，并做好事故现场的安全防护工作。

8.1.6.7 燃气管道恢复供气后，应进行复查，确认安全后抢修人员方可撤离事故现场。

8.2 热力管道安全与运行

8.2.1 热力管道试运行

8.2.1.1 试运行应在单位工程验收合格、热源具备供热条件后进行。

8.2.1.2 试运行前应编制试运行方案。在环境温度小于5℃时，应制定防冻措施。试运行方案应经管理部门审查同意，并应进行技术交底。

8.2.1.3 试运行应符合下列规定：

a） 供热管线工程应与热力站工程联合进行试运行。

b） 试运行应有完善可靠的通信系统及安全保障措施。

c） 试运行应在设计的参数下运行，试运行的时间应在达到试运行的参数条件下连续运行72h，试运行应缓慢升温，升温速度不得大于10℃/h，在低温试运行期间，应对管道、设备进行全面检查，支架的工作状况应做重点检查。在低温试运行正常以后，方可缓慢升温至试运行温度下运行。

d) 在试运行期间管道法兰、阀门、补偿器及仪表等处的螺栓应进行热拧紧，热拧紧时的运行压力应降低至 0.3MPa 以下。

e) 试运行期间应观察管道、设备的工作状态，并应运行正常。试运行应完成各项检查，并应做好试运行记录。

f) 试运行期间出现不影响整体试运行安全的问题，可待试运行结束后处理；当出现需要立即解决的问题时，应先停止试运行，然后进行处理。问题处理完后，应重新进行 72h 试运行。

8.2.1.4 蒸汽管网工程的试运行应带热负荷进行，试运行合格后可直接转入正常的供热运行。蒸汽管网试运行应符合下列规定：

a) 试运行前应进行暖管，暖管合格后方可略开启阀门，缓慢提高蒸汽管的压力，待管道内蒸汽压力和温度达到设计规定的参数后，保持恒温时间不宜少于 1h。试运行期间应对管道、设备、支架及凝结水疏水系统进行全面检查。

b) 确认管网各部位符合要求后，应对用户用汽系统进行暖管和各部位的检查，确认合格后，再缓慢提高供汽压力，供汽参数达到运行参数，即可转入正常运行。

8.2.1.5 热水管网试运行应符合下列规定：

a) 试运行前应确认关闭全部泄水阀门；

b) 排气充水，水满后应关闭放气阀门；

c) 全线水满后应再次逐个进行放气并确认管内无气体后，关闭放气阀门；

d) 试运行开始后，每隔 1h 应对补偿器及其他设备和管路附件等进行检查，并应按 CJJ 28—2014 中表 A.0.32 的规定进行记录。

8.2.1.6 试运行合格后应填写试运行记录，并应符合 CJJ 28—2014 中表 A.0.33 的规定。

8.2.1.7 试运行完成后应进行工程移交，并应签署工程移交文件。

8.2.2 运行与应急抢修

8.2.2.1 城镇供热系统运行维护应符合 CJJ 88 的规定。

8.2.2.2 热力管道运行维护应满足日常运行和应急抢修的需求。管道运营单位应根据管网规模设立专业的运行和抢险组织机构，应制定相应的管理制度，配备必要的运输车辆、设备材料、通信设备、防护用具、安全器材、检测仪器等装备，并保证装备处于良好状态。

8.2.2.3 应根据热介质泄漏程度确定警戒区并设立警示标志。在警戒区内应管制交通，无关人员不应入内。

8.2.2.4 作业现场应有专人监护，不应单独操作。作业时应采取保证作业人员安全和健康的措施。

8.2.2.5 热力管道恢复供热后，应进行复查，确认安全后抢修人员方可撤离事故现场。

8.2.2.6 城镇供热系统抢修应符合 CJJ 203 的规定。

8.2.3 安全泄放装置

8.2.3.1 一般规定

8.2.3.1.1 有超压危险的管道系统应设置安全泄放装置。

8.2.3.1.2 自动控制仪表和事故联锁装置不应代替安全泄放装置。

8.2.3.1.3 符合下列情况之一者，应设置安全泄放装置：

a) 设计压力小于外部压力源的压力，出口可能被关断或堵塞的设备和管道系统；

b) 减压装置出口设计压力小于进口压力，排放出口可能被关断或堵塞的设备和管道系统；

c) 因两端关断阀关闭，受外界影响而产生热膨胀或汽化的管道系统；

d) 可能产生超压的其他部位。

8.2.3.1.4 安全泄放装置相关压力的确定应符合下列规定：

a) 当安装一个安全泄放装置时，其整定压力不应大于系统设计压力，且最大泄放压力不宜大于系统设计压力的106%；

b) 当安装多个安全泄放装置时，至少有一个安全阀整定压力不应大于系统设计压力，其余安全阀整定压力不宜大于系统设计压力的103%，且安全阀最大泄放压力不宜大于系统设计压力的106%。

8.2.3.1.5 安全泄放量应符合下列规定：

a) 安全泄放量的计算应符合GB/T 32270—2015附录F的规定；

b) 取各种超压工况安全泄放量的最大值。

8.2.3.1.6 最小泄放面积应符合下列规定：

a) 最小泄放面积应根据安全泄放量、最大泄放压力、泄放流体温度、额定泄放系数以及流体的物理性质等计算，计算方法应符合GB/T 32270—2015附录F的规定；

b) 安全泄放装置的泄放面积不应小于最小泄放面积。

8.2.3.1.7 安全泄放装置的进、出口侧不应安装关断阀。

8.2.3.1.8 安全泄放装置的入口管道管径不应小于安全泄放装置的进口尺寸，入口管道应短捷，压力降应小于安全阀设定压力的3%。

8.2.3.1.9 安全泄放装置的出口排放管道应符合下列规定：

a) 排放管道及其支承应有足够的强度承受泄放反力，当直接向大气排放时，应避开其他管道、设备及平台或人员可能到达的场所，排放管出口应高出屋面(平台)2200mm；

b) 安全泄放装置宜设置单独排放管道，当两个及以上排放装置组合排放时，排放管的流通截面不应小于所有安全泄放装置泄放面积的总和；

c) 排放管道的设计应有可靠的疏水；

d) 装设消音器时，消音器应有足够的通流面积。

8.2.3.2 安全泄放装置的选用

汽水介质管道安全泄放装置宜选用安全阀，安全阀的选用应符合GB/T 12241、GB/T 12242及GB/T 12243的规定。

8.2.4 安全防护设施和措施

8.2.4.1 一般规定

8.2.4.1.1 下列条件下应采取安全防护措施：

a) 由工作压力、工作温度和介质特性决定的流体危险性；

b) 管道发生损坏或泄漏时，流体的泄漏量及其对周围人员和设备造成的危害程度。

8.2.4.1.2 流体泄漏应采用自动关闭压力源等方法限制。

8.2.4.2 布置中的安全防护

8.2.4.2.1 穿越道路、铁路及人行道等架空管道的净空高度，以及管架边缘至建筑物或其他设施的水平距离应符合GB 50016的规定，管道与电力线路间交叉净距应符合相关标准的规定。

8.2.4.2.2 位于道路和铁路上方的管道不应装设阀门、法兰等可能发生泄漏的管道组成件。

8.2.4.2.3 紧急放空、事故隔离、消防蒸汽等事故用的阀门，应布置在安全、明显、便于操作的位置。

8.2.4.2.4 地下敷设热力管道应装设能提示埋地管线的走向及相对位置的标志，标志的设置应符合 CJJ/T 220 的要求。

8.3 图档资料

8.3.1 公用管道运营单位的档案管理部门应收集燃气、热力设施运行维护、安全防护和抢修资料，并应建立档案，实施动态管理，宜采用电子文档管理，并建立燃气管网、热力管网地理信息系统。

8.3.2 公用管道运营单位的档案管理部门应根据运行、维护和抢修工程的要求，及时提供图档资料。

8.3.3 公用管道设施运行维护和抢修管理部门应向档案管理部门提交运行、维护记录和抢修作业的相关资料。

附 录 A
(规范性附录)
热力用塑料管道性能参数

A.1 塑料工作管道最大允许工作压力见表A.1。

表A.1 塑料工作管最大允许工作压力

单位为兆帕

塑料工作管		最大允许工作压力			
管材	规格	70℃生活热水	45℃供暖	60℃供暖	75℃供暖
PE-RT Ⅱ管	S4/SDR9	0.88	1.23	1.05	1.01
	S5/SDR11	0.70	0.98	0.84	0.80
	S6.3/SDR13.6	0.56	0.78	0.66	0.63
	S8/SDR17	0.44	0.62	0.53	0.50
PB管	S4/SDR9	1.26	1.84	1.59	1.56
	S5/SDR11	1.00	1.46	1.26	1.24
	S6.3/SDR13.6	0.80	1.16	1.00	0.98
	S8/SDR17	0.63	0.92	0.80	0.78

A.2 塑料工作管道的规格尺寸见表A.2。

表A.2 塑料工作管的规格尺寸

单位为毫米

公称外径	公称壁厚			
	S8/SDR17	S6.3/SDR13.6	S5/SDR11	S4/SDR9
50	—	—	4.6	5.6
63	—	—	5.8	7.1
75	—	—	6.8	8.4
90	5.4	6.7	8.2	10.1
110	6.6	8.1	10.0	12.3
125	7.4	9.2	11.4	14.0
140	8.3	10.3	12.7	15.7
160	9.5	11.8	14.6	17.9
180	10.7	13.3	16.4	20.1
200	11.9	14.7	18.2	22.4
225	13.4	16.6	20.5	25.2
250	14.8	18.4	22.7	27.9
280	16.6	20.6	25.4	31.3
315	18.7	23.2	28.6	35.2
355	21.1	26.1	32.2	39.7
400	22.7	29.4	36.4	44.7
450	25.6	33.1	40.9	50.3

A.3 热力用塑料管道的弹性模量、线膨胀系数和导热系数、拉伸屈服强度等可按表A.3~表A.5选取。

表A.3 塑料管道弹性模量

单位为兆帕

物理特性		弹性模量	
管材材料		耐热聚乙烯(PE-RT Ⅱ)	聚丁烯(PB)
计算温度/℃	-10	1850	512
	0	1400	420
	20	910	420
	40	510	290
	60	330	235
	75	220	131

表A.4 塑料管道线性膨胀系数和导热系数

塑料管材	线性膨胀系数/[m/(m·K)]	导热系数/[W/(m·K)]
耐热聚乙烯(PE-RTⅡ)	1.20×10^{-4}	0.42
聚丁烯(PB)	1.30×10^{-4}	0.22

表A.5 塑料管道的拉伸屈服强度

单位为兆帕

管材材料	拉伸屈服强度					
	-10℃	0℃	20℃	40℃	60℃	75℃
耐热聚乙烯(PE-RTⅡ)	33	31	23	19	13	10
聚丁烯(PB)	21.5	8.9	18.2	16.8	14.9	11.5

附　录　B
（规范性附录）
常用钢管的性能参数

B.1　常用钢管的许用应力见表 B.1。

表 B.1　常用钢管材料的许用应力

牌号	常温强度指标		许用应力/MPa						
	σ_b	σ_s	<20℃	100℃	150℃	200℃	250℃	300℃	350℃
20	390	235	137	137	137	137	129	119	114
Q235B	375	225	125	125	122	119	113	105	—
L290	415	290	138	138	138	138	—	—	—
L360	460	360	153	153	153	153	—	—	—
Q345B	490	335	163	163	163	158	144	139	135

B.2　常用钢管的弹性模量见表 B.2。

表 B.2　常用钢管材料的弹性模量

钢材物理特性		弹性模量/(10^4MPa)			
钢号		20	Q235B	L290/L360	Q345B
计算温度/℃	20	19.8	20.6	20.6	20.6
	100	18.2	20.0	20.0	20.0
	150	18.0	19.6	19.6	19.5
	200	17.5	19.2	19.2	18.9
	250	17.1	18.8	—	18.5
	300	16.6	18.4	—	18.1
	350	16.2	—	—	17.6

B.3　常用钢管的线膨胀系数见表 B.3。

表 B.3　常用钢管的线膨胀系数

钢材物理特性		线膨胀系数/[10^{-6}m/(m·K)]			
钢号		20	Q235B	L290/L360	Q345B
计算温度/℃	100	11.16	12.20	12.2	8.31
	150	11.64	12.60	12.6	9.65
	200	12.12	13.00	12.7	10.99
	250	12.45	13.23	—	11.60
	300	12.78	13.45	—	12.31
	350	13.31	—	—	12.77

参 考 文 献

[1] TSG21　固定式压力容器安全技术监察规程
[2] TSG D2002　燃气用聚乙烯管道焊接技术规则
[3] TSG D7003　压力管道定期检验规则　长输(油气)管道
[4] TSG D7004　压力管道定期检验规则　公用管道
[5] TSG D7005　压力管道定期检验规则　工业管道

UDC

中华人民共和国国家标准

P　　GB 50028—2006

城镇燃气设计规范

Code for design of city gas engineering

（2020年版）

2006-07-12 发布　　2006-11-01 实施

中华人民共和国建设部
中华人民共和国国家质量监督检验检疫总局　联合发布

前　言

根据建设部《关于印发“2000～2001年度工程建设国家标准制订、修订计划”的通知》(建标[2001]87号)要求，由中国市政工程华北设计研究院会同有关单位共同对《城镇燃气设计规范》GB 50028—93进行了修订。在修订过程中，编制组根据国家有关政策，结合我国城镇燃气的实际情况，进行了广泛的调查研究，认真总结了我国城镇燃气工程建设和规范执行十年来的经验，吸收了国际上发达国家的先进规范成果，开展了必要的专题研究和技术研讨，并广泛征求了全国有关单位的意见，最后由建设部会同有关部门审查定稿。

本规范共分10章和6个附录，其主要内容包括：总则、术语、用气量和燃气质量、制气、净化、燃气输配系统、压缩天然气供应、液化石油气供应、液化天然气供应和燃气的应用等。

本次修订的主要内容是：

1. 增加第2章术语，将原规范中“名词解释”改为“术语”，并作了补充与完善。

2. 第3章用气量和燃气质量中，取消了居民生活和商业用户用气量指标；增加了采暖用气量的计算原则。补充了天然气的质量要求、液化石油气与空气的混合气质量安全指标和燃气加臭的标准。

3. 第4、5章制气和净化中，增加了两段煤气(水煤气)发生炉制气、轻油制气、流化床水煤气、天然气改制、一氧化碳变换和煤气脱水，并对主要生产场所火灾及爆炸危险分类等级等条文进行了修订。

4. 第6章燃气输配系统中，提高了城镇燃气管道压力至4.0MPa，吸收了美、英等发达国家的先进标准成果，增加了高压燃气管道敷设、管道结构设计和新型管材，补充了地上燃气管道敷设，门站、储配站设计和调压站设置形式、管道水力计算等。

5. 增加第7章压缩天然气供应，主要包括压缩天然气加气站、储配站、瓶组供气站及配套设施要求。

6. 第8章液化石油气供应，对液化石油气供应基地和混气站、气化站、瓶组气化站及瓶装供应站等补充了有关内容。

7. 增加第9章液化天然气供应，主要包括气化站储罐与站外建、构筑物的防火间距，站内总平面布置防火间距及配套设施等要求。

8. 第10章燃气的应用中，增加了新型管材，燃气管道和燃气用具在地下室、半地下室和地上密闭房间内的敷设，室内燃气管道的暗设以及燃气的安全监控设施等要求。

本规范由建设部负责管理和对强制性条文的解释，由中国市政工程华北设计研究院负责日常管理工作和具体技术内容的解释。

本规范在执行过程中，希望各单位结合工程实践，注意总结经验，积累资料，如发现对本规范需要修改和补充，请将意见和有关资料函寄：中国市政工程华北设计研究院城镇燃气设计规范国家标准管理组(地址：天津市气象台路，邮政编码：300074)，以便今后修订时参考。

本规范主编单位、参编单位及主要起草人：

主 编 单 位：中国市政工程华北设计研究院

参 编 单 位：上海燃气工程设计研究有限公司

香港中华煤气有限公司

北京市煤气热力工程设计院有限公司

沈阳市城市煤气设计研究院

成都市煤气公司

苏州科技学院

国际铜业协会(中国)

新奥燃气控股有限公司

深圳市燃气工程设计有限公司
天津市煤气工程设计院
北京市燃气工程设计公司
长春市燃气热力设计研究院
珠海市煤气集团有限公司
新兴铸管股份有限公司
亚大塑料制品有限公司
华创天元实业发展有限责任公司
佛山市日丰企业有限公司
北京中油翔科科技有限公司
上海飞奥燃气设备有限公司
宁波志清集团有限公司
宁波市华涛不锈钢管材料有限公司
华北石油钢管厂
沈阳光正工业有限公司
天津新科成套仪表有限公司
乐泰(中国)有限公司

主要起草人：金石坚 李颜强 徐良 冯长海 王昌遒
高勇 陈云玉 顾军 沈余生 孙欣华
李建勋 邵山 曹开朗 王启 李猷嘉
贾秋明 刘松林 应援农 沈仲棠 曹永根
杨永慧 吴珊 樊金光 周也路 刘正
郑海燕 田大栓 张琳 王广杜 韩建平
徐静 刘军 吴国奇 李绍海 王华
牛铭昌 张力平 边树奎 苏国荣 陈志清
缪德伟 王晓香 孟光 孙建勋 沈伟康

目　　次

1　总则
2　术语
3　用气量和燃气质量
3.1　用气量
3.2　燃气质量
4　制气
4.1　一般规定
4.2　煤的干馏制气
4.3　煤的气化制气
4.4　重油低压间歇循环催化裂解制气
4.5　轻油低压间歇循环催化裂解制气
4.6　液化石油气低压间歇循环催化裂解制气
4.7　天然气低压间歇循环催化改制制气
4.8　调峰
5　净化
5.1　一般规定
5.2　煤气的冷凝冷却
5.3　煤气排送
5.4　焦油雾的脱除
5.5　硫酸吸收法氨的脱除
5.6　水洗涤法氨的脱除
5.7　煤气最终冷却
5.8　粗苯的吸收
5.9　萘的最终脱除
5.10　湿法脱硫
5.11　常压氧化铁法脱硫
5.12　一氧化碳的变换
5.13　煤气脱水
5.14　放散和液封
6　燃气输配系统
6.1　一般规定
6.2　燃气管道计算流量和水力计算
6.3　压力不大于1.6MPa的室外燃气管道
6.4　压力大于1.6MPa的室外燃气管道
6.5　门站和储配站
6.6　调压站与调压装置
6.7　钢质燃气管道和储罐的防腐
6.8　监控及数据采集
7　压缩天然气供应(已废止)
8　液化石油气供应(已废止)
9　液化天然气供应

9.1　一般规定
9.2　液化天然气气化站
9.3　液化天然气瓶组气化站
9.4　管道及附件、储罐、容器、气化器、气体加热器和检测仪表
9.5　消防给水、排水和灭火器材
9.6　土建和生产辅助设施
10　燃气的应用
10.1　一般规定
10.2　室内燃气管道
10.3　燃气计量
10.4　居民生活用气
10.5　商业用气
10.6　工业企业生产用气
10.7　燃烧烟气的排除
10.8　燃气的监控设施及防雷、防静电
附录A　制气车间主要生产场所爆炸和火灾危险区域等级
附录B　煤气净化车间主要生产场所爆炸和火灾危险区域等级
附录C　燃气管道摩擦阻力计算
附录D　燃气输配系统生产区域用电场所的爆炸危险区域等级和范围划分
附录E　液化石油气站用电场所爆炸危险区域等级和范围划分
附录F　居民生活用燃具的同时工作系数 K
本规范用词说明(略)
条文说明(略)

1 总　　则

1.0.1 为使城镇燃气工程设计符合安全生产、保证供应、经济合理和保护环境的要求，制定本规范。

1.0.2 本规范适用于向城市、乡镇或居民点供给居民生活、商业、工业企业生产、采暖通风和空调等各类用户作燃料用的新建、扩建或改建的城镇燃气工程设计。

注：1 本规范不适用于城镇燃气门站以前的长距离输气管道工程。

2 本规范不适用于工业企业自建供生产工艺用且燃气质量不符合本规范质量要求的燃气工程设计，但自建供生产工艺用且燃气质量符合本规范要求的燃气工程设计，可按本规范执行。

工业企业内部自供燃气给居民使用时，供居民使用的燃气质量和工程设计应按本规范执行。

3 本规范不适用于海洋和内河轮船、铁路车辆、汽车等运输工具上的燃气装置设计。

1.0.3 城镇燃气工程设计，应在不断总结生产、建设和科学实验的基础上，积极采用行之有效的新工艺、新技术、新材料和新设备，做到技术先进，经济合理。

1.0.4 城镇燃气工程规划设计应遵循我国的能源政策，根据城镇总体规划进行设计，并应与城镇的能源规划、环保规划、消防规划等相结合。

1.0.5 城镇燃气工程设计，除应遵守本规范外，尚应符合国家现行的有关标准的规定。

2 术　　语

2.0.1 城镇燃气　city gas

从城市、乡镇或居民点中的地区性气源点，通过输配系统供给居民生活、商业、工业企业生产、采暖通风和空调等各类用户公用性质的，且符合本规范燃气质量要求的可燃气体。城镇燃气一般包括天然气、液化石油气和人工煤气。

2.0.2 人工煤气　manufactured gas

以固体、液体或气体（包括煤、重油、轻油、液体石油气、天然气等）为原料经转化制得的，且符合现行国家标准《人工煤气》GB 13612 质量要求的可燃气体。人工煤气又简称为煤气。

2.0.3 居民生活用气　gas for domestic use

用于居民家庭炊事及制备热水等的燃气。

2.0.4 商业用气　gas for commercial use

用于商业用户（含公共建筑用户）生产和生活的燃气。

2.0.5 基准气　reference gas

代表某种燃气的标准气体。

2.0.6 加臭剂　odorant

一种具有强烈气味的有机化合物或混合物。当以很低的浓度加入燃气中，使燃气有一种特殊的、令人不愉快的警示性臭味，以便泄漏的燃气在达到其爆炸下限 20%或达到对人体允许的有害浓度时，即被察觉。

2.0.7 直立炉　vertical retort

指武德式连续式直立炭化炉的简称。

2.0.8 自由膨胀序数　crucible swelling number

是表示煤的粘结性的指标。

2.0.9 葛金指数　Gray-King index

是表示煤的结焦性的指标。

2.0.10 罗加指数　Roga index

是表示煤的粘结能力的指标。

2.0.11 煤的化学反应性 chemical reactivity of coal

是表示在一定温度下，煤与二氧化碳相互作用，将二氧化碳还原成一氧化碳的反应能力的指标，是我国评价气化用煤的质量指标之一。

2.0.12 煤的热稳定性 thermal stability of coal

是指煤块在高温作用下(燃烧或气化)保持原来粒度的性质(即对热的稳定程度)的指标，是我国评价块煤质量指标之一。

2.0.13 气焦 gas coke

是焦炭的一种，其质量低于冶金焦或铸造焦，直立炉所生产的焦一般称为气焦，当焦炉大量配入气煤时，所产生的低质的焦炭也是气焦。

2.0.14 电气滤清器(电捕焦油器) electric filter

用高压直流电除去煤气中焦油和灰尘的设备。

2.0.15 调峰气 peak shaving gas

为了平衡用气量高峰，供作调峰手段使用的辅助性气源和储气。

2.0.16 计算月 design month

指一年中逐月平均的日用气量中出现最大值的月份。

2.0.17 月高峰系数 maximum uneven factor of monthly consumption

计算月的平均日用气量和年的日平均用气量之比。

2.0.18 日高峰系数 maximum uneven factor of daily consumption

计算月中的日最大用气量和该月日平均用气量之比。

2.0.19 小时高峰系数 maximum uneven factor of hourly consumption

计算月中最大用气量日的小时最大用气量和该日平均小时用气量之比。

2.0.20 低压储气罐 low pressure gasholder

工作压力(表压)在10kPa以下，依靠容积变化储存燃气的储气罐。分为湿式储气罐和干式储气罐两种。

2.0.21 高压储气罐 high pressure gasholder

工作压力(表压)大于0.4MPa，依靠压力变化储存燃气的储气罐。又称为固定容积储气罐。

2.0.22 调压装置 regulator device

将较高燃气压力降至所需的较低压力调压单元总称。包括调压器及其附属设备。

2.0.23 调压站 regulator station

将调压装置放置于专用的调压建筑物或构筑物中，承担用气压力的调节。包括调压装置及调压室的建筑物或构筑物等。

2.0.24 调压箱(调压柜) regulator box

将调压装置放置于专用箱体，设于用气建筑物附近，承担用气压力的调节。包括调压装置和箱体。悬挂式和地下式箱称为调压箱，落地式箱称为调压柜。

2.0.25 重要的公共建筑 important public building

指性质重要、人员密集，发生火灾后损失大、影响大、伤亡大的公共建筑物。如省市级以上的机关办公楼、电子计算机中心、通信中心以及体育馆、影剧院、百货大楼等。

2.0.26 用气建筑的毗连建筑物 building adjacent to building supplied with gas

指与用气建筑物紧密相连又不属于同一个建筑结构整体的建筑物。

2.0.27 单独用户 individual user

指主要有一个专用用气点的用气单位，如一个锅炉房、一个食堂或一个车间等。

2.0.28 压缩天然气 compressed natural gas(CNG)

指压缩到压力大于或等于10MPa且不大于25MPa的气态天然气。

2.0.29 压缩天然气加气站 CNG fuelling station

由高、中压输气管道或气田的集气处理站等引入天然气，经净化、计量、压缩并向气瓶车或气瓶组充装压缩天然气的站场。

2.0.30 压缩天然气气瓶车 CNG cylinders truck transportation

由多个压缩天然气瓶组合并固定在汽车挂车底盘上，具有压缩天然气加(卸)气系统和安全防护及安全放散等的设施。

2.0.31 压缩天然气瓶组 multiple CNG cylinder installations

具有压缩天然气加(卸)气系统和安全防护及安全放散等设施，固定在瓶筐上的多个压缩天然气瓶组合。

2.0.32 压缩天然气储配站 CNG stored and distributed station

具有将槽车、槽船运输的压缩天然气进行卸气、加热、调压、储存、计量、加臭，并送入城镇燃气输配管道功能的站场。

2.0.33 压缩天然气瓶组供应站 station for CNG multiple cylinder installations

采用压缩天然气气瓶组作为储气设施，具有将压缩天然气卸气、调压、计量和加臭，并送入城镇燃气输配管道功能的设施。

2.0.34 液化石油气供应基地 liquefied petrleum gases(LPG)supply base

城镇液化石油气储存站、储配站和灌装站的统称。

2.0.35 液化石油气储存站 LPG stored station

储存液化石油气，并将其输送给灌装站、气化站和混气站的液化石油气储存站场。

2.0.36 液化石油气灌装站 LPG fillng station

进行液化石油气灌装作业的站场。

2.0.37 液化石油气储配站 LPG stored and delivered station

兼有液化石油气储存站和灌装站两者全部功能的站场。

2.0.38 液化石油气气化站 LPG vaporizing station

配置储存和气化装置，将液态液化石油气转换为气态液化石油气，并向用户供气的生产设施。

2.0.39 液化石油气混气站 LPG-air(other fuel gas)mixing station

配置储存、气化和混气装置，将液态液化石油气转换为气态液化石油气后，与空气或其他可燃气体按一定比例混合配制成混合气，并向用户供气的生产设施。

2.0.40 液化石油气-空气混合气 LPG-air mixture

将气态液化石油气与空气按一定比例混合配制成符合城镇燃气质量要求的燃气。

2.0.41 全压力式储罐 fully pressurized storage tank

在常温和较高压力下盛装液化石油气的储罐。

2.0.42 半冷冻式储罐 semi-refrigerated storage tank

在较低温度和较低压力下盛装液化石油气的储罐。

2.0.43 全冷冻式储罐 fully refrigerated storage tank

在低温和常压下盛装液化石油气的储罐。

2.0.44 瓶组气化站 vaporizing station of multiple cylinder in-stallations

配置 2 个以上 15kg、2 个或 2 个以上 50kg 气瓶，采用自然或强制气化方式将液态液化石油气转换为气态液化石油气后，向用户供气的生产设施。

2.0.45 液化石油气瓶装供应站 bottled LPG delivered station

经营和储存液化石油气气瓶的场所。

2.0.46 液化天然气 liquefied natural gas(LNG)

液化状况下的无色流体，其主要组分为甲烷。

2.0.47 液化天然气气化站 LNG vaporizing station

具有将槽车或槽船运输的液化天然气进行卸气、储存、气化、调压、计量和加臭，并送入城镇燃气输配管道功能的站场。又称为液化天然气卫星站(LNG satellite plant)。

2.0.48 引入管 service pipe

室外配气支管与用户室内燃气进口管总阀门(当无总阀门时，指距室内地面 1m 高处)之间的管道。

2.0.49 管道暗埋 piping embedment

管道直接埋设在墙体、地面内。

2.0.50 管道暗封 piping concealment

管道敷设在管道井、吊顶、管沟、装饰层内。

2.0.51 钎焊 capillary joining

钎焊是一个接合金属的过程，在焊接时作为填充金属(钎料)是熔化的有色金属，它通过毛细管作用被吸入要被连接的两个部件表面之间的狭小空间中，钎焊可分为硬钎焊和软钎焊。

3 用气量和燃气质量

3.1 用 气 量

3.1.1 设计用气量应根据当地供气原则和条件确定，包括下列各种用气量：

1 居民生活用气量；

2 商业用气量；

3 工业企业生产用气量；

4 采暖通风和空调用气量；

5 燃气汽车用气量；

6 其他气量。

注：当电站采用城镇燃气发电或供热时，尚应包括电站用气量。

3.1.2 各种用户的燃气设计用气量，应根据燃气发展规划和用气量指标确定。

3.1.3 居民生活和商业的用气量指标，应根据当地居民生活和商业用气量的统计数据分析确定。

3.1.4 工业企业生产的用气量，可根据实际燃料消耗量折算，或按同行业的用气量指标分析确定。

3.1.5 采暖通风和空调用气量指标，可按国家现行标准《城市热力网设计规范》CJJ34 或当地建筑物耗热量指标确定。

3.1.6 燃气汽车用气量指标，应根据当地燃气汽车种类、车型和使用量的统计数据分析确定。当缺乏用气量的实际统计资料时，可按已有燃气汽车城镇的用气量指标分析确定。

3.2 燃 气 质 量

3.2.1 城镇燃气质量指标应符合下列要求：

1 城镇燃气(应按基准气分类)的发热量和组分的波动应符合城镇燃气互换的要求；

2 城镇燃气偏离基准气的波动范围宜按现行的国家标准《城市燃气分类》GB/T 13611 的规定采用，并应适当留有余地。

3.2.2 采用不同种类的燃气做城镇燃气除应符合第 3.2.1 条外，还应分别符合下列第 1~4 款的规定。

1 天然气的质量指标应符合下列规定：

1) 天然气发热量、总硫和硫化氢含量、水露点指标应符合现行国家标准《天然气》GB 17820 的一类气或二类气的规定；

2) 在天然气交接点的压力和温度条件下：

天然气的烃露点应比最低环境温度低5℃；

天然气中不应有固态、液态或胶状物质。

2 液化石油气质量指标应符合现行国家标准《油气田液化石油气》GB 9052.1或《液化石油气》GB 11174的规定；

3 人工煤气质量指标应符合现行国家标准《人工煤气》GB 13612的规定；

4 液化石油气与空气的混合气做主气源时，液化石油气的体积分数应高于其爆炸上限的2倍，且混合气的露点温度应低于管道外壁温度5℃。硫化氢含量不应大于20mg/m^3。

3.2.3 城镇燃气应具有可以察觉的臭味，燃气中加臭剂的最小量应符合下列规定：

1 无毒燃气泄漏到空气中，达到爆炸下限的20%时，应能察觉；

2 有毒燃气泄漏到空气中，达到对人体允许的有害浓度时，应能察觉；

对于以一氧化碳为有毒成分的燃气，空气中一氧化碳含量达到0.02%（体积分数）时，应能察觉。

3.2.4 城镇燃气加臭剂应符合下列要求：

1 加臭剂和燃气混合在一起后应具有特殊的臭味；

2 加臭剂不应对人体、管道或与其接触的材料有害；

3 加臭剂的燃烧产物不应对人体呼吸有害，并不应腐蚀或伤害与此燃烧产物经常接触的材料；

4 加臭剂溶解于水的程度不应大于2.5%（质量分数）；

5 加臭剂应有在空气中应能察觉的加臭剂含量指标。

4 制　　气

4.1 一 般 规 定

4.1.1 本章适用于煤的干馏制气、煤的气化制气与重、轻油催化裂解制气及天然气改制等工程设计。

4.1.2 各制气炉型和台数的选择，应根据制气原料的品种，供气规模及各种产品的市场需要，按不同炉型的特点，经技术经济比较后确定。

4.1.3 制气车间主要生产场所爆炸和火灾危险区域等级划分应符合本规范附录A的规定。

4.1.4 制气车间的“三废”处理要求除应符合本章有关规定外，还应符合国家现行有关标准的规定。

4.1.5 各类制气炉型及其辅助设施的场地布置除应符合本章有关规定外，还应符合现行国家标准《工业企业总平面设计规范》GB 50187的规定。

4.2 煤的干馏制气

4.2.1 煤的干馏炉装炉煤的质量指标，应符合下列要求：

1 直立炉：

挥发分（干基）	>25%；
坩埚膨胀序数	1½～4；
葛金指数	F～G_1；
灰分（干基）	<25%；
粒度	<50mm（其中小于10mm的含量应小于75%）。

注：1 生产铁合金焦时，应选用低灰分、弱粘结的块煤。

灰分（干基）	<10%；
粒度	15mm～50mm；
热稳定性（TS）	>60%。

2 生产电石焦时，应采用灰分小于10%的煤种，粒度要求与直立炉装炉煤粒度相同。

3 当装炉煤质量不符合上述要求时，应做工业性的单炉试验。

2 焦炉：

挥发分(干基)	24%~32%；
胶质层指数(Y)	13~20mm；
焦块最终收缩度(X)	28~33mm；
粘结指数	58~72；
水分	<10%；
灰分(干基)	≤11%；
硫分(干基)	<1%；
粒度(<3mm 的含量)	75%~80%。

注：1 指标仅给出范围，最终指标应按配煤试验结果确定。

2 采用焦炉炼制气焦时，其灰分(干基)可小于16%。

3 采用焦炉炼制冶金焦或铸造焦时，应按焦炭的质量要求决定配煤的质量指标。

4.2.2 采用直立炉制气的煤准备流程应设破碎和配煤装置。采用焦炉制气的煤准备宜采取先配煤后粉碎流程。

4.2.3 原料煤的装卸和倒运应采用机械化运输设备。卸煤设备的能力，应按日用煤量、供煤不均衡程度和供煤协议的卸煤时间确定。

4.2.4 储煤场地的操作容量应根据来煤方式不同，宜按10~40d的用煤量确定。其操作容量系数，宜取65%~70%。

4.2.5 配煤槽和粉碎机室的设计，应符合下列要求：

1 配煤槽总容量，应根据日用煤量和允许的检修时间等因素确定；

2 配煤槽的个数，应根据采用的煤种数和配煤比等因素确定；

3 在粉碎装置前，必须设置电磁分离器；

4 粉碎机室必须设置除尘装置和其他防尘措施，室内含尘量应小于10mg/m³；

排入室外大气中的粉尘最高允许浓度标准为150mg/m³；

5 粉碎机应采用隔声、消声、吸声、减振以及综合控制噪声等措施，生产车间及作业场所的噪声A声级不得超过90dB。

4.2.6 煤准备流程的各胶带运输机及其相连的运转设备之间，应设连锁集中控制装置。

4.2.7 每座直立炉顶层的储煤仓总容量，宜按36h用煤量计算。辅助煤箱的总容量，应按2h用煤量计算。储焦仓的总容量，宜按一次加满四门炭化室的装焦量计算。

焦炉的储煤塔，宜按两座炉共用一个储煤塔设计，其总容量应按12~16h用煤量计算。

4.2.8 煤干馏的主要产品的产率指标，可按表4.2.8采用。

表4.2.8 煤干馏的主要产品的产率指标

主要产品名称	直立炉	焦炉
煤气	350~380m³/t	320~340m³/t
全焦	71%~74%	72%~76%
焦油	3.3%~3.7%	3.2%~3.7%
硫铵	0.9%	1.0%
粗苯	0.8%	1.0%

注：1 直立炉煤气其低热值为16.3MJ/m³；

2 焦炉煤气其低热值为17.9MJ/m³；

3 直立炉水分按7%的煤计；

4 焦炉按干煤计。

4.2.9 焦炉的加热煤气系统，宜采用复热式。

4.2.10 煤干馏炉的加热煤气，宜采用发生炉（含两段发生炉）或高炉煤气。

发生炉煤气热值应符合现行国家标准《发生炉煤气站设计规范》GB 50195 的规定。

煤干馏炉的耗热量指标，宜按表 4.2.10 选用。

表 4.2.10 煤干馏炉的耗热量指标[kJ/kg（煤）]

加热煤气种类	焦炉	直立炉	适用范围
焦炉煤气	2340	—	作为计算生产消耗用
发生炉煤气	2640	3010	
焦炉煤气	2570	—	作为计算加热系统设备用
发生炉煤气	2850	—	

注：1 直立炉的指标系按炭化室长度为 2.1m 炉型所耗发生炉热煤气计算。
焦炉的指标系按炭化室有效容积大于 $20m^3$ 炉型所耗冷煤气计算。
2 水分按 7% 的煤计。

4.2.11 加热煤气管道的设计应符合下列要求：

1 当焦炉采用发生炉煤气加热时，加热煤气管道上宜设置混入回炉煤气装置；当焦炉采用回炉煤气加热时，加热煤气管道上宜设置煤气预热器；

2 应设置压力自动调节装置和流量计；

3 **必须设置低压报警信号装置，其取压点应设在压力自动调节装置的蝶阀前的总管上。管道末端应设爆破膜；**

4 应设置蒸汽清扫和水封装置；

5 加热煤气的总管的敷设，宜采用架空方式。

4.2.12 **直立炉、焦炉桥管上必须设置低压氨水喷洒装置。直立炉的荒煤气管或焦炉集气管上必须设置煤气放散管，放散管出口应设点火燃烧装置。**

焦炉上升管盖及桥管与水封阀承插处应采用水封装置。

4.2.13 **炉顶荒煤气管，应设压力自动调节装置。调节阀前必须设置氨水喷洒设施。调节蝶阀与煤气鼓风机室应有联系信号和自控装置。**

4.2.14 直立炉炉顶捣炉与炉底放焦之间应有联系信号。焦炉的推焦车、拦焦车、熄焦车的电机车之间宜设置可靠的连锁装置以及熄焦车控制推焦杆的事故刹车装置。

4.2.15 焦炉宜设上升管隔热装置和高压氨水消烟加煤装置。

4.2.16 氨水喷洒系统的设计，应符合下列要求：

1 低压氨水的喷洒压力，不应低于 0.15MPa。氨水的总耗用量指标应按直立炉 $4m^3/t$（煤）、焦炉 $6\sim8m^3/t$（煤）选用；

2 直立炉的氨水总管，应布置成环形；

3 低压氨水应设事故用水管；

4 焦炉消烟装煤用高压氨水的总耗用量为低压氨水总耗用量的 3.4%~3.6%，其喷洒压力应按 1.5~2.7MPa 设计。

注：1 直立炉水分按 7% 的煤计；
2 焦炉按干煤计。

4.2.17 直立炉废热锅炉的设置应符合下列规定：

1 每座直立炉的废热锅炉，应设置在废气总管附近；

2 废热锅炉的废气进口温度，宜取 800~900℃，废气出口温度宜取 200℃；

3 废热锅炉宜设置 1 台备用；

4 废热锅炉应有清灰与检修的空间；

5 废热锅炉的引风机应采取防振措施。

4.2.18 直立炉排焦和熄焦系统的设计应符合下列要求：

1 直立炉应采用连续的水熄焦，熄焦水的总管，应布置成环形。熄焦水应循环使用，其用水量宜按 3~4m^3/t(水分为 7%的煤)计算；

2 排焦传动装置应采用调速电机控制；

3 排焦箱的容量，宜按 4h 的排焦量计算；

采用弱粘结性煤时，排焦箱上应设排焦控制器；

4 排焦门的启闭，宜采用机械化装置；

5 排出的焦炭运出车间以前，应有大于 80s 的沥水时间。

4.2.19 焦炉可采用湿法熄焦和干法熄焦两种方式。当采用湿法熄焦时应设自动控制装置，在熄焦塔内应设置捕尘装置。

熄焦水应循环使用，其用水量宜按 2m^3/t(干煤)计算。熄焦时间宜为 90~120s。

粉焦沉淀池的有效容积应保证熄焦水有足够的沉淀时间。清除粉焦沉淀池内的粉焦应采用机械化设施。

大型焦化厂有条件的应采用干法熄焦装置。

4.2.20 当熄焦使用生化尾水时，其水质应符合下列要求：

酚≤0.5mg/L；

CN^-≤0.5mg/L；

COD_{Cr}≈350mg/L。

4.2.21 焦炉的焦台设计宜符合下列要求：

1 每两座焦炉宜设置 1 个焦台；

2 焦台的宽度，宜为炭化室高度的 2 倍；

3 焦台上焦炭的停留时间，不宜小于 30min；

4 焦台的水平倾角，宜为 28°。

4.2.22 焦炭处理系统，宜设置筛焦楼及其储焦场地或储焦设施。

筛焦楼内应设有除尘通风设施。

焦炭筛分设施，宜按筛分后的粒度大于 40mm、40~25mm、25~10mm 和小于 10mm，共 4 级设计。

注：生产冶金、铸造焦时，焦炭筛分设施宜增加大于 60mm 或 80mm 的一级。生产铁合金焦时，焦炭筛分设施宜增加 10~5mm 和小于 5mm 两级。

4.2.23 筛焦楼内储焦仓总容量的确定，应符合下列要求：

1 直立炉的储焦仓，宜按 10~12h 产焦量计算；

2 焦炉的储焦仓，宜按 6~8h 产焦量计算。

4.2.24 储焦场的地面，应做人工地坪并应设排水设施。

4.2.25 独立炼焦制气厂储焦场的操作容量宜按焦炭销售运输方式不同采用 15~20d 产焦量。

4.2.26 自产的中、小块气焦，宜用于生产发生炉煤气。自产的大块气焦，宜用于生产水煤气。

4.3 煤的气化制气

4.3.1 本节适用于下列炉型的煤的气化制气：

1 煤气发生炉；两段煤气发生炉；

2 水煤气发生炉；两段水煤气发生炉；

3 流化床水煤气炉。

注：1 煤气发生炉、两段煤气发生炉为连续气化炉；水煤气发生炉、两段水煤气发生炉、流化床水煤气炉为循环气化炉。

2 鲁奇高压气化炉暂不包括在本规范内。

4.3.2 煤的气化制气宜作为人工煤气气源厂的辅助(加热)和掺混用气源。**当作为城市的主气源时，必须采取有效措施，使煤气组分中一氧化碳含量和煤气热值等达到现行国家标准《人工煤气》GB 13612质量标准。**

4.3.3 气化用煤的主要质量指标宜符合表 4.3.3 的规定。

表 4.3.3 气化用煤主要质量指标

指标项目	煤气发生炉	两段煤气发生炉	水煤气发生炉	两段水煤气发生炉	流化床水煤气炉
粒度(mm)	—	—	—	—	—
1 无烟煤	6~13， 13~25， 25~50	—	25~100	—	
2 烟煤	—	20~40， 25~50， 30~60	—	20~40， 25~50， 30~60	0~13 其中1 以下<10%， >13%，<15%
3 焦炭	6~10， 10~25， 25~40	—	25~100	—	
质量指标	—	—	—	—	—
1 灰分(干基)	<35% (气焦)	<25% (烟煤)	<33% (气焦)	25% (烟煤)	—
	<24% (无烟煤)	—	<24% (无烟煤)	—	<35% (各煤)
2 热稳定性(TS)$_{+6}$	>60%	>60%	>60%	>60%	>45%
3 抗碎强度(粒度大于25mm)	>60%	>60%	>60%	>60%	—
质量指标	—	—	—	—	—
4 灰熔点(ST)	>1200℃ (冷煤气)	>1250℃	>1300℃	>1250℃	>1200℃
	>1250℃ (热煤气)	—		—	
5 全硫(干基)	<1%	<1%	<1%	<1%	<1%
6 挥发分(干基)	—	>20%	<9%	>20%	—
7 罗加指数(R.I)	—	≤20	—	≤20	<45
8 自由膨胀序数(F.S.I)	—	≤2	—	≤2	—
9 煤的化学反应性(a)	—	—	—	—	>30% (1000℃时)

注：1 发生炉入炉的无烟煤或焦炭，粒度可放宽选用相邻两级。

2 两段煤气发生炉、两段水煤气发生炉用煤粒度限使用其中的一级。

4.3.4 煤场的储煤量，应根据煤源远近、供应的不均衡性和交通运输方式等条件确定，宜采用10~30d的用煤量；当作为辅助、调峰气源使用本厂焦炭时，宜小于1d的用焦量。

4.3.5 当气化炉按三班制时，储煤斗的有效储量应符合表4.3.5的要求。

表4.3.5 储煤斗的有效储量

备煤系统工作班制	储煤斗的有效储量
一班工作	20~22h气化炉用煤量
二班工作	14~16h气化炉用煤量

注：1 备煤系统不宜按三班工作。
2 用煤量应按设计产量计算。

4.3.6 煤气化后的灰渣宜采用机械化处理措施并进行综合利用。

4.3.7 煤气化炉煤气低热值应符合下列规定：

1 煤气发生炉，不应小于5MJ/m^3。

2 两段发生炉，上段煤气不应小于6.7MJ/m^3；
下段煤气不应大于5.44MJ/m^3。

3 水煤气发生炉，不应小于10MJ/m^3。

4 两段水煤气发生炉，上段煤气不应小于13.5MJ/m^3；
下段煤气不应大于10.8MJ/m^3。

5 流化床水煤气炉，宜为9.4~11.3MJ/m^3。

4.3.8 气化炉吨煤产气率指标，应根据选用的煤气发生炉炉型、煤种、粒度等因素综合考虑后确定。对曾用于气化的煤种，应采用其平均产气率指标；对未曾用于气化的煤种，应根据其气化试验报告的产气率确定。当缺乏条件时，可按表4.3.8选用。

表4.3.8 气化炉煤气产气率指标

原料	产气率(m^3/t)(干基)					灰分含量
	煤气发生炉	两段煤气发生炉	水煤气发生炉	两段水煤气发生炉	流化床水煤气炉	
无烟煤	3000~3400	—	1500~1700	—	900~1000	15%~25%
烟煤	—	2600~3000	—	800~1100		18%~25%
焦炭	3100~3400	—	1500~1650	—		13%~21%
气焦	2600~3000	—	1300~1500	—		25%~35%

4.3.9 气化炉组工作台数每1~4台宜另设一台备用。

4.3.10 水煤气发生炉、两段水煤气发生炉，每3台宜编为1组；流化床水煤气炉每2台宜编为1组；合用一套煤气冷却系统和废气处理及鼓风设备。

4.3.11 循环气化炉的空气鼓风机的选择，应符合本规范第4.4.9条的要求。

4.3.12 循环气化炉的煤气缓冲罐宜采用直立式低压储气罐，其容积宜为0.5~1倍煤气小时产气量。

4.3.13 循环气化炉的蒸汽系统中应设置蒸汽蓄能器，并宜设有备用的蒸汽系统。

4.3.14 煤气排送机和空气鼓风机的并联工作台数不宜超过3台，并应另设一台备用。

4.3.15 作为加热和掺混用的气化炉冷煤气温度宜小于35℃，**其灰尘和液态焦油等杂质含量应小于20mg/m^3；气化炉热煤气至用气设备前**温度不应小于350℃，**其灰尘含量应小于300mg/m^3。**

4.3.16 采用无烟煤或焦炭作原料的气化炉，煤气系统中的电气滤清器应设有冲洗装置或能连续形成水膜的湿式装置。

4.3.17 煤气的冷却宜采用直接冷却。

冷却用水和洗涤用水应采用封闭循环系统。

冷循环水进口温度不宜大于28℃，热循环水进口温度不宜小于55℃。

4.3.18 废热锅炉和生产蒸汽的水夹套，其给水水质应符合现行的国家标准《工业锅炉水质标准》GB 1576中关于锅壳锅炉水质标准的规定。

4.3.19 当水夹套中水温小于或等于100℃时，给水水质应符合现行的国家标准《工业锅炉水质标准》GB 1576 中关于热水锅炉水质标准的规定。

4.3.20 煤气净化设备、废热锅炉及管道应设放散管和吹扫管接头，其位置应能使设备内的介质吹净；当净化设备相联处无隔断装置时，可仅在较高的设备上装设放散管。

设备和煤气管道放散管的接管上，应设取样嘴。

4.3.21 放散管管口高度应符合下列要求：

1 高出管道和设备及其走台4m，并距地面高度不小于10m；

2 厂房内或距厂房10m以内的煤气管道和设备上的放散管管口，应高出厂房顶4m。

4.3.22 煤气系统中应设置可靠的隔断煤气装置，并应设置相应的操作平台。

4.3.23 在电气滤清器上必须装有爆破阀。洗涤塔上宜设有爆破阀，**其装设位置应符合下列要求：**

1 装在设备薄弱处或易受爆破气浪直接冲击的位置；

2 离操作面的净空高度小于2m时，应设有防护措施；

3 爆破阀的泄压口不应正对建筑物的门或窗。

4.3.24 厂区煤气管道与空气管道应架空敷设。热煤气管道上应设有清灰装置。

4.3.25 空气总管末端应设有爆破膜。煤气排送机前的低压煤气总管上，应设爆破阀或泄压水封。

4.3.26 煤气设备水封的高度，不应小于表4.3.26的规定。

表4.3.26 煤气设备水封有效高度

最大工作压力(Pa)	水封的有效高度(mm)
<3000	最大工作压力(以Pa表示)×0.1+150，但不得小于250
3000~10000	最大工作压力(以Pa表示)×0.1×1.5
>10000	最大工作压力(以Pa表示)×0.1+500

注：发生炉煤气钟罩阀的放散水封的有效高度应等于煤气发生炉出口最大工作压力(以Pa表示)乘0.1加50mm。

4.3.27 生产系统的仪表和自动控制装置的设置应符合下列规定：

1 宜设置空气、蒸汽、给水和煤气等介质的计量装置；

2 宜设置气化炉进口空气压力检测仪表；

3 宜设置循环气化炉鼓风机的压力、温度测量仪表；

4 宜设置连续气化炉进口饱和空气温度及其自动调节；

5 宜设置气化炉进口蒸汽和出口煤气的温度及压力检测仪表；

6 宜设置两段炉上段出口煤气温度自动调节；

7 应设置汽包水位自动调节；

8 应设置循环气化炉的缓冲气罐的高、低位限位器分别与自动控制机和煤气排送机连锁装置，并应设报警装置；

9 应设置循环气化炉的高压水罐压力与自动控制机连锁装置，并应设报警装置；

10 应设置连续气化炉的煤气排送机(或热煤气直接用户如直立炉的引风机)与空气总管压力或空气鼓风机连锁装置，并应设报警装置；

11 应设置当煤气中含氧量大于1%(体积)或电气滤清器的绝缘箱温度低于规定值、或电气滤清器出口煤气压力下降到规定值时，能立即切断高压电源装置，并应设报警装置；

12 应设置连续气化炉的低压煤气总管压力与煤气排送机连锁装置，并应设报警装置；

13 应设置气化炉的加煤的自动控制、除灰加煤的相互连锁及报警装置；

14 循环气化系统应设置自动程序控制装置。

4.4 重油低压间歇循环催化裂解制气

4.4.1 重油制气用原料油的质量，宜符合下列要求：

碳氢比 (C/H)<7.5；

残炭 <12%；

开口闪点 >120℃；

密度 900~970kg/m^3。

4.4.2 原料重油的储存量，宜按15~20d的用油量计算，原料重油的储罐数量不应少于2个。

4.4.3 重油低压间歇循环制气应采用催化裂解工艺，其炉型宜采用三筒炉。

4.4.4 重油低压间歇循环催化裂解制气工艺主要设计参数宜符合下列要求：

1 反应器液体空间速度：0.60~0.65m^3/(m^3·h)；

2 反应器内催化剂层高度：0.6~0.7m；

3 燃烧室热强度：5000~7000MJ/(m^3·h)；

4 加热油用量占总用油量比例：小于16%；

5 过程蒸汽量与制气油量之比值：1.0~1.2(质量比)；

6 循环时间：8min；

7 每吨重油的催化裂解产品产率可按下列指标采用：

煤气：1100~1200m^3(低热值按21MJ/m^3计)；

粗苯：6%~8%；

焦油：15%左右；

8 选用含镍量为3%~7%的镍系催化剂。

4.4.5 重油间歇循环催化裂解装置的烟气系统应设置废热回收和除尘设备。

4.4.6 重油间歇循环催化裂解装置的蒸汽系统应设置蒸汽蓄能器。

4.4.7 每2台重油制气炉应编为1组，合用1套冷却系统和鼓风设备。

冷却系统和鼓风设备的能力应按1台炉的瞬时流量计算。

4.4.8 煤气冷却宜采用间接式冷却设备或直接-间接-直接三段冷却流程。冷却后的燃气温度不应大于35℃，冷却水应循环使用。

4.4.9 空气鼓风机的选择，应符合下列要求：

1 风量应按空气瞬时最大用量确定；

2 风压应按油制气炉加热期的空气废气系统阻力和废气出口压力之和确定；

3 每1~2组炉应设置1台备用的空气鼓风机；

4 空气鼓风机应有减振和消声措施。

4.4.10 油泵的选择，应符合下列要求：

1 流量应按瞬时最大用量确定；

2 压力应按输油系统的阻力和喷嘴的要求压力之和确定；

3 每1~3台油泵应另设1台备用。

4.4.11 输油系统应设置中间油罐，其容量宜按1d的用油量确定。

4.4.12 煤气系统应设置缓冲罐，其容量宜按0.5~1.0h的产气量确定。缓冲气罐的水槽，应设置集油、排油装置。

4.4.13 在炉体与空气系统连接管上应采取防止炉内燃气窜入空气管道的措施，并应设防爆装置。

4.4.14 油制气炉宜露天布置。主烟囱和副烟囱高出油制气炉炉顶高度不应小于4m。

4.4.15 控制室不应与空气鼓风机室布置在同一建筑物内。控制室应布置在油制气区夏季最大频率风向的上风侧。

4.4.16 油水分离池应布置在油制气区夏季最小频率风向的上风侧。对油水分离池及焦油沟，应采取减少挥发性气体散发的措施。

4.4.17 重油制气厂应设污水处理装置，污水排放应符合现行国家标准《污水综合排放标准》GB 8978的规定。

4.4.18 自动控制装置的程序控制系统设计，应符合下列要求：

1 能手动和自动切换操作；

2 能调节循环周期和阶段百分比；

3 设置循环中各阶段比例和阀门动作的指示信号；

4 主要阀门应设置检查和连锁装置，在发生故障时应有显示和报警信号，并能恢复到安全状态。

4.4.19 自动控制装置的传动系统设计，应符合下列要求：

1 传动系统的形式应根据程序控制系统的形式和本地区具体条件确定；

2 应设置储能设备；

3 传动系统的控制阀、自动阀和其他附件的选用或设计，应能适应工艺生产的特点。

4.5 轻油低压间歇循环催化裂解制气

4.5.1 轻油制气用的原料为轻质石脑油，质量宜符合下列要求：

1 相对密度(20℃)0.65~0.69；

2 初馏点>30℃；终馏点<130℃；

3 直链烷烃>80%(体积分数)，芳香烃<5%(体积分数)，烯烃<1%(体积分数)；

4 总硫含量 1×10^{-4}(质量分数)，铅含量 1×10^{-7}(质量分数)；

5 碳氢比(质量)5~5.4；

6 高热值 47.3~48.1MJ/kg。

4.5.2 原料石脑油储存应采用内浮顶式油罐，储罐数量不应少于2个，原料油的储存量宜按15~20d的用油量计算。

4.5.3 轻油低压间歇循环催化裂解制气装置宜采用双筒炉和顺流式流程。加热室宜设置两个主火焰监视器，燃烧室应采取防止爆燃的措施。

4.5.4 轻油低压间歇循环催化裂解制气工艺主要设计参数宜符合下列要求：

1 反应器液体空间速度：$0.6\sim0.9m^3/(m^3\cdot h)$；

2 反应器内催化剂高度：0.8~1.0m；

3 加热油用量与制气用油量比例，小于29/100；

4 过程蒸汽量与制气油量之比值为1.5~1.6(质量比)；有CO变换时比值增加为1.8~2.2(质量比)；

5 循环时间：2~5min；

6 每吨轻油的催化裂解煤气产率：

$2400\sim2500m^3$(低热值按 $15.32\sim14.70MJ/m^3$ 计)；

7 催化剂采用镍系催化剂。

4.5.5 制气工艺宜采用CO变换方案，两台制气炉合用一台变换设备。

4.5.6 轻油制气增热流程宜采用轻质石脑油热增热方案，增热程度宜限制在比燃气烃露点低5℃。

4.5.7 轻油制气炉应设置废热回收设备，进行CO变换时应另设置废热回收设备。

4.5.8 轻油制气炉应设置蒸汽蓄能器，不宜设置生产用汽锅炉。

4.5.9 每2台轻油制气炉应编为一组，合用一套冷却系统和鼓风设备。

冷却系统和鼓风设备的能力应按瞬时最大流量计算。

4.5.10 煤气冷却宜采用直接式冷却设备。冷却后的燃气温度不宜大于35℃，冷却水应循环使用。

4.5.11 空气鼓风机的选择，应符合本规范第4.4.9条的要求，宜选用自产蒸汽来驱动透平风机，空气鼓风机入口宜设空气过滤装置。

4.5.12 原料泵的选择，应符合本规范第4.4.10条的要求，宜设置断流保护装置及连锁。

4.5.13 轻油制气炉宜设置防爆装置，在炉体与空气系统连接管上应采用防止炉内燃气窜入空气管道的措施，并应设防爆装置。

4.5.14 轻油制气炉应露天布置。

烟囱高出制气炉炉顶高度不应小于4m。

4.5.15 控制室不应与空气鼓风机布置在同一建筑物内。

4.5.16 轻油制气厂可不设工业废水处理装置。

4.5.17 自动控制装置的程序控制系统设计，应符合本规范第4.4.18条的要求，宜采用全冗余，且宜设置手动紧急停车装置。

4.5.18 自动控制装置的传动系统设计，应符合本规范第4.4.19条的要求。

4.6 液化石油气低压间歇循环催化裂解制气

4.6.1 液化石油气制气用的原料，宜符合本规范第3.2.2条第2款的规定，其中不饱和烃含量应小于15%(体积分数)。

4.6.2 原料液化石油气储存宜采用高压球罐，球罐数量不应小于2个，储存量宜按15~20d的用气量计算。

4.6.3 液化石油气低压间歇循环催化裂解制气工艺主要设计参数宜符合下列要求：

1 反应器液体空间速度：0.6~0.9m^3/(m^3·h)；

2 反应器内催化剂高度：0.8~1.0m；

3 加热油用量与制气用油量比例：小于29/100；

4 过程蒸汽量与制气油量之比为1.5~1.6(质量比)，有CO变换时比值增加为1.8~2.2(质量比)；

5 循环时间：2~5min；

6 每吨液化石油气的催化裂解煤气产率：
2400~2500m^3(低热值按15.32~14.70MJ/m^3计算)；

7 催化剂采用镍系催化剂。

4.6.4 液化石油气宜采用液态进料，开关阀宜设置在喷枪前端。

4.6.5 制气工艺中CO变换工艺的设计应符合本规范第4.5.5条的要求。

4.6.6 制气炉后应设置废热回收设备，选择CO变换时，在制气后和变换后均应设置废热回收设备。

4.6.7 液化石油气制气炉应设置蒸汽蓄能器，不宜设置生产用汽锅炉。

4.6.8 冷却系统和鼓风设备的设计应符合本规范第4.5.9条的要求。

煤气冷却设备的设计应符合本规范第4.5.10条的要求。

空气鼓风机的选择，应符合本规范第4.5.11条的要求。

4.6.9 原料泵的选择，应符合本规范第4.5.12条的要求。

4.6.10 炉子系统防爆设施的设计，应符合本规范第4.5.13条的要求。

4.6.11 制气炉的露天布置应符合本规范第4.5.14条的要求。

4.6.12 控制室不应与空气鼓风机室布置在同一建筑物内。

4.6.13 液化石油气催化裂解制气厂可不设工业废水处理装置。

4.6.14 自动控制装置的程序控制系统设计，应符合本规范第4.4.18条的要求。

4.6.15 自动控制装置的传动系统设计应符合本规范第4.4.19条的要求。

4.7 天然气低压间歇循环催化改制制气

4.7.1 天然气改制制气用的天然气质量，应符合现行国家标准《天然气》GB 17820 二类气的技术指标。

4.7.2 在各个循环操作阶段，天然气进炉总管压力的波动值宜小于0.01MPa。

4.7.3 天然气低压间歇循环催化改制制气装置宜采用双筒炉和顺流式流程。

4.7.4 天然气低压间歇循环催化改制制气工艺主要设计参数宜符合下列要求：

1 反应器内改制用天然气空间速度：500~600m^3/(m^3·h)；

2 反应器内催化剂高度：0.8~1.2m；

3 加热用天然气用量与制气用天然气用量比例：小于29/100；

4 过程蒸汽量与改制用天然气量之比值：1.5~1.6(质量比)；

5 循环时间：2~5min；

6 每千立方米天然气的催化改制煤气产率：

改制炉出口煤气：2650~2540m^3(高热值按12.56~13.06MJ/m^3计)。

4.7.5 天然气改制煤气增热流程宜采用天然气掺混方案，增热程度应根据煤气热值、华白指数和燃烧势的要求确定。

4.7.6 天然气改制炉应设置废热回收设备。

4.7.7 天然气改制炉应设置蒸汽蓄热器，不宜设置生产用汽锅炉。

4.7.8 冷却系统和鼓风设备的设计应符合本规范第4.5.9条的要求。

天然气改制流程中的冷却设备的设计应符合本规范第4.5.10条的要求。

空气鼓风机的选择，应符合本规范第4.5.11条的要求。

4.7.9 天然气改制炉宜设置防爆装置，并应符合本规范第4.5.13条的要求。

4.7.10 天然气改制炉的露天布置应符合本规范第4.5.14条的要求。

4.7.11 控制室不应与空气鼓风机布置在同一建筑物内。

4.7.12 天然气改制厂可不设工业废水处理装置。

4.7.13 自动控制装置的程序控制系统设计应符合本规范第4.4.18条的要求。

4.7.14 自动控制装置的传动系统设计，应符合本规范第4.4.19条的要求。

4.8 调　　峰

4.8.1 气源厂应具有调峰能力，调峰气量应与外部调峰能力相配合，并应根据燃气输配要求确定。

在选定主气源炉型时，应留有一定余量的产气能力以满足用气高峰负荷需要。

4.8.2 调峰装置必须具有快开、快停能力，调度灵活，投产后质量稳定。

4.8.3 气源厂的原料和产品的储量应满足用气高峰负荷的需要。

4.8.4 气源厂设计时，各类管线的口径应考虑用气高峰时的处理量和通过量。混合前、后的出厂煤气，均应设置煤气计量装置。

4.8.5 气源厂应设置调度室。

4.8.6 季节性调峰出厂燃气组分宜符合现行国家标准《城市燃气分类》GB/T 13611的规定。

5 净　化

5.1 一般规定

5.1.1 本章适用于煤干馏制气的净化工艺设计。煤炭气化制气及重油裂解制气的净化工艺设计可参照采用。

5.1.2 煤气净化工艺的选择，应根据煤气的种类、用途、处理量和煤气中杂质的含量，并结合当地条件和煤气掺混情况等因素，经技术经济方案比较后确定。

煤气净化主要有煤气冷凝冷却、煤气排送、焦油雾脱除、氨脱除、粗苯吸收、萘最终脱除、硫化氢及氰化氢脱除、一氧化碳变换及煤气脱水等工艺。各工段的排列顺序根据不同的工艺需要确定。

5.1.3 煤气净化设备的能力，应按小时最大煤气处理量和其相应的杂质含量确定。

5.1.4 煤气净化装置的设计，应做到当净化设备检修和清洗时，出厂煤气中杂质含量仍能符合现行的国家标准《人工煤气》GB 13612 的规定。

5.1.5 煤气净化工艺设计，应与化工产品回收设计相结合。

5.1.6 煤气净化车间主要生产场所爆炸和火灾危险区域等级应符合本规范附录 B 的规定。

5.1.7 煤气净化工艺的设计应充分考虑废水、废气、废渣及噪声的处理，符合国家现行有关标准的规定，并应防止对环境造成二次污染。

5.1.8 煤气净化车间应提高计算机自动监测控制系统水平，降低劳动强度。

5.2 煤气的冷凝冷却

5.2.1 煤气的冷凝冷却宜采用间接式冷凝冷却工艺。也可采用先间接式冷凝冷却，后直接式冷凝冷却工艺。

5.2.2 间接式冷凝冷却工艺的设计，宜符合下列要求：

1 煤气经冷凝冷却后的温度，当采用半直接法回收氨以制取硫铵时，宜低于 35℃；当采用洗涤法回收氨时，宜低于 25℃；

2 冷却水宜循环使用，对水质宜进行稳定处理；

3 初冷器台数的设置原则，当其中 1 台检修时，其余各台仍能满足煤气冷凝冷却的要求；

4 采用轻质焦油除去管壁上的萘。

5.2.3 直接式冷凝冷却工艺的设计，宜符合下列要求：

1 煤气经冷却后的温度，低于 35℃；

2 开始生产及补充用冷却水的总硬度，小于 0.02mmol/L；

3 洗涤水循环使用。

5.2.4 焦油氨水分离系统的工艺设计，应符合下列要求：

1 煤气的冷凝冷却为直接式冷凝冷却工艺时，初冷器排出的焦油氨水和荒煤气管排出的焦油氨水，宜采用分别澄清分离系统；

2 煤气的冷凝冷却为间接式冷凝冷却工艺时，初冷器排出的焦油氨水和荒煤气管排出的焦油氨水的处理：当脱氨为硫酸吸收法时，可采用混合澄清分离系统；当脱氨为水洗涤法时，可采用分别澄清分离系统；

3 剩余氨水应除油后再进行溶剂萃取脱酚和蒸氨；

4 焦油氨水分离系统的排放气应设置处理装置。

5.3 煤气排送

5.3.1 煤气鼓风机的选择，应符合下列要求：

1 风量应按小时最大煤气处理量确定；

2 风压应按煤气系统的最大阻力和煤气罐的最高压力的总和确定；

3 煤气鼓风机的并联工作台数不宜超过 3 台。每 1~3 台，宜另设 1 台备用。

5.3.2 离心式鼓风机宜设置调速装置。

5.3.3 煤气循环管的设置，应符合下列要求：

1 当采用离心式鼓风机时，必须在鼓风机的出口煤气总管至初冷器前的煤气总管间设置大循环管。数台风机并联时，宜在鼓风机的进出口煤气总管间，设置小循环管；

注：当设有调速装置，且风机转速的变化能适应输气量的变化时可不设小循环管。

2　当采用容积式鼓风机时，每台鼓风机进出口的煤气管道上，必须设置旁通管。数台风机并联时，应在风机出口的煤气总管至初冷器前的煤气总管间设置大循环管，并应在风机的进出口煤气总管间设置小循环管。

5.3.4　用电动机带动的煤气鼓风机，其供电系统应符合现行的国家标准《供配电系统设计规范》GB 50052的“二级负荷”设计的规定；电动机应采取防爆措施。

5.3.5　离心式鼓风机应设有必要的连锁和信号装置。

5.3.6　鼓风机的布置，应符合下列要求：

1　鼓风机房安装高度，应能保证进口煤气管道内冷凝液排出通畅。当采用离心式鼓风机时，鼓风机进口煤气的冷凝液排出口与水封槽满流口中心高差不应小于2.5m(以水柱表示)。

2　鼓风机机组之间和鼓风机与墙之间的通道宽度，应根据鼓风机的型号、操作和检修的需要等因素确定。

3　鼓风机机组的安装位置，应能使鼓风机前阻力最小，并使各台初冷器阻力均匀。

4　鼓风机房宜设置起重设备。

5　鼓风机应设置单独的仪表操作间；仪表操作间可毗邻鼓风机房的外墙设置，但应用耐火极限不低于3h的非燃烧体实墙隔开，并应设置能观察鼓风机运转的隔声耐火玻璃窗。

6　离心鼓风机用的油站宜布置在底层，楼板面上留出检修孔或安装孔。油站的安装高度应满足鼓风机主油泵的吸油高度。鼓风机应设置事故供油装置。

7　鼓风机房应设煤气泄漏报警及事故通风设备。

8　鼓风机房应做不发火花地面。

5.4　焦油雾的脱除

5.4.1　煤气中焦油雾的脱除设备，宜采用电捕焦油器。电捕焦油器不得少于2台，并应并联设置。

5.4.2　电捕焦油器设计，应符合下列要求：

1　电捕焦油器应设置泄爆装置、放散管和蒸汽管，负压回收流程可不设泄爆装置；

2　电捕焦油器宜设有煤气含氧量的自动测量仪；

3　当干馏煤气中含氧量大于1%(体积分数)时应进行自动报警，当含氧量达到2%或电捕焦油器的绝缘箱温度低于规定值时，应有能立即切断电源的措施。

5.5　硫酸吸收法氨的脱除

5.5.1　采用硫酸吸收进行氨的脱除和回收时，宜采用半直接法。当采用饱和器时，其设计应符合下列要求：

1　煤气预热器的煤气出口温度，宜为60~80℃；

2　煤气在饱和器环形断面内的流速，应为0.7~0.9m/s；

3　饱和器出口煤气中含氨量应小于30mg/m³；

4　循环母液的小时流量，不应小于饱和器内母液容积的3倍；

5　氨水中的酚宜回收。酚的回收可在蒸氨工艺之前进行；蒸氨后的废氨水中含氨量，应小于300mg/L。

5.5.2　硫铵工段布置应符合下列要求：

1　硫铵工段可由硫铵、吡啶、蒸氨和酸碱储槽等组成，其布置应考虑运输方便；

2　硫铵工段应设置现场分析台；

3　吡啶操作室应与硫铵操作室分开布置，可用楼梯间隔开；

4　蒸氨设备宜露天布置并布置在吡啶装置一侧。

5.5.3　饱和器机组布置宜符合下列要求：

1 饱和器中心与主厂房外墙的距离，应根据饱和器直径确定，并宜符合表 5.5.3-1 的规定；

2 饱和器中心间的最小距离，应根据饱和器直径确定，并宜符合表 5.5.3-2 的规定；

表 5.5.3-1　饱和器中心与主厂房外墙的距离

饱和器直径(mm)	6250	5500	4500	3000	2000
饱和器中心与主厂房外墙距离(m)	>12	>10	7~10		

表 5.5.3-2　饱和器中心间的最小距离

饱和器直径(mm)	6250	5500	4500	3000
饱和器中心距(m)	12	10	9	7

3 饱和器锥形底与防腐地坪的垂直距离应大于 400mm；

4 泵宜露天布置。

5.5.4 离心干燥系统设备的布置宜符合下列要求：

1 硫铵操作室的楼层标高，应满足下列要求：

1）由结晶槽至离心机母液能顺利自流；

2）离心机分离出母液能自流入饱和器。

2 2 台连续式离心机的中心距不宜小于 4m。

5.5.5 蒸氨和吡啶系统的设计应符合下列要求：

1 吡啶生产应负压操作；

2 各溶液的流向应保证自流。

5.5.6 硫铵系统设备的选用和设置应符合下列要求：

1 饱和器机组必须设置备品，其备品率为 50%~100%；

2 硫铵系统宜设置 2 个母液储槽；

3 硫铵结晶的分离应采用耐腐蚀的连续离心机，并应设置备品；

4 硫铵系统必须设置粉尘捕集器。

5.5.7 设备和管道中硫酸浓度小于 75%时，应采取防腐蚀措施。

5.5.8 离心机室的墙裙、各操作室的地面、饱和器机组母液储槽的周围地坪和可能接触腐蚀性介质的地方，均应采取防腐蚀措施。

5.5.9 对酸焦油、废酸液等应分别处理。

5.6　水洗涤法氨的脱除

5.6.1 煤气进入洗氨塔前，应脱除焦油雾和萘。进入洗氨塔的煤气含萘量应小于 500mg/m^3。

5.6.2 洗氨塔出口煤气含氨量，应小于 100mg/m^3。

5.6.3 洗氨塔出口煤气温度，宜为 25~27℃。

5.6.4 新洗涤水的温度应低于 25℃；总硬度不宜大于 0.02mmol/L。

5.6.5 水洗涤法脱氨的设计宜符合下列要求：

1 洗涤塔不得少于 2 台，并应串联设置；

2 两相邻塔间净距不宜小于 2.5m；当塔径超过 5m 时，塔间净距宜取塔径的一半；当采用多段循环洗涤塔时，塔间净距不宜小于 4m；

3 洗涤泵房与塔群间净距不宜小于 5m；

4 蒸氨和黄血盐系统除泵、离心机和碱、铁刨花、黄血盐等储存库外，其余均宜露天布置；

5 当采用废氨水洗氨时，废氨水冷却器宜设置在洗涤部分。

5.6.6 富氨水必须妥善处理，不得造成二次污染。

5.7 煤气最终冷却

5.7.1 煤气最终冷却宜采用间接式冷却。

5.7.2 煤气经最终冷却后，其温度宜低于27℃。

5.7.3 当煤气最终冷却采用横管式间接式冷却时，其设计应符合下列要求：

1 煤气在管间宜自上向下流动，冷却水在管内宜自下向上流动。在煤气侧宜有清除管壁上萘的设施；

2 横管内冷却水可分为两段，其下段水入口温度，宜低于20℃；

3 冷却器煤气出口处宜设捕雾装置。

5.8 粗苯的吸收

5.8.1 煤气中粗苯的吸收，宜采用溶剂常压吸收法。

5.8.2 吸收粗苯用的洗油，宜采用焦油洗油。

5.8.3 洗油循环量，应按煤气中粗苯含量和洗油的种类等因素确定。循环洗油中含萘量宜小于5%。

5.8.4 采用不同类型的洗苯塔时，应符合下列要求：

1 当采用木格填料塔时，不应少于2台，并应串联设置；

2 当采用钢板网填料塔或塑料填料塔时，宜采用2台并宜串联设置；

3 当煤气流量比较稳定时，可采用筛板塔。

5.8.5 洗苯塔的设计参数，应符合下列要求：

1 木格填料塔：煤气在木格间有效截面的流速，宜取1.6~1.8m/s；吸收面积宜按1.0~1.1$m^2/(m^3 \cdot h)$(煤气)计算；

2 钢板网填料塔：煤气的空塔流速，宜取0.9~1.1m/s；吸收面积宜按0.6~0.7$m^2/(m^3 \cdot h)$(煤气)计算；

3 筛板塔：煤气的空塔流速，宜取1.2~2.5m/s。每块湿板的阻力，宜取200Pa。

5.8.6 系统必须设置相应的粗苯蒸馏装置。

5.8.7 所有粗苯储槽的放散管皆应装设呼吸阀。

5.9 萘的最终脱除

5.9.1 萘的最终脱除，宜采用溶剂常压吸收法。

5.9.2 洗萘用的溶剂宜采用直馏轻柴油或低萘焦油洗油。

5.9.3 最终洗萘塔，宜采用填料塔，可不设备用。

5.9.4 最终洗萘塔，宜分为两段。第一段可采用循环溶剂喷淋；第二段应采用新鲜溶剂喷淋，并设定时定量控制装置。

5.9.5 当进入最终洗萘塔的煤气中含萘量小于400mg/m^3和温度低于30℃时，最终洗萘塔的设计参数宜符合下列要求：

1 煤气的空塔流速0.65~0.75m/s；

2 吸收面积按大于0.35$m^2/(m^3 \cdot h)$(煤气)计算。

5.10 湿法脱硫

5.10.1 以煤或重油为原料所产生的人工煤气的脱硫脱氰宜采用氧化再生法。

5.10.2 氧化再生法的脱硫液，应选用硫容量大、副反应小、再生性能好、无毒和原料来源比较方便的脱硫液。

5.10.3 当采用氧化再生法脱硫时，煤气进入脱硫装置前，应脱除油雾。

当采用氨型的氧化再生法脱硫时，脱硫装置应设在氨的脱除装置之前。

5.10.4 当采用蒽醌二磺酸钠法常压脱硫时，其吸收部分的设计应符合下列要求：

1 脱硫液的硫容量，应根据煤气中硫化氢的含量，并按照相似条件下的运行经验或试验资料确定；

注：当无资料时，可取 0.2~0.25kg(硫)/m^3(溶液)。

2 脱硫塔宜采用木格填料塔或塑料填料塔；

3 煤气在木格填料塔内空塔流速，宜取 0.5m/s；

4 脱硫液在反应槽内停留时间，宜取 8~10min；

5 脱硫塔台数的设置原则，应在操作塔检修时，出厂煤气中硫化氢含量仍能符合现行的国家标准《人工煤气》GB 13612 的规定。

5.10.5 蒽醌二磺酸钠法常压脱硫再生设备，宜采用高塔式或喷射再生槽式。

1 当采用高塔式再生设备时，其设计应符合下列要求：

1）再生塔吹风强度宜取 100~130m^3/(m^2·h)。空气耗量可按 9~13m^3/kg(硫)计算；

2）脱硫液在再生塔内停留时间，宜取 25~30min；

3）再生塔液位调节器的升降控制器，宜设在硫泡沫槽处；

4）宜设置专用的空气压缩机。入塔的空气应除油。

2 当采用喷射再生设备时，其设计宜符合下列要求：

1）再生槽吹风强度，宜取 80~145m^3/(m^2·h)；空气耗量可按 3.5~4m^3/m^3(溶液)计算；

2）脱硫液在再生槽内停留时间，宜取 6~10min。

5.10.6 脱硫液加热器的设置位置，应符合下列要求：

1 当采用高塔式再生时，加热器宜位于富液泵与再生塔之间。

2 当采用喷射再生槽时，加热器宜位于贫液泵与脱硫塔之间。

5.10.7 蒽醌二磺酸钠法常压脱硫中硫磺回收部分的设计，应符合下列要求：

1 硫泡沫槽不应少于 2 台，并轮流使用。硫泡沫槽内应设有搅拌装置和蒸汽加热装置；

2 硫磺成品种类的选择，应根据煤气种类、硫磺产量并结合当地条件确定；

3 当生产熔融硫时，可采用硫膏在熔硫釜中脱水工艺。熔硫釜宜采用夹套罐式蒸汽加热。

硫渣和废液应分别回收集中处理，并应设废气净化装置。

5.10.8 事故槽的容量，应按系统中存液量大的单台设备容量设计。

5.10.9 煤气脱硫脱氰溶液系统中副产品回收设备的设置，应按煤气种类及脱硫副反应的特点进行设计。

5.11 常压氧化铁法脱硫

5.11.1 脱硫剂可选择成型脱硫剂、也可选用藻铁矿、钢厂赤泥、铸铁屑或与铸铁屑有同样性能的铁屑。

藻铁矿脱硫剂中活性氧化铁含量宜大于 15%。当采用铸铁屑或铁屑时，必须经氧化处理。

配制脱硫剂用的疏松剂宜采用木屑。

5.11.2 常压氧化铁法脱硫设备可采用箱式或塔式。

5.11.3 当采用箱式常压氧化铁法时，其设计应符合下列要求：

1 当煤气通过脱硫设备时，流速宜取 7~11mm/s；当进口煤气中硫化氢含量小于 1.0g/m^3 时，其流速可适当提高；

2 煤气与脱硫剂的接触时间，宜取 130~200s；

3 每层脱硫剂的厚度，宜取 0.3~0.8m；

4 氧化铁法脱硫剂需用量不应小于下式的计算值：

$$V=\frac{1637\sqrt{C_s}}{f\cdot\rho} \tag{5.11.3}$$

式中 V——每小时1000m³煤气所需脱硫剂的容积(m³)；

C_s——煤气中硫化氢含量(体积分数)；

f——新脱硫剂中活性氧化铁含量，可取15%~18%；

ρ——新脱硫剂密度(t/m³)。当采用藻铁矿或铸铁屑脱硫剂时，可取0.8~0.9。

5 常压氧化铁法脱硫设备的操作设计温度，可取25~35℃。每个脱硫设备应设置蒸汽注入装置。寒冷地区的脱硫设备，应有保温措施；

6 每组脱硫箱(或塔)，宜设一个备用。连通每个脱硫箱间的煤气管道的布置，应能依次向后轮环输气。

5.11.4 脱硫箱宜采用高架式。

5.11.5 箱式和塔式脱硫装置，其脱硫剂的装卸，应采用机械设备。

5.11.6 常压氧化铁法脱硫设备，应设有煤气安全泄压装置。

5.11.7 常压氧化铁法脱硫工段应设有配制和堆放脱硫剂的场地；场地应采用混凝土地坪。

5.11.8 脱硫剂采用箱内再生时，掺空气后煤气中含氧量应由煤气中硫化氢含量确定。但出箱时煤气中含氧量应小于2%(体积分数)。

5.12 一氧化碳的变换

5.12.1 本节适用于城镇煤气制气厂中对两段炉煤气、水煤气、半水煤气、发生炉煤气及其混合气体等人工煤气降低煤气中一氧化碳含量的工艺设计。

5.12.2 煤气一氧化碳变换可根据气质情况选择全部变换或部分变换工艺。

5.12.3 煤气的一氧化碳变换工艺宜采用常压变换工艺流程，根据煤气工艺生产情况也可采用加压变换工艺流程。

5.12.4 用于进行一氧化碳变换的煤气应为经过净化处理后的煤气。

5.12.5 用于进行一氧化碳变换的煤气，应进行煤气含氧量监测，煤气中含氧量(体积分数)不应大于0.5%. 当煤气中含氧量达0.5%~1.0%时应减量生产，当含氧量大于1%时应停车置换。

5.12.6 变换炉的设计应力求做到触媒能得到最有效的利用，结构简单、阻力小、热损失小、蒸汽耗量低。

5.12.7 一氧化碳变换反应宜采用中温变换，中温变换反应温度宜为380~520℃。

5.12.8 一氧化碳变换工艺的主要设计参数宜符合下列要求：

1 饱和塔入塔热水与出塔煤气的温度差宜为：3~5℃；

2 出饱和塔煤气的饱和度宜为：70%~90%；

3 饱和塔进、出水温度宜为：85~65℃；

4 热水塔进、出水温度宜为：65~80℃；

5 触媒层温度宜为：350~500℃；

6 进变换炉蒸汽与煤气比宜为：0.8~1.1(体积分数)；

7 变换炉进口煤气温度宜为：320~400℃；

8 进变换炉煤气中氧气含量应≤0.5%；

9 饱和塔、热水塔循环水杂质含量应≤5×10^{-4}；

10 一氧化碳变换系统总阻力宜≤0.02MPa；

11 一氧化碳变换率宜为：85%~95%。

5.12.9 常压变换系统中热水塔应叠放在饱和塔之上。

5.12.10 一氧化碳变换工艺所用热水应采用封闭循环系统。

5.12.11 一氧化碳变换系统宜设预腐蚀器除酸。

5.12.12 循环水量应保证完成最大限度地传递热量，应满足喷淋密度的要求，并应使设备结构和运行费用经济合理。

5.12.13 一氧化碳变换炉、热水循环泵及冷却水泵宜设置为一开一备。

5.12.14 变换炉内触媒宜分为三段装填。

5.12.15 一氧化碳变换工艺过程中所产生的热量应进行回收。

5.12.16 一氧化碳工艺生产过程应设置必要的自动监控系统。

5.12.17 一氧化碳变换炉应设置超温报警及连锁控制。

5.13 煤气脱水

5.13.1 煤气脱水宜采用冷冻法进行脱水。

5.13.2 煤气脱水工段宜设在压送工段后。

5.13.3 煤气脱水宜采用间接换热工艺。

5.13.4 工艺过程中的冷量应进行充分回收。

5.13.5 煤气脱水后的露点温度应低于最冷月地面下1m处平均地温3~5℃。

5.13.6 换热器的结构设计应易于清理内部杂质。

5.13.7 制冷机组应选用变频机组。

5.13.8 煤气冷凝水应集中处理。

5.14 放散和液封

5.14.1 严禁在厂房内放散煤气和有害气体。

5.14.2 设备和管道上的放散管管口高度应符合下列要求：

1 当放散管直径大于150mm时，放散管管口应高出厂房顶面、煤气管道、设备和走台4m以上。

2 当放散管直径小于或等于150mm时，放散管管口应高出厂房顶面、煤气管道、设备和走台2.5m以上。

5.14.3 煤气系统中液封槽液封高度应符合下列要求：

1 煤气鼓风机出口处，应为鼓风机全压(以Pa表示)乘0.1加500mm；

2 硫铵工段满流槽内的液封高度和水封槽内液封高度应满足煤气鼓风机全压(以Pa表示)乘0.1要求；

3 其余处均应为最大操作压力(以Pa表示)乘0.1加500mm。

5.14.4 煤气系统液封槽的补水口严禁与供水管道直接相接。

6 燃气输配系统

6.1 一般规定

6.1.1 本章适用于压力不大于4.0MPa(表压)的城镇燃气(不包括液态燃气)室外输配工程的设计。

6.1.2 城镇燃气输配系统一般由门站、燃气管网、储气设施、调压设施、管理设施、监控系统等组成。城镇燃气输配系统设计，应符合城镇燃气总体规划。在可行性研究的基础上，做到远、近期结合，以近期为主，并经技术经济比较后确定合理的方案。

6.1.3 城镇燃气输配系统压力级制的选择，以及门站、储配站、调压站、燃气干管的布置，应根据燃气供应来源、用户的用气量及其分布、地形地貌、管材设备供应条件、施工和运行等因素，经过多方案比较，择优选取技术经济合理、安全可靠的方案。

城镇燃气干管的布置，应根据用户用量及其分布，全面规划，并宜按逐步形成环状管网供气进行设计。

6.1.3A 城镇燃气应具有稳定可靠的气源和满足调峰供应、应急供应等的气源能力储备。当采用天然气气源时，气源能力储备还应符合国家现行相关政策的规定。

6.1.3B 城镇燃气气源能力储备设施建设应因地制宜、合理布局、统筹规划，宜采用集中设置区域性储备设施的方式，天然气还宜符合下列规定：

1 具备地质条件时，宜采用地下储气库方式；

2 具备岸线和港口条件时，宜采用液化天然气接收站等方式；

3 在不具备建设地下储气库和液化天然气接收站条件的内陆地区，宜采用集约化布局的液化天然气储备基地方式。

6.1.4 城镇燃气采用天然气作气源时，逐月用气不均匀性平衡和应急供气应由气源方统筹调度解决；逐日用气不均匀性平衡应按国家现行相关政策要求由气源方与需气方根据用户、气源调节和储气方式等情况共同协商解决；逐小时用气不均匀性平衡，应由需气方设置调峰储气设施统筹调度解决。

需气方对城镇燃气用户应进行用气量预测，在各类用户全年综合用气负荷资料的基础上，制定逐月、逐日用气量计划，并与气源方协商签订供气合同，供气合同应明确供需双方的气量计划。

6.1.5 用于调峰供应的气源能力储备的规模，应根据计算月平均日用气总量、用户结构、供气和用气不均匀情况、运行稳定性和供气调度规律等因素，在充分利用气源可调量的基础上综合确定。

储备方式的选择应经方案比较，择优选取技术经济合理、安全可靠的方案；对来气压力较高的天然气输配系统宜采用管道储气的方式。

6.1.5A 气源能力储备设施与城镇燃气管网之间应设有能力和可靠性满足要求的输送系统。当气源能力储备设施设置在异地时，应采取措施保证储备气源能够可靠、按需输送至城镇燃气管网，并应实现连续、稳定供气。

6.1.5B 当采用人工制气气源时，人工制气厂站的设计产量宜按设计规模的计算月最大日用气量确定，设计产量中的基本气量和调峰气量应符合现行国家标准《人工制气厂站设计规范》GB 51208 的有关规定。

6.1.5C 当城镇燃气设置可替代气源作为气源能力储备时，其供气能力及原料储备应与承担的供气和储备规模相适应。可替代气源与主气源的气质应具备满足要求的互换性。

6.1.5D 城镇燃气气源能力储备采用地下储气库方式时，地下储气库及其地面设施的设计应符合国家现行标准《地下储气库设计规范》SY/T 6848、《输气管道工程设计规范》GB 50251 及国家现行其他相关标准的规定。

6.1.6 城镇燃气管道的设计压力(*P*)分为7级，并应符合表6.1.6的要求。

表6.1.6 城镇燃气管道设计压力(表压)分级

名称		压力(MPa)
高压燃气管道	A	$2.5<P\leq4.0$
	B	$1.6<P\leq2.5$
次高压燃气管道	A	$0.8<P\leq1.6$
	B	$0.4<P\leq0.8$
中压燃气管道	A	$0.2<P\leq0.4$
	B	$0.01\leq P\leq0.2$
低压燃气管道		$P<0.01$

6.1.7 燃气输配系统各种压力级别的燃气管道之间应通过调压装置相连。当有可能超过最大允许工作压力时，应设置防止管道超压的安全保护设备。

6.2 燃气管道计算流量和水力计算

6.2.1 城镇燃气管道的计算流量，应按计算月的小时最大用气量计算。该小时最大用气量应根据所有用户燃气用气量的变化叠加后确定。

独立居民小区和庭院燃气支管的计算流量宜按本规范第10.2.9条规定执行。

6.2.2 居民生活和商业用户燃气小时计算流量(0℃和101.325kPa)，宜按下式计算：

$$Q_{\mathrm{h}}=\frac{1}{n}Q_{\mathrm{a}} \tag{6.2.2-1}$$

$$n=\frac{365\times24}{K_{\mathrm{m}}K_{\mathrm{d}}K_{\mathrm{h}}} \tag{6.2.2-2}$$

式中 Q_{h}——燃气小时计算流量(m^3/h)；

Q_{a}——年燃气用量(m^3/a)；

n——年燃气最大负荷利用小时数(h)；

K_{m}——月高峰系数，计算月的日平均用气量和年的日平均用气量之比；

K_{d}——日高峰系数，计算月中的日最大用气量和该月日平均用气量之比；

K_{h}——小时高峰系数，计算月中最大用气量日的小时最大用气量和该日小时平均用气量之比。

6.2.3 居民生活和商业用户用气的高峰系数，应根据该城镇各类用户燃气用量(或燃料用量)的变化情况，编制成月、日、小时用气负荷资料，经分析研究确定。

工业企业和燃气汽车用户燃气小时计算流量，宜按每个独立用户生产的特点和燃气用量(或燃料用量)的变化情况，编制成月、日、小时用气负荷资料确定。

6.2.4 采暖通风和空调所需燃气小时计算流量，可按国家现行的标准《城市热力网设计规范》CJJ 34有关热负荷规定并考虑燃气采暖通风和空调的热效率折算确定。

6.2.5 低压燃气管道单位长度的摩擦阻力损失应按下式计算：

$$\frac{\Delta P}{l}=6.26\times10^{7}\lambda\frac{Q^2}{d^5}\rho\frac{T}{T_0} \tag{6.2.5}$$

式中 ΔP——燃气管道摩擦阻力损失(Pa)；

λ——燃气管道摩擦阻力系数，宜按式(6.2.6-2)和附录C第C.0.1条第1、2款计算；

l——燃气管道的计算长度(m)；

Q——燃气管道的计算流量(m^3/h)；

d——管道内径(mm)；

ρ——燃气的密度(kg/m^3)；

T——设计中所采用的燃气温度(K)；

T_0——273.15(K)。

6.2.6 高压、次高压和中压燃气管道的单位长度摩擦阻力损失，应按式(6.2.6-1)计算：

$$\frac{P_1^2-P_2^2}{L}=1.27\times10^{10}\lambda\frac{Q^2}{d^5}\rho\frac{T}{T_0}Z \tag{6.2.6-1}$$

$$\frac{1}{\sqrt{\lambda}}=-2\lg\left[\frac{K}{3.7d}+\frac{2.51}{Re\sqrt{\lambda}}\right] \tag{6.2.6-2}$$

式中 P_1——燃气管道起点的压力(绝对压力，kPa)；

P_2——燃气管道终点的压力(绝对压力，kPa)；

Z——压缩因子，当燃气压力小于1.2MPa(表压)时，Z取1；

L——燃气管道的计算长度(km)；

λ——燃气管道摩擦阻力系数，宜按式(6.2.6-2)计算；

K——管壁内表面的当量绝对粗糙度(mm)；

Re——雷诺数(无量纲)。

注：当燃气管道的摩擦阻力系数采用手算时，宜采用附录C公式。

6.2.7 室外燃气管道的局部阻力损失可按燃气管道摩擦阻力损失的5%~10%进行计算。

6.2.8 城镇燃气低压管道从调压站到最远燃具管道允许阻力损失，可按下式计算：

$$\Delta P_d = 0.75P_n + 150 \quad (6.2.8)$$

式中 ΔP_d——从调压站到最远燃具的管道允许阻力损失(Pa)；

P_n——低压燃具的额定压力(Pa)。

注：ΔP_d 含室内燃气管道允许阻力损失，室内燃气管道允许阻力损失应按本规范第10.2.11条确定。

6.3 压力不大于1.6MPa的室外燃气管道

6.3.1 中压和低压燃气管道宜采用聚乙烯管、机械接口球墨铸铁管、钢管或钢骨架聚乙烯塑料复合管，并应符合下列要求：

1 聚乙烯燃气管道应符合现行的国家标准《燃气用埋地聚乙烯管材》GB 15558.1和《燃气用埋地聚乙烯管件》GB 15558.2的规定；

2 机械接口球墨铸铁管道应符合现行的国家标准《水及燃气管道用球墨铸铁管、管件和附件》GB/T 13295的规定；

3 钢管采用焊接钢管、镀锌钢管或无缝钢管时，应分别符合现行的国家标准《低压流体输送用焊接钢管》GB/T 3091、《输送流体用无缝钢管》GB/T 8163的规定；

4 钢骨架聚乙烯塑料复合管道应符合国家现行标准《燃气用钢骨架聚乙烯塑料复合管》CJ/T 125和《燃气用钢骨架聚乙烯塑料复合管件》CJ/T 126的规定。

6.3.2 次高压燃气管道应采用钢管。其管材和附件应符合本规范第6.4.4条的要求。地下次高压B燃气管道也可采用钢号Q235B焊接钢管，并应符合现行国家标准《低压流体输送用焊接钢管》GB/T 3091的规定。

次高压钢质燃气管道直管段计算壁厚应按式(6.4.6)计算确定。最小公称壁厚不应小于表6.3.2的规定。

表6.3.2 钢质燃气管道最小公称壁厚

钢管公称直径 *DN*(mm)	公称壁厚(mm)
*DN*100~150	4.0
*DN*200~300	4.8
*DN*350~450	5.2
*DN*500~550	6.4
*DN*600~700	7.1
*DN*750~900	7.9
*DN*950~1000	8.7
*DN*1050	9.5

6.3.3 地下燃气管道不得从建筑物和大型构筑物(不包括架空的建筑物和大型构筑物)的下面穿越。

地下燃气管道与建筑物、构筑物或相邻管道之间的水平和垂直净距，不应小于表6.3.3-1和表6.3.3-2的规定。

表 6.3.3-1　地下燃气管道与建筑物、构筑物或相邻管道之间的水平净距(m)

项　　目		地下燃气管道压力(MPa)				
		低压	中压		次高压	
		<0.01	B ≤0.2	A ≤0.4	B 0.8	A 1.6
建筑物	基础	0.7	1.0	1.5	—	—
	外墙面(出地面处)	—	—	—	5.0	13.5
给水管		0.5	0.5	0.5	1.0	1.5
污水、雨水排水管		1.0	1.2	1.2	1.5	2.0
电力电缆(含电车电缆)	直埋	0.5	0.5	0.5	1.0	1.5
	在导管内	1.0	1.0	1.0	1.0	1.5
通信电缆	直埋	0.5	0.5	0.5	1.0	1.5
	在导管内	1.0	1.0	1.0	1.0	1.5
其他燃气管道	*DN*≤300mm	0.4	0.4	0.4	0.4	0.4
	DN>300mm	0.5	0.5	0.5	0.5	0.5
热力管	直埋	1.0	1.0	1.0	1.5	2.0
	在管沟内(至外壁)	1.0	1.5	1.5	2.0	4.0
电杆(塔)的基础	≤35kV	1.0	1.0	1.0	1.0	1.0
	>35kV	2.0	2.0	2.0	5.0	5.0
通信照明电杆(至电杆中心)		1.0	1.0	1.0	1.0	1.0
铁路路堤坡脚		5.0	5.0	5.0	5.0	5.0
有轨电车钢轨		2.0	2.0	2.0	2.0	2.0
街树(至树中心)		0.75	0.75	0.75	1.2	1.2

表 6.3.3-2　地下燃气管道与构筑物或相邻管道之间垂直净距(m)

项　　目		地下燃气管道(当有套管时，以套管计)
给水管、排水管或其他燃气管道		0.15
热力管、热力管的管沟底(或顶)		0.15
电缆	直埋	0.50
	在导管内	0.15
铁路(轨底)		1.20
有轨电车(轨底)		1.00

注：1　当次高压燃气管道压力与表中数不相同时，可采用直线方程内插法确定水平净距。

2　如受地形限制不能满足表 6.3.3-1 和表 6.3.3-2 时，经与有关部门协商，采取有效的安全防护措施后，表 6.3.3-1 和表 6.3.3-2 规定的净距，均可适当缩小，但低压管道不应影响建(构)筑物和相邻管道基础的稳固性，中压管道距建筑物基础不应小于 0.5m 且距建筑物外墙面不应小于 1m，次高压燃气管道距建筑物外墙面不应小于 3.0m。其中当对次高压 A 燃气管道采取有效的安全防护措施或当管道壁厚不小于 9.5mm 时，管道距建筑物外墙面不应小于 6.5m；当管壁厚度不小于 11.9mm 时，管道距建筑物外墙面不应小于 3.0m。

3　表 6.3.3-1 和表 6.3.3-2 规定除地下燃气管道与热力管的净距不适于聚乙烯燃气管道和钢骨架聚乙烯塑料复合管外，其他规定均适用于聚乙烯燃气管道和钢骨架聚乙烯塑料复合管道。聚乙烯燃气管道与热力管道的净距应按国家现行标准《聚乙烯燃气管道工程技术规程》CJJ 63 执行。

4　地下燃气管道与电杆(塔)基础之间的水平净距，还应满足本规范表 6.7.5 地下燃气管道与交流电力线接地体的净距规定。

6.3.4 地下燃气管道埋设的最小覆土厚度(路面至管顶)应符合下列要求：

1 埋设在机动车道下时，不得小于0.9m；

2 埋设在非机动车车道(含人行道)下时，不得小于0.6m；

3 埋设在机动车不可能到达的地方时，不得小于0.3m；

4 埋设在水田下时，不得小于0.8m。

注：当不能满足上述规定时，应采取有效的安全防护措施。

6.3.5 输送湿燃气的燃气管道，应埋设在土壤冰冻线以下。

燃气管道坡向凝水缸的坡度不宜小于0.003。

6.3.6 地下燃气管道的基础宜为原土层。凡可能引起管道不均匀沉降的地段，其基础应进行处理。

6.3.7 地下燃气管道不得在堆积易燃、易爆材料和具有腐蚀性液体的场地下面穿越，并不宜与其他管道或电缆同沟敷设。当需要同沟敷设时，必须采取有效的安全防护措施。

6.3.8 地下燃气管道从排水管(沟)、热力管沟、隧道及其他各种用途沟槽内穿过时，应将燃气管道敷设于套管内。套管伸出构筑物外壁不应小于表6.3.3-1中燃气管道与该构筑物的水平净距。套管两端应采用柔性的防腐、防水材料密封。

6.3.9 燃气管道穿越铁路、高速公路、电车轨道或城镇主要干道时应符合下列要求：

1 穿越铁路或高速公路的燃气管道，应加套管。

注：当燃气管道采用定向钻穿越并取得铁路或高速公路部门同意时，可不加套管。

2 穿越铁路的燃气管道的套管，应符合下列要求：

1）套管埋设的深度：铁路轨底至套管顶不应小于1.20m，并应符合铁路管理部门的要求；

2）套管宜采用钢管或钢筋混凝土管；

3）套管内径应比燃气管道外径大100mm以上；

4）套管两端与燃气管的间隙应采用柔性的防腐、防水材料密封，其一端应装设检漏管；

5）套管端部距路堤坡脚外的距离不应小于2.0m。

3 燃气管道穿越电车轨道或城镇主要干道时宜敷设在套管或管沟内；穿越高速公路的燃气管道的套管、穿越电车轨道或城镇主要干道的燃气管道的套管或管沟，应符合下列要求：

1）套管内径应比燃气管道外径大100mm以上，套管或管沟两端应密封，在重要地段的套管或管沟端部宜安装检漏管；

2）套管或管沟端部距电车道边轨不应小于2.0m；距道路边缘不应小于1.0m。

4 燃气管道宜垂直穿越铁路、高速公路、电车轨道或城镇主要干道。

6.3.10 燃气管道通过河流时，可采用穿越河底或采用管桥跨越的形式。当条件许可时，可利用道路桥梁跨越河流，并应符合下列要求：

1 随桥梁跨越河流的燃气管道，其管道的输送压力不应大于0.4MPa。

2 当燃气管道随桥梁敷设或采用管桥跨越河流时，必须采取安全防护措施。

3 燃气管道随桥梁敷设，宜采取下列安全防护措施：

1）敷设于桥梁上的燃气管道应采用加厚的无缝钢管或焊接钢管，尽量减少焊缝，对焊缝进行100%无损探伤；

2）跨越通航河流的燃气管道管底标高，应符合通航净空的要求，管架外侧应设置护桩；

3）在确定管道位置时，与随桥敷设的其他管道的间距应符合现行国家标准《工业企业煤气安全规程》GB 6222支架敷管的有关规定；

4）管道应设置必要的补偿和减振措施；

5）对管道应做较高等级的防腐保护；

对于采用阴极保护的埋地钢管与随桥管道之间应设置绝缘装置；

6）跨越河流的燃气管道的支座(架)应采用不燃烧材料制作。

6.3.11 燃气管道穿越河底时，应符合下列要求：

1　燃气管道宜采用钢管；

2　燃气管道至河床的覆土厚度，应根据水流冲刷条件及规划河床确定。对不通航河流不应小于0.5m；对通航的河流不应小于1.0m，还应考虑疏浚和投锚深度；

3　稳管措施应根据计算确定；

4　在埋设燃气管道位置的河流两岸上、下游应设立标志。

6.3.12　穿越或跨越重要河流的燃气管道，在河流两岸均应设置阀门。

6.3.13　在次高压、中压燃气干管上，应设置分段阀门，并应在阀门两侧设置放散管。在燃气支管的起点处，应设置阀门。

6.3.14　地下燃气管道上的检测管、凝水缸的排水管、水封阀和阀门，均应设置护罩或护井。

6.3.15　室外架空的燃气管道，可沿建筑物外墙或支柱敷设，并应符合下列要求：

1　中压和低压燃气管道，可沿建筑耐火等级不低于二级的住宅或公共建筑的外墙敷设；

次高压B、中压和低压燃气管道，可沿建筑耐火等级不低于二级的丁、戊类生产厂房的外墙敷设。

2　沿建筑物外墙的燃气管道距住宅或公共建筑物中不应敷设燃气管道的房间门、窗洞口的净距：中压管道不应小于0.5m，低压管道不应小于0.3m。燃气管道距生产厂房建筑物门、窗洞口的净距不限。

3　架空燃气管道与铁路、道路、其他管线交叉时的垂直净距不应小于表6.3.15的规定。

表6.3.15　架空燃气管道与铁路、道路、其他管线交叉时的垂直净距

建筑物和管线名称		最小垂直净距(m)	
		燃气管道下	燃气管道上
铁路轨顶		6.0	—
城市道路路面		5.5	—
厂区道路路面		5.0	—
人行道路路面		2.2	—
架空电力线，电压	3kV以下	—	1.5
	3~10kV	—	3.0
	35~66kV	—	4.0
其他管道，管径	≤300mm	同管道直径，但不小于0.10	同左
	>300mm	0.30	0.30

注：1　厂区内部的燃气管道，在保证安全的情况下，管底至道路路面的垂直净距可取4.5m；管底至铁路轨顶的垂直净距，可取5.5m。在车辆和人行道以外的地区，可在从地面到管底高度不小于0.35m的低支柱上敷设燃气管道。

2　电气机车铁路除外。

3　架空电力线与燃气管道的交叉垂直净距尚应考虑导线的最大垂度。

4　输送湿燃气的管道应采取排水措施，在寒冷地区还应采取保温措施。燃气管道坡向凝水缸的坡度不宜小于0.003。

5　工业企业内燃气管道沿支柱敷设时，尚应符合现行的国家标准《工业企业煤气安全规程》GB 6222的规定。

6.4　压力大于1.6MPa的室外燃气管道

6.4.1　本节适用于压力大于1.6MPa(表压)但不大于4.0MPa(表压)的城镇燃气(不包括液态燃气)

室外管道工程的设计。

6.4.2 城镇燃气管道通过的地区，应按沿线建筑物的密集程度划分为四个管道地区等级，并依据管道地区等级作出相应的管道设计。

6.4.3 城镇燃气管道地区等级的划分应符合下列规定：

1 沿管道中心线两侧各200m范围内，任意划分为1.6km长并能包括最多供人居住的独立建筑物数量的地段，作为地区分级单元。

注：在多单元住宅建筑物内，每个独立住宅单元按一个供人居住的独立建筑物计算。

2 管道地区等级应根据地区分级单元内建筑物的密集程度划分，并应符合下列规定：

1） 一级地区：有12个或12个以下供人居住的独立建筑物。

2） 二级地区：有12个以上，80个以下供人居住的独立建筑物。

3） 三级地区：介于二级和四级之间的中间地区。有80个或80个以上供人居住的独立建筑物但不够四级地区条件的地区、工业区或距人员聚集的室外场所90m内铺设管线的区域。

4） 四级地区：4层或4层以上建筑物(不计地下室层数)普遍且占多数、交通频繁、地下设施多的城市中心城区(或镇的中心区域等)。

3 二、三、四级地区的长度应按下列规定调整：

1） 四级地区垂直于管道的边界线距最近地上4层或4层以上建筑物不应小于200m。

2） 二、三级地区垂直于管道的边界线距该级地区最近建筑物不应小于200m。

4 确定城镇燃气管道地区等级，宜按城市规划为该地区的今后发展留有余地。

6.4.4 高压燃气管道采用的钢管和管道附件材料应符合下列要求：

1 燃气管道所用钢管、管道附件材料的选择，应根据管道的使用条件(设计压力、温度、介质特性、使用地区等)、材料的焊接性能等因素，经技术经济比较后确定。

2 燃气管道选用的钢管，应符合现行国家标准《石油天然气工业　输送钢管交货技术条件　第1部分：A级钢管》GB/T 9711.1(L175级钢管除外)、《石油天然气工业　输送钢管交货技术条件　第2部分：B级钢管》GB/T 9711.2和《输送流体用无缝钢管》GB/T 8163的规定，或符合不低于上述三项标准相应技术要求的其他钢管标准。三级和四级地区高压燃气管道材料钢级不应低于L245。

3 燃气管道所采用的钢管和管道附件应根据选用的材料、管径、壁厚、介质特性、使用温度及施工环境温度等因素，对材料提出冲击试验和(或)落锤撕裂试验要求。

4 当管道附件与管道采用焊接连接时，两者材质应相同或相近。

5 管道附件中所用的锻件，应符合国家现行标准《压力容器用碳素钢和低合金钢锻件》JB 4726、《低温压力容器用低合金钢锻件》JB 4727的有关规定。

6 管道附件不得采用螺旋焊缝钢管制作，严禁采用铸铁制作。

6.4.5 燃气管道强度设计应根据管段所处地区等级和运行条件，按可能同时出现的永久荷载和可变荷载的组合进行设计。当管道位于地震设防烈度7度及7度以上地区时，应考虑管道所承受的地震荷载。

6.4.6 钢质燃气管道直管段计算壁厚应按式(6.4.6)计算，计算所得到的厚度应按钢管标准规格向上选取钢管的公称壁厚。最小公称壁厚不应小于表6.3.2的规定。

$$\delta=\frac{PD}{2\sigma_{s}\phi F} \tag{6.4.6}$$

式中 δ——钢管计算壁厚(mm)；

P——设计压力(MPa)；

D——钢管外径(mm)；

σ_s——钢管的最低屈服强度(MPa)；

F——强度设计系数，按表6.4.8和表6.4.9选取；

ϕ——焊缝系数。当采用符合第6.4.4条第2款规定的钢管标准时取1.0。

6.4.7 对于采用经冷加工后又经加热处理的钢管，当加热温度高于 320℃（焊接除外）或采用经过冷加工或热处理的钢管煨弯成弯管时，则在计算该钢管或弯管壁厚时，其屈服强度应取该管材最低屈服强度（σ_s）的 75%。

6.4.8 城镇燃气管道的强度设计系数（F）应符合表 6.4.8 的规定。

表 6.4.8 城镇燃气管道的强度设计系数

地区等级	强度设计系数（F）
一级地区	0.72
二级地区	0.60
三级地区	0.40
四级地区	0.30

6.4.9 穿越铁路、公路和人员聚集场所的管道以及门站、储配站、调压站内管道的强度设计系数，应符合表 6.4.9 的规定。

表 6.4.9 穿越铁路、公路和人员聚集场所的管道以及门站、储配站、调压站内管道的强度设计系数（F）

<table>
<tr><th rowspan="2">管道及管段</th><th colspan="4">地区等级</th></tr>
<tr><th>一</th><th>二</th><th>三</th><th>四</th></tr>
<tr><td>有套管穿越Ⅲ、Ⅳ级公路的管道</td><td>0.72</td><td>0.6</td><td rowspan="5">0.4</td><td rowspan="5">0.3</td></tr>
<tr><td>无套管穿越Ⅲ、Ⅳ级公路的管道</td><td>0.6</td><td>0.5</td></tr>
<tr><td>有套管穿越Ⅰ、Ⅱ级公路、高速公路、铁路的管道</td><td>0.6</td><td>0.6</td></tr>
<tr><td>门站、储配站、调压站内管道及其上、下游各 200m 管道，截断阀室管道及其上、下游各 50m 管道（其距离从站和阀室边界线起算）</td><td>0.5</td><td>0.5</td></tr>
<tr><td>人员聚集场所的管道</td><td>0.4</td><td>0.4</td></tr>
</table>

6.4.10 下列计算或要求应符合现行国家标准《输气管道工程设计规范》GB 50251 的相应规定：

1 受约束的埋地直管段轴向应力计算和轴向应力与环向应力组合的当量应力校核；

2 受内压和温差共同作用下弯头的组合应力计算；

3 管道附件与没有轴向约束的直管段连接时的热膨胀强度校核；

4 弯头和弯管的管壁厚度计算；

5 燃气管道径向稳定校核。

6.4.11 一级或二级地区地下燃气管道与建筑物之间的水平净距不应小于表 6.4.11 的规定。

表 6.4.11 一级或二级地区地下燃气管道与建筑物之间的水平净距（m）

燃气管道公称直径 DN（mm）	地下燃气管道压力（MPa）		
	1.61	2.50	4.00
$900<DN\leq1050$	53	60	70
$750<DN\leq900$	40	47	57
$600<DN\leq750$	31	37	45
$450<DN\leq600$	24	28	35
$300<DN\leq450$	19	23	28
$150<DN\leq300$	14	18	22
$DN\leq150$	11	13	15

注：1 当燃气管道强度设计系数不大于 0.4 时，一级或二级地区地下燃气管道与建筑物之间的水平净距可按表 6.4.12 确定。

2 水平净距是指管道外壁到建筑物出地面处外墙面的距离。建筑物是指平常有人的建筑物。

3 当燃气管道压力与表中数不相同时，可采用直线方程内插法确定水平净距。

6.4.12 三级地区地下燃气管道与建筑物之间的水平净距不应小于表 6.4.12 的规定。

表 6.4.12 三级地区地下燃气管道与建筑物之间的水平净距(m)

燃气管道公称直径和壁厚δ (mm)	地下燃气管道压力(MPa)		
	1.61	2.50	4.00
A 所有管径 δ<9.5	13.5	15.0	17.0
B 所有管径 9.5≤δ<11.9	6.5	7.5	9.0
C 所有管径 δ>11.9	3.0	5.0	8.0

注：1 当对燃气管道采取有效的保护措施时，δ<9.5mm 的燃气管道也可采用表中 B 行的水平净距。

2 水平净距是指管道外壁到建筑物出地面处外墙面的距离。建筑物是指平常有人的建筑物。

3 当燃气管道压力与表中数不相同时，可采用直线方程内插法确定水平净距。

6.4.13 高压地下燃气管道与构筑物或相邻管道之间的水平和垂直净距，不应小于表 6.3.3-1 和 6.3.3-2 次高压 A 的规定。但高压 A 和高压 B 地下燃气管道与铁路路堤坡脚的水平净距分别不应小于 8m 和 6m；与有轨电车钢轨的水平净距分别不应小于 4m 和 3m。

注：当达不到本条净距要求时，采取有效的防护措施后，净距可适当缩小。

6.4.14 四级地区地下燃气管道输配压力不宜大于 1.6MPa(表压)，其设计应遵守本规范 6.3 节的有关规定。

四级地区地下燃气管道输配压力不应大于 4.0MPa(表压)。

6.4.15 高压燃气管道的布置应符合下列要求：

1 高压燃气管道不宜进入四级地区；当受条件限制需要进入或通过四级地区时，应遵守下列规定：

1）高压 A 地下燃气管道与建筑物外墙面之间的水平净距不应小于 30m(当管壁厚度 δ≥9.5mm 或对燃气管道采取有效的保护措施时，不应小于 15m)；

2）高压 B 地下燃气管道与建筑物外墙面之间的水平净距不应小于 16m(当管壁厚度 δ≥9.5mm 或对燃气管道采取有效的保护措施时，不应小于 10m)；

3）管道分段阀门应采用遥控或自动控制。

2 高压燃气管道不应通过军事设施、易燃易爆仓库、国家重点文物保护单位的安全保护区、飞机场、火车站、海(河)港码头。当受条件限制管道必须在本款所列区域内通过时，必须采取安全防护措施。

3 高压燃气管道宜采用埋地方式敷设。当个别地段需要采用架空敷设时，必须采取安全防护措施。

6.4.16 当管道安全评估中危险性分析证明，可能发生事故的次数和结果合理时，可采用与表 6.4.11、表 6.4.12 和 6.4.15 条不同的净距和采用与表 6.4.8、表 6.4.9 不同的强度设计系数(F)。

6.4.17 焊接支管连接口的补强应符合下列规定：

1 补强的结构形式可采用增加主管道或支管道壁厚或同时增加主、支管道壁厚、或三通、或拔制扳边式接口的整体补强形式，也可采用补强圈补强的局部补强形式。

2 当支管道公称直径大于或等于 1/2 主管道公称直径时，应采用三通。

3 支管道的公称直径小于或等于 50mm 时，可不作补强计算。

4 开孔削弱部分按等面积补强，其结构和数值计算应符合现行国家标准《输气管道工程设计规范》GB 50251 的相应规定。其焊接结构还应符合下述规定：

1）主管道和支管道的连接焊缝应保证全焊透，其角焊缝腰高应大于或等于 1/3 的支管道壁厚，且不小于 6mm；

2）补强圈的形状应与主管道相符，并与主管道紧密贴合。焊接和热处理时补强圈上应开一排气孔，管道使用期间应将排气孔堵死，补强圈宜按国家现行标准《补强圈》JB/T 4736

选用。

6.4.18 燃气管道附件的设计和选用应符合下列规定：

1 管件的设计和选用应符合国家现行标准《钢制对焊无缝管件》GB 12459、《钢板制对焊管件》GB/T 13401、《钢制法兰管件》GB/T 17185、《钢制对焊管件》SY/T 0510 和《钢制弯管》SY/T 5257 等有关标准的规定。

2 管法兰的选用应符合国家现行标准《钢制管法兰》GB/T 9112～GB/T 9124、《大直径碳钢法兰》GB/T 13402 或《钢制法兰、垫片、紧固件》HG 20592～HG 20635 的规定。法兰、垫片和紧固件应考虑介质特性配套选用。

3 绝缘法兰、绝缘接头的设计应符合国家现行标准《绝缘法兰设计技术规定》SY/T 0516 的规定。

4 非标钢制异径接头、凸形封头和平封头的设计，可参照现行国家标准《钢制压力容器》GB 150 的有关规定。

5 除对焊管件之外的焊接预制单体（如集气管、清管器接收筒等），若其所用材料、焊缝及检验不同于本规范所列要求时，可参照现行国家标准《钢制压力容器》GB 150 进行设计、制造和检验。

6 管道与管件的管端焊接接头形式宜符合现行国家标准《输气管道工程设计规范》GB 50251 的有关规定。

7 用于改变管道走向的弯头、弯管应符合现行国家标准《输气管道工程设计规范》GB 50251 的有关规定，且弯曲后的弯管其外侧减薄处厚度应不小于按式（6.4.6）计算得到的计算厚度。

6.4.19 燃气管道阀门的设置应符合下列要求：

1 在高压燃气干管上，应设置分段阀门；分段阀门的最大间距：以四级地区为主的管段不应大于 8km；以三级地区为主的管段不应大于 13km；以二级地区为主的管段不应大于 24km；以一级地区为主的管段不应大于 32km。

2 在高压燃气支管的起点处，应设置阀门。

3 燃气管道阀门的选用应符合国家现行有关标准，并应选择适用于燃气介质的阀门。

4 在防火区内关键部位使用的阀门，应具有耐火性能。需要通过清管器或电子检管器的阀门，应选用全通径阀门。

6.4.20 高压燃气管道及管件设计应考虑日后清管或电子检管的需要，并宜预留安装电子检管器收发装置的位置。

6.4.21 埋地管线的锚固件应符合下列要求：

1 埋地管线上弯管或迂回管处产生的纵向力，必须由弯管处的锚固件、土壤摩阻或管子中的纵向应力加以抵消。

2 若弯管处不用锚固件，则靠近推力起源点处的管子接头处应设计成能承受纵向拉力。若接头未采取此种措施，则应加装适用的拉杆或拉条。

6.4.22 高压燃气管道的地基、埋设的最小覆土厚度、穿越铁路和电车轨道、穿越高速公路和城镇主要干道、通过河流的形式和要求等应符合本规范第 6.3 节的有关规定。

6.4.23 市区外地下高压燃气管道沿线应设置里程桩、转角桩、交叉和警示牌等永久性标志。

市区内地下高压燃气管道应设立管位警示标志。在距管顶不小于 500mm 处应埋设警示带。

6.5 门站和储配站

6.5.1 本节适用于城镇燃气输配系统中，接受气源来气并进行净化、加臭、储存、控制供气压力、气量分配、计量和气质检测的门站和储配站的工程设计。

6.5.2 门站和储配站站址选择应符合下列要求：

1 站址应符合城镇总体规划的要求；

2 站址应具有适宜的地形、工程地质、供电、给水排水和通信等条件；

3 门站和储配站应少占农田、节约用地并注意与城镇景观等协调；

4 门站站址应结合长输管线位置确定；

5 根据输配系统具体情况，储配站与门站可合建；

6 储配站内的储气罐与站外的建、构筑物的防火间距应符合现行国家标准《建筑设计防火规范》GB 50016 的有关规定。站内露天燃气工艺装置与站外建、构筑物的防火间距应符合甲类生产厂房与厂外建、构筑物的防火间距的要求。

6.5.3 储配站内的储气罐与站内的建、构筑物的防火间距应符合表 6.5.3 的规定。

表 6.5.3 储气罐与站内的建、构筑物的防火间距（m）

储气罐总容积（m^3）	≤1000	>1000～≤10000	>10000～≤50000	>50000～≤200000	>200000
明火、散发火花地点	20	25	30	35	40
调压室、压缩机室、计量室	10	12	15	20	25
控制室、变配电室、汽车库等辅助建筑	12	15	20	25	30
机修间、燃气锅炉房	15	20	25	30	35
办公、生活建筑	18	20	25	30	35
消防泵房、消防水池取水口	20				
站内道路（路边）	10	10	10	10	10
围墙	15	15	15	15	18

注：1 低压湿式储气罐与站内的建、构筑物的防火间距，应按本表确定；

2 低压干式储气罐与站内的建、构筑物的防火间距，当可燃气体的密度比空气大时，应按本表增加 25%；比空气小或等于时，可按本表确定；

3 固定容积储气罐与站内的建、构筑物的防火间距应按本表的规定执行。总容积按其几何容积（m^3）和设计压力（绝对压力，10^2kPa）的乘积计算；

4 低压湿式或干式储气罐的水封室、油泵房和电梯间等附属设施与该储罐的间距按工艺要求确定；

5 露天燃气工艺装置与储气罐的间距按工艺要求确定。

6.5.4 储气罐或罐区之间的防火间距，应符合下列要求：

1 湿式储气罐之间、干式储气罐之间、湿式储气罐与干式储气罐之间的防火间距，不应小于相邻较大罐的半径；

2 固定容积储气罐之间的防火间距，不应小于相邻较大罐直径的 2/3；

3 固定容积储气罐与低压湿式或干式储气罐之间的防火间距，不应小于相邻较大罐的半径；

4 数个固定容积储气罐的总容积大于 200000m^3 时，应分组布置。组与组之间的防火间距：卧式储罐，不应小于相邻较大罐长度的一半；球形储罐，不应小于相邻较大罐的直径，且不应小于 20.0m；

5 储气罐与液化石油气罐之间防火间距应符合现行国家标准《建筑设计防火规范》GB 50016 的有关规定。

6.5.5 门站和储配站总平面布置应符合下列要求：

1 总平面应分区布置，即分为生产区（包括储罐区、调压计量区、加压区等）和辅助区。

2 站内的各建构筑物之间以及与站外建构筑物之间的防火间距应符合现行国家标准《建筑设计防火规范》GB 50016 的有关规定。站内建筑物的耐火等级不应低于现行国家标准《建筑设计防火规范》GB 50016“二级”的规定。

3 站内露天工艺装置区边缘距明火或散发火花地点不应小于 20m，距办公、生活建筑不应小于 18m，距围墙不应小于 10m。与站内生产建筑的间距按工艺要求确定。

4 储配站生产区应设置环形消防车通道，消防车通道宽度不应小于 3.5m。

6.5.6 当燃气无臭味或臭味不足时，门站或储配站内应设置加臭装置。加臭量应符合本规范第3.2.3条的有关规定。

6.5.7 门站和储配站的工艺设计应符合下列要求：

1 功能应满足输配系统输气调度和调峰的要求；

2 站内应根据输配系统调度要求分组设置计量和调压装置，装置前应设过滤器；门站进站总管上宜设置分离器；

3 调压装置应根据燃气流量、压力降等工艺条件确定设置加热装置；

4 站内计量调压装置和加压设备应根据工作环境要求露天或在厂房内布置，在寒冷或风沙地区宜采用全封闭式厂房；

5 进出站管线应设置切断阀门和绝缘法兰；

6 储配站内进罐管线上宜设置控制进罐压力和流量的调节装置；

7 当长输管道采用清管工艺时，其清管器的接收装置宜设置在门站内；

8 站内管道上应根据系统要求设置安全保护及放散装置；

9 站内设备、仪表、管道等安装的水平间距和标高均应便于观察、操作和维修。

6.5.8 站内宜设置自动化控制系统，并宜作为输配系统的数据采集监控系统的远端站。

6.5.9 站内燃气计量和气质的检验应符合下列要求：

1 站内设置的计量仪表应符合表6.5.9的规定；

2 宜设置测定燃气组分、发热量、密度、湿度和各项有害杂质含量的仪表。

表6.5.9 站内设置的计量仪表

进、出站参数	功能		
	指示	记录	累计
流量	+	+	+
压力	+	+	−
温度	+	+	−

注：表中"+"表示应设置。

6.5.10 燃气储存设施的设计应符合下列要求：

1 储配站所建储罐容积应根据输配系统所需储气总容量、管网系统的调度平衡和气体混配要求确定；

2 储配站的储气方式及储罐形式应根据燃气进站压力、供气规模、输配管网压力等因素，经技术经济比较后确定；

3 确定储罐单体或单组容积时，应考虑储罐检修期间供气系统的调度平衡；

4 储罐区宜设有排水设施。

6.5.11 低压储气罐的工艺设计，应符合下列要求：

1 低压储气罐宜分别设置燃气进、出气管，各管应设置关闭性能良好的切断装置，并宜设置水封阀，水封阀的有效高度应取设计工作压力(以Pa表示)乘0.1加500mm。燃气进、出气管的设计应能适应气罐地基沉降引起的变形；

2 低压储气罐应设储气量指示器。储气量指示器应具有显示储量及可调节的高低限位声、光报警装置；

3 储气罐高度超越当地有关的规定时应设高度障碍标志；

4 湿式储气罐的水封高度应经过计算后确定；

5 寒冷地区湿式储气罐的水封应设有防冻措施；

6 干式储气罐密封系统，必须能够可靠地连续运行；

7 干式储气罐应设置紧急放散装置；

8 干式储气罐应配有检修通道。稀油密封干式储气罐外部应设置检修电梯。

6.5.12 高压储气罐工艺设计，应符合下列要求：

1 高压储气罐宜分别设置燃气进、出气管，不需要起混气作用的高压储气罐，其进、出气管也可合为一条；燃气进、出气管的设计宜进行柔性计算；

2 高压储气罐应分别设置安全阀、放散管和排污管；

3 高压储气罐应设置压力检测装置；

4 高压储气罐宜减少接管开孔数量；

5 高压储气罐宜设置检修排空装置；

6 当高压储气罐罐区设置检修用集中放散装置时，集中放散装置的放散管与站外建、构筑物的防火间距不应小于表 6.5.12-1 的规定；集中放散装置的放散管与站内建、构筑物的防火间距不应小于表 6.5.12-2 的规定；放散管管口高度应高出距其 25m 内的建构筑物 2m 以上，且不得小于 10m；

7 集中放散装置宜设置在站内全年最小频率风向的上风侧。

表 6.5.12-1 集中放散装置的放散管与站外建、构筑物的防火间距

项目		防火间距(m)
明火、散发火花地点		30
民用建筑		25
甲、乙类液体储罐，易燃材料堆场		25
室外变、配电站		30
甲、乙类物品库房，甲、乙类生产厂房		25
其他厂房		20
铁路(中心线)		40
公路、道路(路边)	高速，Ⅰ、Ⅱ级，城市快速	15
	其他	10
架空电力线(中心线)	>380V	2.0 倍杆高
	≤380V	1.5 倍杆高
架空通信线(中心线)	国家Ⅰ、Ⅱ级	1.5 倍杆高
	其他	1.5 倍杆高

表 6.5.12-2 集中放散装置的放散管与站内建、构筑物的防火间距

项目	防火间距(m)
明火、散发火花地点	30
办公、生活建筑	25
可燃气体储气罐	20
室外变、配电站	30
调压室、压缩机室、计量室及工艺装置区	20
控制室、配电室、汽车库、机修间和其他辅助建筑	25
燃气锅炉房	25
消防泵房、消防水池取水口	20
站内道路(路边)	2
围墙	2

6.5.13 站内工艺管道应采用钢管。燃气管道设计压力大于 0.4MPa 时，其管材性能应分别符合现行国家标准《石油天然气工业输送钢管交货技术条件》GB/T 9711、《输送流体用无缝钢管》GB/T

8163 的规定；设计压力不大于 0.4MPa 时，其管材性能应符合现行国家标准《低压流体输送用焊接钢管》GB/T 3091 的规定。

阀门等管道附件的压力级别不应小于管道设计压力。

6.5.14 燃气加压设备的选型应符合下列要求：

1 储配站燃气加压设备应结合输配系统总体设计采用的工艺流程、设计负荷、排气压力及调度要求确定；

2 加压设备应根据吸排气压力、排气量选择机型。所选用的设备应便于操作维护、安全可靠，并符合节能、高效、低振和低噪声的要求；

3 加压设备的排气能力应按厂方提供的实测值为依据。站内加压设备的形式应一致，加压设备的规格应满足运行调度要求，并不宜多于两种。

储配站内装机总台数不宜过多。每 1~5 台压缩机宜另设 1 台备用。

6.5.15 压缩机室的工艺设计应符合下列要求：

1 压缩机宜按独立机组配置进、出气管及阀门、旁通、冷却器、安全放散、供油和供水等各项辅助设施；

2 压缩机的进、出气管道宜采用地下直埋或管沟敷设，并宜采取减振降噪措施；

3 管道设计应设有能满足投产置换，正常生产维修和安全保护所必需的附属设备；

4 压缩机及其附属设备的布置应符合下列要求：

1）压缩机宜采取单排布置；

2）压缩机之间及压缩机与墙壁之间的净距不宜小于 1.5m；

3）重要通道的宽度不宜小于 2m；

4）机组的联轴器及皮带传动装置应采取安全防护措施；

5）高出地面 2m 以上的检修部位应设置移动或可拆卸式的维修平台或扶梯；

6）维修平台及地坑周围应设防护栏杆；

5 压缩机室宜根据设备情况设置检修用起吊设备；

6 当压缩机采用燃气为动力时，其设计应符合现行国家标准《输气管道工程设计规范》GB 50251 和《石油天然气工程设计防火规范》GB 50183 的有关规定；

7 压缩机组前必须设有紧急停车按钮。

6.5.16 压缩机的控制室宜设在主厂房一侧的中部或主厂房的一端。控制室与压缩机室之间应设有能观察各台设备运转的隔声耐火玻璃窗。

6.5.17 储配站控制室内的二次检测仪表及操作调节装置宜按表 6.5.17 规定设置。

表 6.5.17 储配站控制室内二次检测仪表及调节装置

参数名称		现场显示	控制室		
			显示	记录或累计	报警连锁
压缩机室进气管压力		−	+	−	+
压缩机室出气管压力		−	+	+	−
机组	吸气压力	+	−	−	−
	吸气温度	+	−	−	−
	排气压力	+	+	−	+
	排气温度	+	−	−	−
压缩机室	供电电压	−	+	−	−
	电流	−	+	−	−
	功率因数	−	+	−	−
	功率	−	+	−	−

表 6.5.17 储配站控制室内二次检测仪表及调节装置(续)

参数名称		现场显示	控制室		
			显示	记录或累计	报警连锁
机组	电压	+	+	–	–
	电流	+	+	–	–
	功率因数	–	+	–	–
	功率	–	+	–	–
压缩机室	供水温度	–	+	–	–
	供水压力	–	+	–	+
机组	供水温度	+	–	–	–
	回水温度	+	–	–	–
	水流状态	+	+	–	–
润滑油	供油压力	+	–	–	+
	供油温度	+	–	–	–
	回油温度	+	–	–	–
电机防爆通风系统排风压力		–	+	–	+

注：表中“+”表示应设置。

6.5.18 压缩机室、调压计量室等具有爆炸危险的生产用房应符合现行国家标准《建筑设计防火规范》GB 50016 的“甲类生产厂房”设计的规定。

6.5.19 门站和储配站内的消防设施设计应符合现行国家标准《建筑设计防火规范》GB 50016 的规定，并符合下列要求：

1 储配站在同一时间内的火灾次数应按一次考虑。储罐区的消防用水量不应小于表 6.5.19 的规定。

表 6.5.19 储罐区的消防用水量

储罐容积（m^3）	>500~≤10000	>10000~≤50000	>50000~≤100000	>100000~≤200000	>200000
消防用水量（L/s）	15	20	25	30	35

注：固定容积的可燃气体储罐以组为单位，总容积按其几何容积（m^3）和设计压力（绝对压力，10^2kPa）的乘积计算。

2 当设置消防水池时，消防水池的容量应按火灾延续时间 3h 计算确定。当火灾情况下能保证连续向消防水池补水时，其容量可减去火灾延续时间内的补水量。

3 储配站内消防给水管网应采用环形管网，其给水干管不应少于 2 条。当其中一条发生故障时，其余的进水管应能满足消防用水总量的供给要求。

4 站内室外消火栓宜选用地上式消火栓。

5 门站的工艺装置区可不设消防给水系统。

6 门站和储配站内建筑物灭火器的配置应符合现行国家标准《建筑灭火器配置设计规范》GB 50140 的有关规定。储配站内储罐区应配置干粉灭火器，配置数量按储罐台数每台设置 2 个；每组相对独立的调压计量等工艺装置区应配置干粉灭火器，数量不少于 2 个。

注：1 干粉灭火器指 8kg 手提式干粉灭火器。

2 根据场所危险程度可设置部分 35kg 手推式干粉灭火器。

6.5.20 门站和储配站供电系统设计应符合现行国家标准《供配电系统设计规范》GB 50052 的"二级负荷"的规定。

6.5.21 门站和储配站电气防爆设计符合下列要求：

1 站内爆炸危险场所的电力装置设计应符合现行国家标准《爆炸和火灾危险环境电力装置设计规范》GB 50058 的规定。

2 其爆炸危险区域等级和范围的划分宜符合本规范附录 D 的规定。

3 站内爆炸危险厂房和装置区内应装设燃气浓度检测报警装置。

6.5.22 储气罐和压缩机室、调压计量室等具有爆炸危险的生产用房应有防雷接地设施，其设计应符合现行国家标准《建筑物防雷设计规范》GB 50057 的"第二类防雷建筑物"的规定。

6.5.23 门站和储配站的静电接地设计应符合国家现行标准《化工企业静电接地设计规程》HGJ 28 的规定。

6.5.24 门站和储配站边界的噪声应符合现行国家标准《工业企业厂界噪声标准》GB 12348 的规定。

6.6 调压站与调压装置

6.6.1 本节适用于城镇燃气输配系统中不同压力级别管道之间连接的调压站、调压箱(或柜)和调压装置的设计。

6.6.2 调压装置的设置应符合下列要求：

1 自然条件和周围环境许可时，宜设置在露天，但应设置围墙、护栏或车挡；

2 设置在地上单独的调压箱(悬挂式)内时，对居民和商业用户燃气进口压力不应大于 0.4MPa；对工业用户(包括锅炉房)燃气进口压力不应大于 0.8MPa；

3 设置在地上单独的调压柜(落地式)内时，对居民、商业用户和工业用户(包括锅炉房)燃气进口压力不宜大于 1.6MPa；

4 设置在地上单独的建筑物内时，应符合本规范第 6.6.12 条的要求；

5 当受到地上条件限制，且调压装置进口压力不大于 0.4MPa 时，可设置在地下单独的建筑物内或地下单独的箱体内，并应分别符合本规范第 6.6.14 条和第 6.6.5 条的要求；

6 液化石油气和相对密度大于 0.75 燃气的调压装置不得设于地下室、半地下室内和地下单独的箱体内。

6.6.3 调压站(含调压柜)与其他建筑物、构筑物的水平净距应符合表 6.6.3 的规定。

表 6.6.3 调压站(含调压柜)与其他建筑物、构筑物水平净距(m)

设置形式	调压装置入口燃气压力级制	建筑物外墙面	重要公共建筑、一类高层民用建筑	铁路(中心线)	城镇道路	公共电力变配电柜
地上单独建筑	高压(A)	18.0	30.0	25.0	5.0	6.0
	高压(B)	13.0	25.0	20.0	4.0	6.0
	次高压(A)	9.0	18.0	15.0	3.0	4.0
	次高压(B)	6.0	12.0	10.0	3.0	4.0
	中压(A)	6.0	12.0	10.0	2.0	4.0
	中压(B)	6.0	12.0	10.0	2.0	4.0
调压柜	次高压(A)	7.0	14.0	12.0	2.0	4.0
	次高压(B)	4.0	8.0	8.0	2.0	4.0
	中压(A)	4.0	8.0	8.0	1.0	4.0
	中压(B)	4.0	8.0	8.0	1.0	4.0

表 6.6.3 调压站(含调压柜)与其他建筑物、构筑物水平净距(m)(续)

设置形式	调压装置入口燃气压力级制	建筑物外墙面	重要公共建筑、一类高层民用建筑	铁路(中心线)	城镇道路	公共电力变配电柜
地下单独建筑	中压(A)	3.0	6.0	6.0	—	3.0
	中压(B)	3.0	6.0	6.0	—	3.0
地下调压箱	中压(A)	3.0	6.0	6.0	—	3.0
	中压(B)	3.0	6.0	6.0	—	3.0

注：1 当调压装置露天设置时，则指距离装置的边缘；

2 当建筑物(含重要公共建筑)的某外墙为无门、窗洞口的实体墙，且建筑物耐火等级不低于二级时，燃气进口压力级别为中压 A 或中压 B 的调压柜一侧或两侧(非平行)，可贴靠上述外墙设置；

3 当达不到上表净距要求时，采取有效措施，可适当缩小净距。

6.6.4 地上调压箱和调压柜的设置应符合下列要求：

1 调压箱(悬挂式)

1)调压箱的箱底距地坪的高度宜为 1.0~1.2m，可安装在用气建筑物的外墙壁上或悬挂于专用的支架上；当安装在用气建筑物的外墙上时，调压器进出口管径不宜大于 *DN*50；

2)调压箱到建筑物的门、窗或其他通向室内的孔槽的水平净距应符合下列规定：

当调压器进口燃气压力不大于 0.4MPa 时，不应小于 1.5m；

当调压器进口燃气压力大于 0.4MPa 时，不应小于 3.0m；

调压箱不应安装在建筑物的窗下和阳台下的墙上；不应安装在室内通风机进风口墙上；

3)安装调压箱的墙体应为永久性的实体墙，其建筑物耐火等级不应低于二级；

4)调压箱上应有自然通风孔。

2 调压柜(落地式)

1)调压柜应单独设置在牢固的基础上，柜底距地坪高度宜为 0.30m；

2)距其他建筑物、构筑物的水平净距应符合表 6.6.3 的规定；

3)体积大于 1.5m^3 的调压柜应有爆炸泄压口，爆炸泄压口不应小于上盖或最大柜壁面积的 50%(以较大者为准)；爆炸泄压口宜设在上盖上；通风口面积可包括在计算爆炸泄压口面积内；

4)调压柜上应有自然通风口，其设置应符合下列要求：

当燃气相对密度大于 0.75 时，应在柜体上、下各设 1%柜底面积通风口；调压柜四周应设护栏；

当燃气相对密度不大于 0.75 时，可仅在柜体上部设 4%柜底面积通风口；调压柜四周宜设护栏。

3 调压箱(或柜)的安装位置应能满足调压器安全装置的安装要求。

4 调压箱(或柜)的安装位置应使调压箱(或柜)不被碰撞，在开箱(或柜)作业时不影响交通。

6.6.5 地下调压箱的设置应符合下列要求：

1 地下调压箱不宜设置在城镇道路下，距其他建筑物、构筑物的水平净距应符合本规范表 6.6.3 的规定；

2 地下调压箱上应有自然通风口，其设置应符合本规范第 6.6.4 条第 2 款 4)项规定；

3 安装地下调压箱的位置应能满足调压器安全装置的安装要求；

4 地下调压箱设计应方便检修；

5 地下调压箱应有防腐保护。

6.6.6 单独用户的专用调压装置除按本规范第 6.6.2 和 6.6.3 条设置外，尚可按下列形式设置，但应符合下列要求：

1 当商业用户调压装置进口压力不大于 0.4MPa，或工业用户(包括锅炉)调压装置进口压力不大于 0.8MPa 时，可设置在用气建筑物专用单层毗连建筑物内：

1）该建筑物与相邻建筑应用无门窗和洞口的防火墙隔开，与其他建筑物、构筑物水平净距应符合本规范表 6.6.3 的规定；

2）该建筑物耐火等级不应低于二级，并应具有轻型结构屋顶爆炸泄压口及向外开启的门窗；

3）地面应采用撞击时不会产生火花的材料；

4）室内通风换气次数每小时不应小于 2 次；

5）室内电气、照明装置应符合现行的国家标准《爆炸和火灾危险环境电力装置设计规范》GB 50058 的“1 区”设计的规定。

2 当调压装置进口压力不大于 0.2MPa 时，可设置在公共建筑的顶层房间内：

1）房间应靠建筑外墙，不应布置在人员密集房间的上面或贴邻，并满足本条第 1 款 2）、3）、5）项要求；

2）房间内应设有连续通风装置，并能保证通风换气次数每小时不小于 3 次；

3）房间内应设置燃气浓度检测监控仪表及声、光报警装置。该装置应与通风设施和紧急切断阀连锁，并将信号引入该建筑物监控室；

4）调压装置应设有超压自动切断保护装置；

5）室外进口管道应设有阀门，并能在地面操作；

6）调压装置和燃气管道应采用钢管焊接和法兰连接。

3 当调压装置进口压力不大于 0.4MPa，且调压器进出口管径不大于 *DN*100 时，可设置在用气建筑物的平屋顶上，但应符合下列条件：

1）应在屋顶承重结构受力允许的条件下，且该建筑物耐火等级不应低于二级；

2）建筑物应有通向屋顶的楼梯；

3）调压箱、柜（或露天调压装置）与建筑物烟囱的水平净距不应小于 5m。

4 当调压装置进口压力不大于 0.4MPa 时，可设置在生产车间、锅炉房和其他工业生产用气房间内，或当调压装置进口压力不大于 0.8MPa 时，可设置在独立、单层建筑的生产车间或锅炉房内，但应符合下列条件：

1）应满足本条第 1 款 2）、4）项要求；

2）调压器进出口管径不应大于 *DN*80；

3）调压装置宜设不燃烧体护栏；

4）调压装置除在室内设进口阀门外，还应在室外引入管上设置阀门。

注：当调压器进出口管径大于 *DN*80 时，应将调压装置设置在用气建筑物的专用单层房间内，其设计应符合本条第 1 款的要求。

6.6.7 调压箱（柜）或调压站的噪声应符合现行国家标准《城市区域环境噪声标准》GB 3096 的规定。

6.6.8 设置调压器场所的环境温度应符合下列要求：

1 当输送干燃气时，无采暖的调压器的环境温度应能保证调压器的活动部件正常工作；

2 当输送湿燃气时，无防冻措施的调压器的环境温度应大于 0℃；当输送液化石油气时，其环境温度应大于液化石油气的露点。

6.6.9 调压器的选择应符合下列要求：

1 调压器应能满足进口燃气的最高、最低压力的要求；

2 调压器的压力差，应根据调压器前燃气管道的最低设计压力与调压器后燃气管道的设计压力之差值确定；

3 调压器的计算流量，应按该调压器所承担的管网小时最大输送量的 1.2 倍确定。

6.6.10 调压站（或调压箱或调压柜）的工艺设计应符合下列要求：

1 连接未成环低压管网的区域调压站和供连续生产使用的用户调压装置宜设置备用调压器，其他情况下的调压器可不设备用。

调压器的燃气进、出口管道之间应设旁通管，用户调压箱(悬挂式)可不设旁通管。

2 高压和次高压燃气调压站室外进、出口管道上必须设置阀门；

中压燃气调压站室外进口管道上，应设置阀门。

3 调压站室外进、出口管道上阀门距调压站的距离：

当为地上单独建筑时，不宜小于10m，当为毗连建筑物时，不宜小于5m；

当为调压柜时，不宜小于5m；

当为露天调压装置时，不宜小于10m；

当通向调压站的支管阀门距调压站小于100m时，室外支管阀门与调压站进口阀门可合为一个。

4 在调压器燃气入口处应安装过滤器。

5 在调压器燃气入口(或出口)处，应设防止燃气出口压力过高的安全保护装置(当调压器本身带有安全保护装置时可不设)。

6 调压器的安全保护装置宜选用人工复位型。安全保护(放散或切断)装置必须设定启动压力值并具有足够的能力。启动压力应根据工艺要求确定，当工艺无特殊要求时应符合下列要求：

1) 当调压器出口为低压时，启动压力应使与低压管道直接相连的燃气用具处于安全工作压力以内；

2) 当调压器出口压力小于0.08MPa时，启动压力不应超过出口工作压力上限的50%；

3) 当调压器出口压力等于或大于0.08MPa，但不大于0.4MPa时，启动压力不应超过出口工作压力上限0.04MPa；

4) 当调压器出口压力大于0.4MPa时，启动压力不应超过出口工作压力上限的10%。

7 调压站放散管管口应高出其屋檐1.0m以上。

调压柜的安全放散管管口距地面的高度不应小于4m；设置在建筑物墙上的调压箱的安全放散管管口应高出该建筑物屋檐1.0m；

地下调压站和地下调压箱的安全放散管管口也应按地上调压柜安全放散管管口的规定设置。

注：清洗管道吹扫用的放散管、指挥器的放散管与安全水封放散管属于同一工作压力时，允许将它们连接在同一放散管上。

8 调压站内调压器及过滤器前后均应设置指示式压力表，调压器后应设置自动记录式压力仪表。

6.6.11 地上调压站内调压器的布置应符合下列要求：

1 调压器的水平安装高度应便于维护检修；

2 平行布置2台以上调压器时，相邻调压器外缘净距、调压器与墙面之间的净距和室内主要通道的宽度均宜大于0.8m。

6.6.12 地上调压站的建筑物设计应符合下列要求：

1 建筑物耐火等级不应低于二级；

2 调压室与毗连房间之间应用实体隔墙隔开，其设计应符合下列要求：

1) 隔墙厚度不应小于24cm，且应两面抹灰；

2) 隔墙内不得设置烟道和通风设备，调压室的其他墙壁也不得设有烟道；

3) 隔墙有管道通过时，应采用填料密封或将墙洞用混凝土等材料填实；

3 调压室及其他有漏气危险的房间，应采取自然通风措施，换气次数每小时不应小于2次；

4 城镇无人值守的燃气调压室电气防爆等级应符合现行国家标准《爆炸和火灾危险环境电力装置设计规范》GB 50058“1区”设计的规定(见附录图D-7)；

5 调压室内的地面应采用撞击时不会产生火花的材料；

6 调压室应有泄压措施，并应符合现行国家标准《建筑设计防火规范》GB 50016的有关规定；

7 调压室的门、窗应向外开启，窗应设防护栏和防护网；

8 重要调压站宜设保护围墙；

9　设于空旷地带的调压站或采用高架遥测天线的调压站应单独设置避雷装置，其接地电阻值应小于10Ω。

6.6.13　燃气调压站采暖应根据气象条件、燃气性质、控制测量仪表结构和人员工作的需要等因素确定。当需要采暖时严禁在调压室内用明火采暖，但可采用集中供热或在调压站内设置燃气、电气采暖系统，其设计应符合下列要求：

1　燃气采暖锅炉可设在与调压器室毗连的房间内；

调压器室的门、窗与锅炉室的门、窗不应设置在建筑的同一侧；

2　采暖系统宜采用热水循环式；

采暖锅炉烟囱排烟温度严禁大于300℃；烟囱出口与燃气安全放散管出口的水平距离应大于5m；

3　燃气采暖锅炉应有熄火保护装置或设专人值班管理；

4　采用防爆式电气采暖装置时，可对调压器室或单体设备用电加热采暖。电采暖设备的外壳温度不得大于115℃。电采暖设备应与调压设备绝缘。

6.6.14　地下调压站的建筑物设计应符合下列要求：

1　室内净高不应低于2m；

2　宜采用混凝土整体浇筑结构；

3　必须采取防水措施；在寒冷地区应采取防寒措施；

4　调压室顶盖上必须设置两个呈对角位置的人孔，孔盖应能防止地表水浸入；

5　室内地面应采用撞击时不产生火花的材料，并应在一侧人孔下的地坪设置集水坑；

6　调压室顶盖应采用混凝土整体浇筑。

6.6.15　当调压站内、外燃气管道为绝缘连接时，调压器及其附属设备必须接地，接地电阻应小于100Ω。

6.7　钢质燃气管道和储罐的防腐

6.7.1　钢质燃气管道和储罐必须进行外防腐。其防腐设计应符合国家现行标准《城镇燃气埋地钢质管道腐蚀控制技术规程》CJJ 95和《钢质管道及储罐腐蚀控制工程设计规范》SY 0007的有关规定。

6.7.2　地下燃气管道防腐设计，必须考虑土壤电阻率。对高、中压输气干管宜沿燃气管道途经地段选点测定其土壤电阻率。应根据土壤的腐蚀性、管道的重要程度及所经地段的地质、环境条件确定其防腐等级。

6.7.3　地下燃气管道的外防腐涂层的种类，根据工程的具体情况，可选用石油沥青、聚乙烯防腐胶带、环氧煤沥青、聚乙烯防腐层、氯磺化聚乙烯、环氧粉末喷涂等。当选用上述涂层时，应符合国家现行有关标准的规定。

6.7.4　采用涂层保护埋地敷设的钢质燃气干管应同时采用阴极保护。

市区外埋地敷设的燃气干管，当采用阴极保护时，宜采用强制电流方式，并应符合国家现行标准《埋地钢质管道强制电流阴极保护设计规范》SY/T 0036的有关规定。

市区内埋地敷设的燃气干管，当采用阴极保护时，宜采用牺牲阳极法，并应符合国家现行标准《埋地钢质管道牺牲阳极阴极保护设计规范》SY/T 0019的有关规定。

6.7.5　地下燃气管道与交流电力线接地体的净距不应小于表6.7.5的规定。

表6.7.5　地下燃气管道与交流电力线接地体的净距(m)

电压等级(kV)	10	35	110	220
铁塔或电杆接地体	1	3	5	10
电站或变电所接地体	5	10	15	30

6.8　监控及数据采集

6.8.1　城市燃气输配系统，宜设置监控及数据采集系统。

6.8.2 监控及数据采集系统应采用电子计算机系统为基础的装备和技术。

6.8.3 监控及数据采集系统应采用分级结构。

6.8.4 监控及数据采集系统应设主站、远端站。主站应设在燃气企业调度服务部门，并宜与城市公用数据库连接。远端站宜设置在区域调压站、专用调压站、管网压力监测点、储配站、门站和气源厂等。

6.8.5 根据监控及数据采集系统拓扑结构设计的需求，在等级系统中可在主站与远端站之间设置通信或其他功能的分级站。

6.8.6 监控及数据采集系统的信息传输介质及方式应根据当地通信系统条件、系统规模和特点、地理环境，经全面的技术经济比较后确定。信息传输宜采用城市公共数据通信网络。

6.8.7 监控及数据采集系统所选用的设备、器件、材料和仪表应选用通用性产品。

6.8.8 监控及数据采集系统的布线和接口设计应符合国家现行有关标准的规定，并具有通用性、兼容性和可扩性。

6.8.9 监控及数据采集系统的硬件和软件应有较高可靠性，并应设置系统自身诊断功能，关键设备应采用冗余技术。

6.8.10 监控及数据采集系统宜配备实时瞬态模拟软件，软件应满足系统进行调度优化、泄漏检测定位、工况预测、存量分析、负荷预测及调度员培训等功能。

6.8.11 监控及数据采集系统远端站应具有数据采集和通信功能，并对需要进行控制或调节的对象点，应有对选定的参数或操作进行控制或调节功能。

6.8.12 主站系统设计应具有良好的人机对话功能，宜满足及时调整参数或处理紧急情况的需要。

6.8.13 远端站数据采集等工作信息的类型和数量应按实际需要予以合理地确定。

6.8.14 设置监控和数据采集设备的建筑应符合现行国家标准《计算站场地技术要求》GB 2887 和《电子计算机机房设计规范》GB 50174 以及《计算机机房用活动地板技术条件》GB 6550 的有关规定。

6.8.15 监控及数据采集系统的主站机房，应设置可靠性较高的不间断电源设备及其备用设备。

6.8.16 远端站的防爆、防护应符合所在地点防爆、防护的相关要求。

7 压缩天然气供应(已废止)

本章内容见国家标准《压缩天然气供应站设计规范》GB 51102—2016。

8 液化石油气供应(已废止)

本章内容见国家标准《液化石油气供应工程设计规范》GB 51142—2015。

9 液化天然气供应

9.1 一般规定

9.1.1 本章适用于液化天然气总储存容积不大于 2000m^3 的城镇液化天然气供应站工程设计。

9.1.2 本章不适用于下列液化天然气工程和装置设计：

1 液化天然气终端接收基地；

2 油气田的液化天然气供气站和天然气液化工厂(站)；

3 轮船、铁路车辆和汽车等运输工具上的液化天然气装置。

9.2 液化天然气气化站

9.2.1 液化天然气气化站的规模应符合城镇总体规划的要求，根据供应用户类别、数量和用气量指标等因素确定。

9.2.2 液化天然气气化站的储罐设计总容积应根据其规模、气源情况、运输方式和运距等因素确定。

9.2.3 液化天然气气化站站址选择应符合下列要求：

1 站址应符合城镇总体规划的要求。

2 站址应避开地震带、地基沉陷、废弃矿井等地段。

9.2.4 液化天然气气化站的液化天然气储罐、集中放散装置的天然气放散总管与站外建、构筑物的防火间距不应小于表 9.2.4 的规定。

9.2.5 液化天然气气化站的液化天然气储罐、集中放散装置的天然气放散总管与站内建、构筑物的防火间距不应小于表 9.2.5 的规定。

表 9.2.4 液化天然气气化站的液化天然气储罐、天然气放散总管与站外建、构筑物的防火间距(m)

<table>
<tr><th colspan="2" rowspan="2">名称
项目</th><th colspan="7">储罐总容积(m³)</th><th rowspan="2">集中放散装置的天然气放散总管</th></tr>
<tr><th>≤10</th><th>>10~≤30</th><th>>30~≤50</th><th>>50~≤200</th><th>>200~≤500</th><th>>500~≤1000</th><th>>1000~≤2000</th></tr>
<tr><td colspan="2">居住区、村镇和影剧院、体育馆、学校等重要公共建筑(最外侧建、构筑物外墙)</td><td>30</td><td>35</td><td>45</td><td>50</td><td>70</td><td>90</td><td>110</td><td>45</td></tr>
<tr><td colspan="2">工业企业(最外侧建、构筑物外墙)</td><td>22</td><td>25</td><td>27</td><td>30</td><td>35</td><td>40</td><td>50</td><td>20</td></tr>
<tr><td colspan="2">明火、散发火花地点和室外变、配电站</td><td>30</td><td>35</td><td>45</td><td>50</td><td>55</td><td>60</td><td>70</td><td>30</td></tr>
<tr><td colspan="2">民用建筑，甲、乙类液体储罐，甲、乙类生产厂房，甲、乙类物品仓库，稻草等易燃材料堆场</td><td>27</td><td>32</td><td>40</td><td>45</td><td>50</td><td>55</td><td>65</td><td>25</td></tr>
<tr><td colspan="2">丙类液体储罐，可燃气体储罐，丙、丁类生产厂房，丙、丁类物品仓库</td><td>25</td><td>27</td><td>32</td><td>35</td><td>40</td><td>45</td><td>55</td><td>20</td></tr>
<tr><td rowspan="2">铁路(中心线)</td><td>国家线</td><td>40</td><td>50</td><td>60</td><td colspan="2">70</td><td colspan="2">80</td><td>40</td></tr>
<tr><td>企业专用线</td><td colspan="3">25</td><td colspan="2">30</td><td colspan="2">35</td><td>30</td></tr>
<tr><td rowspan="2">公路、道路(路边)</td><td>高速，Ⅰ、Ⅱ级，城市快速</td><td colspan="3">20</td><td colspan="4">25</td><td>15</td></tr>
<tr><td>其他</td><td colspan="3">15</td><td colspan="4">20</td><td>10</td></tr>
<tr><td colspan="2">架空电力线(中心线)</td><td colspan="5">1.5 倍杆高</td><td colspan="2">1.5 倍杆高，但 35kV 以上架空电力线不应小于 40m</td><td>2.0 倍杆高</td></tr>
<tr><td rowspan="2">架空通信线(中心线)</td><td>Ⅰ、Ⅱ级</td><td colspan="2">1.5 倍杆高</td><td colspan="2">30</td><td colspan="3">40</td><td>1.5 倍杆高</td></tr>
<tr><td>其他</td><td colspan="8">1.5 倍杆高</td></tr>
</table>

注：1 居住区、村镇系指 1000 人或 300 户以上者，以下者按本表民用建筑执行；

2 与本表规定以外的其他建、构筑物的防火间距应按现行国家标准《建筑设计防火规范》GB 50016 执行；

3 间距的计算应以储罐的最外侧为准。

表 9.2.5 液化天然气气化站的液化天然气储罐、天然气放散总管与站内建、构筑物的防火间距(m)

<table>
<tr><th colspan="2" rowspan="2">名称
项目</th><th colspan="7">储罐总容积(m³)</th><th rowspan="2">集中放散装置的天然气放散总管</th></tr>
<tr><th>≤10</th><th>>10~≤30</th><th>>30~≤50</th><th>>50~≤200</th><th>>200~≤500</th><th>>500~≤1000</th><th>>1000~≤2000</th></tr>
<tr><td colspan="2">明火、散发火花地点</td><td>30</td><td>35</td><td>45</td><td>50</td><td>55</td><td>60</td><td>70</td><td>30</td></tr>
<tr><td colspan="2">办公、生活建筑</td><td>18</td><td>20</td><td>25</td><td>30</td><td>35</td><td>40</td><td>50</td><td>25</td></tr>
<tr><td colspan="2">变配电室、仪表间、值班室、汽车槽车库、汽车衡及其计量室、空压机室汽车槽车装卸台柱(装卸口)、钢瓶灌装台</td><td colspan="2">15</td><td>18</td><td>20</td><td>22</td><td>25</td><td>30</td><td>25</td></tr>
<tr><td colspan="2">汽车库、机修间、燃气热水炉间</td><td colspan="3">25</td><td>30</td><td colspan="2">35</td><td>40</td><td>25</td></tr>
<tr><td colspan="2">天然气(气态)储罐</td><td>20</td><td>24</td><td>26</td><td>28</td><td>30</td><td>31</td><td>32</td><td>20</td></tr>
<tr><td colspan="2">液化石油气全压力式储罐</td><td>24</td><td>28</td><td>32</td><td>34</td><td>36</td><td>38</td><td>40</td><td>25</td></tr>
<tr><td colspan="2">消防泵房、消防水池取水口</td><td colspan="2">30</td><td colspan="4">40</td><td>50</td><td>20</td></tr>
<tr><td rowspan="2">站内道路(路边)</td><td>主要</td><td colspan="3">10</td><td colspan="4">15</td><td rowspan="2">2</td></tr>
<tr><td>次要</td><td colspan="3">5</td><td colspan="4">10</td></tr>
<tr><td colspan="2">围墙</td><td colspan="3">15</td><td colspan="2">20</td><td colspan="2">25</td><td>2</td></tr>
<tr><td colspan="2">集中放散装置的天然气放散总管</td><td colspan="7">25</td><td>—</td></tr>
</table>

注：1 自然蒸发气的储罐(BOG 罐)与液化天然气储罐的间距按工艺要求确定；

2 与本表规定以外的其他建、构筑物的防火间距应按现行国家标准《建筑设计防火规范》GB 50016 执行；

3 间距的计算应以储罐的最外侧为准。

9.2.6 站内兼有灌装液化天然气钢瓶功能时，站区内设置储存液化天然气钢瓶(实瓶)的总容积不应大于 $2m^3$。

9.2.7 液化天然气气化站内总平面应分区布置，即分为生产区(包括储罐区、气化及调压等装置区)和辅助区。

生产区宜布置在站区全年最小频率风向的上风侧或上侧风侧。

液化天然气气化站应设置高度不低于 2m 的不燃烧体实体围墙。

9.2.8 液化天然气气化站生产区应设置消防车道，车道宽度不应小于 3.5m。当储罐总容积小于 $500m^3$ 时，可设置尽头式消防车道和面积不应小于 12m×12m 的回车场。

9.2.9 液化天然气气化站的生产区和辅助区至少应各设 1 个对外出入口。当液化天然气储罐总容积超过 $1000m^3$ 时，生产区应设置 2 个对外出入口，其间距不应小于 30m。

9.2.10 液化天然气储罐和储罐区的布置应符合下列要求：

1 储罐之间的净距不应小于相邻储罐直径之和的 1/4，且不应小于 1.5m；储罐组内的储罐不应超过两排；

2 储罐组四周必须设置周边封闭的不燃烧体实体防护墙，防护墙的设计应保证在接触液化天然气时不应被破坏；

3 防护墙内的有效容积(V)应符合下列规定：

1）对因低温或因防护墙内一储罐泄漏着火而可能引起

防护墙内其他储罐泄漏，当储罐采取了防止措施时，V 不应小于防护墙内最大储罐的容积；

2）当储罐未采取防止措施时，V 不应小于防护墙内所有储罐的总容积；

4　防护墙内不应设置其他可燃液体储罐；

5　严禁在储罐区防护墙内设置液化天然气钢瓶灌装口；

6　容积大于 0.15m³ 的液化天然气储罐（或容器）不应设置在建筑物内。任何容积的液化天然气容器均不应永久地安装在建筑物内。

9.2.11　气化器、低温泵设置应符合下列要求：

1　环境气化器和热流媒体为不燃烧体的远程间接加热气化器、天然气气体加热器可设置在储罐区内，与站外建、构筑物的防火间距应符合现行国家标准《建筑设计防火规范》GB 50016 中甲类厂房的规定。

2　气化器的布置应满足操作维修的要求。

3　对于输送液体温度低于-29℃的泵，设计中应有预冷措施。

9.2.12　液化天然气集中放散装置的汇集总管，应经加热将放散物加热成比空气轻的气体后方可排入放散总管；放散总管管口高度应高出距其 25m 内的建、构筑物 2m 以上，且距地面不得小于 10m。

9.2.13　液化天然气气化后向城镇管网供应的天然气应进行加臭，加臭量应符合本规范第 3.2.3 条的规定。

9.3　液化天然气瓶组气化站

9.3.1　液化天然气瓶组气化站采用气瓶组作为储存及供气设施，应符合下列要求：

1　气瓶组总容积不应大于 4m³。

2　单个气瓶容积宜采用 175L 钢瓶，最大容积不应大于 410L，灌装量不应大于其容积的 90%。

3　气瓶组储气容积宜按 1.5 倍计算月最大日供气量确定。

9.3.2　气瓶组应在站内固定地点露天（可设置罩棚）设置。气瓶组与建、构筑物的防火间距不应小于表 9.3.2 的规定。

表 9.3.2　气瓶组与建、构筑物的防火间距（m）

项目 ＼ 气瓶总容积（m³）		≤2	>2～≤4
明火、散发火花地点		25	30
民用建筑		12	15
重要公共建筑、一类高层民用建筑		24	30
道路（路边）	主要	10	10
	次要	5	5

注：气瓶总容积应按配置气瓶个数与单瓶几何容积的乘积计算。单个气瓶容积不应大于 410L。

9.3.3　设置在露天（或罩棚下）的空温式气化器与气瓶组的间距应满足操作的要求，与明火、散发火花地点或其他建、构筑物的防火间距应符合本规范第 9.3.2 条气瓶总容积小于或等于 2m³ 一档的规定。

9.3.4　气化装置的总供气能力应根据高峰小时用气量确定。气化装置的配置台数不应少于 2 台，且应有 1 台备用。

9.3.5　瓶组气化站的四周宜设置高度不低于 2m 的不燃烧体实体围墙。

9.4　管道及附件、储罐、容器、气化器、气体加热器和检测仪表

9.4.1　液化天然气储罐、设备的设计温度应按-168℃计算，当采用液氮等低温介质进行置换时，应按置换介质的最低温度计算。

9.4.2　对于使用温度低于-20℃的管道应采用奥氏体不锈钢无缝钢管，其技术性能应符合现行的国

家标准《流体输送用不锈钢无缝钢管》GB/T 14976 的规定。

9.4.3 管道宜采用焊接连接。公称直径不大于50mm 的管道与储罐、容器、设备及阀门可采用法兰、螺纹连接；公称直径大于50mm 的管道与储罐、容器、设备及阀门连接应采用法兰或焊接连接；法兰连接采用的螺栓、弹性垫片等紧固件应确保连接的紧密度。阀门应能适用于液化天然气介质，液相管道应采用加长阀杆和能在线检修结构的阀门(液化天然气钢瓶自带的阀门除外)，连接宜采用焊接。

9.4.4 管道应根据设计条件进行柔性计算，柔性计算的范围和方法应符合现行国家标准《工业金属管道设计规范》GB 50316 的规定。

9.4.5 管道宜采用自然补偿的方式，不宜采用补偿器进行补偿。

9.4.6 管道的保温材料应采用不燃烧材料，该材料应具有良好的防潮性和耐候性。

9.4.7 液态天然气管道上的两个切断阀之间必须设置安全阀，放散气体宜集中放散。

9.4.8 液化天然气卸车口的进液管道应设置止回阀。液化天然气卸车软管应采用奥氏体不锈钢波纹软管，其设计爆裂压力不应小于系统最高工作压力的 5 倍。

9.4.9 液化天然气储罐和容器本体及附件的材料选择和设计应符合现行国家标准《钢制压力容器》GB 150、《低温绝热压力容器》GB 18442 和国家现行《压力容器安全技术监察规程》的规定。

9.4.10 液化天然气储罐必须设置安全阀，安全阀的开启压力及阀口总通过面积应符合国家现行《压力容器安全技术监察规程》的规定。

9.4.11 液化天然气储罐安全阀的设置应符合下列要求：

1 必须选用奥氏体不锈钢弹簧封闭全启式；

2 单罐容积为 $100m^3$ 或 $100m^3$ 以上的储罐应设置 2 个或 2 个以上安全阀；

3 安全阀应设置放散管，其管径不应小于安全阀出口的管径。放散管宜集中放散；

4 安全阀与储罐之间应设置切断阀。

9.4.12 储罐应设置放散管，其设置要求应符合本规范第 9.2.12 条的规定。

9.4.13 储罐进出液管必须设置紧急切断阀，并与储罐液位控制连锁。

9.4.14 液化天然气储罐仪表的设置，应符合下列要求：

1 应设置两个液位计，并应设置液位上、下限报警和连锁装置。

注：容积小于 $3.8m^3$ 的储罐和容器，可设置一个液位计(或固定长度液位管)。

2 应设置压力表，并应在有值班人员的场所设置高压报警显示器，取压点应位于储罐最高液位以上。

3 采用真空绝热的储罐，真空层应设置真空表接口。

9.4.15 液化天然气气化器的液体进口管道上宜设置紧急切断阀，该阀门应与天然气出口的测温装置连锁。

9.4.16 液化天然气气化器或其出口管道上必须设置安全阀，安全阀的泄放能力应满足下列要求：

1 环境气化器的安全阀泄放能力必须满足在 1.1 倍的设计压力下，泄放量不小于气化器设计额定流量的 1.5 倍。

2 加热气化器的安全阀泄放能力必须满足在 1.1 倍的设计压力下，泄放量不小于气化器设计额定流量的 1.1 倍。

9.4.17 液化天然气气化器和天然气气体加热器的天然气出口应设置测温装置并应与相关阀门连锁；热媒的进口应设置能遥控和就地控制的阀门。

9.4.18 对于有可能受到土壤冻结或冻胀影响的储罐基础和设备基础，必须设置温度监测系统并应采取有效保护措施。

9.4.19 储罐区、气化装置区域或有可能发生液化天然气泄漏的区域内应设置低温检测报警装置和相关的连锁装置，报警显示器应设置在值班室或仪表室等有值班人员的场所。

9.4.20 爆炸危险场所应设置燃气浓度检测报警器。报警浓度应取爆炸下限的 20%，报警显示器应设置在值班室或仪表室等有值班人员的场所。

9.4.21 液化天然气气化站内应设置事故切断系统，事故发生时，应切断或关闭液化天然气或可燃气体来源，还应关闭正在运行可能使事故扩大的设备。

液化天然气气化站内设置的事故切断系统应具有手动、自动或手动自动同时启动的性能，手动启动器应设置在事故时方便到达的地方，并与所保护设备的间距不小于15m。手动启动器应具有明显的功能标志。

9.5 消防给水、排水和灭火器材

9.5.1 液化天然气气化站在同一时间内的火灾次数应按一次考虑，其消防水量应按储罐区一次消防用水量确定。

液化天然气储罐消防用水量应按其储罐固定喷淋装置和水枪用水量之和计算，其设计应符合下列要求：

1 总容积超过 $50m^3$ 或单罐容积超过 $20m^3$ 的液化天然气储罐或储罐区应设置固定喷淋装置。喷淋装置的供水强度不应小于 0.15L/($s \cdot m^2$)。着火储罐的保护面积按其全表面积计算，距着火储罐直径(卧式储罐按其直径和长度之和的一半)1.5倍范围内(范围的计算应以储罐的最外侧为准)的储罐按其表面积的一半计算。

2 水枪宜采用带架水枪。水枪用水量不应小于表9.5.1的规定。

表 9.5.1 水枪用水量

总容积(m^3)	≤200	>200
单罐容积(m^3)	≤50	>50
水枪用水量(L/s)	20	30

注：1 水枪用水量应按本表总容积和单罐容积较大者确定。

2 总容积小于 $50m^3$ 且单罐容积小于等于 $20m^3$ 的液化天然气储罐或储罐区，可单独设置固定喷淋装置或移动水枪，其消防水量应按水枪用水量计算。

9.5.2 液化天然气立式储罐固定喷淋装置应在罐体上部和罐顶均匀分布。

9.5.3 消防水池的容量应按火灾连续时间6h计算确定。但总容积小于 $220m^2$ 且单罐容积小于或等于 $50m^3$ 的储罐或储罐区，消防水池的容量应按火灾连续时间3h计算确定。当火灾情况下能保证连续向消防水池补水时，其容量可减去火灾连续时间内的补水量。

9.5.4 液化天然气气化站的消防给水系统中的消防泵房，给水管网和供水压力要求等设计应符合本规范第8.10节的有关规定。

9.5.5 液化天然气气化站生产区防护墙内的排水系统应采取防止液化天然气流入下水道或其他以顶盖密封的沟渠中的措施。

9.5.6 站内具有火灾和爆炸危险的建、构筑物、液化天然气储罐和工艺装置区应设置小型干粉灭火器，其设置数量除应符合表9.5.6的规定外，还应符合现行国家标准《建筑灭火器配置设计规范》GB 50140的规定。

表 9.5.6 干粉灭火器的配置数量

场　所	配置数量
储罐区	按储罐台数，每台储罐设置8kg和35kg各1具
汽车槽车装卸台(柱、装卸口)	按槽车车位数，每个车位设置8kg、2具
气瓶灌装台	设置8kg不少于2具
气瓶组(≤$4m^3$)	设置8kg不少于2具
工艺装置区	按区域面积，每 $50m^2$ 设置8kg、1具，且每个区域不少于2具

注：8kg和35kg分别指手提式和手推式干粉型灭火器的药剂充装量。

9.6 土建和生产辅助设施

9.6.1 液化天然气气化站建、构筑物的防火、防爆和抗震设计，应符合本规范第 8.9 节的有关规定。

9.6.2 设有液化天然气工艺设备的建、构筑物应有良好的通风措施。通风量按房屋全部容积每小时换气次数不应小于 6 次。在蒸发气体比空气重的地方，应在蒸发气体聚集最低部位设置通风口。

9.6.3 液化天然气气化站的供电系统设计应符合现行国家标准《供配电系统设计规范》GB 50052"二级负荷"的规定。

9.6.4 液化天然气气化站爆炸危险场所的电力装置设计应符合现行国家标准《爆炸和火灾危险环境电力装置设计规范》GB 50058 的有关规定。

9.6.5 液化天然气气化站的防雷和静电接地设计，应符合本规范第 8.11 节的有关规定。

10 燃气的应用

10.1 一 般 规 定

10.1.1 本章适用于城镇居民、商业和工业企业用户内部的燃气系统设计。

10.1.2 燃气调压器、燃气表、燃烧器具等，应根据使用燃气类别及其特性、安装条件、工作压力和用户要求等因素选择。

10.1.3 燃气应用设备铭牌上规定的燃气必须与当地供应的燃气相一致。

10.2 室内燃气管道

10.2.1 用户室内燃气管道的最高压力不应大于表 10.2.1 的规定。

表 10.2.1 用户室内燃气管道的最高压力(表压 MPa)

燃气用户		最高压力
工业用户	独立、单层建筑	0.8
	其他	0.4
商业用户		0.4
居民用户(中压进户)		0.2
居民用户(低压进户)		<0.01

注：1 液化石油气管道的最高压力不应大于 0.14MPa；
2 管道井内的燃气管道的最高压力不应大于 0.2MPa；
3 室内燃气管道压力大于 0.8MPa 的特殊用户设计应按有关专业规范执行。

10.2.2 燃气供应压力应根据用户设备燃烧器的额定压力及其允许的压力波动范围确定。

民用低压用气设备的燃烧器的额定压力宜按表 10.2.2 采用。

表 10.2.2 民用低压用气设备燃烧器的额定压力(表压 kPa)

燃气＼燃烧器	人工煤气	天然气		液化石油气
		矿井气	天然气、油田伴生气、液化石油气混空气	
民用燃具	1.0	1.0	2.0	2.8 或 5.0

10.2.3 室内燃气管道宜选用钢管，也可选用铜管、不锈钢管、铝塑复合管和连接用软管，并应分别符合第 10.2.4~10.2.8 条的规定。

10.2.4 室内燃气管道选用钢管时应符合下列规定：

1 钢管的选用应符合下列规定：

1）低压燃气管道应选用热镀锌钢管(热浸镀锌)，其质量应符合现行国家标准《低压流体输送用焊接钢管》GB/T 3091 的规定；

2）中压和次高压燃气管道宜选用无缝钢管，其质量应符合现行国家标准《输送流体用无缝钢管》GB/T 8163 的规定；燃气管道的压力小于或等于 0.4MPa 时，可选用本款第 1)项规定的焊接钢管。

2 钢管的壁厚应符合下列规定：

1）选用符合 GB/T 3091 标准的焊接钢管时，低压宜采用普通管，中压应采用加厚管；

2）选用无缝钢管时，其壁厚不得小于 3mm，用于引入管时不得小于 3.5mm；

3）当屋面上的燃气管道和高层建筑沿外墙架设的燃气管道，在避雷保护范围以外时，采用焊接钢管或无缝钢管时其管道壁厚均不得小于 4mm。

3 钢管螺纹连接时应符合下列规定：

1）室内低压燃气管道(地下室、半地下室等部位除外)、室外压力小于或等于 0.2MPa 的燃气管道，可采用螺纹连接；

管道公称直径大于 *DN*100 时不宜选用螺纹连接。

2）管件选择应符合下列要求：

管道公称压力 *PN*≤0.01MPa 时，可选用可锻铸铁螺纹管件；

管道公称压力 *PN*≤0.2MPa 时，应选用钢或铜合金螺纹管件。

3）管道公称压力 *PN*≤0.2MPa 时，应采用现行国家标准《55°密封螺纹第 2 部分：圆锥内螺纹与圆锥外螺纹》GB/T 7306.2 规定的螺纹(锥/锥)连接。

4）密封填料，宜采用聚四氟乙烯生料带、尼龙密封绳等性能良好的填料。

4 钢管焊接或法兰连接可用于中低压燃气管道(阀门、仪表处除外)，并应符合有关标准的规定。

10.2.5 室内燃气管道选用铜管时应符合下列规定：

1 铜管的质量应符合现行国家标准《无缝铜水管和铜气管》GB/T 18033 的规定。

2 铜管道应采用硬钎焊连接，宜采用不低于 1.8%的银(铜-磷基)焊料(低银铜磷钎料)。铜管接头和焊接工艺可按现行国家标准《铜管接头》GB/T 11618 的规定执行。

铜管道不得采用对焊、螺纹或软钎焊(熔点小于 500℃)连接。

3 埋入建筑物地板和墙中的铜管应是覆塑铜管或带有专用涂层的铜管，其质量应符合有关标准的规定。

4 燃气中硫化氢含量小于或等于 7mg/m^3 时，中低压燃气管道可采用现行国家标准《无缝铜水管和铜气管》GB/T 18033 中表 3-1 规定的 A 型管或 B 型管。

5 燃气中硫化氢含量大于 7mg/m^3 而小于 20mg/m^3 时，中压燃气管道应选用带耐腐蚀内衬的铜管；无耐腐蚀内衬的铜管只允许在室内的低压燃气管道中采用；铜管类型可按本条第 4 款的规定执行。

6 铜管必须有防外部损坏的保护措施。

10.2.6 室内燃气管道选用不锈钢管时应符合下列规定：

1 薄壁不锈钢管：

1）薄壁不锈钢管的壁厚不得小于 0.6mm(*DN*15 及以上)，其质量应符合现行国家标准《流体输送用不锈钢焊接钢管》GB/T 12771 的规定；

2）薄壁不锈钢管的连接方式，应采用承插氩弧焊式管件连接或卡套式管件机械连接，并宜优先选用承插氩弧焊式管件连接。承插氩弧焊式管件和卡套式管件应符合有关标准的规定。

2 不锈钢波纹管：

1）不锈钢波纹管的壁厚不得小于 0.2mm，其质量应符合国家现行标准《燃气用不锈钢波纹软管》CJ/T 197 的规定；

2）不锈钢波纹管应采用卡套式管件机械连接，卡套式管件应符合有关标准的规定。

3 薄壁不锈钢管和不锈钢波纹管必须有防外部损坏的保护措施。

10.2.7 室内燃气管道选用铝塑复合管时应符合下列规定：

1 铝塑复合管的质量应符合现行国家标准《铝塑复合压力管 第1部分：铝管搭接焊式铝塑管》GB/T 18997.1或《铝塑复合压力管——第2部分：铝管对接焊式铝塑管》GB/T 18997.2的规定。

2 铝塑复合管应采用卡套式管件或承插式管件机械连接，承插式管件应符合国家现行标准《承插式管接头》CJ/T 110的规定，卡套式管件应符合国家现行标准《卡套式管接头》CJ/T 111和《铝塑复合管用卡压式管件》CJ/T 190的规定。

3 铝塑复合管安装时必须对铝塑复合管材进行防机械损伤、防紫外线（UV）伤害及防热保护，并应符合下列规定：

1）环境温度不应高于60℃；

2）工作压力应小于10kPa；

3）在户内的计量装置（燃气表）后安装。

10.2.8 室内燃气管道采用软管时，应符合下列规定：

1 燃气用具连接部位、实验室用具或移动式用具等处可采用软管连接。

2 中压燃气管道上应采用符合现行国家标准《波纹金属软管通用技术条件》GB/T 14525、《液化石油气（LPG）用橡胶软管和软管组合件——散装运输用》GB/T 10546或同等性能以上的软管。

3 低压燃气管道上应采用符合国家现行标准《家用煤气软管》HG 2486或国家现行标准《燃气用不锈钢波纹软管》CJ/T 197规定的软管。

4 软管最高允许工作压力不应小于管道设计压力的4倍。

5 软管与家用燃具连接时，其长度不应超过2m，并不得有接口。

6 软管与移动式的工业燃具连接时，其长度不应超过30m，接口不应超过2个。

7 软管与管道、燃具的连接处应采用压紧螺帽（锁母）或管卡（喉箍）固定。在软管的上游与硬管的连接处应设阀门。

8 橡胶软管不得穿墙、顶棚、地面、窗和门。

10.2.9 室内燃气管道的计算流量应按下列要求确定：

1 居民生活用燃气计算流量可按下式计算：

$$Q_h = \sum kNQ_n \tag{10.2.9}$$

式中 Q_h——燃气管道的计算流量（m^3/h）；

k——燃具同时工作系数，居民生活用燃具可按附录F确定；

N——同种燃具或成组燃具的数目；

Q_n——燃具的额定流量（m^3/h）。

2 商业用和工业企业生产用燃气计算流量应按所有用气设备的额定流量并根据设备的实际使用情况确定。

10.2.10 商业和工业用户调压装置及居民楼栋调压装置的设置形式应符合本规范第6.6.2条和第6.6.6条的规定。

10.2.11 当由调压站供应低压燃气时，室内低压燃气管道允许的阻力损失，应根据建筑物和室外管道等情况，经技术经济比较后确定。

10.2.12 室内燃气管道的阻力损失，可按本规范第6.2.5条和第6.2.6条的规定计算。

室内燃气管道的局部阻力损失宜按实际情况计算。

10.2.13 计算低压燃气管道阻力损失时，对地形高差大或高层建筑立管应考虑因高程差而引起的燃气附加压力。燃气的附加压力可按下式计算：

$$\Delta H = 9.8 \times (\rho_k - \rho_m) \times h \tag{10.2.13}$$

式中 ΔH——燃气的附加压力(Pa)；

ρ_k——空气的密度(kg/m^3)；

ρ_m——燃气的密度(kg/m^3)；

h——燃气管道终、起点的高程差(m)。

10.2.14 燃气引入管敷设位置应符合下列规定：

1 燃气引入管不得敷设在卧室、卫生间、易燃或易爆品的仓库、有腐蚀性介质的房间、发电间、配电间、变电室、不使用燃气的空调机房、通风机房、计算机房、电缆沟、暖气沟、烟道和进风道、垃圾道等地方。

2 住宅燃气引入管宜设在厨房、外走廊、与厨房相连的阳台内(寒冷地区输送湿燃气时阳台应封闭)等便于检修的非居住房间内。当确有困难，可从楼梯间引入(高层建筑除外)，但应采用金属管道且引入管阀门宜设在室外。

3 商业和工业企业的燃气引入管宜设在使用燃气的房间或燃气表间内。

4 燃气引入管宜沿外墙地面上穿墙引入。室外露明管段的上端弯曲处应加不小于 *DN*15 清扫用三通和丝堵，并做防腐处理。寒冷地区输送湿燃气时应保温。

引入管可埋地穿过建筑物外墙或基础引入室内。当引入管穿过墙或基础进入建筑物后应在短距离内出室内地面，不得在室内地面下水平敷设。

10.2.15 燃气引入管穿墙与其他管道的平行净距应满足安装和维修的需要，当与地下管沟或下水道距离较近时，应采取有效的防护措施。

10.2.16 燃气引入管穿过建筑物基础、墙或管沟时，均应设置在套管中，并应考虑沉降的影响，必要时应采取补偿措施。

套管与基础、墙或管沟等之间的间隙应填实，其厚度应为被穿过结构的整个厚度。

套管与燃气引入管之间的间隙应采用柔性防腐、防水材料密封。

10.2.17 建筑物设计沉降量大于 50mm 时，可对燃气引入管采取如下补偿措施：

1 加大引入管穿墙处的预留洞尺寸。

2 引入管穿墙前水平或垂直弯曲 2 次以上。

3 引入管穿墙前设置金属柔性管或波纹补偿器。

10.2.18 燃气引入管的最小公称直径应符合下列要求：

1 输送人工煤气和矿井气不应小于 25mm；

2 输送天然气不应小于 20mm；

3 输送气态液化石油气不应小于 15mm。

10.2.19 燃气引入管阀门宜设在建筑物内，对重要用户还应在室外另设阀门。

10.2.20 输送湿燃气的引入管，埋设深度应在土壤冰冻线以下，并宜有不小于 0.01 坡向室外管道的坡度。

10.2.21 地下室、半地下室、设备层和地上密闭房间敷设燃气管道时，应符合下列要求：

1 净高不宜小于 2.2m。

2 应有良好的通风设施，房间换气次数不得小于 3 次/h；并应有独立的事故机械通风设施，其换气次数不应小于 6 次/h。

3 应有固定的防爆照明设备。

4 应采用非燃烧体实体墙与电话间、变配电室、修理间、储藏室、卧室、休息室隔开。

5 应按本规范第 10.8 节规定设置燃气监控设施。

6 燃气管道应符合本规范第 10.2.23 条要求。

7 当燃气管道与其他管道平行敷设时，应敷设在其他管道的外侧。

8 地下室内燃气管道末端应设放散管，并应引出地上。放散管的出口位置应保证吹扫放散时的安全和卫生要求。

注：地上密闭房间包括地上无窗或窗仅用作采光的密闭房间等。

10.2.22 液化石油气管道和烹调用液化石油气燃烧设备不应设置在地下室、半地下室内。当确需要设置在地下一层、半地下室时，应针对具体条件采取有效的安全措施，并进行专题技术论证。

10.2.23 敷设在地下室、半地下室、设备层和地上密闭房间以及竖井、住宅汽车库(不使用燃气，并能设置钢套管的除外)的燃气管道应符合下列要求：

1 管材、管件及阀门、阀件的公称压力应按提高一个压力等级进行设计；

2 管道应采用钢号为10、20的无缝钢管或具有同等及同等以上性能的其他金属管材；

3 除阀门、仪表等部位和采用加厚管的低压管道外，均应焊接和法兰连接；应尽量减少焊缝数量，钢管道的固定焊口应进行100%射线照相检验，活动焊口应进行10%射线照相检验，其质量不得低于现行国家标准《现场设备、工业管道焊接工程施工及验收规范》GB 50236-98中的Ⅲ级；其他金属管材的焊接质量应符合相关标准的规定。

10.2.24 燃气水平干管和立管不得穿过易燃易爆品仓库、配电间、变电室、电缆沟、烟道、进风道和电梯井等。

10.2.25 燃气水平干管宜明设，当建筑设计有特殊美观要求时可敷设在能安全操作、通风良好和检修方便的吊顶内，管道应符合本规范第10.2.23条的要求；当吊顶内设有可能产生明火的电气设备或空调回风管时，燃气干管宜设在与吊顶底平的独立密封∩型管槽内，管槽底宜采用可卸式活动百叶或带孔板。

燃气水平干管不宜穿过建筑物的沉降缝。

10.2.26 燃气立管不得敷设在卧室或卫生间内。立管穿过通风不良的吊顶时应设在套管内。

10.2.27 燃气立管宜明设，当设在便于安装和检修的管道竖井内时，应符合下列要求：

1 燃气立管可与空气、惰性气体、上下水、热力管道等设在一个公用竖井内，但不得与电线、电气设备或氧气管、进风管、回风管、排气管、排烟管、垃圾道等共用一个竖井；

2 竖井内的燃气管道应符合本规范第10.2.23条的要求，并尽量不设或少设阀门等附件。竖井内的燃气管道的最高压力不得大于0.2MPa；燃气管道应涂黄色防腐识别漆；

3 竖井应每隔2~3层做相当于楼板耐火极限的不燃烧体进行防火分隔，且应设法保证平时竖井内自然通风和火灾时防止产生“烟囱”作用的措施；

4 每隔4~5层设一燃气浓度检测报警器，上、下两个报警器的高度差不应大于20m；

5 管道竖井的墙体应为耐火极限不低于1.0h的不燃烧体，井壁上的检查门应采用丙级防火门。

10.2.28 高层建筑的燃气立管应有承受自重和热伸缩推力的固定支架和活动支架。

10.2.29 燃气水平干管和高层建筑立管应考虑工作环境温度下的极限变形，当自然补偿不能满足要求时，应设置补偿器；补偿器宜采用Ⅱ形或波纹管形，不得采用填料型。补偿量计算温差可按下列条件选取：

1 有空气调节的建筑物内取20℃；

2 无空气调节的建筑物内取40℃；

3 沿外墙和屋面敷设时可取70℃。

10.2.30 燃气支管宜明设。燃气支管不宜穿过起居室(厅)。敷设在起居室(厅)、走道内的燃气管道不宜有接头。

当穿过卫生间、阁楼或壁柜时，燃气管道应采用焊接连接(金属软管不得有接头)，并应设在钢套管内。

10.2.31 住宅内暗埋的燃气支管应符合下列要求：

1 暗埋部分不宜有接头，且不应有机械接头。暗埋部分宜有涂层或覆塑等防腐蚀措施。

2 暗埋的管道应与其他金属管道或部件绝缘，暗埋的柔性管道宜采用钢盖板保护。

3 暗埋管道必须在气密性试验合格后覆盖。

4 覆盖层厚度不应小于10mm。

5 覆盖层面上应有明显标志，标明管道位置，或采取其他安全保护措施。

10.2.32 住宅内暗封的燃气支管应符合下列要求：

1 暗封管道应设在不受外力冲击和暖气烘烤的部位。

2 暗封部位应可拆卸，检修方便，并应通风良好。

10.2.33 商业和工业企业室内暗设燃气支管应符合下列要求：

1 可暗埋在楼层地板内；

2 可暗封在管沟内，管沟应设活动盖板，并填充干砂；

3 燃气管道不得暗封在可以渗入腐蚀性介质的管沟中；

4 当暗封燃气管道的管沟与其他管沟相交时，管沟之间应密封，燃气管道应设套管。

10.2.34 民用建筑室内燃气水平干管，不得暗埋在地下土层或地面混凝土层内。

工业和实验室的室内燃气管道可暗埋在混凝土地面中，其燃气管道的引入和引出处应设钢套管。钢套管应伸出地面5~10cm。钢套管两端应采用柔性的防水材料密封；管道应有防腐绝缘层。

10.2.35 燃气管道不应敷设在潮湿或有腐蚀性介质的房间内。当确需敷设时，必须采取防腐蚀措施。

输送湿燃气的燃气管道敷设在气温低于0℃的房间或输送气相液化石油气管道处的环境温度低于其露点温度时，其管道应采取保温措施。

10.2.36 室内燃气管道与电气设备、相邻管道之间的净距不应小于表10.2.36的规定。

表 10.2.36 室内燃气管道与电气设备、相邻管道之间的净距

管道和设备		与燃气管道的净距(cm)	
		平行敷设	交叉敷设
电气设备	明装的绝缘电线或电缆	25	10(注)
	暗装或管内绝缘电线	5(从所做的槽或管子的边缘算起)	1
	电压小于1000V的裸露电线	100	100
	配电盘或配电箱、电表	30	不允许
	电插座、电源开关	15	不允许
相邻管道		保证燃气管道、相邻管道的安装和维修	2

注：1 当明装电线加绝缘套管且套管的两端各伸出燃气管道10cm时，套管与燃气管道的交叉净距可降至1cm。

2 当布置确有困难，在采取有效措施后，可适当减小净距。

10.2.37 沿墙、柱、楼板和加热设备构件上明设的燃气管道应采用管支架、管卡或吊卡固定。

管支架、管卡、吊卡等固定件的安装不应妨碍管道的自由膨胀和收缩。

10.2.38 室内燃气管道穿过承重墙、地板或楼板时必须加钢套管，套管内管道不得有接头，套管与承重墙、地板或楼板之间的间隙应填实，套管与燃气管道之间的间隙应采用柔性防腐、防水材料密封。

10.2.39 工业企业用气车间、锅炉房以及大中型用气设备的燃气管道上应设放散管，放散管管口应高出屋脊(或平屋顶)1m以上或设置在地面上安全处，并应采取防止雨雪进入管道和放散物进入房间的措施。

当建筑物位于防雷区之外时，放散管的引线应接地，接地电阻应小于10Ω。

10.2.40 室内燃气管道的下列部位应设置阀门：

1 燃气引入管；

2 调压器前和燃气表前；

3 燃气用具前；

4 测压计前；

5 放散管起点。

10.2.41 室内燃气管道阀门宜采用球阀。

10.2.42 输送干燃气的室内燃气管道可不设置坡度。输送湿燃气(包括气相液化石油气)的管道，其敷设坡度不宜小于0.003。

燃气表前后的湿燃气水平支管应分别坡向立管和燃具。

10.3 燃 气 计 量

10.3.1 燃气用户应单独设置燃气表。

燃气表应根据燃气的工作压力、温度、流量和允许的压力降(阻力损失)等条件选择。

10.3.2 用户燃气表的安装位置，应符合下列要求：

1 宜安装在不燃或难燃结构的室内通风良好和便于查表、检修的地方。

2 严禁安装在下列场所：

1）卧室、卫生间及更衣室内；

2）有电源、电器开关及其他电器设备的管道井内，或有可能滞留泄漏燃气的隐蔽场所；

3）环境温度高于45℃的地方；

4）经常潮湿的地方；

5）堆放易燃易爆、易腐蚀或有放射性物质等危险的地方；

6）有变、配电等电器设备的地方；

7）有明显振动影响的地方；

8）高层建筑中的避难层及安全疏散楼梯间内。

3 燃气表的环境温度，当使用人工煤气和天然气时，应高于0℃；当使用液化石油气时，应高于其露点5℃以上。

4 住宅内燃气表可安装在厨房内，当有条件时也可设置在户门外。

住宅内高位安装燃气表时，表底距地面不宜小于1.4m；当燃气表装在燃气灶具上方时，燃气表与燃气灶的水平净距不得小于30cm；低位安装时，表底距地面不得小于10cm。

5 商业和工业企业的燃气表宜集中布置在单独房间内，当设有专用调压室时可与调压器同室布置。

10.3.3 燃气表保护装置的设置应符合下列要求：

1 当输送燃气过程中可能产生尘粒时，宜在燃气表前设置过滤器；

2 当使用加氧的富氧燃烧器或使用鼓风机向燃烧器供给空气时，应在燃气表后设置止回阀或泄压装置。

10.4 居民生活用气

10.4.1 居民生活的各类用气设备应采用低压燃气，用气设备前(灶前)的燃气压力应在$0.75 \sim 1.5P_n$的范围内(P_n为燃具的额定压力)。

10.4.2 居民生活用气设备严禁设置在卧室内。

10.4.3 住宅厨房内宜设置排气装置和燃气浓度检测报警器。

10.4.4 家用燃气灶的设置应符合下列要求：

1 燃气灶应安装在有自然通风和自然采光的厨房内。利用卧室的套间(厅)或利用与卧室连接的走廊作厨房时，厨房应设门并与卧室隔开。

2 安装燃气灶的房间净高不宜低于2.2m。

3 燃气灶与墙面的净距不得小于10cm。当墙面为可燃或难燃材料时，应加防火隔热板。

燃气灶的灶面边缘和烤箱的侧壁距木质家具的净距不得小于20cm，当达不到时，应加防火隔热板。

4 放置燃气灶的灶台应采用不燃烧材料，当采用难燃材料时，应加防火隔热板。

5 厨房为地上暗厨房(无直通室外的门或窗)时，应选用带有自动熄火保护装置的燃气灶，并应设置燃气浓度检测报警器、自动切断阀和机械通风设施，燃气浓度检测报警器应与自动切断阀和机械通风设施连锁。

10.4.5 家用燃气热水器的设置应符合下列要求：

1 燃气热水器应安装在通风良好的非居住房间、过道或阳台内；

2 有外墙的卫生间内，可安装密闭式热水器，但不得安装其他类型热水器；

3 装有半密闭式热水器的房间，房间门或墙的下部应设有效截面积不小于 0.02m² 的格栅，或在门与地面之间留有不小于 30mm 的间隙；

4 房间净高宜大于 2.4m；

5 可燃或难燃烧的墙壁和地板上安装热水器时，应采取有效的防火隔热措施；

6 热水器的给排气筒宜采用金属管道连接。

10.4.6 单户住宅采暖和制冷系统采用燃气时，应符合下列要求：

1 应有熄火保护装置和排烟设施；

2 应设置在通风良好的走廊、阳台或其他非居住房间内；

3 设置在可燃或难燃烧的地板和墙壁上时，应采取有效的防火隔热措施。

10.4.7 居民生活用燃具的安装应符合国家现行标准《家用燃气燃烧器具安装及验收规程》CJJ 12 的规定。

10.4.8 居民生活用燃具在选用时，应符合现行国家标准《燃气燃烧器具安全技术条件》GB 16914 的规定。

10.5 商业用气

10.5.1 商业用气设备宜采用低压燃气设备。

10.5.2 商业用气设备应安装在通风良好的专用房间内；商业用气设备不得安装在易燃易爆物品的堆存处，亦不应设置在兼做卧室的警卫室、值班室、人防工程等处。

10.5.3 商业用气设备设置在地下室、半地下室（液化石油气除外）或地上密闭房间内时，应符合下列要求：

1 燃气引入管应设手动快速切断阀和紧急自动切断阀；停电时紧急自动切断阀必须处于关闭状态；

2 用气设备应有熄火保护装置；

3 用气房间应设置燃气浓度检测报警器，并由管理室集中监视和控制；

4 宜设烟气一氧化碳浓度检测报警器；

5 应设置独立的机械送排风系统；通风量应满足下列要求：

1）正常工作时，换气次数不应小于 6 次/h；事故通风时，换气次数不应小于 12 次/h；不工作时换气次数不应小于 3 次/h；

2）当燃烧所需的空气由室内吸取时，应满足燃烧所需的空气量；

3）应满足排除房间热力设备散失的多余热量所需的空气量。

10.5.4 商业用气设备的布置应符合下列要求：

1 用气设备之间及用气设备与对面墙之间的净距应满足操作和检修的要求；

2 用气设备与可燃或难燃的墙壁、地板和家具之间应采取有效的防火隔热措施。

10.5.5 商业用气设备的安装应符合下列要求：

1 大锅灶和中餐炒菜灶应有排烟设施，大锅灶的炉膛或烟道处应设爆破门；

2 大型用气设备的泄爆装置，应符合本规范第 10.6.6 条的规定。

10.5.6 商业用户中燃气锅炉和燃气直燃型吸收式冷（温）水机组的设置应符合下列要求：

1 宜设置在独立的专用房间内；

2 设置在建筑物内时，燃气锅炉房宜布置在建筑物的首层，不应布置在地下二层及二层以下；燃气常压锅炉和燃气直燃机可设置在地下二层；

3 燃气锅炉房和燃气直燃机不应设置在人员密集场所的上一层、下一层或贴邻的房间内及主要疏散口的两旁；不应与锅炉和燃气直燃机无关的甲、乙类及使用可燃液体的丙类危险建筑贴邻；

4 燃气相对密度（空气等于 1）大于或等于 0.75 的燃气锅炉和燃气直燃机，不得设置在建筑物地下室和半地下室；

5　宜设置专用调压站或调压装置，燃气经调压后供应机组使用。

10.5.7　商业用户中燃气锅炉和燃气直燃型吸收式冷(温)水机组的安全技术措施应符合下列要求：

1　燃烧器应是具有多种安全保护自动控制功能的机电一体化的燃具；

2　应有可靠的排烟设施和通风设施；

3　应设置火灾自动报警系统和自动灭火系统；

4　设置在地下室、半地下室或地上密闭房间时应符合本规范第10.5.3条和10.2.21条的规定。

10.5.8　当需要将燃气应用设备设置在靠近车辆的通道处时，应设置护栏或车挡。

10.5.9　屋顶上设置燃气设备时应符合下列要求：

1　燃气设备应能适用当地气候条件。设备连接件、螺栓、螺母等应耐腐蚀；

2　屋顶应能承受设备的荷载；

3　操作面应有1.8m宽的操作距离和1.1m高的护栏；

4　应有防雷和静电接地措施。

10.6　工业企业生产用气

10.6.1　工业企业生产用气设备的燃气用量，应按下列原则确定：

1　定型燃气加热设备，应根据设备铭牌标定的用气量或标定热负荷，采用经当地燃气热值折算的用气量；

2　非定型燃气加热设备应根据热平衡计算确定；或参照同类型用气设备的用气量确定；

3　使用其他燃料的加热设备需要改用燃气时，可根据原燃料实际消耗量计算确定。

10.6.2　当城镇供气管道压力不能满足用气设备要求，需要安装加压设备时，应符合下列要求：

1　在城镇低压和中压B供气管道上严禁直接安装加压设备。

2　在城镇低压和中压B供气管道上间接安装加压设备时应符合下列规定：

1）加压设备前必须设低压储气罐。其容积应保证加压时不影响地区管网的压力工况；储气罐容积应按生产量较大者确定；

2）储气罐的起升压力应小于城镇供气管道的最低压力；

3）储气罐进出口管道上应设切断阀，加压设备应设旁通阀和出口止回阀；由城镇低压管道供气时，储罐进口处的管道上应设止回阀；

4）储气罐应设上、下限位的报警装置和储量下限位与加压设备停机和自动切断阀连锁。

3　当城镇供气管道压力为中压A时，应有进口压力过低保护装置。

10.6.3　工业企业生产用气设备的燃烧器选择，应根据加热工艺要求、用气设备类型、燃气供给压力及附属设施的条件等因素，经技术经济比较后确定。

10.6.4　工业企业生产用气设备的烟气余热宜加以利用。

10.6.5　工业企业生产用气设备应有下列装置：

1　每台用气设备应有观察孔或火焰监测装置，并宜设置自动点火装置和熄火保护装置；

2　用气设备上应有热工检测仪表，加热工艺需要和条件允许时，应设置燃烧过程的自动调节装置。

10.6.6　工业企业生产用气设备燃烧装置的安全设施应符合下列要求：

1　燃气管道上应安装低压和超压报警以及紧急自动切断阀；

2　烟道和封闭式炉膛，均应设置泄爆装置，泄爆装置的泄压口应设在安全处；

3　鼓风机和空气管道应设静电接地装置。接地电阻不应大于100Ω；

4　用气设备的燃气总阀门与燃烧器阀门之间，应设置放散管。

10.6.7　燃气燃烧需要带压空气和氧气时，应有防止空气和氧气回到燃气管路和回火的安全措施，并应符合下列要求：

1　燃气管路上应设背压式调压器，空气和氧气管路上应设泄压阀。

2 在燃气、空气或氧气的混气管路与燃烧器之间应设阻火器；混气管路的最高压力不应大于0.07MPa。

3 使用氧气时，其安装应符合有关标准的规定。

10.6.8 阀门设置应符合下列规定：

1 各用气车间的进口和燃气设备前的燃气管道上均应单独设置阀门，阀门安装高度不宜超过1.7m；燃气管道阀门与用气设备阀门之间应设放散管；

2 每个燃烧器的燃气接管上，必须单独设置有启闭标记的燃气阀门；

3 每个机械鼓风的燃烧器，在风管上必须设置有启闭标记的阀门；

4 大型或并联装置的鼓风机，其出口必须设置阀门；

5 放散管、取样管、测压管前必须设置阀门。

10.6.9 工业企业生产用气设备应安装在通风良好的专用房间内。当特殊情况需要设置在地下室、半地下室或通风不良的场所时，应符合本规范第10.2.21条和第10.5.3条的规定。

10.7 燃烧烟气的排除

10.7.1 燃气燃烧所产生的烟气必须排出室外。设有直排式燃具的室内容积热负荷指标超过207W/m^3时，必须设置有效的排气装置将烟气排至室外。

注：有直通洞口(哑口)的毗邻房间的容积也可一并作为室内容积计算。

10.7.2 家用燃具排气装置的选择应符合下列要求：

1 灶具和热水器(或采暖炉)应分别采用竖向烟道进行排气。

2 住宅采用自然换气时，排气装置应按国家现行标准《家用燃气燃烧器具安装及验收规程》CJJ 12—99中A.0.1的规定选择。

3 住宅采用机械换气时，排气装置应按国家现行标准《家用燃气燃烧器具安装及验收规程》CJJ 12—99中A.0.3的规定选择。

10.7.3 浴室用燃气热水器的给排气口应直接通向室外，其排系统与浴室必须有防止烟气泄漏的措施。

10.7.4 商业用户厨房中的燃具上方应设排气扇或排气罩。

10.7.5 燃气用气设备的排烟设施应符合下列要求：

1 不得与使用固体燃料的设备共用一套排烟设施；

2 每台用气设备宜采用单独烟道；当多台设备合用一个总烟道时，应保证排烟时互不影响；

3 在容易积聚烟气的地方，应设置泄爆装置；

4 应设有防止倒风的装置；

5 从设备顶部排烟或设置排烟罩排烟时，其上部应有不小于0.3m的垂直烟道方可接水平烟道；

6 有防倒风排烟罩的用气设备不得设置烟道闸板；无防倒风排烟罩的用气设备，在至总烟道的每个支管上应设置闸板，闸板上应有直径大于15mm的孔；

7 安装在低于0℃房间的金属烟道应做保温。

10.7.6 水平烟道的设置应符合下列要求：

1 水平烟道不得通过卧室；

2 居民用气设备的水平烟道长度不宜超过5m，弯头不宜超过4个(强制排烟式除外)；

商业用户用气设备的水平烟道长度不宜超过6m；

工业企业生产用气设备的水平烟道长度，应根据现场情况和烟囱抽力确定；

3 水平烟道应有大于或等于0.01坡向用气设备的坡度；

4 多台设备合用一个水平烟道时，应顺烟气流动方向设置导向装置；

5 用气设备的烟道距难燃或不燃顶棚或墙的净距不应小于5cm；距燃烧材料的顶棚或墙的净距不应小于25cm。

注：当有防火保护时，其距离可适当减小。

10.7.7 烟囱的设置应符合下列要求：

1 住宅建筑的各层烟气排出可合用一个烟囱，但应有防止串烟的措施；多台燃具共用烟囱的烟气进口处，在燃具停用时的静压值应小于或等于零；

2 当用气设备的烟囱伸出室外时，其高度应符合下列要求：

1）当烟囱离屋脊小于 1.5m 时（水平距离），应高出屋脊 0.6m；

2）当烟囱离屋脊 1.5~3.0m 时（水平距离），烟囱可与屋脊等高；

3）当烟囱离屋脊的距离大于 3.0m 时（水平距离），烟囱应在屋脊水平线下 10°的直线上；

4）在任何情况下，烟囱应高出屋面 0.6m；

5）当烟囱的位置临近高层建筑时，烟囱应高出沿高层建筑物 45°的阴影线；

3 烟囱出口的排烟温度应高于烟气露点 15℃以上；

4 烟囱出口应有防止雨雪进入和防倒风的装置。

10.7.8 用气设备排烟设施的烟道抽力（余压）应符合下列要求：

1 热负荷 30kW 以下的用气设备，烟道的抽力（余压）不应小于 3Pa；

2 热负荷 30kW 以上的用气设备，烟道的抽力（余压）不应小于 10Pa；

3 工业企业生产用气工业炉窑的烟道抽力，不应小于烟气系统总阻力的 1.2 倍。

10.7.9 排气装置的出口位置应符合下列规定：

1 建筑物内半密闭自然排气式燃具的竖向烟囱出口应符合本规范第 10.7.7 条第 2 款的规定。

2 建筑物壁装的密闭式燃具的给排气口距上部窗口和下部地面的距离不得小于 0.3m。

3 建筑物壁装的半密闭强制排气式燃具的排气口距门窗洞口和地面的距离应符合下列要求：

1）排气口在窗的下部和门的侧部时，距相邻卧室的窗和门的距离不得小于 1.2m，距地面的距离不得小于 0.3m。

2）排气口在相邻卧室的窗的上部时，距窗的距离不得小于 0.3m。

3）排气口在机械（强制）进风口的上部，且水平距离小于 3.0m 时，距机械进风口的垂直距离不得小于 0.9m。

10.7.10 高海拔地区安装的排气系统的最大排气能力，应按在海平面使用时的额定热负荷确定，高海拔地区安装的排气系统的最小排气能力，应按实际热负荷（海拔的减小额定值）确定。

10.8 燃气的监控设施及防雷、防静电

10.8.1 在下列场所应设置燃气浓度检测报警器：

1 建筑物内专用的封闭式燃气调压、计量间；

2 地下室、半地下室和地上密闭的用气房间；

3 燃气管道竖井；

4 地下室、半地下室引入管穿墙处；

5 有燃气管道的管道层。

10.8.2 燃气浓度检测报警器的设置应符合下列要求：

1 当检测比空气轻的燃气时，检测报警器与燃具或阀门的水平距离不得大于 8m，安装高度应距顶棚 0.3m 以内，且不得设在燃具上方。

2 当检测比空气重的燃气时，检测报警器与燃具或阀门的水平距离不得大于 4m，安装高度应距地面 0.3m 以内。

3 燃气浓度检测报警器的报警浓度应按国家现行标准《家用燃气泄漏报警器》CJ 3057 的规定确定。

4 燃气浓度检测报警器宜与排风扇等排气设备连锁。

5 燃气浓度检测报警器宜集中管理监视。

6 报警器系统应有备用电源。

10.8.3 在下列场所宜设置燃气紧急自动切断阀：

1 地下室、半地下室和地上密闭的用气房间；

2 一类高层民用建筑；

3 燃气用量大、人员密集、流动人口多的商业建筑；

4 重要的公共建筑；

5 有燃气管道的管道层。

10.8.4 燃气紧急自动切断阀的设置应符合下列要求：

1 紧急自动切断阀应设在用气场所的燃气入口管、干管或总管上；

2 紧急自动切断阀宜设在室外；

3 紧急自动切断阀前应设手动切断阀；

4 紧急自动切断阀宜采用自动关闭、现场人工开启型。

10.8.5 燃气管道及设备的防雷、防静电设计应符合下列要求：

1 进出建筑物的燃气管道的进出口处，室外的屋面管、立管、放散管、引入管和燃气设备等处均应有防雷、防静电接地设施；

2 防雷接地设施的设计应符合现行国家标准《建筑物防雷设计规范》GB 50057 的规定；

3 防静电接地设施的设计应符合国家现行标准《化工企业静电接地设计规程》HGJ 28 的规定。

10.8.6 燃气应用设备的电气系统应符合下列规定：

1 燃气应用设备和建筑物电线、包括地线之间的电气连接应符合有关国家电气规范的规定。

2 电点火、燃烧器控制器和电气通风装置的设计，在电源中断情况下或电源重新恢复时，不应使燃气应用设备出现不安全工作状况。

3 自动操作的主燃气控制阀、自动点火器、室温恒温器、极限控制器或其他电气装置（这些都是和燃气应用设备一起使用的）使用的电路应符合随设备供给的接线图的规定。

4 使用电气控制器的所有燃气应用设备，应当让控制器连接到永久带电的电路上，不得使用照明开关控制的电路。

附录 A　制气车间主要生产场所爆炸和火灾危险区域等级

表 A　制气车间主要生产场所爆炸和火灾危险区域等级

项目及名称	场所及装置	生产类别	耐火等级	易燃或可燃物质释放源、级别	等级 室内	等级 室外	说　明
备煤及焦处理	受煤、煤场(棚)	丙	二	固体状可燃物	22 区	23 区	
	破碎机、粉碎机室	乙	二	煤尘	22 区		
	配煤室、煤库、焦炉煤塔顶	丙	二	煤尘	22 区		
	胶带通廊、转运站(煤、焦),水煤气独立煤斗室	丙	二	煤尘、焦尘	22 区		
	煤、焦试样室、焦台	丙	二	焦尘、固状可燃物	22 区	23 区	
	筛焦楼、储焦仓	丙	二	焦尘	22 区		
	制气主厂房储煤层：封闭建筑且有煤气漏入	乙	二	煤气、二级	2 区		包括直立炉、水煤气、发生炉等顶上的储煤层
	制气主厂房储煤层：敞开、半敞开建筑或无煤气漏入	乙	二	煤尘	22 区		
焦炉	焦炉地下室、煤气水封室、封闭煤气预热器室	甲	二	煤气、二级	1 区		通风不好
	焦炉分烟道走廊、炉端台底层	甲	二	煤气、二级	无		通风良好，可使煤气浓度不超过爆炸下限值的 10%
	煤塔底层计器室	甲	二	煤气、二级	1 区		变送器在室内
	炉间台底层	甲	二	煤气、二级	2 区		
直立炉	直立炉顶部操作层	甲	二	煤气、二级	1 区		
	其他空间及其他操作层	甲	二	煤气、二级	2 区		
水煤气炉、两段水煤气炉、流化床水煤气炉	煤气生产厂房	甲	二	煤气、二级	1 区		
	煤气排送机间	甲	二	煤气、二级	2 区		
	煤气管道排水器间	甲	二	煤气、二级	1 区		
	煤气计量器室	甲	二	煤气、二级	1 区		
	室外设备	甲	二	煤气、二级		2 区	
发生炉、两段发生炉	煤气生产厂房	乙	二	煤气、二级	无		
	煤气排送机间	乙	二	煤气、二级	2 区		
	煤气管道排水器间	乙	二	煤气、二级	2 区		
	煤气计量器室	乙		煤气、二级	2 区		
	室外设备			煤气、二级	2 区		

表 A(续)

项目及名称	场所及装置	生产类别	耐火等级	易燃或可燃物质释放源、级别	等级		说　明
					室内	室外	
重油制气	重油制气排送机房	甲	二	煤气、二级	2 区		
	重油泵房	丙	二	重油	21 区		
	重油制气室外设备			煤气、二级		2 区	
轻油制气	轻油制气排送机房	甲	二	煤气、二级	2 区		天然气改制，可参照执行。当采用 LPG 为原料时，还必须执行本规范第 8 章中相应的安全条文
	轻油泵房、轻油中间储罐	甲	二	轻油蒸气、二级	1 区	2 区	
	轻油制气室外设备			煤气、二级	2 区		
缓冲气罐	地上罐体			煤气、二级		2 区	
	煤气进出口阀门室				1 区		

注：1　发生炉煤气相对密度大于 0.75，其他煤气相对密度均小于 0.75。

2　焦炉为一利用可燃气体加热的高温设备，其辅助土建部分的建筑物可化为单元，对其爆炸和火灾危险等级进行划分。

3　直立炉、水煤气炉等建筑物高度满足不了甲类要求，仍按工艺要求设计。

4　从释放源向周围辐射爆炸危险区域的界限应按现行国家标准《爆炸和火灾危险环境电力装置设计规范》GB 50058 执行。

附录B 煤气净化车间主要生产场所爆炸和火灾危险区域等级

表 B-1 煤气净化车间主要生产场所生产类别

生产场所或装置名称	生产类别
煤气鼓风机室内、粗苯(轻苯)泵房、溶剂脱酚的溶剂泵房、吡啶装置室内	甲
1 初冷器、电捕焦油器、硫铵饱和器、终冷、洗氨、洗苯、脱硫、终脱萘、脱水、一氧化碳变换等室外煤气区； 2 粗苯蒸馏装置、吡啶装置、溶剂脱酚装置等的室外区域； 3 冷凝泵房、洗苯洗萘泵房； 4 无水氨(液氨)泵房、无水氨装置的室外区域； 5 硫磺的熔融、结片、包装区及仓库	乙
化验室和鼓风机冷凝的焦油罐区	丙

表 B-2 煤气净化车间主要生产场所爆炸和火灾危险区域等级

生产场所或装置名称	区域等级
煤气鼓风机室内、粗苯(轻苯)泵房、溶剂脱酚的溶剂泵房、吡啶装置室内、干法脱硫箱室内	1区
1 初冷器、电捕焦油器、硫铵饱和器、终冷、洗氨、洗苯、脱硫、终脱萘、脱水、一氧化碳变换等室外煤气区； 2 粗苯蒸馏装置、吡啶装置、溶剂脱酚装置等的室外区域； 3 无水氨(液氨)泵房、无水氨装置的室外区域； 4 浓氨水(≥8%)泵房，浓氨水生产装置的室外区域； 5 粗苯储槽、轻苯储槽	2区
脱硫剂再生装置	10区
硫磺仓库	11区
焦油氨水分离装置及焦油储槽、焦油洗油泵房、洗苯洗萘泵房、洗油储槽、轻柴油储槽、化验室	21区
稀氨水(<8%)储槽、稀氨水泵房、硫铵厂房、硫铵包装设施及仓库、酸碱泵房、磷铵溶液泵房	非危险区

注：1 所有室外区域不应整体划分某级危险区，应按现行国家标准《爆炸和火灾危险环境电力装置设计规范》GB 50058，以释放源和释放半径划分爆炸危险区域。本表中所列室外区域的危险区域等级均指释放半径内的爆炸危险区域等级，未被划入的区域则均为非危险区。

2 当本表中所列21区和非危险区被划入2区的释放源释放半径内时，则此区应划为2区。

附录C　燃气管道摩擦阻力计算

C.0.1　低压燃气管道：

根据燃气在管道中不同的运动状态，其单位长度的摩擦阻力损失采用下列各式计算：

1　层流状态：$Re \leqslant 2100$　$\lambda = 64/Re$

$$\frac{\Delta P}{l} = 1.13 \times 10^{10} \frac{Q}{d^4} \nu \rho \frac{T}{T_0} \tag{C.0.1-1}$$

2　临界状态：$Re = 2100 \sim 3500$

$$\lambda = 0.03 + \frac{Re - 2100}{65Re - 10^5}$$

$$\frac{\Delta P}{l} = 1.9 \times 10^6 \left(1 + \frac{11.8Q - 7 \times 10^4 d\nu}{23Q - 10^5 d\nu}\right) \frac{Q^2}{d^5} \rho \frac{T}{T_0} \tag{C.0.1-2}$$

3　湍流状态：$Re > 3500$

1）钢管：

$$\lambda = 0.11 \left(\frac{K}{d} + \frac{68}{Re}\right)^{0.25}$$

$$\frac{\Delta P}{l} = 6.9 \times 10^6 \left(\frac{K}{d} + 192.2 \frac{d\nu}{Q}\right)^{0.25} \frac{Q^2}{d^5} \rho \frac{T}{T_0} \tag{C.0.1-3}$$

2）铸铁管：

$$\lambda = 0.102236 \left(\frac{1}{d} + 5158 \frac{d\nu}{Q}\right)^{0.284}$$

$$\frac{\Delta P}{l} = 6.4 \times 10^6 \left(\frac{1}{d} + 5158 \frac{d\nu}{Q}\right)^{0.284} \frac{Q^2}{d^5} \rho \frac{T}{T_0} \tag{C.0.1-4}$$

式中　Re——雷诺数；

ΔP——燃气管道摩擦阻力损失(Pa)；

λ——燃气管道的摩擦阻力系数；

l——燃气管道的计算长度(m)；

Q——燃气管道的计算流量(m^3/h)；

d——管道内径(mm)；

ρ——燃气的密度(kg/m^3)；

T——设计中所采用的燃气温度(K)；

T_0——273.15(K)；

ν——0℃和101.325kPa时燃气的运动黏度(m^2/s)；

K——管壁内表面的当量绝对粗糙度，对钢管：输送天然气和气态液化石油气时取0.1mm；输送人工煤气时取0.15mm。

C.0.2　次高压和中压燃气管道：

根据燃气管道不同材质，其单位长度摩擦阻力损失采用下列各式计算：

1　钢管：

$$\lambda = 0.11 \left(\frac{K}{d} + \frac{68}{Re}\right)^{0.25}$$

$$\frac{P_1^2 - P_2^2}{L} = 1.4 \times 10^9 \left(\frac{K}{d} + 192.2 \frac{d\nu}{Q}\right)^{0.25} \frac{Q^2}{d^5} \rho \frac{T}{T_0} \tag{C.0.2-1}$$

2 铸铁管：

$$\lambda = 0.102236\left(\frac{1}{d}+5158\frac{d\nu}{Q}\right)^{0.284}$$

$$\frac{P_1^2-P_2^2}{L}=1.3\times10^9\left(\frac{1}{d}+5158\frac{d\nu}{Q}\right)^{0.284}\frac{Q^2}{d^5}\rho\frac{T}{T_0} \qquad (C.0.2-2)$$

式中 L——燃气管道的计算长度(km)。

C.0.3 高压燃气管道的单位长度摩擦阻力损失，宜按现行的国家标准《输气管道工程设计规范》GB 50251 有关规定计算。

注：除附录C所列公式外，其他计算燃气管道摩擦阻力系数(λ)的公式，当其计算结果接近本规范式(6.2.6-2)时，也可采用。

附录D 燃气输配系统生产区域用电场所的爆炸危险区域等级和范围划分

D.0.1 本附录适用于运行介质相对密度小于或等于0.75的燃气。相对密度大于0.75的燃气爆炸危险区域等级和范围的划分宜符合本规范附录E的有关规定。

D.0.2 燃气输配系统生产区域用电场所的爆炸危险区域等级和范围划分应符合下列规定：

1 燃气输配系统生产区域所有场所的释放源属第二级释放源。存在第二级释放源的场所可划为2区，少数通风不良的场所可划为1区。其区域的划分宜符合以下典型示例的规定：

1）露天设置的固定容积储气罐的爆炸危险区域等级和范围划分见图D-1。

以储罐安全放散阀放散管管口为中心，当管口高度 h 距地坪大于4.5m时，半径 b 为3m，顶部距管口 a 为5m(当管口高度 h 距地坪小于等于4.5m时，半径 b 为5m，顶部距管口 a 为7.5m)以及管口到地坪以上的范围为2区。

储罐底部至地坪以上的范围(半径 c 不小于4.5m)为2区。

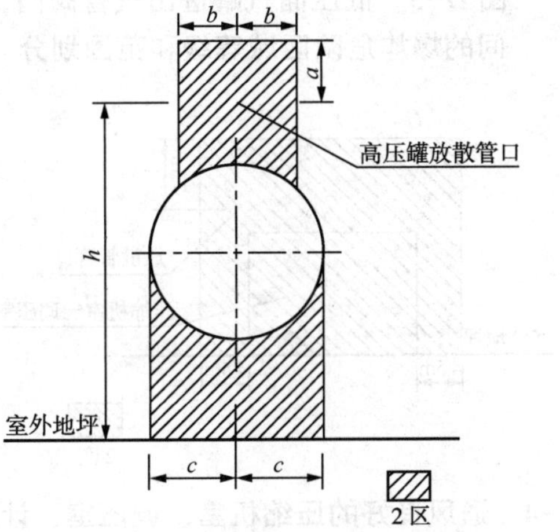

图D-1 露天设置的固定容积储气罐的爆炸危险区域等级和范围划分

2）露天设置的低压储气罐的爆炸危险区域等级和范围划分见图D-2(a)和图D-2(b)。

干式储气罐内部活塞或橡胶密封膜以上的空间为1区。储气罐外部罐壁外4.5m内，罐顶(以放散管管口计)以上7.5m内的范围为2区。

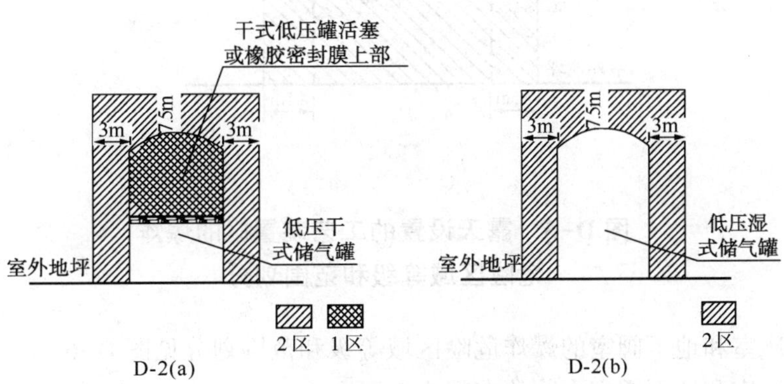

图D-2 露天设置的低压储气罐的爆炸危险区域等级和范围划分

3）低压储气罐进出气管阀门间的爆炸危险区域等级和范围划分见图 D-3。
阀门间内部的空间为 1 区。
阀门间外壁 4.5m 内，屋顶(以放散管管口计)7.5m 内的范围为 2 区。

4）通风良好的压缩机室、调压室、计量室等生产用房的爆炸危险区域等级和范围划分见图 D-4。
建筑物内部及建筑物外壁 4.5m 内，屋顶(以放散管管口计)以上 7.5m 内的范围为 2 区。

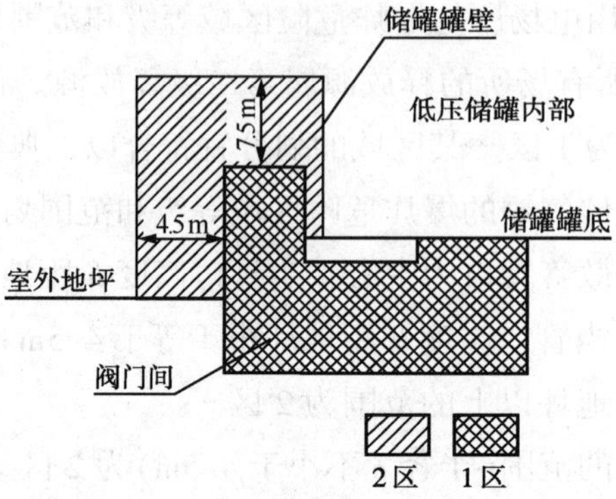

图 D-3　低压储气罐进出气管阀门间的爆炸危险区域等级和范围划分

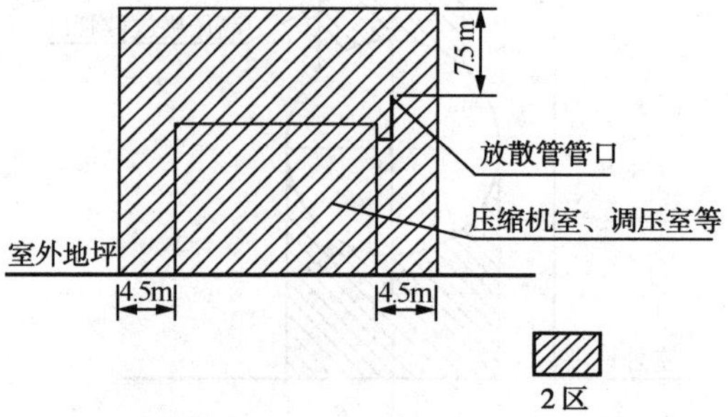

图 D-4　通风良好的压缩机室、调压室、计量室等生产用房的爆炸危险区域等级和范围划分

5）露天设置的工艺装置区的爆炸危险区域等级和范围的划分见图 D-5。
工艺装置区边缘外 4.5m 内，放散管管口(或最高的装置)以上 7.5m 内范围为 2 区。

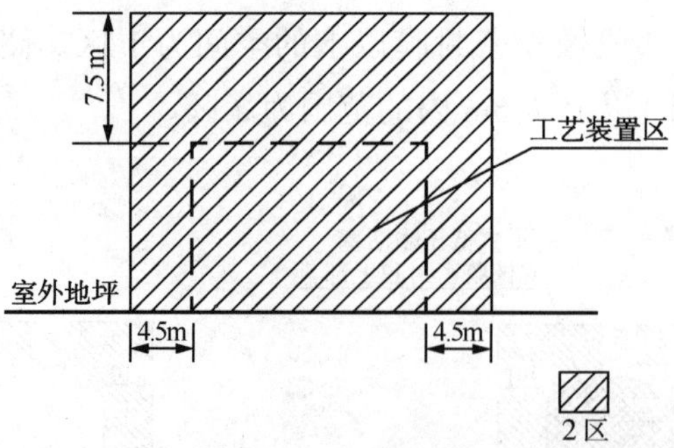

图 D-5　露天设置的工艺装置区的爆炸危险区域等级和范围划分

6）地下调压室和地下阀室的爆炸危险区域等级和范围划分见图 D-6。
地下调压室和地下阀室内部的空间为 1 区。

7）城镇无人值守的燃气调压室的爆炸危险区域等级和范围划分见图 D-7。

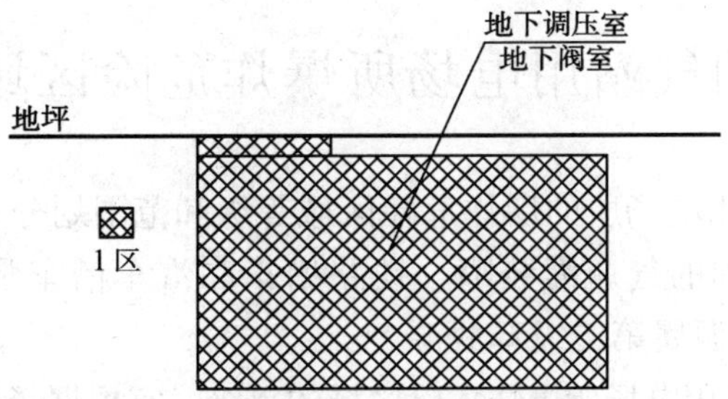

图 D-6　地下调压室和地下阀室的爆炸危险区域等级和范围划分

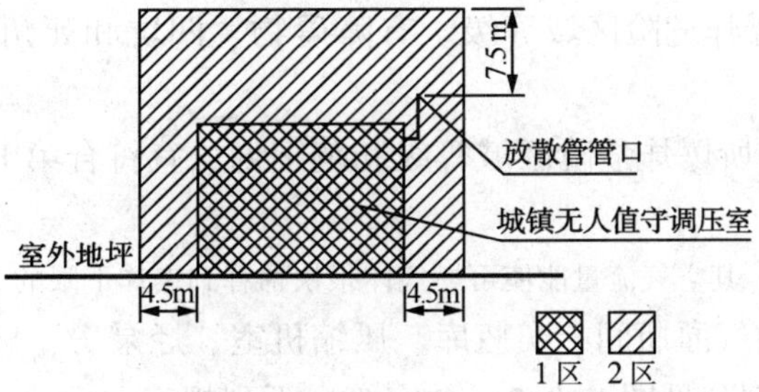

图 D-7　城镇无人值守的燃气调压室的爆炸危险区域等级和范围划分

调压室内部的空间为1区。调压室建筑物外壁4.5m内，屋顶(以放散管管口计)以上7.5m内的范围为2区。

2　下列用电场所可划分为非爆炸危险区域：

1）没有释放源，且不可能有可燃气体侵入的区域；

2）可燃气体可能出现的最高浓度不超过爆炸下限的10%的区域；

3）在生产过程中使用明火的设备的附近区域，如燃气锅炉房等；

4）站内露天设置的地上管道区域。但设阀门处应按具体情况确定。

附录E 液化石油气站用电场所爆炸危险区域等级和范围划分

E.0.1 液化石油气站生产区用电场所的爆炸危险区域等级和范围划分宜符合下列规定：

1 液化石油气站内灌瓶间的气瓶灌装嘴、铁路槽车和汽车槽车装卸口的释放源属第一级释放源，其余爆炸危险场所的释放源属第二级释放源。

2 液化石油气站生产区各用电场所爆炸危险区域的等级，宜根据释放源级别和通风等条件划分。

1）根据释放源的级别划分区域等级。存在第一级释放源的区域可划为1区，存在第二级释放源的区域可划为2区。

2）根据通风等条件调整区域等级。当通风条件良好时，可降低爆炸危险区域等级；当通风不良时，宜提高爆炸危险区域等级。有障碍物、凹坑和死角处，宜局部提高爆炸危险区域等级。

3 液化石油气站用电场所爆炸危险区域等级和范围划分宜符合第E.0.2条~第E.0.6条典型示例的规定。

注：爆炸危险性建筑的通风，其空气流量能使可燃气体很快稀释到爆炸下限的20%以下时，可定为通风良好。

E.0.2 通风良好的液化石油气灌瓶间、实瓶库、压缩机室、烃泵房、气化间、混气间等生产性建筑的爆炸危险区域等级和范围划分见图E.0.2，并宜符合下列规定：

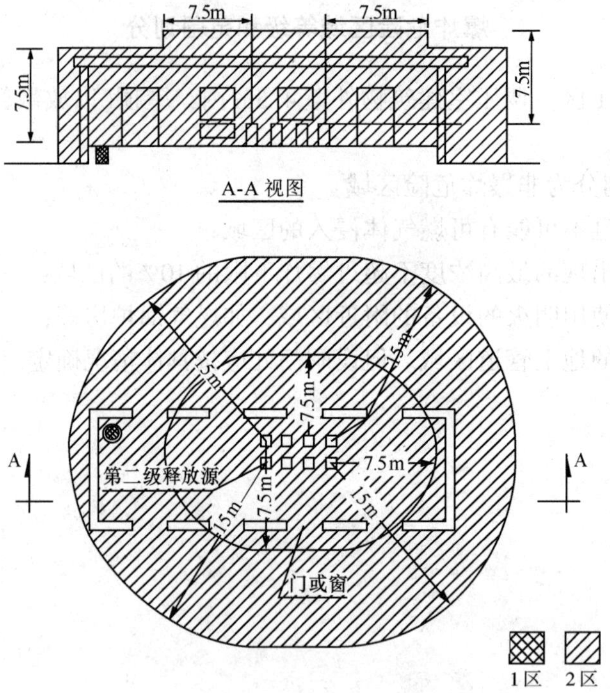

图E.0.2 通风良好的生产性建筑爆炸危险区域等级和范围划分

1 以释放源为中心，半径为15m，地面以上高度7.5m和半径为7.5m，顶部与释放源距离为7.5m的范围划为2区；

2 在2区范围内，地面以下的沟、坑等低洼处划为1区。

E.0.3 露天设置的地上液化石油气储罐或储罐区的爆炸危险区域等级和范围的划分见图E.0.3，并宜符合下列规定：

1 以储罐安全阀放散管管口为中心，半径为4.5m，以及至地面以上的范围内和储罐区防护墙以内，防护墙顶部以下的空间划为2区；

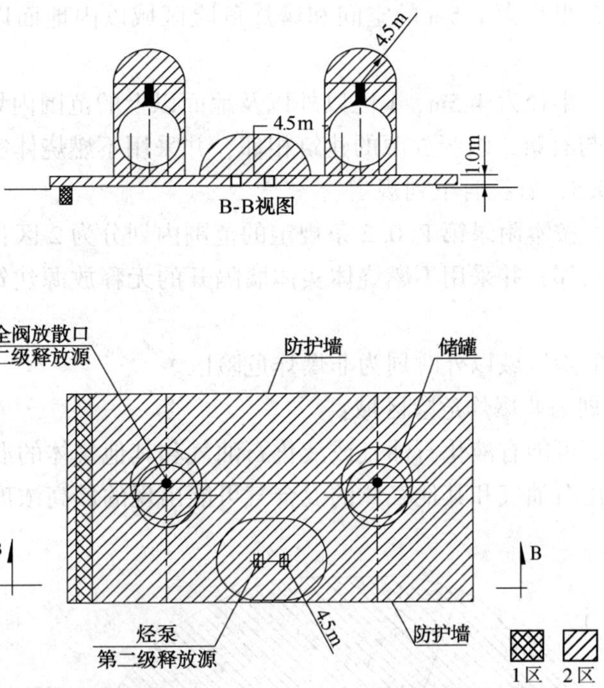

图 E.0.3　地上液化石油气储罐区爆炸危险区域等级和范围划分

2　在2区范围内，地面以下的沟、坑等低洼处划为1区；

3　当烃泵露天设置在储罐区时，以烃泵为中心，半径为4.5m以及至地面以上范围内划为2区。

注：地下储罐组的爆炸危险区域等级和范围可参照本条规定划分。

E.0.4　铁路槽车和汽车槽车装卸口处爆炸危险区域等级和范围划分见图E.0.4，并宜符合下列规定：

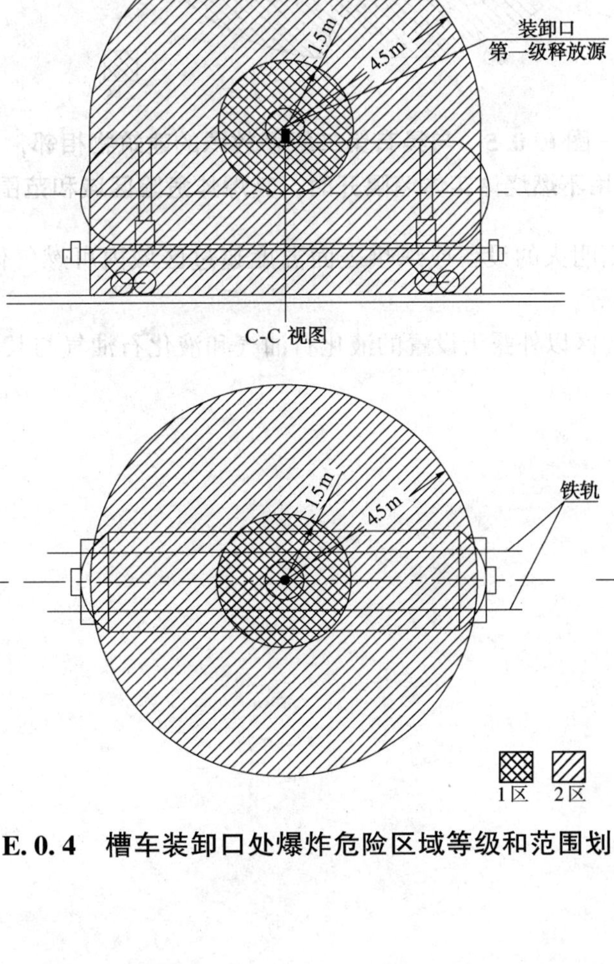

图 E.0.4　槽车装卸口处爆炸危险区域等级和范围划分

1 以装卸口为中心，半径为 1.5m 的空间和爆炸危险区域以内地面以下的沟、坑等低洼处划为 1 区；

2 以装卸口为中心，半径为 4.5m，1 区以外以及地面以上的范围内划分为 2 区。

E.0.5 无释放源的建筑与有第二级释放源的建筑相邻，并采用不燃烧体实体墙隔开时，其爆炸危险区域和范围划分见图 E.0.5，宜符合下列规定：

1 以释放源为中心，按本附录第 E.0.2 条规定的范围内划分为 2 区；

2 与爆炸危险建筑相邻，并采用不燃烧体实体墙隔开的无释放源建筑，其门、窗位于爆炸危险区域内时划为 2 区；

3 门、窗位于爆炸危险区域以外时划为非爆炸危险区。

E.0.6 下列用电场所可划为非爆炸危险区域：

1 没有释放源，且不可能有液化石油气或液化石油气和其他气体的混合气侵入的区域；

2 液化石油气或液化石油气和其他气体的混合气可能出现的最高浓度不超过其爆炸下限 10% 的区域；

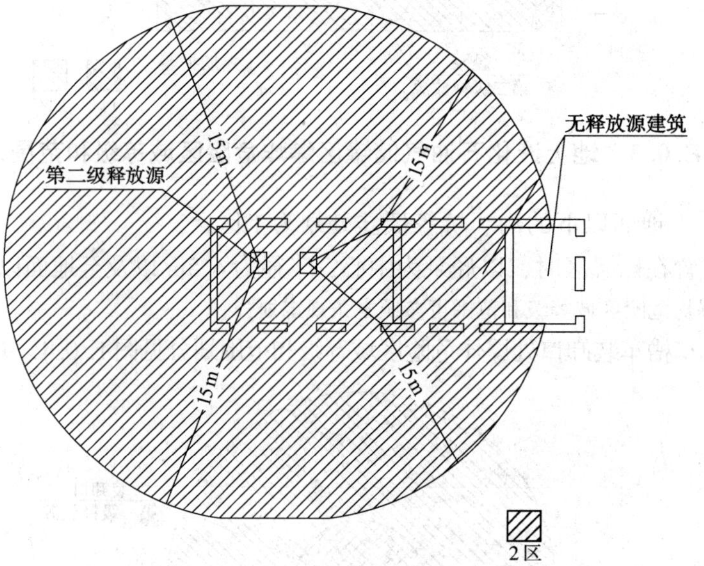

图 E.0.5 与具有第二级释放源的建筑物相邻，并采用不燃烧体实体墙隔开时，其爆炸危险区域和范围划分

3 在生产过程中使用明火的设备或炽热表面温度超过区域内可燃气体着火温度的设备附近区域。如锅炉房、热水炉间等；

4 液化石油气站生产区以外露天设置的液化石油气和液化石油气与其他气体的混合气管道，但其阀门处视具体情况确定。

附录F 居民生活用燃具的同时工作系数 K

表F 居民生活用燃具的同时工作系数 K

同类型燃具数目 N	燃气双眼灶	燃气双眼灶和快速热水器	同类型燃具数目 N	燃气双眼灶	燃气双眼灶和快速热水器
1	1.000	1.000	40	0.390	0.180
2	1.000	0.560	50	0.380	0.178
3	0.850	0.440	60	0.370	0.176
4	0.750	0.380	70	0.360	0.174
5	0.680	0.350	80	0.350	0.172
6	0.64	0.310	90	0.345	0.171
7	0.600	0.290	100	0.340	0.170
8	0.580	0.270	200	0.310	0.160
9	0.560	0.260	300	0.300	0.150
10	0.540	0.250	400	0.290	0.140
15	0.480	0.220	500	0.280	0.138
20	0.450	0.210	700	0.260	0.134
25	0.430	0.200	1000	0.250	0.130
30	0.400	0.190	2000	0.240	0.120

注：1 表中“燃气双眼灶”是指一户居民装设一个双眼灶的同时工作系数；当每一户居民装设两个单眼灶时，也可参照本表计算。

2 表中“燃气双眼灶和快速热水器”是指一户居民装设一个双眼灶和一个快速热水器的同时工作系数。

3 分散采暖系统的采暖装置的同时工作系数可参照国家现行标准《家用燃气燃烧器具安装及验收规程》CJJ 12-99 中表 3.3.6-2 的规定确定。

UDC

中华人民共和国国家标准

P

GB 51102—2016

压缩天然气供应站设计规范

Code for design of compressed natural gas (CNG) supply station

2016-08-18 发布　　2017-04-01 实施

中华人民共和国住房和城乡建设部
中华人民共和国国家质量监督检验检疫总局
联合发布

前　言

根据住房和城乡建设部《关于印发〈2009年工程建设标准规范制订、修订计划〉的通知》(建标[2009]88号)的要求，规范编制组经广泛调查研究，认真总结实践经验，参考有关国际标准和国外先进标准，并在广泛征求意见的基础上，编制了本规范。

本规范的主要技术内容包括：1. 总则；2. 术语；3. 基本规定；4. 站址选择；5. 总平面布置；6. 工艺及设施；7. 建(构)筑物与供暖通风换热；8. 消防与给水排水；9. 电气；10. 仪表、自控与通信。

本规范中以黑体字标志的条文为强制性条文，必须严格执行。

本规范由住房和城乡建设部负责管理和对强制性条文的解释，由中国市政工程华北设计研究总院负责具体技术内容的解释。执行过程中如有意见或建议，请寄送中国市政工程华北设计研究总院(地址：天津市南开区华苑产业园区桂苑路16号，邮编：300384)。

本规范主编单位：中国市政工程华北设计研究总院

本规范参编单位：中国市政工程西南设计研究总院
港华投资有限公司
成都城市燃气有限责任公司
北京市煤气热力工程设计院有限公司
新地能源工程技术有限公司
北京市燃气集团有限责任公司
中石油昆仑燃气有限公司
中交煤气热力研究设计院有限公司
深圳市燃气工程设计有限公司
公安部天津消防科学研究所
深圳燃气集团股份有限公司
中国燃气控股有限公司
重庆燃气集团股份有限公司
贵州燃气(集团)有限责任公司
长春燃气热力设计研究院有限责任公司
北京市公用工程设计监理有限公司
上海燃气工程设计研究有限公司
吉林市大地技术咨询有限公司
北京绿源达清洁燃料汽车技术发展有限公司
上海飞奥燃气设备有限公司
华润燃气控股有限公司
中国轻工业广州工程院
沈阳光正工业有限公司
天津普利莱科技有限公司

本规范主要起草人员：阎海鹏　陈云玉　宋玉银　应援农
吴洪松　杨永慧　周继辉　牛卓韬
张　琳　刘　薇　李美竹　张万杰
林雅蓉　于京春　沈　蓓　广　宏
徐　静　韩金丽　孟季斌　庞　宇
孙永康　沈　良　张宏伟　钱文斌

白彦辉　焦　伟　刘兰慧　杨　炯
王春海　路世昌　汪小兵　苏国荣
吴小平　乔　佳　孟　光　卢　革
王　虹

本规范主要审查人员：金石坚　杨　健　徐　良　刘汉云
韩　钧　万　云　史业腾　孟学思
孔　川　高敏生　王亚慧

目　次

1　总则
2　术语
3　基本规定
4　站址选择
　4.1　一般规定
　4.2　与站外设施的防火间距
5　总平面布置
　5.1　一般规定
　5.2　站内设施的防火间距
6　工艺及设施
　6.1　设计规模
　6.2　工艺及设备
　6.3　管道及附件
7　建(构)筑物与供暖通风换热
　7.1　建(构)筑物
　7.2　供暖、通风及换热
8　消防与给水排水
　8.1　消防
　8.2　给水排水
9　电气
　9.1　供配电
　9.2　防雷、防静电
10　仪表、自控与通信
　10.1　仪表
　10.2　自控
　10.3　通信
附录A　压缩天然气供应站内爆炸危险区域等级和范围划分
本规范用词说明(略)
引用标准名录
附：条文说明(略)

Contents

1 General Provisions
2 Terms
3 Basic Requirements
4 Station Site Selection
4. 1 General Requirements
4. 2 Fire Separation Distance with off station Facilties
5 General Layout
5. 1 General Requirements
5. 2 Fire Separation Distance with Station Equipment
6 Process and Facilities
6. 1 Design Scale
6. 2 Process and Equipments
6. 3 Pipes and Accessories
7 Buildings and Heating, Ventilation and Heat Transfer
7. 1 Buildings
7. 2 Heating, Ventilation and Heat Transfer
8 Fire Protection and Water Supply and Drainage
8. 1 Fire Protection
8. 2 Water Supply and Drainage
9 Electric
9. 1 Power Supply and Distribution
9. 2 Lightning Protection and Anti-static
10 Instrumentations and Controls and Communications
10. 1 Instrumentations
10. 2 Auto Controls
10. 3 Communications
Appendix A Division of the Level and Scope for the Explosion Hazardous Area of Compressed Natural Gas Supply Station
Explanation of Wording in This Code
List of Quoted Standards
Addition; Explanation of Provisions

1 总 则

1.0.1 为使压缩天然气供应站设计符合安全生产、保障供气、技术先进、经济合理、环境保护的要求，制定本规范。

1.0.2 本规范适用于城镇燃气工程中下列压缩天然气供应站的设计：

1 压缩天然气加气站；

2 压缩天然气储配站；

3 压缩天然气瓶组供气站。

1.0.3 压缩天然气供应站设计除应符合本规范的规定外，尚应符合国家现行有关标准的规定。

2 术 语

2.0.1 压缩天然气 compressed natural gas(CNG)

压缩到压力不小于10MPa且不大于25MPa的气态天然气。

2.0.2 压缩天然气供应站 CNG supply station

压缩天然气加气站、压缩天然气储配站、压缩天然气瓶组供气站的统称。

2.0.3 压缩天然气加气站 CNG filling station

将由管道引入的天然气经净化、计量、压缩后形成压缩天然气，并充装至气瓶车、气瓶或气瓶组内，以实现压缩天然气车载运输的站场。

2.0.4 压缩天然气储配站 CNG storage and distribution station

采用压缩天然气瓶车储气或将由管道引入的天然气经净化、压缩形成的压缩天然气作为气源，具有压缩天然气储存、调压、计量、加臭等功能，并向城镇燃气输配管道输送天然气的站场。

2.0.5 压缩天然气瓶组供气站 multiple CNG cylinder installations station

采用压缩天然气瓶组储气作为气源，具有压缩天然气储存、调压、计量、加臭等功能，并向城镇燃气输配管道输送天然气的站场。

2.0.6 压缩天然气汽车加气站 CNG refuelling station

将压缩天然气加注至汽车燃料用储气瓶内的站场。

2.0.7 压缩天然气瓶车 CNG cylinders transportation truck

将由管道连成一个整体的多个压缩天然气储气瓶固定在汽车挂车底盘上，设有压缩天然气加(卸)气接口、安全防护、安全放散等设施，用于储存和运输压缩天然气的专用车辆，简称气瓶车。

2.0.8 压缩天然气瓶组 multiple CNG cylinder installations

通过管道将多个压缩天然气储气瓶连接成一个整体并固定在瓶筐上，设有压缩天然气加(卸)气接口、安全防护、安全放散等设施，用于储存和运输压缩天然气的装置，简称储气瓶组。

2.0.9 压缩天然气储气井 CNG storage well

压缩天然气供应站内竖向埋设于地下，且设有压缩天然气加(卸)气接口、安全防护、安全放散等设施，用于储存压缩天然气的管状设备，简称储气井。

3 基 本 规 定

3.0.1 压缩天然气供应站的设计使用年限应符合现行国家标准《城镇燃气技术规范》GB 50494的有关规定。

3.0.2 压缩天然气的质量应符合现行国家标准《车用压缩天然气》GB 18047的有关规定。

3.0.3 压缩天然气可采用气瓶车或汽车载运气瓶组运输，也可采用船载运输。

3.0.4 压缩天然气储配站、压缩天然气瓶组供气站通过城镇燃气管道向用户供应的天然气的质量应符合下列规定：

1 天然气发热量、总硫和硫化氢含量、水露点指标应符合现行国家标准《天然气》GB 17820 中一类气或二类气的有关规定。

2 在天然气交接点的压力和温度条件下，天然气的烃露点应比最低环境温度低5℃，天然气中不应有固态、液态或胶状物质。

3 天然气发热量和组分的波动应符合城镇燃气互换的要求，天然气偏离基准气的波动范围宜符合现行国家标准《城镇燃气分类和基本特性》GB/T 13611 的有关规定，并应适当留有余地。

4 天然气应具有可以察觉的臭味。天然气中加臭剂的最小量应使人在天然气泄漏到空气中达到爆炸下限的20%时能够察觉。

3.0.5 通过管道向压缩天然气加气站、压缩天然气储配站输送的天然气的质量宜符合本规范第3.0.4条的规定。

3.0.6 加臭剂质量及添加量的检测应符合现行行业标准《城镇燃气加臭技术规程》CJJ/T 148 的有关规定。

3.0.7 供给压缩天然气加气站的天然气宜采用管道输送；供给压缩天然气储配站的天然气可采用管道输送或车载运输；供给压缩天然气瓶组供气站的压缩天然气应采用车载运输。

3.0.8 压缩天然气供应站设计应采取有效措施，减少噪声、废气等对环境的影响。压缩天然气加气站、压缩天然气储配站的噪声应符合现行国家标准《工业企业厂界环境噪声排放标准》GB 12348 的有关规定，压缩天然气瓶组供气站的噪声应符合现行国家标准《声环境质量标准》GB 3096 的有关规定。

3.0.9 压缩天然气供应站的抗震设计应符合现行国家标准《室外给水排水和燃气热力工程抗震设计规范》GB 50032 的有关规定。

3.0.10 压缩天然气供应站的等级划分应符合表3.0.10的规定。

表3.0.10 压缩天然气供应站的等级划分

级别	总储气容积 V (m^3)	压缩天然气储气设施总几何容积 V_1 (m^3)	压缩天然气瓶车总几何容积 V_2 (m^3)
一级	$V>200000$	$V_1>700$	$V_2\leqslant200$
二级	$30000<V\leqslant200000$	$120<V_1\leqslant700$	$V_2\leqslant200$
三级	$8500<V\leqslant30000$	$30<V_1\leqslant120$	$V_2\leqslant120$
四级	$1000<V\leqslant8500$	$4<V_1\leqslant30$	$V_1\leqslant18$
五级	$V\leqslant1000$	$V_1\leqslant4$	—

注：1 总储气容积指站内压缩天然气储气设施（包括储气井、储气瓶组、气瓶车等）的储气量之和，按储气设施的几何容积（m^3）与最高储气压力（绝对压力，10^2kPa）的乘积并除以压缩因子后的总和计算。

2 表中“—”表示该项内容不存在。

3.0.11 天然气储配站、压缩天然气汽车加气站与压缩天然气加气站、压缩天然气储配站合建时，合建站的等级应根据总储气量按本规范第3.0.10条的规定划分。

3.0.12 压缩天然气供应站内危险场所和其他相关位置应设置安全标志和专用标志，并应符合现行行业标准《城镇燃气标志标准》CJJ/T 153 的有关规定。

4 站址选择

4.1 一般规定

4.1.1 压缩天然气供应站选址应符合城镇总体规划和城镇燃气专项规划的要求，并应与城镇的能源规划、环保规划等相结合。

4.1.2 一级、二级压缩天然气供应站宜远离居住区、学校、医院、大型商场和超市等人员密集的场所。

4.1.3 压缩天然气供应站选址应遵循不占或少占农田、节约用地的原则，并宜与周围环境、景观相协调。

4.1.4 压缩天然气供应站应避开山洪、滑坡等不良地质地段，且周边应具备交通、供电、给水排水及通信等条件。

4.1.5 压缩天然气加气站、压缩天然气储配站宜靠近上游来气的管道或气源厂站设置，压缩天然气瓶组供气站宜靠近供气负荷设置。

4.1.6 城市中心区不应建设一级、二级、三级压缩天然气供应站及其与各级液化石油气混气站的合建站，不应建设四级、五级压缩天然气供应站与六级及以上液化石油气混气站的合建站。城市建成区不宜建设一级压缩天然气供应站及其与各级液化石油气混气站的合建站。压缩天然气供应站与液化石油气混气站合建站的设置，除应符合本规范的规定外，尚应符合现行国家标准《液化石油气供应工程设计规范》GB 51142 的有关规定。

4.1.7 城市建成区内两个压缩天然气瓶组供气站的水平净距不应小于 300m。当不能满足距离要求且必须设置时，站内压缩天然气瓶组与站外建（构）筑物的防火间距应按本规范表 4.2.2 中最大总储气容积小于等于 $10000m^3$ 的规定执行。

4.1.8 压缩天然气供应站的防洪标准应与所供气用户的防洪标准相适应，且不得低于站址所在地的防洪标准。一级、二级压缩天然气供应站的防洪标准不宜低于洪水重现期 50 年一遇，三级压缩天然气供应站不宜低于洪水重现期 30 年一遇，四级、五级压缩天然气供应站不宜低于洪水重现期 20 年一遇。

4.2 与站外设施的防火间距

4.2.1 压缩天然气加气站、压缩天然气储配站内储气井与站外建（构）筑物的防火间距不应小于表 4.2.1 的规定。

表 4.2.1 压缩天然气加气站、压缩天然气储配站内储气井与站外建（构）筑物的防火间距

项目 ＼ 储气井总储气容积 V(m^3)			防火间距(m)				
			$V<5000$	$5000 \leq V<50000$	$50000 \leq V<10000$	$100000 \leq V<300000$	$300000 \leq V<400000$
居住区、村镇及重要公共建筑（学校、影剧院、体育馆等）			40	50	55	60	70
高层民用建筑			30	35	40	45	50
高层民用建筑裙房、民用建筑			20	25	30	35	40
明火、散发火花地点，室外变、配电站			25	30	35	40	45
甲、乙、丙类液体储罐，甲、乙类生产厂房，甲、乙类物品库房，可燃材料堆场			25	30	35	40	45
丙、丁类生产厂房，丙、丁类物品库房			20	25	30	35	40
其他建筑	耐火等级	一、二级	15	20	25	30	35
		三级	20	25	30	35	40
		四级	25	30	35	40	45
铁路（中心线）	正线		35	35	40	40	45
	其他线		25	25	30	30	35

续表

项目 \ 储气井总储气容积 $V(m^3)$		防火间距(m)				
		$V<5000$	$5000\leqslant V<50000$	$50000\leqslant V<100000$	$100000\leqslant V<300000$	$300000\leqslant V<400000$
公路、道路(路边)	高速，一、二级，城市快速	15	20	25	25	25
	其他	12	15	15	15	15
架空电力线(中心线)		1.5倍杆高				
架空通信线(中心线)		1.0倍杆高		1.5倍杆高		

注：1 储气井总储气容积按储气井几何容积(m^3)与最高储气压力(绝对压力，10^2kPa)乘积并除以压缩因子后的总和计算。

2 居住区、村镇指居住1000人或300户以上的地区。高层建筑达到居住区规模时，应按居住区对待。

3 室外变、配电站指电力系统电压为35kV～500kV，且每台变压器容量在10MV·A以上的室外变、配电站，以及工业企业的变压器总油量大于5t的室外降压变电站。低于上述规格的室外变、配电站或变压器可按丙类生产厂房对待。

4 铁路其他线仅指企业专用线，除此之外的线路均应按正线执行。

4.2.2 压缩天然气加气站、压缩天然气储配站内气瓶车固定车位与站外建(构)筑物的防火间距不应小于表4.2.2的规定。

表4.2.2 压缩天然气加气站、压缩天然气储配站内气瓶车固定车位与站外建(构)筑物的防火间距

项目 \ 气瓶车在固定车位最大总储气容积 $V(m^3)$			防火间距(m)	
			$V\leqslant 10000$	$10000<V\leqslant 45000$
居住区、村镇及重要公共建筑(学校、影剧院、体育馆等)			50	60
高层民用建筑			35	40
高层民用建筑裙房、民用建筑			25	30
明火、散发火花地点，室外变、配电站			25	30
甲、乙、丙类液体储罐，甲、乙类生产厂房，甲、乙类物品库房，可燃材料堆场			25	30
丙、丁类生产厂房，丙、丁类物品库房			20	25
其他建筑	耐火等级	一、二级	15	20
		三级	20	25
		四级	25	30
铁路(中心线)		正线	35	40
		其他线	25	30
公路、道路(路边)		高速，一、二级，城市快速	20	20
		其他	12	15
架空电力线(中心线)			1.5倍杆高	
架空通信线(中心线)			1.5倍杆高(且与Ⅰ、Ⅱ级架空通信线距离不得少于20m)	

注：1 气瓶车在固定车位最大总储气容积按在固定车位各气瓶车的几何容积(m^3)与最高储气压力(绝对压力，10^2kPa)乘积并除以压缩因子后的总和计算。

2 居住区、村镇指居住1000人或300户以上的地区。高层建筑达到居住区规模时，应按居住区对待。

3 室外变、配电站指电力系统电压为35kV～500kV，且每台变压器容量在10MV·A以上的室外变、配电站，以及工业企业的变压器总油量大于5t的室外降压变电站。低于上述规格的室外变、配电站或变压器可按丙类生产厂房对待。

4 铁路其他线仅指企业专用线，除此之外的线路均应按正线执行。

4.2.3 压缩天然气加气站、压缩天然气储配站内露天设置的固定式储气瓶组总几何容积大于 $4m^3$ 且不大于 $18m^3$ 时，与站外建（构）筑物的防火间距可按本规范表 4.2.2 中最大总储气容积小于等于 $10000m^3$ 的规定执行。当储气瓶组总几何容积不大于 $4m^3$ 时，与站外建（构）筑物的防火间距可按本规范表 4.2.6 的规定执行。

4.2.4 压缩天然气加气站、压缩天然气储配站内集中放散装置的放散管口与站外建（构）筑物的防火间距不应小于表 4.2.4 的规定。工艺设备的操作放散、检修放散、安全放散和储气井、总几何容积不大于 $18m^3$ 固定式储气瓶组的检修放散、事故放散、安全放散的放散管口与站外建（构）筑物的防火间距可按本规范表 4.2.6 的规定执行。

表 4.2.4 压缩天然气加气站、压缩天然气储配站内集中放散装置的放散管口与站外建（构）筑物的防火间距

项目			防火间距（m）
居住区、村镇及重要公共建筑（学校、影剧院、体育馆等）			50
高层民用建筑			35
高层民用建筑裙房、民用建筑			25
明火、散发火花地点，室外变配电站			30
甲、乙类液体储罐，甲、乙类生产厂房，甲、乙类物品库房，可燃材料堆场			30
丙、丁类生产厂房，丙、丁类物品库房			25
其他建筑	耐火等级	一、二级	20
		三级	25
		四级	30
铁路（中心线）		正线	40
		其他线	30
公路、道路（路边）		高速，一、二级，城市快速	20
		其他	15
架空电力线（中心线）		>380V	2.0 倍杆高
		≤380V	1.5 倍杆高
架空通信线（中心线）			1.5 倍杆高

注：1 居住区、村镇指居住 1000 人或 300 户以上的地区。高层建筑达到居住区规模时，应按居住区对待。

2 室外变、配电站指电力系统电压为 35kV～500kV，且每台变压器容量在 10MV·A 以上的室外变、配电站，以及工业企业的变压器总油量大于 5t 的室外降压变电站。低于上述规格的室外变、配电站或变压器可按丙类生产厂房对待。

3 铁路其他线仅指企业专用线，除此之外的线路均应按正线执行。

4.2.5 压缩天然气加气站、压缩天然气储配站内露天的工艺装置区与站外建（构）筑物的防火间距可按现行国家标准《建筑设计防火规范》GB 50016 规定的甲类生产厂房与站外建（构）筑物的防火间距执行。

4.2.6 压缩天然气瓶组供气站内的气瓶组应设置在固定地点。气瓶组、天然气放散管口及调压装置与站外建（构）筑物的防火间距不应小于表 4.2.6 的规定。

表 4.2.6 气瓶组、天然气放散管口及调压装置与站外建(构)筑物的防火间距

<table>
<tr><th colspan="3" rowspan="2">名称
项目</th><th colspan="3">防火间距(m)</th></tr>
<tr><th>气瓶组</th><th>天然气放散管口</th><th>调压装置</th></tr>
<tr><td colspan="3">重要公共建筑(学校、影剧院、体育馆等)，高层民用建筑</td><td>30</td><td>30</td><td>24</td></tr>
<tr><td colspan="3">高层民用建筑裙房，民用建筑</td><td>18</td><td>18</td><td>12</td></tr>
<tr><td colspan="3">明火、散发火花地点，室外变配电站</td><td>25</td><td>25</td><td>25</td></tr>
<tr><td colspan="3">甲、乙类液体储罐，甲、乙类生产厂房，甲、乙类物品库房，可燃材料堆场</td><td>20</td><td>25</td><td>18</td></tr>
<tr><td colspan="3">丙、丁类生产厂房，丙、丁类物品库房</td><td>16</td><td>20</td><td>15</td></tr>
<tr><td rowspan="3">其他建筑</td><td rowspan="3">耐火等级</td><td>一、二级</td><td>14</td><td>16</td><td>12</td></tr>
<tr><td>三级</td><td>16</td><td>20</td><td>15</td></tr>
<tr><td>四级</td><td>20</td><td>25</td><td>18</td></tr>
<tr><td colspan="2" rowspan="2">铁路(中心线)</td><td>正线</td><td>35</td><td>35</td><td>22</td></tr>
<tr><td>其他线</td><td>25</td><td>25</td><td>15</td></tr>
<tr><td colspan="2" rowspan="2">道路(路边)</td><td>主要</td><td>10</td><td>10</td><td>10</td></tr>
<tr><td>次要</td><td>5</td><td>5</td><td>5</td></tr>
<tr><td colspan="3">架空电力线(中心线)</td><td>1.5 倍杆高</td><td>1.5 倍杆高</td><td>1.0 倍杆高</td></tr>
<tr><td colspan="2" rowspan="2">架空通信线(中心线)</td><td>Ⅰ、Ⅱ级</td><td>1.5 倍杆高</td><td>1.5 倍杆高</td><td>1.0 倍杆高</td></tr>
<tr><td>其他</td><td>1.0 倍杆高</td><td>1.0 倍杆高</td><td>1.0 倍杆高</td></tr>
</table>

注：1 室外变、配电站指电力系统电压为 35kV～500kV，且每台变压器容量在 10MV·A 以上的室外变、配电站，以及工业企业的变压器总油量大于 5t 的室外降压变电站。低于上述规格的室外变、配电站或变压器可按丙类生产厂房对待。

2 表中气瓶组为露天环境设置。

3 铁路其他线仅指企业专用线，除此之外的线路均应按正线执行。

4.2.7 压缩天然气供应站内其他建(构)筑物与站外建(构)筑物之间的防火间距应符合现行国家标准《建筑设计防火规范》GB 50016 的有关规定。

4.2.8 压缩天然气储配站、压缩天然气瓶组供气站与液化石油气混气站合建时，应按本规范和现行国家标准《液化石油气供应工程设计规范》GB 51142 对压缩天然气储气设施、液化石油气储存设施分别进行等级划分。压缩天然气储气设施、液化石油气储存设施与站外建(构)筑物的防火间距应符合下列规定：

1 一级、二级压缩天然气供应站应按本规范规定的防火间距执行；三级、四级、五级压缩天然气供应站的储气井应按将本规范表 4.2.1 中总储气容积的划分区间提高一档的规定执行；三级、四级压缩天然气供应站的气瓶车和容积大于 $4m^3$ 且不大于 $18m^3$ 固定式储气瓶组应按本规范表 4.2.2 中总储气容积大于 $10000m^3$ 且小于等于 $45000m^3$ 的规定执行；三级、四级、五级压缩天然气供应站容积不大于 $4m^3$ 的储气瓶组应按本规范表 4.2.2 中总储气容积小于等于 $10000m^3$ 的规定执行。

2 液化石油气储存设施应按现行国家标准《液化石油气供应工程设计规范》GB 51142 中合建站防火间距的规定执行。

5 总平面布置

5.1 一般规定

5.1.1 压缩天然气加气站、压缩天然气储配站的总平面应按生产区和辅助区分区布置。

5.1.2 一级、二级压缩天然气供应站应设 2 个对外出入口；三级压缩天然气供应站宜设 2 个对外出入口。

5.1.3 压缩天然气加气站、压缩天然气储配站的四周边界应设置不燃烧体围墙。生产区围墙应采用高度不小于 2m 的不燃烧体实体围墙；辅助区根据安全保障情况和景观要求，可采用不燃烧体非实体围墙。生产区与辅助区之间宜采用围墙或栅栏隔开。

5.1.4 压缩天然气瓶组供气站的四周边界应设置不燃烧体围墙，当采用非实体围墙时，底部实体部分高度不应小于 0.6m。

5.1.5 压缩天然气供应站的集中放散装置宜设置在站内全年最小频率风向的上风侧。

5.1.6 压缩天然气加气站、压缩天然气储配站内应设置气瓶车固定车位。固定车位应有明显的边界线，每台气瓶车的固定车位宽度不应小于 4.5m，长度不应小于气瓶车长度。每个车位宜对应 1 个加气嘴或卸气嘴。

5.1.7 气瓶车在充气或卸气作业时应停靠在固定车位，并应采取固定措施防止气瓶车移动。

5.1.8 压缩天然气供应站内生产区应设有满足生产、运行、消防等需要的道路和回车场地。固定车位前应设有满足压缩天然气运输车辆运行的回车场地。当站内固定式压缩天然气储气设施总几何容积不小于 $500m^3$ 时，应设环形消防车道；当站内固定式压缩天然气储气设施总几何容积小于 $500m^3$ 时，可设置尽头式消防车道和面积不小于 12m×12m 的回车场地。消防车道宽度不应小于 4.0m。

5.1.9 压缩天然气供应站的生产区内应设置满足运行操作需要的通道、爬梯和平台。

5.1.10 当压缩天然气加气站、压缩天然气储配站与压缩天然气汽车加气站合建时，应采用围墙将压缩天然气汽车加气区、加气服务用站房与站内其他设施分隔开。

5.1.11 压缩天然气瓶组供气站内气瓶组宜露天设置，需要时可加设罩棚保护。

5.1.12 压缩天然气供应站的生产区内可种植草坪、植物、设置花坛，不得种植油性植物和影响生产操作、消防及设施安全的植物。

5.2 站内设施的防火间距

5.2.1 压缩天然气加气站、压缩天然气储配站内储气井与站内建(构)筑物的防火间距不应小于表 5.2.1 的规定。

表 5.2.1 压缩天然气加气站、压缩天然气储配站内储气井与站内建(构)筑物的防火间距

项目 \ 总储气容积 $V(m^3)$	防火间距(m)				
	$V\leq1000$	$1000<V\leq10000$	$10000<V\leq50000$	$50000<V\leq200000$	$200000<V\leq400000$
明火、散发火花地点	20	25	30	35	40
压缩机室、调压室、计量室	5	10	15	20	25
控制室、变配电室、汽车库、值班室等辅助建筑	12	15	20	25	30

表 5.2.1(续)

项目 \ 总储气容积 V(m^3)	防火间距(m)				
	$V≤1000$	1000<V ≤10000	10000<V ≤50000	50000<V ≤200000	200000<V ≤400000
机修间、燃气热水炉间	14	20	25	30	35
办公、生活建筑	18	20	25	30	35
消防泵房、消防水池取水口	20				
站内道路(路边)	5	5	10	10	10
围墙	5	10	15	15	18

注:1 储气井总储气容积按本规范表 4.2.1 注 1 计算。

2 总几何容积不大于 $18m^3$ 固定式储气瓶组与站内建(构)筑物的防火间距可按本表中总储气容积大于 $1000m^3$ 且小于等于 $10000m^3$ 的规定执行。

3 燃气热水炉间指室内设置微正压室燃式燃气热水炉的建筑。

5.2.2 当压缩天然气加气站、压缩天然气储配站与天然气储配站合建时,站内天然气储罐或储气井之间的防火间距应符合下列规定:

1 固定容积天然气储罐之间的防火间距不应小于相邻较大罐直径的 2/3。

2 当固定容积天然气储罐的总储气容积大于 $200000m^3$ 时,应分组布置。卧式储罐组与组之间的防火间距不应小于相邻较大罐长度的一半;球形储罐组与组之间的防火间距不应小于相邻较大罐的直径,且不应小于 20m。

3 当储气井的总储气容积大于 $200000m^3$ 时,应分组布置。组与组之间的防火间距不应小于 20m。

4 天然气储罐与储气井之间的防火间距不应小于 20m。

5.2.3 压缩天然气加气站、压缩天然气储配站内储气井与气瓶车固定车位的防火间距不应小于表 5.2.3 的规定。总几何容积不大于 $18m^3$ 固定式储气瓶组与气瓶车固定车位的防火间距不应小于 15m。

表 5.2.3 压缩天然气加气站、压缩天然气储配站内储气井与气瓶车固定车位的防火间距

气瓶车在固定车位最大总储气容积 V_2(m^3) \ 储气井总储气容积 V_1(m^3)	防火间距(m)		
	$V_1≤50000$	$50000<V_1≤200000$	$200000<V_1≤400000$
$V_2≤10000$	12	15	20
$10000<V_2≤30000$	15	20	25
$30000<V_2≤45000$	20	25	30

注:1 储气井总储气容积按本规范表 4.2.1 注 1 计算。

2 气瓶车在固定车位最大总储气容积按本规范表 4.2.2 注 1 计算。

3 压缩天然气加气站或压缩天然气储配站与天然气储配站合建时,站内固定容积天然气储罐与气瓶车固定车位的防火间距,应符合本表相同容积储气开的规定,且不应小于较大罐直径。

5.2.4 当压缩天然气加气站、压缩天然气储配站与液化石油气混气站合建时,站内储气井或气瓶车固定车位与液化石油气储罐的防火间距不应小于表 5.2.4 的规定。

表 5.2.4 站内储气井或气瓶车固定车位与液化石油气储罐的防火间距

储气井或气瓶车在固定车位最大总储气容积 V_1（m^3）/ 液化石油气		防火间距（m）					
总容积 V_2（m^3）	单罐容积 V_3（m^3）	V_1<1000	1000≤V_1<10000	10000≤V_1<50000	50000≤V_1<100000	100000≤V_1<300000	300000≤V_1<400000
30<V_2≤50	V_3≤20	25	25	28	28	32	32
50<V_2≤200	V_3≤50	25	25	30	30	35	35
200<V_2≤500	V_3≤100	25	30	30	35	40	40
500<V_2≤1000	V_3≤200	25	30	35	35	45	45

注：1 储气井总储气容积按本规范表 4.2.1 注 1 计算。

2 气瓶车在固定车位最大总储气容积按本规范表 4.2.2 注 1 计算。

3 固定式储气瓶组总几何容积不大于 $18m^3$ 时，与液化石油气储罐的防火间距可按本表中总储气容积大于等于 $1000m^3$ 且小于 $10000m^3$ 的规定执行。

5.2.5 压缩天然气加气站、压缩天然气储配站内气瓶车固定车位与站内建（构）筑物的防火间距不应小于表 5.2.5 的规定。

表 5.2.5 压缩天然气加气站、压缩天然气储配站内气瓶车固定车位与站内建（构）筑物的防火间距

气瓶车在固定车位最大总储气容积 V（m^3）/ 项目		防火间距（m）			
		V≤5000	5000<V≤10000	10000<V≤30000	30000<V≤45000
明火、散发火花地点		25	25	30	35
压缩机室、调压室、计量室		6	10	12	15
控制室、变配电室、汽车库、值班室等辅助建筑		12	15	20	25
机修间、燃气热水炉间		14	15	20	25
办公、生活建筑		18	20	25	30
消防泵房、消防水池取水口		20			
站内道路（路边）	主要	6	10	10	10
	次要	4	5	5	5
围墙		5	6	10	10

注：1 气瓶车在固定车位最大总储气容积按本规范表 4.2.2 注 1 计算。

2 燃气热水炉间指室内设置微正压室燃式燃气热水炉的建筑。

5.2.6 压缩天然气供应站内加气柱、卸气柱与气瓶车固定车位的距离宜为 2m～3m。加气柱、卸气柱距围墙不应小于 6m，距压缩机室、调压室、计量室不应小于 6m，距燃气热水炉间不应小于 12m。

5.2.7 压缩天然气加气站、压缩天然气储配站内集中放散装置的放散管口、露天工艺装置区与站内建（构）筑物的防火间距不应小于表 5.2.7 的规定。

表 5.2.7 压缩天然气加气站、压缩天然气储配站内集中放散装置的放散管口、露天工艺装置区与站内建(构)筑物的防火间距

项目	防火间距(m)	
	集中放散装置的放散管口	露天工艺装置区
明火、散发火花地点	30	20
压缩机室、调压室、计量室	20	—
控制室、变配电室、汽车库、值班室等辅助建筑	25	12
机修间、燃气热水炉间	25	15
办公、生活建筑	25	18
消防泵房、消防水池取水口	20	20
站内道路(路边)	2	4
围墙	2	10
储气井、固定式储气瓶组、气瓶车固定车位	20	—

注：1 露天工艺装置区与压缩机室、调压室、计量室等生产建筑的间距可按工艺要求确定。

2 露天工艺装置区与储气井、固定式储气瓶组、气瓶车固定车位的间距可按工艺要求确定。

3 露天工艺装置区与集中放散装置的放散管口的间距不应小于 20m。

4 燃气热水炉间指室内设置微正压室燃式燃气热水炉的建筑。

5.2.8 压缩天然气瓶组供气站的气瓶组应设置在固定地点，其与围墙的间距不应小于 4.5m，与站内其他建(构)筑物的防火间距可按本规范表 5.2.7 中露天工艺装置区的规定执行。

5.2.9 压缩天然气瓶组供气站的气瓶组与调压计量装置之间的防火间距应按工艺要求确定。

5.2.10 当本规范未作规定时，压缩天然气供应站内建(构)筑物的防火间距应符合现行国家标准《建筑设计防火规范》GB 50016 的有关规定。

6 工艺及设施

6.1 设 计 规 模

6.1.1 压缩天然气加气站的设计规模应根据用户的需求量与天然气气源的稳定供气能力确定。

6.1.2 压缩天然气储配站的设计规模应根据城镇天然气用户的总用气量和供应本站的天然气管道输送能力、压缩天然气加气站供气能力及气瓶车运输条件等综合确定。

6.1.3 压缩天然气储配站的总储气量应根据气源、运输和气候等条件确定，且不应小于本站计算月平均日供气量的 1.5 倍。当有补充或替代气源时，可按工艺条件确定。

6.1.4 压缩天然气加气站内气瓶车在固定车位的最大总储气容积不应大于 45000m^3，总几何容积不应大于 200m^3。压缩天然气储配站内气瓶车在固定车位的最大总储气容积不应大于 30000m^3，总几何容积不应大于 120m^3。

6.1.5 压缩天然气瓶组供气站内气瓶组最大总储气容积不应大于 1000m^3，总几何容积不应大于 4m^3。

6.1.6 供应居民用户压缩天然气瓶组供气站的供气规模不宜大于 1000 户。站内气瓶组的总储气容积应按 1.5 倍计算月平均日供气量确定。

6.1.7 压缩天然气加气站、压缩天然气储配站内固定式储气瓶组的总几何容积不宜大于 18m^3。

6.2 工艺及设备

6.2.1 压缩天然气供应站的工艺和设备能力应适应输配系统的输配气能力和调度、调峰的要求。

6.2.2 压缩天然气系统的设计压力应根据工艺条件确定，且不应小于系统最高工作压力的1.1倍。

6.2.3 向压缩天然气储配站和压缩天然气瓶组供气站运送压缩天然气的气瓶车和气瓶组，在充装温度为20℃时，充装压力不应大于20.0MPa(表压)。

6.2.4 压缩天然气储气井的工艺设计应符合下列规定：

1 储气井的设计应符合现行行业标准《高压气地下储气井》SY/T 6535的有关规定。

2 储气井应设置进、出气管道，不同时工作的进、出气管道可合并设置。

3 储气井应设置排污装置、压力监测装置和安全放散装置。排污管道应设置限位和支撑装置，并宜从储气井顶部封头的中心位置引出。

4 储气井进、出气管道上应设置根部切断阀，独立工作储气井的进、出气管道和成组工作储气井的进、出气总管道应设置操作用切断阀和紧急切断阀。

5 储气井的排污管道应设置根部切断阀和操作用切断阀。多个储气井排污汇总管道的排放管口应引至安全地点。

6 井口应采用便于对储气井进行无损检测的可开启形式，规格宜符合国家现行标准的有关规定。

7 井管深度宜为80m~150m。井口应高出地面300mm~500mm。在土质疏松的地表应设置导管，并应注入水泥浆封固。

8 井管之间及井管与封头之间螺纹连接的密封材料应性能可靠，且应耐天然气及土壤腐蚀。井管与井底、井壁的间隙应采用硅酸盐水泥填充。

9 井管、管箍和管底封头的外表面宜进行防腐处理。

10 储气井四周地坪宜进行硬化和排水处理。

11 储气井之间的距离不宜小于1.5m。

6.2.5 压缩天然气瓶组的工艺设计应符合下列规定：

1 气瓶应集中设置在瓶筐上，并应采取可靠固定和限位措施。

2 在一个储气瓶组内，气瓶的进、出气口应根据需要分别采用管道相连，并应汇总至一个或多个进、出气汇气管道；汇气管道应分别设置切断阀、安全阀、放散管及压力检测装置。

3 应具有排污功能，气瓶的排污管道应汇总连接至储气瓶组排污总管道。

4 站内储气瓶组的几何容积和总储气容积应符合本规范第3.0.10条、第6.1.5条、第6.1.6条和第6.1.7条对相应等级压缩天然气供应站的有关规定。

5 固定式储气瓶组宜选用同一种规格型号的气瓶，并宜符合现行国家标准《站用压缩天然气钢瓶》GB 19158的有关规定。

6 移动式储气瓶组应采用钢制气瓶或具有防火功能的树脂纤维缠绕气瓶，并应符合现行国家标准《汽车用压缩天然气钢瓶》GB 17258和《车用压缩天然气钢质内胆环向缠绕气瓶》GB 24160的有关规定。

7 移动式储气瓶组内气瓶与固定和限位支架之间宜垫厚度不小于10mm的橡胶垫板，不得硬性施力固定气瓶。

8 移动式储气瓶组中连接各气瓶进、出气口的短管应具有一定的伸缩性，管道连接形式应考虑对气瓶振动、晃动所产生位移的补偿。

6.2.6 放散装置的设置应符合下列规定：

1 压缩天然气供应站进(出)站管道事故放散、总几何容积大于18m^{3}固定式储气瓶组事故放散、压缩天然气供应站与天然气储配站合建站内储气罐检修及事故放散应设置集中放散装置。集中放散装置的放散管口应高出距其25m范围内的建(构)筑物2m以上，且距地面高度不得小于10m。

2 压缩机、加气、卸气、脱水、脱硫、减压等工艺设备的操作放散、检修放散、安全放散的放散管口和储气井、总几何容积不大于 $18m^3$ 固定式储气瓶组的检修放散、事故放散、安全放散的放散管口应高出距其 10m 范围内的建(构)筑物或露天设备平台 2m 以上，且距地面高度不得小于 5m。

3 不同压力级别的放散管宜分别设置。

4 采用人工操作控制的放散装置宜将放散的天然气引至管道或容器内回收。

6.2.7 压缩天然气供应站的工艺管道应根据系统要求设置安全阀，并应符合下列规定：

1 安全阀应采用全启封闭式弹簧安全阀，安全阀的开启压力应根据管道系统的最高允许工作压力确定，且不应大于管道系统设计压力。

2 当安全阀采用集中放散时，应符合本规范第 4.2.4 条、第 5.2.7 条和第 6.2.6 条的规定。

3 安全阀进口管道应设置切断阀。

6.2.8 压缩天然气供应站内属于压力容器的储气设施及工艺设备的设计应符合现行国家标准《压力容器》GB 150 及有关安全技术规定。

6.2.9 压缩天然气加气站内的加气柱、压缩天然气储配站内的卸气柱、压缩天然气瓶组供气站内的卸气装置应设置拉断阀、紧急切断阀和放空阀，并宜设置质量式流量计量装置。紧急切断阀应与紧急切断系统连锁。

6.2.10 压缩天然气加气站、压缩天然气储配站内固定式压缩天然气储气设施的最高工作压力不应大于 25.0MPa(表压)，设计温度应满足最高和最低工作温度要求。

6.2.11 压缩天然气加气站、压缩天然气储配站的进(出)站天然气管道应在安全地点设置事故情况下便于操作的切断阀。进站天然气管道应设置紧急切断阀，紧急切断阀前应设置安全阀。

6.2.12 当进站天然气的硫化氢含量不符合现行国家标准《车用压缩天然气》GB 18047 的规定时，应对进入生产压缩天然气环节的天然气进行脱硫。脱硫系统设计应符合下列规定：

1 脱硫装置应设置在压缩机前。

2 宜采用固体脱硫剂。

3 脱硫装置的配置数量应能满足系统在检修周期内不间断工作的需要。

4 天然气通过脱硫装置的流速宜为 150mm/s～200mm/s，天然气与脱硫剂接触的时间宜为 20s～40s。

5 寒冷地区的脱硫设备应采取保温措施。

6 应设置脱硫后天然气硫化氢含量的检测设施。

6.2.13 当进站天然气的含水量不符合现行国家标准《车用压缩天然气》GB 18047 对压缩天然气含水量的规定时，应对进入生产压缩天然气环节的天然气进行脱水。脱水系统设计应符合下列规定：

1 脱水装置的设置和选型应根据压缩机的性能和天然气的含水量确定。

2 脱水装置的配置数量应能满足系统在检修周期内不间断工作的需要。

3 脱水工艺宜采用固体吸附法。压缩机前段脱水宜采用分子筛二级脱水；压缩机后段或中段脱水宜采用分子筛一级脱水。

4 天然气通过压缩机前段脱水装置的流速宜为 150mm/s～200mm/s，天然气与脱水剂的接触时间宜为 40s～60s。寒冷地区脱水装置的流速宜为 150mm/s，接触时间宜为 60s。

5 应设置脱水后天然气含水量的检测设施。

6.2.14 压缩机的选型应符合下列规定：

1 排气压力不应大于 25.0MPa(表压)。

2 应根据进站天然气压力、脱水工艺、设计规模、调度要求、排气量等进行选型。所选设备应便于操作维护、安全可靠，并应符合节能、高效、低振和低噪声的要求。

3 站内装机台数不宜过多，且压缩机的型号宜一致。压缩天然气储配站内应设置备用机组。

4 多台并联运行压缩机的总排气量应按各台压缩机公称容积流量之和的 80%～85%计算。

5 压缩机各级冷却后的排气温度不宜大于 40℃。

6.2.15 压缩机应根据环境和气候条件设置于露天或单层建筑物的厂房内，也可采用橇装设备。

6.2.16 压缩机室的工艺设计应符合下列规定：

1 压缩机宜按独立机组配置进、出气管道及阀门、旁通、冷却器、安全放散、供油和供水等设施。

2 压缩机进气管道应设置手动和电动（或气动）控制阀门；压缩机出气管道上应设置安全阀、止回阀和手动切断阀。出口管道安全阀的泄放能力不应小于压缩机的安全泄放量。安全阀放散管的设置应符合本规范第6.2.6条的规定。

3 压缩机的进、出气管道宜采用直埋或管沟敷设，并宜采取减振降噪措施。

4 应设置用于投产置换、生产维修和安全保护的附属设备。

5 压缩机及附属设备的布置应符合下列规定：

1）压缩机宜单排布置；

2）压缩机之间及压缩机与墙壁之间的净距不宜小于1.5m；

3）重要通道的宽度不宜小于2m；

4）机组联轴器及皮带传动装置应采取安全防护措施；

5）高出地面2m以上的检修部位应设置移动或可拆卸式维修平台或扶梯；

6）维修平台及地坑周围应设置防护栏。

6 压缩机室宜根据设备情况设置检修用起吊设备。

7 压缩机紧急停车启动装置应设置在机组近旁。

6.2.17 进入压缩机的天然气不应含有游离水，含尘量不应大于5mg/m^3，微尘直径应小于10μm，且应符合所选用压缩机的使用要求。当天然气含尘量和微尘直径超过规定值时，应进行除尘净化。

6.2.18 压缩机进、出口应设置缓冲罐，缓冲罐的容积宜按天然气在罐内停留时间不小于10s确定。

6.2.19 压缩机进气总管道中天然气的流速不宜大于15m/s。

6.2.20 压缩机应设置自动和手动停车装置，各级排气温度大于限定值时，应报警并人工停车。发生下列情况之一时，应报警并自动停车：

1 各级吸、排气压力不符合规定值；

2 冷凝水（或风冷鼓风机）压力和温度不符合规定值；

3 润滑油压力、温度和油箱液位不符合规定值；

4 压缩机电机过载。

6.2.21 压缩机卸载排气宜通过缓冲罐回收，并引至进站天然气管道。

6.2.22 压缩机、冷却器、分离器排出冷凝液的处理应符合下列规定：

1 冷凝液应集中收集，不得直接排入下水道；

2 共用冷凝液汇总管道的设备应设置避免冷凝液排放相互影响的装置；

3 压缩机宜设置自动排出冷凝液的装置；

4 密闭式冷凝液收集分离罐的设计压力应为冷凝系统最高工作压力的1.2倍。

6.2.23 压缩天然气储配站应根据输配系统调度要求设置向下游管道供配气的计量和调压装置。计量和调压装置应根据工作环境要求设置在露天或厂房内。

6.2.24 压缩天然气储配站、压缩天然气瓶组供气站的压缩天然气供气系统应根据工艺要求分级调压，并应符合下列规定：

1 宜采用自力式调压器，不得采用手动装置节流减压；

2 应根据工艺要求设置紧急切断阀和安全放散装置，安全放散装置的设置应符合本规范第6.2.6条、第6.2.7条的规定；

3 一级调压器进口管道应设置快速切断阀，宜设置过滤器。

6.2.25 压缩天然气储配站、压缩天然气瓶组供气站应根据燃气流量、压力降等工艺条件设置天然气加热装置。加热能力应保证燃气设备、管道及附件正常运行。

6.2.26 压缩天然气储配站、压缩天然气瓶组供气站与液化石油气混气站合建时，站内液化石油气系统的设计应符合现行国家标准《液化石油气供应工程设计规范》GB 51142 的有关规定。

6.3 管道及附件

6.3.1 压缩天然气供应站内工艺管道的设计应符合现行国家标准《工业金属管道设计规范》GB 50316 的有关规定。当属于压力管道时，还应符合现行国家标准《压力管道规范——工业管道》GB/T 20801 及有关安全技术规定。

6.3.2 压缩天然气和天然气的管道、管件、设备与阀门的设计压力或压力级别不应小于相应的系统设计压力，其材质应与天然气介质相适应。

6.3.3 压缩天然气管道应采用无缝钢管，技术性能应符合现行国家标准《高压锅炉用无缝钢管》GB 5310、《流体输送用不锈钢无缝钢管》GB/T 14976 或《高压化肥设备用无缝钢管》GB 6479 的有关规定。

6.3.4 压缩天然气管道连接应符合下列规定：

1 钢管外径大于 28mm 的压缩天然气管道的连接宜采用焊接，管道与设备、阀门的连接宜采用法兰连接。

2 钢管外径不大于 28mm 的压缩天然气管道及其与设备、阀门的连接可采用双卡套接头、法兰或锥管螺纹连接。双卡套接头应符合现行国家标准《卡套式管接头技术条件》GB/T 3765 的有关规定。

3 管接头的复合密封材料和垫片应适应天然气介质的要求。

4 当管道附件与管道采用焊接连接时，二者的材质应满足焊接工艺要求。

6.3.5 压缩天然气供应站内的天然气管道应采用钢管，可采用技术性能符合现行国家标准《石油天然气工业　管线输送系统用钢管》GB/T 9711 有关规定的钢管。当设计压力不大于 4.0MPa 时，也可采用技术性能符合现行国家标准《输送流体用无缝钢管》GB/T 8163 有关规定的钢管；当设计压力不大于 0.4MPa 时，也可采用技术性能符合现行国家标准《低压流体输送用焊接钢管》GB/T 3091 有关规定的钢管。

6.3.6 压缩天然气的加气、卸气软管应采用适应天然气介质的气体承压软管，最高允许工作压力不应小于 4 倍的系统设计压力。软管长度不应大于 6.0m，有效作用半径不应小于 2.5m。

6.3.7 压缩天然气供应站内工艺管道在室外埋地敷设时，埋深不应小于 0.6m，穿越车行道路的埋深不应小于 0.9m，冰冻地区应敷设在冰冻线以下。

6.3.8 压缩天然气供应站内架空敷设工艺管道与道路、其他管线交叉的垂直净距不应小于表 6.3.8 的规定。

表 6.3.8 压缩天然气供应站内架空工艺管道与道路、其他管线交叉的垂直净距

道路和管线		垂直净距(m)	
		工艺管道下	工艺管道上
车行道路路面		5.00	—
人行道路路面		2.20	—
其他管道	管径≤300mm	同管道直径，但不应小于 0.10	同管道直径，但不应小于 0.10
	管径>300mm	0.30	0.30

注：在保证安全的情况下，架空工艺管道至车行道路路面的垂直净距可取 4.50m。在车行道和人行道以外的地区，可在从地面到管底高度不小于 0.35m 的低支柱上敷设。

6.3.9 压缩天然气供应站内埋地钢质管道的防腐设计应符合现行行业标准《城镇燃气埋地钢质管道

腐蚀控制技术规程》CJJ 95 的有关规定。

6.3.10 压缩天然气供应站的进(出)站管道应根据需要设置电绝缘装置。

7 建(构)筑物与供暖通风换热

7.1 建(构)筑物

7.1.1 压缩天然气加气站、储配站内主要建(构)筑物的设计使用年限不应小于 50 年。建(构)筑物结构的安全等级应符合国家现行标准的有关规定。

7.1.2 抗震设防烈度 6 度或 6 度以上地区，压缩天然气供应站内建(构)筑物的抗震设计应符合现行国家标准《建筑抗震设计规范》GB 50011 和《构筑物抗震设计规范》GB 50191 的有关规定。

7.1.3 压缩天然气供应站内生产厂房及附属建筑物的耐火等级不应低于现行国家标准《建筑设计防火规范》GB 50016 中“耐火等级二级”的有关规定。

7.1.4 压缩天然气供应站内有爆炸危险甲、乙类生产厂房的设计应符合现行国家标准《建筑设计防火规范》GB 50016 的有关规定。建筑物的门窗应向外开启。

7.1.5 天然气压缩机室宜为单层建筑，净高不宜低于 4.0m。当压缩机的控制室毗邻压缩机室设置时，控制室门窗应位于爆炸危险区范围外，控制室与压缩机室之间应采用无门窗洞口的防火墙分隔。当必须在防火墙上开窗用于观察设备运转时，应设置非燃烧材料密闭隔声的固定甲级防火窗。

7.1.6 压缩天然气加气站、压缩天然气储配站内加气柱、卸气柱附近应设置防撞柱(栏)。

7.1.7 压缩天然气设备的罩棚宜采用避免天然气积聚的结构形式。

7.1.8 压缩天然气供应站内控制室的设计应符合现行行业标准《控制室设计规范》HG/T 20508 的有关规定。

7.2 供暖、通风及换热

7.2.1 压缩天然气供应站内封闭式生产建筑的供暖通风设计应符合现行国家标准《工业建筑供暖通风与空气调节设计规范》GB 50019 的有关规定。

7.2.2 非供暖地区压缩天然气供应站内具有爆炸危险的建筑物宜采用敞开式、半敞开式的钢筋混凝土框架结构或钢结构，顶棚宜采用隔热、防雨、不燃的轻质材料。

7.2.3 压缩天然气供应站内具有爆炸危险的封闭式建筑物应采取通风措施。工作通风的换气次数不应少于 6 次/h，事故通风的换气次数不应少于 12 次/h。

7.2.4 压缩天然气储配站内天然气加热装置宜采用热水或蒸汽间壁换热形式，压缩天然气瓶组供气站内天然气加热装置宜采用热水间壁换热形式，换热能力不应小于计算换热量的 1.25 倍。加热装置宜具有温度自动控制功能，热水和蒸汽供热系统应设超压泄放装置。

7.2.5 压缩天然气供应站内天然气加热装置用供热管道的设计应符合现行国家标准《工业金属管道设计规范》GB 50316 的有关规定。当属于压力管道时，尚应符合现行国家标准《压力管道规范　工业管道》GB/T 20801 及有关安全技术的规定。

7.2.6 压缩天然气供应站内属于压力容器的供热设备的设计应符合现行国家标准《压力容器》GB 150 和《管壳式换热器》GB 151 及有关安全技术的规定。

8 消防与给水排水

8.1 消　　防

8.1.1 压缩天然气加气站、压缩天然气储配站在同一时间内的火灾次数应按 1 次考虑，室外消防用水量应按储气井、固定式储气瓶组及固定车位气瓶车的一起火灾灭火消防用水量确定。站区的消防用水量不应小于表 8.1.1 的规定。

表 8.1.1 站区的消防用水量

总储气容积 V(m^3)	500<V≤10000	10000<V≤50000	50000<V≤100000	100000<V≤200000	V>200000
消防用水量（L/s）	15	20	25	30	35

注：1 总储气容积为储气井、固定式储气瓶组的储气总容积与气瓶车在固定车位最大储气容积之和，按其几何容积(m^3)与最高储气压力(绝对压力，10^2kPa)的乘积并除以压缩因子后的总和计算。

2 当与天然气储配站合建时，合建站的消防用水量应将天然气储罐的储气容积计入总储气容积后按本表执行。

8.1.2 压缩天然气供应站内消防设施设计和建筑物消防用水量的确定应符合现行国家标准《建筑设计防火规范》GB 50016 和《消防给水及消火栓系统技术规范》GB 50974 的有关规定。

8.1.3 下列压缩天然气供应站内的压缩天然气储气设施及工艺装置区可不设置消防给水系统：

1 五级压缩天然气供应站；

2 固定式储气瓶组总几何容积不大于 18m^3 的四级压缩天然气供应站；

3 固定式储气瓶组总几何容积不大于 18m^3、气瓶车固定车位数量不大于 1 个且站址位于供水量不小于 20L/s 市政消火栓保护范围 150m 以内的三级压缩天然气供应站。

8.1.4 当设置消防水池时，消防水池的容量应按火灾延续时间不小于 3h 计算确定。当消防水池采用两路供水且在火灾情况下连续补水能满足消防要求时，消防水池的有效容积可减去火灾延续时间内补充的水量，但消防水池的有效容积不应小于 100m^3；当仅设有消火栓系统时，不应小于 50m^3。

8.1.5 压缩天然气加气站、压缩天然气储配站内消防给水管网应采用环形管网，给水干管不应少于两条，当其中一条发生故障时，其余的进水管应能满足消防用水总量的供给要求。寒冷地区的消防给水管网应采取防冻措施。

8.1.6 压缩天然气加气站、压缩天然气储配站内室外消火栓宜选用地上式消火栓。

8.1.7 压缩天然气供应站内储气井应根据储气规模配置干粉灭火器，每 25 个储气井配置 8kg 干粉灭火器的数量不得少于 2 个；工艺装置区配置 8kg 干粉灭火器的数量不得少于 2 个；加气柱、卸气柱配置 8kg 干粉灭火器的数量不得少于 2 个。建筑物灭火器的配置应符合现行国家标准《建筑灭火器配置设计规范》GB 50140 的有关规定。

8.2 给水排水

8.2.1 压缩天然气加气站、压缩天然气储配站内水冷式压缩机的冷却水系统设计应符合压缩机对水量、水压、水温、水质的要求。

8.2.2 压缩天然气供应站的生产生活用水量应按生产用水量、生活用水量、浇洒及绿化用水量之和计算。用水指标应根据生产设备要求和现行国家标准《建筑给水排水设计规范》GB 50015 的有关规定确定。

8.2.3 压缩天然气加气站、压缩天然气储配站的废油水、洗罐水等应回收集中处理。

8.2.4 站区场地应有完整、有效的雨水排水系统，并宜采用暗管排水。

8.2.5 排出站外的污水应符合国家现行标准《污水综合排放标准》GB 8978 和《污水排入城镇下水道水质标准》CJ 343 的有关规定。

9 电 气

9.1 供配电

9.1.1 压缩天然气加气站和作为可间断供气用户气源的压缩天然气储配站内生产用电、生活用电的供电系统设计应符合现行国家标准《供配电系统设计规范》GB 50052 中"三级负荷"的规定，站内消防用电和自控系统用电的供电系统设计应符合现行国家标准《供配电系统设计规范》GB 50052 中“二级负荷”的规定。

9.1.2 当压缩天然气储配站作为不可间断供气用户的气源时，生产用电、消防用电和自控系统用电的供电系统设计应符合现行国家标准《供配电系统设计规范》GB 50052 中“二级负荷”的规定。

9.1.3 压缩天然气供应站电气防爆设计应符合下列规定：

1 设置在爆炸危险区域电气设备的选型、安装和线路的敷设等应符合现行国家标准《爆炸危险环境电力装置设计规范》GB 50058 的有关规定。

2 爆炸危险区域等级和范围的划分应符合本规范附录 A 的规定。本规范附录 A 未规定的情况，应符合现行国家标准《爆炸危险环境电力装置设计规范》GB 50058 的有关规定。

9.1.4 压缩天然气供应站内 6kV 以下的变配电装置应采用干式设备，6kV 及以上变配电装置宜采用干式设备。20kV 及以下的配电变压器应采用干式变压器。

9.1.5 压缩天然气供应站内供配电及控制电缆的选择与敷设应符合现行国家标准《电力工程电缆设计规范》GB 50217 的有关规定。配电电缆应采用阻燃型，控制电缆宜采用阻燃型；消防系统的配电及控制电缆宜采用耐火型。

9.1.6 压缩天然气供应站内建筑物的照明设计应符合现行国家标准《建筑照明设计标准》GB 50034 的有关规定。站内消防泵房、变配电室、控制室、加气柱及卸气柱等应设置应急照明，应急照明和疏散指示标志的设置应符合现行国家标准《建筑设计防火规范》GB 50016 的有关规定。

9.2 防雷、防静电

9.2.1 压缩天然气供应站内建筑物的防雷设计应符合现行国家标准《建筑物防雷设计规范》GB 50057 的有关规定。

9.2.2 压缩天然气供应站内生产区的罩棚、有封闭外壳的橇装工艺设备和压缩机室、调压计量室等有爆炸危险的生产厂房应有防雷接地设施，并应符合现行国家标准《建筑物防雷设计规范》GB 50057 中“第二类防雷建筑物”的有关规定。

9.2.3 压缩天然气供应站内建筑物防雷装置的接地（独立接闪装置的接地装置除外）、防静电接地、电气和电子信息系统接地等应共用接地装置，接地电阻应取其中最小值，且不宜大于 4Ω。单独设置的工艺装置，接地电阻不宜大于 10Ω。地上或管沟敷设的金属管道始末端应做接地连接，接地电阻不宜大于 10Ω。

9.2.4 压缩天然气供应站内产生静电危险的设备和管道应采取防静电接地措施。站内各类接地系统的接地装置（独立接闪装置的接地装置除外）均可用于防静电接地。

9.2.5 加气、卸气车辆或金属容器应设置防静电接地装置，并应与就近的接地装置可靠连接。

9.2.6 压缩天然气供应站内爆炸危险区域内的所有钢制法兰及金属管道上非良好导电性连接管道的两端应采用金属导体跨接。

10 仪表、自控与通信

10.1 仪 表

10.1.1 仪表选型应根据工艺参数、安装环境、自动控制水平等确定，并应符合现行行业标准《石油化工自动化仪表选型设计规范》SH/T 3005 或《自动化仪表选型设计规范》HG/T 20507 的有关规定。设置在爆炸危险区域的仪表应符合现行国家标准《爆炸危险环境电力装置设计规范》GB 50058 的有关规定。

10.1.2 压缩天然气供应站内流量、压力、温度仪表的设置应符合表 10.1.2 的规定。

表 10.1.2 压缩天然气供应站内流量、压力、温度仪表的设置要求

参数	位　置	功　能		
		指示	记录	累计
流量	进(出)站管道及需要作为参数控制处	+	+	+
压力	进(出)站管道、容器、进出设备压力控制及所有压力调节处	+	+	−
温度	温度控制处	+	+	−

注：表中“+”表示应设置，“−”表示没有要求设置。

10.1.3 压缩天然气加气站、压缩天然气储配站内应根据需要设置测定燃气组分、发热量、密度、含水量、含硫量及其他有害杂质含量的仪器、仪表。

10.1.4 测量压缩天然气和压力大于 4.0MPa 天然气的压力表，正常操作压力值不应超过其测量范围上限值的 1/2。

10.1.5 压缩天然气的压力测点处应设置安全泄气孔。

10.2 自　控

10.2.1 压缩天然气供应站应设置自控系统，并宜作为燃气输配数据采集监控系统的远端站。自控系统应包括工艺过程控制系统、可燃气体检测报警系统和紧急切断系统。

10.2.2 压缩天然气供应站的自控系统应采用不间断供电回路供电。

10.2.3 自控系统的设计应符合下列规定：

1 应采用故障安全型设计。

2 操作模式应包括自动控制、半自动控制、手动控制。

3 应具有针对全站和特定设备的紧急切断功能。

4 应对工艺控制参数、设备状态和报警信息等进行存储，并支持查询、打印输出和声光报警。

5 电路和接口的设计应具有通用性和兼容性，系统应具有可扩性。

6 软件和关键的硬件应采用冗余技术，系统应有自诊断功能。

7 远程通信网络配置应满足数据采集系统的统一要求，通信方式可利用城市公共数据通信网络。

10.2.4 压缩天然气供应站的监测和控制应符合下列规定：

1 应对管道天然气的进(出)站压力、温度、流量进行监测，并应具有记录、显示、报警功能。进站压力信号应与进站紧急切断阀连锁，实现超压自动切断。

2 应对脱水装置工作压力、温度、再生温度、再生压力、含水量进行监测，并应具有记录、显示、报警功能。

3 应对压缩机的天然气各级进、出口压力和温度、冷却水温度、油压、油温、电机运行状态进行监测，并应具有记录、显示、报警功能。

4 应对每个成组工作储气瓶组(储气井)的运行压力进行监测，并应具有记录、显示、报警功能。运行压力信号应与紧急切断阀连锁，实现超压自动切断。

5 应对加气、卸气气瓶车的压力、流量(累计、瞬时、车次)进行监测，并应具有记录、显示、报警功能。加气压力信号应与紧急切断阀连锁，实现超压自动切断。

6 应对各级调压后的压力、温度进行监控，并应具有记录、显示、报警功能；压力信号应与紧急切断阀连锁，实现超压自动切断。

7 应对天然气加热装置的进出口水温、水压进行监控，并应具有记录、显示、报警功能；出口水温宜与加热炉连锁，进行水温自动调控。

8 应对出站管道内天然气的加臭量进行监测，并应具有记录、显示功能；加臭设备控制器应与天然气流量信号连锁，实现加臭量的自动调控。

9 根据工艺控制要求，应能实现全站紧急切断。

10 紧急切断系统应只能手动复位。

10.2.5 可燃气体探测报警系统的设计应符合下列规定：

1 在生产、使用可燃气体的场所和有可燃气体产生的场所应设置可燃气体探测报警系统，并应符合国家现行标准《城镇燃气报警控制系统技术规程》CJJ/T 146和《石油化工可燃气体和有毒气体检测报警设计规范》GB 50493的有关规定。

2 可燃气体探测报警浓度应为天然气爆炸下限的20%(体积百分数)。

3 可燃气体探测器应采用固定式，设置可燃气体探测器的场所应配置声光报警器。

4 报警控制器应设置在有人值守的监控室内，并应与自控系统连接。

10.2.6 紧急切断系统启动装置的设置应符合下列规定：

1 加气柱、卸气柱(卸气装置)紧急切断阀的启动装置应在就地和控制室设置，且可与全站紧急切断启动装置合并设置，三级以下的压缩天然气供应站宜与全站紧急切断启动装置合并设置。加气柱的紧急切断启动装置应同时连锁对应工作压缩机紧急停机。

2 独立或成组工作的固定式储气设施的紧急切断阀应在就地和控制室设置启动装置，并应同时联锁对应工作压缩机紧急停机。

3 每台压缩机的紧急停机启动装置应在就地和控制室设置。

4 进站天然气管道的紧急切断阀应在控制室设置启动装置。

5 全站紧急切断启动装置应在控制室、加气柱、卸气柱(卸气装置)设置。

10.2.7 自控系统的防雷措施应符合现行国家标准《建筑物防雷设计规范》GB 50057和《建筑物电子信息系统防雷技术规范》GB 50343的有关规定。

10.3 通 信

10.3.1 一级、二级、三级压缩天然气供应站应设置视频监控系统和周界入侵报警系统，四级压缩天然气供应站宜设置视频监控系统和周界入侵报警系统。

10.3.2 视频监控系统的设计应符合现行国家标准《工业电视系统工程设计规范》GB 50115的有关规定。周界入侵报警系统的设计应符合现行国家标准《入侵报警系统工程设计规范》GB 50394的有关规定。

10.3.3 视频监控系统和入侵报警系统的主机应设置在有人值守的控制室或值班室内。

10.3.4 压缩天然气加气站、压缩天然气储配站应至少设置1台直通外线的电话。一级、二级压缩天然气供应站内应至少设置2台直通外线的电话。

10.3.5 压缩天然气供应站内在爆炸危险区域内使用的通信设备应采用与爆炸危险环境类型相适应的防爆型产品。

附录 A　压缩天然气供应站内爆炸危险区域等级和范围划分

A.0.1　爆炸危险区域等级的定义应符合现行国家标准《爆炸危险环境电力装置设计规范》GB 50058 的有关规定。

A.0.2　站内生产装置所有场所的释放源应划分为二级释放源。

A.0.3　露天设置的天然气工艺装置区(调压、计量、脱水、脱硫、压缩等装置及阀门、法兰或类似附件)、储气井区、室外固定式储气瓶组(橇体、阀门、法兰或类似附件等包括在内)四周边缘外 4.5m 内，自地面向上至最高的装置顶部(有放散管的以放散管口计)以上 7.5m 的空间范围应划分为 2 区(图 A.0.3)。

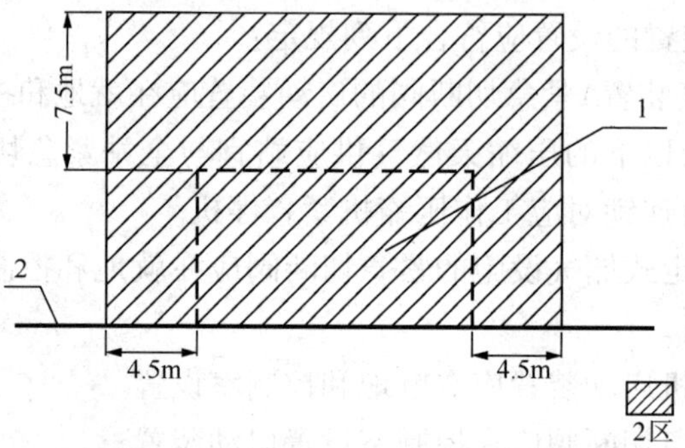

图 A.0.3　露天设置的天然气工艺装置区、储气井区、室外固定式储气瓶组的爆炸危险区域等级和范围划分

1—工艺装置区；2—室外地坪

A.0.4　通风良好的压缩机室、调压室、计量室等生产用房的内部及外壁(有放散管的一侧以放散管计)4.5m 内，屋顶(有放散管的以放散管管口计)以上 7.5m 内的空间范围应划分为 2 区(图 A.0.4)。

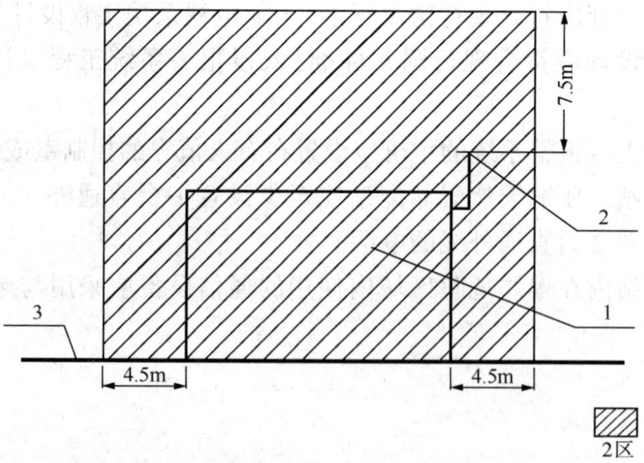

图 A.0.4　通风良好的压缩机室、调压室、计量室等生产用房的爆炸危险区域等级和范围划分

1—压缩机室、调压室等；2—放散管管口；3—室外地坪

A.0.5　固定车位压缩天然气瓶车或车载气瓶组的爆炸危险区域等级和范围划分应符合下列规定：

1　以气瓶车或车载气瓶组的密闭式注送口为中心，半径为 1.5m 的空间范围和爆炸危险区域内地坪下的坑、沟应划分为 1 区(图 A.0.5)。

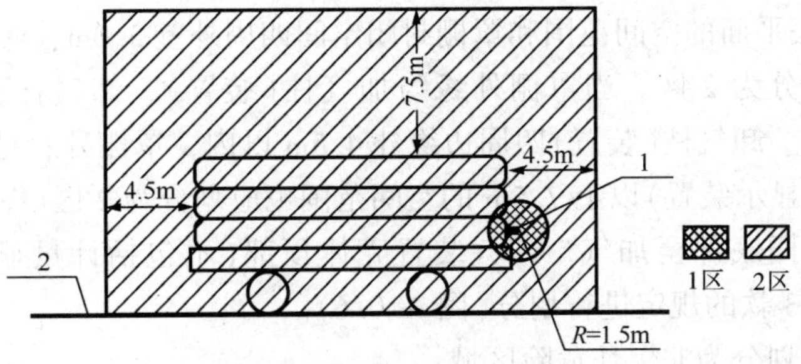

图 A.0.5　固定车位压缩天然气瓶车或车载气瓶组的爆炸危险区域等级和范围划分

1—装卸口；2—室外地坪

2　气瓶车或车载气瓶组橇体(包括气瓶组、阀门、法兰或附件等)四周边缘外 4.5m 以内，自地面向上至气瓶车或车载气瓶组顶部以上 7.5m 的空间范围应划分为 2 区(图 A.0.5)。

A.0.6　压缩天然气加气柱(装置)、卸气柱(装置)的爆炸危险区域等级和范围的划分应符合下列规定：

1　加气柱(装置)、卸气柱(装置)壳体内部空间及爆炸危险区域内地坪下的坑、沟应划分为 1 区(图 A.0.6)。

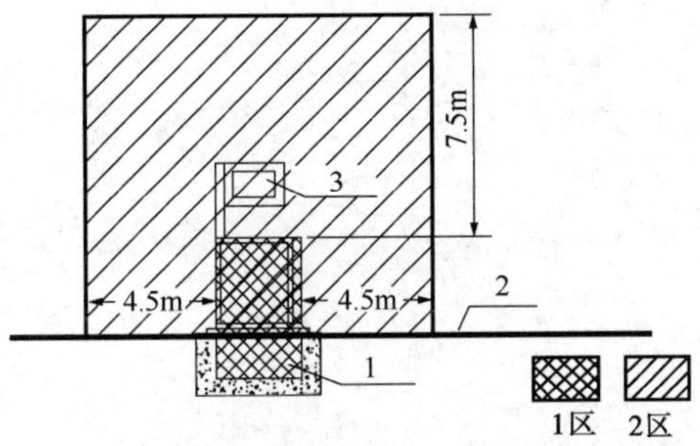

(a) 无罩棚的情况

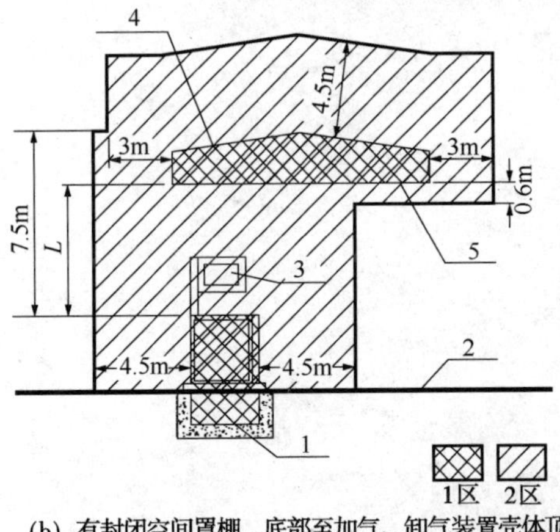

(b) 有封闭空间罩棚，底部至加气、卸气装置壳体顶部(不包括计量显示装置) 距离L不大于7.5m的情况

图 A.0.6　压缩天然气加气柱(装置)、卸气柱(装置)的爆炸危险区域等级和范围的划分

1—坑或沟；2—地坪；3—计量显示装置；4—罩棚顶；5—罩棚封闭空间底部

2　当无罩棚时，加气柱(装置)、卸气柱(装置)四周边缘外 4.5m 内，自地面向上至加气、卸气装置壳体顶部(不包括计量显示装置)以上 7.5m 的空间范围应划分为 2 区(图 A.0.6)。

3　当有封闭空间罩棚的底部至加气、卸气装置壳体顶部(不包括计量显示装置)距离 L 不大于

7.5m 时，罩棚封闭空间的内部应划分为 1 区；加气柱(装置)、卸气柱(装置)四周边缘外 4.5m 以内，自地面向上至罩棚底平面的空间范围和罩棚封闭空间四周外壁 3.0m、底部以下 0.6m、顶部以上 4.5m 内的空间范围应划分为 2 区。当罩棚外缘与加气柱(装置)、卸气柱(装置)的水平距离小于 1.5m 时，加气柱(装置)、卸气柱(装置)四周边缘外 4.5m 以内，罩棚外自地面向上至加气、卸气装置壳体顶部(不包括计量显示装置)以上 7.5m 的空间范围也应划分为 2 区(图 A.0.6)。

4 当无封闭空间罩棚底部至加气、卸气装置壳体顶部(不包括计量显示装置)距离 *L* 不大于 7.5m 时，可参照本条第 3 款的规定进行划分(图 A.0.6)。

A.0.7 站内下列场所可划分为非爆炸危险区域：

1 没有释放源，且不可能有可燃气体侵入的区域；

2 可燃气体可能出现的最高浓度不超过爆炸下限的 10%的区域；

3 燃气热水炉间等在生产过程中使用明火设备的厂房；

4 在工艺装置区外，露天或开敞设置的通风良好的地上燃气管道及其附带的管道截断阀、止回阀的地带。

引用标准名录

1 《建筑抗震设计规范》GB 50011
2 《建筑给水排水设计规范》GB 50015
3 《建筑设计防火规范》GB 50016
4 《工业建筑供暖通风与空气调节设计规范》GB 50019
5 《室外给水排水和燃气热力工程抗震设计规范》GB 50032
6 《建筑照明设计标准》GB 50034
7 《供配电系统设计规范》GB 50052
8 《建筑物防雷设计规范》GB 50057
9 《爆炸危险环境电力装置设计规范》GB 50058
10 《工业电视系统工程设计规范》GB 50115
11 《建筑灭火器配置设计规范》GB 50140
12 《构筑物抗震设计规范》GB 50191
13 《电力工程电缆设计规范》GB 50217
14 《工业金属管道设计规范》GB 50316
15 《建筑物电子信息系统防雷技术规范》GB 50343
16 《入侵报警系统工程设计规范》GB 50394
17 《石油化工可燃气体和有毒气体检测报警设计规范》GB 50493
18 《城镇燃气技术规范》GB 50494
19 《消防给水及消火栓系统技术规范》GB 50974
20 《液化石油气供应工程设计规范》GB 51142
21 《压力容器》GB 150
22 《管壳式换热器》GB 151
23 《低压流体输送用焊接钢管》GB/T 3091
24 《声环境质量标准》GB 3096
25 《卡套式管接头技术条件》GB/T 3765
26 《高压锅炉用无缝钢管》GB 5310
27 《高压化肥设备用无缝钢管》GB 6479
28 《输送流体用无缝钢管》GB/T 8163
29 《污水综合排放标准》GB 8978
30 《石油天然气工业　管线输送系统用钢管》GB/T 9711
31 《工业企业厂界环境噪声排放标准》GB 12348
32 《流体输送用不锈钢无缝钢管》GB/T 14976
33 《汽车用压缩天然气钢瓶》GB 17258
34 《天然气》GB 17820
35 《车用压缩天然气》GB 18047
36 《站用压缩天然气钢瓶》GB 19158
37 《压力管道规范　工业管道》GB/T 20801
38 《车用压缩天然气钢质内胆环向缠绕气瓶》GB 24160
39 《城镇燃气埋地钢质管道腐蚀控制技术规程》CJJ 95
40 《城镇燃气报警控制系统技术规程》CJJ/T 146
41 《城镇燃气加臭技术规程》CJJ/T 148

42 《城镇燃气标志标准》CJJ/T 153
43 《污水排入城镇下水道水质标准》CJ 343
44 《自动化仪表选型设计规范》HG/T 20507
45 《控制室设计规范》HG/T 20508
46 《石油化工自动化仪表选型设计规范》SH/T 3005
47 《高压气地下储气井》SY/T 6535

UDC

中华人民共和国国家标准

P　　　　　　　　　　　　　　　　　　　　　　　　GB 51142—2015

液化石油气供应工程设计规范

Code for design of liquefied petroleum gas (LPG) supply engineering

2015-12-03 发布　　　　　　　　　　　　　　　　　2016-08-01 实施

中华人民共和国住房和城乡建设部
中华人民共和国国家质量监督检验检疫总局　联合发布

前　言

根据住房和城乡建设部《关于印发<2009 年工程建设标准规范制订、修订计划>的通知》(建标[2009]88 号)的要求，规范编制组经广泛调查研究，认真总结实践经验，参考有关国外先进标准，并在广泛征求意见的基础上，编制本规范。

本规范的主要内容包括：1. 总则；2. 术语；3. 基本规定；4. 液态液化石油气管道输送；5. 液化石油气储存站、储配站和灌装站；6. 液化石油气气化站和混气站；7. 液化石油气瓶组气化站；8. 液化石油气瓶装供应站；9. 管材及管道附件、储罐及其他容器和防腐；10. 建筑防火与供暖通风及绿化；11. 消防给水、站区排水与灭火器配置；12. 电气与通信。

本规范中以黑体字标志的条文为强制性条文，必须严格执行。

本规范由住房和城乡建设部负责管理和对强制性条文的解释，由中国市政工程华北设计研究总院有限公司负责具体技术内容的解释。执行过程中如有意见或建议，请寄送中国市政工程华北设计研究总院有限公司(地址：天津市南开区华苑产业园区桂苑路 16 号，邮编：300384)。

本规范主编单位：中国市政工程华北设计研究总院有限公司

本规范参编单位：北京市煤气热力工程设计院有限公司
北京市液化石油气公司
新地能源工程技术有限公司
港华投资有限公司
中国燃气控股有限公司
中石油昆仑燃气有限公司
上海液化石油气经营有限公司
长春燃气热力设计研究院有限责任公司
中国轻工业广州工程院
深圳市燃气工程设计有限公司
中交煤气热力研究设计院有限公司
公安部天津消防研究所
烟台市汇通燃气发展有限公司

本规范主要起草人员：陈云玉　张　涛　杜建梅　杨永慧
阎海鹏　吴洪松　应援农　周继辉
毕　伟　牛卓韬　云　成　肖建林
杜　霞　白彦辉　张　琳　赵雪玲
王　雪　张宏伟　于京春　李连星
杨　炯　张晓军　邓文平　安跃红
刘　斌　贾秋明　于小迪　于　涛
吕　松

本规范主要审查人员：金石坚　杨　健　徐　良　冯长海
李永威　田贯三　宋玉银　张剑光
许　红　王文德　孟学思　姜东琪
史业腾　孔　川　全　星

目　次

1　总则
2　术语
3　基本规定
4　液态液化石油气管道输送
　4.1　一般规定
　4.2　管道设计
　4.3　管道敷设
5　液化石油气储存站、储配站和灌装站
　5.1　一般规定
　5.2　平面布置
　5.3　工艺及设备
6　液化石油气气化站和混气站
　6.1　平面布置
　6.2　工艺及设备
7　液化石油气瓶组气化站
8　液化石油气瓶装供应站
9　管材及管道附件、储罐及其他容器和防腐
　9.1　管材及管道附件
　9.2　管道的连接
　9.3　储罐及其他容器
　9.4　管道和储罐的防腐
10　建筑防火与供暖通风及绿化
　10.1　建筑防火
　10.2　供暖通风及绿化
11　消防给水、站区排水与灭火器配置
　11.1　消防给水
　11.2　站区排水
　11.3　灭火器配置
12　电气与通信
　12.1　电气
　12.2　防雷及防静电
　12.3　检测仪表和报警系统
　12.4　通信
附录 A　液化石油气供应站爆炸危险区域等级和范围划分
本规范用词说明(略)
引用标准名录
附：条文说明(略)

Contents

1 General Provisions
2 Terms
3 Basic Requirements
4 Pipeline Transmission of Liquefied Petroleum Gas in Liquid State
4. 1 General Requirements
4. 2 Pipeline Design
4. 3 Pipe Laying
5 Stored Stations, Stored and Delivered Stations and Filling Stations
5. 1 General Requirments
5. 2 Plane Layout
5. 3 Processes and Equipments
6 Vaporizing Station and Gas-air Mixing Station
6. 1 Plane Layout
6. 2 Processes and Equipments
7 Vaporizing Station of Multiple Cylinder Installations
8 Bottled Liquefied Petroleum Gas Delivered Station
9 Pipes and Pipe Fittings, Storage Tanks and Other Containers, and Corrosion Prevention
9. 1 Pipe Materials and Pipe Fittings
9. 2 Pipe Connection
9. 3 Storage Tanks and Other Containers
9. 4 Corrosion Prevention of Pipes and Storage Tanks
10 Buildings Fire Protection and Heating, Ventilation and Verdurization
10. 1 Buildings Fire Protection
10. 2 Heating, Ventilation and Verdurization
11 Fire Water supply, Station Area Drainage and Fire Extinguishers Arrangement
11. 1 Fire Water Supply
11. 2 Station Area Drainage
11. 3 Fire Extinguishers Arrangement
12 Electric and Telecommunications
12. 1 Electric
12. 2 Lightning Protection and Electrostatic Prevention
12. 3 Testing Instruments and Alarm System
12. 4 Telecommunication
Appendix A Level and Scope Division for the Explosion Hazardous Area of Liquefied Petroleum Gas Supply Station
Explanation of Wording in This Code
List of Quoted Standards
Addition: Explanation of Provisions

1 总 则

1.0.1 为使液化石油气供应工程设计符合安全生产、保证供应、技术先进、经济合理和保护环境等要求，制定本规范。

1.0.2 本规范适用于新建、扩建和改建的液态液化石油气管道输送工程和下列储存容积小于等于10000m^3城镇液化石油气供应工程的设计：

1 液化石油气储存站、储配站和灌装站；

2 液化石油气气化站、混气站和瓶组气化站；

3 液化石油气瓶装供应站。

1.0.3 本规范不适用于下列液化石油气工程和装置的设计：

1 炼油厂、石油化工厂、油气田和天然气气体处理装置的液化石油气加工、储存、灌装及运输工程；

2 液化石油气全冷冻式储存、半冷冻式储存、灌装和运输工程(全冷冻式储罐和半冷冻式储罐与站外建筑物、构筑物、堆场的防火间距除外)；

3 海洋和内河水运的液化石油气运输设施；

4 轮船、铁路车辆和汽车上使用的液化石油气装置；

5 液化石油气汽车加气站。

1.0.4 液化石油气供应工程设计除应符合本规范的规定外，尚应符合国家现行有关标准的规定。

2 术 语

2.0.1 液化石油气供应站 LPG supply station

具有储存、装卸、灌装、气化、混气、配送等功能，以储配、气化(混气)或经营液化石油气为目的的专门场所，是液化石油气厂站的总称。包括储存站、储配站、灌装站、气化站、混气站、瓶组气化站和瓶装供应站。

2.0.2 液化石油气储存站 LPG stored station

由储存和装卸设备组成，以储存为主，并向灌装站、气化站和混气站配送液化石油气为主要功能的专门场所。

2.0.3 液化石油气储配站 LPG stored and delivered station

由储存、灌装和装卸设备组成，以储存液化石油气为主要功能，兼具液化石油气灌装作业为辅助功能的专门场所。

2.0.4 液化石油气灌装站 LPG filling station

由灌装、储存和装卸设备组成，以液化石油气灌装作业为主要功能的专门场所。

2.0.5 液化石油气气化站 LPG vaporizing station

由储存和气化设备组成，以将液态液化石油气转变为气态液化石油气为主要功能，并通过管道向用户供气的专门场所。

2.0.6 液化石油气混气站 LPG-air(other fuel gas)mixing station

由储存、气化和混气设备组成，将液态液化石油气转换为气态液化石油气后，与空气或其他燃气按一定比例混合配制成混合气，经稳压后通过管道向用户供气的专门场所。

2.0.7 液化石油气瓶组气化站 vaporizing station of multiple cylinder installations

配置2个或以上液化石油气钢瓶，采用自然或强制气化方式将液态液化石油气转换为气态液化石油气后，经稳压后通过管道向用户供气的专门场所。

2.0.8 液化石油气瓶装供应站 bottled LPG delivered station 经营和储存瓶装液化石油气的专门场所。

2.0.9 全压力式储罐 fully pressurized storage tank

常温状态下盛装液化石油气的储罐，其特点是储存压力随环境温度变化。

2.0.10 半冷冻式储罐 semi-refrigerated storage tank

在较低温度和较低压力下盛装液化石油气的储罐。

2.0.11 全冷冻式储罐 fully refrigerated storage tank

在低温和常压下盛装液化石油气的储罐。

3 基本规定

3.0.1 液态液化石油气可采用管道、铁路槽车及汽车槽车输送，输送方式的选择应经技术经济比较后确定。

3.0.2 液化石油气的质量应符合现行国家标准《液化石油气》GB 11174 和《城镇燃气技术规范》GB 50494的有关规定。

3.0.3 当液化石油气与空气混合气作为气源时，液化石油气的体积分数应大于其爆炸上限的 2 倍，混合气的露点温度应低于管道外壁温度 5℃，其质量应符合国家现行标准的有关规定，且应符合下列规定：

1 混合气中硫化氢含量不应大于 20mg/m^3；

2 向用户供应的混合气应具有可以察觉的警示性臭味；混合气中加臭剂的添加量应使得当混合气泄漏到空气中，达到爆炸下限的20%时，嗅觉正常的人应能察觉；

3 加臭剂的质量、添加量及检测应符合现行行业标准《城镇燃气加臭技术规程》CJJ/T 148 的有关规定。

3.0.4 当采用液化石油气与空气混合气作为城镇燃气调峰气源或补充气源时，应与主气源有良好的互换性。

3.0.5 液化石油气供应工程选址、选线，应遵循保护环境、节约用地的原则，且应具有给水、供电和道路等市政设施条件。大型燃气设施应远离居住区、学校、幼儿园、医院、养老院和大型商业建筑及重要公共建筑物，并应设置在城镇的边缘或相对独立的安全地带。

3.0.6 液化石油气供应工程的设计应采取有效措施，减少噪声、废气、废水等对环境的影响。厂站的噪声应符合现行国家标准《声环境质量标准》GB 3096 和《工业企业厂界环境噪声排放标准》GB 12348 的有关规定。

3.0.7 液化石油气供应工程的防洪标准应根据建站规模、城镇的自然条件等因素确定，并应符合国家现行标准的有关规定，且不得低于站址所在区域防洪标准的要求。

3.0.8 抗震设防烈度大于或等于 6 度地区的液化石油气供应工程应进行抗震设计，并应符合现行国家标准《建筑抗震设计规范》GB 50011 和《构筑物抗震设计规范》GB 50191 的有关规定。液化石油气管道应进行抗震设计，并应符合现行国家标准《室外给水排水和燃气热力工程抗震设计规范》GB 50032 的有关规定。

3.0.9 液化石油气供应工程应设置安全警示标志，安全警示标志应符合国家现行标准的有关规定。

3.0.10 液化石油气供应工程的设计使用年限应符合现行国家标准《城镇燃气技术规范》GB 50494 的有关规定。

3.0.11 液化石油气储存站、储配站和灌装站的规模应以城镇燃气专业规划为依据，供气规模应按供应用户类别、户数和用气量指标等因素确定。

3.0.12 液化石油气供应站按储气规模分为8级，等级划分应符合表3.0.12的规定。

表3.0.12 液化石油气供应站等级划分

级别	储罐容积(m^3)	
	总容积(V)	单罐容积(V')
一级	$5000<V\leqslant10000$	—
二级	$2500<V\leqslant5000$	$V'\leqslant1000$
三级	$1000<V\leqslant2500$	$V'\leqslant400$
四级	$500<V\leqslant1000$	$V'\leqslant200$
五级	$220<V\leqslant500$	$V'\leqslant100$
六级	$50<V\leqslant220$	$V'\leqslant50$
七级	$V\leqslant50$	$V'\leqslant20$
八级	$V\leqslant10$	—

注：当单罐容积大于相应级别的规定，应按相对应等级提高一级的规定执行。

3.0.13 二级及以上液化石油气供应站不得与其他燃气厂站及设施合建。五级及以上的液化石油气气化站和混气站、六级及以上的液化石油气储存站、储配站和灌装站，不得建在城市中心城区。

3.0.14 液化石油气供应站与压缩天然气供应站合建时，应符合下列规定：

1 在城市中心城区内，六级及以上液化石油气供应站不得与压缩天然气供应站合建；

2 当液化石油气供应站与压缩天然气供应站合建时，其储罐与站外建筑的防火间距应按本规范表3.0.12相对应等级划分提高一级的规定执行，且应符合现行国家标准《压缩天然气供应站设计规范》GB 51102的有关规定。

3.0.15 七级及以上液化石油气供应站设置液化石油气汽车加气功能时，应符合下列规定：

1 汽车加气区域与液化石油气供应站的工艺装置区应分开布置，中间应用实体围墙隔开；

2 汽车加气区域平面布置及工艺设计应符合现行国家标准《汽车加油加气站设计与施工规范》GB 50156的有关规定；

3 汽车加气区域应设置专用的对外出入口，并应符合现行国家标准《汽车加油加气站设计与施工规范》GB 50156的有关规定；

4 加气机与液化石油气供应站内液化石油气储罐的防火间距不得小于本规范表5.2.10中汽车槽车装卸台柱(装卸口)与液化石油气储罐的防火间距；

5 汽车加气区域独立设置的液化石油气储罐与液化石油气供应站的防火间距不应小于本规范表5.2.8的规定；

6 汽车加气区域内的建筑与液化石油气供应站内液化石油气储罐的防火间距不应小于本规范表5.2.10中办公用房的规定。

3.0.16 液化石油气供应站不得设置在地下或半地下建筑上。

4 液态液化石油气管道输送

4.1 一般规定

4.1.1 输送液态液化石油气管道的选线应符合下列规定：

1 应符合沿线城镇规划、公共安全和管道保护的要求，并应综合考虑地质、气象等条件。

2 应选择地形起伏小，便于运输和施工管理的区域。

3 不得穿过居住区和公共建筑群等人员集聚的地区及仓库区、危险物品场区等；不得穿越与其无关的建筑物。

4 不得穿过水源保护区、工厂、大型公共场所和矿产资源区等。

5 应避开地质灾害多发区。

6 应避免或减少穿跨越河流、铁路、公路和地铁等障碍和设施。

4.1.2 液态液化石油气管道应根据敷设形式、所处环境和运行条件，按可能同时出现的永久荷载、可变荷载和偶然荷载的组合进行设计，并应符合现行国家标准《输油管道工程设计规范》GB 50253 的有关规定。

4.1.3 敷设液态液化石油气管道地区等级划分应符合下列规定：

1 管道地区等级应根据地区分级单元内建筑物的密集程度划分，并应符合下列规定：

1）一级地区：供人居住的独立建筑物小于或等于 12 幢；

2）二级地区：供人居住的独立建筑物大于 12 幢，且小于 80 幢；

3）三级地区：供人居住的独立建筑物大于或等于 80 幢，但不够四级地区条件的地区、工业区，管道与供人居住的独立建筑物或人员聚集的运动场、露天剧场(影院)、农贸市场等室外公共场所的距离小于 90m 的区域；

4）四级地区：4 层或 4 层以上建筑物(不计地下室层数)应普遍并占多数，交通频繁、地下设施多的城市中心城区或城镇的中心区域。

2 确定液化石油气管道穿过的地区等级，应以城镇规划为依据。

3 沿管道中心线两侧各 200m 范围内，任意划分为 1.6km 长，划分等级的边界线应垂直于管道，并能包括最多供人居住的独立建筑物数量的地段，作为地区分级单元。在多单元住宅建筑物内，每个独立住宅单元按一个供人居住的独立建筑物计算。

4 二、三级地区的边界线距该级地区最近建筑物不应小于 200m。

5 划分四级地区与其他等级地区边界线时，距下一地区等级边界线最近地上 4 层或 4 层以上建筑物不应小于 200m。

4.1.4 液态液化石油气管道的强度设计系数应符合表 4.1.4 的规定。

表 4.1.4 液态液化石油气管道的强度设计系数

地区等级	强度设计系数
一级地区	0.72
二级地区	0.60
三级地区	0.40
四级地区	0.30

4.1.5 穿越铁路、公路及厂站上、下游的液态液化石油气管道的强度设计系数，应符合表 4.1.5 的规定。

表 4.1.5 穿越铁路、公路及厂站上、下游的液态液化石油气管道的强度设计系数

<table>
<tr><th rowspan="2">管道位置</th><th colspan="4">地区等级</th></tr>
<tr><th>一</th><th>二</th><th>三</th><th>四</th></tr>
<tr><td>有套管穿越Ⅲ、Ⅳ级公路的管道</td><td>0.72</td><td>0.60</td><td rowspan="4">0.40</td><td rowspan="4">0.30</td></tr>
<tr><td>无套管穿越Ⅲ、Ⅳ级公路的管道</td><td>0.60</td><td>0.50</td></tr>
<tr><td>有套管穿越Ⅰ、Ⅱ级公路、高速公路、铁路的管道</td><td>0.60</td><td>0.60</td></tr>
<tr><td>厂站上、下游各 200m 管道，阀室管道及其上、下游各 50m 管道(其距离从站和阀室边界线起算)</td><td>0.50</td><td>0.50</td></tr>
</table>

4.1.6 管道不得在堆积易燃、易爆材料和具有腐蚀性液体的场地下面穿越，不得与其他管道或电缆同沟敷设，且不得穿过各种设施的阀井、阀室、地下涵洞、沟槽等地下空间。

4.2 管道设计

4.2.1 液态液化石油气管道的材料、壁厚及管道附件的选择、计算应符合本规范第9.1节的规定。

4.2.2 液态液化石油气管道按设计压力(P)应分为3级，并应符合表4.2.2的规定。

表4.2.2 液态液化石油气管道的分级

管道级别	设计压力(MPa)(表压)
Ⅰ级	$P>4.0$
Ⅱ级	$1.6<P\leqslant 4.0$
Ⅲ级	$P\leqslant 1.6$

4.2.3 液态液化石油气管道装有安全泄放装置时，设定压力或最大标定爆破压力应小于管道的设计压力。

4.2.4 液态液化石油气在管道输送过程中，沿途任何一点的绝对压力应高于输送温度下的饱和蒸气压力。液态液化石油气管道的设计压力应高于管道系统起点的最高工作压力。管道系统起点的最高工作压力可按下式计算：

$$P_q=H+(P_s-P_a) \tag{4.2.4}$$

式中：P_q——管道系统起点的最高工作压力(MPa)；

H——选用泵的扬程，计算时换算成压力(MPa)；

P_s——始端储罐最高工作温度下的饱和蒸气压力(绝对压力，MPa)；

P_a——管道系统起点(始端储罐)的大气压力(MPa)，可取0.1。

4.2.5 当液态液化石油气采用管道输送时，泵的扬程应大于泵的计算扬程。泵的计算扬程可按下式计算：

$$H_j=\Delta P_Z+\Delta P_\gamma+\Delta H \tag{4.2.5}$$

式中：H_j——泵的计算扬程(MPa)；

ΔP_Z——管道总阻力损失(MPa)，可取(1.05～1.10)倍管道摩擦阻力损失；

ΔP_γ——管道终点进罐余压(MPa)，可取(0.2～0.3)MPa；

ΔH——管道终点、起点高程差引起的附加压力(MPa)。

4.2.6 液态液化石油气管道摩擦阻力损失应按下列公式计算：

$$\Delta P=10^{-6}\lambda\frac{L\times u^2\times\rho}{2d} \tag{4.2.6-1}$$

$$\frac{1}{\sqrt{\lambda}}=2\lg\left[\frac{K}{3.7d}+\frac{2.51}{Re\sqrt{\lambda}}\right] \tag{4.2.6-2}$$

$$或\ \lambda=0.11\left[\frac{K}{d}+\frac{68}{Re}\right]^{0.25} \tag{4.2.6-3}$$

式中：ΔP——管道摩擦阻力损失(MPa)；

L——管道计算长度(m)；

u——液态液化石油气在管道内的平均流速(m/s)；

d——管道内径(m)；

ρ——平均输送温度下的液态液化石油气密度(kg/m³)；

λ——管道的摩擦阻力系数；

K——管壁内表面的当量绝对粗糙度(m)；

Re——雷诺数。

4.2.7 液态液化石油气在管道内的平均流速，应经技术经济比较后确定，可取0.8m/s~1.4m/s，且不得大于3m/s；平均输送温度可取管道中心埋深处最冷月的平均地温。

4.2.8 液态液化石油气管道的连接应采用焊接；管道与设备、阀门等可采用法兰连接或螺纹连接。

4.2.9 液态液化石油气管道之间及管道与管道附件之间的焊接应符合本规范第9.2节的规定。

4.2.10 液态液化石油气管道宜采用自然补偿或Ⅱ形补偿器，不得采用填料型补偿器。

4.2.11 当埋地液态液化石油气管道采用弹性敷设时，应符合现行国家标准《输油管道工程设计规范》GB 50253的有关规定。

4.2.12 液态液化石油气管道应采用外防腐层加阴极保护联合防护，并应符合本规范第9.4节的规定。

4.2.13 液态液化石油气管道阀门的设置应符合下列规定：

1 应采用专用阀门，其性能应符合国家现行标准的有关规定；

2 阀门应根据管段长度、管段所处位置的重要性和检修的需要，并应考虑发生事故时能将事故管段及时切断等因素进行设置；

3 管道的起点、终点和分支点应设置阀门；

4 穿越铁路、公路、高速公路、城市快速路、大型河流和地上敷设的液态液化石油气管道两侧应设置阀门；管道沿线每隔5000m处应设置分段阀门，阀门宜具有远程控制功能；

5 使用清管器或电子检管器管段的阀门应选用全通径阀门。

4.2.14 管道分段阀门之间应设置放散阀。地上敷设管道两阀门之间应设置管道安全阀，管道安全阀与管道之间应设置阀门。安全阀和放散阀的放散管管口距地面高度不应小于2.5m。管道安全阀的整定压力应符合现行国家标准《压力容器》GB 150.1~GB 150.4的有关规定。

4.2.15 液化石油气管道的阀门不宜设置在地下阀门井内。

4.3 管道敷设

4.3.1 液态液化石油气管道应采用埋地敷设；当受到条件限制时，可采用地上敷设并应考虑温度补偿。

4.3.2 液态液化石油气管道不得在城市道路、公路和高速公路路面下敷设(交叉穿越管道除外)，管道埋设深度应根据管道所经地段的冻土深度、地面载荷、地形和地质条件、地下水深度、管道稳定性要求及管线穿过地区的等级综合确定。管道埋设的最小覆土深度应符合下列规定：

1 应埋设在土壤冰冻线以下；

2 当埋设在机动车经过的地段时，不得小于1.2m；

3 当埋设在机动车不可能到达的地段时，不得小于0.8m；

4 当不能满足上述规定时，应采取有效的安全防护措施。

4.3.3 埋地管道沿途应设置里程桩、转角桩、交叉桩和警示牌等永久性标志，并应符合国家现行标准的有关规定。

4.3.4 埋地管道穿越铁路、公路时，除应符合国家现行标准的有关规定外，尚应符合下列规定：

1 管道宜垂直穿越铁路、公路。

2 穿越铁路、高速公路和Ⅰ、Ⅱ级公路的管道应敷设在套管或涵洞内。当采用定向钻穿越时，应进行技术论证，在保证铁路和公路安全运行的前提下，可不加套管。

3 当穿越电车轨道或城镇主要干道时，管道宜敷设在套管或管沟内，且管沟内应填满中性砂。

4 当穿越Ⅲ级及Ⅲ级以下公路时，管道可采用明挖埋设。

4.3.5 套管的敷设应符合下列规定：

1 宜采用钢管或钢筋混凝土管。

2 套管内径应大于液态液化石油气管道外径100mm。

3 套管两端与液态液化石油气管道的间隙应采用柔性的防腐、防水、绝缘材料密封。套管或管沟一端应装设检漏管，检漏管应引出地面，且管口距地面高度不应小于2.5m。当套管内充满细土、细砂时，可不设检漏管及两端的严密封堵。

4　套管端部距铁路线路路堤坡角的距离不应小于2.0m；距高速公路、公路边缘不应小于1.0m。

4.3.6　埋地液态液化石油气管道的法兰、阀门与污水、雨水、电缆等井室的净距不应小于5.0m。

4.3.7　液化石油气管道与重力流管道、沟、涵、暗渠等交叉时，交叉处应加套管，或采取其他有效的防护措施。

4.3.8　埋地液态液化石油气管道与建筑或相邻管道等之间的水平净距不应小于表4.3.8-1的规定；埋地管道与相邻管道或道路之间的垂直净距不应小于表4.3.8-2的规定。

表4.3.8-1　埋地液态液化石油气管道与建筑或相邻管道等之间的水平净距

项目		水平净距(m)		
		管道Ⅰ级	管道Ⅱ级	管道Ⅲ级
特殊建筑(军事设施、易燃易爆物品仓库、国家重点文物保护单位、飞机场、火车站、码头、地铁及隧道出入口等)		100	100	100
居住区、学校、影剧院、体育馆等重要公共建筑		50	40	25
其他民用建筑		25	15	10
给水管		2	2	2
污水、雨水排水管		2	2	2
热力管	直埋	2	2	2
	在管沟内(至外壁)	4	4	4
其他燃料管道		2	2	2
埋地电缆	电力线(中心线)	2	2	2
	通信线(中心线)	2	2	2
电杆(塔)的基础	≤35(kV)	2	2	2
	>35(kV)	5	5	5
通信照明电杆(至电杆中心)		2	2	2
公路、道路(路边)	高速、Ⅰ、Ⅱ级公路、城市快速	10	10	10
	其他	5	5	5
铁路(中心线)	国家线	25	25	25
	企业专用线	10	10	10
树木(至树中心)		2	2	2

注：1　特殊建筑的水平净距应以划定的边界线为准；
　　2　居住区指居住1000人或300户以上的地区，居住1000人或300户以下的地区按本表其他民用建筑执行；
　　3　敷设在地上的液态液化石油气管道与建筑的水平净距应按本表的规定增加1倍。

表4.3.8-2　埋地液态液化石油气管道与相邻管道或道路之间的垂直净距

项目		垂直净距(m)
给水管		0.20
污水、雨水排水管(沟)		0.50
热力管、热力管的管沟底(或顶)		0.50
其他燃料管道		0.20
通信线、电力线	直埋	0.50
	在导管内	0.25
铁路、有轨电车(轨底)		2.00
高速公路、公路(路面)	开挖	1.20
	不开挖	2.00

注：当有套管时，垂直净距的计算应以套管外壁为准。

4.3.9 采用开挖施工方式穿越时，埋地管道与铁路、有轨电车的垂直净距可适当减少，且不得小于1.2m。

4.3.10 埋地液态液化石油气管道与交流电力线接地体的水平净距不应小于表4.3.10的规定。

表4.3.10 埋地液态液化石油气管道与交流电力线接地体的水平净距

项　目	水平净距(m)			
	10(kV)	35(kV)	110(kV)	220(kV)
铁塔或电杆接地体	1	3	5	10
电站或变电所接地体	5	10	15	30

5 液化石油气储存站、储配站和灌装站

5.1 一般规定

5.1.1 液化石油气储存站、储配站和灌装站站址的选择应符合城镇总体规划和城镇燃气专项规划的要求。

5.1.2 液化石油气储存站、储配站和灌装站站址的选择应符合下列规定：

1 三级及以上的液化石油气储存站、储配站和灌装站应设置在城镇的边缘或相对独立的安全地带，并应远离居住区、学校、影剧院、体育馆等人员聚集的场所；

2 在城市中心城区和人员稠密区建设的液化石油气储存站、储配站和灌装站应符合本规范第3章的规定；

3 应选择地势平坦、开阔、不易积存液化石油气的地段，且应避开地质灾害多发区；

4 应具备交通、供电、给水排水和通信等条件；

5 宜选择所在地区全年最小频率风向的上风侧。

5.2 平面布置

5.2.1 液化石油气储存站、储配站和灌装站站内总平面应分区布置，并应分为生产区(包括储罐区和灌装区)和辅助区。生产区宜布置在站区全年最小频率风向的上风侧或上侧风侧。

5.2.2 液化石油气储存站、储配站和灌装站边界应设置围墙。生产区应设置高度不低于2m的不燃烧体实体围墙，辅助区可设置不燃烧体非实体围墙。

5.2.3 液化石油气储存站、储配站和灌装站的生产区和辅助区应各至少设置1个对外出入口；当液化石油气储罐总容积大于1000m³时，生产区应至少设置2个对外出入口，且其间距不应小于50m。对外出入口的设置应便于通行和紧急事故时人员的疏散，宽度均不应小于4m。

5.2.4 液化石油气储存站、储配站和灌装站的生产区内严禁设置地下和半地下建筑，但下列情况除外：

1 储罐区的地下排水管沟，且采取了防止液化石油气聚集措施；

2 严寒和寒冷地区的地下消火栓。

5.2.5 液化石油气储存站、储配站和灌装站的生产区应设置环形消防车道；当储罐总容积小于500m³时，可设置尽头式消防车道和回车场，且回车场的面积不应小于12m×12m。消防车道宽度不应小于4m。

5.2.6 液化石油气储存站、储配站和灌装站应设置专用卸车或充装场地，并应配置车辆固定装置。

5.2.7 灌瓶间的钢瓶装卸平台前应设置汽车回车场。

5.2.8 全压力式储罐与站外建筑、堆场的防火间距不应小于表5.2.8的规定。半冷冻式储罐与站外

建筑、堆场的防火间距可按表 5.2.8 的规定执行。

表 5.2.8　全压力式储罐与站外建筑、堆场的防火间距(m)

项目			储罐总容积(V, m^3)、单罐容积(V', m^3)						
			$V \leqslant 50$	$50 < V \leqslant 220$	$220 < V \leqslant 500$	$500 < V \leqslant 1000$	$1000 < V \leqslant 2500$	$2500 < V \leqslant 5000$	$5000 < V \leqslant 10000$
			$V' \leqslant 20$	$V' \leqslant 50$	$V' \leqslant 100$	$V' \leqslant 200$	$V' \leqslant 400$	$V' \leqslant 1000$	—
居住区、学校、影剧院、体育馆等重要公共建筑(最外侧建筑物外墙)			45	50	70	90	110	130	150
工业企业(最外侧建筑物外墙)			27	30	35	40	50	60	75
明火、散发火花地点和室外变、配电站			45	50	55	60	70	80	120
其他民用建筑			40	45	50	55	65	75	100
甲、乙类液体储罐，甲、乙类生产厂房，甲、乙类物品仓库，易燃材料堆场			40	45	50	55	65	75	100
丙类液体储罐，可燃气体储罐，丙、丁类生产厂房，丙、丁类物品仓库			32	35	40	45	55	65	80
助燃气体储罐、可燃材料堆场			27	30	35	40	50	60	75
其他建筑	耐火等级	一、二级	18	20	22	25	30	40	50
		三级	22	25	27	30	40	50	60
		四级	27	30	35	40	50	60	75
铁路(中心线)	国家线		60	70	70	80	80	100	100
	企业专用线		25	30	30	35	35	40	40
公路、道路(路边)	高速、Ⅰ、Ⅱ级公路、城市快速		20	25	25	25	25	25	30
	其他		15	20	20	20	20	20	25
架空电力线(中心线)			1.5 倍杆高				1.5 倍杆高，但 35kV 以上架空电力线不应小于 40		
架空通信线(中心线)	Ⅰ、Ⅱ级		30	30	40	40	40	40	40
	其他		1.5 倍杆高						

注：1　防火间距应按本表储罐总容积或单罐容积较大者确定，间距的计算应以储罐外壁为准。

2　居住区指居住 1000 人或 300 户以上的地区，居住 1000 人或 300 户以下的地区应按本表其他民用建筑执行。

3　当地下储罐单罐容积小于或等于 $50m^3$，且总容积小于或等于 $400m^3$ 时，其防火间距可按本表减少 50%执行。

4　新建储罐与原地下液化石油气储罐的防火间距(地下储罐单罐容积小于或等于 $50m^3$，且总容积小于或等于 $400m^3$ 时)可按本表减少 50%执行。

5.2.9 单罐容积大于5000m³，且设有防液堤的全冷冻式储罐与站外建筑、堆场的防火间距不应小于表5.2.9的规定。当单罐容积等于或小于5000m³时，防火间距可按本规范表5.2.8条中总容积相对应的全压力式液化石油气储罐的规定执行。

表5.2.9 全冷冻式储罐与站外建筑、堆场的防火间距

<table>
<tr><th colspan="3">项 目</th><th>防火间距(m)</th></tr>
<tr><td colspan="3">居住区、学校、影剧院、体育馆等重要公共建筑(最外侧建筑物外墙)</td><td>150</td></tr>
<tr><td colspan="3">明火、散发火花地点和室外变配电站</td><td>120</td></tr>
<tr><td colspan="3">工业企业(最外侧建筑物外墙)</td><td>75</td></tr>
<tr><td colspan="3">其他民用建筑</td><td>100</td></tr>
<tr><td colspan="3">甲、乙类液体储罐，甲、乙类生产厂房，甲、乙类物品仓库，易燃材料堆场</td><td>100</td></tr>
<tr><td colspan="3">丙类液体储罐，可燃气体储罐，丙、丁类生产厂房，丙、丁类物品仓库</td><td>80</td></tr>
<tr><td colspan="3">助燃气体储罐、可燃材料堆场</td><td>75</td></tr>
<tr><td rowspan="3">其他建筑</td><td rowspan="3">耐火等级</td><td>一级、二级</td><td>50</td></tr>
<tr><td>三级</td><td>60</td></tr>
<tr><td>四级</td><td>75</td></tr>
<tr><td rowspan="2">铁路(中心线)</td><td colspan="2">国家线</td><td>100</td></tr>
<tr><td colspan="2">企业专用线</td><td>40</td></tr>
<tr><td rowspan="2">公路、道路(路边)</td><td colspan="2">高速、Ⅰ、Ⅱ级公路、城市快速</td><td>30</td></tr>
<tr><td colspan="2">其他</td><td>25</td></tr>
<tr><td colspan="3">架空电力线(中心线)</td><td>1.5倍杆高，但35kV
以上架空电力线不应小于40</td></tr>
<tr><td rowspan="2">架空通信线
(中心线)</td><td colspan="2">Ⅰ、Ⅱ级</td><td>40</td></tr>
<tr><td colspan="2">其他</td><td>1.5倍杆高</td></tr>
</table>

注：1 居住区指居住1000人或300户以上的地区，居住1000人或300户以下的地区按本表其他民用建筑执行。
2 间距的计算应以储罐外壁为准。

5.2.10 储罐与站内建筑的防火间距应符合下列规定：

1 全压力式储罐与站内建筑的防火间距不应小于表5.2.10的规定；

2 半冷冻式储罐与站内建筑的防火间距宜符合表5.2.10的规定；

3 全冷冻式储罐与站内道路和围墙的防火间距宜符合表5.2.10的规定。

表5.2.10 全压力式储罐与站内建筑的防火间距(m)

<table>
<tr><th rowspan="3">项 目</th><th colspan="7">储罐总容积(V，m³)、单罐容积(V′，m³)</th></tr>
<tr><th>V≤50</th><th>50<V
≤220</th><th>220<V
≤500</th><th>500<V
≤1000</th><th>1000<V
≤2500</th><th>2500<V
≤5000</th><th>5000<V
≤10000</th></tr>
<tr><th>V′≤20</th><th>V′≤50</th><th>V′≤100</th><th>V′≤200</th><th>V′≤400</th><th>V′≤1000</th><th>—</th></tr>
<tr><td>明火、散发火花地点</td><td>45</td><td>50</td><td>55</td><td>60</td><td>70</td><td>80</td><td>120</td></tr>
<tr><td>天然气储罐</td><td>20</td><td>20</td><td>25</td><td>25</td><td>30</td><td>—</td><td>—</td></tr>
<tr><td>办公用房</td><td>25</td><td>30</td><td>35</td><td>40</td><td>50</td><td>60</td><td>75</td></tr>
<tr><td>汽车库、机修间</td><td>25</td><td>30</td><td>35</td><td>35</td><td>40</td><td>40</td><td>50</td></tr>
</table>

表 5.2.10(续)

项目		储罐总容积(V, m^3)、单罐容积(V', m^3)						
		$V\leq50$	$50<V\leq220$	$220<V\leq500$	$500<V\leq1000$	$1000<V\leq2500$	$2500<V\leq5000$	$5000<V\leq10000$
		$V'\leq20$	$V'\leq50$	$V'\leq100$	$V'\leq200$	$V'\leq400$	$V'\leq1000$	—
灌瓶间、瓶库、压缩机室、仪表间、值班室		18	20	22	25	30	35	40
汽车槽车库、汽车槽车装卸台柱(装卸口)、汽车衡及其计量室、门卫		18	20	22	25	30	30	40
铁路槽车装卸线(中心线)		—	—	20	20	20	20	30
空压机室、变配电室、柴油发电机房、新瓶库、真空泵房、备件库		18	20	22	25	30	35	40
消防泵房、消防水池(罐)取水口		40	40	40	40	50	50	60
站内道路(路边)	主要	10	15	15	15	15	15	20
	次要	5	10	10	10	10	10	15
围墙		15	20	20	20	20	20	25

注：1 防火间距应按本表总容积或单罐容积较大者确定，间距的计算应以储罐外壁为准。

2 当地下储罐单罐容积小于或等于 $50m^3$，且总容积小于或等于 $400m^3$ 时，其防火间距可按本表减少 50%执行。

3 新建储罐与原地下液化石油气储罐的防火间距(地下储罐单罐容积小于或等于 $50m^3$，且总容积小于或等于 $400m^3$ 时)可按本表减少 50%执行。

5.2.11 全压力式液化石油气储罐的设置不应少于 2 台，储罐区的布置应符合下列规定：

1 地上储罐之间的净距不应小于相邻较大储罐的直径。

2 当储罐总容积大于 $3000m^3$ 时，应分组布置，组内储罐宜采用单排布置。组与组之间相邻储罐的净距不应小于 20m。

3 储罐组四周应设置高度为 1.0m 的不燃烧体实体防护堤。

4 球形储罐与防护堤的净距不宜小于其半径，卧式储罐与防护堤的净距不宜小于其直径，操作侧与防护堤的净距不宜小于 3.0m。

5 防护堤内储罐超过 4 台时，至少应设置 2 个过梯，且应分开布置。

5.2.12 不同形式的液化石油气储罐及液化石油气储罐与其他燃气储罐应分组布置，储罐之间的防火间距应符合下列规定：

1 球形储罐组之间的防火间距不应小于相邻较大罐直径，且不应小于 20m。

2 卧式储罐组之间的防火间距不应小于相邻较大罐长度的 1/2。

3 全冷冻式与半冷冻式液化石油气储罐、全压力式液化石油气储罐之间的防火间距不应小于相邻较大罐直径，且不应小于 35m。

4 液化石油气储罐与固定容积燃气储罐之间的防火间距不应小于相邻较大罐直径的 2/3。

5 液化石油气储罐与低压燃气储罐之间的防火间距不应小于相邻较大罐直径的 1/2。

5.2.13 液化石油气汽车槽车库与汽车槽车装卸台柱之间的距离不应小于 6m。当邻向装卸台柱一侧的汽车槽车库外墙为无门窗洞口的防火墙时，其间距可不限。

5.2.14 液化石油气灌瓶间和瓶库与站外建筑之间的防火间距，应按现行国家标准《建筑设计防火规范》GB 50016 中甲类仓库的有关规定执行。液化石油气灌瓶间和瓶库内的钢瓶应按实瓶区、空瓶区分开布置。

5.2.15 液化石油气灌瓶间和瓶库与站内建筑的防火间距应符合下列规定：

1 液化石油气灌瓶间和瓶库与站内建筑的防火间距不应小于表 5.2.15 的规定；

2 瓶库与灌瓶间之间的距离不限；

3 计算月平均日灌瓶量小于 700 瓶(10t/d)的灌瓶站，其压缩机室与灌瓶间可合建成一幢建筑物，但其间应采用无门窗洞口的防火墙隔开；

4 当计算月平均日灌瓶量小于 700 瓶(10t/d)时，汽车槽车装卸台柱可附设在灌瓶间或压缩机室的外墙一侧，外墙应为无门窗洞口的防火墙。

表 5.2.15 液化石油气灌瓶间和瓶库与站内建筑的防火间距(m)

项目		总存瓶量(V_c，t)		
		$V_c \leqslant 10$	$10 < V_c \leqslant 30$	$V_c > 30$
明火、散发火花地点		25	30	40
机修间、汽车库		25	30	40
办公用房		20	25	30
铁路槽车装卸线(中心线)		20	25	30
汽车槽车库、汽车槽车装卸台柱(装卸口)、汽车衡及其计量室、门卫		15	18	20
压缩机室、仪表间、值班室		12	15	18
空压机室、变配电室、柴油发电机房		15	18	20
新瓶库、真空泵房、备件库等非明火建筑		12	15	18
消防泵房、消防水池(罐)取水口		25	30	30
站内道路(路边)	主要	10	10	10
	次要	5	5	5
围墙		10	15	15

注：总存瓶量应按实瓶存放个数和单瓶充装质量的乘积计算。

5.2.16 液化石油气供应站汽车槽车装卸台柱与站外建筑的防火间距应符合下列规定：

1 液化石油气供应站汽车槽车装卸台柱与站外建筑的防火间距不应小于表 5.2.16 的规定；

2 汽车槽车装卸台柱与站外民用建筑地下室、半地下室的出入口、门窗的距离，应按表 5.2.16 其他民用建筑的防火间距增加 50%；

3 当民用建筑耐火等级为一、二级，且面向汽车槽车装卸台柱一侧的墙采用无门窗洞口实体墙时，与其他民用建筑物的防火间距可按表 5.2.16 规定的距离减少 30%执行。

表 5.2.16 液化石油气汽车槽车装卸台柱与站外建筑的防火间距(m)

项目	七级及以下供应站	六级及以上供应站
居住区、学校、影剧院、体育场等重要公共建筑(最外侧建筑物外墙)	100	100
明火、散发火花地点和室外变配电站	25	45
其他民用建筑	25	40
甲、乙类液体储罐，甲、乙类生产厂房，甲、乙类物品仓库，易燃材料堆场	25	40

表 5.2.16(续)

项目		七级及以下供应站	六级及以上供应站
丙类液体储罐，可燃气体储罐，丙、丁类生产厂房，丙、丁类物品仓库		16	30
室外变配电站		22	—
铁路(中心线)		22	—
公路、道路（路边）	高速、Ⅰ、Ⅱ级公路、城市快速	8	30
	其他	6	25
架空电力线(中心线)		1倍杆高	—
架空通信线(中心线)		1倍杆高	1.5倍杆高

5.2.17 液化石油气泵宜靠近储罐露天设置。当设置泵房时，泵房与储罐的间距不应小于15m。当泵房面向储罐一侧的外墙采用无门窗洞口的防火墙时，其间距不应小于6m。

5.2.18 站外埋地电缆不得在液化石油气储存站、储配站和灌装站站内穿越，距围墙不宜小于2m。

5.2.19 与各表规定以外的其他建筑的防火间距，应按现行国家标准《建筑设计防火规范》GB 50016的有关规定执行。

5.2.20 无线通信塔与储罐的间距应按各表中其他民用建筑一栏的规定执行。

5.3 工艺及设备

5.3.1 储罐设计总容量宜根据供应规模、气源情况、运输方式、运距和城市应急保障等因素确定。

5.3.2 当储罐设计总容量大于3000m^{3}时，宜将储罐分别设置在灌装站和储存站。灌装站的储罐设计容量宜为1周的计算月平均日供应量，其余为储存站的储罐设计容量。当储罐设计总容量小于3000m^{3}时，可将储罐全部设置在储配站。

5.3.3 地上储罐应设置钢梯平台，并宜符合下列规定：

1 卧式储罐组宜设置联合钢梯平台。当组内储罐大于4台时，宜设置2个斜梯。

2 球形储罐组宜设置联合钢梯平台。

5.3.4 地下储罐宜设置在钢筋混凝土槽内，并应采取防止液化石油气聚集的措施。储罐罐顶与槽盖内壁净距不宜小于0.4m；各储罐之间宜设置隔墙，储罐与隔墙和槽壁之间的净距不宜小于0.9m。当采用钢筋混凝土槽时，储罐应采取防水和防漂浮的措施。

5.3.5 液化石油气储存站、储配站和灌装站应具有泵、机联合运行功能，液化石油气压缩机不宜少于2台。

5.3.6 液化石油气压缩机进、出口管段阀门及附件的设置应符合下列规定：

1 进、出口管段应设置阀门；

2 进口管段应设置过滤器；

3 出口管段应设置止回阀和安全阀(设备自带除外)；

4 进、出口管段之间应设置旁通管及旁通阀。

5.3.7 液化石油气压缩机室的布置宜符合下列规定：

1 压缩机机组间的净距不宜小于1.5m；

2 机组操作侧与内墙的净距不宜小于2.0m，其余各侧与内墙的净距不宜小于1.2m；

3 安全阀应设置放散管。

5.3.8 液化石油气气液分离器、缓冲罐和气化器的设置应符合本规范第9.3.9条的规定。

5.3.9 液态液化石油气宜采用屏蔽泵，泵的安装高度应保证系统不发生气蚀，并应采取防止振动的措施。

5.3.10 液态液化石油气泵进、出口管段阀门及附件的设置应符合下列规定：

1 泵进、出口管段应设置切断阀和放气阀；

2 泵进口管段应设置过滤器；

3 泵出口管段应设置止回阀，并应设置液相安全回流阀。

5.3.11 灌瓶间内钢瓶存放量宜按 1d～2d 的计算月平均日供应量计算。当总存瓶量（实瓶）大于 3000 瓶时，宜另外设置瓶库。

5.3.12 采用自动化、半自动化灌装和机械化运瓶的灌瓶作业线应设置灌瓶质量复检装置、检漏装置或采取检漏措施。采用手动灌瓶作业时，应设置检斤秤，并应采取检漏措施。灌瓶间应设置钢瓶灌装标识码检测系统，并应对钢瓶灌装及进、出库信息进行记录。

5.3.13 储配站和灌装站应设置残液倒空和回收装置。

5.3.14 汽车槽车装卸台柱的装卸接头应采用与汽车槽车配套的快装接头，接头与装卸管之间应设置阀门。装卸管段应设置拉断力为 800N～1400N 的拉断阀。

5.3.15 液化石油气储存站、储配站和灌装站站内铁路引入线和铁路槽车装卸线的设计应符合现行国家标准《Ⅲ、Ⅳ级铁路设计规范》GB 50012 的有关规定。站内的铁路槽车装卸线应采用直线形式，其终点与停放铁路槽车端部的距离不应小于 20m，且应设置具有明显警示标志的车挡。

5.3.16 铁路槽车装卸栈桥应采用不燃烧材料，栈桥长度宜为铁路槽车装卸车位数与车身长度的乘积，宽度不宜小于 1.2m，两端应设置宽度不小于 0.8m 的斜梯。

5.3.17 铁路槽车装卸栈桥上的液化石油气装卸鹤管应设置便于操作的机械吊装设施。

5.3.18 液化石油气铁路槽车和汽车槽车应符合国家现行标准《液化气体铁道罐车》GB/T 10478 和《液化石油气汽车槽车技术条件》HG/T 3143 的有关规定。

5.3.19 站内室外液化石油气管道的设置应符合下列规定：

1 宜采用单排低支架敷设，管底与地面的净距宜为 0.3m；

2 当管道跨越道路采用支架敷设时，其管底与地面的净距不应小于 4.5m；

3 当采用支架敷设时，应考虑温度补偿；

4 液相管道两阀门之间应设管道安全阀，高点应设置排气阀，低点应设置排污阀；

5 管道安全阀与管道之间应设置阀门，管道安全阀的整定压力应符合现行国家标准《压力容器》GB 150.1～GB 150.4 的有关规定。

5.3.20 当液化石油气管道埋地敷设时，应符合本规范第 4.3 节的规定。

5.3.21 灌装液化石油气选用的钢瓶除应符合国家现行标准的有关规定外，尚应符合下列规定：

1 钢瓶上应设置可识别的标识码；

2 钢瓶的瓶阀宜具有自闭功能，并应符合国家现行标准的有关规定，调压器出口宜设置具有过流切断功能的装置。

5.3.22 液化石油气灌装站应建立钢瓶充装销售信息管理系统。

5.3.23 新瓶库和真空泵房应设置在辅助区。新瓶和检修后的钢瓶首次灌装前应抽真空，真空度应大于 80kPa。

5.3.24 液化石油气储配站和灌装站宜配置备用钢瓶，备用钢瓶数量可取总供应户数的 2%。

6 液化石油气气化站和混气站

6.1 平面布置

6.1.1 液化石油气气化站和混气站站址的选择和平面布置应符合本规范第 5.1 节和第 5.2 节的规定。

6.1.2 储罐总容积小于或等于 50m^3 的液化石油气气化站和混气站宜靠近供气负荷建设，生产区与辅助区之间可不设置分区隔墙。

6.1.3 液化石油气气化站和混气站储罐与站外建筑的防火间距应符合下列规定：

1 总容积小于或等于 $50m^3$ 且单罐容积小于或等于 $20m^3$ 的储罐与站外建筑的防火间距不应小于表 6.1.3 的规定；

2 总容积大于 $50m^3$ 或单罐容积大于 $20m^3$ 储罐与站外建筑的防火间距不应小于本规范第 5.2.8 条的规定；

3 气化能力不大于 150kg/h 的瓶组气化装置、混气站的瓶组间、气化混气间与站外建筑的防火间距可按本规范第 7.0.4 条的规定执行。

表 6.1.3 液化石油气气化站和混气站储罐与站外建筑的防火间距(m)

项目			储罐总容积(V，m^3)、单罐容积(V'，m^3)		
			$V\leq10$	$10<V\leq30$	$30<V\leq50$
			—	—	$V'\leq20$
居住区、学校、影剧院、体育馆等重要公共建筑、一类高层民用建筑(最外侧建筑外墙)			30	35	45
工业企业(最外侧建筑外墙)			22	25	27
明火、散发火花地点和室外变配电站			30	35	45
其他民用建筑			27	32	40
甲、乙类液体储罐，甲、乙类生产厂房，甲、乙类物品库房等，易燃材料堆场			27	32	40
丙类液体储罐，可燃气体储罐，丙、丁类生产厂房，丙、丁类物品库房			25	27	32
助燃气体储罐、可燃材料堆场			22	25	27
其他建筑	耐火等级	一、二级	12	15	18
		三级	18	20	22
		四级	22	25	27
铁路（中心线）	国家线		40	50	60
	企业专用线		25	25	25
公路、道路（路边）	高速、Ⅰ、Ⅱ级公路、城市快速		20	20	20
	其他		15	15	15
架空电力线(中心线)			1.5 倍杆高		
架空通信线(中心线)			1.5 倍杆高		

注：防火间距应按本表总容积或单罐容积较大者确定，间距的计算应以储罐外壁为准。

6.1.4 液化石油气气化站和混气站储罐与站内建筑的防火间距应符合下列规定：

1 液化石油气气化站和混气站储罐与站内建筑的防火间距不应小于表 6.1.4 的规定；

2 当设置其他燃烧方式的燃气热水炉时，与燃气热水炉间的防火间距不应小于 30m；

3 与空温式气化器的防火间距不应小于 4m，应从地上储罐区的防护堤或地下储罐室外侧算起。

表 6.1.4 液化石油气气化站和混气站储罐与站内建筑的防火间距(m)

项目	液化石油气气化站和混气站(储罐总容积 V，m^3；单罐容积 V'，m^3)						
	$V\leq10$	$10<V\leq30$	$30<V\leq50$	$50<V\leq220$	$220<V\leq500$	$500<V\leq1000$	$V>1000$
	—	—	$V'\leq20$	$V'\leq50$	$V'\leq100$	$V'\leq200$	—
明火、散发火花地点	30	35	45	50	55	60	70
天然气储罐	20	20	20	20	25	25	30
办公用房	18	20	25	30	35	40	50

表 6.1.6(续)

项目		液化石油气气化站和混气站(储罐总容积 V，m^3；单罐容积 V'，m^3)						
		$V \leqslant 10$	$10<V \leqslant 30$	$30<V \leqslant 50$	$50<V \leqslant 220$	$220<V \leqslant 500$	$500<V \leqslant 1000$	$V>1000$
		—	—	$V' \leqslant 20$	$V' \leqslant 50$	$V' \leqslant 100$	$V' \leqslant 200$	—
气化间、混气间、压缩机室、仪表间、值班室、中控室(控制室)		12	15	18	20	22	25	30
汽车槽车库、汽车槽车装卸台柱(装卸口)、汽车衡及其计量室、门卫		15	15	18	20	22	25	30
铁路槽车装卸线(中心线)		—	—	—	—	20	20	20
燃气热水炉间、空压机室、变配电室、柴油发电机房、库房		15	15	18	20	22	25	30
汽车库、机修间		25	25	25	30	35	35	40
消防泵房、消防水池(罐)取水口		30	30	40	40	40	40	50
站内道路(路边)	主要	10	10	10	15	15	15	15
	次要	5	5	5	10	10	10	10
围墙		15	15	15	20	20	20	20

注：1 防火间距应按本表总容积或单罐容积较大者确定，间距的计算应以储罐外壁为准；
2 燃气热水炉间指室内设置微正压室燃式燃气热水炉的建筑。

6.1.5 液化石油气储罐和储罐区的布置应符合本规范第5章的规定。

6.1.6 工业企业内液化石油气气化站储罐总容积小于或等于 $10m^3$ 时，可设置在独立建筑物内，并应符合下列规定：

1 储罐之间及储罐与外墙的净距，均不应小于相邻较大罐的半径(外径)，且不应小于1m；

2 储罐室与相邻厂房之间的防火间距不应小于表6.1.6的规定；

3 储罐室与相邻厂房室外设备之间的防火间距不应小于12m；

4 当非直火式气化器的气化间与储罐室毗连设置时，隔墙应采用无门窗洞口的防火墙。

表 6.1.6 总容积不大于 $10m^3$ 的储罐室与相邻厂房之间的防火间距

相邻厂房的耐火等级	一、二级	三级	四级
防火间距(m)	12	14	16

6.1.7 气化间、混气间与站外建筑的防火间距应符合现行国家标准《建筑设计防火规范》GB 50016中甲类厂房的有关规定。

6.1.8 气化间、混气间与站内建筑的防火间距应符合下列规定：

1 气化间、混气间与站内建筑的防火间距不应小于表6.1.8的规定；

2 当压缩机室与气化间、混气间采用无门窗洞口的防火墙隔开时，可合建；

3 燃气热水炉间的门不得面向气化间、混气间；

4 柴油发电机伸向室外的排烟管管口不得面向具有火灾爆炸危险的建筑一侧；

5 当采用其他燃烧方式的热水炉时，防火间距不应小于25m。

表 6.1.8　气化间、混气间与站内建筑的防火间距

项　　目		防火间距(m)
明火、散发火花地点		25
办公用房		18
铁路槽车装卸线(中心线)		20
汽车槽车库、汽车槽车装卸台柱(装卸口)、汽车衡及其计量室、门卫		15
压缩机室、仪表间、值班室		12
空压机室、燃气热水炉间、变配电室、柴油发电机房、库房		15
汽车库、机修间		20
消防泵房、消防水池(罐)取水口		25
站内道路(路边)	主要	10
	次要	5
围墙		10

6.1.9　空温式气化器与站内建筑的防火间距可按本规范表 6.1.8 的规定执行。

6.1.10　液化石油气气化站和混气站储罐总容积小于或等于 $100m^3$ 时，邻向汽车槽车装卸柱一侧的压缩机室外墙采用无门窗洞口的防火墙，其间距可不限。

6.1.11　液化石油气汽车槽车库和汽车槽车装卸台、柱之间的防火间距可按本规范第 5.2.13 条的规定执行。

6.1.12　液化石油气汽车槽车装卸台柱与站外建筑的防火间距可按本规范第 5.2.16 条的规定执行。

6.1.13　燃气热水炉间与压缩机室、汽车槽车库和汽车槽车装卸台柱之间的防火间距不应小于 15m。

6.2　工艺及设备

6.2.1　液化石油气气化站和混气站储存设施的设计应符合下列规定：

1　站内储罐总容积应根据供气规模、用户的性质、气源供应等因素确定。当由液化石油气储存站、储配站供气时，储罐设计总容量可按 3d 的计算月平均日用气量确定。

2　确定储罐的单罐容积和总容积时，应考虑储罐检修期间供气系统的调度平衡。

6.2.2　气化、混气装置的总供气能力应根据高峰小时用气量确定。

6.2.3　液化石油气气化站和混气站内铁路引入线、铁路槽车装卸线和铁路槽车装卸栈桥的设计应符合本规范第 5.3.15 条~第 5.3.17 条的规定。

6.2.4　当需要连续供气时，气化、混气装置不应少于 2 台，且备用装置不得少于 1 台。

6.2.5　气化、混气装置可设置在一幢建筑物内，也可设置在同一房间内，并应符合下列规定：

1　气化装置的布置宜符合下列规定：

1) 气化装置之间的净距不宜小于 0.8m；

2) 气化装置操作侧与内墙之间的净距不宜小于 1.2m；

3) 气化装置其余各侧与内墙的净距不宜小于 0.8m。

2　混气装置的布置宜符合下列规定：

1) 混合装置之间的净距不宜小于 0.8m；

2) 混合装置操作侧与内墙的净距不宜小于 1.2m；

3) 混合装置其余各侧与内墙的净距不宜小于 0.8m。

3　调压、计量装置可设置在气化间或混气间内。

6.2.6　当液化石油气与空气或其他燃气混气时，除应符合本规范第 3.0.4 条和第 3.0.5 条的规定外，

尚应符合下列规定：

1 混气装置应设置切断气源的安全联锁装置，当参与混合的任何一种气体突然中断或液化石油气体积分数接近爆炸上限的2倍时，应自动报警。

2 混气装置的出口总管道应设置检测混合气热值的取样管。热值仪应与混气装置联锁，并应能实时调节其混气比例。

3 混气装置的出口管段宜设置在线检测混合气氧含量的装置。

6.2.7 热值仪应靠近取样点，且应设置在混气间内的专用隔间或附属房间内，并应符合下列规定：

1 设置热值仪的房间应设置直接通向室外的门，与混气间的隔墙应采用无门窗洞口的防火墙。

2 应配置可燃气体浓度检测、报警装置。

3 应设置事故排风装置，并应与泄漏报警装置联锁；当室内可燃气体浓度达到爆炸下限的20%时，应启动。

4 设置热值仪的房间的门窗洞口与混气间门窗洞口间的距离不应小于6m。

5 设置热值仪的房间的地面应高出室外地面0.6m。

7　液化石油气瓶组气化站

7.0.1 气化装置的总供气能力应根据高峰小时用气量确定。气化装置不应少于2台，备用不得少于1台。

7.0.2 液化石油气瓶组气化站钢瓶的配置数量宜符合下列规定：

1 当采用强制气化方式供气时，钢瓶的配置数量可按1d~2d的计算月最大日用气量确定；

2 当采用自然气化方式供气时，钢瓶配置数量应根据高峰用气时间内平均小时用气量、高峰用气持续时间和高峰用气时间内单瓶小时自然气化能力计算确定，并应配置备用瓶组。备用瓶组钢瓶的配置数量宜与使用瓶组钢瓶的配置数量相同。

7.0.3 当采用自然气化方式供气，且瓶组气化站配置钢瓶的总容积小于$1m^3$时，瓶组间可设置在除住宅、重要公共建筑和高层民用建筑及裙房外与用气建筑物外墙毗连的单层专用房间内，并应符合下列规定：

1 耐火等级不应低于二级；

2 应通风良好，并应设置直通室外的门；

3 与其他房间相邻的墙应采用无门窗洞口的防火墙；

4 应配置可燃气体泄漏报警装置；

5 室温不应高于45℃，且不应低于0℃；

6 当瓶组间独立设置，且邻向建筑的外墙为无门窗洞口的防火墙时，间距可不限；

7 与其他建筑的防火间距应符合本规范表7.0.4的规定。

7.0.4 当瓶组气化站配置钢瓶的总容积大于$1m^3$或采用强制气化钢瓶的总容积小于$1m^3$时，应将其设置在高度不低于2.2m的独立建筑内，并应符合下列规定：

1 独立瓶组间的设计应符合本规范第7.0.3条第1~5款的规定；

2 独立瓶组间与建筑的防火间距不应小于表7.0.4的规定；

3 当瓶组间的钢瓶总容积大于$4m^3$时，宜采用储罐，防火间距应符合本规范第6.1.3条和第6.1.4条的规定；

4 瓶组间、气化间与值班室的防火间距不限；当两者毗连时，隔墙应采用无门窗洞口的防火墙，并应符合本规范附录A的规定或值班室内的用电设备采用防爆型；

5 独立瓶组间与其他民用建筑的防火间距除符合表7.0.4的规定外，还应符合本规范附录A的规定。

表 7.0.4 独立瓶组间与建筑的防火间距

项目		钢瓶总容积(V, m^3)	
		$V≤2$	$2<V≤4$
明火、散发火花地点		25	30
重要公共建筑、一类高层民用建筑		15	20
其他民用建筑		10	12
道路(路边)	主要	10	10
	次要	5	5

注：钢瓶总容积应按配置钢瓶个数与单瓶几何容积的乘积计算。

7.0.5 液化石油气瓶组间不得设置在地下室和半地下室内。

7.0.6 瓶组气化间与瓶组间毗连时，隔墙应采用无门窗洞口的防火墙，且隔墙的耐火极限不应低于3.00h；与建筑的防火间距应按本规范第7.0.4条的规定执行。

7.0.7 设置在露天的空温式气化器与瓶组间的防火间距可不限，与明火、散发火花地点和其他建筑的防火间距可按本规范第7.0.4条中钢瓶总容积小于或等于$2m^3$的规定执行。

7.0.8 瓶组气化站的四周围墙上部宜设置非实体围墙，围墙下部实体部分高度不应低于0.6m。围墙应采用不燃烧材料。

7.0.9 当采用瓶组气化供气时，应设置自动切换装置。

7.0.10 瓶组间采用自然通风时，每个自然间应设2个连通室外的下通风式百叶窗，瓶组间通风口的总有效面积不应小于该房间地面面积的3%。通风口下沿距室内地坪宜小于0.2m。当不能满足自然通风条件时，应设置独立的机械送、排风系统，并应采用防爆轴流风机，通风量应符合下列规定：

1 正常工作时，通风量应按换气次数不少于6次/h确定；

2 事故通风时，事故排风量应按换气次数不少于12次/h确定；

3 不工作时，通风量应按换气次数不少3次/h确定。

8 液化石油气瓶装供应站

8.0.1 液化石油气瓶装供应站按钢瓶总容积应分为三类，并应符合表8.0.1的规定。

表 8.0.1 液化石油气瓶装供应站分类

名称	钢瓶总容积(V, m^3)
Ⅰ类站	$6<V≤20$
Ⅱ类站	$1<V≤6$
Ⅲ类站	$V≤1$

注：钢瓶总容积按钢瓶个数和单瓶几何容积的乘积计算。

8.0.2 液化石油气钢瓶不得露天存放。Ⅰ、Ⅱ类液化石油气瓶装供应站的瓶库宜采用敞开或半敞开式建筑。瓶库内的钢瓶应按实瓶区和空瓶区分区存放。

8.0.3 Ⅰ类液化石油气瓶装供应站出入口一侧可设置高度不低于2m的不燃烧体围墙，围墙下部0.6m应为实体；其余各侧应设置高度不低于2m的不燃烧体实体围墙。Ⅱ类液化石油气瓶装供应站的四周宜设置非实体围墙，围墙应采用不燃烧材料，且围墙下部0.6m应为实体。

8.0.4 Ⅰ、Ⅱ类液化石油气瓶装供应站的瓶库与站外建筑及道路的防火间距应符合下列规定：

1 Ⅰ、Ⅱ类站的瓶库与站外建筑及道路的防火间距不应小于表8.0.4的规定。

2 Ⅰ类站的瓶库与高速公路、Ⅰ、Ⅱ级公路、城市快速路、铁路、架空电力线和架空通信线的距离应符合本规范表 6.1.3 的规定。

3 Ⅰ类站的瓶库与修理间或办公用房的防火间距不应小于 10m。当营业室可与瓶库的空瓶区毗连设置时，隔墙应采用无门窗洞口的防火墙，并应符合本规范附录 A 的规定。

4 当Ⅱ类站由瓶库和营业室组成时，两者可合建成一幢建筑，隔墙应采用无门窗洞口的防火墙，并应符合本规范附录 A 的规定。

表 8.0.4 Ⅰ、Ⅱ类液化石油气瓶装供应站的瓶库与站外建筑及道路的防火间距(m)

项目		瓶装供应站分类(V, m^3)			
		Ⅰ类站		Ⅱ类站	
		$10<V\leq 20$	$6<V\leq 10$	$3<V\leq 6$	$1<V\leq 3$
明火、散发火花地点		35	30	25	20
重要公共建筑、一类高层民用建筑		25	20	15	12
其他民用建筑		15	10	8	6
道路(路边)	主要	10	10	8	8
	次要	5	5	5	5

注：钢瓶总容积按钢瓶个数与单瓶几何容积的乘积计算。

8.0.5 Ⅲ类液化石油气瓶装供应站可将瓶库设置在除住宅、重要公共建筑和高层民用建筑及裙房外的与建筑物外墙毗连的单层专用房间，隔墙应为无门窗洞口的防火墙，并应符合本规范附录 A 的规定。瓶库与主要道路的防火间距不应小于 8m，与次要道路不应小于 5m。

8.0.6 瓶库的设计应符合下列规定：

1 耐火等级不应低于二级；

2 室内通风应符合本规范第 7.0.10 条的规定，门窗应向外开；

3 封闭式瓶库应采取泄压措施，并应符合现行国家标准《建筑设计防火规范》GB 50016 的有关规定；

4 地面应采用撞击时不产生火花的面层；

5 室内照明灯具、开关及其他电气设备应采用防爆型；

6 应配置液化石油气泄漏报警装置，报警装置应集中设置在值班室，并应有泄漏报警远传系统；

7 室温不应高于 45℃，且不应低于 0℃；

8 灭火器的配置应符合本规范第 11.3.1 条的规定；

9 相邻房间应是非明火、散发火花地点；

10 .瓶库内不应设置办公室、休息室等。

8.0.7 非营业时间无人值守的Ⅲ类瓶库内存有液化石油气钢瓶时，应设置远程无人值守安全防护系统。

9 管材及管道附件、储罐及其他容器和防腐

9.1 管材及管道附件

9.1.1 液化石油气供应站内工艺管道的设计应符合压力管道有关安全技术要求和现行国家标准《工业金属管道设计规范》GB 50316 的有关规定。

9.1.2 液化石油气管道的设计应符合下列规定：

1 应采用无缝钢管，并应符合现行国家标准《输送流体用无缝钢管》GB/T 8163 的有关规定，或采用符合不低于上述标准相关技术要求的国家现行标准的有关规定的无缝钢管；

2 钢管和管道附件材料应满足设计压力、设计温度及介质特性、使用寿命、环境条件的要求，并应符合压力管道有关安全技术要求及国家现行标准的有关规定；

3 液态液化石油气管道材料的选择应考虑低温下的脆性断裂和运行温度下的塑性断裂；

4 当施工环境温度低于或等于-20℃时，应对钢管和管道附件材料提出韧性要求；

5 不得采用电阻焊钢管、螺旋焊缝钢管制作管件；

6 当管道附件与管道采用焊接连接时，两者材质应相同或相近；

7 锻件应符合现行行业标准《承压设备用碳素钢和合金钢锻件》NB/T 47008 和《低温承压设备用低合金钢锻件》NB/T 47009 的有关规定。

9.1.3 液态液化石油气管道和站内液化石油气储罐、其他容器、设备、管道配置的阀门及附件的公称压力(等级)应高于输送系统的设计压力。

9.1.4 液化石油气储罐、其他容器、设备和管道不得采用灰口铸铁阀门及附件，严寒和寒冷地区应采用钢质阀门及附件。

9.1.5 液化石油气供应站内钢质液化石油气管道直管段壁厚计算应符合下列规定：

1 当直管段计算壁厚 δ_0 小于 $D_0/6$ 时，直管段壁厚设计应按下列公式计算：

$$\delta=\delta_0+C \tag{9.1.5-1}$$

$$\delta_0=\frac{P\times D_0}{2\times([\sigma]^t\times E_j+P\times Y)} \tag{9.1.5-2}$$

$$C=C_1+C_2 \tag{9.1.5-3}$$

式中：δ——钢管设计壁厚(mm)；

δ_0——钢管计算壁厚(mm)；

P——设计压力(MPa)；

D_0——钢管外径(mm)；

$[\sigma]^t$——在设计温度下材料的许用应力(MPa)；

E_j——焊接接头系数，按现行国家标准《工业金属管道设计规范》GB 50316 的有关规定选取；

C——厚度附加量之和(mm)；

C_1——厚度减薄附加量，包括加工、开槽和螺纹深度及材料厚度负偏差(mm)；

C_2——腐蚀或磨蚀附加量(mm)；

Y——系数，一般取 $Y=0.4$。

2 当直管段计算壁厚 δ_0 大于或等于 $D_0/6$ 时，或设计压力 P 与在设计温度下材料的许用应力 $[\sigma]^t$ 和焊接接头系数 E_j 乘积之比 $P/([\sigma]^t E_j)$ 大于 0.385 时，直管段设计壁厚应按断裂理论、疲劳和热应力等因素综合考虑。

9.1.6 输送液态液化石油气管道直管段计算壁厚应按下列公式

计算：

$$\delta_0=\frac{P\times D_0}{2\sigma_S\times\Phi\times F} \tag{9.1.6}$$

式中：δ_0——钢管计算壁厚(mm)；

P——设计压力(MPa)；

D_0——钢管外径(mm)；

σ_S——钢管的最低屈服强度(MPa)；

Φ——焊缝系数，当采用符合本规范第 9.1.2 条规定的钢管标准时取 1.0；

F——管道强度设计系数，按本规范表 4.1.4 和表 4.1.5 选取。

9.1.7 采用经冷加工后又经加热处理的钢管，当加热温度高于320℃（焊接除外）或采用经冷加工或热处理的钢管煨弯成弯管时，计算钢管或弯管壁厚时，屈服强度应取该管材最低屈服强度（σ_s）的75%。

9.1.8 液态液化石油气管道的强度校核、管道的刚度和稳定校核及管道附件结构设计应符合现行国家标准《输油管道工程设计规范》GB 50253的有关规定。

9.1.9 液化石油气汽车槽车装卸应采用万向充装管道系统。

9.2 管道的连接

9.2.1 站内液化石油气管道与管道之间宜采用焊接连接，管道与储罐、其他容器、设备及阀门可采用法兰或螺纹连接。当每对法兰或螺纹接头间电阻值大于0.03Ω时，应采用金属导体跨接。

9.2.2 焊接应符合现行国家标准《现场设备、工业管道焊接工程施工规范》GB 50236的有关规定。

9.3 储罐及其他容器

9.3.1 液化石油气储罐、其他容器及附件材料的选用和设计应符合国家现行标准《压力容器》GB 150.1～GB 150.4、《钢制球形储罐》GB 12337和压力容器有关安全技术规定。

9.3.2 液化石油气储罐、其他容器的设计压力和设计温度应符合压力容器有关安全技术规定。

9.3.3 液化石油气储罐最大设计允许充装质量应符合压力容器有关安全技术规定。

9.3.4 液化石油气储罐第一道管法兰、垫片和紧固件的设计应符合现行行业标准《钢制管法兰、垫片、紧固件》HG/T 20592～HG/T 20635，并应采用带颈对焊法兰、带内环和对中环型的金属缠绕垫片和专用级高强度全螺纹螺柱与Ⅱ型六角螺母的组合。

9.3.5 液化石油气储罐接管安全阀件的配置应符合下列规定：

1 应设置安全阀和检修用的放散管；

2 液相进口管应设置止回阀；

3 储罐液相出口管和气相管应设置紧急切断阀；

4 储罐所有管道接口应设置两道手动阀门；排污口两道阀间应采用短管连接，并应采取防冻措施。

9.3.6 全压力式液化石油气储罐底部宜加装注胶装置或加装高压注水连接装置，罐区应备有高压注水设施，注水管道应与独立的消防水泵相连接。消防水泵的出口压力应大于储罐的最高工作压力。正常情况下，注水口的控制阀门应保持关闭状态。

9.3.7 液化石油气储罐安全阀的设置应符合下列规定：

1 应选用弹簧封闭全启式安全阀，且整定压力不应大于储罐设计压力。安全阀的最小泄放面积计算应符合国家现行标准《压力容器》GB 150.1～GB 150.4的有关规定。

2 容积大于或等于$100m^3$的储罐应设置2个或2个以上安全阀。

3 安全阀应设置放散管，其管径不应小于安全阀的出口管径。

4 地上储罐安全阀放散管管口应高出储罐操作平台2.0m以上，且应高出地面5.0m以上；地下储罐安全阀放散管管口应高出地面2.5m以上。

5 安全阀与储罐之间应设置阀门。

6 当储罐设置2个或2个以上安全阀时，其中1个安全阀的整定压力应按本条第1款的规定执行，其余安全阀的整定压力可适当提高，但不得超过储罐设计压力的1.05倍。

7 安全阀的整定压力应符合现行国家标准《压力容器》GB 150.1～GB 150.4的有关规定。

9.3.8 液化石油气储罐检修用放散管的管口高度应符合本规范第9.3.7条第4款的规定。

9.3.9 液化石油气气液分离器、缓冲罐和气化器应设置弹簧封闭式安全阀。安全阀应设置放散管。当上述容器露天设置时，放散管管口高度应符合本规范第9.3.7条第4款的规定。当室内设置时，放散管管口应高出屋面2.0m以上。

9.4 管道和储罐的防腐

9.4.1 钢质液化石油气管道和液化石油气储罐应进行外防腐。防腐设计应符合国家现行标准《城镇燃气埋地钢质管道腐蚀控制技术规程》CJJ 95、《钢质管道外腐蚀控制规范》GB/T 21447 和《钢质储罐腐蚀控制标准》SY/T 6784 的有关规定。

9.4.2 埋地敷设的液化石油气管道的外防腐设计应根据土壤的腐蚀性、管道的重要程度及所经地段的地质、环境条件等确定。

9.4.3 输送液态液化石油气埋地敷设的钢质管道应同时采用外防腐层与阴极保护联合防护，并应符合国家现行标准的有关规定。

9.4.4 地下液化石油气储罐外壁除采用防腐层保护外，尚应采用牺牲阳极或强制电流阴极保护。地下液化石油气储罐牺牲阳极阴极保护设计应符合现行国家标准《埋地钢质管道阴极保护技术规范》GB/T 21448 的有关规定。

10 建筑防火与供暖通风及绿化

10.1 建筑防火

10.1.1 具有爆炸危险场所的建筑防火、防爆设计应符合下列规定：

1 建筑物耐火等级不应低于二级；

2 门窗应向外开；

3 建筑应采取泄压措施，设计应符合现行国家标准《建筑设计防火规范》GB 50016 的有关规定；

4 地面面层应采用撞击时不产生火花的材料，并应符合现行国家标准《建筑地面工程施工质量验收规范》GB 50209 的有关规定。

10.1.2 灌瓶间及附属瓶库、汽车槽车库、瓶装供应站的瓶库等可采用敞开或半敞开式建筑。

10.1.3 具有爆炸危险场所的建筑，承重结构应采用钢筋混凝土或钢框架、钢排架结构。钢框架和钢排架应采用防火保护层。

10.1.4 液化石油气储罐应牢固地设置在基础上。卧式储罐应采用钢筋混凝土支座。球形储罐的钢支柱应采用不燃烧隔热材料保护层，其耐火极限不应低于 2.00h。

10.2 供暖通风及绿化

10.2.1 采暖地区建筑的供暖设计应符合现行国家标准《工业建筑供暖通风与空气调节设计规范》GB 50019 的有关规定。

10.2.2 具有爆炸危险的封闭式建筑应采取通风措施。通风口不应少于 2 个，并应靠近地面设置。事故排风量应按换气次数不少于 12 次/h 确定。当采用自然通风时，通风口总有效面积不应小于该房屋地面面积的 3%。

10.2.3 液化石油气储存站、储配站、灌装站、气化站和混气站内的绿化应符合下列规定：

1 生产区内严禁种植易造成液化石油气积存的植物；

2 生产区四周和局部地区可种植不易造成液化石油气积存的植物；

3 生产区围墙 2m 以外可种植乔木，辅助区可种植各类植物。

11 消防给水、站区排水与灭火器配置

11.1 消防给水

11.1.1 液化石油气储存站、储配站、灌装站、气化站和混气站在同一时间内的火灾次数应按一次

考虑，消防用水量应按储罐区一次最大消防用水量确定。

11.1.2 液化石油气储罐区消防用水量应按储罐固定喷水冷却装置和水枪用水量之和计算，并应符合下列规定：

1 储罐总容积大于 $50m^3$ 或单罐容积大于 $20m^3$ 的液化石油气储罐、储罐区和设置在储罐室内的小型储罐应设置固定喷水冷却装置。固定喷水冷却装置的用水量应按储罐的保护面积与冷却水供水强度计算确定。着火储罐的保护面积应按全表面积计算；距着火储罐直径 1.5 倍范围内的相邻储罐应按全表面积的 1/2 计算。

2 冷却水供水强度不应小于 0.15L/(s · m^2)。

3 水枪用水量不应小于表 11.1.2 的规定。

4 地下液化石油气储罐可不设置固定喷水冷却装置，消防用水量应按水枪用水量确定。

表 11.1.2 水枪用水量

储罐容积(m^3)		水枪用水量 (L/s)
储罐总容积(V)	单罐容积(V')	
$V \leqslant 500$	$V' \leqslant 100$	20
$500 < V \leqslant 2500$	$100 < V' \leqslant 400$	30
$V > 2500$	$V' > 400$	45

注：1 水枪用水量应按本表储罐总容积或单罐容积较大者确定；

2 储罐总容积小于或等于 $50m^3$，且单罐容积小于或等于 $20m^3$ 的储罐或储罐区，可单独设置固定喷水冷却装置或移动式水枪，其消防用水量应按水枪用水量计算。

11.1.3 液化石油气储存站、储配站、灌装站、气化站和混气站的消防给水系统应包括：消防水池(罐或其他水源)、消防水泵房、消防给水管网、地上式消火栓(炮)和储罐固定喷水冷却装置。

11.1.4 消防给水管网应布置成环状，向环状管网供水的干管不应少于 2 根。

11.1.5 消防水池容量的确定应符合现行国家标准《建筑设计防火规范》GB 50016 和《消防给水及消火栓系统技术规范》GB 50974 的有关规定；消防水池应有防止被污染的措施。

11.1.6 消防水泵房的设计应符合现行国家标准《建筑设计防火规范》GB 50016 的有关规定。

11.1.7 液化石油气球形储罐固定喷水冷却装置宜采用水雾喷头。储罐固定喷水冷却装置的水雾喷头的布置，应在喷水冷却时将储罐表面及液位计、阀门等重要部位全覆盖。卧式储罐喷水冷却装置可采用喷淋管。

11.1.8 当液化石油气储存站、储配站、灌装站、气化站和混气站设置的消防给水系统利用城市消防给水管道时，应符合现行国家标准《建筑设计防火规范》GB 50016 的有关规定。

11.1.9 储罐固定喷水冷却装置出口的供水压力不应小于 0.2MPa。球形储罐，水枪出口的供水压力不应小于 0.35MPa；卧式储罐，水枪出口的供水压力不应小于 0.25MPa。

11.2 站 区 排 水

11.2.1 液化石油气储存站、储配站、灌装站、气化站和混气站排水系统应符合现行国家标准《室外排水设计规范》GB 50014 的有关规定。

11.2.2 液化石油气储存站、储配站、灌装站、气化站和混气站生产区的排水系统应采取防止液化石油气排入其他地下管道或低洼部位的措施，并应符合下列规定：

1 生产区内地面雨水可散流排出站外。在排出围墙之前，应设置水封和隔油装置。

2 储罐区雨水可采用管道排至站外，在排出储罐区防护堤和围墙之前应分别设置水封装置。

3 液化石油气储存站、储配站、灌装站、气化站和混气站生产区应在建筑墙外或围墙内设置水封井。水封井的水封高度应为 0.30m~0.50m；水封井应设沉泥段，沉泥段高度不应小于 0.25m。

4 清洗储罐的污水不应直接进入排水管道。液化石油气储罐的排污应采用活动式回收桶集中收集处理，不得直接接入排水管道。

5 排出站外城镇下水道系统的污水应符合现行行业标准《污水排入城镇下水道水质标准》CJ 343的有关规定。

11.3 灭火器配置

11.3.1 液化石油气供应站内干粉灭火器或 CO_2 灭火器的配置应符合现行国家标准《建筑灭火器配置设计规范》GB 50140的有关规定。干粉灭火器的配置数量应符合表11.3.1的规定。

表11.3.1 干粉灭火器的配置数量

场　　所	配置数量
铁路槽车装卸栈桥	按槽车车位数，每车位设置8kg、2具，每个设置点不宜超过5具
储罐区、地下储罐组	按储罐台数，每台设置8kg、2具，每个设置点不宜超过5具
储罐室	按储罐台数，每台设置8kg、2具
汽车槽车装卸台柱(装卸口)	8kg不应少于2具
灌瓶间及附属瓶库、压缩机室、烃泵房、汽车槽车库、气化间、混气间、调压计量间、瓶组间和瓶装供应站的瓶库等爆炸危险性建筑	按建筑面积，每 $50m^2$ 设置8kg、1具，且每个房间不应少于2具，每个设置点不宜超过5具
其他建筑(变配电室、仪表间等)	按建筑面积，每 $80m^2$ 设置8kg、1具，且每个房间不应少于2具

注：1 表中8kg指手提式干粉型灭火器的药剂充装量；

2 根据场所具体情况可设置部分20kg手推式干粉灭火器。

12 电气与通信

12.1 电　　气

12.1.1 液化石油气储存站、储配站和灌装站内消防水泵及消防应急照明和液化石油气气化站、混气站的供电系统设计应符合现行国家标准《供配电系统设计规范》GB 50052中二级负荷的有关规定。液化石油气储存站、储配站和灌装站其他电气设备的供电系统可为三级负荷。

12.1.2 消防水泵房及其配电室应设置应急照明，应急照明的备用电源可采用蓄电池，且连续供电时间不应少于0.5h。重要消防用电设备的供电，应在最末一级配电装置或配电箱处实现自动切换。消防系统的配电及控制线路应采用耐火电缆。

12.1.3 液化石油气供应站具有爆炸危险场所的电力装置设计应符合现行国家标准《爆炸危险环境电力装置设计规范》GB 50058的有关规定，爆炸危险区域等级和范围的划分宜符合本规范附录A的规定。

12.2 防雷及防静电

12.2.1 液化石油气供应站具有爆炸危险建筑的防雷设计应符合现行国家标准《建筑物防雷设计规范》GB 50057中第二类防雷建筑物的有关规定。

12.2.2 液化石油气罐体应设防雷接地装置，并应符合现行国家标准《石油化工装置防雷设计规范》GB 50650的有关规定。

12.2.3 防雷接地装置的电阻值，应按现行国家标准《石油库设计规范》GB 50074和《建筑物防雷设计规范》GB 50057的有关规定执行。

12.2.4 液化石油气储罐、泵、压缩机、气化、混气和调压、计量装置及低支架和架空敷设的管道应采取静电接地。

12.2.5 液化石油气供应站静电接地设计应符合国家现行标准《石油化工企业设计防火规范》GB 50160和《石油化工静电接地设计规范》SH 3097的有关规定。

12.2.6 在生产区入口处应设置安全有效的人体静电消除装置。

12.3 检测仪表和报警系统

12.3.1 液化石油气储罐检测仪表的设置应符合下列规定：

1 应设置就地显示的液位计、压力表；

2 当全压力式储罐小于3000m^{3}时，就地显示液位计宜采用能直接观测储罐全液位的液位计；

3 应设置远传显示的液位计和压力表，且应设置液位上、下限报警装置和压力上限报警装置；

4 应设置温度计。

12.3.2 液化石油气气液分离器和容积式气化器应设置直观式液位计和压力表。

12.3.3 液化石油气储罐、泵、压缩机、气化、混气和调压、计量装置的进、出口应设置压力表。

12.3.4 液化石油气供应站应设置可燃气体检测报警系统和视频监视系统。

12.3.5 液化石油气供应站爆炸危险场所应设置可燃气体泄漏报警控制系统，并应符合下列规定：

1 可燃气体探测器和报警控制器的选用和安装，应符合国家现行标准《石油化工可燃气体和有毒气体检测报警设计规范》GB 50493和《城镇燃气报警控制系统技术规程》CJJ/T 146的有关规定；

2 瓶组气化站和瓶装液化石油气供应站可采用手提式可燃气体泄漏报警装置，可燃气体探测器的报警设定值应按可燃气体爆炸下限的20%确定；

3 可燃气体报警控制器宜与控制系统联锁；

4 可燃气体报警控制系统的指示报警设备应设在值班室或仪表间等有值班人员的场所。

12.4 通　　信

12.4.1 液化石油气供应站内至少应设置1台直通外线的电话。在具有爆炸危险场所应使用防爆型电话。

12.4.2 液化石油气供应站安全防范系统设计除应符合现行国家标准《安全防范工程技术规范》GB 50348、《视频安防监控系统工程设计规范》GB 50395和《出入口控制系统工程设计规范》GB 50396的有关规定外，尚应在无人值守的场所安装入侵探测器和声光报警器。

12.4.3 三级及以上液化石油气供应站应设置安防中心控制室，并应符合下列规定：

1 视频安防监控、入侵报警(紧急报警)、出入口控制、电子巡查系统的控制，显示设备均应设置在独立的安防中心控制室，并应能实现对各子系统的操作、记录和打印；

2 应安装紧急报警装置，并应与区域报警中心联网；

3 应配置能与报警同步的终端图形显示装置，并应能准确地识别报警区域，实时显示发生警情的区域、日期、时间及报警类型等信息。

附录 A　液化石油气供应站爆炸危险区域等级和范围划分

A. 0. 1　液化石油气供应站生产区的爆炸危险区域等级和范围划分宜符合下列规定：

1　液化石油气供应站内灌瓶间的钢瓶灌装嘴、铁路槽车和汽车槽车装卸口的释放源可划分为一级释放源，其余爆炸危险场所的释放源可划分为二级释放源。

2　液化石油气供应站生产区爆炸危险区域的等级，宜根据释放源级别和通风等条件划分：

1）根据释放源的级别划分区域等级，存在一级释放源的区域可划为1区，存在二级释放源的区域可划为2区；

2）根据通风等条件调整区域等级，当通风条件良好时，可降低爆炸危险区域等级；当通风不良时，宜提高爆炸危险区域等级。有障碍物、凹坑和死角处，宜局部提高爆炸危险区域等级。

3　液化石油气供应站爆炸危险区域等级和范围划分宜符合本规范第 A. 0. 2 条~第 A. 0. 6 条的规定。

注：爆炸危险性建筑的通风，其空气流量能使可燃气体很快稀释到爆炸下限的20%以下时，可定为通风良好。

A. 0. 2　通风良好的液化石油气灌瓶间、实瓶库、压缩机室、烃泵房、气化间、混气间等生产性建筑的爆炸危险区域等级和范围(图 A. 0. 2)划分宜符合下列规定：

1　以释放源为中心，半径为 15. 0m，地面以上高度 7. 5m 和半径为 7. 5m，顶部与释放源距离为 7. 5m 的范围宜划分为2区；

2　在2区范围内，地面以下的沟、坑等低洼处宜划分为1区。

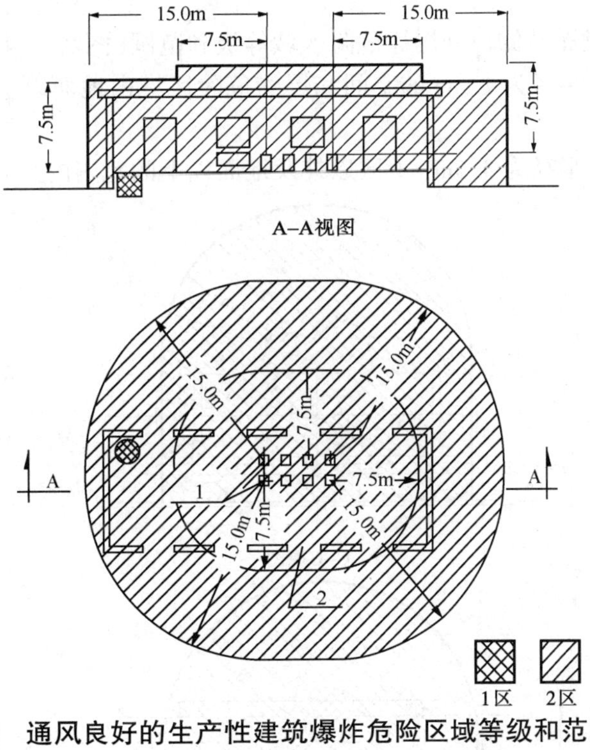

图 A. 0. 2　通风良好的生产性建筑爆炸危险区域等级和范围划分图

1—二级释放源；2—门或窗

A. 0. 3　露天设置的地上液化石油气储罐或储罐区的爆炸危险区域等级和范围(图 A. 0. 3)划分宜符合下列规定：

1　以储罐安全阀放散管管口为中心，半径为 4. 5m，及至地面以上的范围内和储罐区防护堤以内，防护堤顶部以下的空间宜划分为2区；

2　在2区范围内，地面以下的沟、坑等低洼处宜划分为1区；

3　当烃泵露天设置在储罐区时，以烃泵为中心，半径为 4. 5m 及至地面以上范围内宜划分为2区。

注：地下储罐组的爆炸危险区域等级和范围可按本条规定划分。

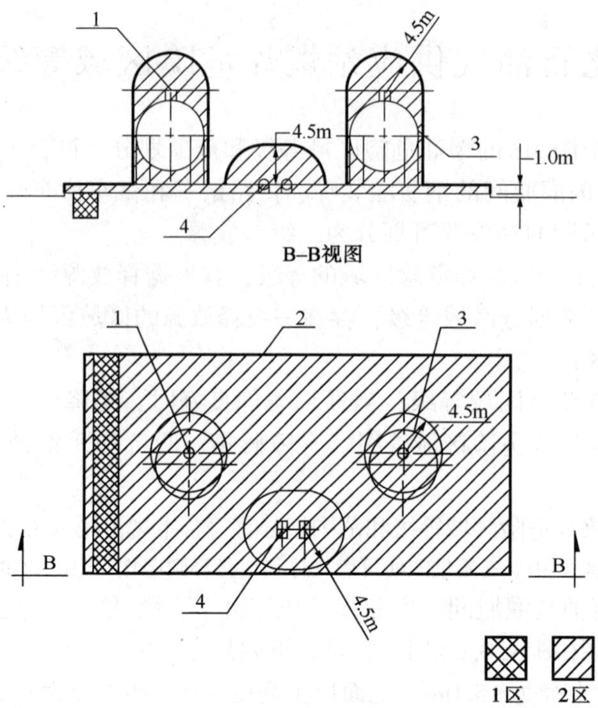

图 A.0.3 地上液化石油气储罐区爆炸危险区域等级和范围划分图

1—安全阀放散口(二级释放源)；2—防护墙；3—储罐；4—烃泵(二级释放源)

A.0.4 铁路槽车和汽车槽车装卸口处爆炸危险区域等级和范围(图 A.0.4)划分宜符合下列规定：

1 以装卸口为中心，半径为 1.5m 的空间和爆炸危险区域内地面以下的沟、坑等低洼处宜划分为 1 区；

2 以装卸口为中心，半径为 4.5m，1 区以外及地面以上的范围内宜划分为 2 区。

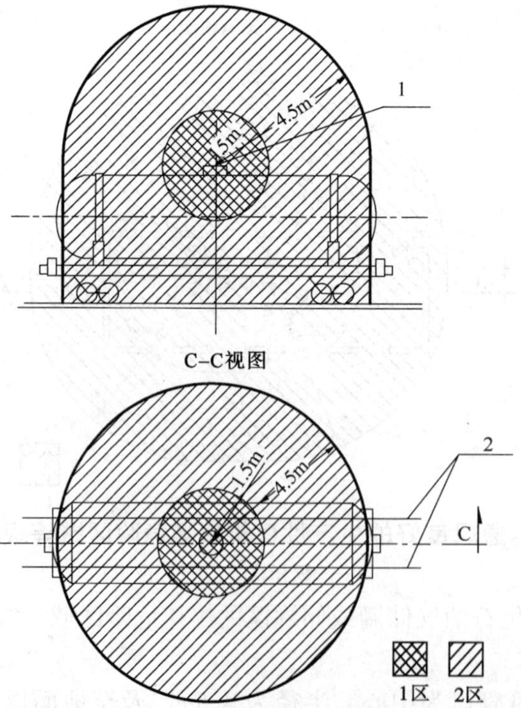

图 A.0.4 槽车装卸口处爆炸危险区域等级和范围划分图

1—装卸口(一级释放源)；2—铁轨

A.0.5 无释放源的建筑与通风不良且有二级释放源的建筑相邻，当采用不燃烧体实体墙隔开时，其爆炸危险区域和范围(图 A.0.5)划分宜符合下列规定：

1 以释放源为中心，半径为 15.0m 的范围内宜划分为 2 区；

2 与爆炸危险建筑相邻，并采用不燃烧体实体墙隔开的无释放源建筑，门窗位于爆炸危险区域内时宜划为 2 区；

3 门窗位于爆炸危险区域以外时宜划为非爆炸危险区。

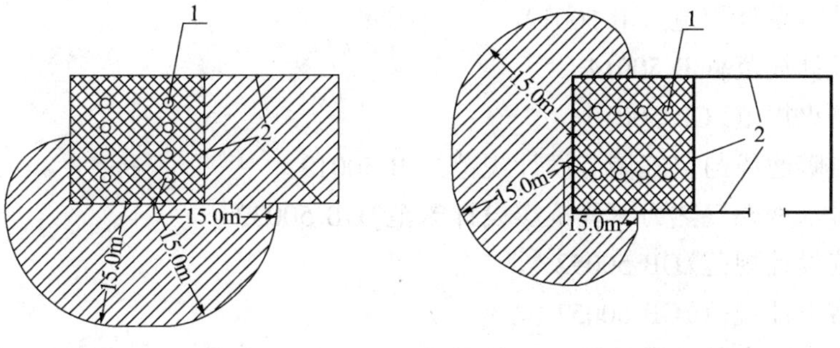

(a) 门窗位于爆炸危险区域内　　(b) 门窗位于爆炸危险区域外

1区　2区

图 A.0.5　无释放源的建筑与通风不良且有二级释放源的建筑相邻，当采用不燃烧体实体墙隔开时，其爆炸危险区域和范围划分图

1—二级释放源；2—实体墙

A.0.6　无释放源的建筑与通风良好且有二级释放源的建筑相邻，当采用不燃烧体实体墙隔开时，其爆炸危险区域和范围(图 A.0.6)划分宜符合下列规定：

1 以释放源为中心，半径为 15.0m 的范围内宜划分为 2 区；

2 与爆炸危险建筑相邻，并采用不燃烧体实体墙隔开的无释放源建筑，门窗位于爆炸危险区域内时宜划为 2 区；

3 门窗位丁爆炸危险区域以外时宜划为非爆炸危险区。

A.0.7　下列场所可划分为非爆炸危险区域：

1 没有释放源，且不可能有液化石油气或液化石油气和其他气体的混合气侵入的区域。

2 液化石油气或液化石油气和其他气体的混合气可能出现的最高浓度不超过爆炸下限 10%的区域。

3 在生产过程中使用明火的设备或炽热表面温度超过区域内可燃气体着火温度的设备附近区域。如锅炉房、热水炉间等。

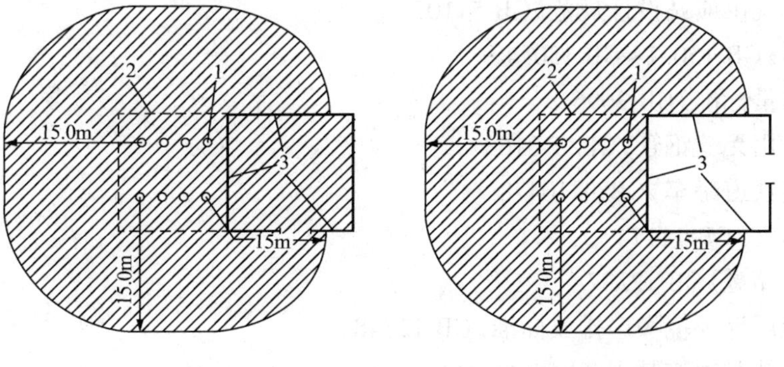

(a) 门窗位于爆炸危险区域内　　(b) 门窗位于爆炸危险区域外

2区

图 A.0.6　无释放源的建筑与通风良好且有二级释放源的建筑相邻，当采用不燃烧体实体墙隔开时，其爆炸危险区域和范围划分图

1—二级释放源；2—通风良好的建筑；3—实体墙

4 液化石油气供应站生产区以外露天设置的液化石油气和液化石油气与其他气体的混合气管道。阀门处视具体情况确定。

引用标准名录

1 《建筑抗震设计规范》GB 50011
2 《Ⅲ、Ⅳ级铁路设计规范》GB 50012
3 《室外排水设计规范》GB 50014
4 《建筑设计防火规范》GB 50016
5 《工业建筑供暖通风与空气调节设计规范》GB 50019
6 《室外给水排水和燃气热力工程抗震设计规范》GB 50032
7 《供配电系统设计规范》GB 50052
8 《建筑物防雷设计规范》GB 50057
9 《爆炸危险环境电力装置设计规范》GB 50058
10 《石油库设计规范》GB 50074
11 《建筑灭火器配置设计规范》GB 50140
12 《汽车加油加气站设计与施工规范》GB 50156
13 《石油化工企业设计防火规范》GB 50160
14 《构筑物抗震设计规范》GB 50191
15 《建筑地面工程施工质量验收规范》GB 50209
16 《现场设备、工业管道焊接工程施工规范》GB 50236
17 《输油管道工程设计规范》GB 50253
18 《工业金属管道设计规范》GB 50316
19 《安全防范工程技术规范》GB 50348
20 《视频安防监控系统工程设计规范》GB 50395
21 《出入口控制系统工程设计规范》GB 50396
22 《石油化工可燃气体和有毒气体检测报警设计规范》GB 50493
23 《城镇燃气技术规范》GB 50494
24 《石油化工装置防雷设计规范》GB 50650
25 《消防给水及消火栓系统技术规范》GB 50974
26 《压缩天然气供应站设计规范》GB 51102
27 《压力容器》GB 150.1～GB 150.4
28 《声环境质量标准》GB 3096
29 《输送流体用无缝钢管》GB/T 8163
30 《液化气体铁道罐车》GB/T 10478
31 《液化石油气》GB 11174
32 《钢制球形储罐》GB 12337
33 《工业企业厂界环境噪声排放标准》GB 12348
34 《钢质管道外腐蚀控制规范》GB/T 21447
35 《埋地钢质管道阴极保护技术规范》GB/T 21448
36 《城镇燃气埋地钢质管道腐蚀控制技术规程》CJJ 95
37 《城镇燃气报警控制系统技术规程》CJJ/T 146
38 《城镇燃气加臭技术规程》CJJ/T 148
39 《液化石油气汽车槽车技术条件》HG/T 3143
40 《钢制管法兰、垫片、紧固件》HG/T 20592～HG/T 20635
41 《承压设备用碳素钢和合金钢锻件》NB/T 47008

42 《低温承压设备用低合金钢锻件》NB/T 47009

43 《石油化工静电接地设计规范》SH 3097

44 《钢质储罐腐蚀控制标准》SY/T 6784

45 《污水排入城镇下水道水质标准》CJ 343

UDC

中华人民共和国国家标准

P

GB 55009—2021

燃气工程项目规范

Project code for gas engineering

2021-04-09 发布　　　　　　　　　　　　2022-01-01 实施

中华人民共和国住房和城乡建设部
国家市场监督管理总局　联合发布

前　　言

为适应国际技术法规与技术标准通行规则，2016年以来，住房和城乡建设部陆续印发《深化工程建设标准化工作改革的意见》等文件，提出政府制定强制性标准、社会团体制定自愿采用性标准的长远目标，明确了逐步用全文强制性工程建设规范取代现行标准中分散的强制性条文的改革任务，逐步形成由法律、行政法规、部门规章中的技术性规定与全文强制性工程建设规范构成的“技术法规”体系。

关于规范种类。强制性工程建设规范体系覆盖工程建设领域各类建设工程项目，分为工程项目类规范（简称项目规范）和通用技术类规范（简称通用规范）两种类型。项目规范以工程建设项目整体为对象，以项目的规模、布局、功能、性能和关键技术措施等五大要素为主要内容。通用规范以实现工程建设项目功能性能要求的各专业通用技术为对象，以勘察、设计、施工、维修、养护等通用技术要求为主要内容。在全文强制性工程建设规范体系中，项目规范为主干，通用规范是对各类项目共性的、通用的专业性关键技术措施的规定。

关于五大要素指标。强制性工程建设规范中各项要素是保障城乡基础设施建设体系化和效率提升的基本规定，是支撑城乡建设高质量发展的基本要求。项目的规模要求主要规定了建设工程项目应具备完整的生产或服务能力，应与经济社会发展水平相适应。项目的布局要求主要规定了产业布局、建设工程项目选址、总体设计、总平面布置以及与规模相协调的统筹性技术要求，应考虑供给能力合理分布，提高相关设施建设的整体水平。项目的功能要求主要规定项目构成和用途，明确项目的基本组成单元，是项目发挥预期作用的保障。项目的性能要求主要规定建设工程项目建设水平或技术水平的高低程度，体现建设工程项目的适用性，明确项目质量、安全、节能、环保、宜居环境和可持续发展等方面应达到的基本水平。关键技术措施是实现建设项目功能、性能要求的基本技术规定，是落实城乡建设安全、绿色、韧性、智慧、宜居、公平、有效率等发展目标的基本保障。

关于规范实施。强制性工程建设规范具有强制约束力，是保障人民生命财产安全、人身健康、工程安全、生态环境安全、公众权益和公众利益，以及促进能源资源节约利用、满足经济社会管理等方面的控制性底线要求，工程建设项目的勘察、设计、施工、验收、维修、养护、拆除等建设活动全过程中必须严格执行，其中，对于既有建筑改造项目（指不改变现有使用功能），当条件不具备、执行现行规范确有困难时，应不低于原建造时的标准。与强制性工程建设规范配套的推荐性工程建设标准是经过实践检验的、保障达到强制性规范要求的成熟技术措施，一般情况下也应当执行。在满足强制性工程建设规范规定的项目功能、性能要求和关键技术措施的前提下，可合理选用相关团体标准、企业标准，使项目功能、性能更加优化或达到更高水平。推荐性工程建设标准、团体标准、企业标准要与强制性工程建设规范协调配套，各项技术要求不得低于强制性工程建设规范的相关技术水平。

强制性工程建设规范实施后，现行相关工程建设国家标准、行业标准中的强制性条文同时废止。现行工程建设地方标准中的强制性条文应及时修订，且不得低于强制性工程建设规范的规定。现行工程建设标准（包括强制性标准和推荐性标准）中有关规定与强制性工程建设规范的规定不一致的，以强制性工程建设规范的规定为准。

目　次

1　总则
2　基本规定
　2.1　规模与布局
　2.2　建设要求
　2.3　运行维护
3　燃气质量
4　燃气厂站
　4.1　站区
　4.2　工艺
　4.3　储罐与气瓶
5　管道和调压设施
　5.1　输配管道
　5.2　调压设施
　5.3　用户管道
6　燃具和用气设备
　6.1　家族用燃具和附件
　6.2　商业燃具、用气设备和附件
　6.3　烟气排除

1 总　　则

1.0.1 为促进城乡燃气高质量发展，预防和减少燃气安全事故，保证供气连续稳定，保障人身、财产和公共安全，制定本规范。

1.0.2 城市、乡镇、农村的燃气工程项目必须执行本规范。本规范不适用于下列工程项目：

1 城镇燃气门站以前的长距离输气管道工程项目；

2 工业企业内部生产用燃气工程项目；

3 沼气、秸秆气的生产和利用工程项目；

4 海洋和内河轮船、铁路车辆、汽车等运输工具上的燃气应用项目。

1.0.3 燃气工程应实现供气连续稳定和运行安全，并应遵循下列原则：

1 符合国家能源、生态环境、土地利用、防灾减灾、应急管理等政策；

2 保障人身、财产和公共安全；

3 鼓励工程技术创新；

4 积极采用现代信息技术；

5 提高工程建设质量和运行维护水平。

1.0.4 工程建设所采用的技术方法和措施是否符合本规范要求，由相关责任主体判定。其中，创新性的技术方法和措施，应进行论证并符合本规范中有关性能的要求。

2 基本规定

2.1 规模与布局

2.1.1 燃气工程用气规模应根据城乡发展状况、人口规模、用户需求和供气资源等条件，经市场调查、科学预测，结合用气量指标和用气规律综合分析确定。

2.1.2 气源的选择应按国家能源政策，遵循节能环保、稳定可靠的原则，考虑可供选择的资源条件，并经技术经济论证确定。

2.1.3 燃气供应系统应具有满足调峰供应和应急供应的供气能力储备。供气能力储备量应根据气源条件、供需平衡、系统调度和应急的要求确定。

2.1.4 燃气供应系统设施的设置应与城乡功能结构相协调，并应满足城乡建设发展、燃气行业发展和城乡安全的需要。

2.2 建设要求

2.2.1 燃气供应系统应设置保证安全稳定供气的厂站、管线以及用于运行维护等的必要设施，运行的压力、流量等工艺参数应保证供应系统安全和用户正常使用，并应符合下列规定：

1 供应系统应具备事故工况下能及时切断的功能，并应具有防止管网发生超压的措施；

2 燃气设备与管道应具有承受设计压力和设计温度下的强度和密封性；

3 供气压力应稳定，燃具和用气设备前的压力变化应在允许的范围内。

2.2.2 燃气供应系统应设置信息管理系统，并应具备数据采集与监控功能。燃气自动化控制系统、基础网络设施及信息管理系统等应达到国家信息安全的要求。

2.2.3 燃气设施所使用的材料和设备应满足节能环保及系统介质特性、功能需求、外部环境、设计条件的要求。设备、管道及附件的压力等级不应小于系统设计压力。

2.2.4 在设计工作年限内，燃气设施应保证在正常使用维护条件下的可靠运行。当达到设计工作年限或在遭受地质灾害、运行事故或外力损害后需继续使用时，应对燃气设施进行合于使用评估。

2.2.5 燃气设施应采取防火、防爆、抗震等措施，有效防止事故的发生。

2.2.6 管道及管道与设备的连接方式应符合介质特性和工艺条件，连接必须严密可靠。

2.2.7 设置燃气设备、管道和燃具的场所不应存在燃气泄漏后聚集的条件。燃气相对密度大于等于0.75的燃气管道、调压装置和燃具不得设置在地下室、半地下室、地下箱体、地下综合管廊及其他地下空间内。

2.2.8 燃具和用气设备的性能参数应与所使用的燃气类别特性和供气压力相适应，燃具和用气设备的使用场所应满足安全使用条件。

2.3 运行维护

2.3.1 燃气设施应在竣工验收合格且调试正常后，方可投入使用。燃气设施投入使用前必须具备下列条件：

1 预防安全事故发生的安全设施应与主体工程同时投入使用；

2 防止或减少污染的设施应与主体工程同时投入使用。

2.3.2 燃气设施建设和运行单位应建立健全安全管理制度，制定操作维护规程和事故应急预案，并应设置专职安全管理人员。

2.3.3 燃气设施的施工、运行维护和抢修等场所及重要的燃气设施应设置规范、明显的安全警示标志。

2.3.4 燃气设施的运行单位应配备具有专业技能且无间断值班的应急抢险队伍及必需的备品配件、抢修机具和应急装备，应设置并向社会公布24h报修电话和其他联系方式。

2.3.5 燃气设施可能泄漏燃气的作业过程中，应有专人监护，不得单独操作。泄漏燃气的原因未查清或泄漏未消除前，应采取有效安全措施，直至燃气泄漏消除为止。

2.3.6 燃气设施现场的操作应符合下列规定：

1 操作人员应熟练掌握燃气特性、相关工艺和应急处置的知识和技能；

2 操作或抢修作业应标示出作业区域，并应在区域边界设置护栏和警示标志；

3 操作或抢修人员作业应穿戴防静电工作服及其他防护用具，不应在作业区域内穿脱和摘戴作业防护用具；

4 操作或抢修作业区域内不得携带手机、火柴或打火机等火种，不得穿着容易产生火花的服装。

2.3.7 燃气设施正常运行过程中未达到排放标准的工艺废弃物不得直接排放。

3 燃气质量

3.0.1 燃气工程供应的燃气质量应符合下列规定：

1 应符合国家规定的燃气分类和气质标准；

2 应满足各类用户的用气需求和使用条件；

3 发热量(热值)应保持稳定；

4 组分变化应保证燃具正常工作。

3.0.2 系统供应的燃气应确定基准发热量(热值)，发热量(热值)变化应在基准发热量(热值)的±5%以内。燃气组分及杂质含量、露点温度和接气点压力等气质参数应根据气源条件和用气需求确定。

3.0.3 天然气及按天然气质量交付的页岩气、煤层气、煤制天然气、生物质气等的质量应符合下列规定：

1 天然气的质量应符合表3.0.3的规定；

表 3.0.3 天然气的质量指标

高位发热量(MJ/m^3)	≥31.4
总硫(以硫计)(mg/m^3)	≤100
硫化氢(mg/m^3)	≤20
二氧化碳(y,%)	≤4.0

注：表中气体体积的标准参比条件是101.325kPa，20℃。

2 在天然气交接点的压力和温度条件下，天然气的烃露点应比最低环境温度低5℃；天然气中不应有固态、液态或胶状物质。

3.0.4 液化石油气的质量应符合表3.0.4的规定。

表 3.0.4 液化石油气的质量指标

项目	质量指标		
	商品丙烷	商品丙丁烷混合物	商品丁烷
密度(15℃)(kg/m^3)	报告		
蒸气压(37.8℃)(kPa)	≤1430	≤1380	≤485
组分			
C_3 烃类组分(体积分数)(%)	≥95	—	—
C_4 及 C_4 以上烃类组分(体积分数)(%)	≤2.5	—	—
(C_3+C_4)烃类组分(体积分数)(%)	—	≥95	≥95
C_5 及 C_5 以上烃类组分(体积分数)(%)	—	≤3.0	≤2.0
残留物			
蒸发残留物(mL/100mL)	≤0.05		
油渍观察	通过		
铜片腐蚀(40℃，1h)(级)	≤1		
总硫含量(mg/m^3)	≤343		
硫化氢(需满足下列要求之一)：			
乙酸铅法	无		
层析法(mg/m^3)	≤10		
游离水	无		

注：1 液化石油气中不允许人为加入除加臭剂以外的非烃类化合物；

2 每次以0.1mL的增量将0.3mL溶剂-残留物混合液滴到滤纸上，2min后在日光下观察，无持久不退的油环为通过；

3 “—”为不得检出。

3.0.5 人工煤气的质量应符合表3.0.5的规定。

表 3.0.5 人工煤气的质量指标

项目	质量指标
低热值[1](MJ/m^3)	
一类气[2]	>14
二类气[2]	>10

续表

项目	质量指标
杂质	
焦油和灰尘(mg/m^3)	<10
硫化氢(mg/m^3)	<20
氨(mg/m^3)	<50
萘[3](mg/m^3)	$<50\times10^2/P$(冬天) $<100\times10^2/P$(夏天)
含氧量[4](体积分数)	
一类气	<2%
二类气	<1%
含一氧化碳[5](体积分数)	<10%

注：1 表中煤气体积(m^3)指在101.325kPa，15℃状态下的体积；

2 一类气为煤干馏气，二类气为煤气化气、油气化气(包括液化石油气及天然气改制)；

3 萘指萘和它的同系物α-甲基萘及β-甲基萘；在确保煤气中萘不析出的前提下，各地区可以根据当地燃气管道埋设处的土壤温度规定本地区煤气中含萘指标；当管道输气点绝对压力(P)小于202.65kPa时，压力(P)因素可不参加计算；

4 含氧量指制气厂生产过程中所要求的指标；

5 对二类气或掺有二类气的一类气，其一氧化碳含量应小于20%(体积分数)。

3.0.6 当气源质量未达到本规范第3.0.2~3.0.5条规定的质量要求时，应对燃气进行加工处理。

3.0.7 燃气应具有当其泄漏到空气中并在发生危险之前，嗅觉正常的人可以感知的警示性臭味。

3.0.8 当供应的燃气不符合本规范第3.0.7条的规定时，应进行加臭。加臭剂的最小量应符合下列规定：

1 无毒燃气泄漏到空气中，达到爆炸下限的20%时，应能察觉；

2 有毒燃气泄漏到空气中，达到对人体允许的有害浓度时，应能察觉；

3 对于含一氧化碳有毒成分的燃气，空气中一氧化碳含量的体积分数达到0.02%时，应能察觉。

3.0.9 加入燃气中的加臭剂应符合下列规定：

1 加臭剂的气味应明显区别于日常环境中的其他气味。加臭剂与燃气混合后应保持特殊的臭味，且燃气泄漏后，其臭味应消失缓慢。

2 加臭剂及其燃烧产物不应对人体有毒害，且不应对与其接触的材料和设备有腐蚀或损害。

3 加臭剂溶解于水的程度，其质量分数不应大于2.5%。

3.0.10 当燃气供应系统的燃气需要与空气混合后供应时，混合气中燃气的体积分数应高于其爆炸上限的2倍以上，且混合气的露点温度应低于输送管道外壁可能达到的最低温度5℃以上。混合气中硫化氢含量不应大于20mg/m^3。

4 燃气厂站

4.1 站 区

4.1.1 燃气厂站的单位产量、储存量和最大供气能力等建设规模应根据燃气工程的用气规模和燃气供应系统总体布局的要求，结合资源条件和城乡建设发展等因素综合确定。燃气厂站应按生产或工艺流程顺畅、通行便利和保障安全的要求布置。

4.1.2 液态燃气存储总水容积大于3500m³或气态燃气存储总容积大于200000m³的燃气厂站应结合城镇发展，设在城市边缘或相对独立的安全地带，并应远离居住区、学校及其他人员集聚的场所。

4.1.3 当燃气厂站设有生产辅助区及生活区时，生活区应与生产区分区布置。当燃气厂站具有汽车加气功能时，汽车加气区、加气服务用站房与站内其他设施应采用围护结构分隔。

4.1.4 燃气厂站内大型工艺基础设施和调压计量间、压缩机间、灌瓶间等主要建(构)筑物的设计工作年限不应小于50年，其结构安全等级不应低于二级的要求。

4.1.5 燃气厂站边界应设置围护结构。液化天然气、液化石油气厂站的生产区应设置高度不低于2.0m的不燃性实体围墙。

4.1.6 燃气厂站内建筑物与厂站外建筑物之间的间距应符合防火的相关要求。

4.1.7 不同介质储罐和相同介质的不同储存状态储罐应分组布置，组之间、储罐之间及储罐与建筑物之间的间距应根据储存介质特性、储量、罐体结构形式、维护操作需求、事故影响范围及周边环境等条件确定。

4.1.8 燃气厂站道路和出入口设置应满足便于通行、应急处置和紧急疏散的要求，并应符合表4.1.8的规定。

表 4.1.8 燃气厂站出入口设置

厂站类别	区域	对外出入口数量(个)	出入口的间距(m)
液化石油气储存站、储配站和灌装站	生产区	≥1	—
		当液化石油气储罐总容积>1000m³时，≥2	≥50
	辅助区	≥1	—
液化天然气供应站	生产区	当液化天然气储罐总容积>2000m³时，≥2	≥50
压缩天然气供应站	生产区	当压缩天然气供应站储气总容积>30000m³时，≥2	≥50

4.1.9 燃气相对密度大于等于0.75的燃气厂站生产区内不应设置地下和半地下建(构)筑物，寒冷地区的地下式消火栓设施除外；生产区的地下排水系统应采取防止燃气聚集的措施，电缆等地下管沟内应填满细砂。

4.1.10 液态燃气的储罐或储罐组周边应设置封闭的不燃烧实体防护堤，或储罐外容器应采用防止液体外泄的不燃烧实体防护结构。深冷液体储罐的实体防护结构应适应低温条件。

4.1.11 燃气厂站内的建(构)筑物应结合其类型、规模和火灾危险性等因素采取防火措施。

4.1.12 燃气厂站具有爆炸危险的建(构)筑物不应存在燃气聚积和滞留的条件，并应采取有效通风、设置泄压面积等防爆措施。

4.1.13 燃气厂站内的建(构)筑物及露天钢质燃气储罐、设备和管道应采取防雷接地措施。

4.2 工 艺

4.2.1 燃气厂站的生产工艺、设备配置和监测控制装置应符合安全稳定供气、供应系统有效调度的要求，且应技术经济合理。

4.2.2 燃气厂站内燃气管道的设计工作年限不应小于30年。

4.2.3 设备、管道及附件的连接采用焊接时，焊接后的焊口强度不应低于母材强度。

4.2.4 燃气厂站应根据应急需要并结合工艺条件设置全站紧急停车切断系统。当全站紧急停车切断故障处理完成后，紧急停车切断装置应采用人工方式进行现场重新复位启动。

4.2.5 燃气厂站内设备和管道应按防止系统压力参数超过限值的要求设置自动切断和放散装置。放散装置的设置应保证放散时的安全和卫生，不得在建筑物内放散燃气和其他有害气体。

4.2.6 进出燃气厂站的燃气管道应设置切断阀门。燃气厂站内外的钢质管道之间应设置绝缘装置。

4.2.7 液化天然气、液化石油气液相管道上相邻两个切断阀之间的封闭管道应设安全阀。

4.2.8 压缩天然气、液化天然气和液化石油气运输车在充装或卸车作业时，应停靠在设有固定防撞装置的固定车位处，并应采取防止车辆移动的措施。装卸系统上应设置防止装卸用管拉脱的联锁保护装置。

4.2.9 向液化天然气和液化石油气槽车充装时，不得使用充装软管连接。

4.2.10 燃气调压装置及其出口管道、后序设备的工作温度不应低于其材质本身允许的最低使用温度。

4.2.11 燃气厂站内的燃气容器、设备和管道上不得采用灰口铸铁阀门与附件。

4.2.12 储存、输送低温介质的储罐、设备和管道，在投入运行前应采取预冷措施。

4.2.13 燃气膨胀机、压缩机和泵等动力设备应具备非正常工作状况的报警和自动停机功能。

4.2.14 液化天然气和低温液化石油气的储罐区、气化区、装卸区等可能发生燃气泄漏的区域应设置连续低温检测报警装置和相关的联锁装置。

4.2.15 燃气厂站的供电电源应满足正常生产和消防的要求，站内涉及生产安全的设备用电和消防用电应由两回线路供电，或单回路供电并配置备用电源。

4.2.16 燃气厂站仪表控制系统应设置不间断电源装置。

4.2.17 燃气厂站内可燃气体泄漏浓度可能达到爆炸下限20%的燃气设施区域内或建(构)筑物内，应设置固定式可燃气体浓度报警装置。

4.2.18 燃气厂站内设置在有爆炸危险环境的电气、仪表装置，应具有与该区域爆炸危险等级相对应的防爆性能。

4.2.19 燃气厂站爆炸危险区域内，可能产生静电危害的储罐、设备和管道应采取静电导消措施。

4.2.20 进入燃气储罐区、调压室(箱)、压缩机房、计量室、瓶组气化间、阀室等可能泄漏燃气的场所，应检测可燃气体、有害气体及氧气的浓度，符合安全条件方可进入。燃气厂站应在明显位置标示应急疏散线路图。

4.2.21 除装有消火装置的燃气专用运输车和应急车辆外，其他机动车辆不得进入液态燃气储存灌装区。

4.3 储罐与气瓶

4.3.1 液化天然气和容积大于10m^3液化石油气储罐不应固定安装在建筑物内。充气的或有残气的液化天然气钢瓶不得存放在建筑内。

4.3.2 燃气储罐应设置压力、温度、罐容或液位显示等监测装置，并应具有超限报警功能。液化天然气常压储罐应设置密度监测装置。燃气储罐应设置安全泄放装置。

4.3.3 液化天然气和液化石油气储罐的液相进出管应设置与储罐液位控制联锁的紧急切断阀。

4.3.4 低温燃气储罐和设备的基础，应设置土壤温度检测装置，并应采取防止土壤冻胀的措施。

4.3.5 当燃气储罐高度超过当地有关限高规定时，应设飞行障碍灯和标志。

4.3.6 燃气储罐的进出口管道应采取有效的防沉降和抗震措施，并应设置切断装置。

4.3.7 燃气储罐的安全阀应根据储存燃气特性和使用条件选用，并应符合下列规定：

1 液化天然气储罐安全阀，应选用奥氏体不锈钢弹簧封闭全启式安全阀。

2 液化石油气储罐安全阀，应选用弹簧封闭全启式安全阀。

3 容积大于或等于100m^3的液化天然气和液化石油气储罐，应设置2个或2个以上安全阀。

4.3.8 液态燃气储罐区防护堤内不应设置其他可燃介质储罐。不得在液化天然气、液化石油气储罐的防护堤内设置气瓶灌装口。

4.3.9 严寒和寒冷地区低压湿式燃气储罐应采取防止水封冻结的措施。

4.3.10 低压干式稀油密封储罐应设置防回转装置，防回转装置的接触面应采取防止因撞击产生火花的措施。

4.3.11 不应直接由罐车对气瓶进行充装或将气瓶内的气体向其他气瓶倒装。

4.3.12 气瓶应具有可追溯性，应使用合格的气瓶进行灌装。气瓶灌装后，应对气瓶进行检漏、检重或检压。所充装的合格气瓶上应粘贴规范明显的警示标签和充装标签。

5 管道和调压设施

5.1 输配管道

5.1.1 输配管道应根据最高工作压力进行分级，并应符合表5.1.1的规定。

表5.1.1 输配管道压力分级

名称		最高工作压力(MPa)
超高压		$4.0<P$
高压	A	$2.5<P\leqslant 4.0$
	B	$1.6<P\leqslant 2.5$
次高压	A	$0.8<P\leqslant 1.6$
	B	$0.4<P\leqslant 0.8$
中压	A	$0.2<P\leqslant 0.4$
	B	$0.01<P\leqslant 0.2$
低压		$P\leqslant 0.01$

5.1.2 燃气输配管道应结合城乡道路和地形条件，按满足燃气可靠供应的原则布置，并应符合城乡管线综合布局的要求。输配管网系统的压力级制应结合用户需求、用气规模、调峰需要和敷设条件等进行配置。

5.1.3 液态燃气输配管道、高压A及高压A以上的气态燃气输配管道不应敷设在居住区、商业区和其他人员密集区域、机场车站与港口及其他危化品生产和储存区域内。

5.1.4 输配管道的设计工作年限不应小于30年。

5.1.5 输配管道与附件的材质应根据管道的使用条件和敷设环境对强度、抗冲击性等机械性能的要求确定。

5.1.6 输配管道及附属设施的保护范围应根据输配系统的压力分级和周边环境条件确定。最小保护范围应符合下列规定：

1 低压和中压输配管道及附属设施，应为外缘周边0.5m范围内的区域；

2 次高压输配管道及附属设施，应为外缘周边1.5m范围内的区域；

3 高压及高压以上输配管道及附属设施，应为外缘周边5.0m范围内的区域。

5.1.7 输配管道及附属设施的控制范围应根据输配系统的压力分级和周边环境条件确定。最小控制范围应符合下列规定：

1 低压和中压输配管道及附属设施，应为外缘周边0.5m～5.0m范围内的区域；

2 次高压输配管道及附属设施，应为外缘周边1.5m～15.0m范围内的区域；

3 高压及高压以上输配管道及附属设施，应为外缘周边5.0m～50.0m范围内的区域。

5.1.8 在输配管道及附属设施的保护范围内，不得从事下列危及输配管道及附属设施安全的活动：

1 建设建筑物、构筑物或其他设施；

2 进行爆破、取土等作业；

3 倾倒、排放腐蚀性物质；

4 放置易燃易爆危险物品；

5 种植根系深达管道埋设部位可能损坏管道本体及防腐层的植物；

6 其他危及燃气设施安全的活动。

5.1.9 在输配管道及附属设施保护范围内从事敷设管道、打桩、顶进、挖掘、钻探等可能影响燃气设施安全活动时，应与燃气运行单位制定燃气设施保护方案并采取安全保护措施。

5.1.10 在输配管道及附属设施的控制范围内从事本规范第5.1.8条列出的活动，或进行管道穿跨越作业时，应与燃气运行单位制定燃气设施保护方案并采取安全保护措施。在最小控制范围以外进行作业时，仍应保证输配管道及附属设施的安全。

5.1.11 钢质管道最小公称壁厚不应小于表5.1.11的规定。

表5.1.11 钢质管道最小公称壁厚

钢管公称直径 *DN*(mm)	最小公称壁厚(mm)
*DN*100～*DN*150	4.0
*DN*200～*DN*300	4.8
*DN*350～*DN*450	5.2
*DN*500～*DN*550	6.4
*DN*600～*DN*700	7.1
*DN*750～ *DN*900	7.9
*DN*950～*DN*1000	8.7
*DN*1050	9.5

5.1.12 聚乙烯等不耐受高温或紫外线的高分子材料管道不得用于室外明设的输配管道。

5.1.13 埋地输配管道不得影响周边建(构)筑物的结构安全，且不得在建筑物和地上大型构筑物(架空的建、构筑物除外)的下面敷设。

5.1.14 埋地输配管道应根据冻土层、路面荷载等条件确定其埋设深度。车行道下输配管道的最小直埋深度不应小于0.9m，人行道及田地下输配管道的最小直埋深度不应小于0.6m。

5.1.15 当输配管道架空敷设时，应采取防止车辆冲撞等外力损害的措施。

5.1.16 输配管道不应在排水管(沟)、供水管渠、热力管沟、电缆沟、城市交通隧道、城市轨道交通隧道和地下人行通道等地下构筑物内敷设。当确需穿过时，应采取有效的防护措施。

5.1.17 当输配管道穿越铁路、公路、河流和主要干道时，应采取不影响交通、水利设施并保证输配管道安全的防护措施。

5.1.18 河底穿越输配管道时，管道至河床的覆土厚度应根据水流冲刷条件及规划河床标高确定。对于通航的河流，应满足疏浚和投锚的深度要求。输配管道穿越河流两岸的上、下游位置应设立标志。

5.1.19 输配管道上的切断阀门应根据管道敷设条件，按检修调试方便、及时有效控制事故的原则设置。

5.1.20 埋地钢质输配管道应采用外防腐层辅以阴极保护系统的腐蚀控制措施。新建输配管道的阴极保护系统应与输配管道同时实施，并应同时投入使用。

5.1.21 埋地钢质输配管道埋设前，应对防腐层进行100%外观检查，防腐层表面不得出现气泡、破损、裂纹、剥离等缺陷。不符合质量要求时，应返工处理直至合格。

5.1.22 输配管道的外防腐层应保持完好，并应定期检测。阴极保护系统在输配管道正常运行时不应间断。

5.1.23 聚乙烯管道的连接不得采用螺纹连接或粘接。不得采用明火加热连接。

5.1.24 输配管道安装结束后，必须进行管道清扫、强度试验和严密性试验，并应合格。

5.1.25 输配管道进行强度试验和严密性试验时，所发现的缺陷必须待试验压力降至大气压后方可进行处理，处理后应重新进行试验。

5.1.26 输配管道和设备维修前和修复后，应对周边窨井、地下管线和建(构)筑物等场所的残存燃气进行全面检查。

5.1.27 输配管道和无人值守的调压设施应进行定时巡查。对不符合安全使用条件的输配管道，应及时更新、改造、修复或停止使用。

5.1.28 输配管道沿线应设置管道标志。管道标志毁损或标志不清的，应及时修复或更新。

5.1.29 废弃的输配管道及设施应及时拆除；不能立即拆除的，应及时处置，并应设置明显的标识或采取有效封堵，管道内不应存有燃气。

5.1.30 暂时停用的输配管道应保压并按在用管道进行管理。

5.2 调压设施

5.2.1 不同压力级别的输配管道之间应通过调压装置连接。

5.2.2 调压站的选址应符合管网系统布置和周边环境的要求。

5.2.3 进口压力为次高压及以上的区域调压装置应设置在室外独立的区域、单独的建筑物或箱体内。

5.2.4 独立设置的调压站或露天调压装置的最小保护范围和最小控制范围应符合表5.2.4的规定。

表5.2.4 独立设置的调压站或露天调压装置的最小保护范围和最小控制范围

燃气入口压力	有围墙时		无围墙且设在调压室内时		无围墙且露天设置时	
	最小保护范围	最小控制范围	最小保护范围	最小控制范围	最小保护范围	最小控制范围
低压、中压	围墙内区域	围墙外3.0m区域	调压室0.5m范围内区域	调压室0.5m～5.0m范围内区域	调压装置外缘1.0m范围内区域	调压装置外缘1.0m～6.0m范围内区域
次高压	围墙内区域	围墙外5.0m区域	调压室1.5m范围内区域	调压室1.5m～10.0m范围内区域	调压装置外缘3.0m范围内区域	调压装置外缘3.0m～15.0m范围内区域
高压、高压以上	围墙内区域	围墙外25.0m区域	调压室3.0m范围内区域	调压室3.0m～30.0m范围内区域	调压装置外缘5.0m范围内区域	调压装置外缘5.0m～50.0m范围内区域

5.2.5 在独立设置的调压站或露天调压装置的最小保护范围内，不得从事下列危及燃气调压设施安全的活动：

1 建设建筑物、构筑物或其他设施；

2 进行爆破、取土等作业；

3 放置易燃易爆危险物品；

4 其他危及燃气设施安全的活动。

5.2.6 在独立设置的调压站或露天调压装置的最小控制范围内从事本规范第5.2.5条列出的活动时，应与燃气运行单位制定燃气调压设施保护方案并采取安全保护措施。在最小控制范围以外进行作业时，仍应保证燃气调压设施的安全。

5.2.7 调压设施周围应设置防侵入的围护结构。调压设施范围内未经许可的人员不得进入。在易于出现较高侵入危险的区域，应对站点增加安全巡检次数或设置侵入探测设备。

5.2.8 调压设施周围的围护结构上应设置禁止吸烟和严禁动用明火的明显标志。无人值守的调压设施应清晰地标出方便公众联系的方式。

5.2.9 调压站的调压装置设置区域应有设备安装、维修及放置应急物品的空间和设置出入通道的位置。

5.2.10 露天设置的调压装置应采取防止外部侵入的措施，并应与边界围护结构保持可防止外部侵入的距离。

5.2.11 设置调压装置的建筑物和容积大于 $1.5m^3$ 的调压箱应具有泄压措施。

5.2.12 调压站、调压箱、专用调压装置的室外或箱体外进口管道上应设置切断阀门。高压及高压以上的调压站、调压箱、专用调压装置的室外或箱体外出口管道上应设置切断阀门。阀门至调压站、调压箱、专用调压装置的室外或箱体外的距离应满足应急操作的要求。

5.2.13 设置调压装置的环境温度应保证调压装置活动部件正常工作，并应符合下列规定：

1 湿燃气，不应低于0℃；

2 液化石油气，不应低于其露点。

5.2.14 对于存在燃气相对密度大于等于0.75的可燃气体的空间，应采用不发火花地面，人能够到达的位置应使用防静电火花的材料覆盖。

5.2.15 当调压节流效应使燃气的温度可能引起材料失效时，应对燃气采取预加热等措施。

5.2.16 调压装置的厂界环境噪声应控制在国家现行环境标准允许的范围内。

5.2.17 燃气调压站的电气、仪表设备应根据爆炸危险区域进行选型和安装，并应设置过电压保护和雷击保护装置。

5.2.18 调压系统出口压力设定值应保持下游管道压力在系统允许的范围内。调压装置应设置防止燃气出口压力超过下游压力允许值的安全保护措施。

5.2.19 当发生出口压力超过下游燃气设施设计压力的事故后，应对超压影响区内的燃气设施进行全面检查，确认安全后方可恢复供气。

5.3 用户管道

5.3.1 用户燃气管道最高工作压力应符合下列规定：

1 住宅内，明设时不应大于0.2MPa；暗埋、暗封时不应大于0.01MPa。

2 商业建筑、办公建筑内，不应大于0.4MPa。

3 农村家庭用户内，不应大于0.01MPa。

5.3.2 用户燃气管道设计工作年限不应小于30年。预埋的用户燃气管道设计工作年限应与该建筑设计工作年限一致。

5.3.3 用户燃气管道及附件应结合建筑物的结构合理布置，并应设置在便于安装、检修的位置，不得设置在下列场所：

1 卧室、客房等人员居住和休息的房间；

2 建筑内的避难场所、电梯井和电梯前室、封闭楼梯间、防烟楼梯间及其前室；

3 空调机房、通风机房、计算机房和变、配电室等设备房间；

4 易燃或易爆品的仓库、有腐蚀性介质等场所；

5 电线(缆)、供暖和污水等沟槽及烟道、进风道和垃圾道等地方。

5.3.4 燃气引入管、立管、水平干管不应设置在卫生间内。

5.3.5 使用管道供应燃气的用户应设置燃气计量器具。

5.3.6 用户燃气调压器和计量装置，应根据其使用燃气的类别、压力、温度、流量(工作状态、标准状态)和允许的压力降、安装条件及用户要求等因素选择，其安装应便于检修、维护和更换操作，且不应设置在密闭空间和卫生间内。

5.3.7 燃气相对密度小于0.75的用户燃气管道当敷设在地下室、半地下室或通风不良场所时，应设置燃气泄漏报警装置和事故通风设施。

5.3.8 用户燃气管道穿过建筑物外墙或基础的部位应采取防沉降措施。高层建筑敷设燃气管道应有管道支撑和管道变形补偿的措施。

5.3.9 当用户燃气管道架空或沿建筑外墙敷设时，应采取防止外力损害的措施。

5.3.10 用户燃气管道与燃具的连接应牢固、严密。

5.3.11 用户燃气管道阀门的设置部位和设置方式应满足安全、安装和运行维护的要求。燃气引入管、用户调压器和燃气表前、燃具前、放散管起点等部位应设置手动快速切断阀门。

5.3.12 暗埋和预埋的用户燃气管道应采用焊接接头。

5.3.13 用户燃气管道的安装不得损坏建筑的承重结构及降低建筑结构的耐火性能或承载力。

6 燃具和用气设备

6.1 家庭用燃具和附件

6.1.1 家庭用户应选用低压燃具。不应私自在燃具上安装出厂产品以外的可能影响燃具性能的装置或附件。

6.1.2 家庭用户的燃具应设置熄火保护装置。燃具铭牌上标示的燃气类别应与供应的燃气类别一致。使用场所应符合下列规定：

1 应设置在通风良好、具有给排气条件、便于维护操作的厨房、阳台、专用房间等符合燃气安全使用条件的场所。

2 不得设置在卧室和客房等人员居住和休息的房间及建筑的避难场所内。

3 同一场所使用的燃具增加数量或由另一种燃料改用燃气时，应满足燃具安装场所的用气环境条件。

6.1.3 直排式燃气热水器不得设置在室内。燃气采暖热水炉和半密闭式热水器严禁设置在浴室、卫生间内。

6.1.4 与燃具贴邻的墙体、地面、台面等，应为不燃材料。燃具与可燃或难燃的墙壁、地板、家具之间应保持足够的间距或采取其他有效的防护措施。

6.1.5 高层建筑的家庭用户使用燃气时，应符合下列规定：

1 应采用管道供气方式；

2 建筑高度大于100m时，用气场所应设置燃气泄漏报警装置，并应在燃气引入管处设置紧急自动切断装置。

6.1.6 家庭用户不得使用燃气燃烧直接取暖的设备。

6.1.7 当家庭用户管道或液化石油气钢瓶调压器与燃具采用软管连接时，应采用专用燃具连接软管。软管的使用年限不应低于燃具的判废年限。

6.1.8 燃具连接软管不应穿越墙体、门窗、顶棚和地面，长度不应大于2.0m且不应有接头。

6.1.9 家庭用户管道应设置当管道压力低于限定值或连接灶具管道的流量高于限定值时能够切断向灶具供气的安全装置；设置位置应根据安全装置的性能要求确定。

6.1.10 使用液化石油气钢瓶供气时，应符合下列规定：

1 不得采用明火试漏；

2 不得拆开修理角阀和调压阀；

3 不得倒出处理瓶内液化石油气残液；

4 不得用火、蒸汽、热水和其他热源对钢瓶加热；

5 不得将钢瓶倒置使用；

6 不得使用钢瓶互相倒气。

6.1.11 家庭用户不得将燃气作为生产原料使用。

6.2 商业燃具、用气设备和附件

6.2.1 商业燃具或用气设备应设置在通风良好、符合安全使用条件且便于维护操作的场所，并应设置燃气泄漏报警和切断等安全装置。

6.2.2 商业燃具或用气设备不得设置在下列场所：

1 空调机房、通风机房、计算机房和变、配电室等设备房间；

2 易燃或易爆品的仓库、有强烈腐蚀性介质等场所。

6.2.3 公共用餐区域、大中型商店建筑内的厨房不应设置液化天然气气瓶、压缩天然气气瓶及液化石油气气瓶。

6.2.4 商业燃具与燃气管道的连接软管应符合本规范第6.1.7条和第6.1.8条的规定。

6.2.5 商业燃具应设置熄火保护装置。

6.2.6 商业建筑内的燃气管道阀门设置应符合下列规定：

1 燃气表前应设置阀门；

2 用气场所燃气进口和燃具前的管道上应单独设置阀门，并应有明显的启闭标记；

3 当使用鼓风机进行预混燃烧时，应采取在用气设备前的燃气管道上加装止回阀等防止混合气体或火焰进入燃气管道的措施。

6.3 烟 气 排 除

6.3.1 燃具和用气设备燃气燃烧所产生的烟气应排出至室外，并应符合下列规定：

1 设置直接排气式燃具的场所应安装机械排气装置；

2 燃气热水器和采暖炉应设置专用烟道；

3 燃气热水器的烟气不得排入灶具、吸油烟机的排气道；

4 燃具的排烟不得与使用固体燃料的设备共用一套排烟设施。

6.3.2 烟气的排烟管、烟道及排烟管口的设置应符合下列规定：

1 竖向烟道应有可靠的防倒烟、串烟措施，当多台设备合用竖向排烟道排放烟气时，应保证互不影响；

2 排烟口应设置在利于烟气扩散、空气畅通的室外开放空间，并应采取措施防止燃烧的烟气回流入室内；

3 燃具的排烟管应保持畅通，并应采取措施防止鸟、鼠、蛇等堵塞排烟口。

6.3.3 海拔高于500m地区应计入海拔高度对烟气排气系统排气量的影响。

UDC

中华人民共和国行业标准 CJJ

P CJJ 33—2005

城镇燃气输配工程施工及验收规范

Code for construction and acceptance of city and town gas distribution works

2005-02-05 发布 2005-05-01 实施

中 华 人 民 共 和 国 建 设 部 发布

前　言

根据建设部建标[2000]284号文的要求，标准编制组在深入调查研究，认真总结国内外科研成果的大量实践经验，关在广泛征求意见的基础上，全面修订了本规范。

本规范的主要技术内容：1. 总则；2. 土方工程；3. 管道、设备的装卸、运输和存放；4. 钢质管道及管件的防腐；5. 埋地钢管敷设；6. 球墨铸铁管敷设；7. 聚乙烯和钢骨架聚乙烯管敷设；8. 管道附件与设备安装；9. 管道穿(跨)越；10. 室外架空燃气管道的施工；11. 燃气场站；12. 试验与验收。

本规范修订的主要技术内容是：1. 全面修订原规范；2. 钢质管道的压力由0.8MPa提高到了4.0MPa；3. 新增球墨铸铁管道、聚乙烯管道和钢骨架聚乙烯复合管道的施工及验收规定；4. 新增钢质管道聚乙烯胶粘带、煤焦油瓷漆、熔结环氧粉末及聚乙烯防腐的施工及验收规定；5. 增加燃气管道穿(跨)越工程的施工及验收规定；6. 新增室外架空燃气管的施工及验收规定；7. 新增燃气管道附件及设备安装的施工及验收规定；8. 新增液化石油气气化站、混气站的施工及验收规定。

本规范由建设部负责管理和对强制性条文的解释，由主编单位负责具体技术内容的解释。

本规范主编单位：城市建设研究院(地址：北京市朝阳区惠新南里2号院；邮政编码：100029)

本规范参加单位：深圳市燃气集团有限公司
广州市煤气公司
北京市煤气设计公司
上海市燃气设计院
重庆燃气设计研究院有限责任公司
成都城市燃气有限责任公司
南宁管道燃气有限责任公司
大连煤气公司
香港中华煤气有限公司
云南省燃气工程质量监督检验站
北京松晖管道有限公司
新兴铸管股份有限公司
山东胜利股份有限公司
华创天元实业发展有限责任公司
长春市煤气安装有限责任公司
广西佳迅管道工程有限公司

本规范主要起草人员：杨　健　陈秋雄　赵仲和　刘松林
徐伟亮　谢育铮　陈　源　何远禄
严茂森　卢贵元　张　晶　任增卫
杨树生　刘威垣　周延华　张　巍
何健文　李同光

目　次

1　总则
2　土方工程
　2.1　一般规定
　2.2　施工现场安全防护
　2.3　开槽
　2.4　回填与路面恢复
　2.5　警示带敷设
　2.6　管道路面标志设置
3　管道、设备的装卸、运输和存放
4　钢质管道及管件的防腐
5　埋地钢管敷设
　5.1　一般规定
　5.2　管道焊接
　5.3　法兰连接
　5.4　钢管敷设
6　球墨铸铁管敷设
　6.1　一般规定
　6.2　管道连接
　6.3　球墨铸铁管敷设
7　聚乙烯和钢骨架聚乙烯复合管敷设
　7.1　一般规定
　7.2　聚乙烯管道敷设
　7.3　钢骨架聚乙烯复合管道敷设
8　管道附件与设备安装
　8.1　一般规定
　8.2　阀门的安装
　8.3　凝水缸的安装
　8.4　补偿器的安装
　8.5　绝缘法兰的安装
9　管道穿(跨)越
　9.1　顶管施工
　9.2　水下敷设
　9.3　定向钻施工
　9.4　跨越施工
10　室外架空燃气管道的施工
　10.1　管道支、吊架的安装
　10.2　管道的防腐
　10.3　管道安装
11　燃气场站
　11.1　一般规定
　11.2　储配站

11.3 调压站
11.4 液化石油气气化站、混气站
12 试验与验收
12.1 一般规定
12.2 管道吹扫
12.3 强度试验
12.4 严密性试验
12.5 工程竣工验收
本规范用词说明(略)
条文说明(略)

1 总 则

1.0.1 为规范城镇燃气输配工程施工及验收工作，提高技术水平，确保工程质量、安全施工、安全供气，制定本规范。

1.0.2 本规范适用于城镇燃气设计压力不大于4.0MPa的新建、改建和扩建输配工程的施工及验收。

1.0.3 进行城镇燃气输配工程施工的单位，必须具有与工程规模相适应的施工资质；进行城镇燃气输配工程监理的单位，必须具有相应的监理资质。工程项目必须取得建设行政主管部门批准的施工许可文件后方可开工。

1.0.4 承担燃气钢质管道、设备焊接的人员，必须具有锅炉压力容器压力管道特种设备操作人员资格证(焊接)焊工合格证书，且在证书的有效期及合格范围内从事焊接工作。间断焊接时间超过6个月，再次上岗前应重新考试；承担其他材质燃气管道安装的人员，必须经过专门培训，并经考试合格，间断安装时间超过6个月，再次上岗前应重新考试和技术评定。当使用的安装设备发生变化时，应针对该设备操作要求进行专门培训。

1.0.5 工程施工必须按设计文件进行，如发现施工图有误或燃气设施的设置不能满足现行国家标准《城镇燃气设计规范》GB 50028时，不得自行更改，应及时向建设单位和设计单位提出变更设计要求。修改设计或材料代用应经原设计部门同意。

1.0.6 工程施工所用设备、管道组成件等，应符合国家现行有关产品标准的规定，且必须具有生产厂质量检验部门的产品合格文件。

1.0.7 在入库和进入施工现场安装前，应对管道组成件进行检查，其材质、规格、型号应符合设计文件和合同的规定，并应按现行的国家产品标准进行外观检查；对外观质量有异议、设计文件或本规范有要求时应进行有关质量检验，不合格者不得使用。

1.0.8 参与工程项目的各方在施工过程中，应遵守国家和地方有关安全、文明施工、劳动保护、防火、防爆、环境保护和文物保护等有关方面的规定。

1.0.9 城镇燃气输配工程施工及验收除应遵守本规范外，尚应遵守国家现行有关强制性标准的规定。

2 土 方 工 程

2.1 一 般 规 定

2.1.1 土方施工前，建设单位应组织有关单位向施工单位进行现场交桩。临时水准点、管道轴线控制桩、高程桩，应经过复核后方可使用，并应定期校核。

2.1.2 施工单位应会同建设等有关单位，核对管道路由、相关地下管道以及构筑物的资料，必要时局部开挖核实。

2.1.3 施工前，建设单位应对施工区域内已有地上、地下障碍物，与有关单位协商处理完毕。

2.1.4 在施工中，燃气管道穿越其他市政设施时，应对市政设施采取保护措施，必要时应征得产权单位的同意。

2.1.5 在地下水位较高的地区或雨季施工时，应采取降低水位或排水措施，及时清除沟内积水。

2.2 施工现场安全防护

2.2.1 在沿车行道、人行道施工时，应在管沟沿线设置安全护栏，并应设置明显的警示标志。在施工路段沿线，应设置夜间警示灯。

2.2.2 在繁华路段和城市主要道路施工时，宜采用封闭式施工方式。

2.2.3 在交通不可中断的道路上施工，应有保证车辆、行人安全通行的措施，并应设有负责安全的人员。

2.3 开 槽

2.3.1 混凝土路面和沥青路面的开挖应使用切割机切割。

2.3.2 管道沟槽应按设计规定的平面位置和标高开挖。当采用人工开挖且无地下水时，槽底预留值宜为 0.05m～0.10m；当采用机械开挖或有地下水时，槽底预留值不应小于 0.15m；管道安装前应人工清底至设计标高。

2.3.3 管沟沟底宽度和工作坑尺寸，应根据现场实际情况和管道敷设方法确定，也可按下列要求确定：

1 单管沟底组装按表 2.3.3 确定。

表 2.3.3 沟底宽度尺寸

管道公称直径(mm)	50～80	100～200	250～350	400～450	500～600	700～800	900～1000	1100～1200	1300～1400
沟底宽度(m)	0.6	0.7	0.8	1.0	1.3	1.6	1.8	2.0	2.2

2 单管沟边组装和双管同沟敷设可按下式计算：

$$a=D_1+D_2+s+c \qquad (2.3.3)$$

式中 a——沟槽底宽度(m)；

D_1——第一条管道外径(m)；

D_2——第二条管道外径(m)；

s——两管道之间的设计净距(m)；

c——工作宽度，在沟底组装：$c=0.6$(m)；在沟边组装：$c=0.3$(m)。

2.3.4 梯形槽(见图 2.3.4)上口宽度可按下式计算：

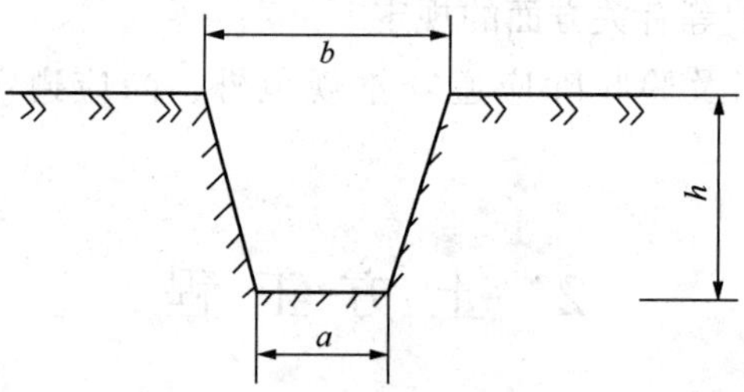

图 2.3.4 梯形槽横断面

$$b=a+2nh \qquad (2.3.4)$$

式中 b——沟槽上口宽度(m)；

a——沟槽底宽度(m)；

n——沟槽边坡率(边坡的水平投影与垂直投影的比值)；

h——沟槽深度(m)。

2.3.5 在无地下水的天然湿度土壤中开挖沟槽时，如沟槽深度不超过表 2.3.5 的规定，沟壁可不设边坡。

表 2.3.5 不设边坡沟槽深度

土壤名称	沟槽深度(m)	土壤名称	沟槽深度(m)
填实的砂土或砾石土	≤1.00	黏土	≤1.50
亚砂土或亚黏土	≤1.25	坚土	≤2.00

2.3.6 当土壤具有天然湿度、构造均匀、无地下水、水文地质条件良好，且挖深小于5m，不加支撑时，沟槽的最大边坡率可按表2.3.6确定。

表2.3.6 深度在5m以内的沟槽最大边坡率(不加支撑)

土壤名称	过坡率		
	人工开挖并将土抛于沟边上	机械开挖	
		在沟底挖土	在沟边上挖土
砂土	1∶1.00	1∶0.75	1∶1.00
亚砂土	1∶0.67	1∶0.50	1∶0.75
亚黏土	1∶0.50	1∶0.33	1∶0.75
黏土	1∶0.33	1∶0.25	1∶0.67
含砾土卵石土	1∶0.67	1∶0.50	1∶0.75
泥炭岩白垩土	1∶0.33	1∶0.25	1∶0.67
干黄土	1∶0.25	1∶0.10	1∶0.33
注：1 如人工挖土抛于沟槽上即时运走，可采用机械在沟底挖土的坡度值。 2 临时堆土高度不宜超过1.5m，靠墙堆土时，其高度不得超过墙高的1/3。			

2.3.7 在无法达到本规范第2.3.6条的要求时，应采用支撑加固沟壁。对不坚实的土壤应及时做连续支撑，支撑物应有足够的强度。

2.3.8 沟槽一侧或两侧临时堆土位置和高度不得影响边坡的稳定性和管道安装。堆土前应对消火栓、雨水口等设施进行保护。

2.3.9 局部超挖部分应回填压实。当沟底无地下水时，超挖在0.15m以内，可采用原土回填；超挖在0.15m及以上，可采用石灰土处理。当沟底有地下水或含水量较大时，应采用级配砂石或天然砂回填至设计标高。超挖部分回填后应压实，其密实度应接近原地基天然土的密实度。

2.3.10 在湿陷性黄土地区，不宜在雨季施工，或在施工时切实排除沟内积水，开挖时应在槽底预留0.03~0.06m厚的土层进行压实处理。

2.3.11 沟底遇有废弃构筑物、硬石、木头、垃圾等杂物时必须清除，并应铺一层厚度不小于0.15m的砂土或素土，整平压实至设计标高。

2.3.12 对软土基及特殊性腐蚀土壤，应按设计要求处理。

2.3.13 当开挖难度较大时，应编制安全施工的技术措施，并向现场施工人员进行安全技术交底。

2.4 回填与路面恢复

2.4.1 管道主体安装检验合格后，沟槽应及时回填，但需留出未检验的安装接口。回填前，必须将槽底施工遗留的杂物清除干净。

对特殊地段，应经监理(建设)单位认可，并采取有效的技术措施，方可在管道焊接、防腐检验合格后全部回填。

2.4.2 不得采用冻土、垃圾、木材及软性物质回填。管道两侧及管顶以上0.5m内的回填土，不得含有碎石、砖块等杂物，且不得采用灰土回填。距管顶0.5m以上的回填土中的石块不得多于10%、直径不得大于0.1m，且均匀分布。

2.4.3 沟槽的支撑应在管道两侧及管顶以上0.5m回填完毕并压实后，在保证安全的情况下进行拆除，并应采用细砂填实缝隙。

2.4.4 沟槽回填时，应先回填管底局部悬空部位，再回填管道两侧。

2.4.5 回填土应分层压实，每层虚铺厚度宜为0.2m~0.3m，管道两侧及管顶以上0.5m内的回填土必须采用人工压实，管顶0.5m以上的回填土可采用小型机械压实，每层虚铺厚度宜为0.25~0.4m。

2.4.6 回填土压实后，应分层检查密实度，并做好回填记录。沟槽各部位的密实度应符合下列要求(图 2.4.6)：

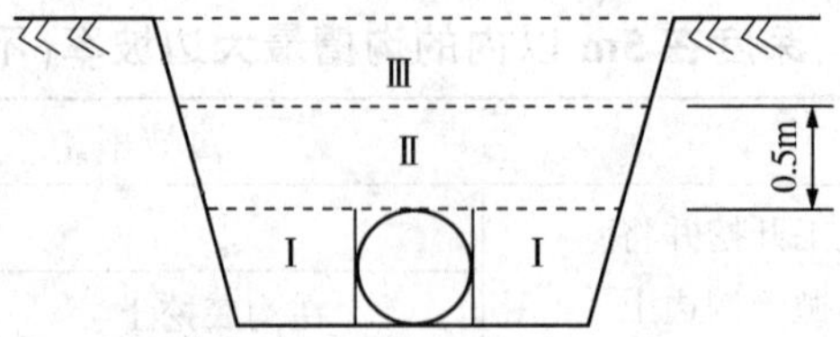

图 2.4.6　回填土断面图

1　对(Ⅰ)、(Ⅱ)区部位，密实度不应小于 90%；

2　对(Ⅲ)区部位，密实度应符合相应地面对密实度的要求。

2.4.7 沥青路面和混凝土路面的恢复，应由具备专业施工资质的单位施工。

2.4.8 回填路面的基础和修复路面材料的性能不应低于原基础和路面材料。

2.4.9 当地市政管理部门对路面恢复有其他要求时，应按当地市政管理部门的要求执行。

2.5　警示带敷设

2.5.1 埋设燃气管道的沿线应连续敷设警示带。警示带敷设前应将敷设面压实，并平整地敷设在管道的正上方，距管顶的距离宜为 0.3~0.5m，但不得敷设于路基和路面里。

2.5.2 警示带平面布置可按表 2.5.2 规定执行。

表 2.5.2　警示带平面布置

管道公称直径(mm)	≤400	>400
警示带数量(条)	1	2
警示带间距(mm)	—	150

2.5.3 警示带宜采用黄色聚乙烯等不易分解的材料，并印有明显、牢固的警示语，字体不宜小于 100mm×100mm。

2.6　管道路面标志设置

2.6.1 当燃气管道设计压力大于或等于 0.8MPa 时，管道沿线宜设置路面标志。

对混凝土和沥青路面，宜使用铸铁标志；对人行道和土路，宜使用混凝土方砖标志；对绿化带、荒地和耕地，宜使用钢筋混凝土桩标志。

2.6.2 路面标志应设置在燃气管道的正上方，并能正确、明显地指示管道的走向和地下设施。设置位置应为管道转弯处、三通、四通处、管道末端等，直线管段路面标志的设置间隔不宜大于 200m。

2.6.3 路面上已有能标明燃气管线位置的阀门井、凝水缸部件时，可将该部件视为路面标志。

2.6.4 路面标志上应标注“燃气”字样，可选择标注“管道标志”、“三通”及其他说明燃气设施的字样或符号和“不得移动、覆盖”等警示语。

2.6.5 铸铁标志和混凝土方砖标志的强度和结构应考虑汽车的荷载，使用后不松动或脱落；钢筋混凝土桩标志的强度和结构应满足不被人力折断或拔出。标志上的字体应端正、清晰，并凹进表面。

2.6.6 铸铁标志和混凝土方砖标志埋入后应与路面平齐；钢筋混凝土桩标志埋入的深度，应使回填后不遮挡字体。混凝土方砖标志和钢筋混凝土桩标志埋入后，应采用红漆将字体描红。

3　管道、设备的装卸、运输和存放

3.0.1 管材、设备装卸时，严禁抛摔、拖拽和剧烈撞击。

3.0.2 管材、设备运输、存放时的堆放高度、环境条件(湿度、温度、光照等)必须符合产品的要求，应避免暴晒和雨淋。

3.0.3 运输时应逐层堆放，捆扎、固定牢靠，避免相互碰撞。

3.0.4 运输、堆放处不应有可能损伤材料、设备的尖凸物，并应避免接触可能损伤管道、设备的油、酸、碱、盐等类物质。

3.0.5 聚乙烯管道、钢骨架聚乙烯复合管道和已做好防腐的管道，捆扎和吊装时应使用具有足够强度，且不致损伤管道防腐层的绳索(带)。

3.0.6 管道、设备入库前必须查验产品质量合格文件或质量保证文件等，并应妥善保管。

3.0.7 管道、设备宜存放在通风良好、防雨、防晒的库房或简易棚内。

3.0.8 应按产品储存要求分类储存，堆放整齐、稳固，便于管理。

3.0.9 管道、设备应平放在地面上，并应采用软质材料支撑，离地面的距离不应小于 30mm，支撑物必须牢固，直管道等长物件应做连续支撑。

3.0.10 对易滚动的物件应做侧支撑，不得以墙、其他材料和设备做侧支撑体。

4 钢质管道及管件的防腐

4.0.1 管道防腐层的预制、施工过程中所涉及的有关工业卫生和环境保护，应符合现行国家标准《涂装作业安全规程　涂装前处理工艺安全》GB 7692 和《涂装作业安全规程　涂装前处理工艺通风净化》GB 7693 的规定。

4.0.2 管材防腐宜统一在防腐车间(场、站)进行。

4.0.3 管材及管件防腐前应逐根进行外观检查和测量，并应符合下列规定：

1 钢管弯曲度应小于钢管长度的 0.2%，椭圆度应小于或等于钢管外径的 0.2%。

2 焊缝表面应无裂纹、夹渣、重皮、表面气孔等缺陷。

3 管材表面局部凹凸应小于 2mm。

4 管材表面应无斑疤、重皮和严重锈蚀等缺陷。

4.0.4 防腐前应对防腐原材料进行检查，有下列情况之一者，不得使用：

1 无出厂质量证明文件或检验证明；

2 出厂质量证明书的数据不全或对数据有怀疑，且未经复验或复验后不合格；

3 无说明书、生产日期和储存有效期。

4.0.5 防腐前钢管表面的预处理应符合国家现行标准《涂装前钢材表面预处理规范》SY/T 0407 和所使用的防腐材料对钢管除锈的要求。

4.0.6 管道宜采用喷(抛)射除锈。除锈后的钢管应及时进行防腐，如防腐前钢管出现二次锈蚀，必须重新除锈。

4.0.7 各种防腐材料的防腐施工及验收要求，应符合下列国家现行标准的规定：

1 《城镇燃气埋地钢质管道腐蚀控制技术规程》CJJ 95；

2 《埋地钢质管道石油沥青防腐层技术标准》SY/T 0420；

3 《埋地钢质管道环氧煤沥青防腐层技术标准》SY/T 0447；

4 《埋地钢质管道聚乙烯胶粘带防腐层技术标准》SY/T 0414；

5 《埋地钢质管道煤焦油瓷漆外防腐层技术标准》SY/T 0379；

6 《钢质管道熔结环氧粉末外涂层技术标准》SY/T 0315；

7 《钢质管道聚乙烯防腐层技术标准》SY/T 0413；

8 《埋地钢质管道牺牲阳极阴极保护设计规范》SY/T 0019；

9 《埋地钢质管道强制电流阴极保护设计规范》SY/T 0036。

4.0.8 经检查合格的防腐管道，应在防腐层上标明管道的规格、防腐等级、执行标准、生产日期和厂名等。

4.0.9 防腐管道应按防腐类型、等级和管道规格分类堆放，需固化的防腐涂层必须待防腐涂层固化后堆放。防腐层未实干的管道，不得回填。

4.0.10 做好防腐绝缘涂层的管道，在堆放、运输、安装时，必须采取有效措施，保证防腐涂层不受损伤。

4.0.11 补口、补伤、设备、管件及管道套管的防腐等级不得低于管体的防腐层等级。当相邻两管道为不同防腐等级时，应以最高防腐等级为补口标准。当相邻两管道为不同防腐材料时，补口材料的选择应考虑材料的相容性。

5 埋地钢管敷设

5.1 一般规定

5.1.1 管道应在沟底标高和管基质量检查合格后，方可安装。

5.1.2 设计文件要求进行低温冲击韧性试验的材料，供货方应提供低温冲击韧性试验结果的文件，否则应按现行国家标准《金属低温冲击试验法》GB/T 229 的要求进行试验，其指标不得低于规定值的下限。

5.1.3 燃气钢管的弯头、三通、异径接头，宜采用机制管件，其质量应符合现行国家标准《钢制对焊无缝管件》GB 12459 的规定。

5.1.4 穿越铁路、公路、河流及城市道路时，应减少管道环向焊缝的数量。

5.2 管道焊接

5.2.1 管道焊接应按现行国家标准《工业金属管道工程施工及验收规范》GB 50235 和《现场设备、工业管道焊接工程施工及验收规范》GB 50236 的有关规定执行。

5.2.2 管道的切割及坡口加工宜采用机械方法，当采用气割等热加工方法时，必须除去坡口表面的氧化皮，并进行打磨。

5.2.3 施焊环境应符合现行国家标准《现场设备、工业管道焊接工程施工及验收规范》GB 50236 的有关规定。

5.2.4 氩弧焊时，焊口组对间隙宜为 2~4mm。其他坡口尺寸应符合现行国家标准《现场设备、工业管道焊接工程施工及验收规范》GB 50236 的规定。

5.2.5 不应在管道焊缝上开孔。管道开孔边缘与管道焊缝的间距不应小于 100mm。当无法避开时，应对以开孔中心为圆心，1.5 倍开孔直径为半径的圆中所包容的全部焊缝进行 100%射线照相检测。

5.2.6 管道焊接完成后，强度试验及严密性试验之前，必须对所有焊缝进行外观检查和对焊缝内部质量进行检验，外观检查应在内部质量检验前进行。

5.2.7 设计文件规定焊缝系数为 1 的焊缝或设计要求进行 100%内部质量检验的焊缝，其外观质量不得低于现行国家标准《现场设备、工业管道焊接工程施工及验收规范》GB 50236 要求的Ⅱ级质量要求；对内部质量进行抽检的焊缝，其外观质量不得低于现行国家标准《现场设备、工业管道焊接工程施工及验收规范》GB 50236 要求的Ⅲ级质量要求。

5.2.8 焊缝内部质量应符合下列要求：

1 设计文件规定焊缝系数为 1 的焊缝或设计要求进行 100%内部质量检验的焊缝，焊缝内部质量射线照相检验不得低于现行国家标准《钢管环缝熔化焊对接接头射线透照工艺和质量分级》GB/T 12605 中的Ⅱ级质量要求；超声波检验不得低于现行国家标准《钢焊缝手工超声波探伤方法和探伤结果分级》GB 11345 中的Ⅰ级质量要求。当采用 100%射线照相或超声波检测方法时，还应按设计的要求进行超声波或射线照相复查。

2 对内部质量进行抽检的焊缝，焊缝内部质量射线照相检验不得低于现行国家标准《钢管环缝熔化焊对接接头射线透照工艺和质量分级》GB/T 12605 中的Ⅲ级质量要求；超声波检验不得低于现行国家标准《钢焊缝手工超声波探伤方法和探伤结果分级》GB 11345 中的Ⅱ级质量要求。

5.2.9 焊缝内部质量的抽样检验应符合下列要求：

1 管道内部质量的无损探伤数量，应按设计规定执行。当设计无规定时，抽查数量不应少于焊缝总数的 15%，且每个焊工不应少于一个焊缝。抽查时，应侧重抽查固定焊口。

2 对穿越或跨越铁路、公路、河流、桥梁、有轨电车及敷设在套管内的管道环向焊缝，必须进行 100%的射线照相检验。

3 当抽样检验的焊缝全部合格时，则此次抽样所代表的该批焊缝应为全部合格；当抽样检验出现不合格焊缝时，对不合格焊缝返修后，应按下列规定扩大检验：

1）每出现一道不合格焊缝，应再抽检两道该焊工所焊的同一批焊缝，按原探伤方法进行检验。

2）如第二次抽检仍出现不合格焊缝，则应对该焊工所焊全部同批的焊缝按原探伤方法进行检验。对出现的不合格焊缝必须进行返修，并应对返修的焊缝按原探伤方法进行检验。

3）同一焊缝的返修次数不应超过 2 次。

5.3 法兰连接

5.3.1 法兰在安装前应进行外观检查，并应符合下列要求：

1 法兰的公称压力应符合设计要求。

2 法兰密封面应平整光洁，不得有毛刺及径向沟槽。法兰螺纹部分应完整，无损伤。凹凸面法兰应能自然嵌合，凸面的高度不得低于凹槽的深度。

3 螺栓及螺母的螺纹应完整，不得有伤痕、毛刺等缺陷；螺栓与螺母应配合良好，不得有松动或卡涩现象。

5.3.2 设计压力大于或等于 1.6MPa 的管道使用的高强度螺栓、螺母应按以下规定进行检查：

1 螺栓、螺母应每批各取 2 个进行硬度检查，若有不合格，需加倍检查，如仍有不合格则应逐个检查，不合格者不得使用。

2 硬度不合格的螺栓应取该批中硬度值最高、最低的螺栓各 1 只，校验其机械性能，若不合格，再取其硬度最接近的螺栓加倍校验，如仍不合格，则该批螺栓不得使用。

5.3.3 法兰垫片应符合下列要求：

1 石棉橡胶垫、橡胶垫及软塑料等非金属垫片应质地柔韧，不得有老化变质或分层现象，表面不应有折损、皱纹等缺陷。

2 金属垫片的加工尺寸、精度、光洁度及硬度应符合要求，表面不得有裂纹、毛刺、凹槽、径向划痕及锈斑等缺陷。

3 包金属及缠绕式垫片不应有径向划痕、松散、翘曲等缺陷。

5.3.4 法兰与管道组对应符合下列要求：

1 法兰端面应与管道中心线相垂直，其偏差值可采用角尺和钢尺检查，当管道公称直径小于或等于 300mm 时，允许偏差值为 1mm；当管道公称直径大于 300mm 时，允许偏差值为 2mm。

2 管道与法兰的焊接结构应符合国家现行标准《管路法兰及垫片》JB/T 74 中附录 C 的要求。

5.3.5 法兰应在自由状态下安装连接，并应符合下列要求：

1 法兰连接时应保持平行，其偏差不得大于法兰外径的 1.5‰，且不得大于 2mm，不得采用紧螺栓的方法消除偏斜。

2 法兰连接应保持同一轴线，其螺孔中心偏差不宜超过孔径的 5%，并应保证螺栓自由穿入。

3 法兰垫片应符合标准，不得使用斜垫片或双层垫片。采用软垫片时，周边应整齐，垫片尺寸应与法兰密封面相符。

4 螺栓与螺孔的直径应配套，并使用同一规格螺栓，安装方向一致，紧固螺栓应对称均匀，紧固适度，紧固后螺栓外露长度不应大于1倍螺距，且不得低于螺母。

5 螺栓紧固后应与法兰紧贴，不得有楔缝。需要加垫片时，每个螺栓所加垫片每侧不应超过1个。

5.3.6 法兰与支架边缘或墙面距离不宜小于200mm。

5.3.7 法兰直埋时，必须对法兰和紧固件按管道相同的防腐等级进行防腐。

5.4 钢管敷设

5.4.1 燃气管道应按照设计图纸的要求控制管道的平面位置、高程、坡度，与其他管道或设施的间距应符合现行国家标准《城镇燃气设计规范》GB 50028的相关规定。

管道在保证与设计坡度一致且满足设计安全距离和埋深要求的前提下，管线高程和中心线允许偏差应控制在当地规划部门允许的范围内。

5.4.2 管道在套管内敷设时，套管内的燃气管道不宜有环向焊缝。

5.4.3 管道下沟前，应清除沟内的所有杂物，管沟内积水应抽净。

5.4.4 管道下沟宜使用吊装机具，严禁采用抛、滚、撬等破坏防腐层的做法。吊装时应保护管口不受损伤。

5.4.5 管道吊装时，吊装点间距不应大于8m。吊装管道的最大长度不宜大于36m。

5.4.6 管道在敷设时应在自由状态下安装连接，严禁强力组对。

5.4.7 管道环焊缝间距不应小于管道的公称直径，且不得小于150mm。

5.4.8 管道对口前应将管道、管件内部清理干净，不得存有杂物。每次收工时，敞口管端应临时封堵。

5.4.9 当管道的纵断、水平位置折角大于22.5°时，必须采用弯头。

5.4.10 管道下沟前必须对防腐层进行100%的外观检查，回填前应进行100%电火花检漏，回填后必须对防腐层完整性进行全线检查，不合格必须返工处理直至合格。

6 球墨铸铁管敷设

6.1 一般规定

6.1.1 球墨铸铁管的安装应配备合适的工具、器械和设备。

6.1.2 应使用起重机或其他合适的工具和设备将管道放入沟渠中，不得损坏管材和保护性涂层。当起吊或放下管道的时候，应使用钢丝绳或尼龙吊具。当使用钢丝绳的时候，必须使用衬垫或橡胶套。

6.1.3 安装前应对球墨铸铁管及管件进行检查，并应符合下列要求：

1 管材及管件表面不得有裂纹及影响使用的凹凸不平等缺陷。

2 使用橡胶密封圈密封时，其性能必须符合燃气输送介质的使用要求。橡胶圈应光滑、轮廓清晰，不得有影响接口密封的缺陷。

3 管材及管件的尺寸公差应符合现行国家标准《离心铸造球墨铸铁管》GB 13295和《球墨铸铁管件》GB 13294的规定。

6.2 管道连接

6.2.1 管材连接前，应将管材中的异物清理干净。

6.2.2 应清除管道承口和插口端工作面的团块状物、铸瘤和多余的涂料，并整修光滑，擦干净。

6.2.3 在承口密封面、插口端和密封圈上应涂一层润滑剂，将压兰套在管道的插口端，使其延长部分唇缘面向插口端方向，然后将密封圈套在管道的插口端，使胶圈的密封斜面也面向管道的插口方向。

6.2.4 将管道的插口端插入到承口内，并紧密、均匀地将密封胶圈按进填密槽内，橡胶圈安装就位后不得扭曲。在连接过程中，承插接口环形间隙应均匀，其值及允许偏差应符合表 6.2.4 的规定。

表 6.2.4 承插接口环形间隙及允许偏差

管道公称公径(mm)	环形间隙(mm)	允许偏差(mm)
80~200	10	+3 −2
250~450	11	+4 −2
500~900	12	
1000~1200	13	

6.2.5 将压兰推向承口端，压兰的唇缘应靠在密封胶圈上，插入螺栓。

6.2.6 应使用扭力扳手拧紧螺栓。拧紧螺栓顺序：底部的螺栓→顶部的螺栓→两边的螺栓→其他对角线的螺栓。拧紧螺栓时应重复上述步骤分几次逐渐拧紧至其规定的扭矩。

6.2.7 螺栓宜采用可锻铸铁；当采用钢质螺栓时，必须采取防腐措施。

6.2.8 应使用扭力扳手来检查螺栓和螺母的紧固力矩。螺栓和螺母的紧固扭矩应符合表 6.2.8 的规定。

表 6.2.8 螺栓和螺母的紧固扭矩

管道公称直径(mm)	螺栓规格	扭矩(kgf·m)
80	M16	6
100~600	M20	10

6.3 球墨铸铁管敷设

6.3.1 管道安装就位前，应采用测量工具检查管段的坡度，并应符合设计要求。

6.3.2 管道或管件安装就位时，生产厂的标记宜朝上。

6.3.3 已安装的管道暂停施工时应临时封口。

6.3.4 管道最大允许借转角度及距离不应大于表 6.3.4 的规定。

表 6.3.4 管道最大允许借转角度及距离

管道公称直径(mm)	80~100	150~200	250~300	350~600
平面借转角度(°)	3	2.5	2	1.5
竖直借转角度(°)	1.5	1.25	1	0.75
平面借转距离(mm)	310	260	210	160
竖向借转距离(mm)	150	130	100	80
注：上表适用于 60m 长规格的球墨铸铁管，采用其他规格的球墨铸铁管时，可按产品说明书的要求执行。				

6.3.5 采用 2 根相同角度的弯管相接时，借转距离应符合表 6.3.5 的规定。

表 6.3.5 弯管借转距离

管道公称直径(mm)	借转距离(mm)				
	90°	45°	22°30′	11°15′	1 根乙字管
80	592	405	195	124	200
100	592	405	195	124	200

表 6.3.5 弯管借转距离(续)

管道公称直径(mm)	借转距离(mm)				
	90°	45°	22°30′	11°15′	1 根乙字管
150	742	465	226	124	250
200	943	524	258	162	250
250	995	525	259	162	300
300	1297	585	311	162	300
400	1400	704	343	202	400
500	1604	822	418	242	400
600	1855	941	478	242	—
700	2057	1060	539	243	—

6.3.6 管道敷设时，弯头、三通和固定盲板处均应砌筑永久性支墩。

6.3.7 临时盲板应采用足够的支撑，除设置端墙外，应采用两倍于盲板承压的千斤顶支撑。

7 聚乙烯和钢骨架聚乙烯复合管敷设

7.1 一般规定

7.1.1 聚乙烯和钢骨架聚乙烯复合管敷设应符合国家现行标准《聚乙烯燃气管道工程技术规程》CJJ 63的规定。管道施工前应制定施工方案，确定连接方法、连接条件、焊接设备及工具、操作规范、焊接参数、操作者的技术水平要求和质量控制方法。

7.1.2 管道连接前应对连接设备按说明书进行检查，在使用过程中应定期校核。

7.1.3 管道连接前，应核对欲连接的管材、管件规格、压力等级；检查管材表面，不宜有磕、碰、划伤，伤痕深度不应超过管材壁厚的 10%。

7.1.4 管道连接应在环境温度-5~45℃范围内进行。当环境温度低于-5℃或在风力大于 5 级天气条件下施工时，应采取防风、保温措施等，并调整连接工艺。管道连接过程中，应避免强烈阳光直射而影响焊接温度。

7.1.5 当管材、管件存放处与施工现场温差较大时，连接前应将管材、管件在施工现场搁置一定时间，使其温度和施工现场温度接近。

7.1.6 连接完成后的接头应自然冷却，冷却过程中不得移动接头、拆卸加紧工具或对接头施加外力。

7.1.7 管道连接完成后，应进行序号标记，并做好记录。

7.1.8 管道应在沟底标高和管基质量检查合格后，方可下沟。

7.1.9 管道安装时，管沟内积水应抽净，每次收工时，敞口管端应临时封堵。

7.1.10 不得使用金属材料直接捆扎和吊运管道。管道下沟时应防止划伤、扭曲和强力拉伸。

7.1.11 对穿越铁路、公路、河流、城市主要道路的管道，应减少接口，且穿越前应对连接好的管段进行强度和严密性试验。

7.1.12 管材、管件从生产到使用之间的存放时间，黄色管道不宜超过 1 年，黑色管道不宜超过 2 年。超过上述期限时必须重新抽样检验，合格后方可使用。

7.2 聚乙烯管道敷设

7.2.1 直径在 90mm 以上的聚乙烯燃气管材、管件连接可采用热熔对接连接或电熔连接；直径小于

90mm 的管材及管件宜使用电熔连接。聚乙烯燃气管道和其他材质的管道、阀门、管路附件等连接应采用法兰或钢塑过渡接头连接。

7.2.2 对不同级别、不同熔体流动速率的聚乙烯原料制造的管材或管件，不同标准尺寸比(SDR 值)的聚乙烯燃气管道连接时，必须采用电熔连接。施工前应进行试验，判定试验连接质量合格后，方可进行电熔连接。

7.2.3 热熔连接的焊接接头连接完成后，应进行 100%外观检验及 10%翻边切除检验，并应符合国家现行标准《聚乙烯燃气管道工程技术规程》CJJ 63 的要求。

7.2.4 电熔连接的焊接接头连接完成后，应进行外观检查，并应符合国家现行标准《聚乙烯燃气管道工程技术规程》CJJ 63 的要求。

7.2.5 电熔鞍形连接完成后，应进行外观检查，并应符合国家现行标准《聚乙烯燃气管道工程技术规程》CJJ 63 的要求。

7.2.6 钢塑过渡接头金属端与钢管焊接时，过渡接头金属端应采取降温措施，但不得影响焊接接头的力学性能。

7.2.7 法兰或钢塑过渡连接完成后，其金属部分应按设计要求的防腐等级进行防腐，并检验合格。

7.2.8 聚乙烯燃气管道利用柔性自然弯曲改变走向时，其弯曲半径不应小于 25 倍的管材外径。

7.2.9 聚乙烯燃气管道敷设时，应在管顶同时随管道走向敷设示踪线，示踪线的接头应有良好的导电性。

7.2.10 聚乙烯燃气管道敷设完毕后，应对外壁进行外观检查，不得有影响产品质量的划痕、磕碰等缺陷；检查合格后，方可对管沟进行回填，并做好记录。

7.2.11 在旧管道内插入敷设聚乙烯管的施工，应符合国家现行标准《聚乙烯燃气管道工程技术规程》CJJ 63 的要求。

7.3 钢骨架聚乙烯复合管道敷设

7.3.1 钢骨架聚乙烯复合管道(以下简称复合管)连接应采用电熔连接或法兰连接。当采用法兰连接时，宜设置检查井。

7.3.2 电熔连接所选焊机类型应与安装管道规格相适应。

7.3.3 施工现场断管时，其截面应与管道轴线垂直，截口应进行塑料(与母材相同材料)热封焊。严禁使用未封口的管材。

7.3.4 电熔连接后应进行外观检查，溢出电熔管件边缘的溢料量(轴向尺寸)不得超过表 7.3.4 规定值。

表 7.3.4 电熔连接熔焊溢边量(轴向尺寸)

管道公称直径(mm)	50~300	350~500
溢出电熔管件边缘量(mm)	10	15

7.3.5 电熔连接内部质量应符合国家现行标准《燃气用钢骨架聚乙烯塑料复合管件》CJ/T 126 的规定，可采用在现场抽检试验件的方式检查。试验件的接头应采用与实际施工相同的条件焊接制备。

7.3.6 法兰连接应符合下列要求：

1 法兰密封面、密封件(垫圈、垫片)不得有影响密封性能的划痕、凹坑等缺陷。

2 管材应在自然状态下连接，严禁强行扭曲组装。

7.3.7 钢质套管内径应大于穿越管段上直径最大部位的外径加 50mm；混凝土套管内径应大于穿越管段上直径最大部位的外径加 100mm。套管内严禁法兰接口，并尽量减少电熔接口数量。

7.3.8 在复合管上安装口径大于 100mm 的阀门、凝水缸等管路附件时，应设置支撑。

7.3.9 复合管可随地形弯曲敷设，其允许弯曲半径应符合表 7.3.9 的规定。

表 7.3.9 复合管道允许弯曲半径(mm)

管道公称直径 *DN*(mm)	允许弯曲半径
50~150	≥800*DN*
200~300	≥100*DN*
350~500	≥110*DN*

8 管道附件与设备安装

8.1 一般规定

8.1.1 安装前应将管道附件及设备的内部清理干净，不得存有杂物。

8.1.2 阀门、凝水缸及补偿器等在正式安装前，应按其产品标准要求单独进行强度和严密性试验，经试验合格的设备、附件应做好标记，并应填写试验记录。

8.1.3 试验使用的压力表必须经校验合格，且在有效期内，量程宜为试验压力的 1.5~2.0 倍，阀门试验用压力表的精度等级不得低于 1.5 级。

8.1.4 每处安装宜一次完成，安装时不得有再次污染已吹扫完毕管道的操作。

8.1.5 管道附件、设备应抬入或吊入安装处，不得采用抛、扔、滚的方式。

8.1.6 管道附件、设备安装完毕后，应及时对连接部位进行防腐。

8.1.7 阀门、补偿器及调压器等设施严禁参与管道的清扫。

8.1.8 凝水缸盖和阀门井盖面与路面的高度差应控制在 0~+5mm 范围内。

8.1.9 管道附件、设备安装完成后，应与管线一起进行严密性试验。

8.2 阀门的安装

8.2.1 安装前应检查阀芯的开启度和灵活度，并根据需要对阀体进行清洗、上油。

8.2.2 安装有方向性要求的阀门时，阀体上的箭头方向应与燃气流向一致。

8.2.3 法兰或螺纹连接的阀门应在关闭状态下安装，焊接阀门应在打开状态下安装。焊接阀门与管道连接焊缝宜采用氩弧焊打底。

8.2.4 安装时，吊装绳索应拴在阀体上，严禁拴在手轮、阀杆或转动机构上。

8.2.5 阀门安装时，与阀门连接的法兰应保持平行，其偏差不应大于法兰外径的 1.5‰，且不得大于 2mm。严禁强力组装，安装过程中应保证受力均匀，阀门下部应根据设计要求设置承重支撑。

8.2.6 法兰连接时，应使用同一规格的螺栓，并符合设计要求。紧固螺栓时应对称均匀用力，松紧适度，螺栓紧固后螺栓与螺母宜齐平，但不得低于螺母。

8.2.7 在阀门井内安装阀门和补偿器时，阀门应与补偿器先组对好，然后与管道上的法兰组对，将螺栓与组对法兰紧固好后，方可进行管道与法兰的焊接。

8.2.8 对直埋的阀门，应按设计要求做好阀体、法兰、紧固件及焊口的防腐。

8.2.9 安全阀应垂直安装，在安装前必须经法定检验部门检验并铅封。

8.3 凝水缸的安装

8.3.1 钢制凝水缸在安装前，应按设计要求对外表面进行防腐。

8.3.2 安装完毕后，凝水缸的抽液管应按同管道的防腐等级进行防腐。

8.3.3 凝水缸必须按现场实际情况，安装在所在管段的最低处。

8.3.4 凝水缸盖应安装在凝水缸井的中央位置，出水口阀门的安装位置应合理，并应有足够的操作和检修空间。

8.4 补偿器的安装

8.4.1 波纹补偿器的安装应符合下列要求：

1 安装前应按设计规定的补偿量进行预拉伸(压缩)，受力应均匀。

2 补偿器应与管道保持同轴，不得偏斜。安装时不得用补偿器的变形(轴向、径向、扭转等)来调整管位的安装误差。

3 安装时应设临时约束装置，待管道安装固定后再拆除临时约束装置，并解除限位装置。

8.4.2 填料式补偿器的安装应符合下列要求：

1 应按设计规定的安装长度及温度变化，留有剩余的收缩量，允许偏差应满足产品的安装说明书的要求。

2 应与管道保持同心，不得歪斜。

3 导向支座应保证运行时自由伸缩，不得偏离中心。

4 插管应安装在燃气流入端。

5 填料石棉绳应涂石墨粉并应逐圈装入，逐圈压紧，各圈接口应相互错开。

8.5 绝缘法兰的安装

8.5.1 安装前，应对绝缘法兰进行绝缘试验检查，其绝缘电阻不应小于1MΩ；当相对湿度大于60%时，其绝缘电阻不应小于500kΩ。

8.5.2 两对绝缘法兰的电缆线连接应符合按设计要求，并应做好电缆线及接头的防腐，金属部分不得裸露于土中。

8.5.3 绝缘法兰外露时，应有保护措施。

9 管道穿(跨)越

9.1 顶 管 施 工

9.1.1 顶管施工宜按现行国家标准《给水排水管道工程施工及验收规范》GB 50268 中的顶管施工的有关规定执行。

9.1.2 燃气管道的安装应符合下列要求：

1 采用钢管时，燃气钢管的焊缝应进行100%的射线照相检验。

2 采用 PE 管时，应先做相同人员、工况条件下的焊接试验。

3 接口宜采用电熔连接；当采用热熔对接时，应切除所有焊口的翻边，并应进行检查。

4 燃气管道穿入套管前，管道的防腐已验收合格。

5 在燃气管道穿入过程中，应采取措施防止管体或防腐层损伤。

9.2 水 下 敷 设

9.2.1 施工前应做好下列工作：

1 在江(河、湖)水下敷设管道，施工方案及设计文件应报河道管理或水利管理部门审查批准，施工组织设计应征得上述部门同意。

2 主管部门批准的对江(河、湖)的断流、断航、航管等措施，应预先公告。

3 工程开工时，应在敷设管道位置的两侧水体各50m距离处设警戒标志。

4 施工时应严格遵守国家及行业现行的水上水下作业安全操作规程。

9.2.2 测量放线应符合下列要求：

1 管槽开挖前，应测出管道轴线，并在两岸管道轴线上设置固定醒目的岸标。施工时岸上设专人用测量仪器观测，校正管道施工位置，检测沟槽超挖、欠挖情况。

2 水面管道轴线上宜每隔 50m 抛设一个浮标标示位置。

3 两岸应各设置水尺一把，水尺零点标高应经常检测。

9.2.3 沟槽开挖应符合下列要求：

1 沟槽宽度及边坡坡度应按设计规定执行；当设计无规定时，由施工单位根据水底泥土流动性和挖沟方法在施工组织设计中确定，但最小沟底宽度应大于管道外径 1m。

2 当两岸没有泥土堆放场地时，应使用驳船装载泥土运走。在水流较大的江中施工，且没有特别环保要求时，开挖泥土可排至河道中，任水流冲走。

3 水下沟槽挖好后，应做沟底标高测量。宜按 3m 间距测量，当标高符合设计要求后即可下管。若挖深不够应补挖；若超挖应采用砂或小块卵石补到设计标高。

9.2.4 管道组装应符合下列要求：

1 在岸上将管道组装成管段，管段长度宜控制在 50~80m。

2 组装完成后，焊缝质量应符合本规范第 5.2 节的要求，并应按本规范第 12 章进行试验，合格后按设计要求加焊加强钢箍套。

3 焊口应进行防腐补口，并应进行质量检查。

9.2.5 组装后的管段应采用下水滑道牵引下水，置于浮箱平台，并调整至管道设计轴线水面上，将管段组装成整管。焊口应进行射线照相探伤和防腐补口，并应在管道下沟前对整条管道的防腐层做电火花绝缘检查。

9.2.6 沉管与稳管应符合下列要求：

1 沉管时，应谨慎操作牵引起重设备，松缆与起吊均应逐点分步分别进行；各定位船舶必须执行统一指令。应在管道各吊点的位置与管槽设计轴线一致时，管道方可下沉入沟槽内。

2 管道入槽后，应由潜水员下水检查、调平。

3 稳管措施应按设计要求执行。当使用平衡重块时，重块与钢管之间应加橡胶隔垫；当采用复壁管时，应在管线过江(河、湖)后，再向复壁管环形空间灌水泥浆。

9.2.7 应对管道进行整体吹扫和试验，并应符合本规范第 12 章的要求。

9.2.8 管道试验合格后即采用砂卵石回填。回填时先填管道拐弯处使之固定，然后再均匀回填沟槽。

9.3 定向钻施工

9.3.1 应收集施工现场资料，制订施工方案，并应符合下列要求：

1 现场交通、水源、电源、施工运输道路、施工场地等资料的收集。

2 各类地上设施(铁路、房屋等)的位置、用途、产权单位等的查询。

3 与其他部门(通信、电力电缆、供水、排水等)核对地下管线，并用探测仪或局部开挖的方法确定定向钻施工路由位置的其他管线的种类、结构、位置走向和埋深。

4 用地质勘探钻取样或局部开挖的方法，取得定向钻施工路由位置的地下土层分布、地下水位及土壤、水分的酸碱度等资料。

9.3.2 定向钻施工穿越铁路等重要设施处，必须征求相关主管部门的意见。当与其他地下设施的净距不能满足设计规范要求时，应报设计单位，采取防护措施，并应取得相关单位的同意。

9.3.3 定向钻施工宜按国家现行标准《石油天然气管道穿越工程施工及验收规范》SY/T 4079 执行。

9.3.4 燃气管道安装应符合下列要求：

1 燃气钢管的焊缝应进行 100%的射线照相检查。

2 在目标井工作坑应按要求放置燃气钢管，用导向钻回拖敷设，回拖过程中应根据需要不停注入配制的泥浆。

3 燃气钢管的防腐应为特加强级。

4　燃气钢管敷设的曲率半径应满足管道强度要求，且不得小于钢管外径的1500倍。

9.4　跨越施工

9.4.1　管道的跨越施工宜按国家现行标准《石油天然气管道跨越工程施工及验收规范》SY 0470执行。

10　室外架空燃气管道的施工

10.1　管道支、吊架的安装

10.1.1　管道支、吊架安装前应进行标高和坡降测量并放线，固定后的支、吊架位置应正确，安装应平整、牢固，与管道接触良好。

10.1.2　固定支架应按设计规定安装，安装补偿器时，应在补偿器预拉伸(压缩)之后固定。

10.1.3　导向支架或滑动支架的滑动面应洁净平整，不得有歪斜和卡涩现象。其安装位置应从支承面中心向位移反方向偏移，偏移量应为设计计算位移值的1/2或按设计规定。

10.1.4　焊接应由有上岗证的焊工施焊，并不得有漏焊、欠焊或焊接裂纹等缺陷。管道与支架焊接时，焊工资格应符合本规范第1.0.4条的规定，且管道表面不得有咬边、气孔等缺陷。

10.2　管道的防腐

10.2.1　涂料应有制造厂的质量合格文件。涂漆前应清除被涂表面的铁锈、焊渣、毛刺、油、水等污物。

10.2.2　涂料的种类、涂敷次序、层数、各层的表干要求及施工的环境温度应按设计和所选涂料的产品规定进行。

10.2.3　在涂敷施工时，应有相应的防火、防雨(雪)及防尘措施。

10.2.4　涂层质量应符合下列要求：

1　涂层应均匀，颜色应一致。

2　漆膜应附着牢固，不得有剥落、皱纹、针孔等缺陷。

3　涂层应完整，不得有损坏、流淌。

10.3　管道安装

10.3.1　管道安装前应已除锈并涂完底漆。

10.3.2　管道的焊接应按本规范第5.2节的要求执行。

10.3.3　焊缝距支、吊架净距不应小于50mm。

10.3.4　管件、设备的安装应按本规范第8章执行。

10.3.5　吹扫与压力试验应按本规范第12章的要求执行。

10.3.6　吹扫、压力试验完成后，应补刷底漆并完成管道设备的防腐。

11　燃气场站

11.1　一般规定

11.1.1　燃气场站施工前必须做出详尽的施工方案，并经有关部门审查通过后方可进行施工。

11.1.2　燃气场站的消防、电气、采暖与卫生、通风与空气调节等配套工程的施工与验收应符合国家有关标准的要求。

11.1.3　燃气场站使用的压力容器必须符合国家有关规定，产品应有齐全的质量证明文件和产品监督检验证书(或安全性能检验证书)方可进行安装。

11.1.4 压力容器的安装应符合国家有关规定。安全阀、检测仪表应按有关规定单独进行检定。阀门等设备、附件压力级别应符合设计要求。

11.1.5 站内各种设备、仪器、仪表的安装及验收应按产品说明书和有关规定进行。

11.1.6 站内工艺管道的施工及验收应按国家现行标准《石油天然气站内工艺管道工程施工及验收规范》SY 0402 执行，并应符合本规范第 10 章的规定。

11.1.7 设备基础的施工及验收应符合现行国家标准《混凝土工程施工质量验收规范》GB 50204 规定。

11.1.8 储气设备的安装应按国家现行标准《球形储罐施工及验收规范》GB 50094、《金属焊接结构湿气式气柜施工及验收规范》HGJ 212 执行。

11.1.9 机械设备的安装及验收应按现行国家标准《机械设备安装工程施工及验收通用规范》GB 50231 执行。

11.1.10 压缩机、风机、泵及起重设备的安装应按现行国家标准《压缩机、风机、泵安装工程施工及验收规范》GB 50275 及《起重设备安装工程施工及验收规范》GB 50278 执行。

11.1.11 场站内的燃气管道安装完毕后必须进行吹扫和压力试验，并应符合下列规定：

1 场站内管道的吹扫和强度试验应符合本规范第 12 章的规定；

2 埋地管道的严密性试验应符合本规范第 12 章的规定；

3 地上管道进行严密性试验时，试验压力应为设计压力，且不得小于 0.3MPa；试验时压力应缓慢上升到规定值，采用发泡剂进行检查，无渗漏为合格。其他要求应符合本规范第 12.4 节的规定。

11.2 储 配 站

11.2.1 储配站内的各种运转设备在安装前应进行润滑保养及检验。

11.2.2 储配站各种设备及仪器仪表，应经单独检验合格后再安装。

11.3 调 压 站

11.3.1 调压器、安全阀、过滤器、计量、检测仪表及其他设备，安装前应进行检查。

11.3.2 调压站内所有非标准设备应按设计要求制造和检验，除设计另有规定外，应按制造厂说明书进行安装与调试。

11.3.3 调压站内管道安装应符合下列要求：

1 焊缝、法兰和螺纹等接口，均不得嵌入墙壁和基础中。管道穿墙或穿基础时，应设置在套管内。焊缝与套管一端的间距不应小于 100mm。

2 干燃气的站内管道应横平竖直；湿燃气的进出口管道应分别坡向室外，仪器仪表接管应坡向干管。

3 调压器的进出口箭头指示方向应与燃气流动方向一致。

4 调压器前后的直管段长度应按设计或制造厂技术要求施工。

11.3.4 调压器、安全阀、过滤器、仪表等设备的安装应在进出口管道吹扫、试压合格后进行，并应牢固平正，严禁强力连接。

11.4 液化石油气气化站、混气站

11.4.1 设备及管道安装应符合下列要求：

1 储罐和气化器等大型设备安装前，应对其混凝土基础的质量进行验收，合格后方可进行。

2 室内管道安装应在室内墙面喷浆和打混凝土地面以前进行。

3 与储罐连接的第一对法兰、垫片和紧固件应符合有关规定。其余法兰垫片可采用高压耐油橡胶石棉垫密封。

4 管道及管道与设备之间的连接应采用焊接或法兰连接。焊接宜采用氩弧焊打底，分层施焊；焊接、法兰连接应符合本规范第 5.2 节和第 5.3 节的规定。

5 管道安装时，坡度及方向应符合设计要求。

6 管道及设备的焊接质量应符合下列要求：

1）所有焊缝应进行外观检查；管道对接焊缝内部质量应采用射线照相探伤，抽检个数为对接焊缝总数的 25%，并应符合国家现行标准《压力容器无损检测》JB 4730 中的Ⅱ级质量要求；

2）管道与设备、阀门、仪表等连接的角焊缝应进行磁粉或液体渗透检验，抽检个数应为角焊缝总数的 50%，并应符合国家现行标准《压力容器无损检测》JB 4730 中的Ⅱ级质量要求。

11.4.2 试验及验收应符合下列要求：

1 储罐的水压试验压力应为设计压力的 1.25 倍，安全阀、液位计不应参与试验。试验时压力缓慢上升，达到规定压力后保持半小时，无泄漏、无可见变形、无异常声响为合格。

2 储罐水压试验合格后，装上安全阀、液位计进行严密性试验。

12 试验与验收

12.1 一般规定

12.1.1 管道安装完毕后应依次进行管道吹扫、强度试验和严密性试验。

12.1.2 燃气管道穿(跨)越大中型河流、铁路、二级以上公路、高速公路时，应单独进行试压。

12.1.3 管道吹扫、强度试验及中高压管道严密性试验前应编制施工方案，制定安全措施，确保施工人员及附近民众与设施的安全。

12.1.4 试验时应设巡视人员，无关人员不得进入。在试验的连续升压过程中和强度试验的稳压结束前，所有人员不得靠近试验区。人员离试验管道的安全间距可按表 12.1.4 确定。

表 12.1.4 安全间距

管道设计压力(MPa)	安全间距(m)
>0.4	6
0.4~1.6	10
2.5~4.0	20

12.1.5 管道上的所有堵头必须加固牢靠，试验时堵头端严禁人员靠近。

12.1.6 吹扫和待试验管道应与无关系统采取隔离措施，与已运行的燃气系统之间必须加装盲板且有明显标志。

12.1.7 试验前应按设计图检查管道的所有阀门，试验段必须全部开启。

12.1.8 在对聚乙烯管道或钢骨架聚乙烯复合管道吹扫及试验时，进气口应采取油水分离及冷却等措施，确保管道进气口气体干燥，且其温度不得高于 40℃；排气口应采取防静电措施。

12.1.9 试验时所发现的缺陷，必须待试验压力降至大气压后进行处理，处理合格后应重新试验。

12.2 管道吹扫

12.2.1 管道吹扫应按下列要求选择气体吹扫或清管球清扫：

1 球墨铸铁管道、聚乙烯管道、钢骨架聚乙烯复合管道和公称直径小于 100mm 或长度小于 100m 的钢质管道，可采用气体吹扫。

2 公称直径大于或等于 100mm 的钢质管道，宜采用清管球进行清扫。

12.2.2 管道吹扫应符合下列要求：

1 吹扫范围内的管道安装工程除补口、涂漆外，已按设计图纸全部完成。

2 管道安装检验合格后，应由施工单位负责组织吹扫工作，并应在吹扫前编制吹扫方案。

3 应按主管、支管、庭院管的顺序进行吹扫，吹扫出的脏物不得进入已合格的管道。

4 吹扫管段内的调压器、阀门、孔板、过滤网、燃气表等设备不应参与吹扫，待吹扫合格后再安装复位。

5 吹扫口应设在开阔地段并加固，吹扫时应设安全区域，吹扫出口前严禁站人。

6 吹扫压力不得大于管道的设计压力，且不应大于0.3MPa。

7 吹扫介质宜采用压缩空气，严禁采用氧气和可燃性气体。

8 吹扫合格设备复位后，不得再进行影响管内清洁的其他作业。

12.2.3 气体吹扫应符合下列要求：

1 吹扫气体流速不宜小于20m/s。

2 吹扫口与地面的夹角应在30°~45°之间，吹扫口管段与被吹扫管段必须采取平缓过渡对焊，吹扫口直径应符合表12.2.3的规定。

表12.2.3 吹扫口直径(mm)

末端管道公称直径 DN	$DN<150$	$150\leqslant DN\leqslant 300$	$DN\geqslant 350$
吹扫口公称直径	与管道同径	150	250

3 每次吹扫管道的长度不宜超过500m；当管道长度超过500m时，宜分段吹扫。

4 当管道长度在200m以上，且无其他管段或储气容器可利用时，应在适当部位安装吹扫阀，采取分段储气，轮换吹扫；当管道长度不足200m，可采用管道自身储气放散的方式吹扫，打压点与放散点应分别设在管道的两端。

5 当目测排气无烟尘时，应在排气口设置白布或涂白漆木靶板检验，5min内靶上无铁锈、尘土等其他杂物为合格。

12.2.4 清管球清扫应符合下列要求：

1 管道直径必须是同一规格，不同管径的管道应断开分别进行清扫。

2 对影响清管球通过的管件、设施，在清管前应采取必要措施。

3 清管球清扫完成后，应按本规范第12.2.3条第5款进行检验，如不合格可采用气体再清扫至合格。

12.3 强度试验

12.3.1 强度试验前应具备下列条件：

1 试验用的压力计及温度记录仪应在校验有效期内。

2 试验方案已经批准，有可靠的通信系统和安全保障措施，已进行了技术交底。

3 管道焊接检验、清扫合格。

4 埋地管道回填土宜回填至管上方0.5m以上，并留出焊接口。

12.3.2 管道应分段进行压力试验，试验管道分段最大长度宜按表12.3.2执行。

表12.3.2 管道试压分段最大长度

设计压力 PN(MPa)	试验管段最大长度(m)
$PN\leqslant 0.4$	1000
$0.4<PN\leqslant 1.6$	5000
$1.6<PN\leqslant 4.0$	1000

12.3.3 管道试验用压力计及温度记录仪表均不应少于两块，并应分别安装在试验管道的两端。

12.3.4 试验用压力计的量程应为试验压力的1.5倍~2倍，其精度不得低于1.5级。

12.3.5 强度试验压力和介质应符合表 12.3.5 的规定。

表 12.3.5 强度试验压力和介质

管道类型	设计压力 PN(MPa)	试验介质	试验压力(MPa)
钢管	PN>0.8	清洁水	1.5PN
	PN≤0.8	压缩空气	1.5PN 且≮0.4
球墨铸铁管	PN		1.5PN 且≮0.4
钢骨架聚乙烯复合管	PN		1.5PN 且≮0.4
聚乙烯管	PN(SDR11)		1.5PN 且≮0.4
	PN(SDR17.6)		1.5PN 且≮0.2

12.3.6 水压试验时，试验管段任何位置的管道环向应力不得大于管材标准屈服强度的 90%。架空管道采用水压试验前，应核算管道及其支撑结构的强度，必要时应临时加固。试压宜在环境温度 5℃以上进行，否则应采取防冻措施。

12.3.7 水压试验应符合现行国家标准《液体石油管道压力试验》GB/T 16805 的有关规定。

12.3.8 进行强度试验时，压力应逐步缓升，首先升至试验压力的 50%，应进行初检，如无泄漏、异常，继续升压至试验压力，然后宜稳压 1h 后，观察压力计不应少于 30min，无压力降为合格。

12.3.9 水压试验合格后，应及时将管道中的水放(抽)净，并按本规范第 12.2 节的要求进行吹扫。

12.3.10 经分段试压合格的管段相互连接的焊缝，经射线照相检验合格后，可不再进行强度试验。

12.4 严密性试验

12.4.1 严密性试验应在强度试验合格、管线全线回填后进行。

12.4.2 试验用的压力计应在校验有效期内，其量程应为试验压力的 1.5~2 倍，其精度等级、最小分格值及表盘直径应满足表 12.4.2 的要求。

表 12.4.2 试压用压力表选择要求

量程(MPa)	精度等级	最小表盘直径(mm)	最小分格值(MPa)
0~0.1	0.4	150	0.0005
0~0.1	0.4	150	0.005
0~0.6	0.4	150	0.01
0~2.5	0.25	200	0.01
0~4.0	0.25	200	0.01
0~6.0	0.16	250	0.01
0~10	0.16	250	0.02

12.4.3 严密性试验介质宜采用空气，试验压力应满足下列要求：

1 设计压力小于 5kPa 时，试验压力应为 20kPa。

2 设计压力大于或等于 5kPa 时，试验压力应为设计压力的 1.15 倍，且不得小于 0.1MPa。

12.4.4 试压时的升压速度不宜过快。对设计压力大于 0.8MPa 的管道试压，压力缓慢上升至 30%和 60%试验压力时，应分别停止升压，稳压 30min，并检查系统有无异常情况，如无异常情况继续升压。管内压力升至严密性试验压力后，待温度、压力稳定后开始记录。

12.4.5 严密性试验稳压的持续时间应为 24h，每小时记录不应少于 1 次，当修正压力降小于 133Pa 为合格。修正压力降应按下式确定：

$$\Delta P'=(H_1+B_1)-(H_2+B_2)\frac{273+t_1}{273+t_2} \tag{12.4.5}$$

式中 $\Delta P'$——修正压力降(Pa)；

H_1、H_2——试验开始和结束时的压力计读数(Pa)；

B_1、B_2——试验开始和结束时的气压计读数(Pa)；

t_1、t_2——试验开始和结束时的管内介质温度(℃)。

12.4.6 所有未参加严密性试验的设备、仪表、管件，应在严密性试验合格后进行复位，然后按设计压力对系统升压，应采用发泡剂检查设备、仪表、管件及其与管道的连接处，不漏为合格。

12.5 工程竣工验收

12.5.1 工程竣工验收应以批准的设计文件、国家现行有关标准、施工承包合同、工程施工许可文件和本规范为依据。

12.5.2 工程竣工验收的基本条件应符合下列要求：

1 完成工程设计和合同约定的各项内容。

2 施工单位在工程完工后对工程质量自检合格，并提出《工程竣工报告》。

3 工程资料齐全。

4 有施工单位签署的工程质量保修书。

5 监理单位对施工单位的工程质量自检结果予以确认并提出《工程质量评估报告》。

6 工程施工中，工程质量检验合格，检验记录完整。

12.5.3 竣工资料的收集、整理工作应与工程建设过程同步，工程完工后应及时做好整理和移交工作。整体工程竣工资料宜包括下列内容：

1 工程依据文件：

1）工程项目建议书、申请报告及审批文件、批准的设计任务书、初步设计、技术设计文件、施工图和其他建设文件；

2）工程项目建设合同文件、招投标文件、设计变更通知单、工程量清单等；

3）建设工程规划许可证、施工许可证、质量监督注册文件、报建审核书、报建图、竣工测量验收合格证、工程质量评估报告。

2 交工技术文件：

1） 施工资质证书；

2） 图纸会审记录、技术交底记录、工程变更单(图)、施工组织设计等；

3） 开工报告、工程竣工报告、工程保修书等；

4） 重大质量事故分析、处理报告；

5） 材料、设备、仪表等的出厂的合格证明，材质书或检验报告；

6） 施工记录：隐蔽工程记录、焊接记录、管道吹扫记录、强度和严密性试验记录、阀门试验记录、电气仪表工程的安装调试记录等；

7） 竣工图纸：竣工图应反映隐蔽工程、实际安装定位、设计中未包含的项目、燃气管道与其他市政设施特殊处理的位置等。

3 检验合格记录：

1） 测量记录；

2） 隐蔽工程验收记录；

3） 沟槽及回填合格记录；

4） 防腐绝缘合格记录；

5）焊接外观检查记录和无损探伤检查记录；

6）管道吹扫合格记录；

7）强度和严密性试验合格记录；

8）设备安装合格记录；

9）储配与调压各项工程的程序验收及整体验收合格记录；

10）电气、仪表安装测试合格记录；

11）在施工中受检的其他合格记录。

12.5.4 工程竣工验收应由建设单位主持，可按下列程序进行：

1 工程完工后，施工单位按本规范第12.5.2的要求完成验收准备工作后，向监理部门提出验收申请。

2 监理部门对施工单位提交的《工程竣工报告》、竣工资料及其他材料进行初审，合格后提出《工程质量评估报告》，并向建设单位提出验收申请。

3 建设单位组织勘察、设计、监理及施工单位对工程进行验收。

4 验收合格后，各部门签署验收纪要。建设单位及时将竣工资料、文件归档，然后办理工程移交手续。

5 验收不合格应提出书面意见和整改内容，签发整改通知，限期完成。整改完成后重新验收。整改书面意见、整改内容和整改通知编入竣工资料文件中。

12.5.5 工程验收应符合下列要求：

1 审阅验收材料内容，应完整、准确、有效。

2 按照设计、竣工图纸对工程进行现场检查。竣工图应真实、准确，路面标志符合要求。

3 工程量符合合同的规定。

4 设施和设备的安装符合设计的要求，无明显的外观质量缺陷，操作可靠，保养完善。

5 对工程质量有争议、投诉和检验多次才合格的项目，应重点验收，必要时可开挖检验、复查。

UDC

中华人民共和国行业标准 CJJ

P

CJJ 63—2018

备案号J 780—2018

聚乙烯燃气管道工程技术标准

Technical standard for polyethylene (PE) gaseous fuel pipeline engineering

2018-10-18 发布

2019-03-01 实施

中华人民共和国住房和城乡建设部 发布

前　言

根据住房和城乡建设部《关于印发〈2015 年工程建设标准规范制订、修订计划〉的通知》(建标[2014]189 号)的要求，编制组经广泛调查研究，认真总结实践经验，参考有关国际标准和国外先进标准，并在广泛征求意见的基础上，修订了本标准。

本标准的主要技术内容是：1. 总则；2. 术语、符号；3. 材料；4. 管道设计；5. 管道连接；6. 管道敷设；7. 试验与验收。

本标准修订的主要技术内容是：1. 删除了原标准中钢骨架聚乙烯复合管相关技术要求；2. 修订了最大工作压力，由 0.7MPa 提高到 0.8MPa；3. 修改了地面标识、警示装置、示踪装置设计要求；4. 修改了管材、管件及附件的存放条件和存放时间的要求；5. 删除了插入管敷设章节，增加了插入法敷设与水平定向钻法敷设执行标准要求；6. 增加了设计压力大于 0.4MPa 的管道应设置保护板的规定；7. 增加了热熔对接、电熔连接的熔接设备执行标准要求。

本标准中以黑体字标志的条文为强制性条文，必须严格执行。

本标准由住房和城乡建设部负责管理和对强制性条文的解释，由住房和城乡建设部科技发展促进中心负责具体技术内容的解释。执行过程中如有意见或建议，请寄送住房和城乡建设部科技发展促进中心(地址：北京市海淀区三里河路 9 号；邮编：100835)。

本标准主编单位：住房和城乡建设部科技与产业化发展中心

本标准参编单位：中国市政工程华北设计研究总院有限公司
北京市燃气集团有限责任公司
哈尔滨中庆燃气有限责任公司
北京市煤气热力工程设计院有限公司
港华投资有限公司
上海燃气工程设计研究有限公司
杭州市城乡建设设计院股份有限公司
新奥能源控股有限公司
深圳市燃气集团股份有限公司
上海燃气(集团)有限公司
中国燃气控股有限公司
成都城市燃气有限责任公司
亚大塑料制品有限公司
沧州明珠塑料股份有限公司
宁波市宇华电器有限公司
浙江伟星新型建材股份有限公司
浙江枫叶管业科技股份有限公司
淄博洁林塑料制管有限公司
江苏龙麒橡塑有限公司
浙江中财管道科技股份有限公司
河北泉恩高科技管业有限公司
广东联塑科技实业有限公司
博禄贸易(上海)有限公司北京分公司
宝路七星管业有限公司
福建恒杰塑业新材料有限公司
北京保利泰克塑料制品有限公司

本标准主要起草人员：高立新　林文卓　杜建梅　李永威
白丽萍　于海君　杨永慧　杨　炯
应援农　王连信　刘　军　王志伟
（以下按姓氏笔画为序）
王宏伟　尤英俊　朱政鹏　李大治
池永生　许建钦　孙　斌　沈　蓓
杨科杰　张慰峰　袁本海　陈　江
陈会龙　陈丽月　陈建春　林雅蓉
贾生廷　顾紫娟　徐红越　葛　涛

本标准主要审查人员：史业腾　孔　川　宋玉银　张　臻
孟学思　蒋祥龙　张绍革　朱立建
魏若奇　邢中礼

目　次

1　总则
2　术语、符号
2.1　术语
2.2　符号
3　材料
3.1　一般规定
3.2　运输和贮存
4　管道设计
4.1　一般规定
4.2　管道水力计算
4.3　管道布置
5　管道连接
5.1　一般规定
5.2　热熔连接
5.3　电熔连接
5.4　法兰连接
5.5　钢塑转换管件连接
6　管道敷设
6.1　一般规定
6.2　沟槽开挖
6.3　管道敷设
6.4　沟槽回填
7　试验与验收
7.1　一般规定
7.2　管道吹扫
7.3　强度试验
7.4　严密性试验
7.5　工程竣工验收
附录A　聚乙烯管道熔接记录
附录B　焊口编号示意图
附录C　热熔对接焊口卷边切除检查记录表
本标准用词说明(略)
引用标准名录
附：条文说明(略)

Contents

1 General Provisions
2 Terms and Symbols
2.1 Terms
2.2 Symbols
3 Materials
3.1 General Requirements
3.2 Transport and Storage
4 Pipeline System Design
4.1 General Requirements
4.2 Hydraulic Calculation
4.3 Layout
5 Pipeline Connection
5.1 General Requirements
5.2 Butt Fusion Welding
5.3 Electrofusion Welding
5.4 Flange Connection
5.5 Metal Fitting for PE Pipe to Steel Pipe Connection
6 Pipeline Laying
6.1 General Requirements
6.2 Trench Excavation
6.3 Laying
6.4 Trench Backfill
7 Test and Final Acceptance
7.1 General Requirements
7.2 Pipeline Purging
7.3 Strength Test
7.4 Tightness Test
7.5 Final Acceptance
Appendix A Record of Polyethylene Piping Fusion Jointing
Appendix B Diagram of Piping Joints Number
Appendix C Record of Inspecting the Removed Bead of Butt Fusion Jointing
Explanation of Wording in This Standard (Omitted)
List of Quoted Standards
Addition: Explanation of Provisions (Omitted)

1 总　　则

1.0.1 为保障安全供气，使埋地聚乙烯燃气管道工程的设计、施工及验收符合技术先进、安全适用、经济合理的要求，确保工程质量和安全供气，制定本标准。

1.0.2 本标准适用于工作温度在-20℃~40℃，工作压力不大于0.8MPa，公称外径不大于630mm的埋地聚乙烯燃气管道工程的设计、施工及验收。

1.0.3 聚乙烯燃气管道严禁明设。

1.0.4 聚乙烯燃气管道工程的设计、施工及验收除应符合本标准外，尚应符合国家现行有关标准的规定。

2 术语、符号

2.1 术　　语

2.1.1 聚乙烯燃气管道 polyethylene (PE) gaseous fuel pipeline

由燃气用聚乙烯管材、管件、阀门及附件组成的管道系统。聚乙烯管材是用聚乙烯混配料通过加热熔融挤出成型工艺生产的管材；聚乙烯管件是用聚乙烯混配料通过注塑成型等工艺生产的管件。

2.1.2 公称外径　nominal outside diameter

管材外径的规定数值。

2.1.3 标准尺寸比(*SDR*)　standard dimension ratio

管材的公称外径与公称壁厚的比值，并经圆整。

2.1.4 最大工作压力(*MOP*)　maximum operating pressure

在20℃工作温度条件下，聚乙烯燃气管道允许连续使用的最大压力。

2.1.5 最大允许工作压力(P_{max}) maximum allowable operating pressure

在相应工作温度条件下，聚乙烯燃气管道允许连续使用的最大压力，考虑了工作温度对工作压力的影响。

2.1.6 工作温度下的压力折减系数　operating pressure derating coefficients for various operating temperatures

聚乙烯管道在20℃以上工作温度下连续使用时，20℃时最大工作压力与该温度下最大允许工作压力相比的系数。

2.1.7 热熔对接连接　butt fusion jointing

采用专用熔接设备，按技术要求加热待连接的管材或管件的端面，在该部位施加一定压力将熔融端面对接，形成一体的连接方式。

2.1.8 电熔连接　electrofusion jointing

采用内埋电阻丝的专用电熔管件，通过专用设备，控制内埋于管件中的电阻丝的电压或电流及通电时间，使其达到熔接目的的连接方法。电熔连接方式有电熔承插连接、电熔鞍形连接。

2.1.9 钢塑转换管件　metal fitting for PE pipe to steel pipe

由工厂预制的用于聚乙烯管材与钢管连接，包括钢管部分和PE管部分的一类专用机械管件，如钢塑直接头、弯头、法兰、三通钢塑转换件等形式。

2.1.10 示踪装置　locating device

沿管道铺设，可通过专用设备探测确定管道位置的装置，包括示踪线、电子标志器等。

2.1.11 警示装置　warning device

敷设在埋地燃气管道上方，喷涂有警示标识，以提示地下有城镇燃气管道的标识装置，包括标志带、警示保护板等。

2.2 符　号

2.2.1 工作压力参数：

F——允许拖拉力；

MOP——最大工作压力，以 20℃为参考工作温度；

P_{max}——最大允许工作压力；

P_1——管道起点的压力；

P_2——管道终点的压力；

P_n——低压燃具的额定压力；

P_{RCP}——耐快速裂纹扩展的临界压力；

ΔP——管道摩擦阻力损失；

ΔP_d——从调压装置到压力最不利工况燃具前的管道允许压力损失。

2.2.2 几何参数：

a——沟底宽度；

d——管道内径；

d_n——管道公称外径；

l——管道的计算长度；

s——两管之间设计净距；

SDR——标准尺寸比。

2.2.3 计算参量和系数：

C——设计系数；

D_F——工作温度下的压力折减系数；

lg——常用对数；

K——管壁内表面的当量绝对粗糙度；

MRS——最小要求强度；

Q——管道的计算流量；

Re——雷诺数；

T_0——273.15（K）；

T——设计中所采用的燃气温度；

λ——管道摩擦阻力系数；

ρ——燃气的密度。

3 材　　料

3.1 一 般 规 定

3.1.1 聚乙烯管材、管件和阀门等应符合下列规定：

1 聚乙烯管材应符合现行国家标准《燃气用埋地聚乙烯（PE）管道系统　第 1 部分：管材》GB/T 15558.1 的有关规定；

2 聚乙烯管件应符合现行国家标准《燃气用埋地聚乙烯（PE）管道系统　第 2 部分：管件》GB/T 15558.2 的有关规定；

3 聚乙烯阀门应符合现行国家标准《燃气用埋地聚乙烯（PE）管道系统　第 3 部分：阀门》GB/T 15558.3 的有关规定；

4 钢塑转换管件应符合现行国家标准《燃气用聚乙烯管道系统的机械管件 第1部分：公称外径不大于63mm的管材用钢塑转换管件》GB 26255.1和《燃气用聚乙烯管道系统的机械管件 第2部分：公称外径大于63mm的管材用钢塑转换管件》GB 26255.2的有关规定。

3.1.2 聚乙烯管材、管件、阀门等入库储存或进场施工前应进行检查验收。检查验收内容应包括合格证、检验报告、标志内容等，并应逐项核实内容。当存在异议时，应委托第三方进行复验。

3.1.3 聚乙烯管材、管件和阀门不应长期户外存放。当从生产到使用期间，累计受到太阳能辐射量超过3.5GJ/m^2时，或按本标准第3.2.2条规定存放，管材存放时间超过4年、密封包装的管件存放时间超过6年，应对其抽样检验，性能符合要求方可使用。

管材抽检项目应包括静液压强度(165h/80℃)、电熔接头的剥离强度和断裂伸长率。管件抽检项目包括静液压强度(165h/80℃)、热熔对接连接的拉伸强度或电熔管件的熔接强度。阀门抽检项目包括静液压强度(165h/80℃)、电熔接头的剥离强度、操作扭矩和密封性能试验。

3.2 运输和贮存

3.2.1 聚乙烯管材、管件和阀门的运输应符合下列规定：

1 管材、管件和阀门搬运时，应小心轻放，不得抛、摔、滚、拖。当采用机械设备吊装管材时，应采用非金属绳(带)绑扎管材两端后吊装。

2 管材运输时，应水平放置在带挡板的平底车上或平坦的船舱内，堆放处不得有损伤管材的尖凸物，应采用非金属绳(带)捆扎、固定，管口应采取封堵保护措施。

3 管件、阀门运输时，应按箱逐层码放整齐、固定牢靠。

4 在运输过程中不应受到暴晒、雨淋、油污及化学品污染。

3.2.2 聚乙烯管材、管件和阀门的贮存应符合下列规定：

1 管材、管件和阀门应按不同类型、规格和尺寸分别存放，并应遵照“先进先出”原则。

2 管材、管件和阀门应存放在仓库(存储型物流建筑)或半露天堆场(货棚)内。仓库(存储型物流建筑)或半露天堆场(货棚)的设计应符合现行国家标准《建筑设计防火规范》GB 50016和《物流建筑设计规范》GB 51157的有关规定。存放在半露天堆场(货棚)内的管材、管件和阀门不应受到暴晒、雨淋，应有防紫外线照射措施；仓库的门窗洞口应有防紫外线照射措施。

3 管材、管件和阀门应远离热源，严禁与油类或化学品混合存放。

4 管材应水平堆放在平整的支撑物或地面上，管口应采取封堵保护措施。当直管采用梯形堆放或两侧加支撑保护的矩形堆放时，堆放高度不宜超过1.5m；当直管采用分层货架存放时，每层货架高度不宜超过1m。

5 管件和阀门应成箱存放在货架上或叠放在平整地面上；当成箱叠放时，高度不宜超过1.5m。在使用前，不得拆除密封包装。

6 管材、管件和阀门在室外临时存放时，管材管口应采用保护端盖封堵，管件和阀门应存放在包装箱或储物箱内，并应采用遮盖物遮盖，防日晒、雨淋。

4 管道设计

4.1 一般规定

4.1.1 聚乙烯管材、管件的材料和壁厚的选择，应根据输送燃气的种类、设计压力、设计温度、施工方法以及环境条件等，经技术经济比较后确定。

4.1.2 聚乙烯燃气管道的设计压力不应大于管道最大允许工作压力(P_{max})，管道最大允许工作压力(P_{max})可按下列公式计算：

$$P_{max}=\frac{MOP}{D_F} \tag{4.1.2-1}$$

$$MOP=\frac{2\times MRS}{C\times(SDR-1)} \tag{4.1.2-2}$$

$$MOP\leqslant\frac{P_{RCP}}{1.5} \tag{4.1.2-3}$$

式中：P_{max}——最大允许工作压力(MPa)；

MOP——最大工作压力(MPa)，以20℃为参考工作温度；

MRS——最小要求强度(MPa)，PE80 取 8.0MPa，PE100 取 10.0MPa；

C——设计系数，聚乙烯管道输送不同种类燃气的 C 值按表 4.1.2-1 取值；

SDR——标准尺寸比；

P_{RCP}——耐快速裂纹扩展的临界压力(MPa)，P_{RCP} 数值由混配料供应商或管材生产厂商提供；

D_F——工作温度下的压力折减系数，按表 4.1.2-2 取值。

表 4.1.2-1　设计系数 C 值取值表

燃气种类		设计系数 C 值取值
天然气		≥2.5
液化石油气	混空气	≥4.0
	气态	≥6.0
人工煤气	干气	≥4.0
	其他	≥6.0

表 4.1.2-2　工作温度下的压力折减系数

工作温度(t)	-20℃	20℃	30℃	40℃
工作温度下的压力折减系数(D_F)	1.0	1.0	1.1	1.3

注：表中工作温度为考虑了内外环境的管材的年度平均温度。对于中间的温度，可使用内插法计算。

4.1.3　聚乙烯燃气管道应沿管道走向设置有效的示踪、警示装置。警示带、地面标志的设置应符合现行行业标准《城镇燃气输配工程施工及验收规范》CJJ 33 和《城镇燃气标志标准》CJJ/T 153 的有关规定。

4.1.4　设计压力大于 0.4MPa 的聚乙烯燃气管道上方应设置保护板，保护板上应具有警示标识。设置保护板的聚乙烯燃气管道，可不敷设警示带。

4.2　管道水力计算

4.2.1　管道计算流量应按计算月的小时最大用气量计算，小时最大用气量应根据所有用户燃气用气量的变化叠加后确定。

4.2.2　管道单位长度摩擦阻力损失应按下列公式计算：

1　低压燃气管道：

$$\frac{\Delta P}{l}=6.26\times10^{7}\lambda\frac{Q^2}{d^5}\rho\frac{T}{T_0} \tag{4.2.2-1}$$

$$\frac{1}{\sqrt{\lambda}}=-2\lg\left[\frac{K}{3.7d}+\frac{2.51}{Re\sqrt{\lambda}}\right] \tag{4.2.2-2}$$

式中：ΔP——管道摩擦阻力损失(Pa)；

l——管道的计算长度(m)；

Q——管道的计算流量(m³/h)；

d——管道内径(mm)；

ρ——燃气的密度(kg/m³)；

T——设计中所采用的燃气温度(K)；

T_0——273.15 (K)；

λ——管道摩擦阻力系数；

lg——常用对数；

K——管壁内表面的当量绝对粗糙度(mm)，聚乙烯燃气管道一般取 0.01mm；

Re——雷诺数(无量纲)。

2 次高压 B、中压燃气管道：

$$\frac{P_1^2-P_2^2}{l}=1.27\times10^{10}\lambda\frac{Q^2}{d^5}\rho\frac{T}{T_0} \tag{4.2.2-3}$$

式中：P_1——管道起点的压力(绝对压力，kPa)；

P_2——管道终点的压力(绝对压力，kPa)；

l——管道的计算长度(km)。

4.2.3 管道的允许压力降可由该级管网的入口压力至次级管网调压装置允许的最低入口压力之差确定，燃气流速不宜大于 20m/s。

4.2.4 管道局部阻力损失可按管道摩擦阻力损失的 5%～10%计算。

4.2.5 低压管道从调压装置到压力最不利工况燃具前的管道允许压力损失可按下式计算：

$$\Delta P_d=0.75P_n+150 \tag{4.2.5}$$

式中：ΔP_d——从调压装置到压力最不利工况燃具前的管道允许压力损失(Pa)，ΔP_d 含室内燃气管道允许压力损失；

P_n——低压燃具的额定压力(Pa)。

4.3 管道布置

4.3.1 聚乙烯燃气管道不得从建筑物或大型构筑物的下面穿越(不包括架空的建筑物和立交桥、城市轨道交通的高架桥等大型构筑物)；不得在堆积易燃、易爆材料和具有腐蚀性液体的场地下面穿越；不得与非燃气管道或电缆同沟敷设。

4.3.2 聚乙烯燃气管道与市政热力管道之间的水平净距和垂直净距，不应小于表 4.3.2-1 和表 4.3.2-2 的规定，并应保证燃气管道外壁温度不大于 40℃；与建筑物、构筑物或其他相邻管道之间的水平净距和垂直净距，应符合现行国家标准《城镇燃气设计规范》GB 50028 的有关规定。当直埋蒸汽热力管道保温层外壁温度不大于 60℃时，聚乙烯管道采取有效的隔热措施，表 4.3.2-1 中水平净距可减少 50%。

表 4.3.2-1 聚乙烯燃气管道与市政热力管道之间的水平净距

项目			地下燃气管道(m)			
			低压	中压		次高压
				B	A	B
热力管	直埋敷设	热水	1.0	1.0	1.0	1.5
		蒸汽	2.0	2.0	2.0	3.0
	管沟内敷设(至管沟外壁)		1.0	1.5	1.5	2.0

表 4.3.2-2 聚乙烯燃气管道与市政热力管道之间的垂直净距

项目		地下燃气管道（当有套管时，从套管外径计）(m)
热力管	燃气管在直埋管上方	0.5（加套管）
	燃气管在直埋管下方	1.0（加套管）
	燃气管在管沟上方（至管沟外壁）	0.2（加套管）或 0.4（无套管）
	燃气管在管沟下方（至管沟外壁）	0.3（加套管）

注：1 套管敷设要求应与现行国家标准《城镇燃气设计规范》GB 50028 的规定一致；

2 当采取措施，保证土壤温度小于 40℃，可适当减少管道与热力管道之间垂直净距。

4.3.3 聚乙烯燃气管道埋设的最小覆土深度（地面至管顶）应符合下列规定：

1 埋设在车行道下，不得小于 0.9m；

2 埋设在非车行道（含人行道）下，不得小于 0.6m；

3 埋设在机动车不可能到达的地方时，不得小于 0.5m；

4 埋设在水田下时，不得小于 0.8m；

5 当埋深达不到上述要求时，应采取保护措施。

4.3.4 聚乙烯燃气管道的地基宜为无尖硬土石的原土层的天然地基。对可能引起管道不均匀沉降的地段，应采取防沉降措施；地基处理应符合本标准第 6.2.3 条的规定。

4.3.5 聚乙烯管道在输送湿燃气时，应埋设在土壤冰冻线以下，并设置凝水缸。管道坡向凝水缸的坡度不宜小于 0.003。

4.3.6 聚乙烯燃气管道不得进入和穿过热力管沟。当聚乙烯燃气管道穿过排水管沟、联合地沟及其他各种用途沟槽（不含热力管沟）时，应符合现行国家标准《城镇燃气设计规范》GB 50028 的规定。

4.3.7 聚乙烯燃气管道穿越铁路、高速公路、电车轨道和城镇主要干道时，宜垂直穿越，且应符合国家现行标准《城镇燃气设计规范》GB 50028 和《城镇燃气管道穿跨越工程技术规程》CJJ/T 250 的有关规定。

4.3.8 聚乙烯燃气管道通过河流时，可采用河底穿越，在埋设聚乙烯燃气管道位置的河流两岸上、下游应设立标志，并应符合现行行业标准《城镇燃气管道穿跨越工程技术规程》CJJ/T 250 的规定。

4.3.9 中压及以上聚乙烯燃气管道干管上应设置分段阀门，并应在阀门两侧设置放散管；支管的起点应设置阀门。低压聚乙烯燃气管道支管的起点处，宜设置阀门。

4.3.10 聚乙烯燃气管道的检漏管、阀门、凝水缸的排水管，应设置护罩或护井。

4.3.11 聚乙烯燃气管道出地面应采取防止外力破坏和管道直接裸露在大气环境中的措施，且不应直接引入建筑物内。当受条件限制，聚乙烯管道必须穿越建（构）筑物基础、外墙时，应采用硬质套管保护，并应符合现行国家标准《城镇燃气设计规范》GB 50028 的有关规定。

5 管道连接

5.1 一般规定

5.1.1 聚乙烯燃气管道连接前，应按设计要求在施工现场对管材、管件、阀门及管道附属设备进行查验。管材表面划伤深度不应超过管材壁厚的 10%，且不应超过 4mm；管件、阀门及管道附属设备的外包装应完好，符合要求方可使用。

5.1.2 聚乙烯燃气管道的连接应符合下列规定：

1 聚乙烯管材与管件、阀门的连接应采用热熔对接或电熔连接（电熔承插连接、电熔鞍形连接）方式，不得采用螺纹连接或粘接。

2 聚乙烯管材与金属管道或金属附件连接时，应采用钢塑转换管件连接或法兰连接；当采用法兰连接时，宜设置检查井。

3 聚乙烯管材、管件和阀门的连接在下列情况下应采用电熔连接：

1） 不同级别（PE80 与 PE100）；

2） 熔体质量流动速率差值大于等于 0.5g/10min（190℃，5kg）；

3） 焊接端部标准尺寸比（*SDR*）不同；

4） 公称外径小于 90mm 或壁厚小于 6mm。

5.1.3 聚乙烯燃气管道连接应根据不同连接形式选用专用的熔接设备。连接时，严禁采用明火加热。热熔对接熔接设备应符合现行国家标准《塑料管材和管件　聚乙烯系统熔接设备　第 1 部分：热熔对接》GB/T 20674.1 的有关规定；电熔连接熔接设备应符合现行国家标准《塑料管材和管件　聚乙烯系统熔接设备　第 2 部分：电熔连接》GB/T 20674.2 的有关规定。熔接设备应定期进行校准和检定，周期不应超过 1 年。对于电压不稳定区域应增加稳压装置。

5.1.4 聚乙烯燃气管道热熔连接或电熔连接的环境温度宜在 -5℃～40℃ 范围内，并应符合下列规定：

1 当环境温度低于 -5℃ 时，应采取保温措施；

2 当风力大于 5 级时，应采取防风措施；

3 夏季应采取遮阳措施；

4 雨天应采取防雨措施。

5.1.5 聚乙烯管道连接时，管材的切割应采用专用割刀或切管工具，切割端面应垂直于管道轴线，并应平整、光滑、无毛刺。

5.1.6 聚乙烯燃气管道连接作业每次收工时，应对管口进行临时封堵。

5.1.7 聚乙烯燃气管道连接完成后，应按本标准第 5.2 节和第 5.3 节的有关规定进行接头质量检查。不合格应返工，返工后应重新进行接头质量检查。当对焊接质量有争议时，应按表 5.1.7-1～表 5.1.7-3 的规定进行检验。

表 5.1.7-1　热熔对接焊接的检验与试验要求

序号	检验与试验项目	检验与试验参数	检验与试验要求	检验与试验方法
1	拉伸性能	23℃±2℃	试验到破坏为止： 1）韧性，通过； 2）脆性，不通过	《聚乙烯（PE）管材和管件热熔对接接头拉伸强度和破坏形式的测定》GB/T 19810
2	耐压（静液压）强度试验	1）密封接头，A 型； 2）方向，任意； 3）试验时间，165h； 4）环应力： ① PE80，4.5MPa ② PE100，5.4MPa 5）试验温度，80℃	焊接处无破坏，无渗漏	《流体输送用热塑性塑料管道系统　耐内压性能的测定》GB/T 6111

表 5.1.7-2　电熔承插焊接的检验与试验要求

序号	检验与试验项目	检验与试验参数	检验与试验要求	检验与试验方法
1	电熔管件剖面检验	—	电熔管件中的电阻丝应当排列整齐，不应当有涨出、裸露、错行，焊后不游离，管件与管材熔接面上无可见界线，无虚焊、过焊气泡等影响性能的缺陷	《燃气用聚乙烯管道焊接技术规则》TSG D2002
2	d_n<90 挤压剥离试验	23℃±2℃	剥离脆性破坏百分比≤33.3%	《塑料管材和管件　聚乙烯电熔组件的挤压剥离试验》GB/T 19806
3	d_n≥90 拉伸剥离试验	23℃±2℃	剥离脆性破坏百分比≤33.3%	《塑料管材和管件公称对外径大于或等于 90mm 的聚乙烯电熔组件的拉伸剥离试验》GB/T 19808
4	静液压试验	1）密封接头，A 型； 2）方向，任意； 3）试验时间，165h； 4）环应力； ①PE80，4.5MPa； ②PE100，5.4MPa； 5）试验温度 80℃	焊接处无破坏，无渗漏	《流体输送用热塑性塑料管道系统耐内压性能的测定》GB/T 6111

表 5.1.7-3　电熔鞍形焊接的检验与试验要求

序号	检验与试验项目	检验与试验参数	检验与试验要求	检验与试验方法
1	d_n≤225 挤压剥离试验	23℃±2℃	剥离脆性破坏百分比≤33.3%	《塑料管材和管件　聚乙烯电熔组件的挤压剥离试验》GB/T 19806
2	d_n>225 撕裂剥离试验	23℃±2℃	剥离脆性破坏百分比≤33.3%	《燃气用聚乙烯管道焊接技术规则》TSG D2002

5.2　热熔连接

5.2.1　热熔对接的连接工艺应符合现行国家标准《塑料管材和管件　燃气和给水输配系统用聚乙烯(PE)管材及管件的热熔对接程序》GB/T 32434 的有关规定。在保证连接质量的前提下，可采用经评定合格的其他热熔对接连接工艺。

5.2.2　热熔对接连接的操作应符合下列规定：

1　应根据聚乙烯管材、管件或阀门的规格选用适应的机架和夹具。

2　在固定连接件时，应将连接件的连接端伸出夹具，伸出的自由长度不应小于公称外径的 10%。

3　移动夹具应使待连接件的端面接触，并应校直到同一轴线上，错边量不应大于壁厚的 10%。

4　连接部位应擦净，并应保持干燥，待连接件端面应进行铣削，使其与轴线垂直。连续切屑的平均厚度不宜大于 0.2mm，铣削后的熔接面应保持洁净。

5　铣削完成后，移动夹具应使待连接件对接管口闭合。待连接件的错边量不应大于壁厚的 10%，且接口端面对接面最大间隙应符合表 5.2.2 的规定。

表 5.2.2　接口端面对接面最大间隙

管道元件公称外径 d_n（mm）	接口端面对接面最大间隙（mm）
$d_n \leqslant 250$	0.3
$250 < d_n \leqslant 400$	0.5
$400 < d_n \leqslant 630$	1.0

6　应按热熔对接的连接工艺要求加热待连接件端面。

7　吸热时间达到规定要求后，应迅速撤出加热板，待连接件加热面熔化应均匀，不得有损伤。

8　在规定的时间内使待连接面完全接触，并应保持规定的热熔对接压力。

9　接头冷却应采用自然冷却。在保压冷却期间，不得拆开夹具，不得移动连接件或在连接件上施加任何外力。

5.2.3　热熔对接连接接头的质量检验应符合下列规定：

1　热熔对接连接完成后，应对接头进行100%卷边对称性和接头对正性检验，并应对开挖敷设不少于15%的接头进行卷边切除检验，水平定向钻非开挖施工应进行100%接头卷边切除检验。

2　卷边对称性检验。沿管道整个圆周内的接口卷边应平滑、均匀、对称，卷边融合线的最低处（A）不应低于管道的外表面（图5.2.3-1）。

3　接头对正性检验。接口两侧紧邻卷边的外圆周上任何一处的错边量（V）不应超过管道壁厚的10%（图5.2.3-2）。

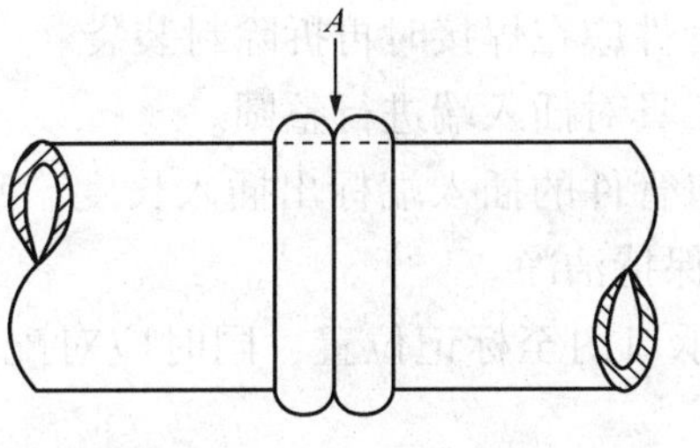

图 5.2.3-1　卷边对称性示意

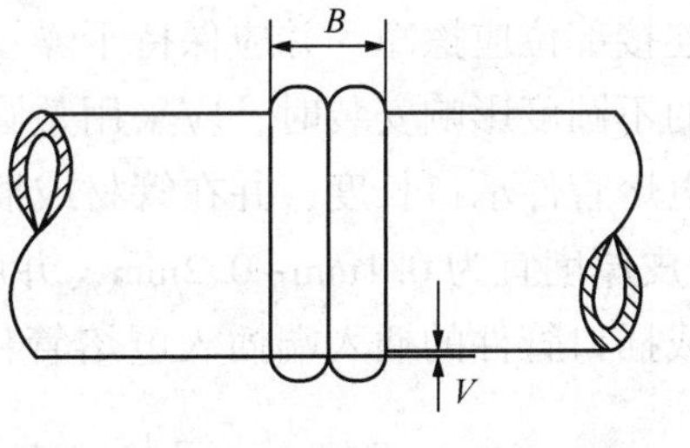

图 5.2.3-2　接头对正性示意

4　卷边切除检验。在不损伤对接管道的情况下，应使用专用工具切除接口外部的熔接卷边（图5.2.3-3）。卷边切除检验应符合下列规定：

1）卷边应是实心圆滑的，根部较宽（图5.2.3-4）。

2）卷边切割面中不应有夹杂物、小孔、扭曲和损坏。

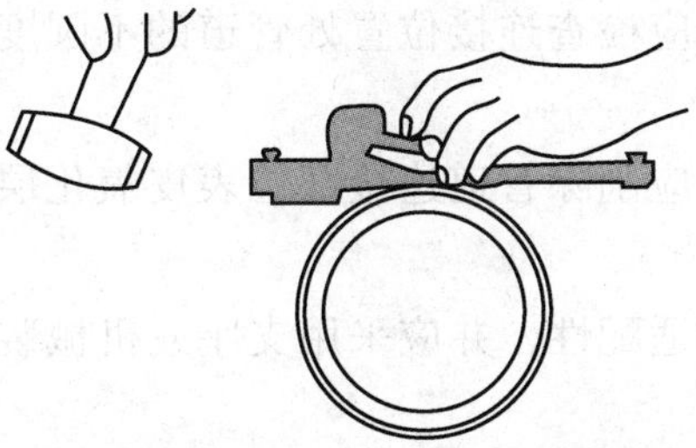

图 5.2.3-3　卷边切除示意

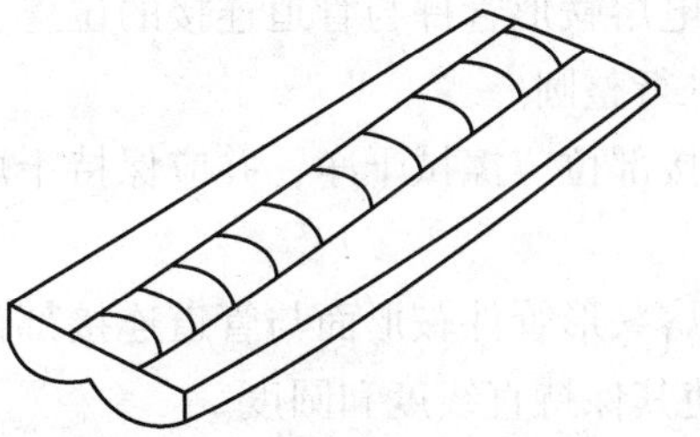

图 5.2.3-4　合格实心卷边示意

3）每隔50mm应进行一次180°的背弯检验（图5.2.3-5），卷边切割面中线附近不应有开裂、裂缝，不得露出熔合线。

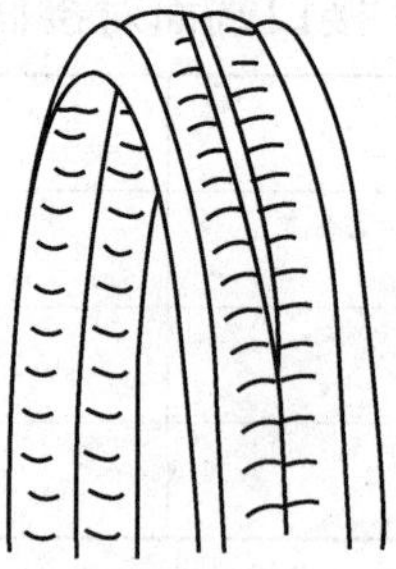

图 5.2.3-5 切除卷边背弯试验示意

5 当抽样检验的全部接口合格时，应判定该批接口全部合格。当抽样检验的接口出现不合格情况时，应判定该接口不合格，并应按下列规定加倍抽样检验：

1）每出现一个不合格接口，应加倍抽检该焊工所焊的同一批接口，按本标准的规定进行检验。

2）如第二次抽检仍出现不合格接口时，则应对该焊工所焊的同批接口全部进行检验。

5.3 电熔连接

5.3.1 聚乙烯燃气管道电熔连接时，当管材、管件、阀门及熔接设备存放处的温度与施工现场的温度相差较大时，连接前应将管材、管件、阀门及熔接设备在施工现场放置一定时间，使其温度接近施工现场温度。

5.3.2 电熔承插连接的操作应符合下列规定：

1 管材的连接部位应擦净，并应保持干燥；管件应在焊接时再拆除封装袋。

2 当管材的不圆度影响安装时，应采用整圆工具对插入端进行整圆。

3 应测量电熔管件承口长度，并在管材或插口管件的插入端标出插入长度，刮除插入段表皮的氧化层，刮削表皮厚度宜为 0.1mm~0.2mm，并应保持洁净。

4 将管材或插口管件的插入端插入电熔管件承口内至标记位置，同时应对配合尺寸进行检查，避免强力插入。

5 校直待连接的管材和管件，使其在同一轴线上，并应采用专用夹具固定后，方可通电焊接。

6 通电加热焊接的电压或电流、加热时间等焊接参数的设定应符合电熔连接熔接设备和电熔管件的使用要求。

7 接头冷却应采用自然冷却。在冷却期间，不得拆开夹具，不得移动连接件或在连接件上施加任何外力。

5.3.3 电熔鞍形连接的操作应符合下列规定：

1 应标记电熔鞍形管件与管道连接的位置，并应检查连接位置处管道的不圆度，必要时应采用整圆工具对其进行整圆。

2 管道连接部位应擦拭干净，并应保持干燥，应刮除管道连接部位表皮氧化层，刮削厚度宜为 0.1mm~0.2mm。

3 检查电熔鞍形管件鞍形面与管道连接部位的适配性，并应采用支座或机械装置固定管道连接部位的管段，使其保持直线度和圆度。

4 通电前，应将电熔鞍形管件用专用夹具固定在管道连接部位。

5 通电加热时的电压或电流、加热时间等焊接参数应符合电熔连接机具和电熔鞍形管件的使用要求。

6 接头冷却应采取自然冷却。冷却期间，不得拆开夹具，不得移动连接件或在连接件上施加任何外力。

7 钻孔操作应在支管强度试验和气密性试验合格后进行。

5.3.4 电熔承插连接接头的质量检验应符合下列规定：

1 电熔管件与管材或插口管件的轴线应对正。

2 管材或插口管件在电熔管件端口处的周边表面应有明显的刮皮痕迹。

3 电熔管件端口的接缝处不应有熔融料溢出。

4 电熔管件内的电阻丝不应被挤出。

5 从电熔管件上的观察孔中应能看到指示柱移动或有少量熔融料溢出，溢料不得呈流淌状。

6 每个电熔承插连接接头均应进行上述检验，出现与上述条款不符合的情况，应判定为不合格。

5.3.5 电熔鞍形连接接头的质量检验应符合下列规定：

1 电熔鞍形管件周边的管道表面上应有明显的刮皮痕迹。

2 鞍形分支或鞍形三通的出口应垂直于管道的中心线。

3 管道管壁不应塌陷。

4 熔融料不应从鞍形管件周边溢出。

5 从鞍形管件上的观察孔中应能看到指示柱移动或有少量熔融料溢出，溢料不得呈流淌状。

6 每个电熔鞍形连接接头均应进行上述检验，出现与上述条款不符合的情况，应判定为不合格。

5.4 法兰连接

5.4.1 金属管端的法兰盘与金属管道的连接应符合现行行业标准《城镇燃气输配工程施工及验收规范》CJJ 33 的有关规定。

5.4.2 聚乙烯法兰连接件与聚乙烯管道的连接应符合下列规定：

1 应将法兰盘套入待连接的法兰连接件的端部。

2 应按本标准规定的热熔连接或电熔连接的要求，将聚乙烯法兰连接件平口端与聚乙烯管道进行连接。

5.4.3 两法兰盘上螺孔应对中，法兰面应相互平行，螺栓孔与螺栓直径应配套，螺栓规格应一致，螺母应在同一侧；紧固法兰盘上的螺栓应按对称顺序分次均匀紧固，不得强力组装；螺栓拧紧后宜伸出螺母(1～3)扣。法兰盘在静置 8h～10h 后，应二次紧固。

5.4.4 法兰密封面、密封件不得有影响密封性能的划痕、凹坑等缺陷，材质应符合输送城镇燃气的要求。

5.4.5 法兰盘、紧固件应经防腐处理，并应满足设计要求。

5.5 钢塑转换管件连接

5.5.1 钢塑转换管件的聚乙烯管端与聚乙烯管道或管件的连接应符合本标准热熔连接或电熔连接的相关规定。

5.5.2 钢塑转换管件的钢管端与金属管道的连接应符合现行行业标准《城镇燃气输配工程施工及验收规范》CJJ 33 的有关规定。

5.5.3 钢塑转换管件的钢管端与钢管焊接时，应对钢塑过渡段采取降温措施。

5.5.4 钢塑转换管件连接后应对接头进行防腐处理，防腐等级应满足设计要求，并应检验合格。

6 管道敷设

6.1 一般规定

6.1.1 聚乙烯燃气管道沟槽开挖敷设除应符合本标准规定外，尚应符合现行行业标准《城镇燃气输配工程施工及验收规范》CJJ 33 的有关规定。

6.1.2 聚乙烯燃气管道水平定向钻法敷设应符合现行行业标准《城镇燃气管道穿跨越工程技术规程》CJJ/T 250 的有关规定。

6.1.3 聚乙烯燃气管道插入法敷设应符合现行行业标准《城镇燃气管道非开挖修复更新工程技术规程》CJJ/T 147 的有关规定。

6.1.4 聚乙烯燃气管道敷设时，管道的允许弯曲半径不应小于 25 倍公称外径。当弯曲管段上有承插接口(和钢塑转换管件)时，管道的允许弯曲半径不应小于 125 倍公称外径。

6.1.5 聚乙烯燃气管道在地下水位较高的地区或雨季施工时，应采取降低水位或排水措施，并应清除沟内积水，不得带水回填。

6.1.6 当采用水平定向钻法敷设时，可不敷设警示带，宜将示踪线牢固绑在管道上一起敷设；当采用插入管法敷设时，可不敷设警示带和示踪线，但应采用地面标志等方法进行标识。

6.2 沟 槽 开 挖

6.2.1 聚乙烯燃气管道沟槽开挖应符合现行行业标准《城镇燃气输配工程施工及验收规范》CJJ 33 的有关规定。开挖前，应复核设置的临时水准点、管道轴线控制桩和高程桩。

6.2.2 管道沟槽的开挖应严格控制基底高程，不得扰动基底原状土层。基底设计标高以上 150mm 的原状土，应在铺管前采用人工方式清理至设计标高。

6.2.3 管道地基的处理应符合下列规定：

1 对于软土地基，当地基承载能力不满足设计要求或由于施工降水、超挖等原因导致地基原状土被扰动而影响地基承载能力时，应按设计要求对地基进行加固处理；在达到规定的地基承载能力后，应铺垫不小于 150mm 中粗砂基础层。

2 当沟槽底为岩石或坚硬物体时，铺垫中粗砂基础层的厚度不应小于 150mm。

3 在地下水水位较高、流动性较大的场地内，当管道周围土体可能发生细颗粒土流失的情况时，应沿沟槽在底部和两侧边坡上铺设土工布加以保护，且土工布单位面积的质量不宜小于 $250g/m^2$。

4 当同一敷设区段内的地基刚度相差较大时，应采用换填垫层或其他有效措施减少管道的差异沉降，垫层厚度应满足设计要求，且不应小于 300mm。

6.2.4 管道沟槽的沟底宽度和工作坑尺寸，应根据现场实际情况和管道敷设方法确定，并应按下列公式计算：

1 单管敷设(沟边连接)：

$$a=d_n+0.3 \tag{6.2.4-1}$$

2 双管同沟敷设(沟边连接)：

$$a=d_{n1}+d_{n2}+s+0.3 \tag{6.2.4-2}$$

式中：a——沟底宽度(m)；

d_n——管道公称外径(m)；

d_{n1}——第一条管道公称外径(m)；

d_{n2}——第二条管道公称外径(m)；

s——两管之间设计净距(m)。

3 当管道必须在沟底连接时，可采用挖工作坑或加大沟底宽度的方法。

6.3 管 道 敷 设

6.3.1 聚乙烯燃气管道敷设应在沟底标高和管基质量检查合格后进行。

6.3.2 聚乙烯燃气管道下管时，不得采用金属材料直接捆扎和吊运管道，并应防止管道划伤、扭曲和出现过大的拉伸和弯曲。

6.3.3 聚乙烯燃气管道宜呈蜿蜒状敷设，并可随地形在一定的起伏范围内自然弯曲敷设。管道的弯曲半径应符合本标准第 6.1.4 条的规定，不得使用机械或加热方法弯曲管道。

6.3.4 示踪线、地面标志、警示带、保护板的敷设和设置应符合下列规定：

1 示踪线应敷设在聚乙烯燃气管道的正上方；并应有良好的导电性和有效的电气连接，示踪线上应设置信号源井。

2 地面标志应随管道走向设置，并应符合现行行业标准《城镇燃气输配工程施工及验收规范》CJJ 33 和《城镇燃气标志标准》CJJ/T 153 的有关规定。

3 警示带的敷设应符合下列规定：

1） 警示带宜敷设在管顶上方 300mm~500mm 处，但不得敷设在路面结构层内；

2） 对于公称外径小于 400mm 的管道，可在管道正上方敷设一条警示带；对于公称外径大于或等于 400mm 的管道，应在管道正上方平行敷设 2 条水平净距为 100mm~200mm 的警示带；

3） 警示带宜采用聚乙烯或不易分解的材料制造，颜色应为黄色，且在警示带上应印有醒目、永久性警示语。

4 保护板应有足够的强度，且上面应有明显的警示标识；保护板宜敷设在管道上方距管顶大于 200mm、距地面 300mm~500mm 处，但不得敷设在路面结构层内。

6.3.5 采用拖管法埋地敷设时，在管道拖拉的过程中，沟底不应有可能损伤管道表面的石块和尖凸物，拖拉长度不宜超过 300m。允许拖拉力应按下式计算：

$$F=\frac{14\pi d_n^2}{3SDR} \qquad (6.3.5)$$

式中，F——允许拖拉力（N）；

d_n——管道公称外径（mm）；

SDR——标准尺寸比。

6.4 沟槽回填

6.4.1 聚乙烯燃气管道敷设完毕并经外观检验合格后，应及时进行沟槽回填。除连接部位可外露外，管道两侧和管顶以上的回填高度不宜小于 0.5m。

6.4.2 聚乙烯燃气管道沟槽回填应从管道两侧同时对称均衡进行，并应保证管道不产生位移。

6.4.3 管道沟槽回填时，不得回填淤泥、有机物或冻土，回填土中不得含有石块、砖及其他杂物。

6.4.4 聚乙烯燃气管道的回填施工应符合下列规定：

1 管底基础至管顶以上 0.5m 范围内，应采用人工回填和轻型压实设备夯实方式，不得采用机械推土回填。

2 回填、夯实应分层对称进行，每层回填土的高度应为 200mm~300mm，不得单侧回填、夯实。

3 管顶 0.5m 以上采用机械回填压实时，应从管轴线两侧同时均匀进行，并夯实、碾压。

6.4.5 聚乙烯燃气管道回填材料、回填土压实系数等应符合设计要求。当设计无要求时，应符合表 6.4.5 的规定。

表 6.4.5 沟槽回填土压实系数与回填材料

填土部位		压实系数（%）	回填材料
管道基础	管底基础	≥90	中粗砂、素土
	管道有效支撑角范围	≥95	
管道两侧		≥95	中粗砂、素土或符合要求的原土
管顶以上 0.5m 内	管道两侧	≥90	
	管道上部	≥90	
管顶 0.5m 以上		≥90	原土

注：回填土的压实系数，除设计要求采用重型击实标准外，其他皆以轻型击实标准试验获得最大干密度为 100%。

6.4.6 对于埋深无法满足本标准第4.3.3条要求的中压和低压庭院管道，可采取砌筑沟槽保护等方法敷设。当采用砌筑沟槽方式敷设时，沟槽中的管道应自然蜿蜒敷设，且管道四周的沟槽内应填满砂，沟槽上部应加设盖板。对于高出地表的沟槽应加设醒目标志。

7 试验与验收

7.1 一般规定

7.1.1 聚乙烯燃气管道的试验与验收除应符合本标准的规定外，尚应符合现行行业标准《城镇燃气输配工程施工及验收规范》CJJ 33的有关规定。

7.1.2 聚乙烯燃气管道安装完毕后，应依次进行管道吹扫、强度试验和严密性试验，并应符合下列规定：

1 采用开槽敷设的聚乙烯管道，吹扫、强度试验和严密性试验应在回填土回填至管顶0.5m以上后进行。

2 采用水平定向钻敷设和插入法敷设的聚乙烯管道，吹扫、强度试验和严密性试验应在敷设前进行；吹扫、强度试验和严密性试验前，应对管道采取临时安全加固措施。在回拖或插入后，应随同管道系统再次进行严密性试验。

3 采用管沟敷设的聚乙烯管道，吹扫、强度试验和严密性试验应在管道填沙并加盖保护盖板后进行。

7.1.3 聚乙烯燃气管道吹扫、强度试验和严密性试验的介质可采用压缩空气、氮气或惰性气体，其温度不应超过40℃，且不应低于-20℃。当采用压缩空气时，在压缩机的出口端应安装油水分离器和过滤器。聚乙烯阀门的放散口不宜作为试验介质的进、出气口。

7.1.4 聚乙烯燃气管道在管道吹扫、强度试验和严密性试验时，管道应与无关系统和已运行的系统隔离，并应设置明显标志，不得采用关闭阀门的方式进行隔离。

7.1.5 聚乙烯燃气管道在进行强度试验和严密性试验前，管道系统应具备下列条件：

1 应编制强度试验和严密性试验的试验方案。

2 管道系统应安装检查合格，并已及时回填。

3 管件的支墩和锚固设施应已达到设计强度；未设支墩及锚固设施的弯头和三通应已采取加固措施；压力试验的进、出气口应已固定牢固。

4 试验管段的所有敞口应封堵完毕，且不得采用阀门作为堵板。

5 管道试验段的所有阀门应全部开启。

6 管道应吹扫完毕。

7.1.6 聚乙烯燃气管道在进行强度试验和严密性试验时，可使用洗涤剂或肥皂液等进行漏气检查。检查完毕后，应及时用水冲去管道上的洗涤剂或肥皂液。

7.1.7 聚乙烯燃气管道进行强度试验和严密性试验时，必须待压力降至大气压后，方可对所发现的缺陷进行处理，处理合格后应重新进行试验。

7.1.8 聚乙烯燃气管道在无法进行强度试验和严密性试验的碰头接口时，应进行带气检漏。对于热熔对接接口，应进行100%卷边切除检查。

7.2 管道吹扫

7.2.1 聚乙烯燃气管道安装完毕后，应由施工单位负责组织吹扫工作，并应在吹扫前编制吹扫方案。

7.2.2 聚乙烯燃气管道吹扫口应设置在开阔地段，并应对吹扫口采取加固措施；排气口应采用金属阀门并进行接地。吹扫时，应划定工作区和安全区，吹扫出口处严禁站人。

7.2.3 聚乙烯燃气管道吹扫压力不应大于0.3MPa，气体流速不宜小于20m/s。

7.2.4 聚乙烯燃气管道每次吹扫管道的长度，应根据吹扫介质、压力、气量确定，且不宜大于1000m。

7.2.5 当管道长度大于200m，且无其他管段或储气容器可利用时，应在适当部位安装分段吹扫阀，采取分段储气，轮换吹扫；当管道长度不大于200m时，可采用管道自身储气放散的方式吹扫，打压点与放散点应分别设在管道两端。

7.2.6 吹扫口与地面的夹角应在30°~45°之间，吹扫口管段与被吹扫管段应采取平缓过渡焊接方式连接，吹扫口直径应符合表7.2.6的规定。

表7.2.6 吹扫口直径

末端管道公称外径 d_n	$d_n<160$	$160\leqslant d_n\leqslant 315$	$d_n\geqslant 355$
吹扫口公称外径(mm)	与管道同径	≥160	≥250

7.2.7 聚乙烯燃气管道系统中调压器、凝水缸、阀门等装置不应参与吹扫，应待吹扫合格后再进行安装。

7.2.8 当目测排气无烟尘时，应在排气口处设置白布或涂白漆的木靶板进行检验，5min内靶上无尘土、塑料碎屑等杂物应判定为合格。吹扫应反复进行数次，直至确认吹净为止，同时应做好记录。

7.2.9 聚乙烯燃气管道在吹扫合格、设备复位后，不得再进行影响管内清洁的作业。

7.3 强度试验

7.3.1 聚乙烯燃气管道系统应分段进行强度试验，试验管道长度不宜超过1000m。

7.3.2 聚乙烯燃气管道强度试验用的压力计应在校验有效期内，其量程应为试验压力的1.5倍~2.0倍，其精度不得低于1.6级。

7.3.3 聚乙烯燃气管道强度试验压力应为设计压力的1.5倍，且最低试验压力应符合下列规定：

1 *SDR*11聚乙烯管道不应小于0.40MPa。

2 *SDR*17/*SDR*17.6聚乙烯管道不应小于0.20MPa。

7.3.4 聚乙烯燃气管道进行强度试验时，压力应缓慢上升。当升至试验压力的50%时，应进行初检；如无泄漏和异常现象，则应继续缓慢升压至试验压力。达到试验压力后，宜在稳压1h后观察压力计；当在30min内无明显压力降时，应判定为合格。

7.3.5 经分段试压合格的管段接头，外观检验合格后，可不再进行强度试验。

7.4 严密性试验

7.4.1 聚乙烯燃气管道严密性试验应符合现行行业标准《城镇燃气输配工程施工及验收规范》CJJ 33的有关规定。

7.4.2 聚乙烯燃气管道严密性试验应在压力稳定时进行压力记录。

7.5 工程竣工验收

7.5.1 聚乙烯燃气管道工程的竣工验收应按现行行业标准《城镇燃气输配工程施工及验收规范》CJJ 33的规定执行。

7.5.2 聚乙烯燃气管道工程竣工资料除应符合现行行业标准《城镇燃气输配工程施工及验收规范》CJJ 33的有关规定外，尚应包括下列施工检查记录：

1 聚乙烯管道熔接记录，可按本标准附录A的格式填写；

2 焊口编号示意图，可按本标准附录B的格式填写；

3 热熔对接焊口卷边切除检查记录，可按本标准附录C的格式填写；

4 示踪装置竣工验收检查记录。

附录 A　聚乙烯管道熔接记录

工程名称：　　工程编号：　　施工单位：　　施工地点：　　编号：

熔口编号	熔接工姓名	熔接工证号	熔接日期	管径/壁厚（mm）	熔接形式	熔接温度或熔接电压	熔接时间（s）	冷却时间（min）	熔环高度、宽度或插入深度（mm）	溢出料溢出情况	熔接环境				备注
											气温（℃）	风力（级）	晴	雨	
1															
2															
3															
4															
5															
6															
7															
8															
9															
10															
施工员						质检号				监理（建设单位现场员）					

附录 B　焊口编号示意图

编号：

焊口编号																		
卷边切除检查编号																		
管线长度																		

附录 C　热熔对接焊口卷边切除检查记录表

编号：

卷边切除检查编号	卷边切除操作人	检查时间	焊口切除前检查情况		卷边实心圆滑根部较宽	卷边切除处存在缺陷				背弯实验情况		
			卷边对称性	接头对正性		杂质	气孔	扭曲	损坏	开裂	裂缝	接缝处熔合线
质检员						监理						

引用标准名录

1 《建筑设计防火规范》GB 50016

2 《城镇燃气设计规范》GB 50028

3 《物流建筑设计规范》GB 51157

4 《流体输送用热塑性塑料管道系统　耐内压性能的测定》GB/T 6111

5 《燃气用埋地聚乙烯(PE)管道系统　第1部分：管材》GB/T 15558.1

6 《燃气用埋地聚乙烯(PE)管道系统　第2部分：管件》GB/T 15558.2

7 《燃气用埋地聚乙烯(PE)管道系统　第3部分：阀门》GB/T 15558.3

8 《塑料管材和管件　聚乙烯电熔组件的挤压剥离试验》GB/T 19806

9 《塑料管材和管件公称外径大于或等于90mm的聚乙烯电熔组件的拉伸剥离试验》GB/T 19808

10 《聚乙烯(PE)管材和管件热熔对接接头拉伸强度和破坏形式的测定》GB/T 19810

11 《塑料管材和管件　聚乙烯系统熔接设备　第1部分：热熔对接》GB/T 20674.1

12 《塑料管材和管件　聚乙烯系统熔接设备　第2部分：电熔连接》GB/T 20674.2

13 《燃气用聚乙烯管道系统的机械管件　第1部分：公称外径不大于63mm的管材用钢塑转换管件》GB 26255.1

14 《燃气用聚乙烯管道系统的机械管件　第2部分：公称外径大于63mm的管材用钢塑转换管件》GB 26255.2

15 《塑料管材和管件 燃气和给水输配系统用聚乙烯(PE)管材及管件的热熔对接程序》GB/T 32434

16 《城镇燃气输配工程施工及验收规范》CJJ 33

17 《城镇燃气管道非开挖修复更新工程技术规程》CJJ /T 147

18 《城镇燃气标志标准》CJJ/T 153

19 《城镇燃气管道穿跨越工程技术规程》CJJ/T 250

20 《燃气用聚乙烯管道焊接技术规则》TSG D2002

UDC

中华人民共和国行业标准 CJJ

P

CJJ 94—2009

备案号J 264—2009

城镇燃气室内工程施工与质量验收规范

Code for construction and quality acceptance of city indoor gas engineering

2009-04-07 发布　　2009-10-01 实施

中华人民共和国住房和城乡建设部　发布

前　　言

根据原建设部《关于印发<2005 年工程建设标准规范制定、修订计划(第一批)>的通知》(建标[2005] 84 号)的要求，本规范由北京市煤气热力工程设计院有限公司会同有关单位经广泛调查研究，认真总结实践经验，参考有关国际标准和国外先进标准，并在广泛征求意见的基础上，修订而成。

本规范主要技术内容包括：1 总则；2 术语；3 基本规定；4 室内燃气管道安装及检验；5 燃气计量表安装及检验；6 家用、商业用及工业企业用燃具和用气设备的安装及检验；7 商业用燃气锅炉和冷热水机组燃气系统安装及检验；8 试验与验收等。

本次修订的主要内容是：

1　增加了铝塑复合管的连接、燃气管道的防雷接地、敷设在管道竖井内的燃气管道的安装、沿外墙敷设的燃气管道的安装等方面的规定；

2　增加了燃气计量表与燃具、电气设施的最小净距要求、燃气计量表安装的允许偏差和检验方法等要求；

3　增加了燃气热水器和采暖炉安装及烟道安装的要求等；

4　增加了调压装置安装、监控系统安装的要求等。

本规范中以黑体字标志的条文为强制性条文，必须严格执行。

本规范由住房和城乡建设部负责管理和对强制性条文的解释，由北京市煤气热力工程设计院有限公司负责具体技术内容的解释(地址：北京市西城区西单北大街小酱坊胡同甲 40 号；邮政编码：100032)。

本规范主编单位：北京市煤气热力工程设计院有限公司

本规范参编单位：成都城市燃气有限责任公司
沈阳城市燃气规划设计研究院有限公司
北京市公用工程质量监督站
成都康多工程监理有限责任公司
国际铜业协会(中国)
深圳市燃气集团有限公司
香港中华煤气有限公司
吉林省中吉大地燃气集团股份有限公司
重庆前卫克罗姆表业有限责任公司
佛山市日丰企业有限公司
宁波市圣宇机械制造有限公司
中山华帝燃具股份有限公司
长春振威燃气安装发展有限公司
中国城市燃气协会
成都共同管业有限公司

本规范主要起草人：戚大明　罗　庆　朱立建　严茂森
白丽萍　吴　珊　杨永慧　井　帅
姜国芳　黄　炜　李白千　易洪斌
张申正

本规范审查人：金石坚　李恒敬　杜　霞　元永泰
于京春　陈秋雄　张　琳　沈其铭
李美竹　黄崇智　洪运来　魏秋云
顾书政

目　次

1　总则
2　术语
3　基本规定
3.1　一般规定
3.2　材料设备管理
3.3　施工过程质量管理
4　室内燃气管道安装及检验
4.1　一般规定
4.2　引入管
4.3　室内燃气管道
5　燃气计量表安装及检验
5.1　一般规定
5.2　燃气计量表
5.3　家用燃气计量表
5.4　商业及工业企业燃气计量表
6　家用、商业用及工业企业用燃具和用气设备的安装及检验
6.1　一般规定
6.2　家用燃具
6.3　商业用气设备
6.4　工业企业生产用气设备
6.5　烟道
7　商业用燃气锅炉和冷热水机组燃气系统安装及检验
7.1　一般规定
7.2　管道
7.3　调压装置
7.4　自控安全系统
8　试验与验收
8.1　一般规定
8.2　强度试验
8.3　严密性试验
8.4　验收
附录A　燃气工程质量验收记录
附录B　管道焊接常用的坡口形式和尺寸
附录C　施工安装技术文件记录内容及格式
本规范用词说明(略)
引用标准名录
附：条文说明(略)

Contents

1 General Provisions
2 Terms
3 Basic Requirements
3.1 General Requirements
3.2 Materials and Equipment Management
3.3 Quality Management in Construction Process
4 Installation and Inspection of Indoor Gas Pipe
4.1 General Requirement
4.2 Gas Service Pipe
4.3 Indoor Gas Pipe
5 Installation and Inspection of Gas Meters
5.1 General Requirements
5.2 Gas Meters
5.3 Domestic Gas Meters
5.4 Gas Meters for Commercial and Industrial Use
6 Installation and Inspection of Gas Appliance and Gas Equipment for Domestic, Commercial and Industrial Use
6.1 General Requirements
6.2 Domestic Gas Appliance
6.3 Commercial Gas Appliance and Equipment
6.4 Industrial Gas Appliance and Equipment
6.5 Flue
7 Installation and Inspection of Gas Pipeline System for Gas Boilers and Gas Direct Fired Absorption Chiller-heater in Commercial Use
7.1 General Requirements
7.2 Pipeline
7.3 Regulator
7.4 Automatic Control Security System
8 Tests and Acceptance
8.1 General Requirements
8.2 Strength Test
8.3 Tightness Test
8.4 Acceptance
Appendix A Acceptance Records of Gas Project Quality
Appendix B Common Groove Types and Dimension in Pipeline Welding
Appendix C Content and Format of Technical Record for Construction and Installation
Explanation of Wording in This Code (Omitted)
Normative Standards
Explanation of Provisions (Omitted)

1 总　则

1.0.1 为统一城镇燃气室内工程的施工与质量验收，保证城镇燃气室内工程的施工质量，确保安全供气，制定本规范。

1.0.2 本规范适用于供气压力小于或等于 0.8MPa(表压)的新建、扩建和改建的城镇居民住宅、商业用户、燃气锅炉房(不含锅炉本体)、实验室、工业企业(不含用气设备)等用户室内燃气管道和用气设备安装的施工与质量验收。

1.0.3 燃气室内工程竣工验收合格后，接通燃气的工作应由燃气供应单位负责。

1.0.4 城镇燃气室内工程的施工与质量验收除应符合本规范的规定外，尚应符合国家现行有关标准的规定。

2 术　　语

2.0.1 城镇燃气室内工程　indoor gas engineering

指城镇居民、商业和工业企业用户内部的燃气工程系统，含引入管到各用户燃具和用气设备之间的燃气管道(包括室内燃气道及室外燃气管道)、燃具、用气设备及设施。

2.0.2 室内燃气管道　internal gas pipe

从用户引入管总阀门到各用户燃具和用气设备之间的燃气管道。

2.0.3 引入管　service pipe

室外配气支管与用户室内燃气进口管总阀门(当无总阀门时，指距室内地面 1.0m 高处)之间的管道。含沿外墙敷设的燃气管道。

配气支管指最靠近燃气用户的室外燃气配气管道。

2.0.4 管道组成件　piping components

用于连接或装配管道的元件。它包括：管子、管件、法兰、垫片、紧固件、阀门、挠性接头、耐压软管及过滤器等。

2.0.5 钎焊连接　capillary soldering or brazing

将熔点比母材低的钎料与母材一起加热，在母材不熔化的情况下，钎料熔化后润湿并填充母材连接处的缝隙，钎料和母材相互溶解和扩散，从而形成牢固的连接。

2.0.6 硬钎焊连接 brazing jointing

钎料熔点大于 450℃的钎焊连接。

2.0.7 目视检查 observe with eye

通过眼睛并可辅以必要的检查工具，对安装质量进行检查的方法。

2.0.8 管道暗埋　piping embedment

管道直接埋设在室内墙体、地面内。

2.0.9 管道暗封　piping concealment

管道敷设在管道井、吊顶、管沟、装饰层等内。

3 基本规定

3.1 一般规定

3.1.1 承担城镇燃气室内工程和燃气室内配套工程的施工单位，应具有国家相关行政管理部门批准的与承包范围相应的资质。

3.1.2 从事燃气钢质管道焊接的人员必须具有锅炉压力容器压力管道特种设备操作人员资格证书，且应在证书的有效期及合格范围内从事焊接工作。间断焊接时间超过六个月，再次上岗前应重新考试合格。

3.1.3 从事燃气铜管钎焊焊接的人员应经专业技术培训合格，并持相关部门签发的特种作业人员上岗证书，方可上岗操作。

3.1.4 从事燃气管道机械连接的安装人员应经专业技术培训合格，并持相关部门签发的上岗证书，方可上岗操作。

3.1.5 城镇燃气室内工程施工必须按已审定的设计文件实施。当需要修改设计文件或材料代用时，应经原设计单位同意。

3.1.6 施工单位应结合工程特点制定施工方案，并应经有关部门批准。

3.1.7 在质量检验中，根据检验项目的重要性分为主控项目和一般项目。主控项目必须全部合格，一般项目经抽样检验应合格。当采用计数检验时，除有专门要求外，一般项目的合格点率不应低于80%，且不合格点的最大偏差值不应超过其允许偏差值的1.2倍。

3.1.8 工程完工必须经验收合格，方可进行下道工序或投入使用。工程验收的组织机构应符合相关规定。

分项工程验收宜按本规范附录A表A.0.1的要求填写验收结果；分部(子分部)工程验收宜按本规范附录A表A.0.2的要求填写验收结果；单位(子单位)工程验收宜按本规范附录A表A.0.3的要求填写验收结果。

3.1.9 验收不合格的项目，通过返修或采取安全措施仍不能满足设计文件要求时，不得对该项目验收。

3.1.10 室内燃气管道的最高压力和燃具、用气设备燃烧器采用的额定压力应符合现行国家标准《城镇燃气设计规范》GB 50028的有关规定。

3.1.11 当采用计数检验时，计数规定宜符合下列规定：

1 直管段：每20m为一个计数单位(不足20m按20m计)；

2 引入管：每一个引入管为一个计数单位；

3 室内安装：每一个用户单元为一个计数单位；

4 管道连接：每个连接口(焊接、螺纹连接、法兰连接等)为一个计数单位。

3.2 材料设备管理

3.2.1 国家规定实行生产许可证、计量器具许可证或特殊认证的产品，产品生产单位必须提供相关证明文件，施工单位必须在安装使用前查验相关的文件，不符合要求的产品不得安装使用。

3.2.2 燃气室内工程所用的管道组成件、设备及有关材料的规格、性能等应符合国家现行有关标准及设计文件的规定，并应有出厂合格文件；燃具、用气设备和计量装置等必须选用经国家主管部门认可的检测机构检测合格的产品，不合格者不得选用。

3.2.3 燃气室内工程采用的材料、设备及管道组成件进场时，施工单位应按国家现行标准及设计文件组织检查验收，并填写相应记录。验收应以外观检查和查验质量合格文件为主。当对产品的质量或产品合格文件有疑义时，应在监理(建设)单位人员的见证下，由相关单位按产品检验标准分类抽样检验。

3.2.4 对工程采用的材料、设备进场抽检不合格时，应按相关产品标准进行抽测。抽测的材料、设备再出现不合格时，判定该批材料、设备不合格，并严禁使用。

3.2.5 管道组成件和设备的运输及存放应符合下列规定：

1 管道组成件和设备在运输、装卸和搬动时，应避免被污染，不得抛、摔、滚、拖等；

2 管道组成件和设备严禁与油品、腐蚀性物品或有毒物品混合堆放；

3 铝塑复合管、覆塑的铜管、覆塑的不锈钢波纹软管及其管件应存放在通风良好的库房或棚内，不得露天存放，应远离热源且防止阳光直射；

4 管子及设备应水平堆放，堆置高度不宜超过 2.0m。管件应原箱码堆，堆高不宜超过 3 层。

3.3 施工过程质量管理

3.3.1 在施工过程中，工序之间应进行交接检验，交接双方应共同检查确认工程质量，并应做书面记录。

3.3.2 工程质量验收应在施工单位自检合格的基础上，按分项、分部(子分部)、单位(子单位)工程进行。

3.3.3 燃气室内工程验收单元可按单位(子单位)工程、分部(子分部)工程、分项工程进行划分。分部(子分部)、分项工程的划分可按表 3.3.3 进行。

表 3.3.3 燃气室内工程分部(子分部)、分项工程划分表

分部(子分部)工程	分项工程
引入管安装	管道沟槽、管道连接、管道防腐、沟槽回填、管道设施防护、阴极保护系统安装与测试、调压装置安装
室内燃气管道安装	管道及管道附件安装、暗埋或暗封管道及其道附件安装、支架安装、计量装置安装
设备安装	用气设备安装、通风设备安装
电子系统安装	报警系统安装、接地系统安装、防爆电气系统安装、自动控制系统安装

3.3.4 施工单位应对工程施工质量进行检验，并真实、准确、及时地记录检验结果。记录表格宜符合本规范附录 A 的要求。

3.3.5 质量检验所使用的检验设备、计量仪器应检定合格，并应在有效期内。

4 室内燃气管道安装及检验

4.1 一 般 规 定

4.1.1 室内燃气管道系统安装前应对管道组成件进行内外部清扫。

4.1.2 室内燃气管道施工前应满足下列要求：

1 施工图纸及有关技术文件应齐备；

2 施工方案应经过批准；

3 管道组成件和工具应齐备，且能保证正常施工；

4 燃气管道安装前的土建工程，应能满足管道施工安装的要求；

5 应对施工现场进行清理，清除垃圾、杂物。

4.1.3 在燃气管道安装过程中，未经原建筑设计单位的书面同意，不得在承重的梁、柱和结构缝上开孔，不得损坏建筑物的结构和防火性能。

4.1.4 当燃气管道穿越管沟、建筑物基础、墙和楼板时应符合下列要求：

1 燃气管道必须敷设于套管中，且宜与套管同轴；

2 套管内的燃气管道不得设有任何形式的连接接头(不含纵向或螺旋焊缝及经无损检测合格的焊接接头)；

3 套管与燃气管道之间的间隙应采用密封性能良好的柔性防腐、防水材料填实，套管与建筑物之间的间隙应用防水材料填实。

4.1.5 燃气管道穿过建筑物基础、墙和楼板所设套管的管径不宜小于表 4.1.5 的规定；高层建筑引入管穿越建筑物基础时，其套管管径应符合设计文件的规定。

4.1.6 燃气管道穿墙套管的两端应与墙面齐平；穿楼板套管的上端宜高于最终形成的地面 5cm，下端应与楼板底齐平。

表 4.1.5 燃气管道的套管公称尺寸

燃气管	DN10	DN15	DN20	DN25	DN32	DN40	DN50	DN65	DN80	DN100	DN150
套管	DN25	DN32	DN40	DN50	DN65	DN65	DN80	DN100	DN125	DN150	DN200

4.1.7 阀门的安装应符合下列要求：

1 阀门的规格、种类应符合设计文件的要求；

2 在安装前应对阀门逐个进行外观检查，并宜对引入管阀门进行严密性试验；

3 阀门的安装位置应符合设计文件的规定，且便于操作和维修，并宜对室外阀门采取安全保护措施；

4 寒冷地区输送湿燃气时，应按设计文件要求对室外引入管阀门采取保温措施；

5 阀门宜有开关指示标识，对有方向性要求的阀门，必须按规定方向安装；

6 阀门应在关闭状态下安装。

4.2 引 入 管

主 控 项 目

4.2.1 在地下室、半地下室、设备层和地上密闭房间以及地下车库安装燃气引入管道时应符合设计文件的规定；当设计文件无明确要求时，应符合下列规定：

1 引入管道应使用钢号为 10、20 的无缝钢管或具有同等及同等以上性能的其他金属管材；

2 管道的敷设位置应便于检修，不得影响车辆的正常通行，且应避免被碰撞；

3 管道的连接必须采用焊接连接。其焊缝外观质量应按现行国家标准《现场设备、工业管道焊接工程施工及验收规范》GB 50236 进行评定，Ⅲ级合格；焊缝内部质量检查应按现行国家标准《无损检测金属管道熔化焊环向对接接头射线照相检测》GB/T 12605 进行评定，Ⅲ级合格。

检查数量：100%检查。

检查方法：目视检查和查看无损检测报告。

4.2.2 紧邻小区道路(甬路)和楼门过道处的地上引入管设置的安全保护措施应符合设文件要求。

检查数量：100%检查。

检查方法：目视检查和查阅设计文件。

一 般 项 目

4.2.3 当引入管埋地部分与室外埋地 PE 管相连时，其连接位置距建筑物基础不宜小于 0.5m，且应采用钢塑焊接转换接头。

当采用法兰转换接头时，应对法兰及其紧固件的周围死角和空隙部分采用防腐胶泥填充进行过渡，进行防腐层施工前胶泥应干实。防腐层的种类和防腐等级应符合设计文件要求，接头钢质部分的防腐等级不应低于管道的防腐等级。

检查数量：100%检查。

检查方法：目视检查、针孔检漏仪检测。

4.2.4 当引入管采用地下引入时，应符合下列规定：

1 埋地引入管敷设的施工技术要求应符合国家现行标准《城镇燃气输配工程施工及验收规范》CJJ 33 的有关规定；

2 当引入管穿越建筑物基础或管沟时，燃气管道的套管管径应符合本规范第 4.1.5 条的规定；

3 埋地引入管的回填与路面恢复应符合国家现行标准《城镇燃气输配工程施工及验收规范》CJJ

33 的有关规定；

4 引入管室内部分宜靠实体墙固定。

检查数量：100%检查。

检查方法：目视检查或检查隐蔽工程记录。

4.2.5 当引入管采用地上引入时，应符合下列规定：

1 引入管升向地面的弯管应符合本规范第 4.3.17 条的规定；

2 引入管与建筑物外墙之间的净距应便于安装和维修，宜为 0.10~0.15m；

3 引入管上端弯曲处设置的清扫口宜采用焊接连接，焊缝外观质量应按现行国家标准《现场设备、工业管道焊接工程施工及验收规范》GB 50236 进行评定，Ⅲ级合格；

4 引入管保温层的材料、厚度及结构应符合设计文件的规定，保温层表面应平整，凹凸偏差不宜超过±2mm。

检查数量：抽查不少于 10%，且不少于 2 处，其中第 3 款检查数量为 100%检查。

检查方法：目视检查、测针测量保温层厚度、查验保温材料合格证。

4.2.6 输送湿燃气的引入管应坡向室外，其坡度宜大于或等于 0.01。

检查数量：抽查 10%，且不少于 2 处。

检查方法：尺量检查，必要时使用水平仪量测。

4.2.7 引入管最小覆土厚度应符合现行国家标准《城镇燃气设计规范》GB 50028 的有关规定。

检查数量：100%检查。

检查方法：在施工过程中用尺量检查。

4.2.8 当室外配气支管上采取阴极保护措施时，引入管的安装应符合下列规定：

1 引入管进入建筑物前应设绝缘装置；绝缘装置的形式宜采用整体式绝缘接头，应采取防止高压电涌破坏的措施，并确保有效；

2 进入室内的燃气管道应进行等电位联结。

检查数量：100%检查。

检查方法：目视检查及查看产品合格证。

4.3 室内燃气管道

一般规定

4.3.1 燃气室内工程使用的管道组成件应按设计文件选用；当设计文件无明确规定时，应符合现行国家标准《城镇燃气设计规范》GB 50028 的有关规定，并应符合下列规定：

1 当管子公称尺寸小于或等于 *DN*50，且管道设计压力为低压时，宜采用热镀锌钢管和镀锌管件；

2 当管子公称尺寸大于 *DN*50 时，宜采用无缝钢管或焊接钢管；

3 铜管宜采用牌号为 TP2 的铜管及铜管件；当采用暗埋形式敷设时，应采用塑覆铜管或包有绝缘保护材料的铜管；

4 当采用薄壁不锈钢管时，其厚度不应小于 0.6mm；

5 不锈钢波纹软管的管材及管件的材质应符合国家现行相关标准的规定；

6 薄壁不锈钢管和不锈钢波纹软管用于暗埋形式敷设或穿墙时，应具有外包覆层；

7 当工作压力小于 10kPa，且环境温度不高于 60℃时，可在户内计量装置后使用燃气用铝塑复合管及专用管件。

4.3.2 当室内燃气管道的敷设方式在设计文件中无明确规定时，宜按表 4.3.2 选用。

表 4.3.2　室内燃气管道敷设方式

管道材料	明设管道	暗设管道	
		暗封形式	暗埋形式
热镀锌钢管	应	可	—
无缝钢管	应	可	—
铜管	应	可	可
薄壁不锈钢管	应	可	可
不锈钢波纹软管	可	可	可
燃气用铝塑复合管	可	可	可

注：表中“—”表示不推荐。

4.3.3　室内燃气管道的连接应符合下列要求：

1　公称尺寸不大于 *DN*50 的镀锌钢管应采用螺纹连接；当必须采用其他连接形式时，应采取相应的措施；

2　无缝钢管或焊接钢管应采用焊接或法兰连接；

3　铜管应采用承插式硬钎焊连接，不得采用对接钎焊和软钎焊；

4　薄壁不锈钢管应采用承插氩弧焊式管件连接或卡套式、卡压式、环压式等管件机械连接；

5　不锈钢波纹软管及非金属软管应采用专用管件连接；

6　燃气用铝塑复合管应采用专用的卡套式、卡压式连接方式。

4.3.4　燃气管子的切割应符合下列规定：

1　碳素钢管宜采用机械方法或氧-可燃气体火焰切割；

2　薄壁不锈钢管应采用机械或等离子弧方法切割；当采用砂轮切割或修磨时，应使用专用砂轮片；

3　铜管应采用机械方法切割；

4　不锈钢波纹软管和燃气用铝塑复合管应使用专用管剪切割。

4.3.5　燃气管道采用的支撑形式宜按表 4.3.5 选择，高层建筑室内燃气管道的支撑形式应符合设计文件的规定。

表 4.3.5　燃气管道采用的支撑形式

公称尺寸	砖砌墙壁	混凝土制墙板	石膏空心墙板	木结构墙	楼板
*DN*15～*DN*20	管卡	管卡	管卡、夹壁管卡	管卡	吊架
*DN*25～*DN*40	管卡、托架	管卡、托架	夹壁管卡	管卡	吊架
*DN*50～*DN*65	管卡、托架	管卡、托架	夹壁托架	管卡、托架	吊架
>*DN*65	托架	托架	不得依敷	托架	吊架

主 控 项 目

4.3.6　燃气管道的连接方式应符合设计文件的规定。当设计文件无明确规定时，设计压力大于或等于 10kPa 的管道以及布置在地下室、半地下室或地上密闭空间内的管道，除采用加厚的低压管或与专用设备进行螺纹或法兰连接以外，应采用焊接的连接方式。

检查数量：100%检查。

检查方法：目视检查和查阅设计文件。

4.3.7　钢质管道的焊接应符合下列规定：

1　管子与管件的坡口与组对

1）管子与管件的坡口形式和尺寸应符合设计文件的规定，当设计文件无明确规定时，应符合现行国家标准《现场设备、工业管道焊接工程施工及验收规范》GB 50236 和本规范附录 B 的规定；

2）管子与管件的坡口及其内、外表面的清理应符合现行国家标准《工业金属管道工程施工及验收规范》。GB 50235 的规定；

3）等壁厚对接焊件内壁应齐平，内壁错边量不应大于 1mm；

4）当不等壁厚对接焊件组对且其内壁错边量大于 1mm 或外壁错边量大于 3mm 时，应按现行国家标准《工业金属管道工程施工与验收规范》GB 50235 的规定进行修整。

2 钢质管道宜采用手工电弧焊或手工钨极氩弧焊焊接，当公称尺寸小于或等于 *DN*40 时，也可采用氧-可燃气体焊接；

3 焊条(料)、焊丝、焊剂的选用

1）焊条(料)、焊丝、焊剂的选用应符合设计文件的规定，当设计文件无规定时，应按现行国家标准《现场设备、工业管道焊接工程施工及验收规范》GB 50236 的规定选用；

2）严禁使用药皮脱落或不均匀、有气孔、裂纹、生锈或受潮的焊条。

4 管道的焊接工艺要求

1）管道的焊接应符合现行国家标准《现场设备、工业管道焊接工程施工及验收规范》GB 50236 的有关规定；

2）管子焊接时，应采取防风措施；

3）焊缝严禁强制冷却。

5 在管道上开孔接支管时，开孔边缘距管道环焊缝不应小于 100mm；当小于 100mm 时，应对环焊缝进行射线探伤检测，且质量不应低于现行国家标准《无损检测　金属管道熔化焊环向对接接头射线照相检测方法》GB/T 12605 中的Ⅲ级；管道环焊缝与支架、吊架边缘之间的距离不应小于 50mm；

6 管道对接焊缝质量应符合设计文件的要求，当设计文件无明确要求时应符合下列要求：

1）焊后应将焊缝表面及其附近的药皮、飞溅物清除干净，然后进行焊缝外观检查；

2）焊缝外观质量不应低于现行国家标准《现场设备、工业管道焊接工程施工及验收规范》GB 50236 中的Ⅲ级焊缝质量标准；

3）对接焊缝内部质量采用射线探伤检测时，其质量不应低于现行国家标准《无损检测　金属管道熔化焊环向对接接头射线照相检测方法》GB/T 12605 中的Ⅲ级焊缝质量标准。

检查数量：当管道明设或暗封敷设时，焊缝外观质量应 100%检查，焊缝内部质量的检查比例不少于 5%且不少于 1 个连接部位。当管道暗埋敷设时，焊缝外观和内部质量应 100%检查。

检查方法：焊缝外观检查采用目视检查或焊缝检查尺检查；焊缝内部质量检查查看无损检测报告。

4.3.8 钢管焊接质量检验不合格的部位必须返修至合格。设计文件要求对焊缝质量进行无损检测时，对检验出现不合格的焊缝，应按下列规定检验与评定：

1 每出现一道不合格焊缝，应再抽检两道该焊工所焊的同一批焊缝，当这两道焊缝均合格时，应认为检验所代表的这一批焊缝合格；

2 当第二次抽检仍出现不合格焊缝时，每出现一道不合格焊缝应再抽检两道该焊工所焊的同一批焊缝，再次检验的焊缝均合格时，可认为检验所代表的这一批焊缝合格；

3 当仍出现不合格焊缝时，应对该焊工所焊全部同批的焊缝进行检验并应对其他批次的焊缝加大检验比例。

检查数量：100%检查。

检查方法：查看检查记录和无损检测报告。

4.3.9 法兰焊接结构及焊缝成型应符合国家现行标准《管路法兰技术条件》JB/T 74 的有关规定。

检查数量：抽查比例不少于 10%，且不少于 1 对法兰。

检查方法：目视检查和焊缝检查尺量测。

4.3.10 铜管接头和焊接工艺应按现行国家标准《铜管接头》GB/T 11618 执行，铜管的钎焊连接应符合下列规定：

1 钎焊前，应除去钎焊处铜管外壁与管件内壁表面的污物及氧化物；

2 钎焊前，应将铜管插入端与承口处的间隙调整均匀；

3 钎料宜选用含磷脱氧元素的铜基无银或低银钎料，铜管之间钎焊时可不添加钎焊剂，但与铜合金管件钎焊时，应添加钎焊剂；

4 钎焊时应均匀加热被焊铜管及接头，当达到钎焊温度时加入钎料，应使钎料均匀渗入承插口的间隙内，加热温度宜控制在 645℃～790℃之间，钎料填满间隙后应停止加热，保持静止冷却，然后将钎焊部位清理干净；

5 钎焊后必须进行外观检查，钎焊缝应圆滑过渡，钎焊缝表面应光滑，不得有较大焊瘤及铜管件边缘熔融等缺陷。

检查数量：100%钎焊缝。

检查方法：目视检查。

4.3.11 铝塑复合管的连接应符合下列规定：

1 铝塑复合管的质量应符合现行国家标准《铝塑复合压力管》GB/T 18997 的规定。铝塑复合管连接管件的质量应符合国家现行标准《铝塑复合管用卡压式管件》CJ/T 190 和《铝塑复合管用卡套式铜制管接头》CJ/T 111 的规定。并应附有质量合格证书；

2 连接用的管件应与管材配套，并应用专用工具进行操作；

3 应使用专用刮刀将管口处的聚乙烯内层削坡口，坡角为 20°～30°，深度为 1.0mm～1.5mm，且应用清洁的纸或布将坡口残屑擦干净；

4 连接时应将管口整圆，并修整管口毛刺，保证管口端面与管轴线垂直。

检查数量：100%检查。

检查方法：目视检查。

4.3.12 可燃气体检测报警器与燃具或阀门的水平距离应符合下列规定：

1 当燃气相对密度比空气轻时，水平距离应控制在 0.5m～8.0m 范围内，安装高度应距屋顶 0.3m 之内，且不得安装于燃具的正上方；

2 当燃气相对密度比空气重时，水平距离应控制在 0.5m～4.0m 范围内，安装高度应距地面 0.3m 以内。

检查比例：100%检查。

检查方法：目视检查及尺量检查。

4.3.13 室内燃气管道严禁作为接地导体或电极。

检查比例：100%检查。

检查方法：目视检查。

4.3.14 沿屋面或外墙明敷的室内燃气管道，不得布置在屋面上的檐角、屋檐、屋脊等易受雷击部位。当安装在建筑物的避雷保护范围内时，应每隔 25m 至少与避雷网采用直径不小于 8mm 的镀锌圆钢进行连接，焊接部位应采取防腐措施，管道任何部位的接地电阻值不得大于 10Ω；当安装在建筑物的避雷保护范围外时，应符合设计文件的规定。

检查比例：100%检查。

检查方法：目视检查和接地摇表测试。

一 般 项 目

4.3.15 在建筑物外敷设的燃气管道应符合下列规定：

1 沿外墙敷设的中压燃气管道当采用焊接的方法进行连接时，应采用射线检测的方法进行焊缝内部质量检测。当检测比例设计文件无明确要求时，不应少于 5%，其质量不应低于现行国家标准

《无损检测 金属管道熔化焊环向对接接头射线照相检测方法》GB/T12605 中的Ⅲ级。焊缝外观质量不应低于现行国家标准《现场设备、工业管道焊接工程施工及验收规范》GB 50236 中的Ⅲ级。

2 沿外墙敷设的燃气管道距公共或住宅建筑物门、窗洞口的间距应符合现行国家标准《城镇燃气设计规范》GB 50028 的规定。

3 管道外表面应采取耐候型防腐措施，必要时应采取保温措施。

4 在建筑物外敷设燃气管道，当与其他金属管道平行敷设的净距小于 100mm 时；每 30m 之间至少应采用截面积不小于 $6mm^2$ 的铜绞线将燃气管道与平行的管道进行跨接。

5 当屋面管道采用法兰连接时，在连接部位的两端应采用截面积不小于 $6mm^2$ 的金属导线进行跨接；当采用螺纹连接时，应使用金属导线跨接。

检查数量：按本条第 1 款的规定执行；其余(保温除外)100%检查；当燃气管道有保温时，保温检查数量，抽查不应少于 10%，且不得少于 2 处。

检查方法：目视检查，检查无损检测报告及钢管质量证明书。

4.3.16 管子切口应符合下列规定：

1 切口表面应平整，无裂纹、重皮、毛刺、凹凸、缩口、熔渣等缺陷；

2 切口端面(切割面)倾斜偏差不应大于管子外径的 1%，且不得超过 3mm；凹凸误差不得超过 1mm；

3 应对不锈钢波纹软管、燃气用铝塑复合管的切口进行整圆。不锈钢波纹软管的外保护层，应按有关操作规程使用专用工具进行剥离后，方可连接。

检查数量：抽查 5%。

检查方法：目视检查，尺量检查。

4.3.17 管子的现场弯制除应符合现行国家标准《工业金属管道工程施工及验收规范》GB 50235 的有关规定外，还应符合下列规定：

1 弯制时应使用专用弯管设备或专用方法进行；

2 焊接钢管的纵向焊缝在弯制过程中应位于中性线位置处；

3 管子最小弯曲半径和最大直径、最小直径差值与弯管前管子外径的比率应符合表 4.3.17 的规定。

表 4.3.17 管子最小弯曲半径和最大直径、最小直径的差值与弯管前管子外径的比率

	钢管	铜管	不锈钢管	铝塑复合管
最小弯曲半径	$3.5D_o$	$3.5D_o$	$3.5D_o$	$5D_o$
弯管的最大直径与最小直径的差与弯管前管子外径之比率	8%	9%	—	—

注：D_o 为管子的外径。

检查数量：100%检查。

检查方法：尺量和目视检查。

4.3.18 法兰连接应符合国家现行标准的有关规定，并应符合下列规定：

1 在进行法兰连接前，应检查法兰密封面及密封垫片，不得有影响密封性能的缺陷；

2 法兰的安装位置应便于检修，不得紧贴墙壁、楼板和管道支架；

3 法兰连接应与管道同心，法兰螺孔应对正，管道与设备、阀门的法兰端面应平行，不得用螺栓强力对口；

4 法兰垫片尺寸应与法兰密封面相匹配，垫片安装应端正，在一个密封面中严禁使用 2 个或 2 个以上的法兰垫片；当设计文件对法兰垫片无明确要求时，宜采用聚四氟乙烯垫片或耐油石棉橡胶垫片，使用前宜将耐油石棉橡胶垫片用机油浸泡；

5 不锈钢法兰使用的非金属垫片，其氯离子含量不得超过 50×10^{-6}；

6 应使用同一规格的螺栓，安装方向应一致，螺母紧固应对称、均匀；螺母紧固后螺栓的外露螺纹宜为 1~3 扣，并应进行防锈处理；

7 法兰焊接检验合格后，方可与相关设备进行连接。

检查数量：抽查比例不小于 10%，且不少于 2 对法兰。

检查方法：目视检查。

4.3.19 螺纹连接应符合下列规定：

1 钢管在切割或攻制螺纹时，焊缝处出现开裂，该钢管严禁使用；

2 现场攻制的管螺纹数宜符合表 4.3.19 的规定：

表 4.3.19 现场攻制的管螺纹数

管子公称尺寸 d_n	$d_n \leqslant DN20$	$DN20<d_n \leqslant DN50$	$DN50<d_n \leqslant DN65$	$DN65<d_n \leqslant DN100$
螺纹数	9~11	10~12	11~13	12~14

3 钢管的螺纹应光滑端正，无斜丝、乱丝、断丝或脱落，缺损长度不得超过螺纹数的 10%；

4 管道螺纹接头宜采用聚四氟乙烯胶带做密封材料，当输送湿燃气时，可采用油麻丝密封材料或螺纹密封胶；

5 拧紧管件时，不应将密封材料挤入管道内，拧紧后应将外露的密封材料清除干净；

6 管件拧紧后，外露螺纹宜为 1 扣~3 扣，钢制外露螺纹应进行防锈处理；

7 当铜管与球阀、燃气计量表及螺纹连接的管件连接时，应采用承插式螺纹管件连接；弯头、三通可采用承插式铜管件或承插式螺纹连接件。

检查数量：抽查比例不小于 10%。

检查方法：目视检查。

4.3.20 室内明设或暗封形式敷设的燃气管道与装饰后墙面的净距，应满足维护、检查的需要并宜符合表 4.3.20 的要求；铜管、薄壁不锈钢管、不锈钢波纹软管和铝塑复合管与墙之间净距应满足安装的要求。

表 4.3.20 室内燃气管道与装饰后墙面的净距

管子公称尺寸	$<DN25$	$DN25 \sim DN40$	$DN50$	$>DN50$
与墙净距(mm)	≥30	≥50	≥70	≥90

检查数量：抽查比例不小于 5%。

检查方法：尺量检查。

4.3.21 敷设在管道竖井内的燃气管道的安装应符合下列规定：

1 管道安装宜在土建及其他管道施工完毕后进行；

2 当管道穿越竖井内的隔断板时，应加套管；套管与管道之间应有不小于 10mm 的间隙；

3 燃气管道的颜色应明显区别于管道井内的其他管道，宜为黄色；

4 燃气管道与相邻管道的距离应满足安装和维修的需要；

5 敷设在竖井内的燃气管道的连接接头应设置在距该层地面 1.0m~1.2m 处。

检查数量：抽查比例不小于 20%。

检查方法：目视检查和尺量检查。

4.3.22 采用暗埋形式敷设燃气管道时，应符合下列规定：

1 埋设管道的管槽不得伤及建筑物的钢筋。管槽宽度宜为管道外径加 20mm，深度应满足覆盖层厚度不小于 10mm 的要求。未经原建筑设计单位书面同意，严禁在承重的墙、柱、梁、板中暗埋管道。

2 暗埋管道不得与建筑物中的其他任何金属结构相接触，当无法避让时，应采用绝缘材料隔离。

3 暗埋管道不应有机械接头。

4 暗埋管道宜在直埋管道的全长上加设有效地防止外力冲击的金属防护装置，金属防护装置的厚度宜大于1.2mm。当与其他埋墙设施交叉时，应采取有效的绝缘和保护措施。

5 暗埋管道在敷设过程中不得产生任何形式的损坏，管道固定应牢固。

6 在覆盖暗埋管道的砂浆中不应添加快速固化剂。砂浆内应添加带色颜料作为永久色标。当设计无明确规定时，颜料宜为黄色。安装施工后还应将直埋管道位置标注在竣工图纸上，移交建设单位签收。

检查数量：100%检查。

检查方法：目视检查，尺量检查，查阅设计文件。

4.3.23 铝塑复合管的安装应符合下列规定：

1 不得敷设在室外和有紫外线照射的部位；

2 公称尺寸小于或等于*DN*20的管子，可以直接调直；公称尺寸大于或等于*DN*25的管子，宜在地面压直后进行调直；

3 管道敷设的位置应远离热源；

4 灶前管与燃气灶具的水平净距不得小于0.5m，且严禁在灶具正上方；

5 阀门应固定，不应将阀门自重和操作力矩传递至铝塑复合管。

检查数量：100%检查灶前管与燃气灶具的水平净距。

检查方法：尺量检查、目视检查。

4.3.24 燃气管道与燃具之间用软管连接时应符合设计文件的规定，并应符合以下要求：

1 软管与管道、燃具的连接处应严密，安装应牢固；

2 当软管存在弯折、拉伸、龟裂、老化等现象时不得使用；

3 当软管与燃具连接时，其长度不应超过2m，并不得有接口；

4 当软管与移动式的工业用气设备连接时，其长度不应超过30m，接口不应超过2个；

5 软管应低于灶具面板30mm以上；

6 软管在任何情况下均不得穿过墙、楼板、顶棚、门和窗；

7 非金属软管不得使用管件将其分成两个或多个支管。

检查数量：100%检查。

检查方法：目视检查，尺量检查。

4.3.25 立管安装应垂直，每层偏差不应大于3mm/m且全长不大于20mm。当因上层与下层墙壁壁厚不同而无法垂于一线时，宜做乙字弯进行安装。当燃气管道垂直交叉敷设时，大管宜置于小管外侧。

检查数量：抽查比例不小于5%。

检查方法：目视检查，尺量(吊线)检查。

4.3.26 当室内燃气管道与电气设备、相邻管道、设备平行或交叉敷设时，其最小净距应符合表4.3.26的要求。

检查数量：抽查比例不小于10%。

检查方法：尺量检查，目视检查。

4.3.27 管道支架、托架、吊架、管卡(以下简称“支架”)的安装应符合下列要求：

1 管道的支架应安装稳定、牢固，支架位置不得影响管道的安装、检修与维护；

2 每个楼层的立管至少应设支架1处；

表 4.3.26　室内燃气管道与电气设备、相邻管道、设备之间的最小净距(cm)

名称		平行敷设	交叉敷设
电气设备	明装的绝缘电线或电缆	25	10
	暗装或管内绝缘电线	5(从所作的槽或管子的边缘算起)	1
	电插座、电源开关	15	不允许
	电压小于 1000V 的裸露电线	100	100
	配电盘、配电箱或电表	30	不允许
相邻管道		应保证燃气管道、相邻管道的安装、检查和维修	2
燃具		主立管与燃具水平净距不应小于 30cm；灶前管与燃具水平净距不得小于 20cm；当燃气管道在燃具上方通过时，应位于抽油烟机上方，且与燃具的垂直净距应大于 100cm	

注：1　当明装电线加绝缘套管且套管的两端各伸出燃气管道 10cm 时，套管与燃气管道的交叉净距可降至 1cm；

2　当布置确有困难时，采取有效措施后可适当减小净距；

3　灶前管不含铝塑复合管；

3　当水平管道上设有阀门时，应在阀门的来气侧 1m 范围内设支架并尽量靠近阀门；

4　与不锈钢波纹软管、铝塑复合管直接相连的阀门应设有固定底座或管卡；

5　钢管支架的最大间距宜按表 4.3.27-1 选择；铜管支架的最大间距宜按表 4.3.27-2 选择；薄壁不锈钢管道支架的最大间距宜按表 4.3.27-3 选择；不锈钢波纹软管的支架最大间距不宜大于 1m；燃气用铝塑复合管支架的最大间距宜按表 4.3.27-4 选择；

表 4.3.27-1　钢管支架最大间距

公称直径	最大间距(m)	公称直径	最大间距(m)
*DN*15	2.5	*DN*100	7.0
*DN*20	3.0	*DN*125	8.0
*DN*25	3.5	*DN*150	10.0
*DN*32	4.0	*DN*200	12.0
*DN*40	4.5	*DN*250	14.5
*DN*50	5.0	*DN*300	16.5
*DN*65	6.0	*DN*350	18.5
*DN*80	6.5	*DN*400	20.5

表 4.3.27-2　铜管支架最大间距

外径(mm)	15	18	22	28	35	42	54	67	85
垂直敷设(m)	1.8	1.8	2.4	2.4	3.0	3.0	3.0	3.5	3.5
水平敷设(m)	1.2	1.2	1.8	1.8	2.4	2.4	2.4	3.0	3.0

表 4.3.27-3　薄壁不锈钢管支架最大间距

外径(mm)	15	20	25	32	40	50	65	80	100
垂直敷设(m)	2.0	2.0	2.5	2.5	3.0	3.0	3.0	3.0	3.5
水平敷设(m)	1.8	2.0	2.5	2.5	3.0	3.0	3.0	3.0	3.5

表 4.3.27-4　燃气用铝塑复合管支架最大间距

外径(mm)	16	18	20	25
水平敷设(m)	1.2	1.2	1.2	1.8
垂直敷设(m)	1.5	1.5	1.5	2.5

6　水平管道转弯处应在以下范围内设置固定托架或管卡座：

1) 钢质管道不应大于 1.0m；

2) 不锈钢波纹软管、铜管道、薄壁不锈钢管道每侧不应大于 0.5m；

3) 铝塑复合管每侧不应大于 0.3m；

7　支架的结构形式应符合设计要求，排列整齐，支架与管道接触紧密，支架安装牢固，固定支架应使用金属材料；

8　当管道与支架为不同种类的材质时，二者之间应采用绝缘性能良好的材料进行隔离或采用与管道材料相同的材料进行隔离；隔离薄壁不锈钢管道所使用的非金属材料，其氯离子含量不应大于 50×10^{-6}；

9　支架的涂漆应符合设计要求。

检查数量：铝塑复合管和不锈钢波纹软管支架抽查不少于 10%、其他材质的管道支架抽查不小于 5%，且不少于 10 处。

检查方法：目视检查和尺量检查。

4.3.28　室内燃气钢管、铝塑复合管及阀门安装后的允许偏差和检验方法宜符合表 4.3.28 的规定，检查数量应符合下列规定：

表 4.3.28　室内燃气管道安装后检验的允许偏差和检验方法

项目			允许偏差
标高			±10mm
水平管道纵横方向弯曲	钢管	管径小于或等于 *DN*100	2mm/m 且≤13mm
		管径大于 *DN*100	3mm/m 且≤25mm
	铝塑复合管		1.5mm/m 且≤25mm
立管垂直度	钢管		3mm/m 且≤8mm
	铝塑复合管		2mm/m 且≤8mm
引入管阀门	阀门中心距地面		±15mm
管道保温	厚度(δ)		+0.1δ -0.05δ
	表面不整度	卷材或板材	±2mm
		涂抹或其他	±2mm

1　管道与墙面的净距，水平管的标高：检查管道的起点、终点，分支点及变方向点间的直管段，不应少于 5 段；

2　纵横方向弯曲：按系统内直管段长度每 30m 应抽查 2 段，不足 30m 的不应少于 1 段；有分隔墙的建筑，以隔墙为分段数，抽查 5%，且不应少于 5 段；

3　立管垂直度：一根立管为一段，两层及两层以上按楼层分段，各抽查 5%，但均不应少于 10 段；

4　引入管阀门：100%检查；

5　其他阀门：抽查 10%，且不应少于 5 个；

6 管道保温：每20m抽查1处，且不应少于5处。

检查方法：目视检查，水平尺、直尺、拉线、吊线等尺量检查。

4.3.29 可燃气体检测报警器安装后应按国家现行有关标准进行检查测试。

检查数量：100%检查。

检查方法：查看检查记录。

4.3.30 室内、外燃气管道的防雷、防静电措施应按设计文件要求施工。

检查数量：100%检查。

检查方法：目视检查、按设计文件要求检测。

4.3.31 室内燃气管道的除锈、防腐及涂漆应符合下列规定：

1 室内明设钢管、暗封形式敷设的钢管及其管道附件连接部位的涂漆，应在检查、试压合格后进行；

2 非镀锌钢管、管件表面除锈应符合现行国家标准《涂装前钢材表面锈蚀等级和除锈等级》GB 8923中规定的不低于St2级的要求；

3 钢管及管道附件涂漆的要求

1）非镀锌钢管：应刷两道防锈底漆、两道面漆；

2）镀锌钢管：应刷两道面漆；

3）面漆颜色应符合设计文件的规定；当设计文件未明确规定时，燃气管道宜为黄色；

4）涂层厚度、颜色应均匀。

检查数量：抽查5%。

检查方法：目视检查、查阅设计文件。

5 燃气计量表安装及检验

5.1 一般规定

5.1.1 燃气计量表在安装前应按本规范第3.2.1、3.2.2条的规定进行检验，并应符合下列规定：

1 燃气计量表应有出厂合格证、质量保证书；标牌上应有CMC标志、最大流量、生产日期、编号和制造单位；

2 燃气计量表应有法定计量检定机构出具的检定合格证书，并应在有效期内；

3 超过检定有效期及倒放、侧放的燃气计量表应全部进行复检；

4 燃气计量表的性能、规格、适用压力应符合设计文件的要求。

5.1.2 燃气计量表应按设计文件和产品说明书进行安装。

5.1.3 燃气计量表的安装位置应满足正常使用、抄表和检修的要求。

5.2 燃气计量表

主控项目

5.2.1 燃气计量表的安装位置应符合设计文件的要求。

检查方法：目视检查和查阅设计文件。

5.2.2 燃气计量表前的过滤器应按产品说明书或设计文件的要求进行安装。

检查数量：100%。

检查方法：目视检查、查阅设计文件和产品说明书。

5.2.3 燃气计量表与燃具、电气设施的最小水平净距应符合表5.2.3的要求。

表 5.2.3 燃气计量表与燃具、电气设施之间的最小水平净距(cm)

名称	与燃气计量表的最小水平净距
相邻管道、燃气管道	便于安装、检查及维修
家用燃气灶具	30(表高位安装时)
热水器	30
电压小于1000V的裸露电线	100
配电盘、配电箱或电表	50
电源插座、电源开关	20
燃气计量表	便于安装、检查及维修

检查数量：100%。

检查方法：目视检查、测量。

一般项目

5.2.4 燃气计量表的外观应无损伤，涂层应完好。

检查数量：100%。

检查方法：目视检查。

5.2.5 膜式燃气计量表钢支架的安装应端正牢固，无倾斜。

检查数量：抽查20%，并不应少于1个。

检查方法：目视检查、手检。

5.2.6 支架涂漆种类和涂刷遍数应符合设计文件的要求，并应附着良好，无脱皮、起泡和漏涂。漆膜厚度应均匀，色泽一致，无流淌及污染现象。

检查数量：抽查20%，并不应少于1个。

检查方法：目视检查和查阅设计文件。

5.2.7 当使用加氧的富氧燃烧器或使用鼓风机向燃烧器供给空气时，应检验燃气计量表后设的止回阀或泄压装置是否符合设计文件的要求。

检查数量：100%。

检查方法：目视检查和查阅设计文件。

5.2.8 组合式燃气计量表箱应牢固地固定在墙上或平稳地放置在地面上。

检查数量：100%。

检查方法：目视检查。

5.2.9 室外的燃气计量表宜装在防护箱内，防护箱应具有排水及通风功能；安装在楼梯间内的燃气计量表应具有防火性能或设在防火表箱内。

检查数量：100%。

检查方法：目视检查。

5.2.10 燃气计量表与管道的法兰或螺纹连接，应符合本规范第4.3.18条或第4.3.19条的规定。

检查数量：家用燃气计量表抽查20%，商业和工业企业用燃气计量表100%检查。

检查方法：目视检查。

5.3 家用燃气计量表

主控项目

5.3.1 家用燃气计量表的安装应符合下列规定：

1 燃气计量表安装后应横平竖直，不得倾斜；

2 燃气计量表的安装应使用专用的表连接件；

3 安装在橱柜内的燃气计量表应满足抄表、检修及更换的要求，并应具有自然通风的功能；

4 燃气计量表与低压电气设备之间的间距应符合本规范表 5.2.3 的要求；

5 燃气计量表宜加有效的固定支架。

检查数量：抽查 20%，且不少于 5 台。

检查方法：目视检查、尺量检查。

5.4 商业及工业企业燃气计量表

主控项目

5.4.1 最大流量小于 65m³/h 的膜式燃气计量表，当采用高位安装时，表后距墙净距不宜小于 30mm，并应加表托固定；采用低位安装时，应平稳地安装在高度不小于 200mm 的砖砌支墩或钢支架上，表后与墙净距不应小于 30mm。

检查数量：100%。

检查方法：目视检查及尺量检查。

5.4.2 最大流量大于或等于 65m³/h 的膜式燃气计量表，应平整地安装在高度不小于 200mm 的砖砌支墩或钢支架上，表后与墙净距不宜小于 150mm；腰轮表、涡轮表和旋进旋涡表的安装场所、位置、前后直管段及标高应符合设计文件的规定，并应按产品标识的指向安装。

检查数量：100%。

检查方法：目视检查，尺量检查，查阅设计文件。

5.4.3 燃气计量表与燃具和设备的水平净距应符合下列规定：

1 距金属烟囱不应小于 80cm，距砖砌烟囱不宜小于 60cm；

2 距炒菜灶、大锅灶、蒸箱和烤炉等燃气灶具灶边不宜小于 80cm；

3 距沸水器及热水锅炉不宜小于 150cm；

4 当燃气计量表与燃具和设备的水平净距无法满足上述要求时，加隔热板后水平净距可适当缩小。

检查数量：100%检查。

检查方法：目视检查及尺量检查。

5.4.4 燃气计量表安装后的允许偏差和检验方法应符合表 5.4.4 的要求。

检查数量：抽查 50%，且不少于 1 台。

检查方法：目视检查和测量。

表 5.4.4 燃气计量表安装后的允许偏差和检验方法

最大流量	项目	允许偏差(mm)	检验方法
<25m³/h	表底距地面	±15	吊线和尺量
	表后距墙饰面	5	
	中心线垂直度	1	
≥25m³/h	表底距地面	±15	吊线、尺量、水平尺
	中心线垂直度	表高的 0.4%	

一 般 项 目

5.4.5 当采用不锈钢波纹软管连接燃气计量表时，不锈钢波纹软管应弯曲成圆弧状，不得形成直角。

检查数量：100%。

检查方法：目视检查。

5.4.6 当采用法兰连接燃气计量表时，应符合本规范第 4.3.18 条的规定。

检查数量：100%。

检查方法：目视检查。

5.4.7 多台并排安装的燃气计量表，每台燃气计量表进出口管道上应按设计文件的要求安装阀门；燃气计量表之间的净距应满足安装、检查及维修的要求。

检查数量：100%。

检查方法：目视检查和查阅设计文件。

6 家用、商业用及工业企业用燃具和用气设备的安装及检验

6.1 一 般 规 定

6.1.1 燃具和用气设备安装前应按本规范第 3.2.1、3.2.2 条的规定进行下列检验：

1 应检查燃具和用气设备的产品合格证、产品安装使用说明书和质量保证书；

2 产品外观的显见位置应有产品参数铭牌，并有出厂日期；

3 应核对性能、规格、型号、数量是否符合设计文件的要求。

6.1.2 家用燃具应采用低压燃气设备，商业用气设备宜采用低压燃气设备。

6.1.3 家用、商业用及工业企业用燃具和用气设备的安装场所应符合现行国家标准《城镇燃气设计规范》GB 50028 的有关规定。

6.1.4 烟道的设置及结构应符合燃具和用气设备的要求，并应符合设计文件的规定。对旧有烟道应核实烟道断面及烟道抽力，不满足烟气排放要求的不得使用。

6.2 家用燃具

主控项目

6.2.1 家用燃具的安装应符合国家现行标准《家用燃气燃烧器具安装及验收规程》CJJ 12 的有关规定。

检查方法：查阅资料和目视检查。

6.2.2 燃气的种类和压力、燃具上的燃气接口、进出水的压力和接口应符合燃具说明书的要求。

检查方法：目视检查和查阅资料。

6.2.3 燃气热水器和采暖炉的安装应符合下列要求：

1 应按照产品说明书的要求进行安装，并应符合设计文件的要求；

2 热水器和采暖炉应安装牢固，无倾斜；

3 支架的接触应均匀平稳，并便于操作；

4 与室内燃气管道和冷热水管道连接必须正确，并应连接牢固、不易脱落；燃气管道的阀门、冷热水管道阀门应便于操作和检修；

5 排烟装置应与室外相通，烟道应有 1%坡向燃具的坡度，并应有防倒风装置。

检查数量：100%。

检查方法：目视检查和尺量检查。

6.2.4 当燃具与室内燃气管道采用螺纹连接时，应按本规范第 4.3.19 条的规定检验。

检查数量：抽查 20%，且不少于 2 台。

检查方法：目视检查。

6.2.5 当燃具与室内燃气管道采用软管连接时，软管应无接头；软管与燃具的连接接头应选用专用

接头，并应安装牢固，便于操作。

检查数量：抽查20%，且不少于2台。

检查方法：目视检查、手检和尺量检查。

6.2.6 燃具与电气设备、相邻管道之间的最小水平净距应符合表6.2.6的规定。

表6.2.6 燃具与电气设备、相邻管道之间的最小水平净距(cm)

名称	与燃气灶具的水平净距	与燃气热水器和水平净距
明装的绝缘电线或电缆	30	30
暗装或管内绝缘电线	20	20
电插座、电源开关	30	15
电压小于1000V的裸露电线	100	100
配电盘、配电箱或电表	100	100

注：燃具与燃气管道之间的最小水平净距应符合本规范表4.3.26的规定。

检查数量：100%。

检查方法：目视检查和尺量检查。

一 般 项 目

6.2.7 燃气灶具的灶台高度不宜大于80cm；燃气灶具与墙净距不得小于10cm，与侧面墙的净距不得小于15cm，与木质门、窗及木质家具的净距不得小于20cm。

检查数量：抽查20%，且不少于1台。

检查方法：目视检查和尺量检查。

6.2.8 嵌入式燃气灶具与灶台连接处应做好防水密封，灶台下面的橱柜应根据气源性质在适当的位置开总面积不小于$80cm^2$的与大气相通的通气孔。

检查数量：抽查20%，且不少于1台。

检查方法：目视检查和尺量检查。

6.2.9 燃具与可燃的墙壁、地板和家具之间应设耐火隔热层，隔热层与可燃的墙壁、地板和家具之间间距宜大于10mm。

检查数量：100%检查。

检查方法：目视检查和尺量检查。

6.2.10 使用市网供电的燃具应将电源线接在具有漏电保护功能的电气系统上；应使用单相三极电源插座，电源插座接地极应可靠接地，电源插座应安装在冷热水不易飞溅到的位置。

检查数量：100%检查。

检查方法：目视检查。

6.3 商业用气设备

主控项目

6.3.1 当商业用气设备安装在地下室、半地下室或地上密闭房间内时，应严格按设计文件要求施工。

检查方法：查阅设计文件。

6.3.2 商业用气设备的安装应符合下列规定：

1 用气设备之间的净距应满足设计文件、操作和检修的要求；

2 用气设备前宜有宽度不小于1.5m的通道；

3 用气设备与可燃的墙壁、地板和家具之间应按设计文件要求做耐火隔热层，当设计文件无规定时，其厚度不宜小于1.5mm，隔热层与可燃的墙壁、地板和家具之间的间距宜大于50mm。

检查数量：100%检查。

检查方法：目视检查和尺量检查。

一般项目

6.3.3 砖砌燃气灶的燃烧器应水平地安装在炉膛中央，其中心应对准锅中心；应保证外焰有效地接触锅底，燃烧器支架环孔周围应保持足够的空间。

检查数量：100%检查。

检查方法：目视检查和尺量检查。

6.3.4 砖砌燃气灶的高度不宜大于80cm，封闭的炉膛与烟道应安装爆破门，爆破门的加工应符合设计文件的要求。

检查数量：100%检查。

检查方法：目视检查、尺量检查和查阅设计文件。

6.3.5 沸水器的安装应符合下列规定：

1 安装沸水器的房间应按设计文件检查通风系统；

2 沸水器应采用单独烟道；当使用公共烟囱时，应设防止串烟装置，烟囱应高出屋顶1m以上，并应安装防止倒风的装置，其结构应合理；

3 沸水器与墙净距不宜小于0.5m，沸水器顶部距屋顶的净距不应小于0.6m；

4 当安装2台或2台以上沸水器时，沸水器之间净距不宜小于0.5m。

检查数量：100%检查。

检查方法：目视检查、尺量检查和查阅设计文件。

6.4 工业企业生产用气设备

主控项目

6.4.1 工业企业生产用气设备的安装场所应符合现行国家标准《城镇燃气设计规范》GB 50028的规定；当用气设备安装在地下室、半地下室或地上密闭房间内时，应严格按设计文件要求施工。

检查方法：查阅设计文件和目视检查。

6.4.2 当工业企业生产用气设备与燃气供应系统连接时，应按设计文件进行核查，不符合设计文件要求不得连接。

检查方法：查阅设计文件和目视检查。

6.4.3 当用气设备为通用产品时，其燃气、自控、鼓风及排烟等系统的检验应符合产品说明书或设计文件的规定。

检查数量：100%检查。

检查方法：检查设备铭牌、查阅产品说明书和设计文件。

6.4.4 当用气设备为非通用产品时，其燃气、自控、鼓风及排烟等系统的检验应符合下列规定：

1 燃烧器的供气压力必须符合设计文件的规定；

2 用气设备应符合现行国家标准《城镇燃气设计规范》GB 50028的相关规定。

检查数量：100%检查。

检查方法：检查设备铭牌、产品说明书和设计文件。

6.4.5 用气设备燃烧装置的安全设施除应符合设计文件的要求外，尚应符合下列规定：

1 当燃烧装置采用分体式机械鼓风或使用加氧、加压缩空气的燃烧器时，应安装止回阀，并应在空气管道上安装泄爆装置；

2 燃气及空气管道上应安装最低压力和最高压力报警、切断装置；

3 封闭式炉膛及烟道应按设计文件施工，烟道泄爆装置的加工及安装位置应符合设计文件的规定。

检查数量：100%检查。

检查方法：查阅设计文件和目视检查。

一 般 项 目

6.4.6 下列阀门的安装应符合设计文件的规定：

1 各用气车间的进口和用气设备前的燃气管道上设置的单独阀门；

2 每只燃烧器燃气接管上设置的单独的有启闭标记的阀门；

3 每只机械鼓风的燃烧器，在风管上设置的有启闭标记的阀门；

4 大型或互联装置的鼓风机，其出口设置的阀门；

5 放散管、取样管、测压管前设置的阀门。

检查数量：100%检查。

检查方法：目视检查、查阅设计文件和尺量检查。燃气管道、阀门和用气设备的气密性用压缩空气、测漏仪、压力表、U 形压力计或发泡剂检查。

6.5 烟道

主控项目

6.5.1 用气设备的烟道应按设计文件的要求施工。居民用气设备的水平烟道长度不宜超过 5m，商业用户用气设备的水平烟道不宜超过 6m，并应有 1%坡向燃具的坡度。

检查数量：100%检查。

检查方法：查阅设计文件及尺量检查。

6.5.2 烟道抽力应符合现行国家标准《城镇燃气设计规范》GB 50028 的有关规定。

检查数量：100%检查。

检查方法：尺量、计算及检测。

6.5.3 商业用大锅灶、中餐炒菜灶、烤炉、西餐灶等的烟道应按设计文件的要求安装。

检查数量：100%检查。

检查方法：查阅设计文件。

一 般 项 目

6.5.4 用镀锌钢板卷制的烟道卷缝应均匀严密，烟道应顺烟气流向插接，插接处不应有明显的缝隙和弯折现象。

检查数量：居民用户抽查 20%，且不少于 5 处。

检查方法：目视检查。

6.5.5 用钢板制造的烟道，连接面应平整无缝隙，连接紧密牢固，表面平整，应对烟道进行保温，保温材料及厚度应符合设计要求，并应保证出口排烟温度高于露点。

检查数量：100%检查。

检查方法：目视检查和手检。

6.5.6 用非金属预制块砌筑的烟道，砌筑块之间应粘合严密、牢固，表面平整，内部无堆积的粘合材料，砖砌烟道的厚度应保证出口排烟温度高于露点。

检查数量：100%检查。

检查方法：目视检查和手检。

6.5.7 金属烟道的支(吊)架，结构和设置位置应符合设计文件的规定，安装应端正牢固，排列应整齐。

检查数量：100%检查。

检查方法：目视检查、手检或查阅设计文件。

6.5.8 碳素钢板烟道和烟道的金属支(吊)架所涂油漆种类和涂刷遍数应符合设计文件的规定，并应附着良好，无脱皮、起泡和漏涂，漆膜应厚度均匀，色泽一致，无流淌及污染现象。

检查数量：100%检查。

检查方法：目视检查和查阅设计文件。

6.5.9 当多台用气设备合用一个水平烟道时，应按设计文件要求设置导向装置。

检查数量：100%检查。

检查方法：目视检查和查阅设计文件。

7 商业用燃气锅炉和冷热水机组燃气系统安装及检验

7.1 一般规定

7.1.1 商业用室内燃气管道的最高压力应符合现行国家标准《城镇燃气设计规范》GB 50028 的相关规定。

7.1.2 商业用燃气锅炉和燃气冷热水机组的设置应符合设计文件的要求和现行国家标准《城镇燃气设计规范》GB 50028 的相关规定。

7.1.3 商业用燃气锅炉和燃气冷热水机组的烟道施工应符合设计文件的要求和现行国家标准《城镇燃气设计规范》GB 50028 的相关规定。

7.2 管道

主控项目

7.2.1 引入管的检验应符合本规范第 4.2 节的相关要求，引入管阀门至室外配气支管之间的管道试验应符合国家现行标准《城镇燃气输配工程施工及验收规范》CJJ 33 的有关规定。

检查数量：100%检查。

检查方法：同本规范第 4.2 节的相关要求，严密性试验稳压 24h，修正压力降符合《城镇燃气输配工程施工及验收规范》CJJ 33 的规定。

7.2.2 管道组成件使用的材质、规格和型号应符合设计要求。

燃气管道的检验应符合本规范第 4.3 节的相关要求。

检查数量：100%检查。

检查方法：查阅材质书、合格证，其余同本规范第 4.3 节相关要求。

7.2.3 地下室、半地下室和地上密闭房间室内燃气钢管的固定焊口应进行 100%射线照相检验，活动焊口应进行 10%射线照相检验，其质量应达到现行国家标准《无损检测金属管道熔化焊环向对接接头射线照相检测》GB/T 12605 中的Ⅲ级。

检查数量：100%检查。

检查方法：外观检查、查阅无损探伤报告和设计文件。

7.2.4 商业用燃气锅炉和冷热水机组室内燃气管道末端的放散管应按设计文件要求安装，放散管尚应设手动快速切断阀。

检查数量：100%检查。

检查方法：目视检查和尺量检查。

一般项目

7.2.5 引入管安装应符合本规范第 4.2 节的相关要求。

检查数量：100%检查。

检查方法：应符合本规范第 4.2 节的要求。

7.2.6 室内燃气管道安装同本规范第 4.1 节和第 4.3 节的相关要求。

检查数量：100%检查。

检查方法：应符合本规范第 4.1 节和第 4.3 节的要求。

7.3 调压装置

主控项目

7.3.1 燃气锅炉和冷热水机组的燃气调压装置的安装应符合设计文件要求。

检查数量：100%检查。

检查方法：查阅设计文件。

7.3.2 调压装置与燃气管路的连接应符合本规范第4.3节的相关规定。

检查数量：100%检查。

检查方法：应符合本规范第4.3节的相关规定。

7.3.3 燃气锅炉和冷热水机组的燃烧器系统及调压装置的性能、规格、型号必须符合设计文件及所供气源的要求。

检查数量：100%检查。

检查方法：查阅设计文件、检查产品说明书和设备铭牌。

7.3.4 调压装置安装的环境、位置应符合设计文件的要求和现行国家标准《城镇燃气设计规范》GB 50028的相关规定。

检查数量：100%检查。

检查方法：查阅设计文件及相关标准。

一 般 项 目

7.3.5 设置调压装置的建筑物的耐火等级、防雷装置、设备接地装置和报警系统应符合设计文件要求。

检查数量：100%检查。

检查方法：查阅设计文件、测试或查阅安装测试记录。

7.4 自控安全系统

主控项目

7.4.1 燃气锅炉和冷热水机组的燃烧器应具有安全保护及自动控制的功能。

7.4.2 手动快速切断阀和紧急自动切断阀应按设计文件安装；当管线进行系统强度和严密性试验时，紧急自动切断阀应呈开启状态。

检查数量：100%检查。

检查方法：手检，查阅产品说明书和设计文件。

7.4.3 燃气锅炉和冷热水机组用气场所设置的燃气浓度自动报警系统，应按要求同独立的防爆排烟设施、通风设施、紧急自动切断阀连锁。

检查数量：100%检查。

检查方法：查阅设计文件及设备安装说明书，进行联动测试试验。

7.4.4 燃气锅炉和冷热水机组的用气场所设置的火灾自动报警系统和自动喷水灭火系统应符合设计文件的要求。

检查数量：100%检查。

检查方法：查阅设计文件，按国家现行标准《火灾自动报警系统施工及验收规范》GB 50166、《石油天然气工程可燃气体检测报警系统安全技术规范》SY 6503和《自动喷水灭火系统施工及验收规范》GB 50261检验及测试。

一 般 项 目

7.4.5 可燃气体检测报警器、火灾检测报警器的安装位置应符合产品说明书和设计文件的要求。

检查数量：100%检查。

检查方法：查看产品说明书及设计文件、尺量检查。

7.4.6 燃气浓度自动报警系统、火灾自动报警系统和紧急自动切断阀的供电导线的规格、型号、敷设方式应符合设计文件的要求。

检查数量：100%检查。

检查方法：目视检查、查阅设计文件和产品合格证。

7.4.7 燃气锅炉和燃气冷热水机组控制室的设备安装，应符合设计文件的要求。

检查数量：100%检查。

检查方法：查阅设计文件及产品说明书、按现行国家标准《自动化仪表工程施工及验收规范》GB 50093 进行调试、检验。

8 试验与验收

8.1 一般规定

8.1.1 室内燃气管道的试验应符合下列要求：

1 自引入管阀门起至燃具之间的管道的试验应符合本规范的要求；

2 自引入管阀门起至室外配气支管之间管线的试验应符合国家现行标准《城镇燃气输配工程施工及验收规范》CJJ 33 的有关规定。

8.1.2 试验介质应采用空气或氮气。

8.1.3 严禁用可燃气体和氧气进行试验。

8.1.4 室内燃气管道试验前应具备下列条件：

1 已制定试验方案和安全措施；

2 试验范围内的管道安装工程除涂漆、隔热层和保温层外，已按设计文件全部完成，安装质量应经施工单位自检和监理(建设)单位检查确认符合本规范的规定。

8.1.5 试验用压力计量装置应符合下列要求：

1 试验用压力计应在校验的有效期内，其量程应为被测最大压力的1.5倍~2倍。弹簧压力表的精度不应低于0.4级；

2 U形压力计的最小分度值不得大于1mm。

8.1.6 试验工作应由施工单位负责实施，监理(建设)等单位应参加。

8.1.7 试验时发现的缺陷，应在试验压力降至大气压力后进行处理。处理合格后应重新进行试验。

8.1.8 家用燃具的试验与验收应符合国家现行标准《家用燃气燃烧器具安装及验收规程》CJJ 12 的有关规定。

8.1.9 暗埋敷设的燃气管道系统的强度试验和严密性试验应在未隐蔽前进行。

8.1.10 当采用不锈钢金属管道时，强度试验和严密性试验检查所用的发泡剂中氯离子含量不得大于25×10^{-6}。

8.2 强度试验

8.2.1 室内燃气管道强度试验的范围应符合下列规定：

1 明管敷设时，居民用户应为引入管阀门至燃气计量装置前阀门之间的管道系统；暗埋或暗封敷设时，居民用户应为引入管阀门至燃具接入管阀门(含阀门)之间的管道；

2 商业用户及工业企业用户应为引入管阀门至燃具接入管阀门(含阀门)之间的管道(含暗埋或暗封的燃气管道)。

8.2.2 待进行强度试验的燃气管道系统与不参与试验的系统、设备、仪表等应隔断，并应有明显的标志或记录，强度试验前安全泄放装置应已拆下或隔断。

8.2.3 进行强度试验前，管内应吹扫干净，吹扫介质宜采用空气或氮气，不得使用可燃气体。

8.2.4 强度试验压力应为设计压力的1.5倍且不得低于0.1MPa。

8.2.5 强度试验应符合下列要求：

1 在低压燃气管道系统达到试验压力时；稳压不少于0.5h后，应用发泡剂检查所有接头，无渗漏、压力计量装置无压力降为合格；

2 在中压燃气管道系统达到试验压力时，稳压不少于0.5h后，应用发泡剂检查所有接头，无渗漏、压力计量装置无压力降为合格；或稳压不少于1h，观察压力计量装置，无压力降为合格；

3 当中压以上燃气管道系统进行强度试验时，应在达到试验压力的50%时停止不少于15min，用发泡剂检查所有接头，无渗漏后方可继续缓慢升压至试验压力并稳压不少于1h后，压力计量装置无压力降为合格。

8.3 严密性试验

8.3.1 严密性试验范围应为引入管阀门至燃具前阀门之间的管道。通气前还应对燃具前阀门至燃具之间的管道进行检查。

8.3.2 室内燃气系统的严密性试验应在强度试验合格之后进行。

8.3.3 严密性试验应符合下列要求：

1 低压管道系统

试验压力应为设计压力且不得低于5kPa。在试验压力下，居民用户应稳压不少于15min，商业和工业企业用户应稳压不少于30min，并用发泡剂检查全部连接点，无渗漏、压力计无压力降为合格。

当试验系统中有不锈钢波纹软管、覆塑铜管、铝塑复合管、耐油胶管时，在试验压力下的稳压时间不宜小于1h，除对各密封点检查外，还应对外包覆层端面是否有渗漏现象进行检查。

2 中压及以上压力管道系统

试验压力应为设计压力且不得低于0.1MPa。在试验压力下稳压不得少于2h，用发泡剂检查全部连接点，无渗漏、压力计量装置无压力降为合格。

8.3.4 低压燃气管道严密性试验的压力计量装置应采用U形压力计。

8.4 验　　收

8.4.1 施工单位在工程完工自检合格的基础上，监理单位应组织进行预验收。预验收合格后，施工单位应向建设单位提交竣工报告并申请进行竣工验收。建设单位应组织有关部门进行竣工验收。

新建工程应对全部施工内容进行验收，扩建或改建工程可仅对扩建或改建部分进行验收。

8.4.2 工程竣工验收应包括下列内容：

1 工程的各参建单位向验收组汇报工程实施的情况；

2 验收组应对工程实体质量(功能性试验)进行抽查；

3 对本规范第8.4.3条规定的内容进行核查；

4 签署工程质量验收文件。

8.4.3 工程竣工验收前应具有下列文件，并宜按附录A及附录B表格填写：

1 设计文件；

2 设备、管道组成件、主要材料的合格证、检定证书或质量证明书；

3 施工安装技术文件记录(附录C)：焊工资格备案(表C.0.1)、阀门试验记录(附表C.0.2)、射线探伤检验报告(表C.0.3)、超声波试验报告(表C.0.4)、隐蔽工程(封闭)记录(表C.0.5)、燃气管道安装工程检查记录(表C.0.6)、室内燃气系统压力试验记录(表C.0.7)；

4 质量事故处理记录；

5 城镇燃气工程质量验收记录(附录A)：燃气分项工程质量验收记录(表A.0.1)、燃气分部(子分部)工程质量验收记录(表A.0.2)、燃气单位(子单位)工程竣工验收记录(表A.0.3)；

6 其他相关记录。

附录 A 燃气工程质量验收记录

表 A.0.1 燃气分项工程质量验收记录

工程名称		分部工程名称		分项工程名称	
施工单位		位置		主要工程数量	

序号	主控项目	验收依据	质量情况	监理(建设)单位验收意见
1				
2				
3				
4				
5				

序号	一般项目	验收依据/允许偏差(规定值±偏差值)(mm)	验收点偏差或实测值															应量测点数	合格点数	合格率(%)	监理(建设)单位验收意见
			1	2	3	4	5	6	7	8	9	10	11	12	13	14	15				
1																					
2																					
3																					
4																					
5																					
6																					
7																					
8																					

施工单位自检结果		施工单位项目质量负责人		检查日期	年 月 日
监理(建设)单位验收意见		监理工程师(建设单位项目负责人)		验收日期	年 月 日

表 A.0.2 燃气分部(子分部)工程质量验收记录

工程名称			分部工程名称	
施工单位			项目技术(质量)负责人	
分包单位				
序号		分项工程名称	施工单位自检意见	监理(建设)单位验收意见
1				
2				
3				
4				
5				
6				
7				
8				
观感质量				
质量控制资料				
验收结论				
验收单位	分包单位	项目经理:		年 月 日
	施工单位	项目经理:		年 月 日
	监理(建设)单位	总监理工程师(建设单位项目负责人)		年 月 日

表 A.0.3　燃气单位(子单位)工程竣工验收记录

<table>
<tr><td>工程名称</td><td colspan="3"></td></tr>
<tr><td>开工日期</td><td>年　月　日</td><td>完工日期</td><td>年　月　日</td></tr>
<tr><td>设计概算</td><td></td><td>施工决算</td><td></td></tr>
<tr><td colspan="4">验收范围及数量(附页共　页)：</td></tr>
<tr><td colspan="4">验收意见：</td></tr>
<tr><td colspan="4">验收组组长(签字)：</td></tr>
<tr><td colspan="2">建设单位(签字、公章)：</td><td colspan="2">监理单位(签字、公章)：</td></tr>
<tr><td colspan="2">设计单位(签字、公章)：</td><td colspan="2">施工单位(签字、公章)：</td></tr>
<tr><td colspan="2">单位(签字、公章)：</td><td colspan="2">单位(签字、公章)：</td></tr>
<tr><td colspan="4">竣工验收日期：　　年　月　日</td></tr>
<tr><td colspan="4">其他说明：</td></tr>
</table>

附录 B　管道焊接常用的坡口形式和尺寸

表 B　钢制管道焊接坡口形式及尺寸

序号	厚度 T（mm）	坡口名称	坡口形式	坡口尺寸 间隙 c（mm）	坡口尺寸 钝边 p（mm）	坡口尺寸 坡口角度 $\alpha(\beta)$（°）	备注
1	1~3	I 形坡口	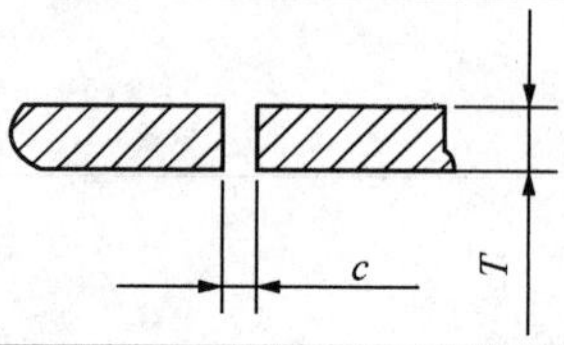	0~1.5	—	—	
2	3~9	V 形坡口	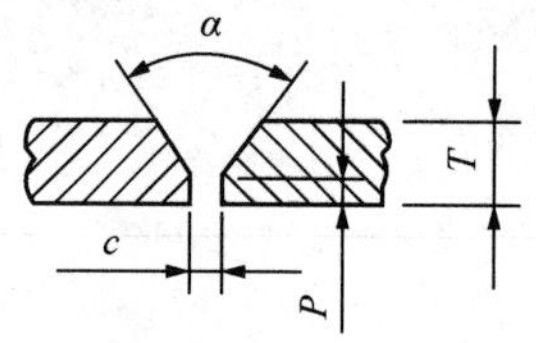	0~2	0~2	65~75	
	9~26			0~3	0~3	55~65	
3	2~30	T 形接头 I 形坡口	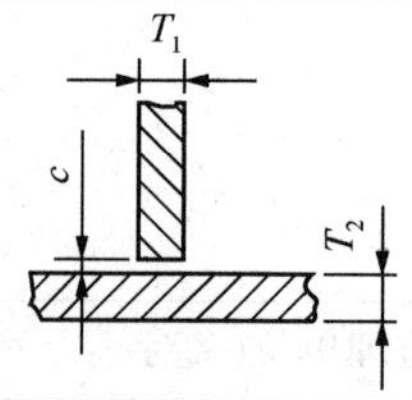	0~2	—	—	
4	管径 $\phi\leqslant76$	管座坡口	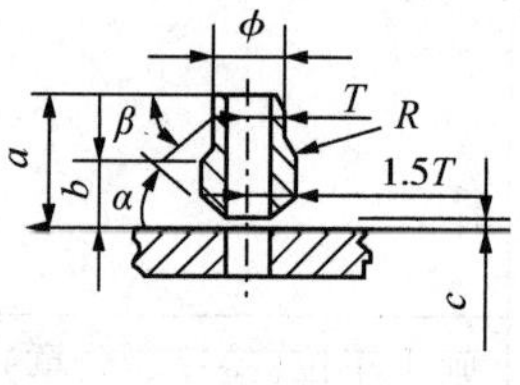 a=100　b=70　R=5	2~3	—	50~60（30~35）	
5	管径 ϕ 76~133	管座坡口	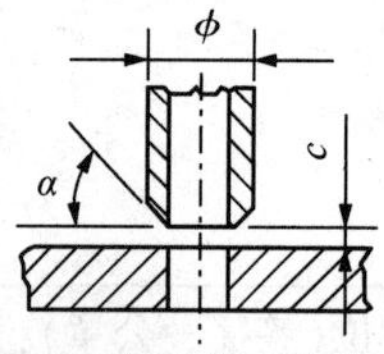	2~3	—	45~60	
6		法兰角焊接头	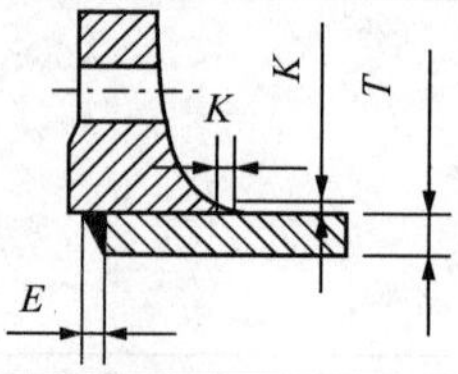	—	—	—	K=1.4T，且不大于颈部厚度；E=6.4，且不大于 T
			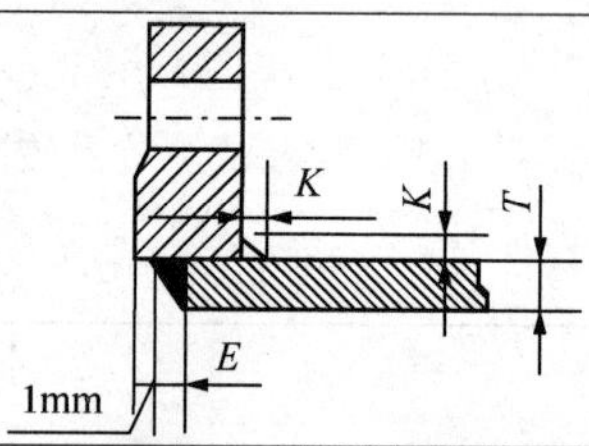				$K\geqslant T$ $E\geqslant T$
7		承插焊接法兰	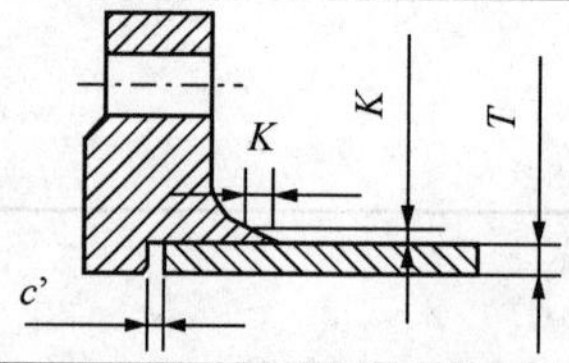	1.6	—	—	K=1.4T，且不大于颈部厚度

附录C 施工安装技术文件记录内容及格式

表 C.0.1 焊工资格备案

工程名称						
施工单位						
致 监理(建设)单位： 我单位经审查，下列焊工符合本工程的焊接资格条件，请查收备案。						
序号	焊工姓名	焊工证书编号	焊工代号(钢印)	考试合格项目代号	考试日期	备注
施工单位部门负责人			项目经理		填表人	
填表日期： 年 月 日						

表 C.0.2 阀门试验记录

工程名称											
施工单位											
试验日期	类型	数量	规格型号		强度试验			严密性试验			外观检查及试验结果
			公称直径	公称压力	试验介质	压力（MPa）	时间（mm）	试验介质	压力（MPa）	时间（mm）	
监理（建设）单位				施工单位							
				项目负责人			质检员			试验员	

表 C.0.3 射线探伤检验报告

项目：			工号：				
管线号		委托单位		试验编号			
规格及厚度		焊接方法		执行标准			
材质		增感方式		透视方法			
底片编号	缺陷			评定等级	返修位置	焊工号	附注
	1 2 3 4 5 6 7 8 9 10 11 12 13 14 15 16 17 18						
缺陷代号	1. 横裂纹 2. 纵裂纹 3. 弧坑裂纹 4. 未焊透 5. 未熔合 6. 条状夹渣	7. 分散夹渣 8. 夹钨 9. 气孔 10. 长形气孔 11. 过熔透 12. 凹陷	13. 溢满 14. 缩孔 15. 伪缺陷 16. 咬边 17. 错口 18. 表面沟槽				
审核人： 年 月 日	评片： 年 月 日	暗房处理： 年 月 日	拍片： 年 月 日				

表 C.0.4　超声波试验报告

项目：				工号：	
委托单位		受检件名称		试验编号	
材质		试块		执行标准	
规格		入射点		指示长度	
厚度(mm)		折射角(°)		最大射波高(dB 值)	
耦合剂		表面状态		灵敏度余量	
使用仪器					
序号	检验部位	超标缺陷			评级
		性质	深度	位置	
附注： 年　月　日					
审核人	年　月　日		报告人	年　月　日	
证号：			证号：		

表 C.0.5　隐蔽工程(封闭)记录

项目：		工号：	
隐蔽 部位 封闭		施工图号	
隐蔽 前的检查： 封闭			
隐蔽 方法： 封闭			
简图说明：			
建设单位： 年　月　日	______单位 年　月　日	施工单位： 施工人员： 检验员：　年　月　日	

表 C.0.6 燃气管道安装工程检查记录

<table>
<tr><td>工程名称</td><td colspan="3"></td></tr>
<tr><td>施工单位</td><td colspan="3"></td></tr>
<tr><td>检查部位</td><td></td><td>检查项目</td><td></td></tr>
<tr><td>检查数量</td><td></td><td></td><td></td></tr>
<tr><td>检查内容</td><td colspan="3">填表人：</td></tr>
<tr><td>示意简图</td><td colspan="3"></td></tr>
<tr><td>检查结果及
处理意见</td><td colspan="3">检查日期： 年 月 日</td></tr>
<tr><td>复查结果</td><td colspan="3">复查人： 复查日期： 年 月 日</td></tr>
<tr><td rowspan="2">监理(建设)单位</td><td colspan="2">施工单位</td><td rowspan="2">单位</td></tr>
<tr><td>项目技术负责人</td><td>质检员</td></tr>
<tr><td></td><td></td><td></td><td></td></tr>
</table>

表 C.0.7　室内燃气系统压力试验记录

<table>
<tr><td>工程名称</td><td colspan="3"></td></tr>
<tr><td>施工单位</td><td colspan="3"></td></tr>
<tr><td>管道材质</td><td></td><td>接口做法</td><td></td></tr>
<tr><td>设计压力</td><td>MPa</td><td>试验压力</td><td>MPa</td></tr>
<tr><td>压力计种类</td><td colspan="3">□弹簧表；□数字式压力计；□U 形压力计</td></tr>
<tr><td>压力计量程
及精度等级</td><td>MPa；级</td><td>试验项目</td><td>□强度；□严密性</td></tr>
<tr><td>试验介质</td><td></td><td>试验日期</td><td>年　月　日</td></tr>
<tr><td colspan="4">试验范围：</td></tr>
<tr><td colspan="4">试验过程：</td></tr>
<tr><td colspan="4">试验结果：</td></tr>
</table>

监理(建设)单位	施工单位	单位

UDC

中华人民共和国行业标准 CJJ

P

CJJ 95—2013

备案号J 273—2013

城镇燃气埋地钢质管道腐蚀控制技术规程

Technical specification for external corrosion control of buried steel pipeline for city gas

2013-11-08 发布 2014-06-01 实施

中 华 人 民 共 和 国 住 房 和 城 乡 建 设 部 发布

前　言

根据住房和城乡建设部《关于印发<2010 年工程建设标准规范制订、修订计划>的通知》(建标[2010] 43 号)的要求，规程编制组经广泛调查研究，认真总结实践经验，参考有关国际标准和国外先进标准，并在广泛征求意见的基础上，修订本规程。

本规程的主要技术内容是：1. 总则；2. 术语；3. 基本规定；4. 腐蚀控制评价；5. 防腐层；6. 阴极保护；7. 干扰防护；8. 腐蚀控制工程的运行管理等。

本规程修订的主要技术内容是：1. 增加了交流干扰评价、防腐层评价、阴极保护评价三部分内容；2. 删除了二层挤压聚乙烯防腐层、聚乙烯胶带防腐层的内容，增加了双层环氧防腐层的相关内容；3. 调整了章节结构；4. 增加了交流干扰防护的内容；5. 增加了干扰防护系统的检测和维护、管道腐蚀损伤的检测和维护两部分内容。

本规程中以黑体字标志的条文为强制性条文，必须严格执行。

本规程由住房和城乡建设部负责管理和对强制性条文的解释，由北京市燃气集团有限责任公司负责具体技术内容的解释。执行过程中如有意见或建议，请寄送北京市燃气集团有限责任公司(地址：北京市朝阳区安华里二区 7 号楼，邮编：100011)。

本规程主编单位：北京市燃气集团有限责任公司

本规程参编单位：北京市燃气集团研究院
北京市公用事业科学研究所
港华投资有限公司
成都城市燃气有限责任公司
天津市燃气热力规划设计院
上海燃气(集团)有限公司
西安秦华天然气有限公司
深圳市燃气集团股份有限公司
中国燃气控股有限公司
沈阳燃气有限公司
钢铁研究总院青岛海洋腐蚀研究所
北京科技大学新材料技术研究院
北京中腐防蚀工程技术有限公司
北京安科管道工程科技有限公司
武汉安耐捷科技工程有限公司
北京松晖管道有限公司
宁波安达防腐材料有限责任公司

本规程主要起草人员：车立新　孙健民　应援农　黄从祥
梁家琪　杨　森　杨印臣　席　丹
丁继峰　陈学政　付山林　杜艳霞
王修云　李美竹　马瑞莉　颜达峰
李英杰　邹　戎　李夏喜　段　蔚
王　学　孙　锐　徐孟锦

本规程主要审查人员：杨　健　高立新　王春起　刘新领
魏秋云　左　禹　曹　备　陈　琴
朱　丹　赵瑞保　薛连民

目　　次

1　总则
2　术语
3　基本规定
4　腐蚀控制评价
4.1　土壤腐蚀性评价
4.2　干扰评价
4.3　防腐层评价
4.4　阴极保护评价
4.5　管道腐蚀损伤评价
5　防腐层
5.1　一般规定
5.2　防腐层涂覆
5.3　防腐管的检验、储存和搬运
5.4　防腐管的施工和验收
6　阴极保护
6.1　一般规定
6.2　阴极保护系统设计
6.3　阴极保护系统施工
6.4　阴极保护系统验收
7　干扰防护
7.1　一般规定
7.2　直流干扰的防护
7.3　交流干扰的防护
8　腐蚀控制工程的运行管理
8.1　防腐层的检测和维护
8.2　阴极保护系统的运行和维护
8.3　干扰防护系统的检测和维护
8.4　管道腐蚀损伤的检测和维护
本规程用词说明(略)
引用标准名录
附：条文说明(略)

Contents

1 Ceneral Provisions
2 Terms
3 Basic Requirement
4 Evaluation of corrosion control
4.1 Evaluation of Soil Corrosivity
4.2 Interference Evaluation
4.3 Coating Evaluation
4.4 Cathodic Protection Evaluation
4.5 Evaluation of Pipe Corrosion and Damage
5 Coating
5.1 General Requirement
5.2 Coating on the Pipe
5.3 Inspection, Storage and Handling of Coated Pipe
5.4 Construction and Acceptance of Coated Pipe
6 Cathodic Protection
6.1 General Requirement
6.2 Design of Cathodic Protection System
6.3 Construction of Cathodic Protection System
6.4 Acceptance of Cathodic Protection System
7 Interference Protection
7.1 General Requirement
7.2 Protection of DC Interference
7.3 Protection of AC Interference
8 Operation and Management of Corrosion Control Engineering
8.1 Inspection and Maintenance of Coating
8.2 Operation and Maintenance of Cathodic Protection System
8.3 Inspection and Maintenance of Interference Protection System
8.4 Inspection and Maintenance of Pipe Corrosion Damage
Explanation of Wording in This Specification (Omitted)
List of Quoted Standards
Addition: Explanation of Provision (Omitted)

1 总　　则

1.0.1 为使城镇燃气埋地钢质管道(以下简称管道)腐蚀控制工程统一标准、合理设计、规范施工、科学管理，提高管道的安全性，制定本规程。

1.0.2 本规程适用于城镇燃气埋地钢质管道外腐蚀控制工程的设计、施工、验收和运行管理。

1.0.3 管道腐蚀控制工程应做到技术可靠、经济合理、保护环境，并应满足腐蚀控制要求。

1.0.4 城镇燃气埋地钢质管道腐蚀控制工程除应符合本规程外，尚应符合国家现行有关标准的规定。

2 术　　语

2.0.1 腐蚀　corrosion

金属与环境介质间的物理与化学相互作用，其结果使金属的性能发生变化，并常可导致金属、环境或由它们作为组成部分的技术体系的功能受到损伤。

2.0.2 腐蚀速率　corrosion rate

单位时间内金属遭受腐蚀的质量损耗量或腐蚀深度。

2.0.3 腐蚀控制　corrosion control

人为改变金属的腐蚀体系要素，以降低金属的腐蚀速率和对环境介质的影响，保障管道的服役功能。

2.0.4 腐蚀电位　corrosion potential

金属在给定腐蚀体系中的电极电位。

2.0.5 自腐蚀电位　free corrosion potential

在开路条件下，处于电解质中的腐蚀金属表面相对于参比电极的电位，即没有净电流从金属表面流入或流出时的电极电位，也称为静止电位、开路电位或自然腐蚀电位。

2.0.6 防腐层　coating

涂覆在管道及其附件表面上，使其与腐蚀环境实现物理隔离的绝缘材料层。

2.0.7 防腐层面电阻率　coating resistivity

防腐层电阻和防腐层表面积的乘积。

2.0.8 漏点　holiday

防腐层的不连续处，导致金属表面暴露于环境中。

2.0.9 电绝缘　electrical isolation

管道与相邻的其他金属物或环境物质之间，或在管道的不同管段之间呈电气隔离的状态。

2.0.10 电连续性　electrical continuity

对指定管道体系的整体电气导通性。

2.0.11 阴极保护　cathodic protection

通过降低腐蚀电位，使管道腐蚀速率显著减小而实现电化学保护的一种方法。

2.0.12 牺牲阳极　sacrificial anode or galvanic anode

与被保护管道偶接而形成电化学电池，并在其中呈低电位的阳极，通过阳极溶解释放电子以对管道实现阴极保护的金属组元。

2.0.13 牺牲阳极阴极保护　cathodic protection with sacrificial anode

通过与作为牺牲阳极的金属组元偶接而对管道提供电子以实现阴极保护的一种电化学保护方法。

2.0.14 强制电流阴极保护　impressed current cathodic protec tion

通过外部电源对管道提供电子以实现阴极保护的一种电化学保护方法，也称为外加电流阴极保护。

2.0.15 辅助阳极 impressed current anode or auxiliary anode

在强制电流阴极保护系统中，与外部电源正极相连并在阴极保护电回路中起导电作用构成完整电流回路的电极。

2.0.16 参比电极 reference electrode

具有稳定可再现电位的电极，在测量管道电位或其他电极电位值时用于组成测量电池的电化学半电池，作为电极电位测量的参考基准。

2.0.17 汇流点 drain point

阴极电缆与被保护金属管道的连接点，保护电流通过此点流回电源。

2.0.18 测试装置 test station

布设在埋地管道沿线，用于监测与检测管道阴极保护参数的设施。

2.0.19 极化 polarization

由于金属和电解质之间有净电流流动而导致的电极电位偏离初始电位现象，可表征电极界面上电极过程的阻力作用。

2.0.20 阴极极化电位 cathodic polarized potential

在阴极极化条件下金属/电解质界面的电位，等于自腐蚀电位与阴极极化电位值的和。

2.0.21 阴极剥离 cathodic disbondment

由阴极反应产物造成的覆盖层和涂覆表面粘结性的破坏。

2.0.22 阴极保护电位 cathodic protective potential

为达到阴极保护目的，在阴极保护电流作用下使管道电位从自腐蚀电位负移至某个阴极极化的电位值。

2.0.23 IR 降 IR drop

根据欧姆定律，由于电流的流动在参比电极与金属管道之间电解质内产生的电压降。

2.0.24 通电电位 on potential

阴极保护系统持续运行时测量的金属/电解质电位。

2.0.25 断电电位 off potential

断电瞬间测得的金属/电解质电位。

2.0.26 杂散电流 stray current

从规定的正常电路中流失而在非指定回路中流动的电流。

2.0.27 干扰 interference

由于杂散电流作用或感应电流作用等对管道产生的有害影响。

2.0.28 排流保护 electrical drainage protection

用电学的或物理的方法把进入管道的杂散电流导出或阻止杂散电流进入管道，以防止杂散电流腐蚀的保护方法。

3 基本规定

3.0.1 城镇燃气埋地钢质管道必须采用防腐层进行外保护。

3.0.2 新建管道应采用防腐层辅以阴极保护的腐蚀控制系统。

3.0.3 管道外防腐层应保持完好；采用阴极保护时，阴极保护不应间断。

3.0.4 仅有防腐层保护的在役管道宜追加阴极保护系统。

3.0.5 处于强干扰腐蚀地区的管道，应采取防干扰保护措施。

3.0.6 管道腐蚀控制系统应根据土壤环境因素、技术经济因素和环境保护因素确定，并应符合下列规定：

1　土壤环境因素应包括下列内容：

1）土壤环境的腐蚀性；

2）管道钢在土壤中的腐蚀速率；

3）管道相邻的金属构筑物状况及其与管道的相互影响；

4）对管道产生干扰的杂散电流源及其影响程度。

2　技术经济因素应包括下列内容：

1）管道输送介质的性能及运行工况；

2）管道的设计使用年限及维护费用；

3）管道腐蚀泄漏导致的间接费用；

4）用于管道腐蚀控制的费用。

3　环境保护因素应包括下列内容：

1）管道腐蚀控制系统对人体健康和环境的影响；

2）管道埋设的地理位置、交通状况和人口密度；

3）腐蚀控制系统对土壤环境的影响。

3.0.7　在发生管道腐蚀泄漏或发现腐蚀控制系统失效时，应按本规程第4章的规定进行土壤腐蚀性、防腐层、阴极保护、杂散电流干扰和管道腐蚀损伤评价，并应根据评价结果采取相应措施。

3.0.8　管道腐蚀控制系统的设计、施工单位应具有相应资质，进行施工及管理的技术人员应具有相应专业技术资格，实施操作人员应经过专业培训。

3.0.9　管道腐蚀控制系统的档案管理宜通过数字化信息系统进行。

4　腐蚀控制评价

4.1　土壤腐蚀性评价

4.1.1　土壤腐蚀性应采用检测管道钢在土壤中的腐蚀电流密度和平均腐蚀速率判定。土壤腐蚀性评价指标应符合表4.1.1的规定。

表4.1.1　土壤腐蚀性评价指标

指标	级别				
	极轻	较轻	轻	中	强
腐蚀电流密度（$\mu A/cm^2$）	<0.1	0.1～<3	3～<6	6～<9	≥9
平均腐蚀速率[$g/(dm^2 \cdot a)$]	<1	1～<3	3～<5	5～<7	≥7

4.1.2　在土壤层未遭到破坏的地区，可采用土壤电阻率指标判定土壤腐蚀性。土壤电阻率腐蚀性评价指标应符合表4.1.2的规定。

表4.1.2　土壤电阻率腐蚀性评价指标

指标	级别		
	轻	中	强
土壤电阻率（$\Omega \cdot m$）	>50	20～50	<20

4.1.3　当存在细菌腐蚀时，应采用土壤氧化还原电位指标判定土壤腐蚀性。土壤细菌腐蚀性评价指标应符合表4.1.3的规定。

表 4.1.3 土壤细菌腐蚀性评价指标

指标	级别			
	轻	中	较强	强
氧化还原电位(mV)	≥400	200~<400	100~<200	<100

4.2 干扰评价

4.2.1 直流干扰评价应符合下列规定：

1 管道受直流干扰程度应采用管地电位正向偏移指标或土壤电位梯度指标判定；

2 直流干扰程度评价指标应符合表 4.2.1-1 的规定；当管地电位正向偏移值难以测取时，可采用土壤电位梯度指标评价，杂散电流强弱程度的评价指标应符合表 4.2.1-2 的规定；

表 4.2.1-1 直流干扰程度评价指标

指标	级别		
	弱	中	强
管地电位正向偏移值(mV)	<20	20~200	>200

表 4.2.1-2 杂散电流强弱程度的评价指标

指标	级别		
	弱	中	强
土壤电位梯度(mV/m)	<0.5	0.5~5.0	>5.0

3 当管道任意点的管地电位较该点自腐蚀电位正向偏移大于 20mV 或管道附近土壤电位梯度大于 0.5mV/m 时，可确认管道受到直流干扰；

4 当管道任意点的管地电位较自腐蚀电位正向偏移大于 100mV 或管道附近土壤电位梯度大于 2.5mV/m 时，应采取防护措施。

4.2.2 当管道上的交流干扰电压高于 4V 时，应采用交流电流密度进行评估，并应符合下列规定：

1 交流电流密度可通过测量获得，其测量方法应符合国家相关标准的规定；

2 交流电流密度也可按下式计算得出：

$$J_{AC}=\frac{8V}{\rho\pi d} \tag{4.2.2}$$

式中：J_{AC}——评估的交流电流密度(A/m^2)；

V——交流干扰电压有效值的平均值(V)；

ρ——土壤电阻率(Ω·m)，ρ 值应取交流干扰电压测试测试点处与管道埋深相同的土壤电阻率实测值；

d——破损点直径(m)，d 值按发生交流腐蚀最严重考虑，取 0.0113。

4.2.3 交流干扰评价应符合下列规定：

1 管道受交流干扰程度判断指标可按表 4.2.3 进行判定。

表 4.2.3 交流干扰程度判断指标

指标	级别		
	弱	中	强
交流电流密度(A/m^2)	<30	30~100	>100

2 当交流干扰程度判定为“强”时，应采取防护措施；当判定为“中”时，宜采取防护措施；当判定为“弱”时，可不采取防护措施。

4.3 防腐层评价

4.3.1 管道防腐层缺陷的评价可采用交流电位梯度法、直流电位梯度法、交流电流衰减法和密间隔电位法进行，防腐层缺陷评价分级符合表4.3.1的规定。

表4.3.1 防腐层缺陷评价分级

检测方法	级别		
	轻	中	重
交流电位梯度法(ACVG)	低电压降	中等电压降	高电压降
直流电位梯度法(DCVG)	电位梯度IR%较小，CP在通/断电时处于阴极状态	电位梯度IR%中等，CP在断电时处于中性状态	电位梯度IR%较大，CP在通/断电时处于阳极状态
交流电流衰减法	单位长度衰减量小	单位长度衰减量中等	单位长度衰减量较大
密间隔电位法(CIPS)	通/断电电位轻微负于阴极保护电位准则	通/断电电位中等偏离并正于阴极保护电位准则	通/断电电位大幅偏离并正于阴极保护电位准则
评价结果	具有钝化或较低的腐蚀活性可能性	具有一般腐蚀活性	具有高腐蚀活性可能性
处理建议	可不开挖检测	计划开挖检测	立即开挖检测

4.3.2 防腐层绝缘性能评价应符合下列规定：

1 对环氧类、聚乙烯等高性能防腐层的绝缘性能可采用电流-电位法或交流衰减法进行定性评价；

2 石油沥青防腐层绝缘性能评价指标应符合表4.3.2的规定。

表4.3.2 石油沥青防腐层绝缘性能评价指标

检测方法及建议	防腐层等级				
	Ⅰ(优)	Ⅱ(良)	Ⅲ(可)	Ⅳ(差)	Ⅴ(劣)
电流-电位法测面电阻率 R_g($\Omega \cdot m^2$)	≥5000	$2500 \leq R_g < 5000$	$1500 \leq R_g < 2500$	$500 \leq R_g < 1500$	<500
变频-选频法测面电阻率 R_g($\Omega \cdot m^2$)	≥10000	$6000 \leq R_g < 10000$	$3000 \leq R_g < 6000$	$1000 \leq R_g < 3000$	<1000
老化程度及表现	基本无老化	老化轻微，无剥离和损伤	老化较轻，基本完整，沥青发脆	老化较严重，有剥离和较严重的吸水现象	老化和剥离严重，轻剥即掉
处理建议	暂不维修和补漏	计划检漏和修补作业	近期检漏和修补	加密测点进行小区段测试，对加密点测出的小于1000$\Omega \cdot m^2$的防腐层进行维修	大修

4.4 阴极保护评价

4.4.1 阴极保护状况可采用管道极化电位进行评价。

4.4.2 正常情况下，施加阴极保护后，使用铜/饱和硫酸铜参比电极（以下简称 CSE）测得的管道极化电位应达到或负于-850mV。测量电位时，应考虑 IR 降的影响。

4.4.3 存在细菌腐蚀时，管道极化电位值相对于 CSE 应小于或等于-950mV。

4.4.4 在土壤电阻率为 100Ω · m～1000Ω · m 的环境中，管道极化电位值相对于 CSE 应小于或等于-750mV；当土壤电阻率大于 1000Ω · m 时，管道极化电位值相对于 CSE 应小于或等于-650mV。

4.4.5 当阴极极化电位难以达到-850mV 时，可采用阴极极化或去极化电位差大于 100mV 的判据。

4.4.6 阴极保护的管道极化电位不应使被保护管道析氢或防腐层产生阴极剥离。

4.5 管道腐蚀损伤评价

4.5.1 管道腐蚀损伤评价的方法应符合现行行来标准《钢制管道及储罐腐蚀评价标准　埋地钢质管道外腐蚀直接评价》SY/T 0087.1 的有关规定。当采用剩余壁厚、危险截面和剩余强度三个层次逐级评价时，管道腐蚀损伤评价指标应附合表 4.5.1 的规定。

表 4.5.1　管道腐蚀损伤评价指标

<table>
<tr><th colspan="2" rowspan="2">评价方法</th><th colspan="7">评价等级</th></tr>
<tr><th>Ⅰ</th><th>ⅡA</th><th>ⅡB</th><th>Ⅲ</th><th>ⅣA</th><th>ⅣB</th><th>Ⅴ</th></tr>
<tr><td>1</td><td>剩余壁厚评价</td><td>$T_{mm}>0.9T_0$</td><td colspan="5">$0.2<T_{mm}/T_0\leqslant 0.9$</td><td>$T_{mm}\leqslant 0.2T_0$ 或 $T_{mm}\leqslant 2mm$</td></tr>
<tr><td>2</td><td>危险截面评价</td><td>—</td><td>$T_{mm}>T_{min}$</td><td colspan="3">—</td><td>$T_{mm}\leqslant 0.5T_{min}$ 或危险截面超标</td><td>—</td></tr>
<tr><td>3</td><td>剩余强度评价</td><td>—</td><td>—</td><td>$RSF\geqslant 0.9$</td><td>$0.5\leqslant RSF<0.9$</td><td>$RSF<0.5$</td><td>—</td><td>—</td></tr>
<tr><td colspan="2">评价结果</td><td>腐蚀很轻</td><td colspan="2">腐蚀不严重</td><td>腐蚀较严重</td><td colspan="2">腐蚀严重</td><td>腐蚀很严重</td></tr>
<tr><td colspan="2">处理建议</td><td>继续使用</td><td colspan="2">监控</td><td>降压使用</td><td colspan="2">计划维修</td><td>立即维修</td></tr>
</table>

注：T_{mm} 为管道最小剩余壁厚（mm）；T_0 为管道壁厚（mm）；T_{min} 为管道最小安全壁厚（mm）；RSF 为管道剩余强度因子。

4.5.2 管道腐蚀速率应采用最大点蚀速率指标进行评价。管道腐蚀性评价指标应符合表 4.5.2 的规定。

表 4.5.2　管道腐蚀性评价指标

<table>
<tr><th rowspan="2">指标</th><th colspan="4">级别</th></tr>
<tr><th>轻</th><th>中</th><th>重</th><th>严重</th></tr>
<tr><td>最大点蚀速率（mm/a）</td><td><0.305</td><td>0.305～<0.611</td><td>0.611～<2.438</td><td>≥2.438</td></tr>
</table>

5 防腐层

5.1 一 般 规 定

5.1.1 管道防腐层主要性能应符合下列规定：

1 应有良好的电绝缘能力；

2 应有足够的抗阴极剥离能力；

3 与管道应有良好的粘结性；

4 应有良好的耐水、汽渗透性；

5 应具有良好的机械性能；

6 应有良好的耐化学介质性能；

7 应有良好的耐环境老化性能；

8 应易于修复；

9 工作温度应为-30℃~70℃。

5.1.2 防腐层应根据下列因素选择：

1 土壤环境和地形地貌；

2 管道运行工况；

3 管道系统设计使用年限；

4 管道施工环境和施工条件；

5 现场补口、补伤条件；

6 防腐层及其与阴极保护相配合的经济合理性；

7 防腐层涂覆过程中不应危害人体健康和污染环境；

8 防腐层的材料和施工工艺不应对母材的性能产生不利影响。

5.1.3 管道防腐层宜采用挤压聚乙烯防腐层、熔结环氧粉末防腐层、双层环氧防腐层等，普通级和加强级的防腐层基本结构应符合表 5.1.3 的规定。

表 5.1.3 防腐层基本结构

防腐层	基本结构	
	普通级	加强级
抗压聚乙烯防腐层	≥120μm 环氧粉末+≥170μm 胶粘剂+1.8mm~3.0mm 聚乙烯	≥120μm 环氧粉末+≥170μm 胶粘剂+2.5mm~3.7mm 聚乙烯
熔结环氧粉末防腐层	≥300μm 环氧粉末	≥400μm 环氧粉末
双层环氧防腐层	≥250μm 环氧粉末+≥370μm 改性环氧	≥300μm 环氧粉末+≥500μm 改性环氧

5.1.4 下列情况应按本规程表 5.1.3 采用加强级防腐层结构：

1 高压、次高压、中压管道和公称直径大于或等于 200mm 的低压管道；

2 穿越河流、公路、铁路的管道；

3 有杂散电流干扰及存在细菌腐蚀的管道；

4 需要特殊防护的管道。

5.1.5 管道附件的防腐层等级不应低于管道防腐层等级。

5.2 防腐层涂覆

5.2.1 防腐层涂覆前应进行管道表面预处理，预处理方法和检验标准应符合国家现行相关标准的规定，合格后方可涂覆。

5.2.2 管道防腐层涂覆应在工厂进行，防腐层涂覆应完整、连续及与管道粘结牢固，涂覆及质量应符合相应防腐层标准的要求。

5.2.3 管道预留的裸露表面应涂刷防锈可焊涂料。

5.3 防腐管的检验、储存和搬运

5.3.1 防腐管现场质量检验指标应符合下列规定：

1 外观：防腐层表面不得出现气泡、破损、裂纹、剥离等缺陷；

2 厚度：防腐层厚度不得低于本规程表 5.1.3 的最低厚度要求；

3 粘结力：防腐层与管道的粘结力不得低于相应防腐层技术标准要求；

4 连续性：防腐层中暴露金属的漏点数量应符合相应防腐层技术标准要求。

5.3.2 防腐管现场质量检验及处理方法应符合下列规定：

1 外观：应逐根检验，对发现的缺陷应修补处理直至复检合格；

2 厚度：每根管应检测两端和中部共3个圆截面，每个圆截面测量上、下、左、右共4个点，以最薄点为准。每20根抽检1根(不足20根按20根计)，如不合格应加倍抽检，加倍抽检仍不合格，则应逐根检验，不合格者不得使用；

3 粘结力：采用剥离法，取距防腐层边界大于10mm的任一点进行测量。每100根抽检1根(不足100根按100根计)，如不合格应加倍抽检，加倍抽检仍不合格，则应逐根检验，不合格者不得使用；

4 连续性：应采用电火花检漏仪逐根检验。挤压聚乙烯防腐层的检漏电压为25000V；熔结环氧粉末防腐层、双层环氧防腐层的检漏电压为5V/μm。对发现的缺陷应进行修补处理至复检合格。

5.3.3 防腐管露天存放时，应避光保存，存放时间不宜超过6个月。

5.3.4 防腐管在装卸、堆放、移动和运输过程中必须采取保护防腐层不受损伤的措施，应使用专用衬垫及吊带，严禁钢丝绳直接接触防腐层。

5.4 防腐管的施工和验收

5.4.1 防腐管的施工应符合下列规定：

1 管沟底土方段应平整且无石块，石方段应有不小于300mm厚的细软垫层，沟底不得出现损伤防腐层或造成电屏蔽的物体；

2 防腐管下沟前应对防腐层进行外观检查，并应采用电火花检漏仪进行检漏；检漏范围包括补口处，检漏电压应符合本规程第5.3.2条的规定；

3 防腐管下沟时应采取措施保护防腐层不受损伤；

4 防腐管下沟后应对防腐层外观再次进行检查，发现防腐层缺陷应及时修复；

5 防腐管的回填应符合现行行业标准《城镇燃气输配工程施工及验收规范》CJJ 33的有关规定。

5.4.2 防腐管的补口和补伤应使用与原防腐层相容的材料，补口和补伤材料理论使用寿命不得低于管道系统设计使用年限，施工、验收应符合国家现行有关标准规定。当补口材料为热收缩套时，补口处检漏电压应为15000V。

5.4.3 防腐管切、接线处的表面处理应使用电动或气动工具。

5.4.4 防腐管切、接线所用防腐材料应紧密包覆在所有裸露钢材表面，切、接线处防腐层厚度不宜小于管道防腐层厚度，并应进行电火花检漏。

5.4.5 防腐管回填后必须对防腐层完整性进行检查。

5.4.6 完整性检查发现的防腐层缺陷应进行修补至复检合格。

5.4.7 定向钻施工的管段应进行防腐层面电阻率检测，以评价防腐层的质量，可根据评价结果采取相应的措施。

5.4.8 防腐管施工后，应提供下列竣工资料：

1 防腐管按本规程第5.3.1条和第5.3.2条进行的检测验收记录；

2 防腐管现场施工补口、补伤的检测记录；

3 隐蔽工程记录；

4 防腐层原材料、防腐管的出厂合格证及质量检验报告；

5 补口、补伤材料的出厂合格证及质量检验报告；

6 防腐管完整性检验记录。

6 阴极保护

6.1 一般规定

6.1.1 管道阴极保护可采用牺牲阳极法、强制电流法或两种方法的结合，设计时应根据工程规模、土壤环境、管道防腐层质量等因素，经济合理地选用。

6.1.2 管道阴极保护不应对相邻埋地管道或构筑物造成干扰。

6.1.3 新建管道阴极保护的勘察、设计、施工应与管道的勘察、设计、施工同时进行，并应同时投入使用。

6.1.4 在管道埋地6个月内，正常阴极保护系统不能投入运行时，应采取临时性阴极保护措施。在强腐蚀性土壤中，管道在埋入地下时应施加临时阴极保护措施，直至正常阴极保护投产。对于受到杂散电流干扰影响的管道，阴极保护应在3个月之内投入运行。

6.1.5 对在役管道追加阴极保护前，应对防腐层绝缘性能进行检测，并应实际测量阴极保护所需电流及保护范围。

6.2 阴极保护系统设计

6.2.1 市区或地下管道及构筑物相对密集的区域宜采用牺牲阳极阴极保护。具备条件时，可采用柔性阳极阴极保护。

6.2.2 在有条件实施区域性阴极保护的场合，可采用深井阳极地床的阴极保护。

6.2.3 采用阴极保护的管道应设置电绝缘装置，电绝缘装置包括绝缘接头、绝缘法兰、绝缘短管、套管内绝缘支撑、管桥上的绝缘支架等，并应符合下列规定：

1 高压、次高压、中压管道宜使用整体埋地型绝缘接头；

2 电绝缘装置应采取防止超过其绝缘能力的高电压电涌冲击的保护措施；

3 在爆炸危险区，应采用防爆电绝缘装置。

6.2.4 下列部位应安装电绝缘装置：

1 被保护管道的两端及保护与未保护的设施之间；

2 套管与输送管之间；

3 管道同支撑构筑物之间；

4 储配站、门站、调压站(箱)的进口与出口处。

6.2.5 下列部位宜安装电绝缘装置：

1 不同电解质环境的管段间；

2 支线管道连接处及引入管末端；

3 不同防腐层的管段间；

4 交、直流干扰影响的管段上；

5 有接地的阀门处。

6.2.6 被保护管道应具有良好的电连续性，并应符合下列规定：

1 非焊接连接的管道及管道设施应设置跨接电缆或其他有效的电连接方式；

2 穿跨越管道安装绝缘装置的部位应设置跨接电缆。

6.2.7 与阴极保护管道相连接的接地装置应采用电极电位较管道为负的材料，宜采用锌合金。

6.2.8 阴极保护系统应设置测试装置，并应符合下列规定：

1 测试装置的功能应分别满足电位测试、电流测试和组合功能测试的要求；

2 对不同沟敷设的多条平行管道，每条管道应单独设置测试装置或单独接线至共用测试装置；

3 测试装置应沿管道走向设置，可设置在地上或地下，市区可采用地下测试井方式。相邻测试装置间隔不应大于1km，杂散电流干扰影响区域内可适当加密。

6.2.9 下列区域应设置阴极保护测试装置：

1 杂散电流干扰区；

2 套管端头处；

3 绝缘法兰和绝缘接头处；

4 强制电流阴极保护的汇流点；

5 辅助试片或极化探头处；

6 强制电流阴极保护的末端。

6.2.10 阴极保护测试装置宜设置在下列位置：

1 牺牲阳极埋设点；

2 两组牺牲阳极的中间处；

3 与外部金属构筑物相邻处；

4 穿跨越管道两端；

5 接地装置连接处；

6 与其他管道或设施连接处和交叉处。

6.3 阴极保护系统施工

6.3.1 阴极保护电绝缘装置的安装及测试应符合现行行业标准《阴极保护管道的电绝缘标准》SY/T 0086的有关规定。

6.3.2 棒状牺牲阳极的安装应符合下列规定：

1 阳极可采用水平式或立式安装；

2 牺牲阳极距管道外壁宜为0.5m~3.0m。成组布置时，阳极间距宜为2.0m~3.0m；

3 牺牲阳极与管道间不得有其他地下金属设施；

4 牺牲阳极应埋设在土壤冰冻线以下；

5 测试装置处，牺牲阳极引出的电缆应通过测试装置连接到管道上。

6.3.3 阴极保护测试装置应坚固耐用、方便测试，装置上应注明编号，并应在运行期间保持完好状态。接线端子和测试柱均应采用铜制品并应封闭在测试盒内。

6.3.4 测试装置的安装应符合下列规定：

1 每个装置中应至少有2根电缆或双芯电缆与管道连接，电缆应采用颜色或其他标记法区分，全线应统一；

2 采用地下测试井安装方式时，应在井盖上注明标记。

6.3.5 电缆安装应符合下列规定：

1 阴极保护电缆应采用铜芯电缆；

2 测试电缆的截面积不宜小于$4mm^2$；

3 用于牺牲阳极的电缆截面积不宜小于$4mm^2$，用于强制电流阴极保护中阴、阳极的电缆截面积不宜小于$16mm^2$；

4 电缆与管道连接宜采用铝热焊方式，并应连接牢固、电气导通，且在连接处应进行防腐绝缘处理；

5 测试电缆回填时应保持松弛。

6.4 阴极保护系统验收

6.4.1 阴极保护参数的测试方法应符合现行国家标准《埋地钢质管道阴极保护参数测量方法》GB/T 21246的有关规定，阴极保护电位应采用消除IR降的方法进行测试。

6.4.2 阴极保护系统竣工后，应进行下列参数的测试：

1 强制电流阴极保护系统测试应包括下列参数：

1）管道沿线土壤电阻率；

2）管道自腐蚀电位；

3）辅助阳极接地电阻；

4）辅助阳极埋设点的土壤电阻率；

5）绝缘装置的绝缘性能；

6）管道极化电位；

7）管道保护电流；

8）电源输出电流、电压。

2 牺牲阳极阴极保护系统测试应包括下列参数：

1）阳极开路电位；

2）阳极闭路电位；

3）管道自腐蚀电位；

4）管道极化电位；

5）单支阳极输出电流；

6）组合阳极联合输出电流；

7）单支阳极接地电阻；

8）组合阳极接地电阻；

9）阳极埋设点的土壤电阻率；

10）绝缘装置的绝缘性能。

6.4.3 阴极保护系统竣工后，应提供下列竣工资料：

1 竣工图应包括下列内容：

1）平面布置图；

2）阳极地床结构图；

3）测试装置接线图；

4）电缆连接和敷设图。

2 设计变更；

3 产品制造厂家提供的说明书、产品合格证、检验证明、安装图纸等技术文件；

4 安装技术记录；

5 调试试验记录；

6 隐蔽工程记录；

7 本规程第6.4.2条规定的各项参数测试数据记录。

7 干扰防护

7.1 一般规定

7.1.1 当管道和电力输配系统、电气化轨道交通系统、其他阴极保护系统或其他干扰源接近时，应进行实地调查，判断干扰的主要类型和影响程度。

7.1.2 干扰防护应按以排流保护为主，综合治理、共同防护的原则进行。

7.1.3 受干扰管道采取防护措施后，应在后期运行维护中做好监测、检测工作。

7.2 直流干扰的防护

7.2.1 管道直流干扰的调查、测试、防护、效果评定、运行及管理应符合现行行业标准《埋地钢质管道直流排流保护技术标准》SY/T 0017 的有关规定。

7.2.2 直流干扰防护工程实施前，应对直流干扰的方向、强度及直流干扰源与管道位置的关系进行实测，并根据测试结果采取直接排流、极性排流、强制排流、接地排流等一种或多种排流保护方式。

7.2.3 排流保护效果应符合下列规定：

1 受干扰影响的管道上任意点的管地电位应达到或接近未受干扰前的状态或达到阴极保护电位标准；

2 受干扰影响的管道的管地电位的负向偏移不宜超过管道防腐层的阴极剥离电位；

3 对排流保护系统以外的埋地管道或地下金属构筑物的干扰影响小；

4 当排流效果达不到上列 3 款要求时，可采用正电位平均值比指标进行评定。排流保护效果评定结果应满足表 7.2.3 指标要求。

表 7.2.3 排流保护效果评定

排流类型	干扰时管地电位(V)	正电位平均值比(%)
直接向干扰源排流(直接排流、极性排流、强制排流方式)	>10	>95
	10~5	>90
	<5	>85
间接向干扰源排流(接地排流方式)	>10	>90
	10~5	>85
	<5	>80

7.2.4 管道采取排流保护措施后，效果经评定未达标的，应进行排流保护的调整。对于经调整仍达不到相关要求或不宜采取常规排流方式的局部管段可采取其他辅助措施。调整完成后，应按本规程第 7.2.3 条的规定重新进行排流保护效果评定。

7.3 交流干扰的防护

7.3.1 管道交流干扰的调查、测试、防护、效果评定、运行及管理应符合现行国家标准《埋地钢质管道交流干扰防护技术标准》GB/T 50698 的有关规定。

7.3.2 交流干扰防护工程实施前，应进行干扰状况调查测试。测试数据不得少于 1 个干扰周期。

7.3.3 对同一条或同一系统中的管道，可根据实际情况采用直接接地、负电位接地、固态去耦合器接地等一种或多种防护措施。但所有干扰防护措施均不得对管道阴极保护的有效性造成不利影响。

7.3.4 管道实施干扰防护应达到下列规定：

1 在土壤电阻率不大于 25Ω·m 的地方，管道交流干扰电压应小于 4V；在土壤电阻率大于 25Ω·m 的地方，交流电流密度应小于 $60A/m^2$；

2 在安装阴极保护电源设备、电位远传设备及测试桩位置处，管道上的持续干扰电压和瞬间干扰电压应小于相应设备所能承受的抗工频干扰电压和抗电强度指标，并应满足安全接触电压的要求。

8 腐蚀控制工程的运行管理

8.1 防腐层的检测和维护

8.1.1 管道防腐层的检测周期应符合下列规定：

1 高压、次高压管道每 3 年不得少于 1 次；

2 中压管道每 5 年不得少于 1 次；

3 低压管道每 8 年不得少于 1 次；

4 再次检测的周期可依据上一次的检测结果和维护情况适当缩短。

8.1.2 管道防腐层的检测方法与内容应符合下列规定：

1 管道防腐层检测评价应符合现行行业标准《钢制管道及储罐腐蚀评价标准　埋地钢质管道外腐蚀直接评价》SY/T 0087.1 的有关规定；

2 管道防腐层的绝缘性能可用电流-电位法定量检测或交流电流衰减法定性检测；

3 管道防腐层的缺陷可采用直流电位梯度法、交流电位梯度法、交流电流衰减法、密间隔电位法等进行检测。对一种检测方法检出和评价为“重”的点应采用另一种检测方法进行再检，加以校验；

4 可采用开挖探坑或在检测孔处通过外观检测、粘结力检测及电火花检测评价管道防腐层状况；

5 已实施阴极保护的管道，可采用检测阴极保护的保护电流、保护电位、保护电位分布评价管道防腐层状况。出现下列情况应检查管道防腐层：

1）运行保护电流大于正常保护电流范围；

2）运行保护电位超出正常保护电位范围；

3）保护电位分布出现异常。

8.1.3 管道防腐层发生损伤时应修补或更换，进行修补或更换的防腐层应与原防腐层具有良好的相容性，且应符合相应国家现行有关标准的规定。

8.1.4 当管道出现泄漏、腐蚀深度大于或等于 50%壁厚时，应先进行管道补焊、补伤或更换，再实施防腐层的修补或更换。

8.2 阴极保护系统的运行和维护

8.2.1 阴极保护系统的检测周期和检测内容应符合下列规定：

1 牺牲阳极阴极保护系统检测每 6 个月不得少于 1 次；

2 外加电流阴极保护系统检测每 6 个月不得少于 1 次；

3 电绝缘装置检测每年不得少于 1 次；

4 阴极保护电源检测每 2 个月不得少于 1 次；

5 阴极保护电源输出电流、电压检测每日不得少于 1 次；

6 检测内容应符合本规程第 6.4.2 条的规定。

8.2.2 阴极保护系统的检测数据应记录在案，并应依此绘出电位分布曲线图和电流分布曲线图。

8.2.3 对阴极保护失效区域应进行重点检测，出现下列故障时应及时排除：

1 管道与其他金属构筑物搭接；

2 绝缘失效；

3 阳极地床故障；

4 管道防腐层漏点；

5 套管绝缘失效。

8.2.4 阴极保护系统的保护率应为 100%，强制电流阴极保护系统的运行率应大于或等于 98%。

8.2.5 阴极保护系统的保护率和运行率应每年进行 1 次考核。

8.2.6 阴极保护系统可采用遥测技术实时监测。

8.3 干扰防护系统的检测和维护

8.3.1 干扰防护系统的检测周期和检测内容应符合下列规定：

1 直流干扰防护系统应每月检测 1 次，检测内容应包括管地电位、排流电流(最大、最小、平均值)；

2 交流干扰防护系统应每月检测 1 次，检测内容应包括管道交流干扰电压、管道交流电流密度、防护系统交流排流量。

8.3.2 当干扰环境发生较大改变时，应及时对干扰源和被干扰管道进行调查测试，对干扰防护系统进行调整或改进防护措施。

8.3.3 干扰防护系统的维护应每年进行1次，两次维护之间的时间间隔不应超过18个月，维护应包括下列内容：

1 检查各主要元器件的性能，更换失效的元器件；

2 检查各电气连接点的接触情况和连接紧实程度，确保其接触良好牢固；

3 检查各指示仪表的灵敏度和准确性，维修和更换失效的仪表；

4 检查接地排流装置的接地电阻，如接地电阻过大应及时采取降阻措施。

8.3.4 当干扰防护系统主要元件进行维修或更换后，应进行24h的连续测试。直流干扰防护系统应测试排流点管地电位和排流电流，交流干扰防护系统应测试接地点管道交流干扰电压。

8.4 管道腐蚀损伤的检测和维护

8.4.1 开挖检测的顺序和数量应根据防腐层检测的评价结果确定。开挖检测应包括下列内容：

1 管道金属表面的外观检查；

2 记录腐蚀形状和位置；

3 测量管壁腐蚀坑深和腐蚀面积；

4 初步鉴定腐蚀产物的成分。

8.4.2 管道腐蚀损伤的维护处理应符合本规程第4.5.1条的规定。当采用更换局部管段的方式维修时，管材应选择与原管道同牌号或同级别的材料，并应选择合适的焊接、无损检测工艺。

引用标准名录

1 《埋地钢质管道交流干扰防护技术标准》GB/T 50698
2 《埋地钢质管道阴极保护参数测量方法》GB/T 21246
3 《城镇燃气输配工程施工及验收规范》CJJ 33
4 《埋地钢质管道直流排流保护技术标准》SY/T 0017
5 《阴极保护管道的电绝缘标准》SY/T 0086
6 《钢制管道及储罐腐蚀评价标准 埋地钢质管道外腐蚀直接评价》SY/T 0087.1

UDC

中华人民共和国行业标准

P

CJJ/T 153—2010

备案号J 1093—2010

城镇燃气标志标准

Standard for city gas signs

2010-10-21 发布　　　　2011-08-01 实施

中华人民共和国住房和城乡建设部　发布

前　　言

根据住房和城乡建设部《关于印发〈2008 年工程建设标准规范制订、修订计划(第一批)〉的通知》(建标〔2008〕102 号)，标准编制组经广泛调查研究，认真总结实践经验，参考国际标准和国外先进标准，并在广泛征求意见的基础上，制订本标准。

本标准主要技术内容是：1. 总则；2. 术语；3. 标志的分类；4. 安全标志；5. 专用标志；6. 制作；7. 使用、维护和管理等。

本标准由住房和城乡建设部负责管理，由北京市燃气集团有限责任公司负责具体技术内容的解释。在执行过程中如有意见或建议，请寄送北京市燃气集团有限责任公司(地址：北京市西城区西直门内大街南小街 22 号，邮编：100035)。

本标准主编单位:北京市燃气集团有限责任公司

本标准参编单位:上海燃气(集团)有限公司
沈阳市城市煤气设计研究院
北京市公用工程设计监理公司
深圳市燃气集团股份有限公司
中国城市燃气协会
北京市液化石油气公司
港华辉信工程塑料(中山)有限公司
南京夜视丽公路标志材料有限公司
3M 中国有限公司

本标准主要起草人员:车立新　李美竹　刘　永　刘　坚
徐　静　安跃红　于燕平　陈冰峰
张　雷　李长缨　姜彦正　张慰峰
朱鸿利　杨志军

本标准主要审查人员:金石坚　杨　健　朱立建　应援农
杨俊杰　李永威　刘新领　王晓杰
孙永康　张　放　林雅蓉　杨　森
徐伟亮

目　　次

1　总则
2　术语
3　标志的分类
4　安全标志
　4.1　禁止标志
　4.2　警告标志
　4.3　指令标志
　4.4　提示标志
5　专用标志
　5.1　燃气输配管线标志
　5.2　燃气设施名称标志
　5.3　燃气厂站内地上工艺管道标志
6　制作
7　使用、维护和管理
　7.1　一般规定
　7.2　使用要求
　7.3　维护和管理
附录A　地面标志常用图形
附录B　地上标志常用图形
附录C　工艺管道标志涂刷
附录D　电子标识器(球形)安装
本标准用词说明(略)
引用标准名录
附：条文说明(略)

Contents

1 General Provisions
2 Terms
3 Signs Classification
4 Safety Signs
4.1 Prohibition Signs
4.2 Warning Signs
4.3 Direction Signs
4.4 Information Signs
5 Special Signs
5.1 Gas transportation and Distribution Pipeline Signs
5.2 Gas Installation Signs
5.3 Gas Stations Overland Process Pipeline Signs
6 Signs Making
7 Usage, Maintenance and Management
7.1 General Requirements
7.2 Usage Requirements
7.3 Maintenance and Management
Appendix A Common Types of On-ground Signs Posts
Appendix B Common Types of Above-ground Marker Posts
Appendix C Painting Marker Posts on Technics Pipelines
Appendix D Installing Electrical Marker
Explanation of Wording in This Standard (Omitted)
List of Quoted Standards
Addition: Explanation of Provisions (Omitted)

1 总　　则

1.0.1 为了规范城镇燃气图形标志及其制作、使用和维护管理，发挥标志的安全警示、提示作用，制定本标准。

1.0.2 本标准适用于城镇燃气生产、输配系统及各类燃气相关场所图形标志及其制作、使用和维护管理。

1.0.3 城镇燃气标志应由安全色、图形符号及文字构成，且应具有简单、易懂、易识别的特性，应能传达明确而特定的警示信息。

1.0.4 城镇燃气图形标志及其制作、使用和维护管理除应符合本标准外，尚应符合国家现行有关标准的规定。

2 术　　语

2.0.1 禁止标志　prohibition sign

禁止人们不安全行为的图形标志。

2.0.2 警告标志　warning sign

提醒人们对周围环境引起注意，以避免可能发生危险的图形标志。

2.0.3 指令标志　direction sign

强制人们必须做出某种动作或采用防范措施的图形标志。

2.0.4 提示标志　information sign

向人们提供某种信息(如标明安全设施或场所等)的图形标志。

2.0.5 地面标志　on-ground sign

设置在地面用于表明地下燃气管道位置的图形标志。

2.0.6 地上标志　above-ground sign

设置在地上且高出地面，用于表明地下燃气管道位置、属性的图形标志。

2.0.7 地下标志　under-ground sign

埋设于地下，用于地下燃气管道定位、示踪的图形标志。

3 标志的分类

3.0.1 城镇燃气标志可分为安全标志和专用标志两类。

3.0.2 安全标志应能明确表达特定的安全信息，可由图形符号、安全色、几何形状和文字构成。安全标志可分为禁止标志、警告标志、指令标志、提示标志4种类型。

3.0.3 专用标志应能明确表达燃气设施特有的信息，可包含图形符号、文字和管道定位装置等。专用标志可分为燃气输配管线标志、燃气设施名称标志和燃气厂站内地上工艺管道标志3种类型。

4 安全标志

4.1 禁止标志

4.1.1 禁止标志的基本形状应是带斜杠的圆边框，文字辅助标志应在其正下方(图4.1.1)。

图 4.1.1　禁止标志的基本形状

4.1.2　禁止标志的颜色应为白底、红圈、红斜杠、黑图形符号，文字辅助标志的颜色应为红底、白色黑体字。

4.1.3　禁止标志的基本尺寸宜根据观察距离确定，宜符合表 4.1.3 的规定。

表 4.1.3　禁止标志的基本尺寸

观察距离(m)	标志尺寸(mm)				
	标志外径 d_1	内径 d_2	文字辅助标志宽 b	斜杠宽度 c	间隙宽度 e
10	250	200	75	20	5
15	375	300	115	30	10
20	500	400	150	40	10

4.1.4　禁止标志的名称、图形符号应符合表 4.1.4 的规定。

表 4.1.4　禁止标志

序号	名称及图形符号	设置范围和地点
1		禁止吸烟的场所
2		禁止明火的场所

表 4.1.4 禁止标志(续)

序号	名称及图形符号	设置范围和地点
3		燃气输配系统生产区、液化天然气生产区、液化石油气储存及灌瓶区、压缩天然气加气站等禁止带火种进入的场所
4		城镇燃气门站、调压站等禁止明火的场所
5		液态燃气生产区、储存区及装卸区、图档资料室、计算机房等禁止用水灭火的场所
6		城镇燃气门站、调压站(箱)、储灌站、加气站等禁止存放易燃物的场所
7		压缩机、电动阀门、泵等禁止随意改变运行或停止状态的设备处
8		变电室及移动电源开关等处
9		燃气厂站内及施工现场沟槽、室内外工艺管道等禁止跨越的地段

表 4.1.4　禁止标志(续)

序号	名称及图形符号	设置范围和地点
10		场站站台、灌装台、施工现场沟槽、脚手架等不允许跳下的地点
11		厂站内设备之间通道、埋地管道上方、消防通道等处
12		燃气输配系统生产区、带气作业施工现场及燃气泄漏警戒区域等有静电火花会导致燃气爆炸的场所
13		燃气输配系统生产区、带气作业施工现场及燃气泄漏警戒区域等有静电火花会导致燃气爆炸的场所
14		厂站生产区、调压站、带气作业施工现场及燃气泄漏警戒区域等处
15		燃气输配系统生产区、带气作业施工现场及燃气泄漏警戒区域等禁止非工作人员入内的场所
16		禁止随意改变阀门开、关状态的场所

表 4.1.4　禁止标志(续)

序号	名称及图形符号	设置范围和地点
17		设备碰撞产生火花易发生燃气爆炸的场所
18		施工及抢修作业现场、生产车间等有吊装设备或有吊装操作的场所
19		穿越通行河道的燃气管道处
20		跨河或沿管桥敷设的燃气管道等处
21		架空燃气管道处
22		跨河或沿管桥敷设的燃气管道、架空管道等处
23		低温的液化天然气和液化石油气液相管道、蒸汽管道等处

表 4.1.4 禁止标志(续)

序号	名称及图形符号	设置范围和地点
24		埋地燃气管道处
25		禁止机动车驶入的区域

4.2 警 告 标 志

4.2.1 警告标志的基本形状应为顶角朝上的等边三角形，文字辅助标志应在其正下方(图 4.2.1)。

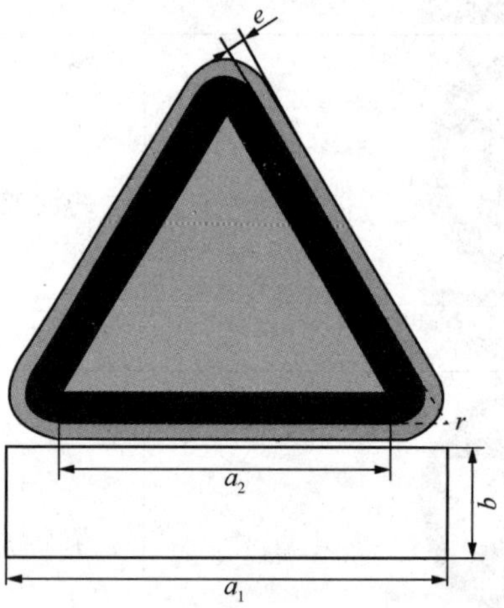

图 4.2.1 警告标志的基本形状

4.2.2 警告标志的颜色应为黄底、黑边、黑图形符号，文字辅助标志应为白底、黑色黑体字。

4.2.3 警告标志的基本尺寸宜根据观察距离确定，宜符合表 4.2.3 的规定。

表 4.2.3 警告标志的基本尺寸

观察距离(m)	标志尺寸(mm)				
	三角形外边长 a_1	三角形内边长 a_2	文字辅助标志宽 b	黑边圆角半径 r	黄色衬边宽度 e
10	340	240	100	20	10
15	510	360	150	30	15
20	680	480	200	40	15

4.2.4 警告标志的名称、图形符号应符合表 4.2.4 的规定。

表 4.2.4 警告标志

序号	名称及图形符号	设置范围和地点
1		易造成人员伤害的场所及设备等处
2		易发生爆炸危险的场所
3		变配电设施、开关等有可能发生触电危险的电器设备和线路外
4		施工及抢修作业现场、生产车间等有吊装设备或有吊装操作的场所
5		场站站台、灌装台、施工现场沟槽、脚手架等易发生坠落事故的作业地点
6		有坑洞易造成伤害的作业地点
7		有塌方危险的区域

表 4.2.4 警告标志(续)

序号	名称及图形符号	设置范围和地点
8		燃气厂站内车、人混合行走的区域
9		燃气门站、调压站等噪声较大易对人体造成伤害的场所
10		使用燃烧器具的地点
11		燃气阀门井、地下调压站箱等自然通风不良，易造成有毒有害、易燃易爆物质积聚或氧含量不足的空间处
12		燃气阀门井、地下调压站箱等自然通风不良，易造成有毒有害物质积聚或氧含量不足的空间处
13		易发生雷击危害的场所
14		液化天然气及液化石油气站内低温管道和低温储存容器等处

表 4.2.4 警告标志(续)

序号	名称及图形符号	设置范围和地点
15		燃气厂站、加气站、高压输气设备等处
16		输送高温流体的地点
17		电焊、检修设备操作地点等有飞溅物质的场所
18		能产生电离辐射危害的场所

4.3 指 令 标 志

4.3.1 指令标志的基本形状应为圆形，文字辅助标志应在其正下方(图 4.3.1)。

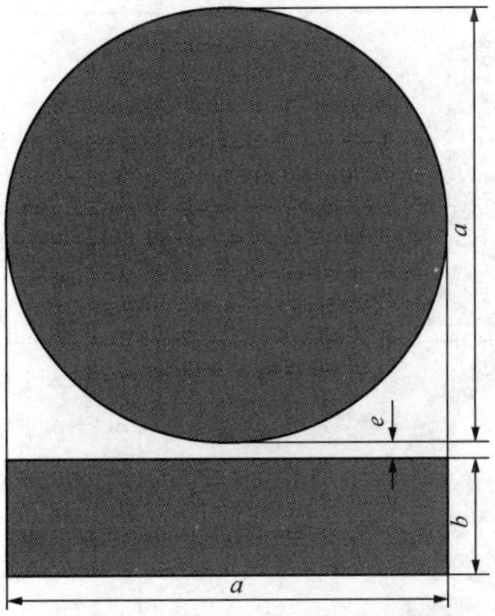

图 4.3.1 指令标志基本形状

4.3.2 指令标志的颜色应为蓝底、白图形符号，文字辅助标志应为蓝底、白色黑体字。

4.3.3 指令标志的基本尺寸宜根据观察距离确定，宜符合表 4.3.3 的规定。

表 4.3.3 指令标志的基本尺寸

观察距离(m)	标志尺寸(mm)		
	标志外径 a	文字辅助标志宽 b	间隙宽度 e
10	250	75	5
15	375	115	10
20	500	150	10

4.3.4 指令标志的名称、图形符号应符合表 4.3.4 的规定。

表 4.3.4 指令标志

序号	名称及图形符号	设置范围和地点
1		阀门井、地下调压站箱等，自然通风不良，易造成有毒有害、易燃易爆物质积聚或氧含量不足的空间处
2		电焊、检修设备操作地点等有飞溅物质的场所
3		门站、调压站等噪声较大易对人体造成伤害的场所
4		电焊、检修设备操作地点等有飞溅物质的场所
5		燃气施工、抢修抢险作业现场及生产车间等处

表 4.3.4　指令标志(续)

序号	名称及图形符号	设置范围和地点
6		加臭区、设备检修、高温及低温管道等具有腐蚀、灼烫、低温、刺伤等易伤害手部的场所
7		具有腐蚀、灼烫、低温、刺伤、砸伤等易伤害脚部的场所
8		下阀门井检修操作及高空作业等易发生坠落的作业场所
9		高温及有腐蚀危害的作业场所
10		燃气门站、液化石油气厂站、CNG 加气站等有静电火花会导致燃气爆炸的场所
11		有火花会导致燃气爆炸的场所
12		有机动车辆进入的燃气生产区、设备区、作业区、液化气装瓶区等场所

4.4 提 示 标 志

4.4.1 提示标志的基本形状应是正方形，文字辅助标志应在其正下方(图 4.4.1)。

图 4.4.1 提示标志基本形状

4.4.2 提示标志的颜色应为绿底、白图形符号、白字，文字辅助标志应为绿底、白色黑体字。

4.4.3 提示标志的基本尺寸宜根据观察距离确定，宜符合表 4.4.3 的规定。

表 4.4.3 提示标志的基本尺寸

观察距离(m)	标志尺寸(mm)		
	正方形边长 *a*	文字辅助标志宽 *b*	间隙宽度 *e*
10	250	75	5
15	375	110	10
20	500	150	15

4.4.4 提示标志的名称、图形符号应符合表 4.4.4 的规定。

表 4.4.4 提示标志

序号	名称及图形符号	设置范围和地点
1		经有关部门划定的可使用明火的区域
2	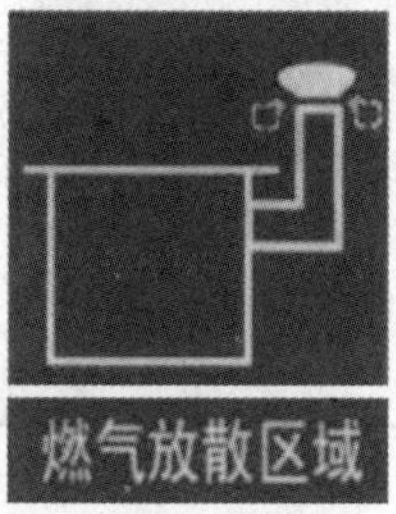	经有关部门划定的可进行放散作业的区域

表 4.4.4 提示标志(续)

序号	名称及图形符号	设置范围和地点
3		燃气抢修区域
4		燃气施工区域
5		安全出口

5 专用标志

5.1 燃气输配管线标志

5.1.1 燃气输配管线标志应能提示埋地管道的走向及相对位置，可分为地面标志、地上标志和地下标志 3 种形式。标志上应标注“燃气”字样，还可根据需要选择标注其他说明性文字。

5.1.2 燃气输配管线地面标志的基本形状、图形符号和标注文字应符合下列规定：

1 地面标志的形状可选用长方形、正方形或圆形；地面标志常用图形可按本标准附录 A 选用。

2 当地面标志的底色为安全色时，图形符号、说明文字的颜色应选用与其相对应的对比色。

3 地面标志的外形尺寸可根据地面实际情况和周围环境要求确定。

4 地面标志的图形符号及含义可按表 5.1.2 的规定执行。

表 5.1.2 燃气输配管线地面标志

编号	图形符号 $a=5b$	符号含义
1	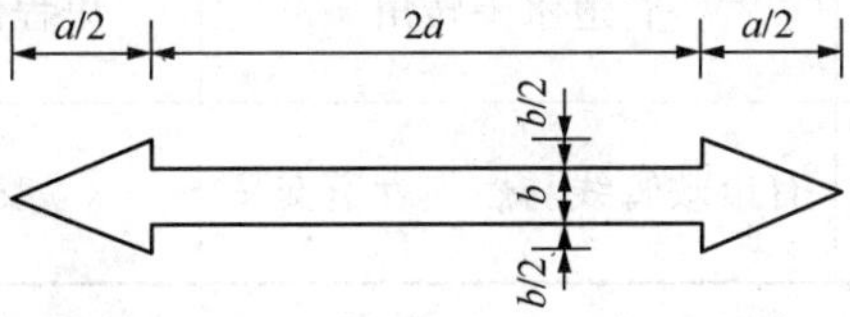	直管道

表 5.1.2 燃气输配管线地面标志(续)

编号	图形符号 $a=5b$	符号含义
2	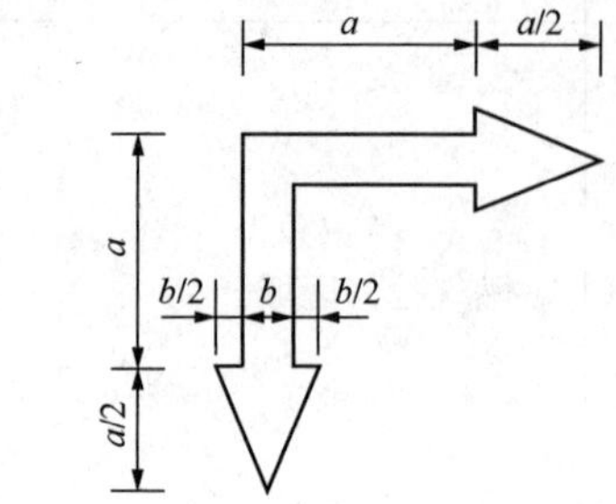	管道直转角
3	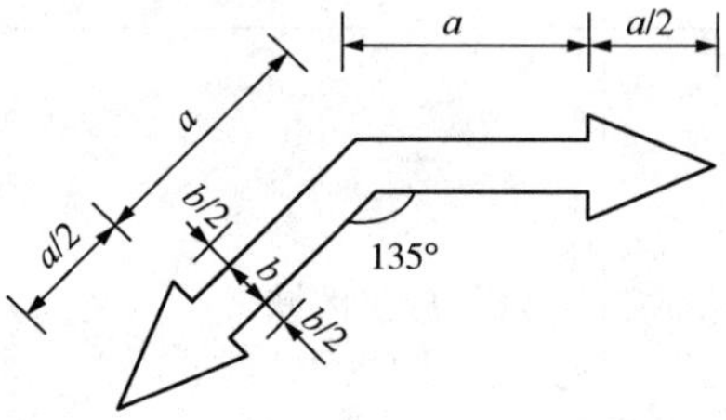	管道任意角度转角
4	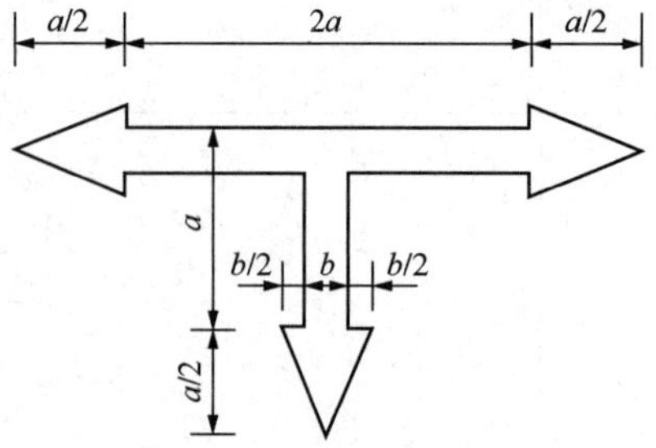	管道三通
5	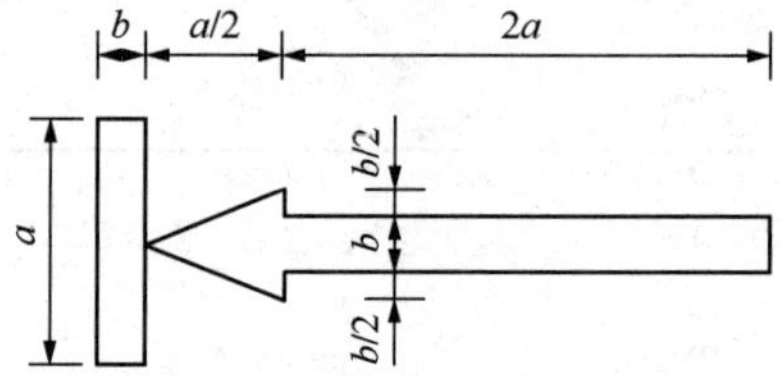	管道末端

5.1.3 燃气输配管线地上标志应包括在燃气管道沿线设置的里程桩、转角桩、交叉桩和警示牌(桩)等永久性标志。地上标志的基本形状、图形符号和标注文字应符合下列规定：

1 地上标志桩的主横断面形状可选用长方形、正方形或三角形；地上标志常用图形可按本标准附录B选用。

2 地上标志桩的基色应为白色，桩顶部可涂刷不小于100mm逆向反光或自发光材料的安全色区。

3 地上标志桩的图形符号及含义可按表5.1.3的规定执行。

表 5.1.3 燃气输配管线地上标志桩

序号	分类	图形符号	符号含义	标注文字
1	里程桩	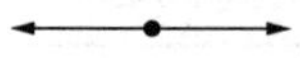	管道里程	里程号
2	转角桩	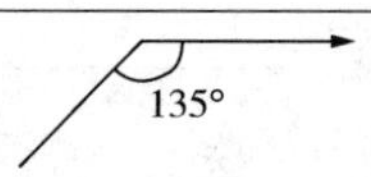	管道水平转角	里程位置转角角度
3	交叉桩	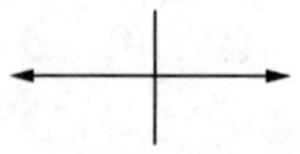	有市政管线与燃气管道交叉	交叉物名称

5.1.4 当采用警示牌作为地上标志时，警示牌基本形状应为长方形，底色应为黄色，文字应为

黑色。

5.1.5 地下标志应埋设于管道正上方且应能利用设备对其进行探测，并应符合下列规定：

1 示踪线(带)、电子标识器宜采用黄色作为基本色，示踪带应配以黑色字体警示语；

2 警示带(板)应标注企业标志及报警电话。

5.2 燃气设施名称标志

5.2.1 燃气设施名称标志的基本形状应为正方形，其基本尺寸应符合本标准表4.4.3的规定。

5.2.2 燃气设施名称标志应为蓝底、白图形符号，文字辅助标志应为蓝底、白色黑体字。

5.2.3 燃气设施名称标志名称、图形符号、设置范围和地点可按表5.2.3的规定执行。

表5.2.3 燃气设施名称标志名称、图形符号、设置范围和地点

序号	名称及图形符号	设置范围和地点
1	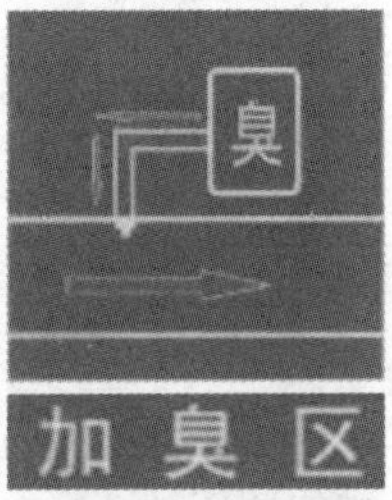	设置加臭设备的区域
2		混气间
3		燃气储罐区
4		压缩机室
5	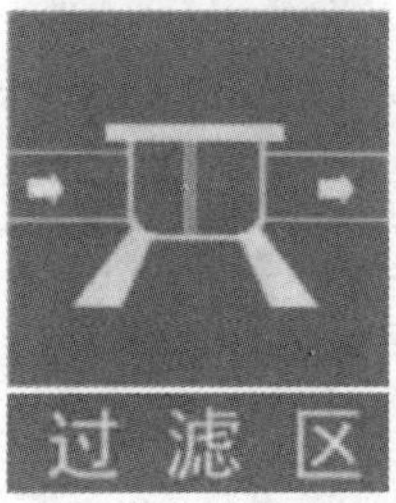	燃气净化、过滤区域

表 5.2.3 燃气设施名称标志名称、图形符号、设置范围和地点(续)

序号	名称及图形符号	设置范围和地点
6	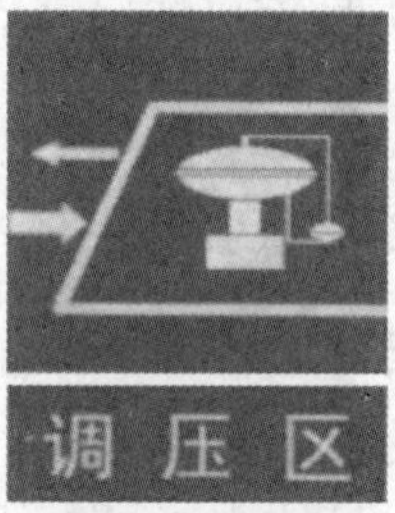	设置调压设备的场所
7	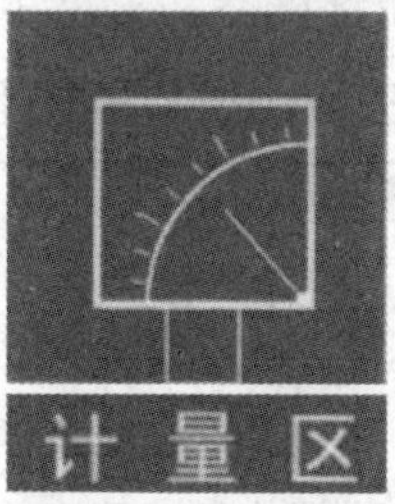	燃气计量区域
8		燃气调压站
9		调压箱(柜)
10		阀门室(井)
11		燃气表箱

表 5.2.3　燃气设施名称标志名称、图形符号、设置范围和地点(续)

序号	名称及图形符号	设置范围和地点
12		燃气装卸区域
13	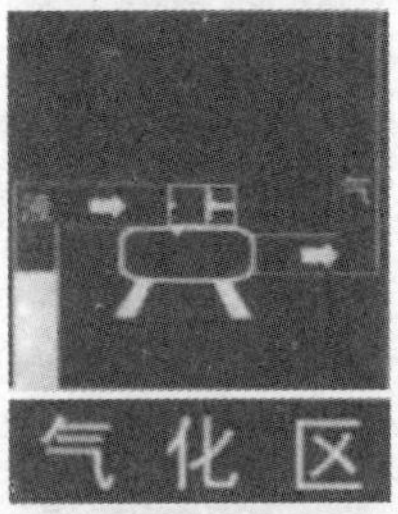	燃气气化区
14		液化石油气灌装场所
15	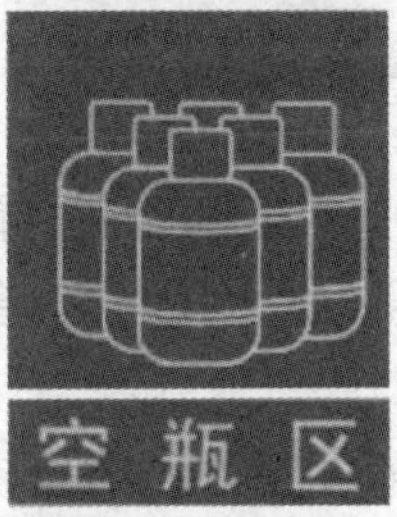	液化石油气空瓶放置区
16		液化石油气实瓶放置区
17		通风机房

表 5.2.3　燃气设施名称标志名称、图形符号、设置范围和地点(续)

序号	名称及图形符号	设置范围和地点
18		消防水泵房
19		消防水池
20		设置循环水泵的场所

5.3　燃气厂站内地上工艺管道标志

5.3.1　燃气厂站内的地上工艺管道标志宜采用管道整体涂色、涂刷色环、箭头和标注说明性文字的方式，标明管道的介质种类、流向、压力级别或介质状态等。地上工艺管道标志的涂刷可按本标准附录C执行。

5.3.2　燃气厂站内地上工艺管道整体涂色宜根据管道内的介质种类和用途确定，宜符合表5.3.2的规定。

表 5.3.2　工艺管道整体涂色

管道名称	颜色名称	颜色示例及编号
人工煤气管道 天然气管道 液化石油气气相管	淡黄色	Y06
液化天然气管道	保温保护壳体本色	—
液化石油气液相管	室内 中灰色	B02
	室外 白色	

表 5.3.2 工艺管道整体涂色(续)

管道名称	颜色名称	颜色示例及编号
残液管道排污管	黑色	
压缩空气管道	天酞蓝色	PB09
氮气管道	淡棕色	YR01
安全放散管	紫红	R04
消防水管	大红色	R03

注：表中颜色编号引自现行国家标准《漆膜颜色标准》GB/T 3181—2008。

5.3.3 燃气厂站内地上工艺管道除整体涂色外，还可按不同压力等级涂刷色环。色环宽度宜为150mm，色环设置的位置、数量及间隔距离可根据实际情况确定。色环涂色应符合表 5.3.3 的规定。

表 5.3.3 色环涂色规定

压力级别(MPa)	颜色名称	颜色示例及编号
低压 $p<0.01$	艳绿色	G03
中压 $0.01\leqslant p\leqslant 0.4$	天酞蓝色	PB09

表 5.3.3 色环涂色规定(续)

压力级别(MPa)	颜色名称	颜色示例及编号
次高压 0.4<p≤1.6	大红色	 R03
高压 1.6<p≤4.0	紫色	 P02

5.3.4 燃气厂站内地上工艺管道除整体涂色外，还可涂刷标明管道内介质流向的箭头。箭头的涂刷位置、数量及间隔距离可根据实际情况确定。箭头图案的涂色和样式可按表 5.3.4 的规定执行。

表 5.3.4 箭头图案的涂色和样式

管道涂色	淡黄色	保温保护壳体本色	白色	其他色
箭头涂色	黑色	黑色	天酞蓝色	白色
箭头样式 $a=5b$	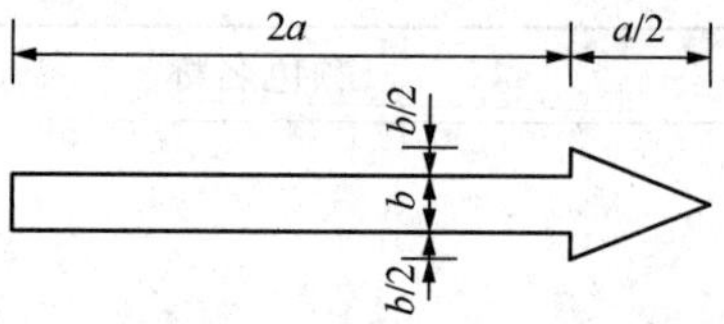			

5.3.5 燃气厂站内地上工艺管道上可根据实际需要选择说明性文字。说明性文字的涂色应与箭头的涂色一致。

5.3.6 当燃气厂站内工艺管道为架空敷设时，标志的设置应符合本标准第 5.3.1~5.3.4 条的规定。

6 制 作

6.0.1 标志的颜色应符合现行国家标准《安全色》GB 2893 的有关规定。

6.0.2 标志的图形符号、文字应清晰醒目。图形符号与文字辅助标志必须同时、对应使用。

6.0.3 当采用本标准规定的标志时，不得更改图形符号与文字辅助标志，可根据需要转换成镜相图形符号。

6.0.4 标志的基本尺寸除按本标准要求执行外，可根据现场实际情况按比例缩放。当需要新增标志时，应按本标准的有关规定执行。

6.0.5 标志牌应采用坚固耐用的材料制作，不得使用遇水变形、变质或易燃的材料。有触电危险的作业场所应使用绝缘材料。

6.0.6 室外露天设置的燃气标志表面应具有逆反光或自发光功能。

6.0.7 地上标志的基础应能确保标志安装稳固。

6.0.8 地下标志应采用耐腐蚀、具有一定强度的材料制作。

7 使用、维护和管理

7.1 一般规定

7.1.1 标志应设置于适宜的场所，传达的信息应与所在的场所相对应。

7.1.2 设置标志的位置应明显。

7.1.3 在需要强调安全的区域入口处，可将该区域涉及的多个安全标志组合使用，并应按照禁止、警告、指令、提示的顺序，先左后右、先上后下地排列在组合标志牌上，标志牌上可配以必要的说明性文字。

7.1.4 在需要加强燃气管道安全保护的地方、易发生危及燃气管道安全行为的区域应设置临时标志。

7.1.5 当燃气管道穿(跨)越铁路、公路、水域敷设时，应在穿(跨)越两侧醒目处及水域的适当位置设置标志。

7.2 使用要求

7.2.1 在固定位置使用安全标志及燃气设施名称标志时应符合下列规定：

1 标志牌不宜设置在门、窗、架等可移动的物体上；

2 标志牌可采用附着式、悬挂式、柱式的安装方式；

3 标志牌的安装应固定牢固、不倾斜；当采用柱式安装时，标志牌和支架的连接应牢固；

4 标志牌采用悬挂式和柱式安装时，其下缘距地面的高度不宜小于2m。

7.2.2 地面标志的使用应符合下列规定：

1 地面标志应设置在管道的上方地面；

2 在管道折点、三通、交叉点、末端等处应设置地面标志；

3 直线管段设置地面标志的间距不宜大于200m；

4 燃气阀门井盖、凝水缸防护罩等可视为地面标志，并应标注“燃气”字样。

7.2.3 地上标志的使用应符合下列规定：

1 地上标志的设置不得妨碍车辆、行人通行；

2 地上标志应高出地面，且顶端距地面高度宜为0.5m~1.5m；

3 地上标志与管道中心线的水平距离不应大于1.5m；

4 地上标志有警示语的一侧应朝向道路。

7.2.4 地下标志的使用应符合下列规定：

1 在管道折点、三通、交叉点等处埋设电子标识器时，电子标识器应埋设于管道上方。电子标识器(球形)的安装可按本标准附录D执行；

2 随聚乙烯管道敷设的示踪线(带)应具有良好的导电性，且应具备有效的电气连接；

3 警示带(板)宜敷设在距燃气管顶300mm~500mm处。

7.2.5 燃气厂站内工艺管道标志的涂刷应均匀一致，色环和箭头应清晰醒目。

7.2.6 当需要设置临时标志时，可根据现场实际情况安装或摆放。

7.3 维护和管理

7.3.1 对使用的燃气标志应进行分类登记并归档。

7.3.2 对使用的燃气标志应定期检查，当发生丢失、破损或图形符号、文字辅助标志脱落等情况时，应及时补充、修整或更换。

7.3.3 当燃气设施或环境发生变化时，应及时增减或变更标志。

附录 A　地面标志常用图形

A. 0. 1　地面粘贴标志可按图 A. 0. 1 设置。

A. 0. 2　地面地砖标志可按图 A. 0. 2 设置。

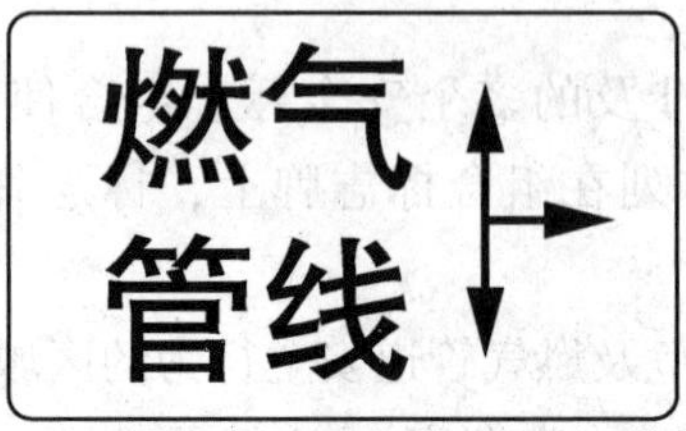

图 A. 0. 1　地面粘贴标志示意

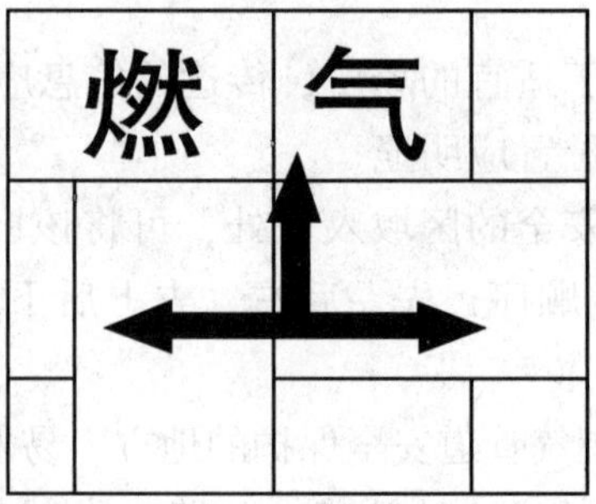

图 A. 0. 2　地面地砖标志示意

A. 0. 3　地面铸铁标志可按图 A. 0. 3 设置。

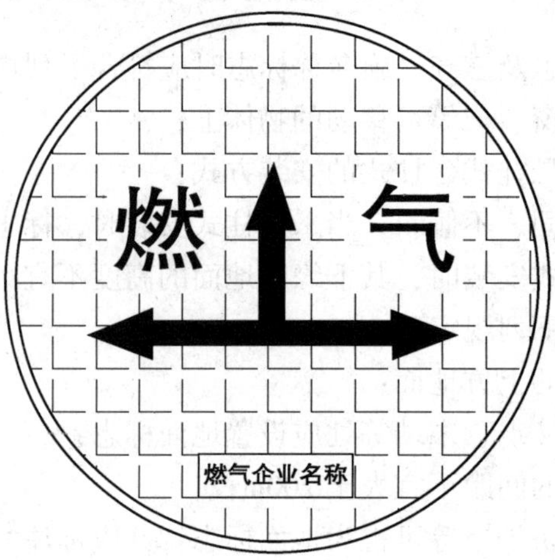

图 A. 0. 3　地面铸铁标志示意

附录 B　地上标志常用图形

B. 0. 1　地上标志桩可按图 B. 0. 1 设置。

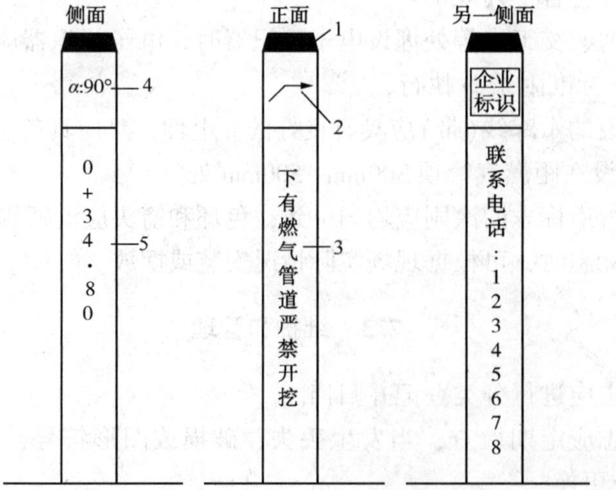

图 B. 0. 1　地上标志桩(以转角桩为例)示意

1—安全色区；2—图形符号；3—警示语 4—转角角度；5—里程号

B. 0. 2 警示牌可按图 B. 0. 2 设置。

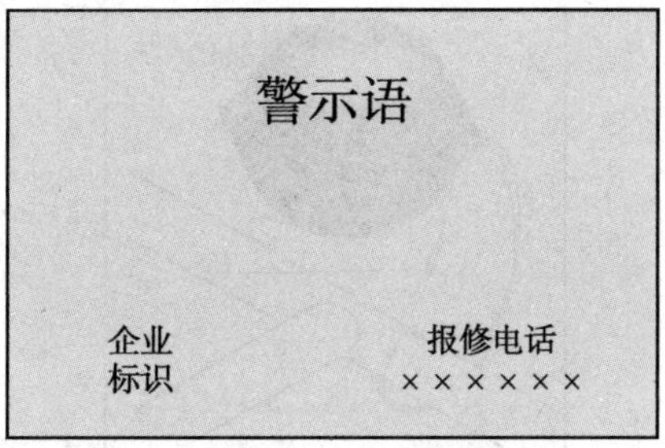

图 B. 0. 2　警示牌示意

附录 C　工艺管道标志涂刷

C. 0. 1 天然气工艺管道可按图 C. 0. 1 涂刷。

图 C. 0. 1　天然气工艺管道示意

C. 0. 2 液化天然气工艺管道可按图 C. 0. 2 涂刷。

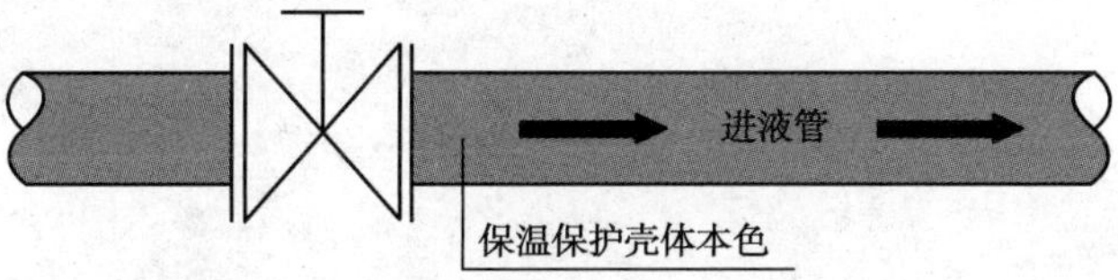

图 C. 0. 2　液化天然气工艺管道示意

附录 D　电子标识器(球形)安装

D. 0. 1 电子标识器应安装在管道上方位置，深度埋设应满足产品说明书的要求。

D. 0. 2 电子标识器与管顶表面的间距不得小于 100mm。

D. 0. 3 球形电子标识器可按图 D. 0. 3 设置。

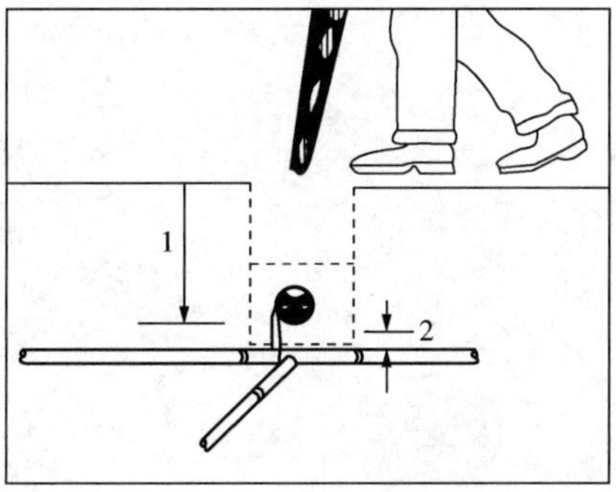

图 D. 0. 3　球形电子标识器设置示意

1—埋设深度；2—与管顶间距

D. 0. 4 电子标识器应采取适当措施固定于管道上，可按图 D. 0. 4 进行固定。

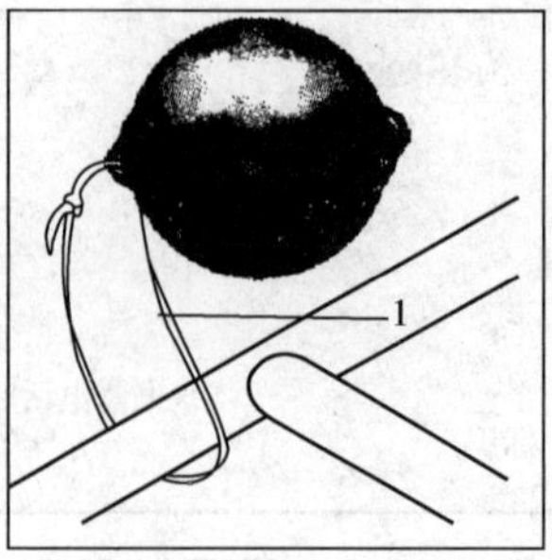

图 D. 0. 4 球形电子标识器与管道固定示意

1—固定扎带

引用标准名录

1 《安全色》GB 2893

2 《漆膜颜色标准》GB/T 3181—2008

UDC

中华人民共和国行业标准 CJJ

P

CJJ/T 250—2016

备案号J 2205—2016

城镇燃气管道穿跨越工程技术规程

Technical specification for crossing and aerial crossing engineering of city gas pipeline

2016-06-06 发布 2016-12-01 实施

中华人民共和国住房和城乡建设部 发布

前　言

根据住房和城乡建设部《关于印发<2009 年工程建设标准规范制订、修订计划>的通知》(建标[2009]88 号)的要求，规程编制组经广泛调查研究，认真总结实践经验，参考有关国际标准和国外先进标准，并在广泛征求意见的基础上，编制了本规程。

本规程的主要技术内容是：1. 总则；2. 术语；3. 基本规定；4. 穿越工程设计；5. 穿越工程施工；6. 跨越工程设计；7. 跨越工程施工；8. 试验与验收。

本规程由住房和城乡建设部负责管理，由中交煤气热力研究设计院有限公司负责具体技术内容的解释。执行过程中如有意见或建议，请寄送中交煤气热力研究设计院有限公司(地址：辽宁省沈阳市铁西区肇工北街 33 号，邮编：110026)。

本规程主编单位：中交煤气热力研究设计院有限公司

本规程参编单位：中国市政工程华北设计研究总院
沈阳三全工程监理咨询有限公司
深圳市燃气集团股份有限公司
深圳市燃气工程设计有限公司
香港中华煤气有限公司
青岛泰能燃气热力设计有限公司
沈阳市城市燃气规划设计院有限公司
上海煤气第二管线工程有限公司
中国燃气控股有限公司

本规程主要起草人员：于京春　王湘宁　阎海鹏　赵　青
杨　光　马志宇　杜建梅　欧大江
张　琳　邢中礼　罗仁青　黄志伟
黎　珍　冯伟章　王　黎　张学妙
樊金光　史百玲　陶志钧　张　帆
王　海

本规程主要审查人员：杨　健　李美竹　陈伯杨　应援农
王宏伟　尹刚乾　田贯三　孟学思
刘运良　吴礼林　何　力

目　　次

1　总则
2　术语
3　基本规定
4　穿越工程设计
4.1　一般规定
4.2　水域开挖法穿越
4.3　水平定向钻法穿越
4.4　顶管法穿越
5　穿越工程施工
5.1　一般规定
5.2　水域开挖法穿越
5.3　水平定向钻法穿越
5.4　顶管法穿越
6　跨越工程设计
6.1　一般规定
6.2　管桥跨越
6.3　随桥跨越
7　跨越工程施工
7.1　一般规定
7.2　管桥跨越
7.3　随桥跨越
8　试验与验收
附录A　水平定向钻钻孔轨迹计算
附录B　顶管设计计算
附录C　单管拱跨越管道设计计算
本规程用词说明(略)
引用标准名录

Contents

1 General Provisions
2 Terms
3 Basic Requirements
4 Crossing Engineering Design
4. 1 General Requirements
4. 2 Open-cut Excavation Method Crossing
4. 3 Horizontal Directional Drilling Method Crossing
4. 4 Pipe-jacking Method Crossing
5 Crossing Engineering Construction
5. 1 General Requirements
5. 2 Open-cut Excavation Method Crossing
5. 3 Horizontal Directional Drilling Method Crossing
5. 4 Pipe-jacking Method Crossing
6 Aerial Pipeline Crossing Engineering Design
6. 1 General Requirements
6. 2 Pipe Bridge Aerial Crossing
6. 3 Laying Gas Engineering along the Roads and Bridges
7 Aerial Pipeline Crossing Engineering Construction
7. 1 General Requirements
7. 2 Pipe Bridge Areial Crossing
7. 3 Laying Gas Engineering along the Roads and Bridges
8 Inspection and Testing
Appendix A Caculation of Horizontal Directional Drilling Trajectory
Appendix B Calculation of Pipe Jacking
Appendix C Calculation of Single Arch Aerial Pipeline Crossing Engineering
Explanation of Wording in This Specification(Omitted)
List of Quoted Standards

1 总　则

1.0.1 为提高城镇燃气管道穿跨越工程的工程质量，做到安全适用、性能可靠、经济合理、保护环境，制定本规程。

1.0.2 本规程适用于下列新建、扩建和改建的城镇燃气管道的穿跨越工程：

1 设计压力不大于4.0MPa城镇燃气管道穿越工程和管桥跨越工程；

2 随桥梁敷设的设计压力不大于0.4MPa城镇燃气管道跨越工程。

1.0.3 城镇燃气管道穿跨越工程的设计、施工及验收除应符合本规程外，尚应符合国家现行有关标准的规定。

2 术　语

2.0.1 燃气管道穿越工程　gas pipeline crossing engineering

燃气管道从天然或者人工障碍物下部通过的管道建设工程。

2.0.2 燃气管道跨越工程　gas pipeline aerial crossing engineering

燃气管道从天然或者人工障碍物上部架空通过的管道建设工程。

2.0.3 开挖法　open-cut excavating

将公路或河渠等全部挖开，待将穿越管道敷设完成后，再恢复原地貌的一种穿越施工方法。

2.0.4 水平定向钻法　horizontal directional drilling

采用水平定向钻机按照设计轨迹在土壤中钻孔，并将管道拖拽敷设穿越障碍物的一种非开挖管道安装施工方法。

2.0.5 控向　guiding

通过预装在钻头中的探棒发射的信号，判定钻头的空间位置，引导钻进的方法，也称为导向。包括无线控向和有线控向等。

2.0.6 顶管法　pipe jacking

借助顶推装置将预制管节顶入土中，并在其中敷设管道以穿越障碍物的一种非开挖管道施工方法。

2.0.7 顶进力　jacking force

顶管施工中推进整个管道系统和相关机械设备向前运动的力。

2.0.8 进人施工法　man-entry construction

施工人员进入顶管内进行作业的施工方法。

2.0.9 管桥跨越　pipe bridge aerial crossing

燃气管道独立或辅以桁架、托架等支撑结构跨越障碍物的敷设方式。包括：单管拱跨越、组合管拱跨越、轻型托架跨越、"Π"形刚架跨越、梁式直跨越、桁架式跨越、悬索跨越、斜拉索跨越、悬缆跨越、斜拉索悬索组合跨越。

2.0.10 随桥跨越　laying gas engineering along the roads and bridges

燃气管道随桥梁跨越障碍物的敷设方式。

3 基本规定

3.0.1 燃气管道穿跨越方式应根据障碍物结构类型、施工周期要求、交通条件等因素综合确定。

3.0.2 燃气管道穿跨越位置应根据工程具体情况选择，宜垂直穿跨越铁路、公路、河流等障碍物。

3.0.3 燃气管道穿跨越位置确定后，应按现行国家标准《岩土工程勘察规范》GB 50021和《油气田及管道岩土工程勘察规范》GB 50568 的有关规定，根据设计要求，取得下列工程测量和工程地质资料：

1 工程测量资料应包括 1∶200~1∶1000 平面地形图和横向 1∶200~1∶1000、纵向 1∶50~1∶200 断面图。

2 工程地质报告应包括 1∶200~1∶1000 地质剖面图、柱状图、岩土力学指标、地震、水文地质及工程地质的结论意见。

3.0.4 穿跨越河流两岸上、下游及穿跨越铁路、公路、城市道路等处应设立标志，并应符合现行行业标准《城镇燃气标志标准》CJJ/T 153 的有关规定。

3.0.5 穿跨越燃气管道的材料应根据输送介质、设计压力、设计温度、设计使用寿命以及环境条件等因素确定，并应符合下列规定：

1 高压、次高压燃气管道应采用钢管，管材性能应符合现行国家标准《石油天然气工业管线输送系统用钢管》GB/T 9711，三级和四级地区，高压燃气管道材料钢级不应低于 L245。管径小于等于 *DN*300 的钢管，可采用符合现行国家标准《输送流体用无缝钢管》GB/T 8163、《高压化肥设备用无缝钢管》GB 6479 和《高压锅炉用无缝钢管》GB 5310 规定的无缝钢管。

2 当中压和低压燃气管道采用钢管时，管材性能应符合现行国家标准《输送流体用无缝钢管》GB/T 8163、《高压化肥设备用无缝钢管》GB 6479、《高压锅炉用无缝钢管》GB 5310、《低压流体输送用焊接钢管》GB/T 3091 的有关规定。

3 当中压和低压燃气管道采用 PE 管时，管材性能应符合现行国家标准《燃气用埋地聚乙烯(PE)管道系统　第 1 部分：管材》GB 15558.1 的有关规定。

3.0.6 穿跨越段燃气管道通过地区等级的划分和强度设计系数的选取应符合现行国家标准《城镇燃气设计规范》GB 50028 的有关规定。强度设计应根据管段所处地区等级和运行条件，按可能同时出现的永久荷载和可变荷载的组合进行设计。

3.0.7 穿跨越工程所采用钢管的壁厚应符合现行国家标准《城镇燃气设计规范》GB 50028 的有关规定，穿越管道的强度和稳定性计算应符合现行国家标准《输气管道工程设计规范》GB 50251 的有关规定。跨越管道的强度和稳定性计算应符合现行国家标准《油气输送管道跨越工程设计规范》GB 50459 的有关规定，且钢管的径厚比不应大于 100。

3.0.8 当穿跨越管段位于抗震设防烈度为 6 度及高于 6 度地区时，燃气管道、管道附件及支撑结构等设施应进行抗震设计，并应符合现行国家标准《室外给水排水和燃气热力工程抗震设计规范》GB 50032 的有关规定。

3.0.9 燃气管道穿跨越工程所用的管材、设备和管道附件等，应具有产品合格文件。

3.0.10 材料与设备在入库和进入施工现场安装前，应进行检查，材质、规格、型号应符合设计文件和合同的规定。当对外观质量有异议或设计文件有要求时，应进行质量检验，不合格的不得使用。

3.0.11 穿跨越钢制燃气管道的焊缝检验应符合下列规定：

1 焊缝的外观质量不得低于现行国家标准《现场设备、工业管道焊接工程施工质量验收规范》GB 50683 规定的Ⅱ级质量要求。

2 焊缝应进行 100%超声检测和 100%射线检测。

3 焊缝无损检测合格等级应符合设计要求。当设计无要求时，射线检验不得低于现行行业标准《承压设备无损检测　第 2 部分：射线检测》NB/T 47013.2 中的Ⅱ级质量要求；超声检验不得低于现行行业标准《承压设备无损检测 第 3 部分：超声检测》NB/T 47013.3 中的Ⅰ级质量要求。

3.0.12 燃气管道对穿跨越工程建设和运行中产生的废水、废气、废渣等废物应采取有效的措施，且应符合下列规定：

1 排放的污水应符合现行国家标准《污水综合排放标准》GB 8978 的有关规定；

2 排放的废气应符合现行国家标准《大气污染物综合排放标准》GB 16297 的有关规定；

3 噪声的防治应符合现行国家标准《声环境质量标准》GB 3096 的有关规定；

4 固体废弃物的处理应符合现行国家标准《一般工业固体废物贮存、处置场污染控制标准》GB

18599 等固体废物污染控制标准的有关规定。

4 穿越工程设计

4.1 一般规定

4.1.1 燃气管道穿越铁路、公路、城市道路、河流时，穿越位置的选择应满足管道穿越施工和维护对空间和环境的要求。

4.1.2 燃气管道穿越铁路、高速公路时，应加设套管。当采用水平定向钻穿越时，在征得铁路或高速公路管理部门同意后，可不加设套管。

4.1.3 燃气管道穿越水域的位置和方案应征得航务管理部门同意，管道至规划河床的覆土厚度应根据水流冲刷、防止冒浆、疏浚和抛锚等确定。

4.1.4 燃气管道穿越采用的套管宜为钢管或钢筋混凝土管，套管内径应比燃气管道外径大 100mm 以上。

4.1.5 当燃气管道利用现有铁路、公路、涵洞穿越时，应征得相关管理部门的批准。

4.1.6 燃气管道不得在铁路站场、有人值守道口、变电所、隧道设施的下方穿越。穿越铁路、道路应避开土石方区、高填方区、路堑、道路两侧为同坡向的陡坡等地段。

4.1.7 燃气管道穿越铁路、公路、城市道路、河流时，与周围建筑物、构筑物或其他管线的水平和垂直净距应符合现行国家标准《城镇燃气设计规范》GB 50028 的有关规定。

4.1.8 燃气管道穿越城市道路、河流时，燃气管道或套管的最小覆土厚度应符合现行国家标准《城镇燃气设计规范》GB 50028 的有关规定。

4.1.9 当燃气管道穿越公路时，燃气管道或套管最小覆土厚度应符合下列规定：

1 距路面不得小于 1.2m；

2 距公路边沟底不得小于 1.0m；

3 当不能满足以上要求时，应采取有效的防护措施。

4.1.10 当燃气管道穿越铁路、地面轨道交通设施时，燃气管道或套管顶部最小覆土厚度应符合下列规定：

1 距铁路路肩、地面轨道交通设施轨底不得小于 1.7m；

2 距自然地面或者边沟底不得小于 1.0m；

3 当不能满足以上要求时，应采取有效的防护措施。

4.1.11 当燃气管道采用加设套管穿越铁路、电车轨道、城镇主要干道时，套管端部距铁路堤坡脚、电车道边轨的净距不应小于 2m，距路边缘的净距不应小于 1m。套管两端应密封，重要地段，套管宜安装检漏管。

4.1.12 当燃气管道采用加设钢质套管的方式穿越时，钢质套管的设计应符合现行国家标准《油气输送管道穿越工程设计规范》GB 50423 的有关规定。钢质套管的壁厚应考虑腐蚀余量。

4.1.13 当穿越段燃气管道采用钢质管道时，应核算无内压状态下管道的径向稳定性，并应符合现行国家标准《输气管道工程设计规范》GB 50251 的有关规定。

4.1.14 燃气管道不得在穿越管段上设置弯头或弯管。

4.1.15 当穿越段燃气管道采用钢质管道时，宜设置阴极保护测试装置，并应符合现行行业标准《城镇燃气埋地钢质管道腐蚀控制技术规程》CJJ 95 的有关规定。

4.1.16 当钢质燃气管道穿越位置处于直流干扰源影响范围内或交流电力系统接地体附近时，应对管道采取防护措施，并应符合现行行业标准《城镇燃气埋地钢质管道腐蚀控制技术规程》CJJ95 的有关规定。

4.2 水域开挖法穿越

4.2.1 燃气管道水域开挖法穿越工程等级划分应符合表 4.2.1 的规定，并应采用与工程等级相应的设计洪水频率。

表 4.2.1 燃气管道水域开挖法穿越工程等级与设计洪水频率

工程等级		穿越水域的水文特征		设计洪水频率 f(%)
		多年平均水位水面宽度 ω(m)	相应水深 h(m)	
大型		$\omega \geqslant 200$	不计水深	1
		$200 > \omega \geqslant 100$	$h \geqslant 5$	
中型		$200 > \omega \geqslant 100$	$h < 5$	2
		$100 > \omega \geqslant 40$	不计水深	
小型	小型河流或通航运河	$40 > \omega \geqslant 20$	不计水深	2
	水渠或不通航运河	$40 > \omega \geqslant 20$	不计水深	—
	水沟	$\omega < 20$	不计水深	—

4.2.2 采用非大型机具开挖法穿越水域时，应符合本规程第 4.2.1 条中、小型等级的要求，且穿越管段与桥梁的水平净距应符合下列规定：

1 高压 A 燃气管道与桥梁基础之间的水平净距不应小于 30.0m；

2 高压 B 燃气管道与桥梁基础之间的水平净距不应小于 16.0m；

3 次高压 A 与燃气管道与桥梁基础之间的水平净距不应小于 13.5m；

4 次高压 B 与燃气管道与桥梁基础之间的水平净距不应小于 5.0m；

5 中压和低压燃气管道与桥梁基础之间的水平净距不应小于 1.5m；

6 应满足桥梁检修和燃气管线施工、维修所需空间，且不应影响桥梁墩台安全；

7 除满足上述要求外，还应征得桥梁等管理部门的批准。

4.2.3 穿越水域的燃气管道的最小覆土厚度，应根据工程等级与相应设计洪水冲刷深度或疏浚深度要求确定，并符合下列规定：

1 穿越水域的燃气管道的最小覆土厚度应符合表 4.2.3 的规定；

表 4.2.3 穿越水域的燃气管道的最小覆土厚度(m)

水域情况	工程等级		
	大型	中型	小型
有冲刷或疏浚的水域，应在设计洪水冲刷线下或设计疏浚线下，取其深者	≥1.5	≥1.2	≥1.0
无冲刷或疏浚的水域，应埋在水床底面以下	≥1.5	≥1.3	≥1.0
河床为基岩，并在设计洪水下不被冲刷时，管段应嵌入基岩深度	≥0.8	≥0.6	≥0.5

2 当水域有抛锚或疏浚作业时，管顶最小覆土厚度应达到防腐层不受机械损伤的要求；

3 以下切为主的河流上游，最小覆土厚度应从累积冲刷线算起；

4 基岩段所挖沟槽应用满槽混凝土覆盖封顶，应达到基岩标高；

5 当管道有配重或稳管结构物时，最小覆土厚度应从结构物顶面算起；

6 基岩内管道最小覆土厚度应根据岩性、风化程度确定，强风化岩、软岩最小覆土厚度应加大。

4.2.4 穿越水域的燃气管道的位置宜远离现有橡胶坝消力池和其他水工建筑物，不得对其基础产生扰动。

4.2.5 穿越水域的燃气管道的稳定和防护工程应符合现行国家标准《油气输送管道穿越工程设计规范》GB 50423 的有关规定。

4.3 水平定向钻法穿越

4.3.1 水平定向钻法穿越宜在黏土、砂土、粉土、风化岩等地质条件采用，不宜在卵石地质条件采用。当出土或入土侧有卵石层时，可采取注浆固化、开挖换土、加设套管等措施。

4.3.2 采用水平定向钻法穿越时，穿越管段与桥梁的水平净距应符合下列规定：

1 穿越管段与桥梁墩台冲刷坑外边缘的水平净距不宜小于 10m，且不应影响桥梁墩台安全；

2 当穿越小型水域(水沟)，且燃气管道设计压力小于等于 0.4MPa 时，在保证桥梁和燃气管道安全情况下，穿越管段与城市桥梁墩台冲刷坑外边缘不应小于 4.5m，并应征得桥梁等管理部门的同意。

4.3.3 水平定向钻穿越的管材选择应符合下列规定：

1 当穿越管道的管径大于 *DN*400 或长度大于 300m 时，宜采用钢管，并应符合现行国家标准《城镇燃气设计规范》GB 50028 的有关规定；

2 当采用 PE 管材时，应采用 SDR11 系列管材，并应符合现行国家标准《燃气用埋地聚乙烯(PE)管道系统　第 1 部分：管材》GB 15558.1 的有关规定。

4.3.4 水平定向钻穿越时，燃气管道至规划河床的覆土厚度不宜小于 3m。

4.3.5 水平定向钻法穿越的地质勘探方式和勘探孔布置应符合下列规定：

1 勘探孔应沿穿越管线的轴线两侧错开布置，孔距不宜大于 100m，每排孔与穿越管线轴线的距离应为 15m~30m(图 4.3.5)；当发现地质情况复杂难以判断土质变化时，应增加勘探孔密度；

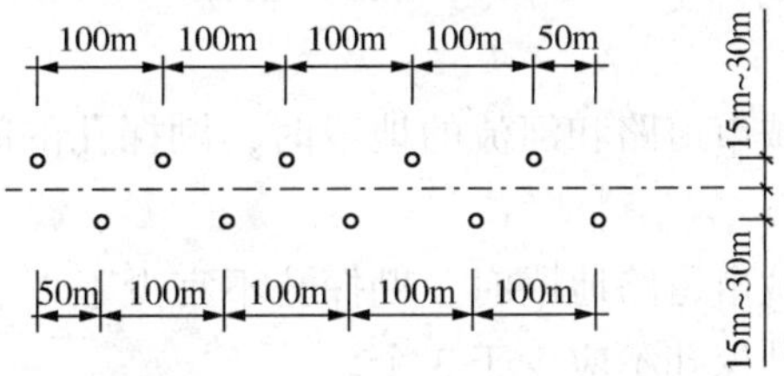

图 4.3.5　探孔布置示意图

2 勘探方式应采用取土钻孔和静力触探相结合。

4.3.6 水平定向钻法穿越的地质勘探除应按本规程第 3.0.3 条提供数据和资料外，并应符合下列规定：

1 应提供取样密度、含水量、颗粒度、液性指数、塑性指数、液限、塑限、相对密度、孔隙比、压缩系数、砂和碎石作颗粒分析等数据。当穿越岩石层时，尚应提供岩石的物理性质和组成、岩石单轴抗压强度、岩石的完整程度、岩石的层理走向等数据。当遇到溶洞地层时，应采用测绘、物探等手段，查明溶洞的大小、形状和分布等情况。

2 应提供地下水、江河或地表水的水样数据。当穿越盐碱地时，应提供水质报告。

3 应提供勘探孔综合报告(截面)图，并应提供相应的文字描述报告。

4.3.7 水平定向钻法穿越设计前，应收集施工区域内地下管线及其附属设施的相关资料。

4.3.8 水平定向钻穿越的入土角和出土角，应根据穿越长度、穿越深度和管道弹性敷设条件等综合确定。入土角宜为 8°~18°，出土角宜为 4°~12°。

4.3.9 水平定向钻穿越的钻孔轨迹可由入土直线段、入土弧线段、水平段、出土弧线段、出土直线段等组成。轨迹计算可按本规程附录 A 的有关规定执行。

4.3.10 水平定向钻穿越的曲率半径应符合下列规定：

1　当采用钢管时，曲率半径不宜小于钢管管径的1500倍，且不应小于1200倍；

2　当采用PE管时，曲率半径小应小于PE管管径的500倍。

4.3.11　水平定向钻穿越的入土直线段和出土直线段的长度不宜小于10m。

4.3.12　当采用钢管穿越时，应对管道外防腐层进行防护，并应符合下列规定：

1　防护层材料宜与管道防腐层兼容；

2　当防腐层为三层聚烯烃类材料时，防护层宜采用改性环氧玻璃钢或玻璃纤维增强类材料；

3　当防腐层为环氧粉末材料时，防护层宜采用改性耐磨环氧类涂料。

4.4　顶管法穿越

4.4.1　顶管法穿越的地质勘察勘探孔的布置应符合下列规定：

1　勘探孔应布置在管道设计轴线的两侧10m范围内，不宜布置在顶管管体范围内；当顶管法穿越水域时，勘探孔应布置在管道设计轴线的两侧20m范围内。

2　管道穿越河道或主要道路时，应在河道两岸和道路两侧及绿化带内布置勘探孔。

3　矩形工作井和接收井的勘探孔应布置在四角，圆形井的勘探孔应沿周边均匀布置。

4　勘探孔的间距应符合下列规定：

1）工作井和接收井勘探孔的间距不宜大于30m，数量不宜小于2个；

2）勘探孔间距应符合表4.4.1的规定；

表4.4.1　勘探孔间距

场地等级	Ⅰ类场地	Ⅱ类场地	Ⅲ类场地
勘探孔间距(m)	30~50	50~100	100~150

3）当穿越暗埋的河、湖、沟、坑地段和可能产生流砂和地震液化的地段时，勘探孔应加密布置；

4）当穿越铁路、公路、城市道路和河流的地段时，勘探孔的间距应能控制地层土质变化，且宜为30m~100m；

5）当穿越铁道、公路、城市道路地段时，勘探孔不宜少于2个；

6）当穿越河谷的地段，勘探孔不应少于3个。

4.4.2　顶管法穿越的地质勘察勘探孔的深度应为管底设计标高以下3m~5m；当有特殊情况时，应符合下列规定：

1　当管道穿越河道时，勘探孔深度应达到河床最大冲刷深度以下4m~6m. 并应满足管底勘探深度要求；

2　当基底下存在松软土层或未经固结的回填土时，勘探孔深度应适当增加；

3　当基底下存在产生流砂、潜蚀、管涌或地震液化地层时，应予以钻穿；

4　当采取降低地下水位施工时，勘探孔深度应钻探至管底以下5m~10m；

5　当已有资料证明或勘探过程中发现黏性土层下存在承压含水层，且水压较大，需要降水施工时，勘探孔应适当加深，并应测量其水压。

6　工作井和接收井的勘探孔深度宜取井底以下5m，特殊情况应适当加深。

4.4.3　顶管法穿越的顶进方法选择应符合现行国家标准《油气输送管道穿越工程设计规范》GB 50423的有关规定，下列情况不宜采用顶管法穿越：

1　土体承载力小于30kPa；

2　岩体强度大于40MPa；

3　土层中砾石含量大于30%或粒径大于200mm的砾石含量大于5%；

4　江河中覆土层渗透系数大于或等于1mm/s。

4.4.4 顶管法穿越顶进轨迹的选择应符合下列规定：

1 顶进轨迹应符合线路总走向，并应根据水文、地质、地形、水土保持、环境、气象、交通、地下及地上其他建构筑物和管线的情况、施工工艺及管理条件确定；

2 宜在淤泥质黏土、黏土、粉土及砂土中顶进；

3 应避开地下障碍物；

4 不应在活动性地震断裂带通过；

5 顶管穿越河道时的埋置深度应满足河道的规划要求，并应在河床的最大冲刷线以下；

6 曲线顶进轨迹的曲率半径不宜小于管道直径的1200倍。

4.4.5 顶进管道上部的覆土层厚度，应根据建(构)筑物、地下管线、水文地质条件等因素确定，不宜小于管道外径的3倍，且应符合现行国家标准《城镇燃气设计规范》GB 50028的有关规定。

4.4.6 顶进管道材料的选择应符合下列规定：

1 顶进管道应采用钢筋混凝土管或钢管，管道规格及接口形式应符合设计要求；曲线顶管宜采用钢筋混凝土管。

2 当采用钢筋混凝土管时，管材宜符合国家现行标准《混凝土和钢筋混凝土排水管》GB/T 11836和《顶进施工法用钢筋混凝土排水管》JC/T 640的有关规定，管壁厚度宜为公称直径的1/8~1/10。

3 当采用钢管时，管材应符合本规程第3.0.5条的有关规定。外防腐层应符合设计要求，且在顶进时不得损坏。

4 单根顶进管道的长度不宜超过顶管机或微型隧道掘进机的机身长度。钢筋混凝土管的长度宜为2m~3m，钢管的长度宜为6m。

5 当顶进管道内需进人施工时，顶进管道的内径不宜小于800mm。

4.4.7 顶进管道的接头应符合下列规定：

1 顶进管道的密封性能应满足设计文件要求。

2 顶进管道的接头在最大允许偏斜的情况下应保持密封性能。

3 在剪切力(剪切运动)作用下，管道接头应保持密封性能。

4 当管道之间使用垫环传递轴向力时，垫环的宽度不宜大于管壁厚度。

5 当采用钢筋混凝土管时，宜采用钢承口的管道接口形式(F形管接口形式)；当曲线顶管采用钢筋混凝土管时，应加长钢套环的长度，木垫衬应采用松木。

6 当采用钢管时，应采用焊接连接。焊口处应进行等级不低于燃气管道补口的防腐处理。

4.4.8 顶管设计计算应按本规程附录B的有关规定执行。

4.4.9 顶管工作井位置的选择应符合下列规定：

1 宜选择在管道阀室(或井)的位置；

2 应便于排水、排泥、出土和运输；

3 应避开房屋、地下管线、池塘、架空电线等不利于顶管施工的场所；

4 当顶管为单向顶进时，宜设在下游一侧；

5 当在地下水位以下顶进时，宜设置在管线高程较低的一段。

4.4.10 顶管工作井的后坐墙应具有足够的强度和刚度，在设计顶进力的作用下不得被破坏；并应符合下列规定：

1 后坐墙表面应平整，并应与管道顶进方向垂直。

2 后坐墙材料的材质应均匀一致。

3 当采用装配式后坐墙时，尚应符合下列规定：

1) 装配式后坐墙宜采用方木、型钢或钢板等组装；

2) 装配式后坐墙的底端宜在工作井底以下，且最小覆土厚度不宜小于0.5m。

4 当无原状土作后坐墙时，可采用人工后坐墙。人工后坐墙应结构简单、稳定可靠，且宜就地取材。

5　当利用已顶进完毕的管道作后坐墙时，待顶管道的顶进力应小于已顶管道的顶进力。

6　后坐墙后背土的压缩残余变形值不应大于 20mm。

4.4.11　顶管法穿越的燃气管道应在顶进套管内安装绝缘支撑架，顶进套管和内穿燃气管道之间应设检漏管。套管两端应采用柔性的防腐、防水材料将顶进套管和燃气管道的间隙密封，密封长度应大于 200mm。

4.4.12　当顶进套管对内穿燃气管道的阴极保护产生屏蔽作用时，燃气管道的阴极保护方宜采用牺牲阳极。

5　穿越工程施工

5.1　一 般 规 定

5.1.1　施工单位应在穿越施工前核实施工区域内的地下管线及障碍物的相关资料。

5.1.2　施工准备应符合现行国家标准《油气输送管道穿越工程施工规范》GB 50424 的有关规定。

5.1.3　钢制管道的焊接应符合现行行业标准《城镇燃气输配工程施工及验收规范》CJJ 33 的有关规定。

5.1.4　聚乙烯燃气管道的材料检验、运输和储存应符合现行行业标准《聚乙烯燃气管道工程技术规程》GJJ 63 的有关规定。

5.1.5　采用开挖法穿越的燃气管道与其他埋地管线交叉时，应对管沟处裸露的其他埋地管线进行支撑和保护，不得损坏。

5.1.6　带有防腐的钢质管道不应长期露天存放。防腐管在装卸、堆放、移动和运输过程中应采取措施保护防腐层不受损伤，搬运应使用专用衬垫及吊带，不得使用裸钢丝绳。当钢质管道防腐层有损伤进行修补时，所采用的防腐层材料不应低于管道外防腐层的等级。

5.1.7　套管内的钢质燃气管道安装后，外部径向载荷不应传递到穿越段燃气管道上。管道的安装应符合下列规定：

1　套管内的穿越段燃气管道的绝缘支撑架应安装牢固，绝缘垫位置应正确，燃气管道不得与套管接触。

2　钢质燃气管道穿入套管前，应按设计要求安装牺牲阳极，绝缘支撑架不得与阳极相连。安装后，应测量管道电位，并应达到保护电位要求。

3　套管内不得有污物。

4　穿越管段应在防腐层检漏合格后方可穿入套管。穿入后应检测套管与穿越管段之间的绝缘电阻，电阻值应大于 2MΩ，检测合格后应按设计要求密封套管的两端口。

5.1.8　穿越段聚乙烯燃气管道的施工应符合下列规定：

1　聚乙烯燃气管道连接前应对管材按设计要求进行核对，并应在施工现场进行外观检查，管材表面划伤深度不应超过管材壁厚的 5%；

2　聚乙烯管道焊接前应进行焊接工艺评定，并应符合现行行业标准《聚乙烯燃气管道工程技术规程》CJJ 63 的有关规定；

3　穿越前应按现行行业标准《聚乙烯燃气管道工程技术规程》CJJ 63 的有关规定对热熔及电熔焊接后的管道进行外观检查，且焊口应进行 100%切边检查。

5.2　水域开挖法穿越

5.2.1　围堰和导流施工应符合下列规定：

1　导流沟底应低于入口处河流水面，导流沟宽度应根据河水流量的大小确定，沟底沿水流方向的坡度不应小于 0.003。导流沟宽度应根据河水流量的大小确定。

2 河流上、下游两截水坝之间的距离应能满足施工作业要求。坝顶应高出施工期水面 1.0m～1.5m，且不得超过河岸最低点；断面应为梯形，边坡比宜为 1∶1～1∶2，坝顶宽度应根据河水的深度确定，宜为 2m～5m。

5.2.2 采用围堰的方法开挖管沟时，应根据穿越地段的岩土性质、施工方法、施工机具等情况确定降水方法。当开挖地段为砂石、流砂、粉砂或细砂时，可采用井点降水方法。

5.2.3 水下管沟开挖方式应符合下列规定：

1 当河床土壤松软、水流速度小、回淤量小时，宜采用绞吸式或吸扬式挖泥船开挖管沟，对硬土层或卵石层等土壤紧硬河床，并宜采用抓斗挖泥船或轮斗挖船开挖管沟；

2 当河床地质为砂土、黏土或夹卵石土壤时，宜采用拉铲配合其他方法开挖管沟；

3 挖泥船应配备定位设备，并应实时记录、显示。

5.2.4 河底管沟的几何尺寸和质量应符合下列规定：

1 河底管沟的沟底宽度和边坡尺寸应根据土石性质、水流速度、开挖深度和施工方法等因素确定，必要时可进行试挖。当无试验条件和数据时，开挖管沟尺寸可分别按表 5.2.4-1 和表 5.2.4-2 确定。

表 5.2.4-1　不带水开挖管沟尺寸

土石名称	沟底最小宽度(m)	管沟边坡	
		沟深≤2.5m	沟深>2.5m
淤泥、粉细砂	D+4(8)	1∶3.5	1∶5
中粗砂、卵砾	D+3(6)	1∶3.0	1∶4
砂土	D+2(5)	1∶2.5	1∶3
黏土	D+2(5)	1∶2.0	1∶2
岩土	D+2(5)	1∶0.5	1∶1

注：1. 当遇流砂时，沟底宽度和边坡数据应根据施工方案另行确定；
2. 当采用围堰方法挖沟，在沟下焊接时，沟底宽度应为 8m～12m；
3. D 为管道外径(包括防腐层或保温层厚度)；
4. 括号内的值为采用沟下组焊规定值。

表 5.2.4-2　带水开挖管沟尺寸

土石名称	沟底最小宽度(m)	管沟边坡	
		沟深≤2.5m	沟深>2.5m
淤泥、粉细砂	D+5	1∶4.0	1∶6
中粗砂、卵砾	D+4	1∶3.5	1∶5
砂土	D+3	1∶2.5	1∶4
黏土	D+3	1∶2.0	1∶3
岩土	D+2	1∶0.5	1∶1

注：1. 当遇流砂时，沟底宽度和边坡数据应根据施工方案另行确定；
2. D 为管道外径(包括防腐层或保温层厚度)。

2 河底管沟应平直，不得有土坎。

3 不带水开挖施工时，河底管沟中心线偏移不应大于 200mm，管沟深度应符合设计要求，允许偏差应为±200mm。

4 带水开挖穿越施工时，河底管沟中心线偏移不应超过 500mm，管沟深度应符合设计要求，允许偏差应为±300mm。

5 管沟开挖过程中，应定时测量管沟尺寸。管沟开挖完成后，应对管沟进行测量，并应做好记录。

5.2.5 不带水开挖穿越的管道敷设应符合下列规定：

1 管道敷设的任何工序均应对管道进行保护。当采用钢管时，应对防腐层进行保护，不得损坏防腐层，管道下沟前应进行电火花检漏，发现漏点应及时补伤，合格后方可下沟。

2 管道就位前，应对管沟的标高、中心线位置和几何尺寸按设计要求进行复测。

3 管道安装、下沟、回填宜在围堰内进行。

5.2.6 带水开挖穿越的管道牵引就位施工应符合下列规定：

1 牵引前，应将发送沟、发送架、牵引场地、牵引设备等准备完毕。

2 管道牵引就位前，应对管沟的沟底宽度、标高、中心线位置和几何尺寸按设计要求进行复测。

3 管道敷设可采用底拖法、浮拖法施工。

4 底拖法施工应符合下列规定：

1) 管道在水中的重量应按下列公式计算：

$$G=\frac{1.2P_{\mathrm{X}}}{f} \tag{5.2.6-1}$$

$$P_{\mathrm{X}}=\frac{C_{\mathrm{X}}\times C_{\mathrm{H}}\times\gamma\times V^{2}}{2g} \tag{5.2.6-2}$$

式中：G——管道在水中的重量(kg)；

P_{X}——水平推力(N)；

f——管道与河底的摩擦系数；

C_{X}——取决于管道表面粗糙度和水流态的系数，取0.8；

D_{H}——单位长度管道垂直于水流方向的投影面积(包括防腐层)(m^2/m)；

γ——穿越水域中水的密度(kg/m^3)；

V——近管道流层水的流速(m/s)；

g——重力加速度(m/s^2)。

2) 沿河底拖管所需的牵引力应按下式计算：

$$N=g(a\times G\times f+T) \tag{5.2.6-3}$$

式中：N——沿河底拖管所需的牵引力(N)；

a——启动系数，可取2；

T——钢丝绳重量(kg)。

3) 牵引设备的牵引能力不应低于所需最大牵引力的1.2倍，且不应大于管道可承受应力的0.5倍。

4) 钢丝绳应按牵引设备的最大牵引力选择，钢丝绳的安全系数应大于或等于3.5。管道牵引应使用预拉后的钢丝绳，预拉力应为钢丝绳许用拉力的15%~20%。

5) 拖管应采用发送装置。发送方式应根据穿越工程的具体情况和设备情况确定。

6) 大型河流穿越应修筑牵引道。牵引道应与管道施工作业带宽度一致，长度应保证牵引作业连续进行。

5 浮拖法施工应符合下列规定：

1) 施工前，应在岸上将预制、探伤、防腐、打压完毕的管道两端密封，沿水面漂浮拖到水下的管沟上方，后沉到河底管沟内；

2) 浮拖法可根据施工现场的具体条件选择直线浮拖法或旋转浮拖法；

3) 当管道重量等于或大于浮力时，可采用加浮筒的方法进行浮拖。

5.2.7 带水开挖穿越的稳管施工应符合下列规定：

1 管道应按设计要求进行稳管。

2 穿越管段在安放配重块、石笼、浇筑混凝土连续覆盖层时，不应损坏管道的防腐层。

3 复壁管环形空间注水泥浆前，内管应充满水，并应且保持一定的压力。注浆时应在排放口取样，并应测定排放口水泥浆的相对密度，待达到设计相对密度时应停止注浆。

4 水泥浆性能应符合表 5.2.7 的规定。

表 5.2.7　水泥浆性能

流动度(m)	初凝时间(h)	终凝时间(h)	密度(kg/m^3)
≥0.16	8~10	18~24	≥1800

5.2.8 管沟回填应符合下列规定：

1 回填前应对下沟管道进行标高测量和管道中心线测量，合格后方可进行管沟回填；

2 设计为自然回淤的管沟，应在管道下沟敷管完成后，采用人工回填 1/3 的覆盖深度，或采取其他稳管措施；

3 回填后应对管道的中心线、标高进行复验，并应符合设计要求。

5.2.9 施工期间应保持施工现场周围的生态环境。工程完毕后，应立即拆除临时设施并恢复地貌，并应按设计要求及时完成护岸和护坡的砌筑工程。

5.3　水平定向钻法穿越

5.3.1 测量放线应符合下列规定：

1 测量放线前，应根据设计确定的控制桩位、设备情况、工程情况、地形地貌等编制施工场地平面布置图。

2 应用测量仪器确定穿越中心线及穿越入土点、出土点。入土点、出土点应至少放桩 1 个。

3 应根据穿越入土点、出土点及穿越中心线，确定钻机安装场地、管道侧施工场地、泥浆池以及穿越管段预制场地的边界线，并应做好标记。

5.3.2 根据穿越施工场地的实际情况，应合理布设钻机、工作井、材料堆放和管道地面安装等工作区的位置。施工场地地面应根据土层的稳定性和密实性采取防止塌陷的措施。

5.3.3 穿越施工过程中，泥浆宜循环使用。应在出土点设置接纳泥浆涌出的泥浆池或泥浆罐。施工完成后，应使用槽车将废浆清运至环保部门指定的地点排放。

5.3.4 水平定向钻机的选用应根据计算的最大回拖力确定，钻机最大回拖力不宜小于计算值的 2 倍。管道水平定向钻回拖时的拉力应符合下列规定：

1 钢质管道水平定向钻回拖时的拉力应符合现行国家标准《油气输送管道穿越工程施工规范》GB 50424 的有关规定。

2 PE 燃气管道水平定向钻回拖时的允许拖拉力按下式计算：

$$F=\frac{14\pi de^2}{3\times SDR} \tag{5.3.4}$$

式中：F——允许拖拉力(N)；

de——管道公称直径(mm)；

SDR——标准尺寸比。

5.3.5 钻机设备安装及调试应符合下列规定：

1 钻机的停放位置应使钻杆位于拟敷设管道的中心线上；

2 钻机地锚应稳固，并应能承受钻机的最大推进力及最大回拖力；

3 控向系统使用前应进行校准，更换传感器、接收器、钻头后应重新校准；

4 当采用地磁控向系统时，应测量钻机倾斜角及穿越方位角等数据；

5　当采用无线控向系统时，应根据施工场地周围的干扰信号情况，确定传感器的接收频率；

6　采用地磁控向系统时，可使用人工磁场。

5.3.6　钻进液应符合下列规定：

1　应根据工程地质勘察报告确定钻进液的配置参数；

2　钻进液的黏度应根据地质和管径情况确定，可采用马氏漏斗测量；

3　配置钻进液用的膨润土含砂量应小于3%，水源应使用清洁淡水，钻进液pH值应调配至8~10；

4　应按规定的顺序进行配置，并应使其充分膨化。

5.3.7　导向孔钻进应符合下列规定：

1　导向孔应根据设计曲线钻进，每根钻杆的折角应根据管径大小和管道的最小允许弯曲半径确定；

2　钻进导向孔时，每根钻杆的测量不得少于1次，当发现定向钻偏离设计轨迹时，应及时进行纠偏。纠偏应渐进进行，不得在一根钻杆的长度内完成所有的纠偏；

3　导向孔允许偏差应符合表5.3.7的规定，且偏差不应大于穿越长度的1%。

表5.3.7　导向孔允许偏差(m)

管材	导向孔曲线		出土点	
	横向偏差	上下偏差	横向偏差	纵向偏差
钢管	±2	+1~−2	±2	+5~−2
PE管	±1	+1~−1	±0.5	+1~−1

5.3.8　扩孔应符合下列规定：

1　最终扩孔直径应根据穿越管道的直径、长度、穿越地质条件和钻机能力确定，最小扩孔直径可按表5.3.8的规定执行。

表5.3.8　最小扩孔直径

穿越管道的直径 *DN*(mm)	最小扩孔直径(mm)
<200	*DN*+100
200~600	1.5*DN*
>600	*DN*+300

2　当管径大于*DN*300时，扩孔宜采取多级、多次扩孔的方式进行。

3　扩孔过程中，当扭矩、拉力较大时，可采取洗孔作业。洗孔结束后，可继续进行扩孔。

5.3.9　定向钻穿越燃气管道的地面安装应符合下列规定：

1　穿越段管道应在平整且具有承载能力的场地进行预制；

2　预制管道应与入土点、出土点成一直线，当受现场条件限制时，预制管道可适当弯曲，并应符合本规程第4.3.10条的有关规定；

3　预制管道宜根据设计长度全线焊接，当场地局限时，也可分段焊接，在回拖过程中连接；

4　当采用热收缩带进行穿越段钢管焊口补口时，应采用定向钻专用热收缩带；

5　在穿越管道回拖前，钢管应采用电火花检漏仪对防腐层进行检验；

6　聚乙烯燃气管道焊接应使用全自动焊机；

7　管道回拖前，应对焊接完成的管段进行水压试验；

8　聚乙烯燃气管道应对表面划痕进行检查。

5.3.10　管道回拖施工前，应对场地、机具、人员等情况进行检查落实，并应编制回拖专项施工组织方案，回拖专项方案应包含下列内容：

1 回拖前管道铺设位置及管位调整方案，管道回拖进孔前的机械配合方案；

2 管道防腐层保护及修复的方案；

3 各工序时间点安排及控制措施；

4 挖机、吊机、焊机、发电机等机械配备情况；

5 施工人员配备情况，定人定岗；

6 回拖过程中的通信手段及通信要求；

7 夜间施工照明条件；

8 回拖过程不安全因素分析及对策，发生卡管时的处置预案；

9 安全应急预案及组织架构。

5.3.11 重要的、地质情况复杂的燃气管道水平定向钻穿越工程，在回拖前宜进行试拖，并应根据试拖情况对施工方案进行调整。

5.3.12 回拖时应保持连续作业。当采取两段或多段管段接力回拖时，中途停止回拖的时间不宜超过4h。

5.3.13 水平定向钻穿越燃气管道接头处的防腐层外宜设置保护套，防腐等级不应低于原管道，在管道穿越时，接头处的外防腐层不得被损坏。

5.3.14 回拖作业应符合下列规定：

1 应采取避免损伤管道及外防腐层的有效措施。可采取发送沟蓄水漂管、发送架及吊机送管等方式，避免管道与地面直接接触。管道入洞口前与地面的接触处部位应进行润滑。

2 应实时记录回拖过程的回拖力、扭矩、回拖速度、钻进液流量等数据，并应附于竣工资料中。

3 宜对钢管的外防腐层进行电火花测试，对防腐层的损伤部位应及时修补。

5.3.15 出土点和入土点两端管道应各出地面1m~3m。

5.3.16 穿越铁路、重要道路施工时，应进行地表沉降监测，并应做好记录。

5.3.17 回拖结束后，应将管道放置24h以上，待管道在穿越过程中的拉伸应力充分释放后，方可与两端管道进行连接。

5.3.18 施工完毕后，应测量出、入土点坐标，做好施工记录；并进行防腐层完整性评价，检测合格后方可与两端管道进行连接。

5.4 顶管法穿越

5.4.1 顶管穿越施工前应根据设计要求放线，设置穿越中心桩、施工带边线桩，确定顶管工作井的位置和尺寸，并应做出明显标志。

5.4.2 当在地下水位高的地段进行顶管穿越时，应采取降、排水措施。

5.4.3 顶管工作井的长度和宽度应满足连续施工的要求，深度应根据穿越管道的敷设深度确定。工作井的底部应平整、结实。后坐墙表面应平直，且应垂直于顶进管道的轴线。工作井及装配式后坐墙的施工允许偏差应符合表5.4.3的规定。

表5.4.3 工作井及装配式后坐墙的施工允许偏差

项目		允许偏差(mm)
工作井每侧	宽度	不大于施工设计规定
	长度	
装配式后坐墙	垂直度	0.1%H
	水平扭转度	0.1%L

注：H为后坐墙的高度；L为后坐墙的宽度。

5.4.4 顶管工作井的开挖方法及支护设施应根据现场地质情况及工作井的尺寸确定。工作井深度达到深基坑深度时，尚应符合深基坑施工的相关规定。

5.4.5 顶管工作井后坐墙的施工应符合下列规定：

1　当采用装配式后坐墙时，应符合下列规定：

1）后坐墙土体壁面应与后坐墙贴紧，间隙应采用砂石料填塞密实；

2）组装后坐墙的构件在同层内的规格应一致，各层之间的接触应紧贴，并应层层固定；

3）顶管工作井及装配式后坐墙的墙面应与管道轴线垂直。

2　当利用已顶进完毕的管道作后坐墙时，后坐墙钢板与管口之间应衬垫缓冲材料，不得损伤已顶入管道的接口。

3　当顶管施工过程中发现后坐墙变形过大时，应采取加固或其他辅助措施。

5.4.6　顶管法施工时应采取下列安全措施：

1　进入井应设置安全逃生梯。

2　井内及隧道内应配备照明设施。

3　工作人员进井前，应使用气体浓度检测仪器，确定井内隧道在安全要求的范围内后，方可进入。

4　进井的工作人员应配载气体浓度报警仪器。

5　沿顶管路线每隔5m应设置一个沉降测量点。当垂直升降幅度大于10mm时，应立即停止顶管作业，查明原因和采取改善措施后，方可继续进行顶管作业。

5.4.7　顶管设备的安装和使用应符合下列规定：

1　顶管设备的安装应符合下列规定：

1）两层轨应顺直、平行、等高，纵坡应与管道设计坡度一致；

2）导轨安装的允许偏差应符合表5.4.7的规定；

表5.4.7　导轨安装的允许偏差

项目	允许偏差
轴线位置	+3mm
顶面高程	0mm~+3mm
两轨内距	+2mm

3）安装后的导轨应牢固，不得在使用中产生位移，并应定时检查校核。

2　油泵安装和使用应符合下列规定：

1）油泵宜设置在千斤顶附近，油管应顺直、转角少；

2）油泵应与千斤顶相匹配，并应有备用油泵；油泵安装完毕，应进行试运转；

3）初始顶进应缓慢运转，待各接触部分吻合后，再按正常速度顶进；

4）当发现油压突然增高时，应立即停车检查处理，正常后方可继续顶进；

5）当采用轴向液压千斤顶配以液压站法施工时，应控制油泵的压力，油泵压力应平稳上升。

3　顶管前，应将顶管设备就位并且试运行良好，其穿越中心线与管道设计中心线一致。顶管时，顶铁中心线应与穿越中心线平行、对称。套管进入土层后，应采用人工方法自上而下开挖取土。采用敞口式顶管机，在允许超挖的稳定土层中正常顶进时，在管道下部135°范围内不得超挖，管顶部超挖量不得大于15mm。顶进作业时，宜在套管外壁涂润滑剂；下管前，套管不应破损。

4　顶管时，应采用测量仪器控制中心线和高程，以施工放线时布置的中心桩为基准进行导向监控。第一根套管顶进中心线与管道轴线的偏差不应超过管长的3%。初始顶进中，每顶进300mm应检查1次；正常顶进后，每顶进1m检查不应少于1次。

5.4.8　螺旋钻机顶管穿越施工应符合现行国家标准《油气输送管道穿越工程施工规范》GB 50424的有关规定。

5.4.9　平衡法顶管穿越施工应符合现行国家标准《油气输送管道穿越工程施工规范》GB 50424的有关规定，并应符合下列规定：

1　顶管机应连续作业，顶进过程中顶管机前方遇到障碍时，应暂停顶进，及时处理，并应采取防止顶管机前方塌方的措施；

2 预制穿越管段长度应大于套管长度 4m 以上。

5.4.10 顶管作业宜连续进行，套管全部顶进后，可将套管内用砂浆找平。

5.4.11 顶管施工中，应建立地面与地下测量控制系统，控制点应设在不易扰动、视线清楚、方便校核、易于保护处。

5.4.12 在始发井或接收井发现外露的其他地下管线时，应与有关单位协调，并应采取保护措施。

6 跨越工程设计

6.1 一 般 规 定

6.1.1 燃气管道跨越工程等级应按表 6.1.1 的规定划分。

表 6.1.1 燃气管道跨越工程等级

工程等级	总跨长度 L(m)
大型	$L \geqslant 300$
中型	$100 \leqslant L < 300$
小型	$L < 100$

6.1.2 跨越工程燃气管道的管材应选用钢管，并应符合本规程第 3.0.5 条的有关规定。

6.1.3 燃气管道的最大允许跨距，应同时满足管道刚度和强度的要求。

6.1.4 燃气管道跨越工程设计应考虑温度引起变形的补偿。补偿量应按下式计算：

$$\Delta L = L \times \alpha (t_2 - t_1) \tag{6.1.4}$$

式中 ΔL——补偿量(mm)；

L——计算管长(m)；

α——管道的线膨胀系数[mm/(m·℃)]；

t_2——管道运行时可能达到的极限温度(℃)；

t_1——管道安装时的环境温度(℃)。

6.1.5 当输送湿燃气时，应综合考虑当地的气候和气质情况，并应根据需要对跨越管道采取保温措施。进行桥梁荷载验算时，应考虑管道保温层的重量。

6.1.6 跨越燃气管道的强度及稳定性计算应符合现行国家标准《油气输送管道跨越工程设计规范》GB 50459 的有关规定。

6.1.7 高压、次高压燃气管道跨越弯管的曲率半径不得小于管道直径的 4 倍。

6.1.8 管桥结构采用的钢材和水泥应符合现行国家标准《混凝土结构设计规范》GB 50010 和《钢结构设计规范》GB 50017 的有关规定。

6.1.9 跨越通航河流时，管桥跨越结构最下缘的净空高度应符合现行国家标准《内河通航标准》GB 50139 的有关规定，管桥桥墩的设置不得影响通航、泄洪要求，并应设置夜间通航指示灯。

6.1.10 管道防腐层应考虑耐候性的要求。当跨越部位为海水环境或受侵蚀性物质影响的环境时，应提高防腐等级或采用有针对性的防腐材料。在日照强、跨越部位受日照时间长的地区，宜采用耐紫外线的防腐材料。

6.1.11 设置阴极保护的埋地钢管和与之相接的随桥敷设管道之间、随桥敷设管道与桥梁金属支座(架)间均应设置绝缘装置，且宜设置在桥梁范围外。当随桥梁敷设的燃气管道与桥梁两端的燃气管道之间设有钢塑接头或绝缘接头时，跨越管道应设置防静电接地设施，并应符合现行行业标准《石油化工静电接地设计规范》SH 3097 的有关规定。

6.1.12 跨越管道及其附属金属支撑结构等应设置防雷和防静电接地设施，且应符合现行国家标准《建筑物防雷设计规范》GB 50057 的有关规定。

6.1.13 跨越管道两端出入地面的位置宜设置保护隔离和防船撞设施，并应设置安全警示标志。管桥跨越通航河流时应采取防船撞措施，并应设置安全警示标志。

6.2 管桥跨越

6.2.1 管桥结构形式的选择应符合下列规定：

1 管道跨越长度在管道刚度允许范围之内时，宜采用单管拱跨越；

2 管道跨越长度超出管道刚度允许范围时，宜采用轻型托架或桁架等形式跨越；

3 当跨度较大的大、中型河流的两岸基岩埋深较浅时，宜采用桁架或组合管拱跨越结构。

6.2.2 管桥结构计算时，应根据跨越形式、环境条件、运行条件及可能发生的工作状况进行载荷组合，并应按最不利效应进行设计。

6.2.3 管桥跨越的高度应根据燃气管道使用、检修的要求确定，且不得妨碍交通。管桥(架)底与铁路、道路、其他管线交叉时的垂直净距应符合表6.2.3的规定。

表6.2.3 跨越管桥(架)底与铁路、道路、其他管线交叉时的垂直净距

建筑物和管线名称		最小垂直净距(m)	
		燃气管道下	燃气管道上
铁路轨顶		6.5	—
等级公路与城市道路路面		5.5	—
厂区道路路面		5.0	—
人行道路路面		3.5	—
电气化铁路		11.0	—
荒山山顶		0.2~0.3	—
架空电力线	3kV以下	—	1.5
	3kV~10kV	—	3.0
	35kV~66kV	—	5.0
其他管线，管径	≤300mm	同管道直径，但不小于0.1	
	>300mm	0.3	

注：1. 跨越通航河流的燃气管道、管桥及管道的标高应符合通航净空要求；

2. 架空电力线与管桥的交叉垂直净距尚应考虑导线的最大垂度。

6.2.4 当采用单管拱跨越时，燃气管道的设计计算应按本规程附录C的规定执行。

6.2.5 管桥跨越结构应符合下列规定：

1 结构应有明确的计算简图；

2 管桥跨越结构应根据受力情况，对构件进行受拉、受压、受弯强度计算，并应符合现行国家标准《钢结构设计规范》GB 50017的有关规定；

3 采用钢结构时，除按现行规范进行强度、刚度计算外，必要时尚应对结构进行稳定性计算。

6.2.6 管桥钢结构防腐蚀采用的涂料、钢材表面的除锈等级以及防腐蚀对结构的构造要求等，应符合现行国家标准《涂覆涂料前钢材表面处理 表面清洁度的目视评定 第1部分：未涂覆过的钢材表面和全面清除原有涂层后的钢材表面的锈蚀等级和处理等级》GB/T 8923.1的有关规定。

6.2.7 管桥结构的设计使用年限不应低于燃气管道的设计使用年限。

6.2.8 管桥的地基与基础设计应符合下列规定：

1 基础形式应按工程水文、地质条件、结构形式等要求确定；

2 地基应进行地基承载力、变形和稳定性计算；

3 基础设计和地基承载力、变形、稳定性计算，应符合现行国家标准《建筑地基基础设计规范》GB 50007的有关规定。

6.3 随桥跨越

6.3.1 当燃气管道随既有桥梁敷设时，可架设在桥墩、牛腿、桥梁侧壁、桥板底等处。

6.3.2 当桥梁设计考虑预留燃气管沟时，管沟两侧应采用隔墙与其他管线隔开，沟内应填砂，并应设置活动盖板。管沟盖板应满足承重要求，且应便于检修。

6.3.3 随桥敷设的燃气管道与其他管道的间距应符合现行国家标准《工业企业煤气安全规程》GB 6222 的有关规定。

6.3.4 当燃气管道随桥敷设跨越大型或重要河流时，应设置检修通道，并应在河流的两岸设置阀门。

6.3.5 燃气管道的支座(架)应采用不燃烧材料制作。

6.3.6 随桥敷设的管道应采取减振措施。

6.3.7 燃气管道随桥敷设时，应采取安全防护措施，并应符合下列规定：

1 敷设于桥梁上的燃气管道应减少焊缝；

2 跨越通航河流的燃气管道，管底及支吊架底标高应符合通航净空要求；

3 在桥底吊管或桥侧设支架的随桥敷设方式，应考虑桥下通车、通航可能对管道的破坏，并应设置防撞保护和限高警示牌；

4 桥侧敷设的管道应采取防止侧滑的措施。

7 跨越工程施工

7.1 一般规定

7.1.1 在河道上进行的燃气管道跨越工程施工作业，应避开汛期和雨季。当必须在汛期或雨期施工时．应建立洪水预警机制和安全预案。

7.1.2 管道测量放线时，应对设计跨越管道、已有地下管线及其他障碍物、跨越结构基础等的位置、地貌进行核对。

7.1.3 跨越工程完成后，应在跨越的起点、终点位置设置标志桩，并应注明跨越管道的名称、规格等。

7.1.4 基坑开挖应符合现行国家标准《油气输送管道跨越工程施工规范》GB 50460 的有关规定。

7.1.5 当室外昼夜平均温度连续 5 天低于 5℃或最低温度低于-3℃时，应采取冬期施工措施，并应符合现行行业标准《建筑工程冬期施工规程》JGJ/T 104 的有关规定。

7.1.6 小型跨越工程采用砌体基础时，砌体基础施工应符合现行国家标准《砌体结构工程施工质量验收规范》GB 50203 的有关规定。

7.1.7 钢桩基础、灌注桩基础施工应符合现行国家标准《油气输送管道跨越工程施工规范》GB 50460 的有关规定。

7.1.8 管道支、吊架的安装应符合设计要求。管道支、吊架应按管道同等级进行防腐，并应符合现行国家标准《工业金属管道工程施工规范》GB 50235 的有关规定。

7.1.9 吊装施工前，应根据跨越形式、施工设备、环境条件等编制吊装方案，方案中应明确安全及应急措施。

7.1.10 预制管道应在各项质量检验合格后方可吊装。

7.1.11 管道吊装施工时，应对吊装点的管道防腐层采取保护措施，并应对防腐层损伤进行及时修补。

7.1.12 管道补偿器的安装应符合国家现行标准《工业金属管道工程施工规范》GB 50235 和《城镇燃气输配工程施工及验收规范》CJJ 33 的有关规定。

7.1.13 管道的除锈、防腐宜统一在防腐车间(场、站)进行。除锈质量应符合国家现行标准《涂覆涂料前钢材表面处理　表面清洁度的目视评定　第1部分：未涂覆过的钢材表面和全面清除原有涂层后的钢材表面的锈蚀等级和处理等级》GB/T 8923.1 的有关规定，除锈等级不低于 St3 或 Sa2.5。

7.1.14 涂刷防腐施工应符合下列规定：

1 涂刷防腐施工环境温度应为-5℃～40℃，相对湿度应小于等于80%；

2 遇雨、雪、雾、风沙等气候时，应停止防腐层的露天施工；

3 涂刷前，应清除管道表面的油脂、水分、腐蚀氧化皮、飞溅物、灰尘、毛刺等异物；

4 油漆涂刷道数、干膜最小厚度应符合设计和涂料说明书的要求。

7.2 管桥跨越

7.2.1 管桥跨越钢结构的制作应符合现行国家标准《钢结构工程施工质量验收规范》GB 50205 的有关规定。

7.2.2 跨越燃气管道的安装、焊接及检验应符合现行行业标准《城镇燃气输配工程施工及验收规范》CJJ 33 的有关规定。

7.2.3 桁架等支撑结构吊装前，应对基础进行全面检查，对预埋连接件的位置应进行复核，对吊装件的防腐应进行检查，达到设计要求后方可吊装。

7.2.4 钢筋混凝土基础施工应符合下列规定：

1 钢筋混凝土结构所用钢筋应符合设计要求，钢筋的检验及施工应符合现行国家标准《混凝土结构工程施工质量验收规范》GB 50204 的有关规定；

2 模板、支架施工应符合现行国家标准《油气输送管道跨越工程施工规范》GB 50460 的有关规定；

3 混凝土强度等级应符合设计要求，并应按现行国家标准《混凝土强度检验评定标准》GB/T 50107 的有关规定进行分批检验评定。当混凝土中掺用其他矿物掺合料时，混凝土强度龄期的确定可按现行国家标准《混凝土结构工程施工质量验收规范》GB 50204 的有关规定执行。

7.3 随桥跨越

7.3.1 燃气管道随桥跨越应在征得桥梁管理部门同意后，方可进行施工。

7.3.2 随桥跨越燃气管道的吊装应制定施工方案。当施工影响交通时，应征得交通管理部门同意，并应制定和采取相应的施工交通导流方案、专项施工组织方案、安全技术及应急处置方案和措施。

7.3.3 随桥跨越燃气管道支、吊架的安装应符合下列规定：

1 支、吊架的安装不应影响桥梁的结构安全；

2 支、吊架组件及固定的螺栓、抱箍安装前，宜进行热镀锌防锈处理；

3 焊接作业前，预埋件位置应符合设计要求；

4 支架与桥体预埋件(或连接处)的焊接应满焊，支架焊缝应焊透；

5 支、吊架安装应牢固，管道和支承面接触应良好；

6 固定支架应在补偿装置预拉伸或预压缩前固定；

7 导向支架或滑动支架的滑动面应洁净平整，不得有歪斜和卡涩现象。

7.3.4 燃气管道安装时应及时固定和调整支、吊架。支架、支座与管道焊接时，焊脚高度和焊缝长度应符合设计规定，不得存在焊缝有裂纹、管道表面有咬边等缺陷。

7.3.5 在桥梁车行道、人行道预留的燃气管沟施工时，应在管沟沿线设置安全护栏，并应设置明显的警示标志。施工路段沿线，尚应设置夜间警示灯。

8 试验与验收

8.0.1 燃气管道穿跨越铁路、高速公路、二级以上公路和大中型河流时，应单独进行压力试验。

8.0.2 穿跨越燃气管道清管、吹扫、压力试验前应制定方案，并应采取相应的安全保障措施。

8.0.3 清管、吹扫、试压作业应统一指挥，并应配备必要的交通工具、通信及医疗救护设备。

8.0.4 穿跨越管道组装、焊接、检验合格后，应对管道进行清管、吹扫，并宜整体进行。

8.0.5 吹扫(清管)前，应将吹扫(清管)出口区域划分隔离为安全区域和危险区域，吹扫(清管)作业时，人员未经允许不得进入危险区域，吹扫(清管)出口前严禁站人。

8.0.6 聚乙烯管道可采用压缩空气进行吹扫。公称直径大于100mm的钢质管道或试压采用水为介质的管道，宜采用清管球进行吹扫。

8.0.7 当采用清管球吹扫时，压力不得大于设计压力，且宜为0.3MPa~0.4MPa；当采用空气吹扫时，出口处管道空气流速不得小于20m/s。

8.0.8 气体吹扫合格的标准应符合现行行业标准《城镇燃气输配工程施工及验收规范》CJJ 33的有关规定。

8.0.9 压力试验方案应经过施工单位技术负责人批准后，方可实施。特殊情况需经上级主管部门批准，施工单位技术负责人应对施工人员进行技术交底。

8.0.10 严密性试验应在强度试验合格后进行。强度试验和严密性试验要求应符合现行行业标准《城镇燃气输配工程施工及验收规范》CJJ 33的有关规定。

8.0.11 工程竣工验收的依据、条件、程序和相关要求应符合现行行业标准《城镇燃气输配工程施工及验收规范》CJJ 33的有关规定。

8.0.12 竣工资料的收集、整理工作应与工程建设过程同步，工程完工后应及时做好整理和移交工作。整体工程竣工资料中的交工技术资料应包括下列内容：

1 工程依据文件：

1) 工程项目建议书、申请报告及审批文件、经批准的设计任务书、初步设计、技术设计文件、施工图和其他建设文件；

2) 工程项目建设合同文件、招投标文件、设计变更通知单、工程量清单等；

3) 建设工程规划许可证、施工许可证、穿跨越水库河道、公路、城市道路、铁路等政府主管部门批文，质量监督注册文件、报建审核书、报建图、竣工测量验收合格证、工程质量评估报告。

2 交工技术文件：

1) 施工资质证书；

2) 工程测量定位记录；

3) 图纸会审记录、设计交底记录或洽商记录；

4) 隐蔽工程验收记录；

5) 基础、结构工程验收记录；

6) 开工、竣工报告；

7) 竣工图；

8) 设计变更通知单、材料代用单、施工联络单；

9) 各种试验报告和质量验收记录；

10) 材料、管件出厂质量证明文件；

11) 管道焊接记录；

12) 防腐检验报告；

13) 无损检测报告；

14) 管道吹扫合格记录，管道清管测径报告；

15) 管道试压报告；

16) 阴极保护装置验收报告；

17) 穿跨越工程验收报告；

18) 定向钻工程还应提供穿越控向测量记录、实际穿越曲线图(包括平面图及纵断面图)穿越影像资料、节点测量数据、防腐层评价报告等；

19）其他相关记录及报告。

8.0.13 当穿跨越工程是其他管道工程的一部分时，穿跨越工程可与整体工程同时进行验收。

附录A 水平定向钻钻孔轨迹计算

A.0.1 水平定向钻轨迹长度（图A.0.1）可按下列公式计算：

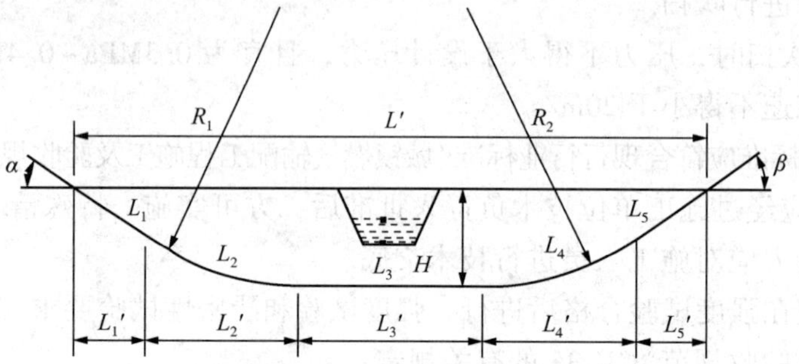

图A.0.1 钻孔轨迹

$$L=L_1+L_2+L_3+L_4+L_5 \tag{A.0.1-1}$$

$$L_1=\frac{[H-R_1\times(1-\cos\alpha)]}{\sin\alpha} \tag{A.0.1-2}$$

$$L_2=R_1\times\alpha\frac{2\pi}{360} \tag{A.0.1-3}$$

$$L_4=R_2\times\beta\frac{2\pi}{360} \tag{A.0.1-4}$$

$$L_5=\frac{[H-R_2\times(1-\cos\beta)]}{\sin\beta} \tag{A.0.1-5}$$

式中：α——入土角（°）；

β——出土角（°）；

H——最大敷管深度（m）；

R_1、R_2——管道的弯曲半径（m）。

A.0.2 对应的地面直线距离可按下列公式计算：

$$L'=L'_1+L'_2+L'_3+L'_4+L'_5 \tag{A.0.2-1}$$

$$L'_1=\frac{H-R_1\times\cos\alpha}{\tan\alpha} \tag{A.0.2-2}$$

$$L'_2=R_1\sin\alpha \tag{A.0.2-3}$$

$$L'_4=R_2\sin\beta \tag{A.0.2-4}$$

$$L'_5=\frac{H-R_2\times\cos\beta}{\tan\beta} \tag{A.0.3-5}$$

附录B 顶管设计计算

B.0.1 顶进管道荷载组合计算应按现行国家标准《油气输送管道穿越工程设计规范》GB 50423的有关规定执行。

B.0.2 顶管的最大顶力计算应符合下列规定：

1 直线段顶管的最大顶力计算应按现行国家标准《油气输送管道穿越工程设计规范》GB 50423的有关规定执行；

2 曲线段顶管的最大顶进力可按下列公式计算：

$$F_n = K^n \times F_0 + \frac{F'(K^{(n+1)} - K)}{K} \quad (B.0.2-1)$$

$$K = \frac{1}{\cos\alpha - k \times \sin\alpha} \quad (B.0.2-2)$$

$$k = \frac{\tan\varphi}{2} \quad (B.0.2-3)$$

式中：F_n——曲线段顶管的最大顶进力（kN）；

K——曲线顶管的摩擦系数；

n——曲线段顶进施工所采用的管节数量；

F_0——开始曲线段顶进时的初始推力（kN）；

F'——作用于单根管节上的摩阻力（kN）；

α——每一根管节所对应的圆心角（°）；

φ——管道所处土层的内摩擦角（°）。

3 当曲线段的顶进力计算完毕后，需要计算随后的直线段顶进力时，可按下式计算：

$$F_m = F_n + f \times L \quad (B.0.2-4)$$

式中：F_m——曲线段后的直线段顶进力（kN）；

F_n——曲线段顶管的最大顶进力（kN）；

f——单位长度管道上的摩擦阻力（kN/m）；

L——直线段长度（m）。

4 曲线顶进时，应分别计算其直线段和曲线段的顶进力，然后累加即得总的顶进力。

B.0.3 当顶进长度大于150m时，应加设中继站。中继站间距不宜大于150m。

附录C 单管拱跨越管道设计计算

C.0.1 单管拱跨越管道尺寸计算应符合下列规定：

1 矢跨比应按下式计算：

$$n = \frac{f}{l} \quad (C.0.1-1)$$

式中：n——矢跨比；自重较大时，矢跨比可取0.125；风载较大时，矢跨比可取0.1；温差较大时，矢跨比可取0.2；

f——矢高（m）；

l——跨距（m）。

2 拱形管道半径应按下式计算：

$$R = K_R l \quad (C.0.1-2)$$

3 拱形管道矢高应按下式计算：

$$f = K_f R \quad (C.0.1-3)$$

4 拱形管道半圆心角应按下式计算：

$$\sin\phi = \frac{l}{2R} \cos\phi = 1 - \frac{f}{R} \phi = \arcsin\left(\frac{l}{2R}\right) = \arccos\left(1 - \frac{f}{R}\right) \quad (C.0.1-4)$$

5 拱形管道弧长应按下式计算：

$$S = K_S R \quad (C.0.1-5)$$

式中：R——管道半径（mm）；

ϕ——半圆心角（°）；

S——弧长（mm）；

K_R、K_f、K_S——拱形管道计算系数，应按表C.0.1的规定取值。

表 C.0.1 拱形管道计算系数

系数矢跨比 f/l	1/2	1/3	1/4	1/5	1/6	1/7	1/8	1/9	1/10
K_R	0. 500000000	0. 541666667	0. 625000000	0. 725000000	0. 833333333	0. 946428571	1. 062500000	1. 180555555	1. 300000000
K_f	1. 000000000	0. 615384615	0. 400000000	0. 275862069	0. 200000000	0. 150943396	0. 117647059	0. 094117647	0. 076923077
K_S	3. 141592653	2. 352010414	1. 854590435	1. 522023508	1. 287072717	1. 113198636	0. 979914652	0. 874675783	0. 789582239
ϕ 弧度	1. 570796327	1. 176005207	0. 927295218	0. 761012754	0. 643501109	0. 556599318	0. 489957326	0. 437337892	0. 394791120
Φ 角度	89. 999999999（90°或 89°60′）	67°22′48″	53°7′48″	43°36′10″	36°52′12″	31°6′33″	28°4′21″	25°3′28″	22°37′12″
sin	1. 000000000	0. 923076923	0. 800000000	0. 689655172	0. 600000000	0. 528301887	0. 470588235	0. 423529412	0. 384615385
cos	0. 000000000	0. 384615385	0. 600000000	0. 724137931	0. 800000000	0. 849056604	0. 882352941	0. 905882353	0. 923076923
K_{Hg}	0. 639490044	0. 799866818	0. 876163163	0. 916811890	0. 940611320	0. 955612117	0. 965627829	0. 972627007	0. 977701462
K_{Ng}	1. 5707963	1. 3931843	1. 2675341	1. 1887347	1. 1385897	1. 1054212	1. 0825927	1. 0663111	1. 0543364
K_{Vg}	−0. 6394900	−0. 2860289	−0. 1445535	−0. 0812059	−0. 0495659	−0. 0322673	−0. 0220978	−0. 0157595	−0. 0116165
K_{Mg}	0. 109555224	0. 035272807	0. 013801414	0. 006301834	0. 003234291	0. 001814755	0. 001091446	0. 000693655	0. 000461011
K_{Ht}	3. 36070310	11. 2651604	29. 6994331	66. 0517984	129. 816239	232. 595026	388. 099443	612. 149936	922. 676301
K_{Nt}	0. 000000000	4. 33275402	17. 8196598	47. 8306126	103. 852992	197. 486343	342. 440685	554. 535824	851. 701201
K_{Vt}	3. 36070310	10. 3986096	23. 7595464	45. 5529644	77. 8897437	122. 880391	182. 635037	259. 763502	354. 875500
K_{Mt}	2. 139490044	4. 509561971	7. 802758989	12. 027732911	17. 187582573	23. 283584736	30. 316333239	38. 286126777	47. 193132480
K_{Mp}	−1. 000000000	−0. 545324859	−0. 325963840	−0. 212762046	−0. 148717988	−0. 109474760	−0. 083839872	−0. 066222507	−0. 053612808
K_{Tk}	−0. 297556782	−0. 084784869	−0. 028580338	−0. 011262322	−0. 005039600	−0. 002494724	−0. 001338592	−0. 000766596	−0. 000463123
K_{SO}	2. 399431022	1. 482594792	1. 069678294	0. 837577018	0. 689070848	0. 585807977	0. 509748421	0. 451349990	0. 405065408

C.0.2 单管拱跨越管道荷载计算应符合下列规定：

1 拱形管道荷载计算时，应考虑下列荷载：

1） 垂直荷载：管道、介质及保温层重；

2） 水平荷载：风荷载；

3） 温度应力：温度变化产生的内力；

4） 活荷载：安装与检修时活荷载；

5） 特殊荷载：地震作用；

2 垂直荷载的计算应符合下列规定：

1） 水平推力应按下式计算：

$$H_g = K_{Hg} q R \tag{C.0.2-1}$$

式中：H_g——水平推力(N)；

q——拱管单位长度计算荷载，计算公式为 $q = 1.2q_1$(N/mm)；其中 q_1 为拱管单位长度的荷载标准值(N/mm)(包括管材、保温重、介质重等)。

2） 轴向力应按下式计算：

$$N_g = K_{Ng} q R \tag{C.0.2-2}$$

式中：N_g——轴向力(N)。

3） 剪力应按下式计算：

$$V_g = K_{Vg} q R \tag{C.0.2-3}$$

式中：V_g——剪力(N)。

4） 弯矩应按下式计算：

$$M_g = K_{Mg} q R^2 \tag{C.0.2-4}$$

式中：M_g——弯矩(N·mm)；

K_{Hg}、K_{Ng}、K_{Vg}、K_{Mg}——计算系数，见本规程附录C表C.0.1。

3 温度差变化条件下的受力计算应符合下列规定：

1） 水平推力应按下式计算：

$$H_t = 1.3 K_{Ht} \frac{2E\alpha\Delta_t I}{R^2} \tag{C.0.2-5}$$

式中：H_t——水平推力(N)；

E——管材计算温度下的弹性模量(N/mm²)；

α——管材的线膨胀系数(1/℃)；

Δ_t——拱管管壁计算温度(℃)；

I——拱管的惯性矩(mm⁴)；

1.3——温度系数。

2） 轴向力应按下式计算：

$$N_t = 1.3 K_{Nt} \frac{2E\alpha\Delta_t I}{R^2} \tag{C.0.2-6}$$

式中：N_t——轴向力(N)。

3） 剪力应按下式计算：

$$V_t = 1.3 K_{Vt} \frac{2E\alpha\Delta_t I}{R^2} \tag{C.0.2-7}$$

式中：V_t——剪力(N)。

4） 弯矩应按下式计算：

$$M_t = 1.3 K_{Mt} \frac{2E\alpha\Delta_t I}{R^2} \tag{C.0.2-8}$$

式中： M_t——弯矩（N·mm）。

K_{Ht}、K_{Nt}、K_{Vt}、K_{Mt}——计算系数，见表 C.0.1。

4 风荷载作用下的受力的计算应符合下列规定：

1）弯矩应按下式计算：

$$M_p=K_{Mp}PR^2 \tag{C.0.2-9}$$

式中：M_p——弯矩（N·mm）；

P——侧向风荷载（N）。

2）扭矩应按下式计算：

$$T_k=K_{Tk}PR^2 \tag{C.0.2-10}$$

式中：T_k——扭矩（N·mm）。

3）剪力应按下式计算：

$$V_p=K_{Vp}PR \tag{C.0.2-11}$$

式中： V_p——剪力（N）；

K_{Mp}、K_{Tk}、K_{Vp}——计算系数，见本规程附录 C 表 C.0.2。

5 承载力的计算应符合下列规定：

1）拱管压应力可按下列公式计算：

$$\sigma=\frac{N_0}{A}+\frac{M}{W} \tag{C.0.2-12}$$

$$N_0=N_g+N_t \tag{C.0.2-13}$$

$$M=\sqrt{(M_g+M_t)^2+M_p^2} \tag{C.0.2-14}$$

式中：N_0——总轴向力（N）；

A——管壁截面面积（mm^2）；

M——组合总弯矩设计值（N·mm）；

W——管道截面抗弯矩（mm^3）。

2）拱管剪应力应按下列公式计算：

$$\tau=\frac{V}{\pi r_0\delta}+\frac{T_k r}{2\pi r_0^3\delta} \tag{C.0.2-15}$$

$$V=\sqrt{(V_g+V_t)^2+V_p^2} \tag{C.0.2-16}$$

$$r_0=r-\frac{\delta}{2} \tag{C.0.2-17}$$

式中：V——总剪力（N）；

r——管道外半径（mm）；

r_0——管道平均半径（mm）；

δ——管道壁厚度（mm）。

3）拱管主应力应按下列公式计算：

$$\sigma_3=\sqrt{\sigma^2+3\tau^2}\leqslant\sigma_c \tag{C.0.2-18}$$

$$\sigma_c=m_1m_2\sigma_t \tag{C.0.2-19}$$

式中：σ_c——材料的计算强度（N/mm^2）；

m_1——系数，一般取 $m_1=0.9$；

m_2——系数，Q235A 钢材，宜取 $m_2=0.9$；10、15、20、25 号钢材，可取 $m_2=0.85$；

σ_t——材料在使用温度下的屈服强度（N/mm^2），应按本规程附录 C 表 C.0.2 的规定取值。

表 C.0.2　常用钢材的屈服强度

序号	钢号	各温度下的屈服强度 σ_t/(N/mm^2)			
		20℃	100℃	200℃	300℃
1	Q235A	233.4	212.8	246.1	146.1
2	10	259.9	210.8	220.6	176.5
3	15	215.7	—	205.9	171.6
4	20	282.4	—	229.5	166.7
5	25	318.7	330.5	322.6	198.1

6　稳定性计算应符合下列规定：

1) 当量计算长度应按下式计算：

$$S_0 = K_{S_0} R \tag{C.0.2-20}$$

式中：S_0——当量计算长度(mm)。

2) 长细比应按下式计算。

$$\lambda = \frac{S_0}{i} \tag{C.0.2-21}$$

$$i = \sqrt{\frac{I}{A}} \tag{C.0.2-22}$$

式中：λ——长细比；

i——管道截面的回转半径(mm)。

3) 相对偏心距应按下式计算：

$$e_1 = \eta_1 \left[\left(\frac{M_p}{N_0} + \frac{2\phi R}{1000} \right) \frac{A}{W} + 0.05 \right] \tag{C.0.2-23}$$

式中：e_1——相对偏心距(mm)；

η_1——管道截面形状影响系数；当 $20 \leqslant \lambda \leqslant 150$ 时，$\eta_1 = 1.3 \sim 0.003\lambda$；当 $\lambda > 150$ 时，$\eta_1 = 1.0$。

4) 拱管稳定性验算应符合下列规定：

① 当 $e_1 > 4$ 时，应符合下式要求：

$$\sigma_1 = \frac{N_0}{A} \left(\frac{1}{\phi_M} + e_1 \theta \right) \leqslant \sigma_c \tag{C.0.2-24}$$

式中：ϕ_M——纵向挠曲系数，当 $\lambda > 180$ 时，$\phi_M = \frac{9000}{\lambda^2}$；当 $\lambda \leqslant 180$ 时，$\phi_M = 1 - 0.004\lambda$；

θ——系数，当 $0 < \lambda \leqslant 50$ 时，$\theta = 0.67$；当 $50 < \lambda \leqslant 100$ 时，$\theta = 0.6 + 0.0015\lambda$；当 $\lambda > 100$ 时，$\theta = 0.75$。

② 当 $e_1 \leqslant 4$ 时，应符合下式要求：

$$\sigma_1 = \frac{N_0}{N \phi_{BH}} \leqslant \sigma_c \tag{C.0.2-25}$$

式中：ϕ_{BH}——偏心受压构件承载能力的降低系数。

引用标准名录

1　《建筑地基基础设计规范》GB 50007

2　《混凝土结构设计规范》GB 50010

3　《钢结构设计规范》GB 50017

4 《岩土工程勘察规范》GB 50021

5 《城镇燃气设计规范》GB 50028

6 《室外给水排水和燃气热力工程抗震设计规范》GB 50032

7 《建筑物防雷设计规范》GB 50057

8 《混凝土强度检验评定标准》GB/T 50107

9 《内河通航标准》GB 50139

10 《砌体结构工程施工质量验收规范》GB 50203

11 《混凝土结构工程施工质量验收规范》GB 50204

12 《钢结构工程施工质量验收规范》GB 50205

13 《工业金属管道工程施工规范》GB 50235

14 《输气管道工程设计规范》GB 50251

15 《油气输送管道穿越工程设计规范》GB 50423

16 《油气输送管道穿越工程施工规范》GB 50424

17 《油气输送管道跨越工程设计规范》GB 50459

18 《油气输送管道跨越工程施工规范》GB 50460

19 《油气田及管道岩土工程勘察规范》GB 50568

20 《现场设备、工业管道焊接工程施工质量验收规范》GB 50683

21 《混凝土强度检验评定标准》GB/T 50107

22 《低压流体输送用焊接钢管》GB/T 3091

23 《声环境质量标准》GB 3096

24 《高压锅炉用无缝钢管》GB 5310

25 《工业企业煤气安全规程》GB 6222

26 《高压化肥设备用无缝钢管》GB 6479

27 《输送流体用无缝钢管》GB/T 8163

28 《涂覆涂料前钢材表面处理　表面清洁度的目视评定　第1部分：未涂覆过的钢材表面和全面清除原有涂层后的钢材表面的锈蚀等级和处理等级》GB/T 8923.1

29 《污水综合排放标准》GB 8978

30 《石油天然气工业管线输送系统用钢管》GB/T 9711

31 《混凝土和钢筋混凝土排水管》GB/T 11836

32 《燃气用埋地聚乙烯(PE)管道系统　第1部分：管材》GB 15558.1

33 《大气污染物综合排放标准》GB 16297

34 《一般工业固体废物贮存、处置场污染控制标准》GB 18599

35 《城镇燃气输配工程施工及验收规范》CJJ 33

36 《聚乙烯燃气管道工程技术规程》CJJ 63

37 《城镇燃气埋地钢质管道腐蚀控制技术规程》CJJ 95

38 《城镇燃气标志标准》CJJ/T 153

39 《石油化工静电接地设计规范》SH 3097

40 《承压设备无损检测　第2部分：射线检测》NB/T 47013.2

41 《承压设备无损检测　第3部分：超声检测》NB/T 47013.3

42 《顶进施工法用钢筋混凝土排水管》JC/T 640

43 《建筑工程冬期施工规程》JGJ/T 104

二、公用管道—GB2 类热气管道

UDC

中华人民共和国行业标准

CJJ

P

CJJ 28—2014

备案号 J 372—2014

城镇供热管网工程施工及验收规范

Code for construction and acceptance of city heating pipelines

2014-04-02 发布

2014-10-01 实施

中华人民共和国住房和城乡建设部 发布

前　言

根据住房和城乡建设部《关于印发〈2008 年工程建设标准规范制订、修订计划(第一批)〉的通知》(建标[2008]102 号)的要求，规范编制组经广泛调查研究，在认真总结实践经验，参考有关国际标准和国外先进标准，并在广泛征求意见的基础上，编制本规范。

本规范的主要技术内容是：1. 总则；2. 施工准备；3. 工程测量；4. 土建工程；5. 管道安装；6. 热力站和中继泵站；7. 防腐和保温；8. 压力试验、清洗、试运行；9. 工程竣工验收。

本次修订的主要内容是：

1　增加了对工程施工准备的要求；

2　将原有土建结构工程进行了重新划分，并增加了地上敷设管道工程、防水工程的施工及验收规定；

3　增加了直埋蒸汽管道施工及验收规定，并对原有热水管道的安装及验收标准进行了补充；

4　将管道的焊接及检验归并到第 5 章，并补充了管道安装及检验的部分内容；

5　增加了能源计量的施工及验收规定；

6　增加了单位工程验收规定；

7　对近年来出现的新技术、新工艺纳入了本规范，同时修改了条文中不相适应的内容，补充了新内容。

本规范中以黑体字标志的条文为强制性条文，必须严格执行。

本规范由住房和城乡建设部负责管理和对强制性条文的解释，由北京市热力集团有限责任公司负责具体技术内容的解释。执行过程中如有意见或建议，请寄送北京市热力集团有限责任公司(地址：北京市朝阳区西大望路 1 号温特莱中心 A 座；邮编：100026)。

本 规 范 主 编 单 位：北京市热力集团有限责任公司

本 规 范 参 编 单 位：北京市热力工程设计公司
北京特泽热力工程设计有限责任公司
北京城建道桥建设集团有限公司
唐山市热力总公司
牡丹江热电有限公司
北京豪特耐管道设备有限公司
北京伟业供热设备有限公司
北京弗莱希波·泰格金属波纹管有限公司
天津天材塑料防水材料有限公司

本规范主要起草人员：刘　荣　王　水　牛小化　王水彬
张玉成　贾丽华　刘鸿晔　于黎明
李孝萍　董乐意　徐金锋　王孝国
李　萍　任　彬　唐　卫　梁　静
简　进　马　健　周万斌　王　莹

本规范主要审查人员：王　淮　张国京　崔志杰　冯继蓓
李春林　刘树茂　张建伟　安　雷
黄晓飞　綦升辉　何宏声

目　　次

1　总则
2　施工准备
2.1　一般规定
2.2　技术准备
2.3　物资准备
2.4　安全措施
3　工程测量
3.1　一般规定
3.2　定线测量
3.3　水准测量
3.4　竣工测量
3.5　测量允许误差
4　土建工程
4.1　一般规定
4.2　明挖
4.3　暗挖
4.4　顶管
4.5　定向钻
4.6　土建结构
4.7　回填
5　管道安装
5.1　一般规定
5.2　管道支架、吊架
5.3　管沟及地上管道
5.4　预制直埋管道
5.5　补偿器
5.6　法兰和阀门
5.7　焊接及检验
6　热力站和中继泵站
6.1　一般规定
6.2　站内管道
6.3　热计量设备
6.4　站内设备
6.5　通用组装件
6.6　噪声与振动控制
7　防腐和保温
7.1　防腐
7.2　保温
7.3　保护层
8　压力试验、清洗、试运行
8.1　压力试验

8.2 清洗
8.3 单位工程验收
8.4 试运行
9 工程竣工验收
9.1 一般规定
9.2 验收资料
9.3 验收合格判定
附录 A 检测报告及记录
附录 B 质量验收报告
本规范用词说明(略)
引用标准名录
附：条文说明(略)

Contents

1 General Provisions
2 Preparation of Construction
2. 1 General Requirements
2. 2 Preparation of Technology
2. 3 Preparation of Materals
2. 4 Safety Measures
3 Engineering Survey
3. 1 General Requirements
3. 2 Location Survey
3. 3 Level Survey
3. 4 Completion Survey
3. 5 Survey Tolerance
4 Civil Engineering
4. 1 General Requirements
4. 2 Open-excavation
4. 3 Tunnel-shotcrete Excavation
4. 4 Pipe Jacking
4. 5 Directional Drilling
4. 6 Civil Structure
4. 7 Backfilling Engineering
5 Pipe Installation and Testing
5. 1 General Requirements
5. 2 Trestle and Hanger
5. 3 Trench (Tunnel) and Aerial Pipeline
5. 4 Precast Directly Buried Pipeline
5. 5 Compensator
5. 6 Flanges and Valves
5. 7 Welding and Inspection
6 Heating Stations, Relay Pumping Stations
6. 1 General Requirements
6. 2 Installation of Pipes in Heating Stations
6. 3 Installation of Heat Metering Equipment
6. 4 Installation of Facilities in Heating Stations
6. 5 Installation of General Components
6. 6 Noise and Vibration Control
7 Anticorrosion and Thermal Insulation Engineering
7. 1 Anticorrosion Engineering
7. 2 Thermal insulation Engineering
7. 3 Protective Layer
8 Pressure Testing, Cleaning, Trial Operation
8. 1 Pressure Testing

8.2 Cleaning
8.3 Acceptance of Unit Project
8.4 Trial Operation
9 Project Completion Acceptance
9.1 General Requirements
9.2 Acceptance of Information
9.3 Acceptance Methods of Project Quality
Appendix A Testing Reports and Records
Appendix B Quality Acceptance Reports
Explanation of Wording in This Code (Omitted)
List of Quoted Standards
Addition: Explanation of Provision (Omitted)

1 总 则

1.0.1 为规范城镇供热管网工程的施工及验收，保证工程质量，制定本规范。

1.0.2 本规范适用于采用明挖、暗挖、顶管、定向钻等施工工艺，并符合下列参数的城镇供热管网工程的施工及验收：

1 工作压力小于或等于1.6MPa，介质温度小于或等于350℃的蒸汽管网；

2 工作压力小于或等于2.5MPa，介质温度小于或等于200℃的热水管网。

1.0.3 工程施工过程中应采用无污染或减少污染的技术和施工工艺，并应制定相应的环境保护措施。

1.0.4 在湿陷性黄土区、流砂层、腐蚀性土、冻土等地区和地震、巷道区建设城镇供热管网工程，应符合国家现行相关标准的规定。

1.0.5 城镇供热管网工程施工及验收除应符合本规范外，尚应符合国家现行有关标准的规定。

2 施 工 准 备

2.1 一 般 规 定

2.1.1 工程开工前应根据工程规模、特点和施工环境条件，确定项目组织机构及管理体系。

2.1.2 工程开工前应编制施工组织设计，并应经有关单位审批后方可组织施工。

2.1.3 对危险性较大的分部分项工程应编制专项方案，并应经专家论证。

2.1.4 工程开工前，应根据国家环境保护法律法规和工程项目情况，制定保护环境、减少污染和其他环境公害的措施。

2.1.5 施工安全管理措施应符合国家法律法规及国家现行有关标准的规定。

2.2 技 术 准 备

2.2.1 工程开工前应进行设计交底。

2.2.2 工程开工前应取得设计文件、工程地质和水文地质等资料，并应进行图纸会审和设计交底会。

2.2.3 工程开工前应组织施工管理人员踏勘现场，了解工程用地、现场地形、道路交通以及邻近的地上、地下建(构)筑物和各类管线等情况。

2.2.4 工程开工前应结合工程情况对施工人员进行技术培训。

2.3 物 资 准 备

2.3.1 工程施工所需的材料及设备应符合设计要求，且应有产品合格证明文件。

2.3.2 物资准备应编制材料、设备采购供应计划，并应组织进场检验，办理验收手续。

2.4 安 全 措 施

2.4.1 施工前应编制安全技术措施方案和应急预案，并应经有关单位审批通过后方可进行施工。

2.4.2 施工现场应根据作业对象及其特点和环境状况，设置安全防护设施。安全防护设施应可靠、完整，警示标志应醒目。

2.4.3 施工现场夜间必须设置照明、警示灯和具有反光功能的警示标志。

2.4.4 施工现场宜采用封闭施工，并应符合下列规定：

1 围挡高度不得小于1.8m；

2 护栏高度不得小于1.2m。

2.4.5 高空作业应有可靠的防护设施，作业人员应佩戴安全带（绳）。

2.4.6 施工中设置的临时攀登设施应符合下列规定：

1 直梯高度不宜大于5m，直梯踏步高度宜为300mm，梯子净宽不宜小于400mm。当直梯高度大于2m时应加设护笼；当直梯高度大于5m时应加设休息平台，休息平台面积不宜小于1.5m^2。

2 斜梯的垂直高度不宜大于5m，宽度不宜小于700mm，坡度不宜大于60°。踏步高度不宜大于250mm，宽度不宜小于250mm。梯道临边一侧应设护栏，高度应为1.2m，立柱水平距离不宜大于2m，横杆间距应为500mm~600mm，并应设置护网。

3 梯子上端及梯脚应安置牢固，梯子上端应设置高度为1.0m~1.2m的扶手。

2.4.7 开挖土方前应根据需要设置临时道路和便桥，沟槽周围和临时便桥应设置护栏。在重要路口应分别设置车行便桥和人行便桥，在沟槽两端和交通道口应设置明显的安全标志。土方开挖前应设置供施工人员上下沟槽的安全梯。

3 工程测量

3.1 一般规定

3.1.1 工程测量应根据城镇平面控制网点和城市水准网点的位置、编号、精度等级及其坐标和高程资料，确定管网施工线位和高程。

3.1.2 工程测量所用控制点的精度等级不应小于图根级。

3.1.3 当设计测量所用控制点的精度等级符合工程测量要求时，工程测量宜与设计测量使用同一测量系统。

3.1.4 供热管线的中线桩和控制点宜采用极坐标放样、平移、距离交会、方向交会等方法定位，不宜采用后方交会法定位。

3.1.5 控制点应设置在便于观测的稳固部位。

3.1.6 当新建管线与既有管线相接时，应先测量既有管线接口处的管线走向、管中坐标、管顶高程，新建管线应与既有管线顺接。

3.2 定线测量

3.2.1 管线工程施工定线测量应符合下列规定：

1 测量应按主线、支线的次序进行；

2 管线的起点、终点、各转角点及其他特征点应在地面上定位；

3 地上建筑、检查室、支架、补偿器、阀门等的定位可在管线定位后实施。

3.2.2 管线定位应按设计给定的坐标数据测定，并应经复核无误后，再测定管线点位。

3.2.3 直线段上中线桩位的间距不宜大于50m。

3.2.4 管线中线定位宜采用GPS接收设备、全站仪、电磁波测距仪、钢尺等器具进行测量。当采用钢尺在坡地上测量时，应进行倾斜修正。量距的相对误差不应大于1/1000。

3.2.5 管线定线完成后，应对点位进行顺序编号，起点、终点和中间各转角点的中线桩应进行加固或埋设标石，并应绘点标记。

3.2.6 管线转角点应在附近永久性建（构）筑物上标志点位，控制点坐标应做记录。当附近没有永久性工程时，应埋设标石。当采用图解法确定管线转角点点位时，应绘制图解关系图。

3.2.7 管线中线定位完成后，应对施工范围的地上障碍物进行核查。对施工图中标出的地下障碍物的位置，应在地面上做标识。

3.2.8 当暗挖施工时，应进行平面联系测量。

3.2.9 导线方位角闭合差应符合下式的要求：

$$R \leqslant \pm 40'' \sqrt{n} \quad (3.2.9)$$

式中：R——导线方位角闭合差(″)；

n——测站数(个)。

3.3 水准测量

3.3.1 水准观测前应对水准仪和水准尺进行标定，标定的项目、方法和要求应符合现行国家标准《国家三、四等水准测量规范》GB/T 12898 的相关规定。在作业过程中，应定期对水准仪视准轴和水准管轴之间的夹角 i 的误差进行校验。

3.3.2 水准测量精度应符合下列规定：

1 附合水准路线闭合差应符合下式的要求：

$$R_1 \leqslant \pm 30\sqrt{L} \quad (3.3.2\text{-}1)$$

式中：R_1——附合水准路线闭合差(mm)；

L——附合路线长度(km)。

2 当水准测量跨越河流、深沟，且视距大于 200m 时，应采用跨河水准测量方法。跨河水准测量应观测两个单测回，半测回中应观测两组，两测回间较差应符合下式的要求：

$$R_2 \leqslant \pm 40\sqrt{L} \quad (3.3.2\text{-}2)$$

式中：R_2——两测回间较差(mm)；

L——视距(km)。

3.3.3 在管线起点、终点、固定支架及地下穿越部位的附近应设置临时水准点。临时水准点设置应明显、稳固，间距不宜大于 300m。

3.3.4 固定支架之间的管道支架、管道等高程，可采用固定支架高程进行控制。直埋管道的高程可采用变坡点、转折点的高程进行控制。

3.3.5 在竖井处应进行高程联系测量。

3.4 竣工测量

3.4.1 供热管线竣工测量应符合现行行业标准《城市地下管线探测技术规程》CJJ 61 的相关规定。

3.4.2 供热管线工程应全部进行平面位置和高程测量，竣工测量宜选用施工测量控制网。

3.4.3 竣工测量的允许误差应符合下列规定：

1 测点相对于邻近控制点的平面位置测量的允许误差应控制在±50mm 的范围内；

2 测点相对于邻近控制点的高程测量的允许误差应控制在±30mm 的范围内；

3 竣工图上管线与邻近的地上建筑物、相邻的其他管线、规划道路或现状道路中心线的间距的允许误差应控制在±0. 5mm 的范围内。

3.4.4 土建工程竣工测量应对起终点、变坡点、转折点、交叉点、结构材料分界点、埋深、轮廓特征点等进行实测。

3.4.5 供热管线竣工应测量、记录下列数据：

1 管道材质和管径；

2 管线起点、终点、平面转角点、变坡点、分支点的中心坐标和高程；

3 管线高程的垂直变动点中心坐标和垂直变动点上下两个部位的钢管上表面高程；

4 管沟敷设的管线固定支架处、平面转角处、横断面变化点的中心坐标和管沟内底、管沟盖板上表面中心的高程；

5 检查室、人孔中心坐标，检查室内底、顶板上表面中心的高程，管道中心和检查室人孔中心的距离；

6 管路附件及各类设备的平面位置，异径管处两个不同直径的钢管上表面高程；

7 管沟穿越道路或地下构筑物两侧的管沟中心坐标和管沟内底、管沟盖板的上表面中心高程；

8 地上敷设管线的支架中心坐标和支承上表面高程；

9 直埋管线的管路附件、设备、管线交叉处的中心坐标或与永久性建筑物的相对位置；

10 直埋管线的变坡点、变径点、转角点、分支点、高程垂直变化点、交叉点和直管段每隔50m处的外护管上表面高程；

11 直埋管线穿越道路处的道路两侧管道中心坐标和保温外护层上表面高程。

3.4.6 对管网施工中已露出的其他与热力管线相关的地下管线和构筑物，应测其中心坐标、上表面高程、与供热管线的交叉角。

3.4.7 竣工图绘制应符合下列规定：

1 竣工测量选用的测量标志应标注在管网总平面图上；

2 各测点的坐标数据应分别标注在平面和纵断面图上；

3 与热力管线相关的其他地下管线和构筑物的名称、直径或外轮廓尺寸、高程等相关数据应进行标注。

3.4.8 竣工测量应编写说明，并应包括下列内容：

1 管线种类、起止地点、实测长度等工程概况；

2 平面坐标和高程的起算数据、施工改线、拆除或连接等实测情况，及其他需要说明的事项。

3.5 测量允许误差

3.5.1 直接丈量测距的允许误差应符合表3.5.1的规定。

表3.5.1 直接丈量测距的允许误差

固定测量桩间距离 L(m)	作业尺数	丈量总次数	同尺各次或同段各尺的较差(mm)	允许误差(mm)
$L<200$	2	4	≤2	$\pm L/5000$
$200\leqslant L\leqslant 500$	1~2	2	≤2	$\pm L/10000$
$L>500$	1~2	2	≤3	$\pm L/20000$

4 土建工程

4.1 一般规定

4.1.1 施工前应对工程影响范围内的障碍物进行现场核查，并应逐项查清障碍物构造情况及与拟建工程的相对位置。

4.1.2 对工程施工影响范围内的各种既有设施应采取保护措施，不得影响地下管线及建(构)筑物的正常使用功能和结构安全。

4.1.3 在地下水位高于基底的地段应采取降水措施或地下水控制措施。降水措施应符合现行行业标准《建筑与市政降水工程技术规范》JGJ/T 111的相关规定，并应将施工部位的地下水位降至基底以下0.5m后方可开挖。

4.1.4 当穿越既有设施或建(构)筑物时，其施工方案应取得相关产权或管理单位的同意。

4.1.5 供热管道施工，在结构断面中的位置均应符合设计纵横断面要求。

4.1.6 受施工影响范围内的建(构)筑物，应对建(构)筑物的状态进行第三方监控量测。

4.1.7 冬期、雨期施工应采取季节性施工技术措施。

4.2 明　挖

4.2.1 土方工程的施工及验收应符合现行国家标准《建筑地基基础工程施工质量验收规范》GB 50202的相关规定。

4.2.2 土方开挖前应根据施工现场条件、结构埋深、土质和有无地下水等因素选用不同的开槽断面，并应确定各施工段的槽底宽度、边坡、留台位置、上口宽度及堆土和外运土量。

4.2.3 当施工中采用边坡支护时，应符合现行行业标准《建筑基坑支护技术规程》JGJ 120的相关规定。

4.2.4 当土方开挖中发现事先未探明的地下障碍物时，应与产权或主管单位协商，采取措施后，再进行施工。

4.2.5 开挖过程中应对开槽断面的中线、横断面、高程进行校核。当采用机械开挖时，应预留不少于150mm厚的原状土，人工清底至设计标高，不得超挖。

4.2.6 土方开挖应保证施工范围内的排水畅通，并应采取防止地面水、雨水流入沟槽的措施。

4.2.7 土方开挖完成后，应对槽底高程、坡度、平面拐点、坡度折点等进行测量检查，并应合格。

4.2.8 土方开挖至槽底后，应对地基进行验收。

4.2.9 当槽底土质不符合设计要求时，应制定处理方案。在地基处理完成后应对地基处理进行记录，并可按本规范表A.0.1的规定填写。

4.2.10 当槽底局部土质不合格时，应按下列方法进行处理：

1 当土质处理厚度小于或等于150mm时，宜采用原土回填夯实，其压实度不应小于95%；当土质处理厚度大于150mm时，宜采用砂砾、石灰土等压实，压实度不应小于95%；

2 当槽底有地下水或含水量较大时，应采用级配砂石或砂回填至设计标高。

4.2.11 直埋保温管接头处应设置工作坑，工作坑的尺寸应满足接口安装操作的要求。

4.2.12 沟槽开挖与地基处理后的质量应符合下列规定：

1 沟槽开挖不应扰动原状地基；

2 槽底不得受水浸泡或受冻；

3 地基处理应符合设计要求；

4 槽壁应平整，边坡坡度应符合现行国家标准《建筑地基基础工程施工质量验收规范》GB 50202的相关规定；

5 沟槽中心线每侧的最小净宽不应小于管道沟槽设计底部开挖宽度的1/2；

6 槽底高程的允许偏差：

1）开挖土方应为±20mm；

2）开挖石方应为-200mm~+20mm。

4.2.13 沟槽验收合格后，应对隐蔽工程检查进行记录，并可按本规范表A.0.2的规定填写。

4.3 暗　挖

4.3.1 暗挖工程施工应符合现行行业标准《城市供热管网暗挖工程技术规程》CJJ 200的相关规定。隧道开挖面应在无水条件下施工，开挖过程中应对地面、建(构)筑物和支护结构进行动态监测。

4.3.2 竖井施工应符合下列规定：

1 竖井提升运输设备不得超负荷作业，运输速度应符合设备技术要求；

2 竖井上下应设联络信号；

3 龙门架和竖井提升运输设备架设前应编制专项方案，并应附负荷验算。龙门架和提升机应在安装完毕并经验收合格后方可投入使用；

4 竖井应设防雨篷，井口应设防汛墙和栏杆；

5 井壁施工中，竖向应遵循分步开挖的原则，每榀应采用对角开挖；

6 施工过程中应及时安装竖井支撑；

7 竖井与隧道连接处应采取加固措施。

4.3.3 隧道的施工应符合下列规定：

1 隧道开挖前应备好抢险物资，并应在现场堆码整齐。

2 进入隧道前应先对隧道洞口进行地层超前支护及加固。

3 隧道开挖应控制循环进尺、留设核心土。核心土面积不得小于断面的1/2，核心土应设1∶0.3~1∶0.5的安全边坡。

4 隧道台阶法施工应在拱部初期支护结构基本稳定，且在喷射混凝土达到设计强度70%以上时，方可进行下部台阶开挖，并应符合下列规定：

1）边墙应采用单侧或双侧交错开挖；

2）边墙挖至设计高程后，应及时支立钢筋格栅并喷射混凝土；

3）仰拱应根据监控量测结果及时施工，并应封闭成环。

5 隧道相对开挖中，当两个工作面相距15m~20m时应一端停挖，另一端继续开挖，并应做好测量工作，及时纠偏。中线贯通平面位置允许偏差应为±30mm，高程允许偏差应为±20mm。

6 隧道开挖过程中应进行地质描述并应进行记录，必要时应进行超前地质勘探。

7 隧道开挖过程中，当采用超前小导管支护施工时，应对小导管施工部位、规格尺寸、布设角度、间距及根数、注浆类型、数量等应进行记录，并可按本规范表A.0.3的规定填写。当采用大管棚超前支护时，可按本规范表A.0.4的规定填写施工记录。

4.3.4 隧道初期支护结构完工后，应对完工的隧道初期支护结构进行分段验收。

4.3.5 隧道二衬完工后，应对暗挖法施工检查进行记录，并可按本规范表A.0.5的规定填写。对完工的隧道应进行分段验收，对基础/主体结构工程验收应进行记录，并可按本规范表A.0.6的规定填写。

4.4 顶　管

4.4.1 顶管施工应符合现行国家标准《给水排水管道工程施工及验收规范》GB 50268的相关规定。方涵顶进施工应符合现行行业标准《城镇地道桥顶进施工及验收规程》CJJ 74的相关规定。

4.4.2 顶管机型应根据工程地质、水文情况、施工条件、施工安全、经济性等因素选用。

4.4.3 顶管施工的管材不得作为供热管道的工作管。

4.4.4 钢制顶管应采用对口双面焊接。

4.4.5 顶管工作坑施工应符合下列规定：

1 顶管工作坑应设置在便于排水、出土和运输，且易于对地上与地下建(构)筑物采取保护和安全生产措施处；

2 工作坑的支撑应形成封闭式框架，矩形工作坑的四角应加设斜支撑；

3 装配式后背墙可由方木、型钢或钢板等组装。

4.4.6 顶管顶进应符合下列规定：

1 在饱和含水层等复杂地层或临近水体施工前，应调查水文地质资料，并应对开挖面涌水或塌方采取防范和应急措施；

2 当采用人工顶管时，应将地下水位降至管底0.5m以下，并应采取防止其他水源进入顶管管道的措施。

4.4.7 顶管施工中，应对管线位置、顶管类型、设备规格、顶进推力、顶进措施、接管形式、土质状况、水文状况进行检查，检查完成后应对顶管施工进行记录，并可按本规范表A.0.7的规定填写。

4.4.8 顶管施工的允许偏差及检验方法应符合表4.4.8的规定。

表 4.4.8 顶管施工的允许偏差及检验方法

项目	管径(mm)	允许偏差(mm)	检验频率		检验仪器
			范围	点数	
中线位移	D<1500	±30	每节管	1	经纬仪
	D≥1500	±50	每节管		
管内底高程	D<1500	−20～+10	每节管	1	水准仪
	D≥1500	−30～+20	每节管	1	水准仪
相邻管间错口	D<1500	±10	每个接口	1	尺量
	D≥1500	±20			
对顶时管道错口		±20	≤20	1	尺量

4.4.9 采用人工顶进施工应符合下列规定：

1 钢管接触或切入土层后，应自上而下分层开挖；

2 顶进过程中应测量中心和高程偏差。钢管进入土层5m以内，每顶进0.3m，测量不得少于1次；进入土层5m以后，每顶进1m应测量1次；当纠偏时应增加测量次数。

4.4.10 当钢管顶进过程中产生偏差时应进行纠偏。纠偏应在顶进过程中采用小角度逐渐纠偏。

4.4.11 钢管在顶进前应进行外防腐，顶管完成后应对管材进行内防腐及牺牲阳极防腐保护。

4.5 定向钻

4.5.1 定向钻施工及验收应符合现行国家标准《油气长输管道工程施工及验收规范》GB 50369的相关规定。

4.5.2 定向钻施工不宜用于直接拉进直埋管的施工。

4.5.3 定向钻顶管施工应根据土质情况、地下水位、顶进长度和管道直径等因素，在保证工程质量和施工安全的前提下选用设备机型。

4.5.4 施工前应采用地质勘探钻取样或局部开挖的方法，取得定向钻施工路由位置的地下土层分布、地下水位、土壤和水分的酸碱度等资料。

4.6 土建结构

4.6.1 土建工序的安排和衔接应符合工程构造原理，施工缝设置应符合供热管网工程施工的需要。

4.6.2 深度不同的相邻基础，应按先深后浅的顺序进行施工。

4.6.3 管沟及检查室砌体结构施工应符合现行国家标准《砌体结构工程施工质量验收规范》GB 50203的相关规定。砌体结构质量应符合下列规定：

1 砌筑方法应正确，不得有通缝；

2 砌体室壁砂浆应饱满，灰缝应平整，抹面应压光，不得有空鼓、裂缝等现象；

3 清水墙面应保持清洁，勾缝应密实、深浅一致，横竖缝交接处应平整；

4 砌体砂浆抗压强度应为主控项目，砌体砂浆抗压强度及检验应符合下列规定：

1）每个构筑物或每50m^{3}砌体制作一组试块(6块)，当砂浆配合比变更时，应分别制作一组试块；

2）同强度等级砂浆的各组试块的平均强度不得小于设计规定，任意一组试块的强度最低值不得小于设计规定的85%；

5 砂浆饱满度应为主控项目，砌体砂浆饱满度及检验应符合下列规定：

1）每20m(不足20m按20m计)选两点，每点掀3块砌块，用百格网检查砌块底面砂浆的接触面取其平均值；

2）砂浆饱满度应大于或等于90%；

6 砌体安装的允许偏差及检验方法应符合表 4.6.3 的规定。

表 4.6.3 砌体安装的允许偏差及检验方法

项目		允许偏差(mm)	检验频率		量具
			范围(m)	点数	
轴线位移		0~10	20	2	经纬仪和量尺
墙高		±10	20	2	水准仪和量尺
墙面垂直度	墙高≤3m	0~5	20	2	经纬仪、吊线量尺
	墙高>3m	0~10			
墙面平整度		0~8	20	2	2m 靠尺和楔形塞尺

4.6.4 钢筋混凝土的钢筋、模板、混凝土等工序的施工，应符合现行国家标准《混凝土结构工程施工质量验收规范》GB 50204 的相关规定。

4.6.5 钢筋成型应符合下列规定：

1 绑扎成型应采用钢丝扎紧，不得有松动、折断、移位等现象；

2 绑扎或焊接成型的网片或骨架应稳定牢固，在安装及浇注混凝土时不得松动或变形；

3 钢筋安装的允许偏差及检验方法应符合表 4.6.5 的规定。

表 4.6.5 钢筋安装的允许偏差及检验方法

项目	允许偏差（mm）		检验频率		量具
			范围	点数	
主筋及分布筋间距	梁、柱、板	±10	每件	1	钢尺
	基础	±20	20m	1	钢尺
多层筋间距	±5		每件	1	钢尺
保护层厚度	基础	±10	20m	2 每 10m 计 1 点	钢尺
	梁、柱	±5	每件	1	钢尺
	板、墙	±3	每件	1	钢尺
预埋件	中心线位置	0~5	每件	1	钢尺
	水平高差	0~3	每件	1	钢尺和塞尺

4.6.6 模板安装应符合下列规定：

1 模板安装应牢固，模内尺寸应准确，模内木屑等杂物应清除干净；

2 模板拼缝应严密，在灌注混凝土时不得漏浆；

3 现浇结构模板安装的允许偏差及检验方法应符合表 4.6.6-1 的规定；

4 预制构件模板安装的允许偏差及检验方法应符合表 4.6.6-2 的规定。

表 4.6.6-1 现浇结构模板安装的允许偏差及检验方法

项目	允许偏差（mm）	检验频率		量具
		范围(m)	点数	
相邻两板表面高低差	0~2	20	2 每 10m 计 1 点	钢尺
表面平整度	0~5	20	2 每 10m 计 1 点	2m 靠尺和塞尺

表 4.6.6-1　现浇结构模板安装的允许偏差及检验方法(续)

项目		允许偏差(mm)	检验频率		量具
			范围(m)	点数	
截面内部尺寸	基础	-20~+10	20	4	钢尺
	柱、墙、梁	-5~+4	20	4	钢尺
轴线位置		0~5	20	1	钢尺
墙面垂直度		0~8	20	1	经纬仪或吊线、钢尺

表 4.6.6-2　预制构件模板安装的允许偏差及检验方法

项目	允许偏差(mm)	检验频率		量具
		范围	点数	
相邻两板表面高低差	0~1	每件	1	钢尺
表面平整度	0~3	每件	1	2m 靠尺和塞尺
长度	-5~0	每件	1	钢尺
盖板对角线差	0~7	每件	1	钢尺
断面尺寸	-10~0	每件	1	调平尺
侧向弯曲	L/1500 且≤15	每件构件全长最大弯曲处	1	量尺

注：表中 L 为构件长度(mm)。

4.6.7　混凝土浇筑应在排水良好的情况下进行施工。

4.6.8　混凝土施工应符合下列规定：

1　混凝土配合比应符合设计规定。

2　混凝土垫层、基础应符合下列规定：

1) 表面应平整，不得有石子外露。构筑物不得有蜂窝、露筋等现象。

2) 混凝抗压强度应为主控项目，并应符合设计的规定。检验频率应按 100m^3 检验 1 组，检验方法应按现行国家标准《混凝土强度检验评定标准》GB/T 50107 的规定执行。

3) 混凝土垫层、基础的允许偏差及检验方法应符合表 4.6.8-1 的规定。

表 4.6.8-1　混凝土垫层、基础允许偏差及检验方法

项目		允许偏差(mm)	检验频率		量具
			范围	点数	
垫层	中心线每侧宽度	不小于设计规定	20m	2 每侧计 1 点	挂中心线、量尺
	高程$^{\triangle}$	-15~0	20m	2	挂高程线、量尺或水平仪
基础	中心线每侧宽度	±10	20m	2 每侧计 1 点	挂中心线、量尺
	高程	±10	20m	2	挂高程线、量尺或水平仪
	蜂窝面积	<1%	50m 之间两侧面蜂窝总面积	1	量尺

注：表中带“△”为主控项目，其余为一般项目。

3　混凝土构筑物应符合下列规定：

1）混凝土抗压强度应为主控项目，平均值不得小于设计规定。检验频率应按每台班检验 1 组，检验方法应按现行国家标准《混凝土强度检验评定标准》GB/T 50107 的规定执行。

2）混凝土抗渗应为主控项目，不得小于设计规定。检验频率应按每个构筑物 1 组(6 块)，检验方法按现行国家标准《混凝土强度检验评定标准》GB/T 50107 的规定执行。

3）混凝土构筑物的允许偏差及检验方法应符合表 4.6.8-2 的规定。

表 4.6.8-2　混凝土构筑物允许偏差及检验方法

项目		允许偏差（mm）	检验频率		量具
			范围	点数	
轴线位置		0～10	每个构筑物	2 纵横向 各计 1 点	经纬仪
各部位高程		±20		2	水准仪
构筑物长度或直径		±20		2	量尺
构筑物厚度（mm）	<200	±5		4	量尺
	200～600	±10		4	量尺
	>600	±15		4	量尺
墙面垂直度		0～15	每面	4	垂线、量尺
麻面		每侧不得大于该侧面积的 1%	每面麻面总面积	1	量尺
预埋件、预留孔位置		0～10	每件(孔)	1	量尺

4.6.9　预制构件的外形尺寸和混凝土强度等级应符合设计要求，构件应有安装方向的标识。预制构件运输、安装时的强度不应小于设计强度的 75%。

4.6.10　梁、板、支架等预制构件应符合下列规定：

1　混凝土配合比、强度应符合设计规定。

2　成型的模板、钢筋经检验合格后方可浇筑混凝土。

3　构件尺寸应准确，不得有蜂窝、麻面、露筋等缺陷。

4　混凝土抗压强度应为主控项目，平均值不得小于设计规定。检验频率应按每台班检验 1 组，检验方法应按现行国家标准《混凝土强度检验评定标准》GB/T 50107 的规定执行。

5　梁、板、支架等预制构件的允许偏差及检验方法应符合表 4.6.10 的规定。

表 4.6.10　预制构件(梁、板、支架)的允许偏差及检验方法

项目	允许偏差（mm）	检验频率		量具
		范围	点数	
长度	±10	每件	1	钢尺
宽度、高(厚)度	±5	每件	1	钢尺
侧面弯曲	L/1000 且≤20	每件构件全长最大弯曲处	1	拉线和钢尺
板两对角线差	0～10	每 10 件	1	钢尺

表 4.6.10 预制构件(梁、板、支架)的允许偏差及检验方法(续)

项目		允许偏差(mm)	检验频率		量具
			范围	点数	
预埋件	中心线位置	0~5	每件	1	钢尺
	有滑板的混凝土表面平整	0~3			
	滑板面露出混凝土表面	-2~0			
预留孔中心线位置		0~5	每件	1	钢尺

注：表中 L 为构件长度(mm)。

4.6.11 梁、板、支架等构件的安装应符合下列规定：

1 安装后的梁、板、支架应平稳，支点处应严密、稳固；

2 盖板支承面处的坐浆应密实，两侧端头抹灰应严实、整洁；

3 相邻板之间的缝隙应用水泥砂浆填实；

4 构件安装的允许偏差及检验方法应符合表 4.6.11 的规定。

表 4.6.11 构件安装的允许偏差及检验方法

项目	允许偏差(mm)	检验频率		量具
		范围	点数	
平面位置	符合设计要求	每件	—	量尺
轴线位移	0~10	每10件	1	量尺
相邻两盖板支点处顶面高差	0~10	每10件	1	量尺
支架顶面高程△	-5~0	每件	1	水准仪
支架垂直度	0.5%H，且不大于10	每件	—	垂线、量尺

注：1. H 为构件长度(mm)；
2. 带“△”为主控项目，其余为一般项目。

4.6.12 检查室施工应符合下列规定：

1 室内底应平顺，并应坡向集水坑；

2 爬梯位置应符合设计的要求，安装应牢固；

3 井圈、井盖型号应符合设计要求，安装应平稳；

4 检查室允许偏差及检验方法应符合表 4.6.12 的规定。

表 4.6.12 检查室允许偏差及检验方法

项目		允许偏差(mm)	检验频率		量具
			范围	点数	
检查室尺寸	长、宽	±20	每座	2	量尺
	高	0~20	每座	2	量尺
井盖顶高程	道路路面	±5	每座	1	水准仪
	非道路路面	0~20	每座	1	水准仪

4.6.13 采用水泥砂浆五层做法的防水抹面应符合下列规定：

1 水泥、防水剂的质量和砂浆的配合比应符合设计要求；

2 五层水泥砂浆应整段整片分层操作抹成；

3 防水层的接茬、内角、外角、伸缩缝、预埋件、管道穿过处等应符合设计要求；

4 防水层与基层应结合紧密，面层应压实抹光，接缝应严密，不得有空鼓、裂缝、脱层和滑坠等现象；

5 防水层的允许偏差及检验方法应符合表4.6.13的规定。

表4.6.13 防水层的允许偏差及检验方法

项目	允许偏差（mm）	检验频率		检验方法
		范围	点数	
表面平整度	0~5	20m	2	2m靠尺和楔形塞尺
厚度	±5	20m	2	钢针插入和量尺

4.6.14 柔性防水施工应符合现行国家标准《地下工程防水技术规范》GB 50108的相关要求，并应符合下列规定：

1 卷材质量、品种规格应有出厂合格证明和复检证明；

2 卷材及其胶黏剂应具有良好的耐水性、耐久性、耐刺穿性、耐腐蚀性及耐菌性；

3 卷材防水层应在基层验收合格后铺贴；

4 铺贴卷材应贴紧、压实，不得有空鼓、翘边、撕裂、褶皱等现象；

5 变形缝应使用经检测合格的橡胶止水带，不得使用再生橡胶止水带；

6 卷材铺贴搭接宽度，长边不得小于100mm，短边不得小于150mm。检验应按20m检验1点；

7 变形缝防水缝应符合设计规定，检验应按变形缝防水缝检验1点。

4.6.15 固定支架与土建结构应结合牢固。固定支架的混凝土强度没有达到设计要求时不得与管道固定，并应防止其他外力破坏。

4.6.16 管道滑动支架应按设计间距安装。支架顶钢板面的高程应按管道坡度逐个测量，高程允许偏差应为0~10mm。支座底部找平层应满铺密实。

4.6.17 管道导向支架应按设计间距安装，导向翼板与支架的间隙应符合设计要求。

4.6.18 弹簧支架安装前，其底面基层混凝土强度应已达到设计要求。

4.6.19 管沟、检查室封顶前，应将里面的渣土、杂物清扫干净。预制盖板安装过程中找平层应饱满，安装后盖板接缝及盖板与墙体结合缝隙应先勾严底缝，再将外层压实抹平。

4.6.20 穿墙套管安装应符合设计要求。

4.7 回　　填

4.7.1 沟槽、检查室的主体结构经隐蔽工程验收合格及测量后应及时进行回填，在固定支架、导向支架承受管道作用力之前，应回填到设计高度。

4.7.2 回填前应先将槽底杂物、积水清除干净。

4.7.3 回填过程中不得影响构筑物的安全，并应检查墙体结构强度、外墙防水抹面层硬结程度、盖板或其他构件安装强度，当能承受施工操作动荷载时，方可进行回填。

4.7.4 回填土中不得含有碎砖、石块、大于100mm的冻土块及其他杂物。

4.7.5 直埋保温管道沟槽回填还应符合下列规定：

1 回填前，直埋管外护层及接头应验收合格，不得有破损；

2 管道接头工作坑回填可采用水撼砂的方法分层撼实；

3 管顶应铺设警示带，警示带距离管顶不得小于300mm，且不得敷设在道路基础中；

4 弯头、三通等管路附件处的回填应按设计要求进行；

5 设计要求进行预热伸长的直埋管道，回填方法和时间应按设计要求进行。

4.7.6 回填土厚度应根据夯实或压实机具的性能及压实度确定，并应分层夯实，虚铺厚度可按表

4.7.6 的规定执行。

表 4.7.6 回填土虚铺厚度

夯实或压实机具	虚铺厚度(mm)
振动压路机	≤400
压路机	≤300
动力夯实机	≤250
木夯	<200

4.7.7 回填压实应不得影响管道或结构的安全。管顶或结构顶以上 500mm 范围内应采用人工夯实，不得采用动力夯实机或压路机压实。

4.7.8 沟槽回填土种类、密实度应符合下列规定：

1 回填土种类、密实度应符合设计要求。

2 回填土的密实度应逐层进行测定。当设计对回填土的密实度无规定时，应按下列规定执行(图 4.7.8)：

1) 胸腔部位：Ⅰ区不应小于 95%；

2) 结构顶上 500mm 范围内：Ⅱ区不应小于 87%；

3) Ⅲ区不应小于 87%，或符合道路、绿地等对回填的要求。

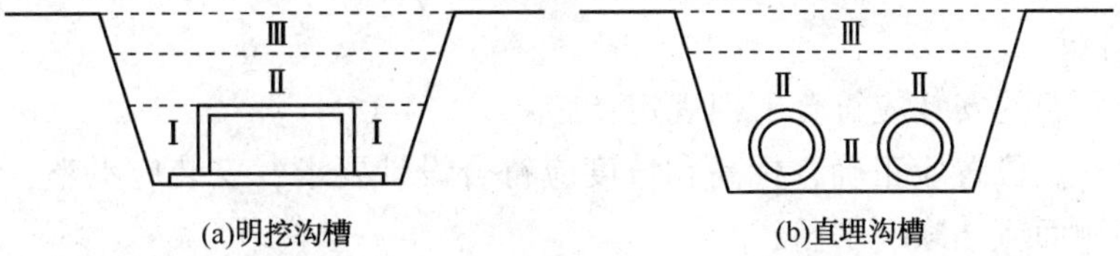

图 4.7.8 回填土部位划分示意图

4.7.9 检查室部位的回填应符合下列规定：

1 主要道路范围内的井室周围应采用石灰土、砂、砂砾等材料回填；

2 检查室周围的回填应与管道沟槽的回填同时进行，当不能同时进行时应留回填台阶；

3 检查室周围回填压实应沿检查室中心对称进行，且不得漏夯；

4 密实度应按明挖沟槽回填要求执行。

4.7.10 暗挖竖井的回填应根据现场情况选择回填材料，并应符合设计要求。

5 管道安装

5.1 一般规定

5.1.1 三通、弯头、变径管等管路附件应采用机制管件，当需要现场制作时，应符合现行国家标准《钢制对焊无缝管件》GB/T 12459、《工业金属管道工程施工规范》GB 50235 及《工业金属管道工程施工质量验收规范》GB 50184 的相关规定。

5.1.2 管道及管路附件安装前应按设计要求核对型号，并应检验合格。

5.1.3 运输、安装施工过程中不得损坏管道及管路附件。

5.1.4 可预组装的管路附件宜在管道安装前完成，并应检验合格。

5.1.5 雨期施工应采取防止浮管或泥浆进入管道及管路附件的措施。

5.1.6 管道安装前应将内部清理干净，安装完成应及时封闭管口。

5.1.7 当施工间断时，管口应用堵板临时封闭。

5.1.8 检查室和热力站内的管道及附件的安装位置应留有检修空间。

5.1.9 在有限空间内作业应制定作业方案，作业前必须进行气体检测，合格后方可进行现场作业。作业时的人数不得少于2人。

5.2 管道支架、吊架

5.2.1 管道支架、吊架的安装应在管道安装、检验前完成。支架、吊架的位置应正确、平整、牢固，标高和坡度应满足设计要求，安装完成后应对安装调整进行记录，并可本规范表A.0.8的规定填写。

5.2.2 管道支架支承面的标高可采用加设金属垫板的方式进行调整，垫板不得大于2层，垫板应与预埋铁件或钢结构进行焊接。

5.2.3 管道支架、吊架制作应符合下列规定：

1 支架和吊架的形式、材质、外形尺寸、制作精度及焊接质量应符合设计要求。

2 滑动支架、导向支架的工作面应平整、光滑，不得有毛刺及焊渣等异物。

3 组合式弹簧支架应具有合格证书，安装前应进行检查，并应符合下列规定：

1）弹簧不得有裂纹、皱褶、分层、锈蚀等缺陷。

2）弹簧两端支撑面应与弹簧轴线垂直，其允许偏差不得大于自由高度的2%。

4 已预制完成并经检查合格的管道支架等应按设计要求进行防腐处理，并应妥善保管。

5 焊制在钢管外表面的弧形板应采用模具压制成型，当采用同径钢管切割制作时，应采用模具进行整形，不得有焊缝。

5.2.4 管道支架、吊架的安装应符合下列规定：

1 支架、吊架安装位置应正确，标高和坡度应符合设计要求，安装应平整，埋设应牢固；

2 支架结构接触面应洁净、平整；

3 固定支架卡板和支架结构接触面应贴实；

4 活动支架的偏移方向、偏移量及导向性能应符合设计要求；

5 弹簧支架、吊架安装高度应按设计要求进行调整。弹簧的临时固定件应在管道安装、试压、保温完毕后拆除；

6 管道支架、吊架处不应有管道焊缝，导向支架、滑动支架和吊架不得有歪斜和卡涩现象；

7 支架、吊架应按设计要求焊接，焊缝不得有漏焊、缺焊、咬边或裂纹等缺陷。当管道与固定支架卡板等焊接时，不得损伤管道母材；

8 当管道支架采用螺栓紧固在型钢的斜面上时，应配置与翼板斜度相同的钢制斜垫片，找平并焊接牢固；

9 当使用临时性的支架、吊架时，应避开正式支架、吊架的位置，且不得影响正式支架、吊架的安装。临时性的支架、吊架应做出明显标识，并应在管道安装完毕后拆除；

10 有轴向补偿器的管段，补偿器安装前，管道和固定支架之间不得进行固定；

11 有角向型、横向型补偿器的管段应与管道同时进行安装及固定；

12 管道支架、吊架安装的允许偏差及检验方法应符合表5.2.4的规定。

表5.2.4 管道支架、吊架安装的允许偏差及检验方法

项目		允许偏差(mm)	量具
支架、吊架中心点平面位置		0~25	钢尺
支架标高△		-10~0	水准仪
两个固定支架间的其他支架中心线	距固定支架每10m处	0~5	钢尺
	中心处	0~25	钢尺

注：表中带“△”为主控项目，其余为一般项目。

5.2.5 固定支架的制作应进行记录，并可按本规范表 A.0.9 的规定填写。

5.3 管沟及地上管道

5.3.1 管道安装前的准备工作应符合下列规定：

1 管径、壁厚和材质应符合设计要求并检验合格；

2 安装前应对钢管及管件进行除污，对有防腐要求的宜在安装前进行防腐处理；

3 安装前应对中心线和支架高程进行复核。

5.3.2 管道安装应符合下列规定：

1 管道安装坡向、坡度应符合设计要求；

2 安装前应清除封闭物及其他杂物；

3 管道应使用专用吊具进行吊装，运输吊装应平稳，不得损坏管道、管件；

4 管道在安装过程中不得碰撞沟壁、沟底、支架等；

5 地上敷设的管道应采取固定措施，管组长度应按空中就位和焊接的需要确定，宜大于或等于2倍支架间距；

6 管件上不得安装、焊接任何附件。

5.3.3 管口对接应符合下列规定：

1 当每个管组或每根钢管安装时应按管道的中心线和管道坡度对接管口；

2 对接管口应在距接口两端各 200mm 处检查管道平直度，允许偏差应为 0~1mm，在所对接管道的全长范围内，允许偏差应为 0~10mm；

3 管道对口处应垫置牢固，在焊接过程中不得产生错位和变形；

4 管道焊口距支架的距离应满足焊接操作的需要；

5 焊口及保温接口不得置于建(构)筑物等的墙壁中，且距墙壁的距离应满足施工的需要。

5.3.4 管道穿越建(构)筑物的墙板处应安装套管，并应符合下列规定：

1 当穿墙时，套管的两侧与墙面的距离应大 20mm；当穿楼板时，套管高出楼板面的距离应大于 50mm；

2 套管中心的允许偏差应为 0~10mm；

3 套管与管道之间的空隙应用柔性材料填充；

4 防水套管应按设计要求制作，并应在建(构)筑物砌筑或浇灌混凝土之前安装就位。套管缝隙应按设计要求进行填充。

5.3.5 当管道开孔焊接分支管道时，管内不得有残留物，且分支管伸进主管内壁长度不得大于 2mm。

5.3.6 管道安装的允许偏差及检验方法应符合表 5.3.6-1，管件安装对口间隙允许偏差及检验方法应符合表 5.3.6-2 的规定。

表 5.3.6-1 管道安装允许偏差及检验方法

项目	允许偏差	检验频率		量具
		范围	点数	
高程△	±10mm	50m	—	水准仪
中心线位移	每 10m≤5mm 全长≤30mm	50m	—	挂边线、量尺
立管垂直度	每米≤2mm 全高≤10mm	每根	—	垂线、量尺

表 5.3.6-1 管道安装允许偏差及检验方法(续)

项目		允许偏差	检验频率		量具
			范围	点数	
对口间隙△（mm）	管道壁厚 4~9 间隙 1.5~2.0	±1.0mm	每 10 个口	1	焊口检测器
	管道壁厚≥10 间隙 2.0~3.0	-2.0mm +1.0mm			

注：表中"△"为主控项目，其余为一般项目。

表 5.3.6-2 管件安装对口间隙允许偏差及检验方法

项目		允许偏差（mm）	检验频率		量具
			范围	点数	
对口间隙（mm）	管件壁厚 4~9 间隙 1.0~1.5	±1.0	每个口	2	焊口检测器
	管件壁厚≥10 间隙 1.5~2.0	-1.5 +1.0			

注：表中为主控项目。

5.3.7 管沟及地上敷设的管道应做标识，并应符合下列规定：

1 管道和设备应标明名称、规格型号，并应标明介质、流向等信息；

2 管沟应在检查室内标明下一个出口的方向、距离；

3 检查室应在井盖下方的人孔壁上安装安全标识。

5.4 预制直埋管道

5.4.1 预制直埋热水管道安装应符合现行行业标准《城镇供热直埋热水管道技术规程》CJJ/T 81 的相关规定，预制直埋蒸汽管道的安装应符合现行行业标准《城镇供热直埋蒸汽管道技术规程》CJJ 104 的相关规定。

5.4.2 预制直埋管道和管件应采用工厂预制的产品，质量应符合相关标准的规定。

5.4.3 预制直埋管道及管件在运输、现场存放及施工过程中的安全保护应符合下列规定：

1 不得直接拖拽，不得损坏外护层、端口和端口的封闭端帽；

2 保温层不得进水，进水后的直埋管和管件应修复后方可使用；

3 当堆放时不得大于 3 层，且高度不得大于 2m。

5.4.4 预制直埋管道及管件外护管的划痕深度应符合下列规定，不合格应进行修补：

1 高密度聚乙烯外护管划痕深度不应大于外护管壁厚的 10%，且不应大于 1mm；

2 钢制外护管防腐层的划痕深度不应大于防腐层厚度的 20%。

5.4.5 预制直埋管道在施工过程中应采取防火措施。

5.4.6 预制直埋管道安装坡度应与设计一致。当管道安装过程中出现折角或管道折角大于设计值时，应与设计单位确认后再进行安装。

5.4.7 当管道中需加装圆筒形收缩端帽或穿墙套袖时，应在管道焊接前将收缩端帽或穿墙套袖套装在管道上。

5.4.8 预制直埋管道现场切割后的焊接预留段长度应与原成品管道一致，且应清除表面无污物。

5.4.9 接头保温施工应符合下列规定：

1 现场保温接头使用的原材料在存放过程中应根据材料特性采取保护措施；

2 接头保温的结构、保温材料的材质及厚度应与直埋管相同；

3 接头保温施工应在工作管强度试验合格，且在沟内无积水、非雨天的条件下进行，当雨、雪天施工时应采取防护措施；

4 接头的保温层应与相接的直埋管保温层衔接紧密，不得有缝隙。

5.4.10 当管段被水浸泡时，应清除被浸湿的保温材料后方可进行接头保温。

5.4.11 预制直埋管道现场安装完成后，必须对保温材料裸露处进行密封处理。

5.4.12 预制直埋管道在固定墩结构承载力未达到设计要求之前，不得进行预热伸长或试运行。

5.4.13 预制直埋蒸汽管道的安装还应符合下列规定：

1 在现场切割时应避开保温管内部支架，且应防止防腐层被损坏；

2 在管道焊接前应检查管道、管路附件的排序以及管道支座种类和排列，并应与设计图纸相符合；

3 应按产品的方向标识进行排管后方可进行焊接；

4 在焊接管道接头处的钢外护管时，应在钢外护管焊缝处保温材料层的外表面衬垫耐烧穿的保护材料；

5 焊接完成后应拆除管端的保护支架。

5.4.14 预制直埋热水管的安装还应符合下列规定：

1 当采用预应力安装时，应以一个预热段作为一个施工分段。预应力安装应符合现行行业标准《城镇供热直埋热水管道技术规程》CJJ/T 81 的相关规定。

2 管道在穿套管前应完成接头保温施工，在穿越套管时不得损坏直埋热水管的保温层及外护管。

3 现场切割配管的长度不宜小于 2m，切割时应采取防止外护管开裂的措施。

4 在现场进行保温修补前，应对与其相连管道的管端泡沫进行密封隔离处理。

5 接头保温应符合下列规定：

1）接头保温的工艺应有合格的检验报告；

2）接头处的钢管表面应干净、干燥；

3）应采用发泡机发泡，发泡后应及时密封发泡孔。

6 接头外观不应出现过烧、鼓包、翘边、褶皱或层间脱离等缺陷。

5.4.15 接头外护层安装完成后，必须全部进行气密性检验并应合格。

5.4.16 气密性检验应在接头外护管冷却到 40℃以下进行。气密性检验的压力应为 0.02MPa，保压时间不应小于 2min，压力稳定后应采用涂上肥皂水的方法检查，无气泡为合格。

5.4.17 监测系统的安装应符合现行行业标准《城镇供热直埋热水管道技术规程》CJJ/T 81 的相关要求，并应符合下列规定：

1 监测系统应与管道安装同时进行；

2 在安装接头处的信号线前，应清除直埋管两端潮湿的保温材料；

3 接头处的信号线应在连接完毕并检测合格后进行接头保温。

5.5 补 偿 器

5.5.1 安装前应按设计图纸核对每个补偿器的型号和安装位置，并应对补偿器外观进行检查、核对产品合格证。

5.5.2 补偿器应与管道保持同轴。安装操作时不得损伤补偿器，不得采用使补偿器变形的方法来调整管道的安装偏差。

5.5.3 补偿器应按设计要求进行预变位，预变位完成后应对预变位量进行记录，并可按本规范表 A.0.10 的规定填写。

5.5.4 补偿器安装完毕后应拆除固定装置，并应调整限位装置。

5.5.5 补偿器应进行防腐和保温，采用的防腐和保温材料不得腐蚀补偿器。

5.5.6 补偿器安装完成后应进行记录，并可按本规范表 A.0.11 的规定填写。

5.5.7 波纹管补偿器的安装应符合下列规定：

1 轴向波纹管补偿器的流向标记应与管道介质流向一致；

2 角向型波纹管补偿器的销轴轴线应垂直于管道安装后形成的平面。

5.5.8 套筒补偿器安装应符合下列规定：

1 采用成型填料圈密封的套筒补偿器，填料应符合产品要求；

2 采用非成型填料的补偿器，填注密封填料应按产品要求依次均匀注压。

5.5.9 球形补偿器的安装应符合设计要求，外伸部分应与管道坡度保持一致。

5.5.10 方形补偿器的安装应符合下列规定：

1 当水平安装时，垂直臂应水平放置，平行臂应与管道坡度相同；

2 预变形应在补偿器两端均匀、对称地进行。

5.5.11 直埋补偿器安装过程中，补偿器固定端应锚固，活动端应能自由活动。

5.5.12 一次性补偿器的安装应符合下列规定：

1 一次性补偿器与管道连接前，应按预热位移量确定限位板位置并进行固定；

2 预热前，应将预热段内所有一次性补偿器上的固定装置拆除；

3 管道预热温度和变形量达到设计要求后方可进行一次性补偿器的焊接。

5.5.13 自然补偿管段的预变位应符合下列规定：

1 预变位焊口位置应留在利于操作的地方，预变位长度应符合设计规定；

2 完成下列工作后方可进行预变位：

1）预变位段两端的固定支架已安装完毕，并应达到设计强度；

2）管段上的支架、吊架已安装完毕，管道与固定支架已固定连接；

3）预变位焊口附近吊架的吊杆应预留位移余量；

4）管段上的其他焊口已全部焊完并经检验合格；

5）管段的倾斜方向及坡度符合设计规定；

6）法兰、仪表、阀门等的螺栓均已拧紧；

3 预变位焊口焊接完毕并经检验合格后，方可拆除预变位卡具；

4 管道预变位施工应进行记录，并可按本规范表 A.0.12 的规定填写。

5.6 法兰和阀门

5.6.1 法兰应符合现行国家标准《钢制管法兰技术条件》GB/T 9124 的相关规定，安装前应对密封面及密封垫片进行外观检查。

5.6.2 法兰安装应符合下列规定：

1 两个法兰连接端面应保持平行，偏差不应大于法兰外径的 1.5%，且不得大于 2mm。不得采用加偏垫、多层垫或采用强力拧紧法兰一侧螺栓的方法消除法兰接口端面的偏差。

2 法兰与法兰、法兰与管道应保持同轴，螺栓孔中心偏差不得大于孔径的 5%，垂直偏差应为 0~2mm。

3 软垫片的周边应整齐，垫片尺寸应与法兰密封面相符，其允许偏差应符合现行国家标准《工业金属管道工程施工规范》GB 50235 的相关规定。

4 垫片应采用高压垫片，其材质和涂料应符合设计要求。垫片尺寸应与法兰密封面相同，当垫片需要拼接时，应采用斜口拼接或迷宫形式的对接，不得采用直缝对接。

5 不得采用先加垫片并拧紧法兰螺栓，再焊接法兰焊口的方法进行法兰安装。

6 法兰内侧应进行封底焊。

7 法兰螺栓应涂二硫化钼油脂或石墨机油等防锈油脂进行保护。

8 法兰连接应使用同一规格的螺栓，安装方向应一致。紧固螺栓应对称、均匀地进行，松紧应适度。紧固后丝扣外露长度应为 2 倍～3 倍螺距，当需用垫圈调整时，每个螺栓应只能使用一个垫圈。

9 法兰距支架或墙面的净距不应小于 200mm。

5.6.3 泄水阀和放气阀与管道连接的插入式支管台应采用厚壁管，厚壁管厚度不得小于母管厚度的 60%，且不得大于 8mm。插入式支管台的连接(图 5.6.3)应符合表 5.6.3 的规定。

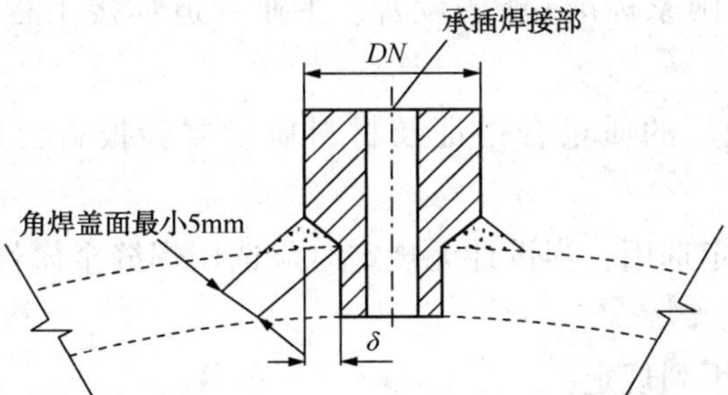

图 5.6.3 插入式支管台示意图

表 5.6.3 插入式支管台的尺寸

公称直径(*DN*)	插入式支管台的尺寸 δ(mm)
25	2
50	4

5.6.4 阀门进场前应进行强度和严密性试验，试验完成后应进行记录，并可按本规范表 A.0.13 的规定填写。

5.6.5 阀门安装应符合下列规定：

1 阀门吊装应平稳，不得用阀门手轮作为吊装的承重点，不得损坏阀门，已安装就位的阀门应防止重物撞击；

2 安装前应清除阀口的封闭物及其他杂物；

3 阀门的开关手轮应安装于便于操作的位置；

4 阀门应按标注方向进行安装；

5 当闸阀、截止阀水平安装时，阀杆应处于上半周范围内；

6 阀门的焊接应符合本规范第 5.7 节的规定；

7 当焊接安装时，焊机地线应搭在同侧焊口的钢管上，不得搭在阀体上；

8 阀门焊接完成降至环境温度后方可操作；

9 焊接蝶阀的安装应符合下列规定：

1) 阀板的轴应安装在水平方向上，轴与水平面的最大夹角不应大于 60°，不得垂直安装；

2) 安装焊接前应关闭阀板，并应采取保护措施；

10 当焊接球阀水平安装时应将阀门完全开启；当垂直管道安装，且焊接阀体下方焊缝时应将阀门关闭。焊接过程中应对阀体进行降温。

5.6.6 阀门安装完毕后应正常开启 2 次～3 次。

5.6.7 阀门不得作为管道末端的堵板使用，应在阀门后加堵板，热水管道应在阀门和堵板之间充满水。

5.6.8 电动调节阀的安装应符合下列规定：

1 电动调节阀安装之前应将管道内的污物和焊渣清除干净；

2 当电动调节阀安装在露天或高温场合时，应采取防水、降温措施；

3 当电动调节阀安装在有震源的地方时，应采取防震措施；

4 电动调节阀应按介质流向安装；

5 电动调节阀宜水平或垂直安装，当倾斜安装时，应对阀体采取支承措施；

6 电动调节阀安装好后应对阀门进行清洗。

5.7 焊接及检验

5.7.1 焊接工艺应符合现行国家标准《现场设备、工业管道焊接工程施工规范》GB 50236 的相关规定。

5.7.2 管材或板材应有制造厂的质量合格证及材料质量复验报告，复验报告内容可按本规范表A.0.14 的规定执行。

5.7.3 焊接材料应按设计规定选用，当设计无规定时应选用焊缝金属性能、化学成分与母材相应且工艺性能良好的焊接材料。

5.7.4 焊接施工单位应符合下列规定：

1 应有负责焊接工艺的焊接技术人员、检查人员和检验人员；

2 应有符合焊接工艺要求的焊接设备且性能应稳定可靠；

3 应有保证焊接工程质量达到标准的措施。

5.7.5 焊工应持有效合格证，并应在合格证准予的范围内焊接。对焊工应进行资格审查，并应按本规范表 A.0.15 的规定填写焊工资格备案表。

5.7.6 当首次使用钢材品种、焊接材料、焊接方法和焊接工艺时，在实施焊接施前应进行焊接工艺评定。

5.7.7 实施焊接前应编写焊接工艺方案，并应包括下列内容：

1 管材、板材性能和焊接材料；

2 焊接方法；

3 坡口形式及制作方法；

4 焊接结构形式及外形尺寸；

5 焊接接头的组对要求及允许偏差；

6 焊接电流的选择；

7 焊接质量保证措施；

8 检验方法及合格标准。

5.7.8 钢管和现场制作的管件，焊缝根部应进行封底焊接。封底焊接应采用气体保护焊。

5.7.9 焊缝位置应符合下列规定：

1 钢管、容器上焊缝的位置应合理选择，焊缝应处于便于焊接、检验、维修的位置，并应避开应力集中的区域；

2 管道任何位置不得有十字形焊缝；

3 管道在支架处不得有环形焊缝；

4 当有缝管道对口及容器、钢板卷管相邻筒节组对时，纵向焊缝之间相互错开的距离不应小于 100mm；

5 容器、钢板卷管同一筒节上两相邻纵缝之间的距离不应小于 300mm；

6 管道两相邻环形焊缝中心之间的距离应大于钢管外径，且不得小于 150mm；

7 在有缝钢管上焊接分支管时，分支管外壁与其他焊缝中心的距离应大于分支管外径，且不得小于 70mm。

5.7.10 管口质量检验应符合下列规定：

1 钢管切口端面应平整，不得有裂纹、重皮等缺陷，并应将毛刺、熔渣清理干净；

2 管口加工的允许偏差应符合表 5.7.10 规定。

表 5.7.10　管口加工的允许偏差

项目			允许偏差(mm)
弯头	周长	DN≤1000	±4
		DN>1000	±6
	切口端面倾斜偏差		≤外径的 1%，且≤3
异径管	椭圆度		≤外径的 1%，且≤5
三通	支管垂直度		≤高度的 1%，且≤3
钢管	切口端面垂直度		≤外径的 1%，且≤3

5.7.11　焊接坡口应按设计规定进行加工。当设计无规定时，坡口形式和尺寸应符合现行国家标准《现场设备、工业管道焊接工程施工规范》GB 50236 和表 5.7.11 的规定。

表 5.7.11　坡口形式与尺寸

序号	厚度 T (mm)	坡口名称	坡口形式	坡口尺寸 间隙 c(mm)	备注
1	≤14	平焊法兰与管子接头	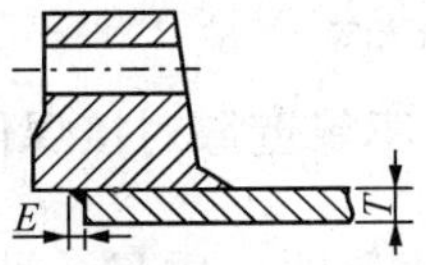	—	$E=T$ E 表示焊口宽度
2	≤14	承插焊法兰与管子接头	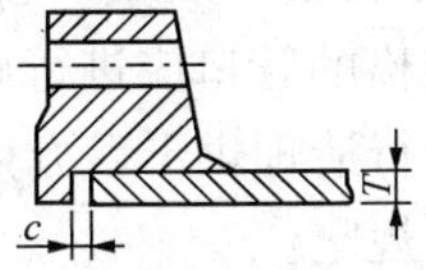	1.5	—
3	≤14	承插焊管件与管子接头	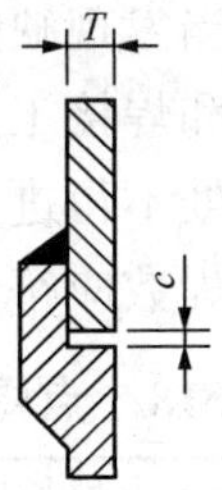	1.5	—

5.7.12　当外径和壁厚相同的钢管或管件对口时，对口错边量允许偏差应符合表 5.7.12 的规定。

表 5.7.12　钢管对口错边量允许偏差

管道壁厚(mm)	2.5~5.0	6~10	12~14	≥15
错边允许偏差(mm)	0.5	1.0	1.5	2.0

5.7.13　壁厚不等的管口对接，当薄件厚度小于或等于 4mm，且厚度差大于 3mm，薄件厚度大于 4mm，且厚度差大于薄件厚度的 30%或大于 5mm 时，应将厚件削薄(图 5.7.13)。

5.7.14　当使用钢板制造可双面焊接的容器时，对口错边量应符合下列规定：

1　纵向焊缝的错边量不得大于壁厚的 10%，且不得大于 3mm；

2　环焊缝应符合下列规定：

1) 当壁厚小于或等于 6mm 时，错边量不得大于壁厚的 25%；

2) 当壁厚大于 6mm 且小于或等于 10mm 时，错边量不得大于壁厚的 20%；

3) 当壁厚大于 10mm 时，错边量不得大于壁厚的 10%加 1mm，且不得大于 4mm。

5.7.15　不得采用在焊缝两侧加热延伸管道长度、螺栓强力拉紧、夹焊金属填充物和使补偿器变形等法强行对口焊接。

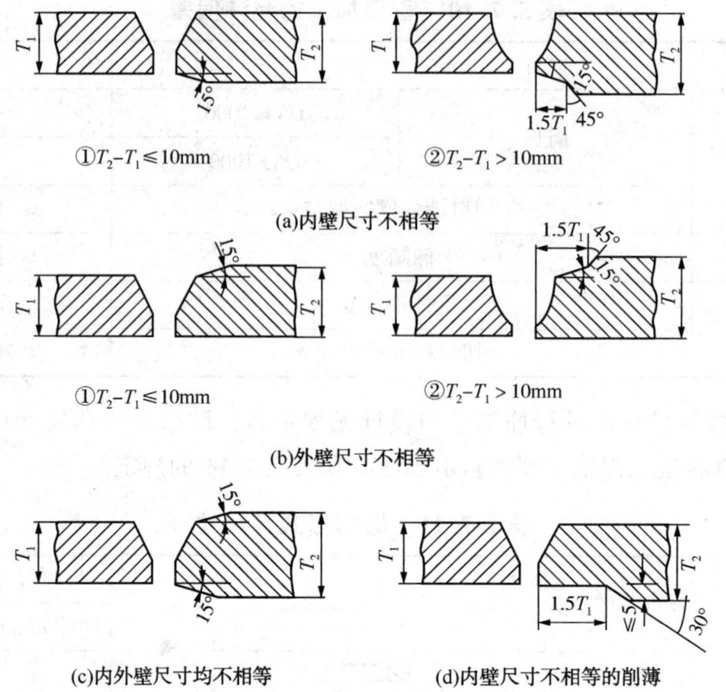

图 5.7.13　不等壁厚对接焊件坡口加工示意图

5.7.16　对口前应检查坡口的外形尺寸和坡口质量。坡口表面应整齐、光洁，不得有裂纹、锈皮、熔渣和其他影响焊接质量的杂物，不合格的管口应进行修整。

5.7.17　潮湿或粘有冰雪的焊接件应进行清理烘干后方可进行焊接。

5.7.18　焊件组对的定位焊应符合下列规定：

1　在焊接前应对定位焊缝进行检查，当发现缺陷时应在处理后焊接；

2　应采用与根部焊道相同的焊接材料和焊接工艺；

3　在螺旋管、直缝管焊接的纵向焊缝处不得进行点焊；

4　定位焊应均匀分布，点焊长度及点焊数应符合表 5.7.18 的规定。

表 5.7.18　点焊长度和点数

公称管径(mm)	点焊长度(mm)	点焊数
50~150	5~10	2~3
200~300	10~20	4
350~500	15~30	5
600~700	40~60	6
800~1000	50~70	7
＞1000	80~100	点间距宜为 300mm

5.7.19　气焊应先按焊件周长等距离适当点焊，点焊部位应焊透，厚度不应大于壁厚的 2/3，每道焊缝应一次焊完。

5.7.20　当采用电焊焊接有坡口的管道及管路附件时，焊接层数不得少于 2 层。管道接口的焊接顺序和方法，不应产生附加应力。

5.7.21　多层焊接应符合下列规定：

1　第一层焊缝根部应均匀焊透，且不得烧穿。各层焊缝的接头应错开，每层焊缝的厚度应为焊条直径的 0.8 倍~1.2 倍。不得在焊件的非焊接表面引弧；

2　每层焊接完成后应清除熔渣、飞溅物等杂物，并应进行外观检查。发现缺陷时应铲除重焊。

5.7.22　在焊缝未冷却至环境温度前，不得在焊缝部位进行敲打。

5.7.23　在 0℃以下环境中焊接应符合下列规定：

1 现场应有防风、防雪措施；

2 焊接前应清除管道上的冰、霜或雪；

3 预热温度应根据焊接工艺确定，预热范围应在焊口两侧 50mm；

4 焊接应使焊缝自由收缩，不得使焊口加速冷却。

5.7.24 在焊缝附近明显处应有焊工代号标识。

5.7.25 焊接质量检验应按下列次序进行：

1 对口质量检验；

2 外观质量检验；

3 无损探伤检验；

4 强度和严密性试验。

5.7.26 焊缝应进行 100%外观质量检验，并应符合下列规定：

1 焊缝表面应清理干净，焊缝应完整并圆滑过渡，不得有裂纹、气孔、夹渣及熔合性飞溅物等缺陷；

2 焊缝高度不应小于母材表面，并应与母材圆滑过渡；

3 加强高度不得大于被焊件壁厚的 30%，且应小于或等于 5mm。焊缝宽度应焊出坡口边缘 1.5mm~2.0mm；

4 咬边深度应小于 0.5mm，且每道焊缝的咬边长度不得大于该焊缝总长的 10%；

5 表面凹陷深度不得大于 0.5mm，且每道焊缝表面凹陷长度不得大于该焊缝总长的 10%；

6 焊缝表面检查完毕后应填写检验报告，并可按本规范表 A.0.16 的规定填写。

5.7.27 焊缝应进行无损检测，并应符合下列规定：

1 应由有资质的单位进行检测。

2 宜采用射线探伤。当采用超声波探伤时，应采用射线探伤复检，复检数量应为超声波探伤数量的 20%。角焊缝处的无损检测可采用磁粉或渗透探伤。

3 无损检测数量应符合设计的要求，当设计未规定时应符合下列规定：

1）干线管道与设备、管件连接处和折点处的焊缝应进行 100%无损探伤检测；

2）穿越铁路、高速公路的管道在铁路路基两侧各 10m 范围内，穿越城市主要道路的不通行管沟在道路两侧各 5m 范围内，穿越江、河或湖等的管道在岸边各 10m 范围内的焊缝应进行 100%无损探伤；

3）不具备强度试验条件的管道焊缝，应进行 100%无损探伤检测；

4）现场制作的各种承压设备和管件，应进行 100%无损探伤检测；

5）其他无损探伤检测数量应按表 5.7.27 的规定执行，且每个焊工不应少于一个焊缝。

4 无损检测合格标准应符合设计的要求。当设计未规定时，应符合下列规定：

1）要求进行 100%无损探伤的焊缝，射线探伤不得小于现行国家标准《无损检测 金属管道熔化焊环向对接接头射线照相检测方法》GB/T 12605 的Ⅱ级质量要求，超声波探伤不得小于现行国家标准《焊缝无损检测超声检测技术、检测等级和评定》GB/T 11345 的Ⅰ级质量要求。

2）要求进行无损检测抽检的焊缝，射线探伤不得小于现行国家标准《无损检测 金属管道熔化焊环向对接接头射线照相检测方法》GB/T 12605 的Ⅲ级质量要求，超声波探伤不得小于现行国家标准《焊缝无损检测超声检测 技术、检测等级和评定》GB/T 11345 的Ⅱ级质量要求。

5 当无损探伤抽样检出现不合格焊缝时，对不合格焊缝返修后，并应按下列规定扩大检验：

1）每出现一道不合格焊缝，应再抽检两道该焊工所焊的同一批焊缝，按原探伤方法进行检验。

2）第二次抽检仍出现不合格焊缝，应对该焊工所焊全部同批的焊缝按原探伤方法进行检验。

3）同一焊缝的返修次数不应大于 2 次。

表 5.7.27 无损探伤检测数量

序号	热介质名称	管道设计参数		焊缝无损探伤检验数量(%)														
				地上敷设				通行及半通行管沟敷设				不通行管沟敷设(含套管敷设)				直埋敷设		
		温度(℃)	压力(MPa)	*DN* <500mm		*DN* ≥500mm		*DN* <500mm		*DN* ≥500mm		*DN* <500mm		*DN* ≥500mm				
				固定焊口	转动焊口	固定焊口	转动焊口	固定焊口	转动焊口	固定焊口	转动焊口	固定焊口	转动焊口	固定焊口	转动焊口	主要道路	一般道路	其他
1	过热蒸汽	$200<T\leqslant350$	$1.6<P\leqslant2.5$	30	20	36	18	40	22	46	18	50	30	60	40	—	—	—
2	过热或饱和蒸汽	$200<T\leqslant350$	$1.0<P\leqslant1.6$	30	20	36	18	40	22	746	18	50	30	60	40	100	100	100
3	过热或饱和蒸汽	$T\leqslant200$	$P\leqslant1.0$	30	20	36	18	40	22	46	18	50	30	60	40	100	100	100
4	高温热水	$150<T\leqslant200$	$1.6<P\leqslant2.5$	30	20	36	18	40	22	46	18	50	30	60	40	100	100	100
5	高温热水	$120<T\leqslant150$	$1.0<P\leqslant1.6$	20	20	36	18	40	22	46	18	50	30	60	40	100	100	100
6	热水	$T\leqslant120$	$P\leqslant1.6$	18	12	22	16	26	20	30	16	40	28	50	40	100	100	100
7	热水	$T\leqslant100$	$P\leqslant1.0$	12				20				30	20	50	30	60	40	30
8	凝结水	$T\leqslant100$	$P\leqslant0.6$	10				16				20				60	40	30

6 对焊缝无损探伤记录应进行整理，并应纳入竣工资料中。磁粉探伤或渗透探伤应按本规范表A.0.17和A.0.18填写检测报告；射线探伤应按本检测报告应符合本规范A.0.19和A.0.20规定；超声波探伤检测报告应符合本规范A.0.21和A.0.22规定。

5.7.28 焊接质量应根据每道焊缝外观质量和无损探伤记录结果进行综合评价，并应按本规范表A.0.23的规定填写焊缝综合质量记录表。

5.7.29 焊接工作完成后应按本规范表A.0.24的规定编制焊缝排位记录及示意图。

5.7.30 支架、吊架的焊缝均应进行检查，固定支架的焊接安装应按本规范表A.0.25的规定进行检查和记录。

5.7.31 管道焊接完成并检验合格后应进行强度和严密性试验，并应符合本规范第8章的规定。

6 热力站和中继泵站

6.1 一 般 规 定

6.1.1 站内采暖、给水、排水、卫生设备的施工及验收，应按现行国家标准《建筑给水排水及采暖工程施工质量验收规范》GB 50242的相关规定执行。

6.1.2 动力配电、等电位联结及照明等电气设备的施工及验收，应按现行国家标准《电气装置安装工程 低压电器施工及验收规范》GB 50254和《建筑电气工程施工质量验收规范》GB 50303的相关规定执行。

6.1.3 自动化仪表的施工及验收应按现行国家标准《自动化仪表工程施工及验收规范》GB 50093的相关规定执行。

6.1.4 站内制冷管道和风道的施工及验收应按现行国家标准《通风与空调工程施工质量及验收规范》GB 50243的相关规定执行。

6.1.5 站内制冷设备的施工及验收应按现行国家标准《制冷设备、空气分离设备安装工程施工及验收规范》GB 50274的相关规定执行。

6.1.6 中继泵站、热力站施工完成后，与外部管线连接前，管沟或套管应采取临时封闭措施。

6.1.7 站内设备基础施工前应根据设备图纸进行核实。

6.1.8 站内管道、设备及管路附件安装前应对规格、型号和质量等进行检验和记录，并应符合设计要求。检验应包括下列项目：

1 说明书和产品合格证；

2 箱号和箱数以及包装情况；

3 名称、型号和规格；

4 装箱清单、测试单、材质单、出厂检验报告、技术文件、资料及专用工具；

5 有无缺损件，表面有无损坏和锈蚀等；

6 其他需要记录的情况。

6.2 站 内 管 道

6.2.1 管道安装过程中，当临时中断安装时应对管口进行封闭。

6.2.2 管道穿越基础、墙壁和楼板，应配合土建施工预埋套管或预留孔洞，并应符合下列规定：

1 管道环形焊缝不应置于套管和孔洞内；

2 当穿墙时，套管两侧应伸出墙面20mm~25mm；当穿楼板时，套管应高出楼板面50mm；

3 套管与管道之间的空隙应填塞柔性材料；

4 预埋套管中心的允许偏差不应大于0~10mm，预留孔洞中心的允许偏差不应大于0~25mm；

5 当设计无要求时，套管直径应比保温管道外径大50mm；

6 位于套管内的管道保温层外壳应做保护层。

6.2.3 当设计对站内管道水平安装的支架、吊架间距无要求时，其间距不得大于表 6.2.3 的规定。

表 6.2.3 站内管道支架、吊架的间距

管道公称直径(mm)	25	32	40	50	65	80	100	125	150	200	250
间距(m)	2.0	2.5	3.0	3.0	4.0	4.0	4.5	5.0	6.0	7.0	8.0
管道公称直径(mm)	300	350	400	450	500	600	700	800	900	1000	1200
间距(m)	8.5	9.0	9.5	10.0	12.0	13.0	15.0	15.0	16.0	16.0	18.0

6.2.4 在水平管道上安装法兰连接的阀门，当管道的公称直径大于或等于 125mm 时，两侧应分别设支架或吊架；当管道的公称直径小于 125mm 时，一侧应设支架或吊架。

6.2.5 在垂直管道上安装阀门应符合设计要求，当设计无要求时，阀门上部的管道应设吊架或托架。

6.2.6 管道支架、吊架的安装应符合下列规定：

1 安装位置准确，埋设应平整牢固；

2 固定支架卡板与管道接触应紧密，固定应牢固；

3 滑动支架的滑动面应灵活，滑板与滑槽两侧间应留有 3mm~5mm 的空隙，偏移量应符合设计要求；

4 无热位移管道的支架、吊杆应垂直安装。有热位移管道的吊架、吊杆应向热膨胀的反方向偏移。

6.2.7 当管道与设备连接时，设备不应承受附加外力，不得使异物进入设备内。

6.2.8 管道与泵或阀门连接后，不应再对该管道进行焊接或气割。

6.2.9 站内管道及管路附件的安装应符合下列规定：

1 管道安装的允许偏差及检验方法应符合表 6.2.9 的规定；

表 6.2.9 管道安装的允许偏差及检验方法

项目		允许偏差		检验方法
		钢制管	塑料管和复合管	
水平安装	*DN*≤100mm	每米≤1.0mm	每米≤1.5mm	用水平尺、直尺、拉线和尺量检查
		全长≤13mm	全长≤25mm	
	DN>100mm	每米≤1.5mm	每米≤1.5mm	用水平尺、直尺、拉线和尺量检查
		全长≤25nun	全长≤25mm	
垂直安装		每米≤2.0mm	每米≤2.0mm	吊线和尺量检查
		全高≤10mm	全高≤25mm	

2 当管道并排安装时应相互平行，在同一平面上的允许偏差为±3mm；

3 法兰和阀门的安装应按本规范第 5.6 节的相关规定执行，阀门的阀杆宜平行放置。

6.2.10 施工完成后，应对站内的管道及管路附件按设计要求设置标识。

6.3 热计量设备

6.3.1 热计量设备安装前应校验和检定，安装应符合现行国家标准《建筑节能工程施工质量验收规范》GB 50411 的相关规定。

6.3.2 热计量设备应在管道安装完成，且清洗完成后进行安装。

6.3.3 热计量设备在现场搬运和安装过程中不得提拽，不得挤压表头和传感器线，不得靠近高温热源。

6.3.4 热计量设备应按产品说明书和设计要求进行安装，热计量设备标注的水流方向应与管道内热媒流动的方向一致。

6.3.5 现场安装的环境温度、湿度不应大于热计量设备的极限工作条件。

6.3.6 热计量设备显示屏及附件的安装位置应便于观察、操作和维修。

6.3.7 数据传输线安装应符合热计量设备的安装要求。

1 两只铂电阻特性应一致，且应配对使用，并应按标识分别安装在相对应的供、回水管道上；

2 两只铂电阻的导线应按产品技术要求，使用同一厂家的配套产品；

3 应与管道轴向相交，插入深度不得小于管径的1/3。

6.3.8 温度传感器的安装方式和位置应符合产品使用说明书的要求，并宜采用测温球阀或套管等安装方式。

6.4 站 内 设 备

6.4.1 设备的混凝土基础位置、几何尺寸应符合现行国家标准《混凝土结构工程施工质量验收规范》GB 50204 的相关规定，设备基础尺寸和位置的允许偏差及检验方法应符合表 6.4.1 的规定。

表 6.4.1 设备基础尺寸和位置的允许偏差及检验方法

项目		允许偏差(mm)	检验方法
坐标位置(纵、横轴线)		0~20	钢尺检查
不同平面的标高		−20~0	水准仪、拉线、钢尺检查
平面外形尺寸		±20	钢尺检查
凸台上平面外形尺寸		−20~0	钢尺检查
凹穴尺寸		0~20	钢尺检查
水平度	每米	0~5	水平仪(水平尺)和楔形塞尺检查
	全长	0~10	水平仪(水平尺)和楔形塞尺检查
垂直度	每米	0~5	经纬仪或吊线和钢尺检查
	全长	0~10	经纬仪或吊线和钢尺检查
预留地脚螺栓	顶部标高	0~20	水准仪或拉线、钢尺检查
	中心距	±2	钢尺检查
预留地脚螺栓孔	中心线位置	0~10	钢尺检查
	深度	0~20	钢尺检查
	垂直度	0~10	吊线、钢尺检查

6.4.2 地脚螺栓埋设应符合下列规定：

1 地脚螺栓底部锚固环钩的外缘与预留孔壁和孔底的距离不得小于 15mm；

2 地脚螺栓上的油污和氧化皮等应清理干净，螺纹部分应涂抹油脂；

3 螺母与垫圈，垫圈与设备底座间的接触均应紧密；

4 拧紧螺母后，螺栓外露长度应为 2 倍~5 倍螺距；

5 灌筑地脚螺栓使用的细石混凝土强度等级应比基础混凝土的高一等级，灌浆处应清理干净并捣固密实；

6 灌筑的混凝土应达到设计强度的 75%以上后，方可拧紧地脚螺栓；

7 设备底座套入地脚螺栓应有调整余量，不得有卡涩现象。

6.4.3 安装胀锚螺栓应符合下列规定：

1 胀锚螺栓的安装应符合现行国家标准《机械设备安装工程施工及验收通用规范》GB 50231 的相关规定；

2 胀锚螺栓的中心线应按设计图纸放线。胀锚螺栓的中心至基础或构件边缘的距离不得小于 7 倍胀锚螺栓的直径；胀锚螺栓的底端至基础底面的距离不得小于 3 倍胀锚螺栓的直径，且不得小于 30mm；相邻两根胀锚螺栓的中心距离不得小于 10 倍胀锚螺栓的直径；

3 装设胀锚螺栓的钻孔不得与基础或构件中的钢筋、预埋管和电缆等埋设物相碰，不得采用预留孔；

4 应对钻孔的孔径和深度进行检查。

6.4.4 设备支架安装应平直牢固，位置应正确。支架安装的允许偏差应符合表 6.4.4 的规定。

表 6.4.4 设备支架安装允许偏差

项目		允许偏差(mm)	检验方法
支架立柱	位置	0~5	钢尺检查
	垂直度	≤H/1000	钢尺检查
支架横梁	上表面标高	±5	钢尺检查
	水平弯曲	≤L/1000	钢尺检查

注：H 为支架高度；L 为横梁长度。

6.4.5 设备找正调平用的垫铁应符合现行国家标准《机械设备安装工程施工及验收通用规范》GB 50231 的相关规定。

6.4.6 设备调平后，垫铁端面应露出设备底面边缘 10mm~30mm。

6.4.7 设备采用减振垫铁调平应符合下列规定：

1 基础和地坪应符合设备技术要求。设备占地范围内基础的高差不得超出减振垫铁调整量的 30%~50%，放置减振垫铁的部位应平整。

2 减振垫铁应采用无地脚螺栓或胀锚地脚螺栓固定。

3 设备调平减振垫铁受力应均匀，调整范围内应留有余量，调平后应将螺母锁紧。

4 当采用橡胶型减振垫铁时，设备调平后经过 1 周~2 周后应再进行 1 次调平。

6.4.8 水泵安装应符合下列规定：

1 水泵安装前应做下列检查：

1）基础的尺寸、位置、标高应符合设计要求和本规范第 6.4.1 条的规定；

2）设备应完好，盘车应灵活，不得有阻滞、卡涩和异常声响现象；

3）出厂前已配装、调试完善的部位应无拆卸现象。

2 水泵安装应在泵的进出口法兰面或其他水平面上进行找平，纵向安装水平允许偏差为 0~0.1‰，横向安装水平偏差为 0~0.2‰。

3 当水泵主、从动轴用联轴器连接时，两轴的同轴度、两半联轴节端面的间隙应符合设备技术文件的规定。主、从动轴找正及连接后应进行盘车检查。

4 当同型号水泵并列安装时，水泵轴线标高的允许偏差为±5mm。

6.4.9 喷射泵安装的水平度和垂直度应符合设计和设备技术文件的要求。当泵前、泵后直管段长度设计无要求时，泵前直管段长度不得小于公称管径的 5 倍，泵后直管段长度不得小于公称管径的 10 倍。

6.4.10 换热设备应有货物清单和技术文件，安装前应对下列进行项目验收：

1 规格、型号、设计压力、设计温度、换热面积、重量等参数；

2 产品标识牌、产品合格证和说明书；

3 换热设备不得有缺损件，表面应无损坏和锈蚀，不应有变形、机械损伤，紧固件不应松动。

6.4.11 换热设备安装应符合下列规定：

1 换热设备本体不得进行局部切、割、焊等操作；

2 安装前应对管道进行冲洗；

3 换热设备安装的坡度、坡向应符合设计或产品说明书的规定，安装的允许偏差及检验方法应符合表6.4.11的规定。

表6.4.11 换热设备安装的允许偏差及检验方法

项目	允许偏差(mm)	检验方法
标高	±10	拉线和钢尺测量
水平度	≤5L/1000	经纬仪或吊线、水平仪(水平尺)、钢尺测量
垂直度	≤5H/1000	经纬仪或吊线、水平仪(水平尺)、钢尺测量
中心线位置	±20	拉线和钢尺测量

注：L—设备长度；H—设备高度。

6.4.12 换热机组安装前除应对本规范第6.4.10条规定的项目进行验收外，还应包括换热机组的操作说明书、系统图、电气原理图、端子接线图、主要配件清单和合格证明。

6.4.13 换热机组安装应符合下列规定：

1 换热机组应进行接地保护。控制柜应配有保护接地排，机柜外壳及电缆槽、穿线钢管、设备基础槽钢、水管、设备支架及其外露金属导体等应接地。水表、橡胶软接头、金属管道的阀门等装置应加跨接线连成电气通路。

2 换热机组不应有变形或机械损伤，紧固件不应松动。

3 换热机组应按产品说明书的要求安装，安装的允许偏差及检验方法应符合表6.4.13的规定。

表6.4.13 换热机组安装允许偏差及检验方法

项目	允许偏差(mm)	检验方法
底座外形尺寸	±5‰L	拉线和钢尺测量
设备定位中心距	±2‰L	拉线和钢尺测量
管道的水平度或垂直度	0~10	经纬仪或吊线、水平仪(水平尺)、钢尺测量

注：L为机组长度。

6.4.14 水箱的安装应符合下列规定：

1 坡度、坡向应符合设计和产品说明书的规定；

2 水箱底面安装前应检查防腐质量，对缺陷应进行处理；

3 允许偏差及检验方法应符合本规范表6.4.13的规定。

6.4.15 水处理装置的安装应符合下列规定：

1 设备的产品质量证明书、水处理设备图、设备安装使用说明书等资料应齐全。

2 水处理专用材料应符合设计要求，并应抽样检验。材料应分类存放，并应妥善保管。

3 所有进出口管路应有独立支撑，不得使用阀体做支撑。

4 每个树脂罐应设单独的排污管。

5 水处理系统中的设备、再生装置等在系统安装完毕后应单体进行工作压力水压试验。

6 水处理系统的严密性试验合格后应进行试运行，并应进行水质化验，水质应符合现行行业标准《城镇供热管网设计规范》CJJ 34的相关规定。

6.4.16 除污器应按热介质流动方向安装，除污口应朝向便于检修的位置。

6.4.17 站内监控和数据传输系统安装应符合设计要求，安装完成后应进行调试。

6.5 通用组装件

6.5.1 分汽缸、分水器、集水器的安装应符合设计要求，同类型的温度表和压力表应一致。

6.5.2 减压器安装应符合下列规定：

1 应按设计或标准图组装；

2 应安装在便于观察和检修的托架(或支座)上，安装应平整牢固；

3 安装完成后，应根据使用压力进行调试，并应填写调试记录。

6.5.3 疏水器应按设计或标准图组装，安装位置应便于操作和检修。安装应平整，支架应牢固。连接管路应有坡度，当出口的排水管与凝结水干管相接时，应连接在凝结水干管的上方。

6.5.4 水位计安装应符合下列规定：

1 水位计应有指示最高、最低水位的明显标志。玻璃管水位计的最低水位可见边缘应比最低安全水位低 25mm，最高可见边缘应比最高安全水位高 25mm。

2 玻璃管水位计应设置保护装置。

3 放水管应引至安全处。

6.5.5 安全阀安装应符合下列规定：

1 安全阀在安装前，应送有检测资质的单位按设计要求进行调校；

2 安全阀应垂直安装，并应在两个方向检查其垂直度，发现倾斜应予以校正；

3 安全阀的开启压力和回座压力应符合设计规定值，安全阀最终调校后，在工作压力下不得泄漏；

4 安全阀调校合格后应对安全阀调整试验进行记录，并可按本规范表 A.0.26 的规定填写。

6.5.6 压力表安装应符合下列规定：

1 压力表应安装在便于观察的位置，不得受高温、振动的影响；

2 压力表宜安装缓冲管，缓冲管的内径不应小于 10mm；

3 压力表和缓冲管之间应安装阀门，当蒸汽管道安装压力表时不得使用旋塞阀；

4 当设计对压力表的量程无要求时，压力表量程应为工作压力的 1.5 倍~2 倍。

6.5.7 温度计的安装应符合下列规定：

1 温度计应安装在便于观察的位置，不得影响设备和阀门的安装、检修和运行操作；

2 温度计不得安装在引出的管段上；

3 温度计不宜安装在介质流动死角处以及振动较大的位置；

4 温度计安装位置不应影响设备和阀门的安装、检修、运行操作。

6.5.8 温度传感器测温元件的安装应符合下列规定：

1 温度传感器测温元件应按设计要求的位置安装；

2 当与管道垂直安装时，取源部件轴线应与工艺管道轴线垂直相交；

3 在管道的拐弯处安装时，宜逆介质流向，取源部件轴线应与管道轴线相重合；

4 当与管道倾斜安装时，宜逆介质流向，取源部件轴线应与管道轴线相交。

6.5.9 当测压元件与测温元件在同一管段上时，测压元件应安装在测温元件的上游侧。

6.5.10 当管道和设备上的放气阀操作不便时，应设置操作平台。当放气阀的放气点高于地面 2m 时，放气阀门应设在距地面 1.5m 处，且便于安全操作的位置。排气管道应进行固定。

6.5.11 流量测量装置应在管道冲洗合格后，按产品说明书及设计要求进行安装。

6.5.12 调节与控制阀门应按设计及要求安装在便于观察、操作和调试的位置。

6.5.13 补水定压设备的安装应符合下列规定：

1 当采用膨胀水箱定压时，应将水箱膨胀管和循环管引至站前回水总管上，水箱信号应引至站内控制柜，水箱液位和补水泵启停应连锁控制运行；

2 当采用定压罐或补水泵变频定压时，应在完成冲洗、水压试验后进行设备调试，并应按设计要求设定定压值和定压范围。

6.6 噪声与振动控制

6.6.1 噪声与振动控制使用的主要材料应具有检测机构的检测报告。

6.6.2 隔振系统的安装应符合下列规定：

1 隔振系统应水平安装，允许偏差应为0~3‰；

2 当隔振器底部安装两层以上条形隔振垫时，中间应用钢板隔开；

3 设备安装在隔振系统上后，应逐个测量隔振器的压缩量。

6.6.3 软接头与法兰安装应符合下列规定：

1 当安装金属或橡胶软接头时，不得扭曲、压缩、拉伸，螺栓应由内向外安装；

2 法兰凹槽应与软连接卡槽锁紧，不得将法兰凹槽扣在软连接的卡槽边上，不得损坏软连接；

3 法兰内外径尺寸应与软接头法兰一致。

6.6.4 弹簧吊架、弹性托架安装应符合下列规定：

1 应按设计要求安装；

2 弹簧吊架螺纹表面及转动零件的连接面应涂油防腐；

3 应满足维修的空间要求；

4 弹簧吊架安装完成后应逐个检查，应能正常工作；

5 弹簧吊架压缩量应在10mm~20mm之间，弹性托架压缩量应在2mm~3mm之间；

6 弹簧吊架的焊接应符合现行行业标准《钢筋焊接及验收规程》JGJ 18的相关规定。

6.6.5 吸音吊顶、吸音墙体安装应符合下列规定：

1 吸音吊顶、吸音墙体的材料穿孔率不应小于25%，孔径宜为0.4mm，厚度宜为0.8mm；

2 玻璃棉密度不应小于$32kg/m^3$；

3 面板的棱边应平直；

4 吊顶与墙体交接处应密实，不得有缝隙；

5 当吸音吊顶与弹簧吊架、管道、丝杆、穿线桥架等障碍物交叉时，开口处应平齐；

6 吸音板不得使用吊架等代替龙骨托。

7 防腐和保温

7.1 防 腐

7.1.1 防腐材料及涂料的品种、规格、性能应符合设计和环保要求，产品应具有质量合格证明文件。

7.1.2 防腐材料在运输、储存和施工过程中应采取防止变质和污染环境的措施。涂料应密封保存，不得遇明火或曝晒。所用材料应在有效期内使用。

7.1.3 涂料的涂刷层数、涂层厚度及表面标记等应按设计规定执行，当设计无规定时，应符合下列规定：

1 涂刷层数、厚度应符合产品质量要求；

2 涂料的耐温性能、抗腐蚀性能应按供热介质温度及环境条件进行选择。

7.1.4 当采用多种涂料配合使用时，应按产品说明书对涂料进行选择。各涂料性能应相互匹配，配比应合适。调制成的涂料内不得有漆皮等影响涂刷的杂物。涂料应按涂刷工艺要求稀释，搅拌应均匀，色调应一致，并应密封保存。

7.1.5 涂料涂刷前应对钢材表面进行处理，并应符合设计要求和现行国家标准《涂覆涂料前钢材表面处理 表面清洁度的目视评定》GB/T 8923的相关规定。

7.1.6 涂料涂刷时的环境温度和相对湿度应符合涂料产品说明书的要求。当产品说明书无要求时，环境温度宜为5℃~40℃，相对湿度不应大于75%。涂刷时金属表面应干燥，不得有结露。在雨雪和大风天气中进行涂刷时，应进行遮挡。涂料未干燥前应免受雨淋。在环境温度在5℃以下施工时应有防冻措施，在相对湿度大于75%时应采取防结露措施。

7.1.7 现场涂刷过程中应防止漆膜被污染和受损坏。当多层涂刷时，第一遍漆膜未干前不得涂刷第二遍漆。全部涂层完成后，漆膜未干燥固化前，不得进行下道工序施工。

7.1.8 对已完成防腐的管道、管路附件、设备和支架等，在漆膜干燥过程中应防止冻结、撞击、振动和湿度剧烈变化，且不得进行施焊、气割等作业。

7.1.9 对已完成防腐的成品应做保护，不得踩踏或当作支架使用。

7.1.10 对管道、管路附件、设备和支架安装后无法涂刷或不易涂刷涂料的部位，安装前应预先涂刷。

7.1.11 预留的未涂刷涂料部位，在其他工序完成后，应按要求进行涂刷。

7.1.12 涂层上的缺陷、不合格处以及损坏的部位应及时修补，并应验收合格。

7.1.13 聚乙烯防腐层的制作及其性能应符合现行国家标准《埋地钢质管道聚乙烯防腐层》GB/T 23257的相关规定。

7.1.14 当采用涂料和玻璃纤维做加强防腐层时，应符合下列规定：

1 底漆应涂刷均匀完整，不得有空白、凝块和流痕；

2 玻璃纤维的厚度、密度、层数应符合设计要求，缠绕重叠部分宽度应大于布宽的1/2，压边量应为10mm~15mm。当采用机械缠绕时，缠布机应稳定匀速，并应与钢管旋转转速相配合；

3 玻璃纤维两面沾油应均匀，经刮板或挤压滚轮后，布面应无空白，且不得淌油和滴油；

4 防腐层的厚度不得小于设计厚度。玻璃纤维与管壁粘结牢固应无空隙，缠绕应紧密且无皱褶。防腐层表面应光滑，不得有气孔、针孔和裂纹。钢管两端应留200mm~250mm空白段。

7.1.15 涂料的涂刷应符合下列规定：

1 涂层应与基面粘结牢固、均匀，厚度应符合产品说明书的要求，面层颜色应一致；

2 漆膜应光滑平整，不得有皱纹、起泡、针孔、流挂等现象，并应均匀完整，不得漏涂、损坏；

3 色环宽度应一致，间距应均匀，且应与管道轴线垂直；

4 当设计有要求时应进行涂层附着力测试；

5 钢材除锈、涂刷质量检验应符合表7.1.15的规定。

表7.1.15 钢材除锈、涂料质量检验

项目	检查频率		检验方法
	范围(m)	点数	
除锈△	50	5	外观检查每10m计点
涂料	50	5	外观检查每10m计点

注：表中“△”为主控项目，其余为一般项目。

7.1.16 工程竣工验收前，管道、设备外露金属部分所刷涂料的品种、性能、颜色等应与原管道和设备所刷涂料一致。

7.1.17 埋地钢管牺牲阳极防腐应符合下列规定：

1 安装的牺牲阳极规格、数量及埋设深度应符合设计要求，当设计无规定时，应按现行行业标准《埋地钢质管道牺牲阳极阴极保护设计规范》SY/T 0019的相关规定执行；

2 牺牲阳极填包料应注水浸润；

3 牺牲阳极电缆焊接应牢固，焊点应进行防腐处理；

4 对钢管的保护电位值应进行检查，且不应小于-0.85Vcse。

7.1.18 当保温外保护层采用金属板时，表面应清理干净，缝隙应填实、打磨光滑，并应按设计要求进行防腐。

7.1.19 钢外护直埋管道的接头防腐应在气密性试验合格后进行，防腐层应采用电火花检漏仪检测。

7.2 保　　温

7.2.1 保温材料的品种、规格、性能等应符合设计和环保的要求，产品应具有质量合格证明文件。

7.2.2 保温材料检验应符合下列规定：

1 保温材料进场前应对品种、规格、外观等进行检查验收，并应从进场的每批材料中，任选1组~2组试样进行导热系数、保温层密度、厚度和吸水(质量含水、憎水)率等测定；

2 应对预制直埋保温管、保温层和保护层进行复检，并应提供复检合格证明；预制直埋保温管的复检项目应包括保温管的抗剪切强度、保温层的厚度、密度、压缩强度、吸水率、闭孔率、导热系数及外护管的密度、壁厚、断裂伸长率、拉伸强度、热稳定性；

3 按工程要求可进行现场抽检。

7.2.3 施工现场应对保温管和保温材料进行妥善保管，不得雨淋、受潮。受潮的材料经过干燥处理后应进行检测，不合格时不得使用。

7.2.4 管道、管路附件、设备的保温应在压力试验、防腐验收合格后进行。当钢管需预先做保温时，应将环形焊缝等需检查处留出，待各项检验合格后，方可对留出部位进行防腐、保温。

7.2.5 在雨、雪天进行室外保温施工时应采取防水措施。

7.2.6 当采用湿法保温时，施工环境温度不得低于5℃，否则应采取防冻措施。

7.2.7 保温层施作应符合下列规定：

1 当保温层厚度大于100mm时，应分为两层或多层逐层施工；

2 保温棉毡、垫的密实度应均匀，外形应规整，保温厚度和容重应符合设计要求；

3 瓦块式保温制品的拼缝宽度不得大于5mm。当保温层为聚氨酯瓦块时，应用同类材料将缝隙填满。其他类硬质保温瓦内应抹3mm~5mm厚的石棉灰胶泥层，并应砌严密。保温层应错缝铺设，缝隙处应采用石棉灰胶泥填实。当使用两层以上的保温制品时，同层应错缝，里外层应压缝，其搭接长度不应小于50mm。每块瓦应使用两道镀锌钢丝或箍带扎紧，不得采用螺旋形捆扎方法，镀锌钢丝的直径不得小于设计要求；

4 支架及管道设备等部位的保温，应预留出一定间隙，保温结构不得妨碍支架的滑动及设备的正常运行；

5 管道端部或有盲板的部位应做保温。

7.2.8 立式设备和垂直管道应设置保温固定件或支撑件，每隔3m~5m应设保温层承重环或抱箍，承重环或抱箍的宽度应为保温层厚度的2/3，并应对承重环或抱箍进行防腐。

7.2.9 硬质保温施工应按设计要求预留伸缩缝，当设计无要求时应符合下列规定：

1 两固定支架间的水平管道至少应预留1道伸缩缝；

2 立式设备及垂直管道，应在支承环下面预留伸缩缝；

3 弯头两端的直管段上，宜各预留1道伸缩缝；

4 当两弯头之间的距离小于1m时，可仅预留1道伸缩缝；

5 管径大于*DN*300、介质温度大于120℃的管道应在弯头中部预留1道伸缩缝；

6 伸缩缝的宽度：管道宜为20mm，设备宜为25mm；

7 伸缩缝材料应采用导热系数与保温材料相接近的软质保温材料，并应充填严实、捆扎牢固。

7.2.10 设备应按设计要求进行保温。当保温层遮盖设备铭牌时，应将铭牌复制到保温层外。

7.2.11 保温层端部应做封端处理。设备人孔、手孔等需要拆装的部位，保温层应做成45°坡面。

7.2.12 保温结构不应影响阀门、法兰的更换及维修。靠近法兰处，应在法兰的一侧留出螺栓长度加 25mm 的空隙。有冷紧或热紧要求的法兰，应在完成冷紧或热紧后再进行保温。

7.2.13 纤维制品保温层应与被保温表面贴实，纵向接缝应位于下方 45°位置，接头处不得有间隙。双层保温结构的层间应盖缝，表面应保持平整，厚度应均匀，捆扎间距不应大于 200mm，并应适当紧固。

7.2.14 软质复合硅酸盐保温材料应按设计要求施工。当设计无要求时，每层可抹 10mm 并应压实，待第一层有一定强度后，再抹第二层并应压光。

7.2.15 预制保温管道保温质量检验应按本规范第 5.4 节的相关执行。

7.2.16 现场保温层施工质量检验应符合下列规定：

1 保温固定件、支承件的安装应正确、牢固，支承件不得外露，其安装间距应符合设计要求。

2 保温层厚度应符合设计要求。

3 保温层密度应现场取试样检查。对棉毡类保温层，密度允许偏差为 0~10%，保温板、壳类密度允许偏差为 0~5%；聚氨酯类保温的密度不得小于设计要求。

4 保温层施工允许偏差及检验方法应符合表 7.2.16 的规定。

表 7.2.16 保温层施工允许偏差及检验方法

项目		允许偏差	检验频率	检验方法
厚度△	硬制保温材料	0~5%	每隔 20m 测 1 点	用钢针刺入保温层测厚
	柔性保温材料	0~8%		
伸缩缝宽度		±5mm	抽查 10%	用尺检查

注：表中“△”为主控项目，其余为一般项目。

7.3 保 护 层

7.3.1 保护层施工前，保温层应已干燥并经检查合格，保护层应牢固、严密。

7.3.2 复合材料保护层施工应符合下列规定：

1 玻璃纤维布应以螺纹状紧缠在保温层外，前后均搭接不应小于 50mm。布带两端及每隔 300mm 应采用镀锌钢丝或钢带捆扎，镀锌钢丝的直径不得小于设计要求，搭接处应进行防水处理。

2 复合铝箔接缝处应采用压敏胶带粘贴、铆钉固定。

3 玻璃钢保护壳连接处应采用铆钉固定，沿轴向搭接宽度应为 50mm~60mm，环向搭接宽度应为 40mm~50mm。

4 用于软质保温材料保护层的铝塑复合板正面应朝外，不得损伤其表面。轴向接缝应用保温钉固定，且间距应为 60mm~80mm。环向搭接宽度应为 30mm~40mm，纵向搭接宽度不得小于 10mm。

5 当垂直管道及设备的保护层采用复合铝箔、玻璃钢保护壳和铝塑复合板等时，应由下向上，成顺水接缝。

7.3.3 石棉水泥保护层施工应符合下列规定：

1 石棉水泥不得采用闪石棉等国家禁止使用的石棉制品；

2 涂抹石棉水泥保护层应检查钢丝网有无松动，并应对有缺陷的部位进行修整，保温层的空隙应采用胶泥填充。保护层应分 2 层，首层应找平、挤压严实，第 2 层应在首层稍干后加灰泥压实、压光。保护层厚度不应小于 15mm；

3 抹面保护层的灰浆干燥后不得产生裂缝、脱壳等现象，金属网不得外露；

4 抹面保护层未硬化前应防雨雪。当环境温度小于 5℃，应采取防冻措施。

7.3.4 金属保护层施工应符合下列规定：

1 金属保护层材料应符合设计要求，当设计无要求时，宜选用镀锌薄钢板或铝合金板。

2 安装前，金属板两边应先压出两道半圆凸缘。设备的保温，可在每张金属板对角线上压两条交叉筋线。

3　水平管道的施工可直接将金属板卷合在保温层外，并应按管道坡向自下而上顺序安装。两板环向半圆凸缘应重叠，金属板接口应在管道下方。

4　搭接处应采用铆钉固定，其间距不应大于200mm。

5　金属保护层应留出设备及管道运行受热膨胀量。

6　当在结露或潮湿环境安装时，金属保护层应嵌填密封剂或在接缝处包缠密封带。

7　金属保护层上不得踩踏或堆放物品。

7.3.5　保护层质量检验应符合下列规定：

1　缠绕式保护层应裹紧，搭接部分应为100mm～150mm，不得有松脱、翻边、皱褶和鼓包等缺陷，缠绕的起点和终点应采用镀锌钢丝或箍带捆扎结实，接缝处应进行防水处理。

2　保护层表面应平整光洁、轮廓整齐，镀锌钢丝头不得外露，抹面层不得有酥松和裂缝。

3　金属保护层不得有松脱、翻边、豁口、翘缝和明显的凹坑。保护层的环向接缝应与管道轴线保持垂直。纵向接缝应与管道轴线保持平行。保护层的接缝方向应与设备、管道的坡度方向一致。保护层的不圆度不得大于10mm。

4　保护层表面不平度允许偏差及检验方法应符合表7.3.5的规定。

表7.3.5　保护层表面不平度允许偏差及检验方法

项目	允许偏差（mm）	检验频率	检验方法
涂抹保护层	0～10	每隔20m取一点	用靠尺和1m钢尺
缠绕式保护层	0～10	每隔20m取一点	用靠尺和1m钢尺
金属保护层	0～5	每隔20m取一点	用塞尺和2m钢尺
复合材料保护层	0～5	每隔20m取一点	用靠尺和1m钢尺

7.3.6　保护层施工结束后应对防腐、保温层、保护层施工进行记录，并可按本规范表A.0.27的规定填写。

8　压力试验、清洗、试运行

8.1　压力试验

8.1.1　供热管网工程施工完成后应按设计要求进行强度试验和严密性试验，当设计无要求时应符合下列规定：

1　强度试验压力应为1.5倍设计压力，且不得小于0.6MPa；严密性试验压力应为1.25倍设计压力，且不得小于0.6MPa；

2　当设备有特殊要求时，试验压力应按产品说明书或根据设备性质确定；

3　开式设备应进行满水试验，以无渗漏为合格。

8.1.2　压力试验应按强度试验、严密性试验的顺序进行，试验介质宜采用清洁水。

8.1.3　压力试验前，焊接质量外观和无损检验应合格。

8.1.4　安全阀的爆破片与仪表组件等应拆除或已加盲板隔离。加盲板处应有明显的标记，并应做记录。安全阀应处于全开，填料应密实。

8.1.5　压力试验应编制试验方案，并应报有关单位审批。试验前应进行技术、安全交底。

8.1.6　压力试验前应划定试验区、设置安全标志。在整个试验过程应有专人值守，无关人员不得进入试验区。

8.1.7 站内、检查室和沟槽中应有可靠的排水系统。试验现场应进行清理，具备检查的条件。

8.1.8 强度试验前应完成下列工作：

1 强度试验应在试验段内的管道接口防腐、保温及设备安装前进行。

2 管道安装使用的材料、设备资料应齐全。

3 管道自由端的临时加固装置应安装完成，并应经设计核算与检查确认安全可靠。试验管道与其他管线应用盲板或采取其他措施隔开，不得影响其他系统的安全。

4 试验用的压力表应经校验，其精度不得小于1.0级，量程应为试验压力的1.5倍~2倍，数量不得少于2块，并应分别安装在试验泵出口和试验系统末端。

8.1.9 严密性试验前应完成下列工作：

1 严密性试验应在试验范围内的管道工程全部安装完成后进行。压力试验长度宜为一个完整的设计施工段。

2 试验用的压力表应经校验，其精度不得小于1.5级，量程应为试验压力的1.5倍~2倍，数量不得少于2块，并应分别安装在试验泵出口和试验系统末端。

3 横向型、铰接型补偿器在严密性试验前不宜进行预变位。

4 管道各种支架已安装调整完毕，固定支架的混凝土已达到设计强度，回填土及填充物已满足设计要求。

5 管道自由端的临时加固装置已安装完成，并经设计核算与检查确认安全可靠。试验管道与无关系统应采用盲板或采取其他措施隔开，不得影响其他系统的安全。

8.1.10 压力试验应符合下列规定：

1 当管道充水时应将管道及设备中的空气排尽。

2 试验时环境温度不宜低于5℃。当环境温度低于5℃时，应有防冻措施。

3 当运行管道与压力试验管道之间的温度差大于100℃时，应根据传热量对压力试验的影响采取运行管道和试验管道安全的措施。

4 地面高差较大的管道，试验介质的静压应计入试验压力中。热水管道的试验压力应以最高点的压力为准，最低点的压力不得大于管道及设备能承受的额定压力。

5 压力试验方法和合格判定应符合表8.1.10的规定。

表 8.1.10 压力试验方法和合格判定

项目	试验方法和合格判定		检验范围
强度试验△	升压到试验压力，稳压10min无渗漏、无压降后降至设计压力，稳压30min无渗漏、无压降为合格		每个试验段
严密性试验△	升压至试验压力，当压力趋于稳定后，检查管道、焊缝、管路附件及设备等无渗漏，固定支架无明显的变形等		全段
	一级管网及站内	稳压在1h，前后压降不大于0.05MPa，为合格	
	二级管网	稳压在30min，前后压降不大于0.05MPa，为合格	

注：表中"△"为主控项目，其余为一般项目。

8.1.11 试验过程中发现渗漏时，不得带压处理。消除缺陷后，应重新进行试验。

8.1.12 试验结束后应及时排尽管内积水、拆除试验用临时加固装置。排水时不得形成负压，试验用水应排到指定地点，不得随意排放，不得污染环境。

8.1.13 压力试验合格后应填写供热管道水压试验记录、设备强度和严密性试验记录，并应按本规范附录A表A.0.28和表A.0.29的规定进行记录。

8.2 清　洗

8.2.1 供热管网的清洗应在试运行前进行，并应符合现行国家标准《工业金属管道工程施工规范》GB 50235 的相关规定。

8.2.2 清洗方法应根据设计及供热管网的运行要求、介质类别确定。可采用人工清洗、水力冲洗和气体吹洗。当采用人工清洗时，管道的公称直径应大于或等于 *DN*800；蒸汽管道应采用蒸汽吹洗。

8.2.3 清洗前应编制清洗方案，并应报有关单位审批。方案中应包括清洗方法、技术要求、操作及安全措施等内容。清洗前应进行技术、安全交底。

8.2.4 清洗前应完成下列工作：

1 减压器、疏水器、流量计和流量孔板(或喷嘴)、滤网、调节阀芯、止回阀芯及温度计的插入管等应已拆下并妥善存放，待清洗结束后方可复装。

2 不与管道同时清洗的设备、容器及仪表管等应隔开或拆除。

3 支架的承载力应能承受清洗时的冲击力，必要时应经设计核算。

4 水力冲洗进水管的截面积不得小于被冲洗管截面积的50%，排水管截面积不得小于进水管截面积。

5 蒸汽吹洗排汽管的管径应按设计计算确定。吹洗口及冲洗箱应已按设计要求加固。

6 设备和容器应有单独的排水口。

7 清洗使用的其他装置已安装完成，并应经检查合格。

8.2.5 人工清洗应符合下列规定：

1 钢管安装前应进行人工清洗，管内不得有浮锈等杂物；

2 钢管安装完成后、设备安装前应进行人工清洗，管内不得有焊渣等杂物，并应验收合格；

3 人工清洗过程应有保证安全的措施。

8.2.6 水力冲洗应符合下列规定：

1 冲洗应按主干线、支干线、支线分别进行。二级管网应单独进行冲洗。冲洗前先应充满水并浸泡管道。冲洗水流方向应与设计的介质流向一致。

2 清洗过程中管道中的脏物不得进入设备；已冲洗合格的管道不得被污染。

3 冲洗应连续进行，冲洗时的管内平均流速不应小于 1m/s；排水时，管内不得形成负压。

4 冲洗水量不能满足要求时，宜采用密闭循环的水力冲洗方式。循环水冲洗时管道内流速应达到或接近管道正常运行时的流速。在循环冲洗后的水质不合格时，应更换循环水继续进行冲洗，并达到合格。

5 水力冲洗应以排水水样中固形物的含量接近或等于冲洗用水中固形物的含量为合格。

6 水力清洗结束后应打开排水阀门排污，合格后应对排污管、除污器等装置进行人工清洗。

7 排放的污水不得随意排放，不得污染环境。

8.2.7 蒸汽吹洗时必须划定安全区，并设置标志。在整个吹洗作业过程中，应有专人值守。

8.2.8 蒸汽吹洗应符合下列规定：

1 吹洗前应缓慢升温进行暖管，暖管速度不宜过快，并应及时疏水。检查管道热伸长、补偿器、管路附件及设备等工作情况，恒温 1h 后再进行吹洗。

2 吹洗使用的蒸汽压力和流量应按设计计算确定。吹洗压力不应大于管道工作压力的75%。

3 吹洗次数应为 2 次～3 次，每次的间隔时间宜为 20min～30min。

4 蒸汽吹洗应以出口蒸汽无污物为合格。

8.2.9 空气吹洗适用于管径小于 *DN*300 的热水管道。

8.2.10 供热管网清洗合格后应填写清洗检验记录，并应符合本规范表 A.0.30 的规定。

8.3 单位工程验收

8.3.1 供热管网工程的单位工程验收，应在分项工程、分部工程验收合格后进行。

8.3.2 单位工程完工后，施工单位应自行组织有关人员进行检查评定，并应提交工程验收报告。

8.3.3 单位工程质量验收合格应符合下列规定：

1 单位工程所含各分部工程的质量应验收合格；

2 质量控制资料应完整；

3 单位工程所含各分部工程有关安全和功能的检测资料应完整；

4 主要项目的抽查合格；

5 工程外观应符合观感质量验收要求。

8.3.4 单位工程验收包括下列主要项目：

1 承重和受力结构；

2 结构防水效果；

3 管道、补偿器和其他管路附件；

4 支架；

5 焊接；

6 防腐和保温；

7 爬梯、平台；

8 热机设备、电气和自控设备；

9 隔振和降噪设施；

10 标准和非标准设备。

8.3.5 单位工程验收合格后应签署验收文件，并可按本规范表 A.0.31 的规定执行。

8.4 试 运 行

8.4.1 试运行应在单位工程验收合格、热源具备供热条件后进行。

8.4.2 试运行前应编制试运行方案。在环境温度低于 5℃时，应制定防冻措施。试运行方案应线管部门审查同意，并应进行技术交底。

8.4.3 试运行应符合下列规定：

1 供热管线工程应与热力站工程联合进行试运行。

2 试运行应有完善可靠的通信系统及安全保障措施。

3 试运行应在设计的参数下运行。试运行的时间应在达到试运行的参数条件下连续运行 72h。试运行应缓慢升温，升温速度不得大于 10℃/h，在低温试运行期间，应对管道、设备进行全面检查，支架的工作状况应作重点检查。在低温试运行正常以后，方可缓慢升温至试运行温度下运行。

4 在试运行期间管道法兰、阀门、补偿器及仪表等处的螺栓应进行热拧紧。热拧紧时的运行压力应降低至 0.3MPa 以下。

5 试运行期间应观察管道、设备的工作状态，并应运行正常。试运行应完成各项检查，并应做好试运行记录。

6 试运行期间出现不影响整体试运行安全的问题，可待试运行结束后处理；当出现需要立即解决的问题时，应先停止试运行，然后进行处理。问题处理完后，应重新进行 72h 试运行。

7 试运行完成后应对运行资料、记录等进行整理，并应存档。

8.4.4 蒸汽管网工程的试运行应带热负荷进行，试运行合格后可直接转入正常的供热运行。蒸汽管网试运行应符合下列规定：

1 试运行前应进行暖管，暖管合格后方可略开启阀门，缓慢提高蒸汽管的压力。待管道内蒸汽压力和温度达到设计规定的参数后，保持恒温时间不宜少于 1h。试运行期间应对管道、设备、支架及凝结水疏水系统进行全面检查。

2 确认管网各部位符合要求后，应对用户用汽系统进行暖管和各部位的检查，确认合格后，再缓慢提高供汽压力，供汽参数达到运行参数，即可转入正常运行。

8.4.5 热力站试运行前应符合下列规定：

1 供热管网与热用户系统应已具备试运行条件；

2 热力站内所有系统和设备应已验收合格；

3 热力站内的管道和设备的水压试验及冲洗应已合格；

4 软化水系统经调试应已合格后，并向补给水箱中注入软化水；

5 水泵试运转应已合格，并应符合下列规定：

1）各紧固连接部位不应松动；

2）润滑油的质量、数量应符合设备技术文件的规定；

3）安全、保护装置应灵敏、可靠；

4）盘车应灵活、正常；

5）起动前，泵的进口阀门应完全开启，出口阀门应完全关闭；

6）水泵在启动前应与管网连通，水泵应充满水并排净空气；

7）水泵应在水泵出口阀门关闭的状态下起动，水泵出口阀门前压力表显示的压力应符合水泵的最高扬程，水泵和电机应无异常情况；

8）逐渐开启水泵出口阀门，流入水泵的扬程与设计选定的扬程应接近或相同，水泵和电机应无异常情况；

9）水泵振动应符合设备技术文件的规定，设备文件未规定时，可采用手提式振动仪测量泵的径向振幅（双向），其值不应大于表 8.4.5 的规定。

表 8.4.5 泵的径向振幅（双向）

转速（r/min）	600~750	750~1000	1000~1500	1500~3000
振幅（mm）	0.12	0.10	0.08	0.06

6 应组织做好用户试运行准备工作；

7 当换热器为板式换热器时，两侧应同步逐渐升压直至工作压力。

8.4.6 热水管网和热力站试运行应符合下列规定：

1 试运行前应确认关闭全部泄水阀门；

2 排气充水，水满后应关闭放气阀门；

3 全线水满后应再次逐个进行放气并确认管内无气体后，关闭放气阀；

4 试运行开始后，每隔 1h 应对补偿器及其他设备和管路附件等进行检查，并应按本规范表 A.0.32 的规定进行记录。

8.4.7 试运行合格后应填写试运行记录，并应符合本规范表 A.0.33 的规定。

8.4.8 试运行完成后应进行工程移交，并应签署工程移交文件。

9 工程竣工验收

9.1 一般规定

9.1.1 供热管网工程的竣工验收应在单位工程验收和试运行合格后进行。

9.1.2 竣工验收应包括下列主要项目：

1 承重和受力结构；

2 结构防水效果；

3 补偿器、防腐和保温；

4 热机设备、电气和自控设备；

5 其他标准设备安装和非标准设备的制造安装；

6 竣工资料。

9.1.3 供热管网工程竣工验收合格后应签署验收文件，移交工程应填写竣工交接书，并可按本规范附录 A 表 A.0.34 的规定执行。

9.1.4 在试运行结束后 3 个月内应向城建档案馆、管道管理单位提供纸质版竣工资料和电子版形式竣工资料，所有隐蔽工程应提供影像资料。

9.1.5 工程验收后，保修期不应少于 2 个采暖期。

9.2 验收资料

9.2.1 竣工验收时应提供下列资料：

1 施工技术资料应包括施工组织设计及审批文件、图纸会审(审查)记录、技术交底记录、工程洽商(变更)记录等；

2 施工管理资料应包括工程概况、施工日志、施工过程中的质量事故相关资料；

3 工程物资资料应包括工程用原材料、构配件等质量证明文件及进场检验或复试报告、主要设备合格证书及进场验收文件、质监部门核发的特种设备质量证明文件和设备竣工图、安装说明书、技术性能说明书、专用工具和备件的移交证明；

4 施工测量监测资料应包括工程定位及复核记录、施工沉降和位移等观(量)测记录；

5 施工记录应包括下列资料：

1) 检查及情况处理记录应包括隐蔽工程检查记录、地基处理记录、钎探记录、验槽记录、管道变形记录、钢管焊接检查和管道排位记录(图)、混凝土浇筑等；

2) 施工方法及相关内容记录应包括小导管注浆记录、浅埋暗挖法施工检查记录、定向钻施工等相关记录、防腐施工记录、防水施工记录等；

3) 设备安装记录应包括支架、补偿器及各种设备安装记录等；

6 施工试验及检测报告应包括回填压实检测记录、混凝土抗压(渗)报告及统计评定记录、砂浆强度报告及统计评定记录、管道无损检测报告和相关记录、喷射混凝土配比、管道的冲洗记录、管道强度和严密性试验记录、管网试运行记录等；

7 施工质量验收资料应包括检验批、分项、分部工程质量验收记录、单位工程质量评定记录；

8 工程竣工验收资料应包括竣工报告、竣工测量报告、工程安全和功能、工程观感及内业资料核查等相关记录。

9.2.2 竣工验收应对下列事项进行鉴定：

1 供热管网输热能力及热力站各类设备应达到设计参数，输热损耗应符合国家标准规定，管网末端的水力工况、热力工况应满足末端用户的需求；

2 管网及站内系统、设备在工作状态下应严密，管道支架和热补偿装置及热力站热机、电气及控制等设备应正常、可靠；

3 计量应准确，安全装置应灵敏、可靠；

4 各种设备的性能及工作状况应正常，运转设备产生的噪声应符合国家标准规定；

5 供热管网及热力站防腐工程施工质量应合格；

6 工程档案资料应齐全。

9.2.3 保温工程在第一个采暖季结束后，应对设备及管道保温效果行测定与评价，且应符合现行国家标准《设备及管道绝热效果的测试与评价》GB/T 8174 的相关规定，并应提出测定与评价报告。

9.3 验收合格判定

9.3.1 工程质量验收分为合格和不合格。不合格项目应进行返修、返工至合格。

9.3.2 工程质量验收可划分为分项、分部、单位工程，并应符合下列规定：

1 分部工程可按长度划分为若干个部位，当工程规模较小时，可不划分；

2 分项工程可按下列规定划分：

1) 沟槽、模板、钢筋、混凝土(垫层、基础、构筑物)、砌体结构、防水、止水带、预制构件安装、检查室、回填土等工序；

2) 管道安装、焊接、无损检验、支架安装、设备及管路附件安装、除锈及防腐、水压试验、管道保温等工序；

3) 热力站、中继泵站的建筑和结构部分等的质量验收应符合国家现行有关标准的规定；

3 单位工程为具备试运行条件的工程，可以是一个或几个设计阶段的工程。

9.3.3 工程质量的验收应按分项、分部及单位工程三级进行，当工程不划分分部工程时，可按分项、单位工程两级进行验收，其质量合格率 ψ 应按下式计算：

$$\psi=\frac{n}{N}\times100\% \qquad (9.3.3)$$

式中：ψ——质量合格率；

n——同一检查项目中的合格点(组)数；

N——同一检查项目中的应检点(组)数。

9.3.4 竣工验收合格判定应符合下列要求：

1 分项工程符合下列条件为合格：

1) 主控项目的合格率应达到100%；

2) 一般项目的合格率达到80%，且最大偏差小于允许偏差的1.5倍，可判定为合格；

2 分部工程应所有分项为合格，则该分部工程为合格；

3 单位工程应所有分部为合格，则该单位工程为合格。

9.3.5 工程竣工质量验收还应符合下列规定：

1 工序(分项)交接检验应在施工班组自检、互检的基础上由检验人员进行工序交接检验，检验完成后应填写质量验收报告，并可按本规范附录B表B.0.1规定填写执行；

2 分部检验应在工序交接检验的基础上进行，检验完成后应填写质量验收报告，并可按本规范附录B表B.0.2的规定执行；

3 单位工程检验应在分部检验或工序交接检验的基础上进行，检验完成后应填写质量验收报告，并可按本规范附录B表B.0.3的规定执行。

附录 A 检测报告及记录

A.0.1 地基处理记录内容应符合表 A.0.1 的规定。

表 A.0.1 地基处理记录

<table>
<tr><td colspan="2" rowspan="2">地基处理记录</td><td rowspan="2">编号</td><td colspan="2"></td></tr>
<tr><td colspan="2"></td></tr>
<tr><td>工程名称</td><td colspan="4"></td></tr>
<tr><td>施工单位</td><td colspan="4"></td></tr>
<tr><td>处理依据</td><td colspan="4"></td></tr>
<tr><td colspan="5">处理部位(或简图)：</td></tr>
<tr><td colspan="5">处理过程简述：</td></tr>
<tr><td colspan="5">检查意见：

年　月　日</td></tr>
<tr><td>监理(建设)单位</td><td>勘察单位</td><td>设计单位</td><td colspan="2">施工单位</td></tr>
<tr><td></td><td></td><td></td><td colspan="2"></td></tr>
<tr><td colspan="5">注：地基处理记录应由施工单位填写，城建档案馆、建设单位、施工单位保存。</td></tr>
</table>

A.0.2 隐蔽工程检查记录内容应符合表 A.0.2 的规定。

表 A.0.2 隐蔽工程检查记录

<table>
<tr><td colspan="2" rowspan="2">隐蔽工程检查记录</td><td colspan="2" rowspan="2">编号</td><td></td></tr>
<tr><td></td></tr>
<tr><td>工程名称</td><td colspan="4"></td></tr>
<tr><td>施工单位</td><td colspan="4"></td></tr>
<tr><td>隐检部位</td><td colspan="2"></td><td>隐检项目</td><td></td></tr>
<tr><td>隐检内容</td><td colspan="4">填表人：</td></tr>
<tr><td>检查结果及处理意见</td><td colspan="4">检查日期：　年　月　日</td></tr>
<tr><td>复查结果</td><td colspan="4">复查人：　复查日期：　年　月　日</td></tr>
<tr><td rowspan="2">监理(建设)单位</td><td rowspan="2">设计单位</td><td colspan="3">施工单位</td></tr>
<tr><td>技术负责人</td><td>施工员</td><td>质检员</td></tr>
<tr><td></td><td></td><td></td><td></td><td></td></tr>
<tr><td colspan="5">注：该表由施工单位填写，城建档案馆、建设单位、施工单位保存。</td></tr>
</table>

A.0.3 小导管施工记录内容应符合表A.0.3的规定。

表A.0.3 小导管施工记录

小导管施工记录							编号			
工程名称										
施工单位							工程部位			
钢管规格							施工日期	年 月 日		
序号	桩号	位置	长度（m）	直径（mm）	角度（°）	间距（m）	根数	压力（MPa）	注浆量（L）	施工班次
草图：										
技术负责人				质检员				记录人		
注：该表由施工单位填写并保存。										

A. 0. 4 大管棚施工记录内容应符合表 A. 0. 4 的规定。

表 A. 0. 4 大管棚施工记录

大管棚施工记录						编号		
工程名称								
施工单位						工程部位		
钢管规格			起止桩号			工程部位		
钻孔数	钻孔角度	钻孔深度	钻孔间距	总进尺	开钻时间	结束时间	钻孔口径	钻机型号
编号	长度(m)		情况					
草图：								

监理(建设)单位	施工单位		
	技术负责人	施工员	质检员
注：该表由施工单位填写并保存。			

A.0.5 暗挖法施工检查记录内容应符合表 A.0.5 的规定。

表 A.0.5 暗挖法施工检查记录

暗挖法施工检查记录		编号	
工程名称			
施工单位			
施工部位(桩号)		检查日期	年 月 日
防水层做法		二衬做法	
检查项目	检查内容及要求	允许偏差	检查结果
结构尺寸	宽度		
	拱度		
	高度		
	接茬平整度		
	垂直度		
	内壁平整度		
中线左右偏差			
高程偏差			
混凝土强度	是否符合设计要求(抗压、抗折、抗渗)		
外观质量	内表面光滑、密实、 止水带位置准确、防水层不渗不漏		
意见及结论:			

建设(监理)单位	管理单位	施工单位		
		技术负责人	施工员	质检员

注:该表应由施工单位填写并保存。

A. 0. 6 基础/主体结构工程验收记录内容应符合表 A. 0. 6 的规定。

表 A. 0. 6 基础/主体结构工程验收记录

<table>
<tr><td colspan="3" rowspan="2">基础/主体结构工程验收记录</td><td rowspan="2">编号</td><td colspan="2"></td></tr>
<tr><td colspan="2"></td></tr>
<tr><td colspan="2">工程名称</td><td colspan="4"></td></tr>
<tr><td colspan="2">施工单位</td><td colspan="4"></td></tr>
<tr><td colspan="2">结构名称</td><td></td><td>结构类型</td><td colspan="2"></td></tr>
<tr><td colspan="2">构筑物断面尺寸</td><td></td><td>验收日期</td><td colspan="2">年 月 日</td></tr>
<tr><td colspan="2">管沟长度/层数</td><td></td><td>建筑面积</td><td colspan="2">m^2</td></tr>
<tr><td colspan="2">施工日期</td><td colspan="4">年 月 日至 年 月 日</td></tr>
<tr><td>检查内容</td><td colspan="5"></td></tr>
<tr><td rowspan="2">验收意见</td><td colspan="3">工程实体质量</td><td colspan="2">技术资料</td></tr>
<tr><td colspan="3"></td><td colspan="2"></td></tr>
<tr><td colspan="2" rowspan="2">监理(建设)单位</td><td rowspan="2">设计单位</td><td colspan="3">施工单位</td></tr>
<tr><td>项目经理</td><td>技术部门</td><td>质量部门</td></tr>
<tr><td colspan="2"></td><td></td><td></td><td></td><td></td></tr>
<tr><td colspan="6">注：该表由施工单位填写，城建档案馆，建设单位、监理单位、施工单位保存。</td></tr>
</table>

A. 0. 7 顶管施工记录内容应符合表 A. 0. 7 的规定。

表 A. 0. 7 顶管施工记录

<table>
<tr><td colspan="8" rowspan="2">顶管施工记录</td><td colspan="2" rowspan="2">编号</td><td></td></tr>
<tr><td></td></tr>
<tr><td colspan="2">工程名称</td><td colspan="9"></td></tr>
<tr><td colspan="2">施工单位</td><td colspan="9"></td></tr>
<tr><td colspan="2">位置(桩号)</td><td colspan="2"></td><td colspan="2">管材</td><td colspan="2"></td><td colspan="2">管径</td><td>mm</td></tr>
<tr><td colspan="2">顶进设备规格</td><td colspan="2"></td><td colspan="2">顶进推力</td><td colspan="2">kN</td><td colspan="2">顶进措施</td><td></td></tr>
<tr><td colspan="2">接管形式</td><td colspan="2"></td><td colspan="2">土质</td><td colspan="2"></td><td colspan="2">水文状况</td><td></td></tr>
<tr><td rowspan="2">日期
(月 日)</td><td rowspan="2">班次</td><td rowspan="2">进尺
(m)</td><td rowspan="2">累计
进尺
(m)</td><td colspan="2">中线位移偏差
(mm)</td><td colspan="2">管底高程偏差
(mm)</td><td rowspan="2">相邻管间
错口(min)</td><td rowspan="2">对顶管间
错口(mm)</td><td rowspan="2">发生意外
情况及采取
的措施</td></tr>
<tr><td>偏左</td><td>偏右</td><td>(+)</td><td>(-)</td></tr>
<tr><td></td><td></td><td></td><td></td><td></td><td></td><td></td><td></td><td></td><td></td><td></td></tr>
<tr><td></td><td></td><td></td><td></td><td></td><td></td><td></td><td></td><td></td><td></td><td></td></tr>
<tr><td></td><td></td><td></td><td></td><td></td><td></td><td></td><td></td><td></td><td></td><td></td></tr>
<tr><td></td><td></td><td></td><td></td><td></td><td></td><td></td><td></td><td></td><td></td><td></td></tr>
<tr><td></td><td></td><td></td><td></td><td></td><td></td><td></td><td></td><td></td><td></td><td></td></tr>
<tr><td></td><td></td><td></td><td></td><td></td><td></td><td></td><td></td><td></td><td></td><td></td></tr>
<tr><td></td><td></td><td></td><td></td><td></td><td></td><td></td><td></td><td></td><td></td><td></td></tr>
<tr><td></td><td></td><td></td><td></td><td></td><td></td><td></td><td></td><td></td><td></td><td></td></tr>
<tr><td></td><td></td><td></td><td></td><td></td><td></td><td></td><td></td><td></td><td></td><td></td></tr>
<tr><td></td><td></td><td></td><td></td><td></td><td></td><td></td><td></td><td></td><td></td><td></td></tr>
<tr><td></td><td></td><td></td><td></td><td></td><td></td><td></td><td></td><td></td><td></td><td></td></tr>
<tr><td></td><td></td><td></td><td></td><td></td><td></td><td></td><td></td><td></td><td></td><td></td></tr>
<tr><td></td><td></td><td></td><td></td><td></td><td></td><td></td><td></td><td></td><td></td><td></td></tr>
<tr><td></td><td></td><td></td><td></td><td></td><td></td><td></td><td></td><td></td><td></td><td></td></tr>
<tr><td></td><td></td><td></td><td></td><td></td><td></td><td></td><td></td><td></td><td></td><td></td></tr>
<tr><td></td><td></td><td></td><td></td><td></td><td></td><td></td><td></td><td></td><td></td><td></td></tr>
<tr><td></td><td></td><td></td><td></td><td></td><td></td><td></td><td></td><td></td><td></td><td></td></tr>
<tr><td></td><td></td><td></td><td></td><td></td><td></td><td></td><td></td><td></td><td></td><td></td></tr>
<tr><td colspan="2">技术负责人</td><td colspan="2"></td><td colspan="2">质检员</td><td colspan="2"></td><td colspan="2">测量人</td><td></td></tr>
<tr><td colspan="11">注：该表由施工单位填写并保存。</td></tr>
</table>

A.0.8 支架、吊架安装调整记录内容应符合表 A.0.8 的规定。

表 A.0.8 支架、吊架安装调整记录

支架、吊架安装调整记录			编号		
工程名称					
施工单位					
工程部位			调整日期	年 月 日	
管架编号	形式	安装位置	固定状况	调整值	备注
监理(建设)单位		施工单位			
		技术负责人	施工员	质检员	
注：本表由施工单位填写，建设单位、施工单位保存。					

A. 0. 9 固定支架制作检查记录内容应符合表 A. 0. 9 的规定。

表 A. 0. 9 固定支架制作检查记录

<table>
<tr><td>工程名称</td><td></td><td>设计图号</td><td colspan="2"></td></tr>
<tr><td>施工单位</td><td></td><td>监理单位</td><td colspan="2"></td></tr>
<tr><td colspan="5">固定支架位置：</td></tr>
<tr><td colspan="5">固定支架结构检查情况(钢材型号、材质、外形尺寸等)：</td></tr>
<tr><td colspan="5">固定支架制作检查情况(钢材、钢筋型号、焊接质量等)：</td></tr>
<tr><td colspan="5">固定支架卡板、卡环制作检查情况(卡板、卡环尺寸、焊接质量等)：</td></tr>
<tr><td rowspan="2">参加单位及人员签字</td><td>建设单位</td><td>监理单位</td><td>设计单位</td><td>施工单位</td></tr>
<tr><td></td><td></td><td></td><td></td></tr>
</table>

A.0.10 管道补偿器预变位记录内容应符合表 A.0.10 的规定。

表 A.0.10 管道补偿器预变位记录

<table>
<tr><td>工程名称</td><td></td><td colspan="2">施工单位</td><td colspan="2"></td></tr>
<tr><td>单项工程名称</td><td colspan="5"></td></tr>
<tr><td>补偿器编号</td><td></td><td colspan="2">补偿器所在图号</td><td colspan="2"></td></tr>
<tr><td>管段长度(m)</td><td></td><td colspan="2">直径(mm)</td><td colspan="2"></td></tr>
<tr><td>补偿量(mm)</td><td></td><td colspan="2">预变位量(mm)</td><td colspan="2"></td></tr>
<tr><td>预变位时间</td><td></td><td colspan="2">预变位时气温(℃)</td><td colspan="2"></td></tr>
<tr><td colspan="6">预变位示意图：</td></tr>
<tr><td colspan="6">备注：</td></tr>
<tr><td rowspan="2">参加单位及
人员签字</td><td>建设单位</td><td>设计单位</td><td colspan="2">施工单位</td><td>监理单位</td></tr>
<tr><td></td><td></td><td colspan="2"></td><td></td></tr>
<tr><td colspan="6">注：本表由施工单位填写，参试单位各保存一份。</td></tr>
</table>

A. 0. 11 补偿器安装记录内容应符合表式 A. 0. 11 的规定。

表 A. 0. 11 补偿器安装记录

<table>
<tr><td colspan="8" rowspan="2">补偿器安装记录</td><td colspan="2" rowspan="2">编号</td><td colspan="2"></td></tr>
<tr><td colspan="2"></td></tr>
<tr><td colspan="2">工程名称</td><td colspan="10"></td></tr>
<tr><td colspan="2">施工单位</td><td colspan="10"></td></tr>
<tr><td colspan="2">工程部位</td><td colspan="4"></td><td colspan="2">记录日期</td><td colspan="4">年 月 日</td></tr>
<tr><td rowspan="2">安装部位</td><td rowspan="2">补偿器序号</td><td rowspan="2">形式</td><td rowspan="2">规格</td><td rowspan="2">材质</td><td rowspan="2">固定支架间距（m）</td><td colspan="2">设计参数</td><td rowspan="2">安装时环境温度（℃）</td><td colspan="2">安装预拉量（mm）</td><td rowspan="2">备注</td></tr>
<tr><td>压力（MPa）</td><td>温度（℃）</td><td>设计</td><td>实测</td></tr>
<tr><td></td><td></td><td></td><td></td><td></td><td></td><td></td><td></td><td></td><td></td><td></td><td></td></tr>
<tr><td></td><td></td><td></td><td></td><td></td><td></td><td></td><td></td><td></td><td></td><td></td><td></td></tr>
<tr><td></td><td></td><td></td><td></td><td></td><td></td><td></td><td></td><td></td><td></td><td></td><td></td></tr>
<tr><td></td><td></td><td></td><td></td><td></td><td></td><td></td><td></td><td></td><td></td><td></td><td></td></tr>
<tr><td></td><td></td><td></td><td></td><td></td><td></td><td></td><td></td><td></td><td></td><td></td><td></td></tr>
<tr><td></td><td></td><td></td><td></td><td></td><td></td><td></td><td></td><td></td><td></td><td></td><td></td></tr>
<tr><td></td><td></td><td></td><td></td><td></td><td></td><td></td><td></td><td></td><td></td><td></td><td></td></tr>
<tr><td></td><td></td><td></td><td></td><td></td><td></td><td></td><td></td><td></td><td></td><td></td><td></td></tr>
<tr><td></td><td></td><td></td><td></td><td></td><td></td><td></td><td></td><td></td><td></td><td></td><td></td></tr>
<tr><td></td><td></td><td></td><td></td><td></td><td></td><td></td><td></td><td></td><td></td><td></td><td></td></tr>
<tr><td></td><td></td><td></td><td></td><td></td><td></td><td></td><td></td><td></td><td></td><td></td><td></td></tr>
<tr><td></td><td></td><td></td><td></td><td></td><td></td><td></td><td></td><td></td><td></td><td></td><td></td></tr>
<tr><td></td><td></td><td></td><td></td><td></td><td></td><td></td><td></td><td></td><td></td><td></td><td></td></tr>
<tr><td></td><td></td><td></td><td></td><td></td><td></td><td></td><td></td><td></td><td></td><td></td><td></td></tr>
<tr><td colspan="12">补偿器安装记录（示意图）及说明：</td></tr>
<tr><td colspan="3" rowspan="2">建设（监理）单位</td><td colspan="9">施工单位</td></tr>
<tr><td colspan="3">技术负责人</td><td colspan="3">施工员</td><td colspan="3">质检员</td></tr>
<tr><td colspan="3"></td><td colspan="3"></td><td colspan="3"></td><td colspan="3"></td></tr>
<tr><td colspan="12">注：本表由施工单位填写，建设单位、施工单位保存。</td></tr>
</table>

A. 0. 12 自然补偿管段预变位记录内容应符合表 A. 0. 12 的规定。

表 A. 0. 12 自然补偿管段预变位记录

<table>
<tr><td colspan="2" rowspan="2">自然补偿管段预变位记录</td><td rowspan="2">编号</td><td></td></tr>
<tr><td></td></tr>
<tr><td>工程名称</td><td colspan="3"></td></tr>
<tr><td>部位工程</td><td colspan="3"></td></tr>
<tr><td>施工单位</td><td colspan="3"></td></tr>
<tr><td>施工图号</td><td colspan="3"></td></tr>
<tr><td>两固定支架间管段长度</td><td>m</td><td>直径</td><td>mm</td></tr>
<tr><td>设计预变位值</td><td>mm</td><td>实际预变位值</td><td>mm</td></tr>
<tr><td>预变位时间</td><td>年 月 日</td><td>预变位时气温</td><td>℃</td></tr>
<tr><td colspan="4">预变位示意图：</td></tr>
<tr><td colspan="4">说明及结论：</td></tr>
<tr><td rowspan="2">监理(建设)单位</td><td rowspan="2">设计单位</td><td colspan="2">施工单位</td></tr>
<tr><td>技术负责人</td><td>质检员</td></tr>
<tr><td></td><td></td><td></td><td></td></tr>
<tr><td colspan="4">注：本表由施工单位填写，建设单位、施工单位保存。</td></tr>
</table>

A.0.13 阀门试验记录内容应符合表 A.0.13 的规定。

表 A.0.13 阀门试验记录

阀门试验记录	编号	
工程名称		
施工单位		
试验采用标准名称		

试验日期	位置编号	类型	规格型号		强度试验			严密性试验			外观检查及试验结果
			公称直径	公称压力	试验介质	压力（MPa）	时间（min）	试验介质	压力（MPa）	时间（min）	

监理（建设）单位	施工单位		
	项目负责人	质检员	试验员

注：本表由施工单位填写，建设单位、施工单位保存。

A.0.14 材料化学成分和机械性能复验报告内容应符合表 A.0.14 的规定。

表 A.0.14　材料牌号、化学成分和机械性能复验报告

<table>
<tr><td colspan="6">产品编号：</td></tr>
<tr><td>材料名称</td><td colspan="5"></td></tr>
<tr><td>生产厂</td><td colspan="2"></td><td>批号</td><td colspan="2"></td></tr>
<tr><td>材料代号</td><td colspan="2"></td><td>规格</td><td colspan="2"></td></tr>
<tr><td colspan="3">数据来源</td><td>供应值</td><td>复验值</td><td>标准值</td></tr>
<tr><td rowspan="5">化学成分
（%）</td><td colspan="2">碳</td><td></td><td></td><td></td></tr>
<tr><td colspan="2">硅</td><td></td><td></td><td></td></tr>
<tr><td colspan="2">锰</td><td></td><td></td><td></td></tr>
<tr><td colspan="2">磷</td><td></td><td></td><td></td></tr>
<tr><td colspan="2">硫</td><td></td><td></td><td></td></tr>
<tr><td rowspan="5">机械性能</td><td colspan="2">屈服点（MPa）</td><td></td><td></td><td></td></tr>
<tr><td colspan="2">抗拉强度（MPa）</td><td></td><td></td><td></td></tr>
<tr><td colspan="2">伸长率（%）</td><td></td><td></td><td></td></tr>
<tr><td rowspan="2">冲击试验</td><td>温度
（℃）</td><td></td><td></td><td></td></tr>
<tr><td>冲击值
（kgf·m/cm²）</td><td></td><td></td><td></td></tr>
<tr><td>备注</td><td colspan="5"></td></tr>
<tr><td colspan="6">检验员：　　　　　　　　检验单位：　　　　　　　　日期：</td></tr>
</table>

A. 0. 15 焊工资格备案表内容应符合表 A. 0. 15 的规定。

表 A. 0. 15 焊工资格备案

焊工资格备案表	编号	
工程名称		
施工单位		

致________监理(建设)单位:

我单位经审查，下列焊工符合本工程的焊接资格条件，请查收备案。

序号	焊工姓名	焊工证书编号	焊工代号(钢印)	考试合格项目代号	考试日期	备注

施工单位部门负责人	项目经理	填表人	填表日期
			年 月 日

注：1 本表由施工单位填写，监理(建设)单位、施工单位保存。

2 本表应附焊工证书复印件。

A.0.16 焊缝表面检测报告内容应符合表A.0.16的规定。

表A.0.16 焊缝表面检测报告

报告编号：				第 页 共 页		
工程名称				委托单位		
工件	表面状态		检测区域		材料牌号	
	板厚规格		焊接方法		坡口形式	
器材及参数	仪器型号		探头型号		检测方法	
	扫描调节		试块型号		扫描方式	
	评定灵敏度		表面补偿		检测面	
技术要求	检测标准			检测比例		
	合格级别			检测工艺编号		
检测结果	最终结果			焊缝部位长度		
	扩检长度			最终检测长度		
检测位置示意图						
缺陷及翻修情况说明				检测结果		
本台产品返修部位共计____处，最高返修次数____次； 超标缺陷部位返修复检结果： 返修部位原缺陷见焊缝超声波探伤报告。				本台产品焊缝质量符合标准级的要求，结果： 检测部位详见超声波位置示意图，各检测部位情况详见焊缝超声波探伤报告		
结论统计	实际焊缝	一次合格	返修	共检焊缝	一次合格率	最终合格率
报告人： 年 月 日		审核人： 年 月 日		质量专用章： 年 月 日		备注：

A. 0. 17 磁粉检测报告内容应符合表 A. 0. 17 的规定。

表 A. 0. 17 磁粉检测报告

磁粉检测报告						编号	
委托编号			报告编号			共 页 第 页	
基本情况	工程名称						
	施工单位						
	委托单位						
	检测委托人		联系电话				
	委托检测比例	%	焊接方法			构件材质	
	构件名称		构件规格			表面状态	
	所属设备		检测部位			管道系统编号	
检测条件	仪器型号		磁化方法			磁粉种类	
	灵敏度试片型号		磁悬液浓度	g/L		磁化方向	
	磁化电流	A	提升力	N		磁化时间	s
	磁轭间距	mm					
检测标准			合格级别	级			

检测部位及缺陷情况							
检测部位编号	缺陷编号	缺陷类型	缺陷磁痕尺寸（mm）	打磨/补焊后复检缺陷		最终评级	备注
				性质	磁痕尺寸（mm）		

检测结论（检验部位及缺陷位置详见示意图）：

检测人（签字）： （证号： ） 年 月 日	检测单位资格证号________ 检测单位名称： （盖章）
报告人（签字）： （证号： ） 年 月 日	
审核人（签字）： （证号： ） 年 月 日	
注：本表由检测单位填写，城建档案馆、建设单位、施工单位保存。	

A.0.18 渗透检测报告内容应符合表 A.0.18 的规定。

表 A.0.18 渗透检测报告

渗透检测报告			编号	
委托编号		报告编号		共 页 第 页

基本情况	工程名称					
	施工单位					
	委托单位					
	检测委托人		联系电话			
	委托检测比例	%	焊接方法		构件材质	
	构件名称		构件规格		表面状态	
	所属设备		检测部位		管道系统编号	
检测条件	渗透剂种类		对比试块类型		检测方法	
	清洗剂		渗透剂		显像剂	
	清洗方法		渗透剂施加方式		显像剂施加方式	
	工件温度	℃	渗透时间	min	显像时间	min
检测标准			合格级别	级		

检测部位及缺陷情况

检测部位编号	缺陷编号	缺陷类型	缺陷磁痕尺寸（mm）	打磨/补焊后复检缺陷 性质	打磨/补焊后复检缺陷 磁痕尺寸（mm）	最终评级	备注

检测结论（检验部位及缺陷位置详见示意图）：

检测人（签字）： （证号： ） 年 月 日	检测单位资格证号________
报告人（签字）： （证号： ） 年 月 日	
审核人（签字）： （证号： ） 年 月 日	检测单位名称： （盖章）

注：本表由检测单位填写，城建档案馆、建设单位、施工单位保存。

A.0.19 射线检测报告内容应符合表 A.0.19 的规定。

表 A.0.19 射线检测报告

射线检测报告				编号	
委托编号		报告编号		共　页 第　页	

基本情况	工程名称					
	施工单位					
	委托单位					
	检测委托人		联系电话		坡口形式	
	委托检测比例	%	焊接方法		构件材质	
	构件名称		构件规格		母材厚度	mm

检测条件	设备型号	透照方式	射线能量		管电流（mA）	焦距（mm）	曝光时间（min）	要求像质指数
			源强度（Ci）	电压（kV）				

检测条件	胶片牌号		增感方式		照相质量等级	
	一次透照长度	mm	焦点尺寸	mm	像质计型号	
	冲洗形式		显影条件	℃ min	底片黑度	

检测标准	合格级别	代号说明	Rx		
			返修次数		

检测结果	实际检测总数		评定结果（张）						
	焊口（道）	焊缝（m）	Ⅰ级	Ⅱ级	Ⅲ级	Ⅳ级	总计	其中：返修片	
	钢熔化焊对接接头底片评定详见：《射线检测报告（底片评定记录表）》（共　页）								

检测结论及说明（可加附页）：	
拍片人（签字）： （证号：　　　　）　　年　月　日	检测单位资格证号________
评片（报告）人（签字）： （证号：　　　　）　　年　月　日	（检测单位章）
审核人（签字）： （证号：　　　　）　　年　月　日	检测单位名称：
注：本表由检测单位填写，城建档案馆、建设单位、施工单位保存。	

A.0.20 射线检测报告(底片评定记录)内容应符合表 A.0.20 的规定。

表 A.0.20 射线检测报告(底片评定记录)

射线检测报告(底片评定记录)														编号			
工程名称:																	
委托编号						报告编号						共　页　第　页					
序号	底片编号		像质指数	缺陷性质							缺陷尺寸(mm)	评定级别				返修次数Rx	备注
	焊缝代号	底片号		气孔	夹渣	未焊透	内凹	未熔	裂纹			Ⅰ级	Ⅱ级	Ⅲ级	Ⅳ级		
评片人(签字):																	
注：本表由检测单位填写，建设单位、施工单位保存。																	

A. 0. 21 超声波检测报告内容应符合表 A. 0. 21 的规定。

表 A. 0. 21 超声波检测报告

<table>
<tr><td colspan="5" rowspan="2">超声波检测报告</td><td rowspan="2">编号</td><td></td></tr>
<tr><td></td></tr>
<tr><td>委托编号</td><td></td><td>报告编号</td><td colspan="2"></td><td colspan="2">共 页 第 页</td></tr>
<tr><td rowspan="7">基本情况</td><td>工程名称</td><td colspan="5"></td></tr>
<tr><td>施工单位</td><td colspan="5"></td></tr>
<tr><td>委托单位</td><td colspan="5"></td></tr>
<tr><td>检测委托人</td><td colspan="2"></td><td>联系电话</td><td colspan="2"></td></tr>
<tr><td>委托检测比例</td><td></td><td>焊接方法</td><td></td><td>构件材质</td><td></td></tr>
<tr><td>构件名称</td><td></td><td>构件规格</td><td></td><td>母材厚度</td><td>mm</td></tr>
<tr><td>检测部位</td><td></td><td>坡口形式</td><td></td><td>表面状态</td><td></td></tr>
<tr><td rowspan="4">检测条件</td><td>仪器型号</td><td></td><td>试块型号</td><td></td><td>检测方法</td><td></td></tr>
<tr><td>探头型号</td><td></td><td>评定灵敏度</td><td>dB</td><td>扫查方式</td><td></td></tr>
<tr><td>耦合剂</td><td></td><td>表面补偿</td><td>dB</td><td>检测面</td><td></td></tr>
<tr><td>扫描调节</td><td></td><td></td><td></td><td></td><td></td></tr>
<tr><td colspan="2">检测标准</td><td colspan="2"></td><td colspan="2">合格级别</td><td></td></tr>
<tr><td colspan="7">检测结论及说明(可加附页)：</td></tr>
<tr><td colspan="4">拍片人(签字)：
(证号：) 年 月 日</td><td colspan="3" rowspan="3">检测单位资格证号________

(检测单位章)

检测单位名称：</td></tr>
<tr><td colspan="4">评片(报告)人(签字)：
(证号：) 年 月 日</td></tr>
<tr><td colspan="4">审核人(签字)：
(证号：) 年 月 日</td></tr>
<tr><td colspan="7">注：本表由检测单位出具，城建档案馆、建设单位、施工单位保存。</td></tr>
</table>

A. 0. 22 超声波检测报告(缺陷记录)内容应符合表 A. 0. 22 的规定。

表 A. 0. 22 超声波检测报告(缺陷记录)

超声波检报告(缺陷记录)								编号			
工程名称：											
委托编号			报告编号					共　页　第　页			
序号	焊缝代号	区段编号	缺陷编号	缺陷状况				评定级别			备注
				长度	高度	埋藏深度	缺陷波反射区域	Ⅰ	Ⅱ	Ⅲ	
检测人(签字)：								日期：　年　月　日			
注：本表由检测单位出具，建设单位、施工单位保存。											

A.0.23 焊缝综合质量记录内容应符合表A.0.23的规定。

表A.0.23 焊缝综合质量记录表

焊缝综合质量记录					编号			
施工单位								
工程名称								
工程部位或起止桩号						要求焊缝等级		
序号	焊缝编号	焊工代号	焊接日期	外观质量	内部质量等级		焊缝质量综合评价	备注
					射线	超声		
综合说明：								
负责人		施工员			质检员		填表日期	
							年 月 日	
注：本表由施工单位填写，城建档案馆、建设单位、施工单位保存。								

A.0.24 焊缝排位记录及示意图内容应符合表A.0.24的规定。

表A.0.24 焊缝排位记录及示意图

焊缝排位记录及示意图			编号	
工程名称				
施工单位				
施工桩号		绘图日期	年 月 日	
示意图：应表示出桩号(部位)、焊缝相对位置及焊缝编号				

焊缝编号	桩号(部位)	焊工代号	备注	焊缝编号	桩号(部位)	焊工代号	备注

负责人		施工员		绘图人	

注：本表由施工单位填写，城建档案馆、建设单位、施工单位保存。

A.0.25 固定支架安装检查记录内容应符合表A.0.25的规定。

表A.0.25 固定支架安装检查记录

<table>
<tr><td>工程名称</td><td colspan="2"></td><td colspan="2">设计图号</td><td></td></tr>
<tr><td>施工单位</td><td colspan="2"></td><td colspan="2">监理单位</td><td></td></tr>
<tr><td colspan="6">固定支架位置：</td></tr>
<tr><td colspan="6">固定支架结构检查情况（钢材型号、材质、外形尺寸、焊接质量等）：</td></tr>
<tr><td colspan="6">固定支架混凝土浇筑前检查情况（支架安装相对位置，上、下生根情况，垂直度等）：</td></tr>
<tr><td colspan="6">固定支架混凝土浇筑后检查情况（支架相对位置、垂直度、防腐情况等）：</td></tr>
<tr><td rowspan="2">参加单位及人员签字</td><td>建设单位</td><td>监理单位</td><td colspan="2">设计单位</td><td>施工单位</td></tr>
<tr><td></td><td></td><td colspan="2"></td><td></td></tr>
<tr><td colspan="6">日期：　　年　　月　　日</td></tr>
</table>

A. 0. 26 安全阀调试记录内容应符合表 A. 0. 26 的规定。

表 A. 0. 26 安全阀调试记录

安全阀调试记录		编号	
工程名称			
施工单位			
安全阀安装地点			
安全阀规格型号			
工作介质		设计开启压力	MPa
试验介质		试验开启压力	MPa
试验次数	次	试验回座压力	MPa
调试情况及结论：			
监理(建设)单位	审核人	试验员	调试单位(章)
调试日期	年 月 日		
注：本表由施工单位填写，建设单位、施工单位保存。			

A. 0. 27 管道/设备保温施工检查记录内容应符合表 A. 0. 27 的规定。

表 A. 0. 27 管道/设备保温施工检查记录

<table>
<tr><td colspan="2" rowspan="2">管道/设备保温施工检查记录</td><td rowspan="2">编号</td><td></td></tr>
<tr><td></td></tr>
<tr><td>工程名称</td><td colspan="3"></td></tr>
<tr><td>部位工程</td><td colspan="3"></td></tr>
<tr><td>施工单位</td><td colspan="3"></td></tr>
<tr><td>安装单位</td><td colspan="3"></td></tr>
<tr><td>设备名称</td><td></td><td>管线编号/桩号</td><td></td></tr>
<tr><td>保温材料品种</td><td></td><td>保温材料厚度</td><td>mm</td></tr>
<tr><td>生产厂家</td><td></td><td>检查日期</td><td>年 月 日</td></tr>
<tr><td colspan="4">基层处理与涂漆情况：</td></tr>
<tr><td colspan="4">保温层施工情况：</td></tr>
<tr><td colspan="4">保护层施工情况：</td></tr>
<tr><td colspan="4">直埋热力管道接口保温(套袖连接)气密性试验结果：</td></tr>
<tr><td colspan="4">综合结论：</td></tr>
</table>

<table>
<tr><td rowspan="2">监理(建设)单位</td><td colspan="3">施工单位</td></tr>
<tr><td>技术负责人</td><td>施工员</td><td>质检员</td></tr>
<tr><td></td><td></td><td></td><td></td></tr>
<tr><td colspan="4">注：本表由施工单位填写，建设单位、施工单位保存。</td></tr>
</table>

A.0.28 供热管道水压试验记录内容应符合表 A.0.28 的规定。

表 A.0.28 供热管道水压试验记录

<table>
<tr><td colspan="3" rowspan="2">供热管道水压试验记录</td><td rowspan="2">编号</td><td></td></tr>
<tr><td></td></tr>
<tr><td>工程名称</td><td colspan="4"></td></tr>
<tr><td>施工单位</td><td colspan="4"></td></tr>
<tr><td>试压范围
(起止桩号)</td><td colspan="2"></td><td>公称直径</td><td>mm</td></tr>
<tr><td>试压总长度
(m)</td><td colspan="4"></td></tr>
<tr><td>设计压力
(MPa)</td><td colspan="2"></td><td>试验压力
(MPa)</td><td></td></tr>
<tr><td>允许压力降
(MPa)</td><td colspan="2"></td><td>实际压力降
(MPa)</td><td></td></tr>
<tr><td rowspan="2">稳压时间
(min)</td><td>试验压力下</td><td></td><td rowspan="2">试验日期</td><td rowspan="2">年 月 日</td></tr>
<tr><td>设计压力下</td><td></td></tr>
<tr><td colspan="5">试验中情况：</td></tr>
<tr><td colspan="5">试验结论：</td></tr>
</table>

<table>
<tr><td rowspan="2">监理(建设)单位</td><td rowspan="2">设计单位</td><td colspan="2">施工单位</td><td></td></tr>
<tr><td>技术负责人</td><td>试验人员</td><td>质检员</td></tr>
<tr><td></td><td></td><td></td><td></td><td></td></tr>
<tr><td colspan="5">注：本表由施工单位填写，城建档案馆、建设单位、施工单位保存。</td></tr>
</table>

A. 0. 29 设备强度/严密性试验记录内容应符合表 A. 0. 29 的规定。

表 A. 0. 29 设备强度/严密性试验记录

<table>
<tr><td colspan="4" rowspan="2">设备强度/严密性试验记录</td><td colspan="2" rowspan="2">编号</td><td colspan="2"></td></tr>
<tr><td colspan="2"></td></tr>
<tr><td>工程名称</td><td colspan="7"></td></tr>
<tr><td>施工单位</td><td colspan="7"></td></tr>
<tr><td>设备名称</td><td colspan="3"></td><td colspan="2">设备位号</td><td colspan="2"></td></tr>
<tr><td>试验性质</td><td colspan="3">□强度试验 □严密性试验</td><td colspan="2">试验日期</td><td colspan="2">年 月 日</td></tr>
<tr><td>环境温度</td><td>℃</td><td>试验介质温度</td><td>℃</td><td colspan="2">压力表精度</td><td colspan="2">级</td></tr>
<tr><td>试验部位</td><td>设计压力（MPa）</td><td>设计温度(℃)</td><td>最大工作压力(MPa)</td><td colspan="2">工作介质</td><td>试验压力（MPa）</td><td>试验介质</td></tr>
<tr><td>壳程</td><td></td><td></td><td></td><td colspan="2"></td><td></td><td></td></tr>
<tr><td>管程</td><td></td><td></td><td></td><td colspan="2"></td><td></td><td></td></tr>
<tr><td colspan="8">试验要求：</td></tr>
<tr><td colspan="8">试验情况记录：</td></tr>
<tr><td colspan="8">试验意见及结论：</td></tr>
<tr><td colspan="2">监理(建设)单位</td><td colspan="3">施工单位</td><td colspan="3"></td></tr>
<tr><td colspan="2"></td><td colspan="3"></td><td colspan="3"></td></tr>
<tr><td colspan="8">注：本表由施工单位填写，城建档案馆、建设单位、施工单位保存。</td></tr>
</table>

A. 0. 30 供热管网工程清洗检验记录内容应符合表 A. 0. 30 的规定。

表 A. 0. 30 供热管网工程清洗检验记录

<table>
<tr><td colspan="3" rowspan="2">供热管网冲洗记录</td><td rowspan="2">编号</td><td></td></tr>
<tr><td></td></tr>
<tr><td>工程名称</td><td colspan="4"></td></tr>
<tr><td>施工单位</td><td colspan="4"></td></tr>
<tr><td>冲洗范围(桩号)</td><td colspan="4"></td></tr>
<tr><td>冲洗长度(m)</td><td colspan="4"></td></tr>
<tr><td>冲洗介质</td><td colspan="4"></td></tr>
<tr><td>冲洗方法</td><td colspan="4"></td></tr>
<tr><td>冲洗日期</td><td colspan="4">年 月 日</td></tr>
<tr><td colspan="5">冲洗情况及结果：</td></tr>
<tr><td colspan="5">备注：</td></tr>
<tr><td rowspan="2">监理(建设)单位</td><td colspan="2">施工单位</td><td colspan="2" rowspan="2"></td></tr>
<tr><td>技术负责人</td><td>质检员</td></tr>
<tr><td></td><td></td><td></td><td colspan="2"></td></tr>
<tr><td colspan="5">注：本表由施工单位填写，建设单位、施工单位保存。</td></tr>
</table>

A. 0. 31 工程竣工验收鉴定书内容应符合表 A. 0. 31 的规定。

表 A. 0. 31 工程竣工验收鉴定书

<table>
<tr><td colspan="2" rowspan="2">工程竣工验收鉴定书</td><td rowspan="2">编号</td><td></td></tr>
<tr><td></td></tr>
<tr><td>工程名称</td><td colspan="3"></td></tr>
<tr><td>开工日期</td><td>年 月 日</td><td>完工日期</td><td>年 月 日</td></tr>
<tr><td>设计概算</td><td></td><td>施工决算</td><td></td></tr>
<tr><td colspan="4">验收范围及数量(附页共 页)：</td></tr>
<tr><td colspan="4">验收意见：

本工程竣工质量评为： 级</td></tr>
<tr><td colspan="4">验收组组长(签字)：
建设单位(签字、公章)： 监理单位(签字、公章)：
设计单位(签字、公章)： 施工单位(签字、公章)：
单位(签字、公章)： 单位(签字、公章)：
竣工验收日期： 年 月 日</td></tr>
<tr><td colspan="4">其他说明：</td></tr>
<tr><td colspan="4">注：本表由建设单位填写，城建档案馆、建设单位、监理单位、施工单位保存。</td></tr>
</table>

A. 0. 32 补偿器热伸长记录内容应符合表 A. 0. 32 的规定。

表 A. 0. 32 补偿器热伸长记录

工程名称						
设计图号		检查号		日期		
检查简图						
	1 号(mm)	2 号(mm)	3 号(mm)	4 号(mm)	记录时间	记录人
原始状态						
参加单位及人员签字	建设单位	监理单位	设计单位	施工单位		
注：本表由施工单位填写，参施单位各保存一份。						

A. 0. 33 供热管网(场站)试运行记录内容应符合表 A. 0. 33 的规定：

表 A. 0. 33 供热管网(场站)试运行记录

<table>
<tr><td colspan="2" rowspan="2">供热管网(场站)试运行记录</td><td rowspan="2">编号</td><td></td></tr>
<tr><td></td></tr>
<tr><td>工程名称</td><td colspan="3"></td></tr>
<tr><td>施工单位</td><td colspan="3"></td></tr>
<tr><td>热运行范围</td><td colspan="3"></td></tr>
<tr><td>热运行时间</td><td colspan="3">从　月　日　时　分 至　月　日　时　分止</td></tr>
<tr><td>热运行温度</td><td>℃</td><td>热运行压力</td><td>MPa</td></tr>
<tr><td>是否连续运行</td><td></td><td>热运行累计时间</td><td>h</td></tr>
<tr><td colspan="4">热运行情况：</td></tr>
<tr><td colspan="4">处理意见：</td></tr>
<tr><td colspan="4">热运行结论：</td></tr>
</table>

<table>
<tr><td rowspan="2">监理(建设)单位</td><td rowspan="2">设计单位</td><td colspan="2">施工单位</td><td></td></tr>
<tr><td>技术负责人</td><td>施工员</td><td>质检员</td></tr>
<tr><td></td><td></td><td></td><td></td><td></td></tr>
<tr><td colspan="5">注：本表由施工单位填写，城建档案馆、建设单位、施工单位保存。</td></tr>
</table>

A. 0. 34 供热管网工程竣工交接书内容应符合表 A. 0. 34 的规定。

表 A. 0. 34 供热管网工程竣工交接书

<table>
<tr><td colspan="2">项目：</td><td colspan="2">装置：</td><td>工号：</td></tr>
<tr><td colspan="2">单位工程名称</td><td colspan="2"></td><td>交接日期：　　年　月　日</td></tr>
<tr><td colspan="5">工程内容：</td></tr>
<tr><td colspan="5">交接事项说明：</td></tr>
<tr><td colspan="5">工程质量鉴定意见：</td></tr>
<tr><td rowspan="2">参加单位及人员签字</td><td>建设单位</td><td>设计单位</td><td>施工单位</td><td>监理单位</td></tr>
<tr><td></td><td></td><td></td><td></td></tr>
<tr><td colspan="5">注：本表由施工单位填写，参试单位各保存一份。</td></tr>
</table>

附录B 质量验收报告

B.0.1 工序(分项)质量验收报告应符合表B.0.1的规定。

表B.0.1 工序(分项)质量验收报告

<table>
<tr><td colspan="14" rowspan="2">工序(分项)质量评定表</td><td colspan="5" rowspan="2">编号</td><td colspan="2"></td></tr>
<tr><td colspan="2"></td></tr>
<tr><td colspan="2">工程名称</td><td colspan="2"></td><td colspan="6">部位(分部)名称</td><td colspan="4"></td><td colspan="5">工序(分项)名称</td><td colspan="2"></td></tr>
<tr><td colspan="2">施工单位</td><td colspan="2"></td><td colspan="6">桩号</td><td colspan="4"></td><td colspan="5">主要工程数量</td><td colspan="2"></td></tr>
<tr><td>序号</td><td>外观检查项目</td><td colspan="17">质量情况</td><td colspan="2">评定意见</td></tr>
<tr><td>1</td><td></td><td colspan="17"></td><td colspan="2" rowspan="5"></td></tr>
<tr><td>2</td><td></td><td colspan="17"></td></tr>
<tr><td>3</td><td></td><td colspan="17"></td></tr>
<tr><td>4</td><td></td><td colspan="17"></td></tr>
<tr><td>5</td><td></td><td colspan="17"></td></tr>
<tr><td rowspan="2">序号</td><td rowspan="2">量测项目</td><td rowspan="2">允许偏差</td><td colspan="15">实测点偏差值</td><td>应量测点数</td><td>合格点数</td><td>合格率(%)</td></tr>
<tr><td>1</td><td>2</td><td>3</td><td>4</td><td>5</td><td>6</td><td>7</td><td>8</td><td>9</td><td>10</td><td>11</td><td>12</td><td>13</td><td>14</td><td>15</td><td></td><td></td><td></td></tr>
<tr><td></td><td></td><td></td><td></td><td></td><td></td><td></td><td></td><td></td><td></td><td></td><td></td><td></td><td></td><td></td><td></td><td></td><td></td><td></td><td></td><td></td></tr>
<tr><td></td><td></td><td></td><td></td><td></td><td></td><td></td><td></td><td></td><td></td><td></td><td></td><td></td><td></td><td></td><td></td><td></td><td></td><td></td><td></td><td></td></tr>
<tr><td></td><td></td><td></td><td></td><td></td><td></td><td></td><td></td><td></td><td></td><td></td><td></td><td></td><td></td><td></td><td></td><td></td><td></td><td></td><td></td><td></td></tr>
<tr><td></td><td></td><td></td><td></td><td></td><td></td><td></td><td></td><td></td><td></td><td></td><td></td><td></td><td></td><td></td><td></td><td></td><td></td><td></td><td></td><td></td></tr>
<tr><td></td><td></td><td></td><td></td><td></td><td></td><td></td><td></td><td></td><td></td><td></td><td></td><td></td><td></td><td></td><td></td><td></td><td></td><td></td><td></td><td></td></tr>
<tr><td></td><td></td><td></td><td></td><td></td><td></td><td></td><td></td><td></td><td></td><td></td><td></td><td></td><td></td><td></td><td></td><td></td><td></td><td></td><td></td><td></td></tr>
<tr><td></td><td></td><td></td><td></td><td></td><td></td><td></td><td></td><td></td><td></td><td></td><td></td><td></td><td></td><td></td><td></td><td></td><td></td><td></td><td></td><td></td></tr>
<tr><td colspan="2" rowspan="2">交方班组</td><td colspan="2" rowspan="2"></td><td colspan="6" rowspan="2">接方班组</td><td colspan="6" rowspan="2"></td><td colspan="3">平均合格率(%)</td><td colspan="2" rowspan="2"></td></tr>
<tr><td colspan="3">评定等级</td></tr>
<tr><td colspan="2">施工负责人</td><td colspan="2"></td><td colspan="6">质检员</td><td colspan="6"></td><td colspan="3">评定日期</td><td colspan="2">年 月 日</td></tr>
<tr><td colspan="21">注：本表由施工单位填写，建设单位、施工单位保存。</td></tr>
</table>

B.0.2 工程部位(分部)质量验收报告应符合表B.0.2的规定。

表B.0.2 工程部位(分部)质量验收报告

<table>
<tr><td colspan="2" rowspan="2">工程部位(分部)质量验收报告</td><td rowspan="2">编号</td><td colspan="2"></td></tr>
<tr><td colspan="2"></td></tr>
<tr><td>单位工程名称</td><td></td><td>部位名称</td><td colspan="2"></td></tr>
<tr><td>施工单位</td><td></td><td></td><td colspan="2"></td></tr>
<tr><td>序号</td><td>外观检查</td><td colspan="3">质量情况</td></tr>
<tr><td>1</td><td></td><td colspan="3"></td></tr>
<tr><td>2</td><td></td><td colspan="3"></td></tr>
<tr><td>3</td><td></td><td colspan="3"></td></tr>
<tr><td>4</td><td></td><td colspan="3"></td></tr>
<tr><td>序号</td><td>工序(分项)工程名称</td><td>合格率(%)</td><td>质量等级</td><td>备注</td></tr>
<tr><td>1</td><td></td><td></td><td></td><td></td></tr>
<tr><td>2</td><td></td><td></td><td></td><td></td></tr>
<tr><td>3</td><td></td><td></td><td></td><td></td></tr>
<tr><td>4</td><td></td><td></td><td></td><td></td></tr>
<tr><td>5</td><td></td><td></td><td></td><td></td></tr>
<tr><td>6</td><td></td><td></td><td></td><td></td></tr>
<tr><td>7</td><td></td><td></td><td></td><td></td></tr>
<tr><td>8</td><td></td><td></td><td></td><td></td></tr>
<tr><td>9</td><td></td><td></td><td></td><td></td></tr>
<tr><td>10</td><td></td><td></td><td></td><td></td></tr>
<tr><td>评定意见</td><td></td><td>评定等级</td><td colspan="2"></td></tr>
<tr><td colspan="2">技术负责人</td><td>施工员</td><td colspan="2">质检员</td></tr>
<tr><td colspan="2"></td><td></td><td colspan="2"></td></tr>
<tr><td colspan="2">日期</td><td colspan="3">年 月 日</td></tr>
<tr><td colspan="5">注：本表施工单位填写，建设单位、施工单位保存。</td></tr>
</table>

B.0.3 单位工程质量验收报告应符合表 B.0.3 的规定。

表 B.0.3 单位工程质量验收报告

<table>
<tr><td colspan="3" rowspan="2">单位工程质量验收报告</td><td colspan="2" rowspan="2">编号</td><td colspan="2"></td></tr>
<tr><td colspan="2"></td></tr>
<tr><td colspan="2">单位工程名称</td><td colspan="5"></td></tr>
<tr><td colspan="2">施工单位</td><td colspan="5"></td></tr>
<tr><td>序号</td><td colspan="2">外观检查</td><td colspan="4">质量情况</td></tr>
<tr><td>1</td><td colspan="2"></td><td colspan="4"></td></tr>
<tr><td>2</td><td colspan="2"></td><td colspan="4"></td></tr>
<tr><td>3</td><td colspan="2"></td><td colspan="4"></td></tr>
<tr><td>4</td><td colspan="2"></td><td colspan="4"></td></tr>
<tr><td>5</td><td colspan="2"></td><td colspan="4"></td></tr>
<tr><td>序号</td><td colspan="2">部位(分部)工程名称</td><td colspan="2">合格率(%)</td><td>质量等级</td><td>备注</td></tr>
<tr><td>1</td><td colspan="2"></td><td colspan="2"></td><td></td><td></td></tr>
<tr><td>2</td><td colspan="2"></td><td colspan="2"></td><td></td><td></td></tr>
<tr><td>3</td><td colspan="2"></td><td colspan="2"></td><td></td><td></td></tr>
<tr><td>4</td><td colspan="2"></td><td colspan="2"></td><td></td><td></td></tr>
<tr><td>5</td><td colspan="2"></td><td colspan="2"></td><td></td><td></td></tr>
<tr><td>6</td><td colspan="2"></td><td colspan="2"></td><td></td><td></td></tr>
<tr><td>7</td><td colspan="2"></td><td colspan="2"></td><td></td><td></td></tr>
<tr><td>8</td><td colspan="2"></td><td colspan="2"></td><td></td><td></td></tr>
<tr><td>9</td><td colspan="2"></td><td colspan="2"></td><td></td><td></td></tr>
<tr><td>10</td><td colspan="2"></td><td colspan="2"></td><td></td><td></td></tr>
<tr><td colspan="3">平均合格率(%)</td><td colspan="4"></td></tr>
<tr><td>评定意见</td><td colspan="2"></td><td>评定等级</td><td colspan="3"></td></tr>
<tr><td colspan="2">施工单位</td><td colspan="2">项目经理</td><td colspan="3">技术负责人</td></tr>
<tr><td colspan="2"></td><td colspan="2"></td><td colspan="3"></td></tr>
<tr><td colspan="2">建设单位</td><td colspan="2">监理单位</td><td colspan="3">设计单位</td></tr>
<tr><td colspan="2"></td><td colspan="2"></td><td colspan="3"></td></tr>
<tr><td colspan="2">日期</td><td colspan="5">年　　月　　日</td></tr>
<tr><td colspan="7">注：本表施工单位填写，城建档案馆、建设单位、施工单位保存。</td></tr>
</table>

引用标准名录

1 《自动化仪表工程施工及验收规范》GB 50093
2 《混凝土强度检验评定标准》GB/T 50107
3 《地下工程防水技术规范》GB 50108
4 《工业金属管道工程施工质量验收规范》GB 50184
5 《建筑地基基础工程施工质量验收规范》GB 50202
6 《砌体结构工程施工质量验收规范》GB 50203
7 《混凝土结构工程施工质量验收规范》GB 50204
8 《机械设备安装工程施工及验收通用规范》GB 50231
9 《工业金属管道工程施工规范》GB 50235
10 《现场设备、工业管道焊接工程施工规范》GB 50236
11 《建筑给水排水及采暖工程施工质量验收规范》GB 50242
12 《通风与空调工程施工质量及验收规范》GB 50243
13 《电气装置安装工程 低压电器施工及验收规范》GB 50254
14 《给水排水管道工程施工及验收规范》GB 50268
15 《制冷设备、空气分离设备安装工程施工及验收规范》GB 50274
16 《建筑电气工程施工质量验收规范》GB 50303
17 《油气长输管道工程施工及验收规范》GB 50369
18 《建筑节能工程施工质量验收标准》GB 50411
19 《设备及管道绝热效果的测试与评价》GB/T 8174
20 《涂覆涂料前钢材表面处理 表面清洁度的目视评定》GB/T 8923
21 《钢制管法兰技术条件》GB/T 9124
22 《焊缝无损检测超声检测技术、检测等级和评定》GB/T 11345
23 《钢制对焊无缝管件》GB/T 12459
24 《无损检测 金属管道熔化焊环向对接接头射线照相检测方法》GB/T 12605
25 《国家三、四等水准测量规范》GB/T 12898
26 《埋地钢质管道聚乙烯防腐层》GB/T 23257
27 《城镇供热管网设计规范》CJJ 34
28 《城市地下管线探测技术规程》CJJ 61
29 《城镇地道桥顶进施工及验收规程》CJJ 74
30 《城镇供热直埋热水管道技术规程》CJJ/T 81
31 《城镇供热直埋蒸汽管道技术规程》CJJ 104
32 《城市供热管网暗挖工程技术规程》CJJ 200
33 《钢筋焊接及验收规程》JGJ 18
34 《建筑与市政降水工程技术规范》JGJ/T 111
35 《建筑基坑支护技术规程》JGJ 120
36 《埋地钢质管道牺牲阳极阴极保护设计规范》SY/T 0019

UDC

中华人民共和国行业标准 CJJ

P

CJJ 34—2010

备案号 J 1074—2010

城镇供热管网设计规范

Design code for city heating network

2010-07-23 发布　　　　2011-01-01 实施

中华人民共和国住房和城乡建设部　发布

前　言

根据原建设部《关于印发<二○○四年度工程建设城建、建工行业标准制订、修订计划>的通知》(建标[2004]第66号)的要求，规范编制组经广泛调查研究，认真总结实践经验，参考有关国际标准和国外先进标准，并在广泛征求意见的基础上，修订了本规范。

本规范的主要技术内容是：1. 总则；2. 术语和符号；3. 耗热量；4. 供热介质；5. 供热管网形式；6. 供热调节；7. 水力计算；8. 管网布置与敷设；9. 管道应力计算和作用力计算；10. 中继泵站与热力站；11. 保温与防腐涂层；12. 供配电与照明；13. 热工检测与控制；14. 街区热水供热管网。

本次修订的主要内容为增加街区热水供热管网内容，列为本规范第14章。

本规范中以黑体字标志的条文为强制性条文，必须严格执行。

本规范由住房和城乡建设部负责管理和对强制性条文的解释，由北京市煤气热力工程设计院有限公司负责具体技术内容的解释。执行过程中如有意见或建议，请寄送北京市煤气热力工程设计院有限公司(地址：北京市西单北大街小酱坊胡同甲40号，邮政编码：100032)。

本规范主编单位：北京市煤气热力工程设计院有限公司

本规范参编单位：天津市热电设计院
中国船舶重工集团公司第七二五研究所
北京豪特耐管道设备有限公司
北京翠坤沃商贸有限公司
沈阳太宇机电设备有限公司

本规范主要起草人员：段洁仪　冯继蓓　贾　震　孙　蕾
刘　芃　郭幼农　高少东　韩铁宝

本规范主要审查人员：狄洪发　蔡启林　姚约翰　吴玉环
曹　越　王　淮　董益波　李庆平
杨　健　董乐意　李国祥

目　次

1　总则
2　术语和符号
　2.1　术语
　2.2　符号
3　耗热量
　3.1　热负荷
　3.2　年耗热量
4　供热介质
　4.1　供热介质选择
　4.2　供热介质参数
　4.3　水质标准
5　供热管网形式
6　供热调节
7　水力计算
　7.1　设计流量
　7.2　水力计算
　7.3　水力计算参数
　7.4　压力工况
　7.5　水泵选择
8　管网布置与敷设
　8.1　管网布置
　8.2　管道敷设
　8.3　管道材料及连接
　8.4　热补偿
　8.5　附件与设施
9　管道应力计算和作用力计算
10　中继泵站与热力站
　10.1　一般规定
　10.2　中继泵站
　10.3　热水热力网热力站
　10.4　蒸汽热力网热力站
11　保温与防腐涂层
　11.1　一般规定
　11.2　保温计算
　11.3　保温结构
　11.4　防腐涂层
12　供配电与照明
　12.1　一般规定
　12.2　供配电
　12.3　照明
13　热工检测与控制

13.1 一般规定
13.2 热源及供热管线参数检测与控制
13.3 中继泵站参数检测与控制
13.4 热力站参数检测与控制
13.5 供热管网调度自动化
14 街区热水供热管网
14.1 一般规定
14.2 水力计算
14.3 管网布置与敷设
14.4 管道材料
14.5 调节与控制
本规范用词说明(略)
引用标准名录
附：条文说明(略)

Contents

1 General Provisions
2 Terms and Symbols
2. 1 Terms
2. 2 Symbols
3 Heat Consumption
3. 1 Heating Load
3. 2 Annual Heat Consumption
4 Heating Medium
4. 1 Heating Mediums
4. 2 Parameters of Heating Medium
4. 3 Water Quality
5 Heating Network Types
6 Heat-supply Regulation
7 Hydraulical Analysis
7. 1 Design Flow
7. 2 Hydraulical Analysis
7. 3 Parameter of Calculation
7. 4 Pressure State
7. 5 Pump Selection
8 Network Layout and Bury Method
8. 1 Network Layout
8. 2 Bury Method of Pipeline
8. 3 Materials and Connecting of Pipeline
8. 4 Compensation of Thermal Expansion
8. 5 Accessories and Components
9 Calculation of Stresses and Actions
10 Booster Pump Station and Substation
10. 1 General Requirements
10. 2 Booster Pump Station
10. 3 Hot-water Substation
10. 4 Steam Substation
11 Insulation and Anticorrosion
11. 1 General Requirements
11. 2 Insulation Calculation
11. 3 Insulation Construction
11. 4 Anticorrosion Coating
12 Power Supply and Lighting
12. 1 General Requirements
12. 2 Power Supply and Distributing
12. 3 Lighting
13 Thermal Monitoring and Control

13. 1 General Requirements
13. 2 Parameter Monitoring and Control of Heating Source and Network
13. 3 Parameter Monitoring and Control of Booster Pump Station
13. 4 Parameter Monitoring and Control of Substation
13. 5 Automation Adjustment of Heating System
14 Block Hot-water Heating Network
14. 1 General Requirements
14. 2 Hydraulical Analysis
14. 3 Network Layout and Bury Method
14. 4 Materials of Pipeline
14. 5 Regulation and Control
Explanation of Wording in This Code (Omitted)
List of Quoted Standards
Addition: Explanation of Provisions (Omitted)

1 总 则

1.0.1 为节约能源，保护环境，促进生产，改善人民生活，发展我国城镇集中供热事业，提高集中供热工程设计水平，做到技术先进、经济合理、安全适用，制定本规范。

1.0.2 本规范适用于供热热水介质设计压力小于或等于2.5MPa，设计温度小于或等于200℃；供热蒸汽介质设计压力小于或等于1.6MPa，设计温度小于或等于350℃的下列城镇供热管网的设计：

1 以热电厂或锅炉房为热源，自热源至建筑物热力入口的供热管网；

2 供热管网新建、扩建或改建的管线、中继泵站和热力站等工艺系统。

1.0.3 城镇供热管网设计应符合城镇规划要求，并宜注意美观。

1.0.4 在地震、湿陷性黄土、膨胀土等地区进行城镇供热管网设计时，除应符合本规范外，尚应符合现行国家标准《室外给水排水和燃气热力工程抗震设计规范》GB 50032、《湿陷性黄土地区建筑规范》GB 50025、《膨胀土地区建筑技术规范》GBJ 112的规定。

1.0.5 城镇供热管网的设计除应符合本规范外，尚应符合国家现行相关标准的规定。

2 术语和符号

2.1 术 语

2.1.1 输送干线 transmission mains

自热源至主要负荷区且长度超过2km无分支管的干线。

2.1.2 输配干线 distribution pipelines

有分支管接出的干线。

2.1.3 动态水力分析 dynamical hydraulic analysis

运用水力瞬变原理，分析由于供热管网运行状态突变引起的瞬态压力变化。

2.1.4 多热源供热系统 heating system with multi-heat sources

具有多个热源的供热系统。多热源供热系统有三种运行方式，即：多热源分别运行、多热源解列运行、多热源联网运行。

2.1.5 多热源分别运行 independently operation of multi-heat sources

在采暖期或供冷期用阀门将供热系统分隔成多个单热源供热系统，由各个热源分别供热的运行方式。

2.1.6 多热源解列运行 separately operation of multi-heat sources

采暖期或供冷期基本热源首先投入运行，随气温变化基本热源满负荷后，分隔出部分管网划归尖峰热源供热，并随气温变化，逐步扩大或缩小分隔出的管网范围，使基本热源在运行期间接近满负荷的运行方式。

2.1.7 多热源联网运行 pooled operation of multi-heat sources

采暖期或供冷期基本热源首先投入运行，随气温变化基本热源满负荷后，尖峰热源投入与基本热源共同在供热管网中供热的运行方式。基本热源在运行期间保持满负荷，尖峰热源承担随气温变化而增减的负荷。

2.1.8 最低供热量保证率 minimum heating rate

保证事故工况下用户采暖设备不冻坏的最低供热量与设计供热量的比率。

2.1.9 热力网 district heating network

以热电厂或区域锅炉房为热源，自热源经市政道路至热力站的供热管网。

2.1.10 街区热水供热管网 block hot-water heating network

自热力站或用户锅炉房、热泵机房、直燃机房等小型热源至建筑物热力入口，设计压力小于或等于1.6MPa，设计温度小于或等于95℃，与热用户室内系统连接的室外热水供热管网。

2.1.11 无补偿敷设 installation no compensator

直管段不采取人为的热补偿措施的直埋敷设方式。

2.2 符 号

A——建筑面积；
B——燃料耗量；
b——单位产品耗标煤量；
c——水的比热容；
D——生产平均耗汽量；
G——供热介质流量；
h——焓；
N——采暖期天数；
Q——热(冷)负荷；
Q^a——全年耗热量；
q——热(冷)指标；
T——小时数；
t_1——供热管网供水温度；
t_2——供热管网回水温度；
t_a——采暖期室外平均温度；
t_i——室内计算温度；
t_o——室外计算温度；
t_w——生活热水设计温度；
t_{w0}——冷水计算温度；
W——产品年产量；
η——效率；
θ_1——用户采暖系统设计供水温度；
ψ——回水率。

3 耗 热 量

3.1 热 负 荷

3.1.1 热力网支线及用户热力站设计时，采暖、通风、空调及生活热水热负荷，宜采用经核实的建筑物设计热负荷。

3.1.2 当无建筑物设计热负荷资料时，民用建筑的采暖、通风、空调及生活热水热负荷，可按下列公式计算：

1 采暖热负荷

$$Q_h = q_h A_c \cdot 10^{-3} \quad (3.1.2\text{-}1)$$

式中：Q_h——采暖设计热负荷(kW)；

q_h——采暖热指标(W/m^2)，可按表3.1.2-1取用；

A_c——采暖建筑物的建筑面积(m^2)。

表 3.1.2-1 采暖热指标推荐值(W/m^2)

建筑物类型	采暖热指标 q_h	
	未采取节能措施	采取节能措施
住宅	58~64	40~45
居住区综合	60~67	45~55
学校、办公	60~80	50~70
医院、托幼	65~80	55~70
旅馆	60~70	50~60
商店	65~80	55~70
食堂、餐厅	115~140	100~130
影剧院、展览馆	95~115	80~105
大礼堂、体育馆	115~165	100~150

注：1 表中数值适用于我国东北、华北、西北地区；

2 热指标中已包括约5%的管网热损失。

2 通风热负荷

$$Q_v = K_v \cdot Q_h \tag{3.1.2-2}$$

式中：Q_v——通风设计热负荷(kW)；

Q_h——采暖设计热负荷(kW)；

K_v——建筑物通风热负荷系数，可取0.3~0.5。

3 空调热负荷

1）空调冬季热负荷

$$Q_a = q_a A_k \cdot 10^{-3} \tag{3.1.2-3}$$

式中：Q_a——空调冬季设计热负荷(kW)；

q_a——空调热指标(W/m^2)，可按表3.1.2-2取用；

A_k——空调建筑物的建筑面积(m^2)。

2）空调夏季热负荷

$$Q_c = \frac{q_c A_k \cdot 10^{-3}}{COP} \tag{3.1.2-4}$$

式中：Q_c——空调夏季设计热负荷(kW)；

q_c——空调冷指标(W/m^2)，可按表3.1.2-2取用；

A_k——空调建筑物的建筑面积(m^2)；

COP——吸收式制冷机的制冷系数，可取0.7~1.2。

表 3.1.2-2 空调热指标、冷指标推荐值(W/m^2)

建筑物类型	热指标 q_a	冷指标 q_c
办公	80~100	80~110
医院	90~120	70~100
旅馆、宾馆	90~120	80~110
商店、展览馆	100~120	125~180
影剧院	115~140	150~200
体育馆	130~190	140~200

注：1. 表中数值适用于我国东北、华北、西北地区；

2. 寒冷地区热指标取较小值，冷指标取较大值；严寒地区热指标取较大值，冷指标取较小值。

4　生活热水热负荷

1）生活热水平均热负荷

$$Q_{w.a}=q_w A \cdot 10^{-3} \tag{3.1.2-5}$$

式中：$Q_{w.a}$——生活热水平均热负荷(kW)；

q_w——生活热水热指标(W/m^2)，应根据建筑物类型，采用实际统计资料，居住区生活热水日平均热指标可按表 3.1.2-3 取用；

A——总建筑面积(m^2)。

表 3.1.2-3　居住区采暖期生活热水日平均热指标推荐值(W/m^2)

用水设备情况	热指标 q_w
住宅无生活热水设备，只对公共建筑供热水时	2~3
全部住宅有沐浴设备，并供给生活热水时	5~15

注：1. 冷水温度较高时采用较小值，冷水温度较低时采用较大值；

2. 热指标中已包括约 10%的管网热损失。

2）生活热水最大热负荷

$$Q_{w.max}=K_h Q_{w.a} \tag{3.1.2-6}$$

式中：$Q_{w.max}$——生活热水最大热负荷(kW)；

$Q_{w.a}$——生活热水平均热负荷(kW)；

K_h——小时变化系数，根据用热水计算单位数按现行国家标准《建筑给水排水设计规范》GB 50015 规定取用。

3.1.3　工业热负荷应包括生产工艺热负荷、生活热负荷和工业建筑的采暖、通风、空调热负荷。生产工艺热负荷的最大、最小、平均热负荷和凝结水回收率应采用生产工艺系统的实际数据，并应收集生产工艺系统不同季节的典型日(周)负荷曲线图。对各热用户提供的热负荷资料进行整理汇总时，应按下列公式对由各热用户提供的热负荷数据分别进行平均热负荷的验算：

1　按年燃料耗量验算

1）全年采暖、通风、空调及生活燃料耗量

$$B_2=\frac{Q^a}{Q_L \eta_b \eta_s} \tag{3.1.3-1}$$

式中：B_2——全年采暖、通风、空调及生活燃料耗量(kg)；

Q^a——全年采暖、通风、空调及生活耗热量(kJ)；

Q_L——燃料平均低位发热量(kJ/kg)；

η_b——用户原有锅炉年平均运行效率；

η_s——用户原有供热系统的热效率，可取 0.9~0.97。

2）全年生产燃料耗量

$$B_1=B-B_2 \tag{3.1.3-2}$$

式中：B——全年总燃料耗量(kg)；

B_1——全年生产燃料耗量(kg)；

B_2——全年采暖、通风、空调及生活燃料耗量(kg)。

3）生产平均耗汽量

$$D=\frac{B_1 Q_L \eta_b \eta_s}{[h_b-h_{ma}-\psi(h_{rt}-h_{ma})]T_a} \tag{3.1.3-3}$$

式中：D——生产平均耗汽量(kg/h)；

B_1——全年生产燃料耗量(kg)；

Q_L——燃料平均低位发热量(kJ/kg)；

η_b——用户原有锅炉年平均运行效率；

η_s——用户原有供热系统的热效率，可取 0.90~0.97；

h_b——锅炉供汽焓(kJ/kg)；

h_{ma}——锅炉补水焓(kJ/kg)；

h_{rt}——用户回水焓(kJ/kg)；

ψ——回水率；

T_a——年平均负荷利用小时数(h)。

2 按产品单耗验算

$$D=\frac{WbQ_n\eta_b\eta_s}{[h_b-h_{ma}-\psi(h_{rt}-h_{ma})]T_a} \tag{3.1.3-4}$$

式中：D——生产平均耗汽量(kg/h)；

W——产品年产量(t 或件)；

b——单位产品耗标煤量(kg/t 或 kg/件)；

Q_n——标准煤发热量(kJ/kg)，取 29308kJ/kg；

η_b——锅炉年平均运行效率；

η_s——供热系统的热效率，可取 0.90~0.97；

h_b——锅炉供汽焓(kJ/kg)；

h_{ma}——锅炉补水焓(kJ/kg)；

h_{rt}——用户回水焓(kJ/kg)；

ψ——回水率；

T_a——年平均负荷利用小时数(h)。

3.1.4 当无工业建筑采暖、通风、空调、生活及生产工艺热负荷的设计资料时，对现有企业，应采用生产建筑和生产工艺的实际耗热数据，并考虑今后可能的变化；对规划建设的工业企业，可按不同行业项目估算指标中典型生产规模进行估算，也可按同类型、同地区企业的设计资料或实际耗热定额计算。

3.1.5 热力网最大生产工艺热负荷应取经核实后的各热用户最大热负荷之和乘以同时使用系数。同时使用系数可按 0.6~0.9 取值。

3.1.6 计算热力网设计热负荷时，生活热水设计热负荷应按下列规定取用：

1 对热力网干线应采用生活热水平均热负荷；

2 对热力网支线，当用户有足够容积的储水箱时，应采用生活热水平均热负荷；当用户无足够容积的储水箱时，应采用生活热水最大热负荷，最大热负荷叠加时应考虑同时使用系数。

3.1.7 以热电厂为热源的城镇供热管网，应发展非采暖期热负荷，包括制冷热负荷和季节性生产热负荷。

3.2 年耗热量

3.2.1 民用建筑的全年耗热量应按下列公式计算：

1 采暖全年耗热量

$$Q_h^a=0.0864NQ_h\frac{t_i-t_a}{t_i-t_{o.h}} \tag{3.2.1-1}$$

式中：Q_h^a——采暖全年耗热量(GJ)；

N——采暖期天数(d)；

Q_h——采暖设计热负荷(kW)；

t_i——室内计算温度(℃)；

t_a——采暖期室外平均温度(℃)；

$t_{o.h}$——采暖室外计算温度(℃)。

2 采暖期通风耗热量

$$Q_v^a = 0.0036 T_v N Q_v \frac{t_i - t_a}{t_i - t_{o.v}} \quad (3.2.1-2)$$

式中：Q_v^a——采暖期通风耗热量(GJ)；

T_v——采暖期内通风装置每日平均运行小时数(h)；

N——采暖期天数(d)；

Q_v——通风设计热负荷(kW)；

t_i——室内计算温度(℃)；

t_a——采暖期室外平均温度(℃)；

$t_{o.v}$——冬季通风室外计算温度(℃)。

3 空调采暖耗热量

$$Q_a^a = 0.0036 T_a N Q_a \frac{t_i - t_a}{t_i - t_{o.a}} \quad (3.2.1-3)$$

式中：Q_a^a——空调采暖耗热量(GJ)；

T_a——采暖期内空调装置每日平均运行小时数(h)；

N——采暖期天数(d)；

Q_a——空调冬季设计热负荷(kW)；

t_i——室内计算温度(℃)；

t_a——采暖期室外平均温度(℃)；

$t_{o.a}$——冬季空调室外计算温度(℃)。

4 供冷期制冷耗热量

$$Q_c^a = 0.0036 Q_c T_{c.max} \quad (3.2.1-4)$$

式中：Q_c^a——供冷期制冷耗热量(GJ)；

Q_c——空调夏季设计热负荷(kW)；

$T_{c.max}$——空调夏季最大负荷利用小时数(h)。

5 生活热水全年耗热量

$$Q_w^a = 30.24 Q_{w.a} \quad (3.2.1-5)$$

式中：Q_w^a——生活热水全年耗热量(GJ)；

$Q_{w.a}$——生活热水平均热负荷(kW)。

3.2.2 生产工艺热负荷的全年耗热量应根据年负荷曲线图计算。工业建筑的采暖、通风、空调及生活热水的全年耗热量可按本规范第3.2.1条的规定计算。

3.2.3 蒸汽供热系统的用户热负荷与热源供热量平衡计算时，应计入管网热损失后再进行焓值折算。

3.2.4 当热力网由多个热源供热，对各热源的负荷分配进行技术经济分析时，应绘制热负荷延续时间图。各个热源的年供热量可由热负荷延续时间图确定。

4 供热介质

4.1 供热介质选择

4.1.1 承担民用建筑物采暖、通风、空调及生活热水热负荷的城镇供热管网应采用水作供热介质。

4.1.2 同时承担生产工艺热负荷和采暖、通风、空调、生活热水热负荷的城镇供热管网，供热介质应按下列原则确定：

1 当生产工艺热负荷为主要负荷，且必须采用蒸汽供热时，应采用蒸汽作供热介质；

2 当以水为供热介质能够满足生产工艺需要(包括在用户处转换为蒸汽)，且技术经济合理时，应采用水作供热介质；

3 当采暖、通风、空调热负荷为主要负荷，生产工艺又必须采用蒸汽供热，经技术经济比较认为合理时，可采用水和蒸汽两种供热介质。

4.2 供热介质参数

4.2.1 热水供热管网最佳设计供、回水温度，应结合具体工程条件，考虑热源、供热管线、热用户系统等方面的因素，进行技术经济比较确定。

4.2.2 当不具备条件进行最佳供、回水温度的技术经济比较时，热水热力网供、回水温度可按下列原则确定：

1 以热电厂或大型区域锅炉房为热源时，设计供水温度可取110℃~150℃，回水温度不应高于70℃。热电厂采用一级加热时，供水温度取较小值；采用二级加热(包括串联尖峰锅炉)时，供水温度取较大值。

2 以小型区域锅炉房为热源时，设计供回水温度可采用户内采暖系统的设计温度。

3 多热源联网运行的供热系统中，各热源的设计供回水温度应一致。当区域锅炉房与热电厂联网运行时，应采用以热电厂为热源的供热系统的最佳供、回水温度。

4.3 水 质 标 准

4.3.1 以热电厂和区域锅炉房为热源的热水热力网，补给水水质应符合表4.3.1的规定。

表4.3.1 热力网补给水水质要求

项目	要求
浊度(FTU)	≤5.0
硬度(mmol/L)	≤0.60
溶解氧(mg/L)	≤0.10
油(mg/L)	≤2.0
pH(25℃)	7.0~11.0

4.3.2 开式热水热力网补给水水质除应符合本规范第4.3.1条的规定外，还应符合现行国家标准《生活饮用水卫生标准》GB 5749的规定。

4.3.3 对蒸汽热力网，由用户热力站返回热源的凝结水水质应符合表4.3.3的规定。

表4.3.3 蒸汽热力网凝结水水质要求

项目	要求
总硬度(mmol/L)	≤0.05
铁(mg/L)	≤0.5
油(mg/L)	≤10

4.3.4 蒸汽管网的凝结水排放时，水质应符合现行行业标准《污水排入城市下水道水质标准》CJ 3082。

4.3.5 当供热系统有不锈钢设备时，供热介质中氯离子含量不宜高于25mg/L，否则应对不锈钢设备采取防腐措施。

5 供热管网形式

5.0.1 热水供热管网宜采用闭式双管制。

5.0.2 以热电厂为热源的热水热力网，同时有生产工艺、采暖、通风、空调、生活热水多种热负荷，在生产工艺热负荷与采暖热负荷所需供热介质参数相差较大，或季节性热负荷占总热负荷比例较大，且技术经济合理时，可采用闭式多管制。

5.0.3 当热水热力网满足下列条件，且技术经济合理时，可采用开式热力网：

1 具有水处理费用较低的丰富的补给水资源；

2 具有与生活热水热负荷相适应的廉价低位能热源。

5.0.4 开式热水热力网在生活热水热负荷足够大且技术经济合理时，可不设回水管。

5.0.5 蒸汽供热管网的蒸汽管道，宜采用单管制。当符合下列情况时，可采用双管或多管制：

1 各用户间所需蒸汽参数相差较大或季节性热负荷占总热负荷比例较大且技术经济合理；

2 热负荷分期增长。

5.0.6 蒸汽供热系统应采用间接换热系统。当被加热介质泄漏不会产生危害时，其凝结水应全部回收并设置凝结水管道。当蒸汽供热系统的凝结水回收率较低时，是否设置凝结水管道，应根据用户凝结水量、凝结水管网投资等因素进行技术经济比较后确定。对不能回收的凝结水，应充分利用其热能和水资源。

5.0.7 当凝结水回收时，用户热力站应设闭式凝结水箱并应将凝结水送回热源。当热力网凝结水管采用无内防腐的钢管时，应采取措施保证凝结水管充满水。

5.0.8 供热建筑面积大于 $1000\times10^4\text{m}^2$ 的供热系统应采用多热源供热，且各热源热力干线应连通。在技术经济合理时，热力网干线宜连接成环状管网。

5.0.9 供热系统的主环线或多热源供热系统中热源间的连通干线设计时，各种事故工况下的最低供热量保证率应符合表 5.0.9 的规定。并应考虑不同事故工况下的切换手段。

表 5.0.9 事故工况下的最低供热量保证率

采暖室外计算温度 t(℃)	最低供热量保证率(%)
$t>-10$	40
$-10\leq t\leq-20$	55
$t<-20$	65

5.0.10 自热源向同一方向引出的干线之间宜设连通管线。连通管线应结合分段阀门设置。连通管线可作为输配干线使用。

连通管线设计时，应使故障段切除后其余热用户的最低供热量保证率符合本规范表 5.0.9 的规定。

5.0.11 对供热可靠性有特殊要求的用户，有条件时应由两个热源供热，或者设置自备热源。

6 供热调节

6.0.1 热水供热系统应采用热源处集中调节、热力站及建筑引入口处的局部调节和用热设备单独调节三者相结合的联合调节方式，并宜采用自动化调节。

6.0.2 对于只有单一采暖热负荷且只有单一热源(包括串联尖峰锅炉的热源)，或尖峰热源与基本热源分别运行、解列运行的热水供热系统，在热源处应根据室外温度的变化进行集中质调节或集中“质—量”调节。

6.0.3 对于只有单一采暖热负荷，且尖峰热源与基本热源联网运行的热水供热系统，在基本热源未满负荷阶段应采用集中质调节或“质—量”调节；在基本热源满负荷以后与尖峰热源联网运行阶段，所有热源应采用量调节或“质—量”调节。

6.0.4 当热水供热系统有采暖、通风、空调、生活热水等多种热负荷时，应按采暖热负荷采用本规范第6.0.2条和第6.0.3条的规定在热源处进行集中调节，并保证运行水温能满足不同热负荷的需要，同时应根据各种热负荷的用热要求在用户处进行辅助的局部调节。

6.0.5 对于有生活热水热负荷的热水供热系统，当按采暖热负荷进行集中调节时，除另有规定生活热水温度可低于60℃外，应符合下列规定：

1 闭式供热系统的供水温度不得低于70℃；

2 开式供热系统的供水温度不得低于60℃。

6.0.6 对于有生产工艺热负荷的供热系统，应采用局部调节。

6.0.7 多热源联网运行的热水供热系统，各热源应采用统一的集中调节方式，并应执行统一的温度调节曲线。调节方式的确定应以基本热源为准。

6.0.8 对于非采暖期有生活热水负荷、空调制冷负荷的热水供热系统，在非采暖期应恒定供水温度运行，并应在热力站进行局部调节。

7 水力计算

7.1 设计流量

7.1.1 采暖、通风、空调热负荷热水供热管网设计流量及生活热水热负荷闭式热水热力网设计流量，应按下式计算：

$$G=3.6\frac{Q}{c(t_1-t_2)} \tag{7.1.1}$$

式中：G——供热管网设计流量(t/h)；

Q——设计热负荷(kW)；

c——水的比热容[kJ/(kg·℃)]；

t_1——供热管网供水温度(℃)；

t_2——各种热负荷相应的供热管网回水温度(℃)。

7.1.2 生活热水热负荷开式热水热力网设计流量，应按下式计算：

$$G=3.6\frac{Q}{c(t_1-t_{w0})} \tag{7.1.2}$$

式中：G——生活热水热负荷热力网设计流量(t/h)；

Q——生活热水设计热负荷(kW)；

c——水的比热容[kJ/(kg·℃)]；

t_1——热力网供水温度(℃)；

t_{w0}——冷水计算温度(℃)。

7.1.3 当热水供热管网有夏季制冷热负荷时，应分别计算采暖期和供冷期供热管网流量，并取较大值作为供热管网设计流量。

7.1.4 当计算采暖期热水热力网设计流量时，各种热负荷的热力网设计流量应按下列规定计算：

1 当热力网采用集中质调节时，承担采暖、通风、空调热负荷的热力网供热介质温度应取相应的冬季室外计算温度下的热力网供、回水温度；承担生活热水热负荷的热力网供热介质温度应取采暖期开始(结束)时的热力网供水温度。

2 当热力网采用集中量调节时，承担采暖、通风、空调热负荷的热力网供热介质温度应取相应的冬季室外计算温度下的热力网供、回水温度；承担生活热水热负荷的热力网供热介质温度应取采暖室外计算温度下的热力网供水温度。

3 当热力网采用集中"质—量"调节时，应采用各种热负荷在不同室外温度下的热力网流量曲线叠加得出的最大流量值作为设计流量。

7.1.5 计算承担生活热水热负荷热水热力网设计流量时，当生活热水换热器与其他系统换热器并联或两级混合连接时，仅应计算并联换热器的热力网流量；当生活热水换热器与其他系统换热器两级串联连接时，热力网设计流量取值应与两级混合连接时相同。

7.1.6 计算热水热力网干线设计流量时，生活热水设计热负荷应取生活热水平均热负荷；计算热水热力网支线设计流量时，生活热水设计热负荷应根据生活热水用户有无储水箱按本规范第 3.1.6 条规定取生活热水平均热负荷或生活热水最大热负荷。

7.1.7 蒸汽热力网的设计流量，应按各用户的最大蒸汽流量之和乘以同时使用系数确定。当供热介质为饱和蒸汽时，设计流量应考虑补偿管道热损失产生的凝结水的蒸汽量。

7.1.8 凝结水管道的设计流量应按蒸汽管道的设计流量乘以用户的凝结水回收率确定。

7.2 水力计算

7.2.1 水力计算应包括下列内容：

1 确定供热系统的管径及热源循环水泵、中继泵的流量和扬程；

2 分析供热系统正常运行的压力工况，确保热用户有足够的资用压头且系统不超压、不汽化、不倒空；

3 进行事故工况分析；

4 必要时进行动态水力分析。

7.2.2 水力计算应满足连续性方程和压力降方程。环网水力计算应保证所有环线压力降的代数和为零。

7.2.3 当热水供热系统多热源联网运行时，应按热源投产顺序对每个热源满负荷运行的工况进行水力计算并绘制水压图。

7.2.4 热水热力网应进行各种事故工况的水力计算，当供热量保证率不满足本规范第 5.0.9 条的规定时，应加大不利段干线的直径。

7.2.5 对于常年运行的热水供热管网应进行非采暖期水力工况分析。当有夏季制冷负荷时，还应分别进行供冷期和过渡期水力工况分析。

7.2.6 蒸汽管网水力计算时，应按设计流量进行设计计算，再按最小流量进行校核计算，保证在任何可能的工况下满足最不利用户的压力和温度要求。

7.2.7 蒸汽供热管网应根据管线起点压力和用户需要压力确定的允许压力降选择管道直径。

7.2.8 具有下列情况之一的供热系统除进行静态水力分析外，还宜进行动态水力分析：

1 具有长距离输送干线；

2 供热范围内地形高差大；

3 系统工作压力高；

4 系统工作温度高；

5 系统可靠性要求高。

7.2.9 动态水力分析应对循环泵或中继泵跳闸、输送干线主阀门非正常关闭、热源换热器停止加热等非正常操作发生时的压力瞬变进行分析。

7.2.10 动态水力分析后，应根据分析结果采取下列相应的主要安全保护措施：

1 设置氮气定压罐；

2 设置静压分区阀；

3 设置紧急泄水阀；

4 延长主阀关闭时间；

5 循环泵、中继泵与输送干线的分段阀连锁控制；

6 提高管道和设备的承压等级；

7 适当提高定压或静压水平；

8 增加事故补水能力。

7.3 水力计算参数

7.3.1 供热管道内壁当量粗糙度应按表7.3.1选取。

表7.3.1 供热管道内壁当量粗糙度

供热介质	管道材质	当量粗糙度(m)
蒸汽	钢管	0.0002
热水	钢管	0.0005
凝结水、生活热水	钢管	0.001
各种介质	非金属管	按相关资料取用

对现有供热管道进行水力计算，当管道内壁存在腐蚀现象时，宜采取经过测定的当量粗糙度值。

7.3.2 确定热水热力网主干线管径时，宜采用经济比摩阻。经济比摩阻数值宜根据工程具体条件计算确定，主干线比摩阻可采用30Pa/m～70Pa/m。

7.3.3 热水热力网支干线、支线应按允许压力降确定管径，但供热介质流速不应大于3.5m/s。支干线比摩阻不应大于300Pa/m，连接一个热力站的支线比摩阻可大于300Pa/m。

7.3.4 蒸汽供热管道供热介质的最大允许设计流速应符合表7.3.4的规定。

表7.3.4 蒸汽供热管道供热介质最大允许设计流速

供热介质	管径(mm)	最大允许设计流速(m/s)
过热蒸汽	≤200	50
	>200	80
饱和蒸汽	≤200	35
	>200	60

7.3.5 以热电厂为热源的蒸汽热力网，管网起点压力应采用供热系统技术经济计算确定的汽轮机最佳抽(排)汽压力。

7.3.6 以区域锅炉房为热源的蒸汽热力网，在技术条件允许的情况下，热力网主干线起点压力宜采用较高值。

7.3.7 蒸汽热力网凝结水管道设计比摩阻可取100Pa/m。

7.3.8 热力网管道局部阻力与沿程阻力的比值，可按表7.3.8取值。

表7.3.8 管道局部阻力与沿程阻力比值

管线类型	补偿器类型	管道公称直径(mm)	局部阻力与沿程阻力的比值	
			蒸汽管道	热水及凝结水管道
输送干线	套筒或波纹管补偿器(带内衬筒)	≤1200	0.2	0.2
	方形补偿器	200～350	0.7	0.5
		400～500	0.9	0.7
		600～1200	1.2	1.0

表 7.3.8 管道局部阻力与沿程阻力比值(续)

管线类型	补偿器类型	管道公称直径(mm)	局部阻力与沿程阻力的比值	
			蒸汽管道	热水及凝结水管道
输配管线	套筒或波纹管补偿器(带内衬筒)	≤400	0.4	0.3
	套筒或波纹管补偿器(带内衬筒)	450~1200	0.5	0.4
	方形补偿器	150~250	0.8	0.6
		300~350	1.0	0.8
		400~500	1.0	0.9
		600~1200	1.2	1.0

7.4 压力工况

7.4.1 热水热力网供水管道任何一点的压力不应低于供热介质的汽化压力，并应留有 30kPa~50kPa 的富裕压力。

7.4.2 热水热力网的回水压力应符合下列规定：

1 不应超过直接连接用户系统的允许压力；

2 任何一点的压力不应低于 50kPa。

7.4.3 热水热力网循环水泵停止运行时，应保持必要的静态压力，静态压力应符合下列规定：

1 不应使热力网任何一点的水汽化，并应有 30kPa~50kPa 的富裕压力；

2 与热力网直接连接的用户系统应充满水；

3 不应超过系统中任何一点的允许压力。

7.4.4 开式热水热力网非采暖期运行时，回水压力不应低于直接配水用户热水供应系统静水压力再加上 50kPa。

7.4.5 热水热力网最不利点的资用压头，应满足该点用户系统所需作用压头的要求。

7.4.6 热水热力网的定压方式，应根据技术经济比较确定。定压点应设在便于管理并有利于管网压力稳定的位置，宜设在热源处。当供热系统多热源联网运行时，全系统应仅有一个定压点起作用，但可多点补水。

7.4.7 热水热力网设计时，应在水力计算的基础上绘制各种主要运行方案的主干线水压图。对于地形复杂的地区，还应绘制必要的支干线水压图。

7.4.8 对于多热源的热水热力网，应按热源投产顺序绘制每个热源满负荷运行时的主干线水压图及事故工况水压图。

7.4.9 中继泵站的位置及参数应根据热力网的水压图确定。

7.4.10 蒸汽热力网，宜按设计凝结水量绘制凝结水管网的水压图。

7.4.11 供热管网的设计压力，不应低于下列各项之和：

1 各种运行工况的最高工作压力；

2 地形高差形成的静水压力；

3 事故工况分析和动态水力分析要求的安全裕量。

7.5 水泵选择

7.5.1 供热管网循环水泵的选择应符合下列规定：

1 循环水泵的总流量不应小于管网总设计流量，当热水锅炉出口至循环水泵的吸入口装有旁通管时，应计入流经旁通管的流量；

2 循环水泵的扬程不应小于设计流量条件下热源、供热管线、最不利用户环路压力损失之和；

3 循环水泵应具有工作点附近较平缓的“流量—扬程”特性曲线，并联运行水泵的特性曲线宜相同；

4 循环水泵的承压、耐温能力应与供热管网设计参数相适应；

5 应减少并联循环水泵的台数；设置 3 台或 3 台以下循环水泵并联运行时，应设备用泵；当 4 台或 4 台以上泵并联运行时，可不设备用泵；

6 多热源联网运行或采用集中“质—量”调节的单热源供热系统，热源的循环水泵应采用调速泵。

7.5.2 热力网循环水泵可采用两级串联设置，第一级水泵应安装在热网加热器前，第二级水泵应安装在热网加热器后。水泵扬程的确定应符合下列规定：

1 第一级水泵的出口压力应保证在各种运行工况下不超过热网加热器的承压能力；

2 当补水定压点设置于两级水泵中间时，第一级水泵出口压力应为供热系统的静压力值；

3 第二级水泵的扬程不应小于按本规范第 7.5.1 条第 2 款计算值扣除第一级泵的扬程值。

7.5.3 热水热力网补水装置的选择应符合下列规定：

1 闭式热力网补水装置的流量，不应小于供热系统循环流量的 2%；事故补水量不应小于供热系统循环流量的 4%；

2 开式热力网补水泵的流量，不应小于生活热水最大设计流量和供热系统泄漏量之和；

3 补水装置的压力不应小于补水点管道压力加 30kPa~50kPa，当补水装置同时用于维持管网静态压力时，其压力应满足静态压力的要求；

4 闭式热力网补水泵不应少于 2 台，可不设备用泵；

5 开式热力网补水泵不宜少于 3 台，其中 1 台备用；

6 当动态水力分析考虑热源停止加热的事故时，事故补水能力不应小于供热系统最大循环流量条件下，被加热水自设计供水温度降至设计回水温度的体积收缩量及供热系统正常泄漏量之和；

7 事故补水时，软化除氧水量不足，可补充工业水。

7.5.4 热力网循环泵与中继泵吸入侧的压力，不应低于吸入口可能达到的最高水温下的饱和蒸汽压力加 50kPa。

8 管网布置与敷设

8.1 管网布置

8.1.1 城镇供热管网的布置应在城镇规划的指导下，根据热负荷分布、热源位置、其他管线及构筑物、园林绿地、水文、地质条件等因素，经技术经济比较确定。

8.1.2 城镇供热管网管道的位置应符合下列规定：

1 城镇道路上的供热管道应平行于道路中心线，并宜敷设在车行道以外，同一条管道应只沿街道的一侧敷设；

2 穿过厂区的供热管道应敷设在易于检修和维护的位置；

3 通过非建筑区的供热管道应沿公路敷设；

4 供热管网选线时宜避开土质松软地区、地震断裂带、滑坡危险地带以及高地下水位区等不利地段。

8.1.3 管径小于或等于 300mm 的供热管道，可穿越建筑物的地下室或用开槽施工法自建筑物下专门敷设的通行管沟内穿过。用暗挖法施工穿过建筑物时可不受管径限制。

8.1.4 热力网管道可与自来水管道、电压 10kV 以下的电力电缆、通信线路、压缩空气管道、压力排水管道和重油管道一起敷设在综合管沟内。在综合管沟内，热力网管道应高于自来水管道和重油管道，并且自来水管道应做绝热层和防水层。

8.1.5 地上敷设的供热管道可与其他管道敷设在同一管架上，但应便于检修，且不得架设在腐蚀性介质管道的下方。

8.2 管道敷设

8.2.1 城镇街道上和居住区内的供热管道宜采用地下敷设。当地下敷设困难时，可采用地上敷设，但设计时应注意美观。

8.2.2 工厂区的供热管道，宜采用地上敷设。

8.2.3 热水供热管道地下敷设时，宜采用直埋敷设。

8.2.4 热水或蒸汽管道采用管沟敷设时，宜采用不通行管沟敷设，穿越不允许开挖检修的地段时，应采用通行管沟敷设。当采用通行管沟困难时，可采用半通行管沟敷设。

8.2.5 当蒸汽管道采用直埋敷设时，应采用保温性能良好、防水性能可靠、保护管耐腐蚀的预制保温管直埋敷设，其设计寿命不应低于25年。

8.2.6 直埋敷设热水管道应采用钢管、保温层、保护外壳结合成一体的预制保温管道，其性能应符合本规范第11章的有关规定。

8.2.7 管沟敷设相关尺寸应符合表8.2.7的规定。

表8.2.7 管沟敷设相关尺寸(m)

管沟类型	相关尺寸					
	管沟净高	人行通道宽	管道保温表面与沟墙净距	管道保温表面与沟顶净距	管道保温表面与沟底净距	管道保温表面间的净距
通行管沟	≥1.8	≥0.6*	≥0.2	≥0.2	≥0.2	≥0.2
半通行管沟	≥1.2	≥0.5	≥0.2	≥0.2	≥0.2	≥0.2
不通行管沟	—	—	≥0.1	≥0.05	≥0.15	≥0.2

注：* 指当必须在沟内更换钢管时，人行通道宽度还不应小于管子外径加0.1m。

8.2.8 工作人员经常进入的通行管沟应有照明设备和良好的通风。人员在管沟内工作时，管沟内空气温度不得超过40℃。

8.2.9 通行管沟应设事故人孔。设有蒸汽管道的通行管沟，事故人孔间距不应大于100m；热水管道的通行管沟，事故人孔间距不应大于400m。

8.2.10 整体混凝土结构的通行管沟，每隔200m宜设一个安装孔。安装孔宽度不应小于0.6m且应大于管沟内最大管道的外径加0.1m，其长度应满足6m长的管子进入管沟。当需要考虑设备进出时，安装孔宽度还应满足设备进出的需要。

8.2.11 热力网管沟的外表面、直埋敷设热水管道或地上敷设管道的保温结构表面与建筑物、构筑物、道路、铁路、电缆、架空电线和其他管线的最小水平净距、垂直净距应符合表8.2.11-1和表8.2.11-2的规定。

表8.2.11-1 地下敷设热力网管道与建筑物(构筑物)或其他管线的最小距离(m)

建筑物、构筑物或管线名称			最小水平净距	最小垂直净距
建筑物基础	管沟敷设热力网管道		0.5	—
	直埋闭式热水热力网管道	$DN \leq 250$	2.5	—
		$DN \geq 300$	3.0	—
	直埋开式热水热力网管道		5.0	—
铁路钢轨			钢轨外侧3.0	轨底1.2

表 8.2.11-1　地下敷设热力网管道与建筑物(构筑物)或其他管线的最小距离(m)(续)

建筑物、构筑物或管线名称			最小水平净距	最小垂直净距
电车钢轨			钢轨外侧 2.0	轨底 1.0
铁路、公路路基边坡底脚或边沟的边缘			1.0	—
通信、照明或 10kV 以下电力线路的电杆			1.0	—
桥墩(高架桥、栈桥)边缘			2.0	—
架空管道支架基础边缘			1.5	—
高压输电线铁塔基础边缘 35kV~220kV			3.0	—
通信电缆管块			1.0	0.15
直埋通信电缆(光缆)			1.0	0.15
电力电缆和控制电缆		35kV 以下	2.0	0.5
		110kV	2.0	1.0
燃气管道	管沟敷设热力网管道	燃气压力<0.01MPa	1.0	钢管 0.15 聚乙烯管在上 0.2 聚乙烯管在下 0.3
		燃气压力≤0.4MPa	1.5	
		燃气压力≤0.8MPa	2.0	
		燃气压力>0.8MPa	4.0	
	直埋敷设热水热力网管道	燃气压力≤0.4MPa	1.0	钢管 0.15 聚乙烯管在上 0.5 聚乙烯管在下 1.0
		燃气压力≤0.8MPa	1.5	
		燃气压力>0.8MPa	2.0	
给水管道			1.5	0.15
排水管道			1.5	0.15
地铁			5.0	0.8
电气铁路接触网电杆基础			3.0	—
乔木(中心)			1.5	—
灌木(中心)			1.5	—
车行道路面			—	0.7

注：1　表中不包括直埋敷设蒸汽管道与建(构)筑物或其他管线的最小距离的规定；

2　当热力网管道的埋设深度大于建(构)筑物基础深度时，最小水平净距应按土壤内摩擦角计算确定；

3　热力网管道与电力电缆平行敷设时。电缆处的土壤温度与月平均土壤自然温度比较，全年任何时候对于电压 10kV 的电缆不高出 10℃，对于电压 35kV~110kV 的电缆不高出 5℃时，可减小表中所列距离；

4　在不同深度并列敷设各种管道时，各种管道间的水平净距不应小于其深度差；

5　热力网管道检查室、方形补偿器壁龛与燃气管道最小水平净距亦应符合表中规定；

6　在条件不允许时，可采取有效技术措施并经有关单位同意后，可以减小表中规定的距离，或采用埋深较大的暗挖法、盾构法施工。

表 8.2.11-2　地上敷设热力网管道与建筑物(构筑物)或其他管线的最小距离(m)

建筑物、构筑物或管线名称	最小水平净距	最小垂直净距
铁路钢轨	轨外侧 3.0	轨顶一般 5.5 电气铁路 6.55
电车钢轨	轨外侧 2.0	—
公路边缘	1.5	—

表 8.2.11-2　地上敷设热力网管道与建筑物(构筑物)或其他管线的最小距离(m)(续)

建筑物、构筑物或管线名称		最小水平净距	最小垂直净距
公路路面		—	4.5
架空输电线（水平净距：导线最大风偏时；垂直净距：热力网管道在下面交叉通过导线最大垂度时）	<1kV	1.5	1.0
	1kV~10kV	2.0	2.0
	35kV~110kV	4.0	4.0
	220kV	5.0	5.0
	330kV	6.0	6.0
	500kV	6.5	6.5
树冠		0.5(到树中不小于2.0)	—

8.2.12　地上敷设的供热管道穿越行人过往频繁地区时，管道保温结构下表面距地面的净距不应小于2.0m；在不影响交通的地区，应采用低支架，管道保温结构下表面距地面的净距不应小于0.3m。

8.2.13　供热管道跨越水面、峡谷地段时应符合下列规定：

1　在桥梁主管部门同意的条件下，可在永久性的公路桥上架设。

2　供热管道架空跨越通航河流时，航道的净宽与净高应符合现行国家标准《内河通航标准》GB 50139的规定。

3　供热管道架空跨越不通航河流时，管道保温结构表面与50年一遇的最高水位的垂直净距不应小于0.5m。跨越重要河流时，还应符合河道管理部门的有关规定。

4　河底敷设供热管道必须远离浅滩、锚地，并应选择在较深的稳定河段，埋设深度应按不妨碍河道整治和保证管道安全的原则确定。对于1~5级航道河流，管道(管沟)的覆土深度应在航道底设计标高2m以下；对于其他河流，管道(管沟)的覆土深度应在稳定河底1m以下。对于灌溉渠道，管道(管沟)的覆土深度应在渠底设计标高0.5m以下。

5　管道河底直埋敷设或管沟敷设时，应进行抗浮计算。

8.2.14　供热管道同河流、铁路、公路等交叉时应垂直相交。特殊情况下，管道与铁路或地下铁路交叉角度不得小于60°；管道与河流或公路交叉角度不得小于45°。

8.2.15　地下敷设供热管道与铁路或不允许开挖的公路交叉，交叉段的一侧留有足够的抽管检修地段时，可采用套管敷设。

8.2.16　供热管道套管敷设时，套管内不应采用填充式保温，管道保温层与套管间应留有不小于50mm的空隙。套管内的管道及其他钢部件应采取加强防腐措施。采用钢套管时，套管内、外表面均应作防腐处理。

8.2.17　地下敷设供热管道和管沟坡度不应小于0.002，进入建筑物的管道宜坡向干管。地上敷设的管道可不设坡度。

8.2.18　地下敷设供热管线的覆土深度应符合下列规定：

1　管沟盖板或检查室盖板覆土深度不应小于0.2m。

2　直埋敷设管道的最小覆土深度应考虑土壤和地面活荷载对管道强度的影响，且管道不得发生纵向失稳，应按现行行业标准《城镇直埋供热管道工程技术规程》CJJ/T 81的规定执行。

8.2.19　当给水、排水管道或电缆交叉穿入热力网管沟时，必须加套管或采用厚度不小于100mm的混凝土防护层与管沟隔开，同时不得妨碍供热管道的检修和管沟的排水，套管伸出管沟外的长度不应小于1m。

8.2.20　热力网管沟内不得穿过燃气管道。

8.2.21　当热力网管沟与燃气管道交叉的垂直净距小于300mm时，必须采取可靠措施防止燃气泄漏

进管沟。

8.2.22 管沟敷设的热力网管道进入建筑物或穿过构筑物时，管道穿墙处应封堵严密。

8.2.23 地上敷设的供热管道同架空输电线或电气化铁路交叉时，管道的金属部分(包括交叉点两侧5m范围内钢筋混凝土结构的钢筋)应接地。接地电阻不应大于10Ω。

8.3 管道材料及连接

8.3.1 城镇供热管网管道应采用无缝钢管、电弧焊或高频焊焊接钢管。管道及钢制管件的钢材钢号不应低于表8.3.1的规定。管道和钢材的规格及质量应符合国家现行相关标准的规定。

表8.3.1 供热管道钢材钢号及适用范围

钢号	设计参数	钢板厚度
Q235AF	$P \leqslant 1.0$MPa $t \leqslant 95$℃	≤8mm
Q235A	$P \leqslant 1.6$MPa $t \leqslant 150$℃	≤16mm
Q235B	$P \leqslant 2.5$MPa $t \leqslant 300$℃	≤20mm
10、20、低合金钢	可用于本规范适用范围的全部参数	不限

8.3.2 凝结水管道宜采用具有防腐内衬、内防腐涂层的钢管或非金属管道。非金属管道的承压能力和耐温性能应满足设计要求。

8.3.3 热力网管道的连接应采用焊接，管道与设备、阀门等连接宜采用焊接；当设备、阀门等需要拆卸时，应采用法兰连接；公称直径小于或等于25mm的放气阀，可采用螺纹连接，但连接放气阀的管道应采用厚壁管。

8.3.4 室外采暖计算温度低于-5℃地区露天敷设的不连续运行的凝结水管道放水阀门，室外采暖计算温度低于-10℃地区露天敷设的热水管道设备附件均不得采用灰铸铁制品；室外采暖计算温度低于-30℃地区露天敷设的热水管道，应采用钢制阀门及附件；蒸汽管道在任何条件下均应采用钢制阀门及附件。

8.3.5 弯头的壁厚不应小于直管壁厚。焊接弯头应采用双面焊接。

8.3.6 钢管焊制三通应对支管开孔进行补强；承受干管轴向荷载较大的直埋敷设管道，应对三通干管进行轴向补强，其技术要求应按现行行业标准《城镇直埋供热管道工程技术规程》CJJ/T 81的规定执行。

8.3.7 变径管的制作应采用压制或钢板卷制，壁厚不应小于管道壁厚。

8.4 热 补 偿

8.4.1 供热管道的温度变形应充分利用管道的转角管段进行自然补偿。直埋敷设热水管道自然补偿转角管段应布置成60°~90°角，当角度很小时应按直线管段考虑，小角度数值应按现行行业标准《城镇直埋供热管道工程技术规程》CJJ/T 81的规定执行。

8.4.2 选用管道补偿器时，应根据敷设条件采用维修工作量小、工作可靠和价格较低的补偿器。

8.4.3 采用弯管补偿器或波纹管补偿器时，设计应考虑安装时的冷紧。冷紧系数可取0.5。

8.4.4 采用套筒补偿器时，应计算各种安装温度下的补偿器安装长度，并应保证在管道可能出现的最高、最低温度下，补偿器留有不小于20mm的补偿余量。

8.4.5 采用波纹管轴向补偿器时，管道上应安装防止波纹管失稳的导向支座。采用其他形式补偿器，补偿管段过长时，亦应设导向支座。

8.4.6 采用球形补偿器、铰链型波纹管补偿器，且补偿管段较长时，宜采取减小管道摩擦力的措施。

8.4.7 当两条管道垂直布置，且上面管道的托架固定在下面管道上时，应考虑两管道在最不利运行状态下的不同热位移，上面的管道支座不得自托架上滑落。

8.4.8 直埋敷设热水管道宜采用无补偿敷设方式，并应按现行行业标准《城镇直埋供热管道工程技术规程》CJJ/T 81 的规定执行。

8.5 附件与设施

8.5.1 热力网管道干线、支干线、支线的起点应安装关断阀门。

8.5.2 热水热力网干线应装设分段阀门。输送干线分段阀门的间距宜为 2000m~3000m；输配干线分段阀门的间距宜为 1000m~1500m。蒸汽热力网可不安装分段阀门。

8.5.3 热力网的关断阀和分段阀均应采用双向密封阀门。

8.5.4 热水、凝结水管道的高点(包括分段阀门划分的每个管段的高点)应安装放气装置。

8.5.5 热水、凝结水管道的低点(包括分段阀门划分的每个管段的低点)应安装放水装置。热水管道的放水装置应满足一个放水段的排放时间不超过表 8.5.5 的规定。

表 8.5.5 热水管道放水时间

管道公称直径(mm)	放水时间(h)
$DN \leq 300$	2~3
$DN350 \sim 500$	4~6
$DN \geq 600$	5~7

注：严寒地区采用表中规定的放水时间较小值。停热期间供热装置无冻结危险的地区，表中的规定可放宽。

8.5.6 蒸汽管道的低点和垂直升高的管段前应设启动疏水和经常疏水装置。同一坡向的管段，顺坡情况下每隔 400m~500m，逆坡时每隔 200m~300m 应设启动疏水和经常疏水装置。

8.5.7 经常疏水装置与管道连接处应设聚集凝结水的短管，短管直径应为管道直径的 1/2~1/3。经常疏水管应连接在短管侧面。

8.5.8 经常疏水装置排出的凝结水，宜排入凝结水管道。当不能排入凝结水管时，应按本规范第 4.3.4 条的规定降温后排放。

8.5.9 工作压力大于或等于 1.6MPa，且公称直径大于或等于 500mm 的管道上的闸阀应安装旁通阀。旁通阀的直径可按阀门直径的 1/10 选用。

8.5.10 当供热系统补水能力有限，需控制管道充水流量或蒸汽管道启动暖管需控制汽量时，管道阀门应装设口径较小的旁通阀作为控制阀门。

8.5.11 当动态水力分析需延长输送干线分段阀门关闭时间以降低压力瞬变值时，宜采用主阀并联旁通阀的方法解决。旁通阀直径可取主阀直径的 1/4。主阀和旁通阀应连锁控制，旁通阀必须在开启状态主阀方可进行关闭操作，主阀关闭后旁通阀才可关闭。

8.5.12 公称直径大于或等于 500mm 的阀门，宜采用电动驱动装置。由监控系统远程操作的阀门，其旁通阀亦应采用电动驱动装置。

8.5.13 公称直径大于或等于 500mm 的热水热力网干管在低点、垂直升高管段前、分段阀门前宜设阻力小的永久性除污装置。

8.5.14 地下敷设管道安装套筒补偿器、波纹管补偿器、阀门、放水和除污装置等设备附件时，应设检查室。检查室应符合下列规定：

1 净空高度不应小于 1.8m；

2 人行通道宽度不应小于 0.6m；

3 干管保温结构表面与检查室地面距离不应小于 0.6m；

4 检查室的人孔直径不应小于 0.7m，人孔数量不应少于 2 个，并应对角布置，人孔应避开检查室内的设备，当检查室净空面积小于 $4m^2$ 时，可只设 1 个人孔；

5 检查室内至少应设 1 个集水坑，并应置于人孔下方；

6 检查室地面应低于管沟内底不小于0.3m；

7 检查室内爬梯高度大于4m时应设护栏或在爬梯中间设平台。

8.5.15 当检查室内需更换的设备、附件不能从人孔进出时，应在检查室顶板上设安装孔。安装孔的尺寸和位置应保证需更换设备的出入和便于安装。

8.5.16 当检查室内装有电动阀门时，应采取措施保证安装地点的空气温度、湿度满足电气装置的技术要求。

8.5.17 当地下敷设管道只需安装放气阀门且埋深很小时，可不设检查室，只在地面设检查井口，放气阀门的安装位置应便于工作人员在地面进行操作；当埋深较大时，在保证安全的条件下，也可只设检查人孔。

8.5.18 中高支架敷设的管道，安装阀门、放水、放气、除污装置的地方应设操作平台。在跨越河流、峡谷等地段，必要时应沿架空管道设检修便桥。

8.5.19 中高支架操作平台的尺寸应保证维修人员操作方便。检修便桥宽度不应小于0.6m。平台或便桥周围应设防护栏杆。

8.5.20 架空敷设管道上，露天安装的电动阀门，其驱动装置和电气部分的防护等级应满足露天安装的环境条件，为防止无关人员操作应有防护措施。

8.5.21 地上敷设管道与地下敷设管道连接处，地面不得积水，连接处的地下构筑物应高出地面0.3m以上，管道穿入构筑物的孔洞应采取防止雨水进入的措施。

8.5.22 地下敷设管道固定支座的承力结构宜采用耐腐蚀材料，或采取可靠的防腐措施。

8.5.23 管道活动支座应采用滑动支座或刚性吊架。当管道敷设于高支架、悬臂支架或通行管沟内时，宜采用滚动支座或使用减摩材料的滑动支座。

当管道运行时有垂直位移且对邻近支座的荷载影响较大时，应采用弹簧支座或弹簧吊架。

9 管道应力计算和作用力计算

9.0.1 管道应力计算应采用应力分类法。管道由内压、持续外载引起的一次应力验算应采用弹性分析和极限分析；管道由热胀冷缩及其他位移受约束产生的二次应力和管件上的峰值应力应采用满足必要疲劳次数的许用应力范围进行验算。

9.0.2 进行管道应力计算时，供热介质计算参数应按下列规定取用：

1 蒸汽管道应取用锅炉、汽轮机抽(排)汽口的最大工作压力和温度作为管道计算压力和工作循环最高温度；

2 热水供热管网供、回水管道的计算压力均应取用循环水泵最高出口压力加上循环水泵与管道最低点地形高差产生的静水压力，工作循环最高温度应取用供热管网设计供水温度；

3 凝结水管道计算压力应取用户凝结水泵最高出水压力加上地形高差产生的静水压力，工作循环最高温度应取用户凝结水箱的最高水温；

4 管道工作循环最低温度，对于全年运行的管道，地下敷设时应取30℃，地上敷设时应取15℃；对于只在采暖期运行的管道，地下敷设时应取10℃，地上敷设时应取5℃。

9.0.3 地上敷设和管沟敷设供热管道的许用应力取值、管壁厚度计算、补偿值计算及应力验算应按现行行业标准《火力发电厂汽水管道应力计算技术规程》DL/T 5366的规定执行。

9.0.4 直埋敷设热水管道的许用应力取值、管壁厚度计算、热伸长量计算及应力验算应按现行行业标准《城镇直埋供热管道工程技术规程》CJJ/T 81的规定执行。

9.0.5 计算供热管道对固定点的作用力时，应考虑升温或降温，选择最不利的工况和最大温差进行计算。当管道安装温度低于工作循环最低温度时应采用安装温度计算。

9.0.6 管道对固定点的作用力计算时应包括下列三部分：

1 管道热胀冷缩受约束产生的作用力；

2 内压产生的不平衡力；

3 活动端位移产生的作用力。

9.0.7 固定点两侧管段作用力合成时应按下列原则进行：

1 地上敷设和管沟敷设管道

1）固定点两侧管段由热胀冷缩受约束引起的作用力和活动端位移产生的作用力的合力相互抵消时，较小方向作用力应乘以0.7的抵消系数；

2）固定点两侧管段内压不平衡力的抵消系数应取1；

3）当固定点承受几个支管的作用力时，应考虑几个支管不同时升温或降温产生作用力的最不利组合。

2 直埋敷设热水管道

直埋敷设热水管道应按现行行业标准《城镇直埋供热管道工程技术规程》CJJ/T 81的规定执行。

10 中继泵站与热力站

10.1 一般规定

10.1.1 中继泵站、热力站应降低噪声，不应对环境产生干扰。当中继泵站、热力站设备的噪声较高时，应加大与周围建筑物的距离，或采取降低噪声的措施，使受影响建筑物处的噪声符合现行国家标准《声环境质量标准》GB 3096的规定。当中继泵站、热力站所在场所有隔振要求时，水泵基础和连接水泵的管道应采取隔振措施。

10.1.2 中继泵站、热力站的站房应有良好的照明和通风。

10.1.3 站房设备间的门应向外开。热水热力站当热力网设计水温大于或等于100℃、站房长度大于12m时，应设2个出口。蒸汽热力站均应设置2个出口。安装孔或门的大小应保证站内需检修更换的最大设备出入。多层站房应考虑用于设备垂直搬运的安装孔。

10.1.4 站内地面宜有坡度或采取措施保证管道和设备排出的水引向排水系统。当站内排水不能直接排入室外管道时，应设集水坑和排水泵。

10.1.5 站内应有必要的起重设施，并应符合下列规定：

1 当需起重的设备数量较少且起重重量小于2t时，应采用固定吊钩或移动吊架；

2 当需起重的设备数量较多或需要移动且起重重量小于2t时，应采用手动单轨或单梁吊车；

3 当起重重量大于2t时，宜采用电动起重设备。

10.1.6 站内地坪到屋面梁底（屋架下弦）的净高，除应考虑通风、采光等因素外，尚应考虑起重设备的需要，且应符合下列规定：

1 当采用固定吊钩或移动吊架时，不应小于3m；

2 当采用单轨、单梁、桥式吊车时，应保持吊起物底部与吊运所越过的物体顶部之间有0.5m以上的净距；

3 当采用桥式吊车时，除符合本条第2款规定外，还应考虑吊车安装和检修的需要。

10.1.7 站内宜设集中检修场地，其面积应根据需检修设备的要求确定，并在周围留有宽度不小于0.7m的通道。当考虑设备就地检修时，可不设集中检修场地。

10.1.8 站内管道及管件材质应符合本规范第8.3.1条的规定，选用的压力容器应符合国家现行相关标准的规定。

10.1.9 站内各种设备和阀门的布置应便于操作和检修。站内各种水管道及设备的高点应设放气阀，低点应设放水阀。

10.1.10 站内架设的管道不得阻挡通道，不得跨越配电盘、仪表柜等设备。

10.1.11 管道与设备连接时，管道上宜设支、吊架，应减小加在设备上的管道荷载。

10.1.12 位置较高而且需经常操作的设备处应设操作平台、扶梯和防护栏杆等设施。

10.2 中继泵站

10.2.1 中继泵站的位置、泵站数量及中继水泵的扬程，应在管网水力计算和管网水压图详细分析的基础上，通过技术经济比较确定。中继泵站不应建在环状管网的环线上。中继泵站应优先考虑采用回水加压方式。

10.2.2 中继泵应采用调速泵且应减少中继泵的台数。设置3台或3台以下中继泵并联运行时应设备用泵，设置4台或4台以上中继泵并联运行时可不设备用泵。

10.2.3 水泵机组的布置应符合下列规定：

1 相邻两个机组基础间的净距应符合下列要求：

1）当电动机容量小于或等于55kW时，不应小于0.8m；

2）当电动机容量大于55kW时，不应小于1.2m。

2 当考虑就地检修时，至少在每个机组一侧应留有大于水泵机组宽度加0.5m的通道。

3 相邻两个机组突出部分的净距以及突出部分与墙壁间的净距，应保证泵轴和电动机转子在检修时能拆卸，并不应小于0.7m；当电动机容量大于55kW时，不应小于1.0m。

4 中继泵站的主要通道宽度不应小于1.2m。

5 水泵基础应高出站内地坪0.15m以上。

10.2.4 中继泵吸入母管和压出母管之间应设装有止回阀的旁通管。

10.2.5 中继泵吸入母管和压出母管之间的旁通管，宜与母管等径。

10.2.6 中继泵站水泵入口处应设除污装置。

10.3 热水热力网热力站

10.3.1 热水热力网民用热力站最佳供热规模，应通过技术经济比较确定。当不具备技术经济比较条件时，热力站的规模宜按下列原则确定：

1 对于新建的居住区，热力站最大规模以供热范围不超过本街区为限。

2 对已有采暖系统的街区，在减少原有采暖系统改造工程量的前提下，宜减少热力站的个数。

10.3.2 用户采暖系统与热力网连接的方式应按下列原则确定：

1 有下列情况之一时，用户采暖系统应采用间接连接：

1）大型集中供热热力网；

2）建筑物采暖系统高度高于热力网水压图供水压力线或静水压线；

3）采暖系统承压能力低于热力网回水压力或静水压力；

4）热力网资用压头低于用户采暖系统阻力，且不宜采用加压泵；

5）由于直接连接，而使管网运行调节不便、管网失水率过大及安全可靠性不能有效保证。

2 当热力网水力工况能保证用户内部系统不汽化、不超过用户内部系统的允许压力、热力网资用压头大于用户系统阻力时，用户系统可采用直接连接。采用直接连接，且用户采暖系统设计供水温度等于热力网设计供水温度时，应采用不降温的直接连接；当用户采暖系统设计供水温度低于热力网设计供水温度时，应采用有混水降温装置的直接连接。

10.3.3 在有条件的情况下，热力站应采用全自动组合换热机组。

10.3.4 当生活热水热负荷较小时，生活热水换热器与采暖系统可采用并联连接；当生活热水热负荷较大时，生活热水换热器与采暖系统宜采用两级串联或两级混合连接。

10.3.5 间接连接采暖系统循环泵的选择应符合下列规定：

1 水泵流量不应小于所有用户的设计流量之和；

2 水泵扬程不应小于换热器、站内管道设备、主干线和最不利用户内部系统阻力之和；

3 水泵台数不应少于2台，其中1台备用；

4 当采用“质—量”调节或考虑用户自主调节时，应选用调速泵。

10.3.6 采暖系统混水装置的选择应符合下列规定：

1 混水装置的设计流量应按下列公式计算：

$$G'_h = uG_h \quad (10.3.6\text{-}1)$$

$$u = \frac{t_1-\theta_1}{\theta_1-t_2} \quad (10.3.6\text{-}2)$$

式中：G'_h——混水装置设计流量(t/h)；

G_h——采暖热负荷热力网设计流量(t/h)；

u——混水装置设计混合比；

t_1——热力网设计供水温度(℃)；

θ_1——用户采暖系统设计供水温度(℃)；

t_2——采暖系统设计回水温度(℃)。

2 混水装置的扬程不应小于混水点以后用户系统的总阻力；

3 采用混合水泵时，台数不应少于2台，其中1台备用。

10.3.7 当热力站入口处热力网资用压头不满足用户需要时，可设加压泵；加压泵宜布置在热力站回水管道上。

当热力网末端需设加压泵的热力站较多，且热力站自动化水平较低时，应设热力网中继泵站，取代分散的加压泵；当热力站自动化水平较高能保证用户不发生水力失调时，可采用分散的加压泵且应采用调速泵。

10.3.8 间接连接采暖系统补水装置的选择应符合下列规定：

1 补水能力应根据系统水容量和供水温度等条件确定，可按下列规定取用：

1）当设计供水温度高于65℃时，可取系统循环流量的4%~5%；

2）当设计供水温度等于或低于65℃时，可取系统循环流量的1%~2%。

2 补水泵的扬程不应小于补水点压力加30kPa~50kPa。

3 补水泵台数不宜少于2台，可不设备用泵。

4 补给水箱的有效容积可按15min~30min的补水能力考虑。

10.3.9 间接连接采暖系统定压点宜设在循环水泵吸入口侧。定压值应保证管网中任何一点采暖系统不倒空、不超压。定压装置宜采用高位膨胀水箱或氮气、蒸汽、空气定压装置等。空气定压宜采用空气与水用隔膜隔离的装置。成套氮气、空气定压装置中的补水泵性能应符合本规范第10.3.8条的规定。定压系统应设超压自动排水装置。

10.3.10 热力站换热器的选择应符合下列规定：

1 间接连接系统应选用工作可靠、传热性能良好的换热器，生活热水系统还应根据水质情况选用易于清除水垢的换热设备。

2 列管式、板式换热器计算时应考虑换热表面污垢的影响，传热系数计算时应考虑污垢修正系数。

3 计算容积式换热器传热系数时应按考虑水垢热阻的方法进行。

4 换热器可不设备用。换热器台数的选择和单台能力的确定应能适应热负荷的分期增长，并考虑供热可靠性的需要。

5 热水供应系统换热器换热面积的选择应符合下列规定：

1）当用户有足够容积的储水箱时，应按生活热水日平均热负荷选择；

2）当用户没有储水箱或储水容积不足，但有串联缓冲水箱(沉淀箱，储水容积不足的容积式换热器)时，可按最大小时热负荷选择；

3）当用户无储水箱，且无串联缓冲水箱(水垢沉淀箱)时，应按最大秒流量选择。

10.3.11 热力站换热设备的布置应符合下列规定：

1 换热器布置时，应考虑清除水垢、抽管检修的场地。

2 并联工作的换热器宜按同程连接设计。

3 换热器组一、二次侧进、出口应设总阀门，并联工作的换热器，每台换热器一、二次侧进、出口宜设阀门。

4 当热水供应系统换热器热水出口装有阀门时，应在每台换热器上设安全阀；当每台换热器出口不设阀门时，应在生活热水总管阀门前设安全阀。

10.3.12 间接连接采暖系统的补水质量应保证换热器不结垢，当不能满足要求时应对补给水进行软化处理或加药处理。当采用化学软化处理时，水质标准应符合本规范第 4.3.1 条的规定，当采暖系统中没有钢板制散热器时可不除氧；当采用加药处理时，水质标准应符合表 10.3.12 的规定。

表 10.3.12 间接连接采暖系统加药处理水质要求

项目	要求
浊度(FTU)	≤20.0
硬度(mmol/L)	≤6.0
油(mg/L)	≤2.0
pH(25℃)	7.0~11.0

10.3.13 热力网供、回水总管上应设阀门。当供热系统采用质调节时宜在热力网供水或回水总管上装设自动流量调节阀；当供热系统采用变流量调节时宜装设自力式压差调节阀。

热力站内各分支管路的供、回水管道上应设阀门。在各分支管路没有自动调节装置时宜装设手动调节阀。

10.3.14 热力网供水总管上及用户系统回水总管上应设除污器。

10.3.15 水泵基础高出地面不应小于 0.15m；水泵基础之间、水泵基础与墙的距离不应小于 0.7m；当地方狭窄，且电动机功率不大于 20kW 或进水管管径不大于 100mm 时，两台水泵可做联合基础，机组之间突出部分的净距不应小于 0.3m，但两台以上水泵不得做联合基础。

10.3.16 热力站内软化水、采暖、通风、空调、生活热水系统的设计，应按现行国家标准《锅炉房设计规范》GB 50041、《采暖通风与空气调节设计规范》GB 50019、《建筑给水排水设计规范》GB 50015 的规定执行。

10.4 蒸汽热力网热力站

10.4.1 蒸汽热力站应根据生产工艺、采暖、通风、空调及生活热负荷的需要设置分汽缸，蒸汽主管和分支管上应装设阀门。当各种负荷需要不同的参数时，应分别设置分支管、减压减温装置和独立安全阀。

10.4.2 热力站的汽水换热器宜采用带有凝结水过冷段的换热设备，并应设凝结水水位调节装置。

10.4.3 蒸汽系统应按下列规定设疏水装置：

1 蒸汽管路的最低点、流量测量孔板前和分汽缸底部应设启动疏水装置；

2 分汽缸底部和饱和蒸汽管路安装启动疏水装置处应安装经常疏水装置；

3 无凝结水水位控制的换热设备应安装经常疏水装置。

10.4.4 蒸汽热力网用户宜采用闭式凝结水回收系统，热力站中应采用闭式凝结水箱。当凝结水量小于 10t/h 或热力站距热源小于 500m 时，可采用开式凝结水回收系统，此时凝结水温度不应低于 95℃。

10.4.5 凝结水箱的总储水量宜按 10min~20min 最大凝结水量计算。

10.4.6 全年工作的凝结水箱宜设置 2 个，每个水箱容积应为总储水量的 50%；当凝结水箱季节工作且凝结水量在 5t/h 以下时，可只设 1 个凝结水箱。

10.4.7 凝结水泵不应少于2台，其中1台备用，并应符合下列规定：

1 凝结水泵的适用温度应满足介质温度的要求；

2 凝结水泵的流量应按进入凝结水箱的最大凝结水流量计算，扬程应按凝结水管网水压图的要求确定，并应留有30kPa~50kPa的富裕压力；

3 凝结水泵吸入口的压力应符合本规范第7.5.4条的规定；

4 凝结水泵的布置应符合本规范第10.3.15条规定。

10.4.8 热力站内应设凝结水取样点。取样管宜设在凝结水箱最低水位以上、中轴线以下。

10.4.9 热力站内其他设备的选择、布置应符合本规范第10.3节的有关规定。

11 保温与防腐涂层

11.1 一般规定

11.1.1 供热管道及设备的保温结构设计，除应符合本规范的规定外，还应符合现行国家标准《设备及管道绝热技术通则》GB/T 4272、《设备及管道绝热设计导则》GB/T 8175和《工业设备及管道绝热工程设计规范》GB 50264的有关规定。

11.1.2 供热介质设计温度高于50℃的管道、设备、阀门应进行保温。在不通行管沟敷设或直埋敷设条件下，热水回水管道、与蒸汽管道并行的凝结水管道以及其他温度较低的热水管道，在技术经济合理的情况下可不保温。

11.1.3 对操作人员需要接近维修的地方，当维修时，设备及管道保温结构的表面温度不得超过60℃。

11.1.4 保温材料及其制品的主要技术性能应符合下列规定：

1 平均温度为25℃时，导热系数值不应大于0.08W/(m·℃)，并应有明确的随温度变化的导热系数方程式或图表；松散或可压缩的保温材料及其制品，应具有在使用密度下的导热系数方程式或图表。

2 密度不应大于300kg/m^3。

3 硬质预制成型制品的抗压强度不应小于0.3MPa，半硬质的保温材料压缩10%时的抗压强度不应小于0.2MPa。

11.1.5 保温层设计时宜采用经济保温厚度。当经济保温厚度不能满足技术要求时，应按技术条件确定保温层厚度。

11.2 保温计算

11.2.1 保温厚度计算应按现行国家标准《设备及管道绝热设计导则》GB/T 8175的规定执行。

11.2.2 按规定的散热损失、环境温度等技术条件计算双管或多管地下敷设管道的保温层厚度时，应选取满足技术条件的最经济的保温层厚度组合。

11.2.3 计算地下敷设管道的散热损失时，当管道中心埋深大于2倍管道保温外径(或管沟当量外径)时，环境温度应取管道(或管沟)中心埋深处的土壤自然温度；当管道中心埋深小于2倍管道保温外径(或管沟当量外径)时，环境温度可取地表面的土壤自然温度。

11.2.4 计算年散热损失时，供热介质温度和环境温度应按下列规定取值：

1 供热介质温度

1) 热水供热管网应取运行期间运行温度的平均值；

2) 蒸汽供热管网应取逐管段年平均蒸汽温度；

3) 凝结水管道应取设计温度。

2 环境温度

1）地上敷设的管道，应取供热管网运行期间室外平均温度；

2）不通行管沟、半通行管沟和直埋敷设的管道，应取供热管网运行期间平均土壤(或地表)自然温度；

3）经常有人工作，有机械通风的通行管沟敷设的管道应取40℃；无人工作的通行管沟敷设的管道，应取供热管网运行期间平均土壤(或地表)自然温度。

11.2.5 蒸汽管道按规定的供热介质温度降条件计算保温层厚度时，应选择最不利工况进行计算。供热介质温度应取计算管段在计算工况下的平均温度，环境温度应按下列规定取值：

1 地上敷设时，应取计算工况下相应的室外空气温度；

2 通行管沟敷设时，应取40℃；

3 其他类型的地下敷设时，应取计算工况下相应的月平均土壤(或地表)自然温度。

11.2.6 按规定的土壤(或管沟)温度条件计算保温层厚度时，

供热介质温度和环境温度应按下列规定取值：

1 蒸汽供热管网应按下列两种工况计算，并取保温层厚度较大值。

1）供热介质温度取计算管段的最高温度，环境温度取同时期的月平均土壤(或地表)自然温度；

2）环境温度取最热月平均土壤(或地表)自然温度，供热介质温度取同时期的最高运行温度。

2 热水供热管网应按下列两种供热介质温度和环境温度计算，并取保温层厚度较大值。

1）冬季供热介质温度取设计温度，环境温度取最冷月平均土壤(或地表)自然温度；

2）夏季环境温度取最热月平均土壤(或地表)自然温度，供热介质温度取同时期的运行温度。

11.2.7 当按规定的保温层外表面温度条件计算保温层厚度时，

蒸汽供热管网的供热介质温度和环境温度应按下列规定取值：

1 供热介质温度应取可能出现的最高运行温度；

2 环境温度取值应符合下列规定：

1）地上敷设时，应取夏季空调室外计算日平均温度；

2）室内敷设时，应取室内可能出现的最高温度；

3）不通行管沟、半通行管沟和直埋敷设时，应取最热月平均土壤(或地表)自然温度；

4）检查室和通行管沟内，当人员进入维修时，可取40℃。

11.2.8 当按规定的保温层外表面温度条件计算保温层厚度时，热水供热管网应分别按下列两种供热介质温度和环境温度计算，并取保温层厚度较大值。

1 冬季时，供热介质温度应取设计温度；环境温度取值应符合下列规定：

1）地上敷设时，应取供热介质按设计温度运行时的最高室外日平均温度；

2）室内敷设时，应取室内设计温度；

3）不通行管沟、半通行管沟和直埋敷设时，应取最冷月平均土壤(或地表)自然温度；

4）检查室和通行管沟内，当人员进入维修时，可取40℃。

2 夏季时，供热介质温度应取同时期的运行温度；环境温度取值应符合下列规定：

1）地上敷设时，应取夏季空调室外计算日平均温度；

2）室内敷设时，应取室内可能出现的最高温度；

3）不通行管沟、半通行管沟和直埋敷设时，应取最热月平均土壤(或地表)自然温度；

4）检查室和通行管沟内，当人员进入维修时，可取40℃。

11.2.9 当采用复合保温层时，耐温高的材料应作内层保温，内层保温材料的外表面温度应等于或小于外层保温材料的允许最高使用温度的0.9倍。

11.2.10 采用软质保温材料计算保温层厚度时，应按施工压缩后的密度选取导热系数，保温层的设计厚度应为施工压缩后的保温层厚度。

11.2.11 计算管道总散热损失时，由支座、补偿器和其他附件产生的附加热损失可按表11.2.11给出的热损失附加系数计算。

表 11.2.11 管道散热损失附加系数

管道敷设方式	散热损失附加系数
地上敷设	0.15~0.20
管沟敷设	0.15~0.20
直埋敷设	0.10~0.15

注：当附件保温较好、管径较大时，取较小值；当附件保温较差、管径较小时，取较大值。

11.3 保温结构

11.3.1 保温层外应有性能良好的保护层，保护层的机械强度和防水性能应满足施工、运行的要求，预制保温结构还应满足运输的要求。

11.3.2 直埋敷设热水管道应采用钢管、保温层、外护管紧密结合成一体的预制管。其技术要求应符合现行行业标准《高密度聚乙烯外护管聚氨酯泡沫塑料预制直埋保温管》CJ/T 114 和《玻璃纤维增强塑料外护层聚氨酯泡沫塑料预制直埋保温管》CJ/T 129 的规定。

11.3.3 管道采用硬质保温材料保温时，直管段每隔 10m~20m 及弯头处应预留伸缩缝，缝内应填充柔性保温材料，伸缩缝的外防水层应采用搭接。

11.3.4 地下敷设管道严禁在沟槽或管沟内用吸水性保温材料进行填充式保温。

11.3.5 阀门、法兰等部位宜采用可拆卸式保温结构。

11.4 防腐涂层

11.4.1 地上敷设和管沟敷设的热水(或凝结水)管道、季节运行的蒸汽管道及附件，应涂刷耐热、耐湿、防腐性能良好的涂料。

11.4.2 常年运行的蒸汽管道及附件，可不涂刷防腐涂料。常年运行的室外蒸汽管道及附件，可涂刷耐常温的防腐涂料。

11.4.3 架空敷设的管道宜采用镀锌钢板、铝合金板、塑料外护等做保护层，当采用普通薄钢板作保护层时，钢板内外表面均应涂刷防腐涂料，施工后外表面应涂敷面漆。

12 供配电与照明

12.1 一般规定

12.1.1 供热管网供配电与照明系统的设计，应与工艺设计相互配合，选择合理的供配电系统及电机控制方式。应采用效率高的光源和灯具。应做到供电可靠，节约能源，布置合理，便于运行维护。

12.1.2 供热管网的供配电和照明系统设计，除应遵守本章规定外，尚应符合电气设计有关标准的规定。

12.2 供配电

12.2.1 中继泵站及热力站的负荷分级及供电要求，应根据各站在供热管网中的重要程度，按现行国家标准《供配电系统设计规范》GB 50052 的规定确定。

12.2.2 供热管网中按一级负荷要求供电的中继泵站及热力站，当主电源电压下降或消失时应投入备用电源，并应采用有延时的自动切换装置。

12.2.3 中继泵站的高低压配电设备应布置在专用的配电室内。热力站的低压配电设备容量较小时，可不设专用的低压配电室，但配电设备应设置在便于观察和操作且上方无管道的位置。

12.2.4 中继泵站及热力站的配电线路宜采用放射式布置。

12.2.5 低压配线应符合现行国家标准《低压配电设计规范》GB 50054 对电源与供热管道净距的规定，并宜采用桥架或钢管敷设。在进入电机接线盒处应设置防水弯头或金属软管。

12.2.6 中继泵站及热力站的水泵宜设置就地控制按钮。

12.2.7 中继泵站及热力站的水泵采用变频调速时，应符合现行国家标准《电能质量 公用电网谐波》GB/T 14549 对谐波的规定。

12.2.8 用于供热管网的电气设备和控制设备的防护等级应适应所在场所的环境条件。

12.3 照　　明

12.3.1 照明设计应符合现行国家标准《建筑照明设计标准》GB 50034 的规定。

12.3.2 除中继泵站、热力站以外的下列地方应采用电气照明：

1 有人工作的通行管沟内；

2 有电气驱动装置等电气设备的检查室；

3 地上敷设管道装有电气驱动装置等电气设备的地方。

12.3.3 在通行管沟和地下、半地下检查室内的照明灯具应采用防潮的密封型灯具。

12.3.4 在管沟、检查室等湿度较高的场所，灯具安装高度低于 2.2m 时，应采用 24V 以下的安全电压。

13 热工检测与控制

13.1 一 般 规 定

13.1.1 城镇供热管网应具备必要的热工参数检测与控制装置。规模较大的城镇供热管网应建立完备的计算机监控系统。

13.1.2 多热源大型供热系统应按热源的运行经济性实现优化调度。

13.1.3 城镇供热管网检测与控制系统硬件选型和软件设计应满足运行控制调节及生产调度要求，并应安全可靠、操作简便和便于维护管理。

13.1.4 检测、控制系统中的仪表、设备、元件，设计时应选用先进的标准系列产品。安装在管道上的检测与控制部件，宜采用不停热检修的产品。

13.1.5 供热管网自动调节装置应具备信号中断或供电中断时维持当前值的功能。

13.1.6 供热管网的热工检测和控制系统设计，除应遵守本章规定外尚应符合热工检测与控制设计有关标准的规定。

13.2 热源及供热管线参数检测与控制

13.2.1 热水供热管网在热源与供热管网的分界处应检测、记录下列参数：

1 供水压力、回水压力、供水温度、回水温度、供水流量、回水流量、热功率和累计热量以及热源处供热管网补水的瞬时流量、累计流量、温度和压力。

2 供回水压力、温度和流量应采用记录仪表连续记录瞬时值，其他参数应定时记录。

13.2.2 蒸汽供热管网在热源与供热管网的分界处应检测、记录下列参数：

1 供汽压力、供汽温度、供汽瞬时流量和累计流量(热量)、返回热源的凝结水温度、压力、瞬时流量和累计流量。

2 供汽压力和温度、供汽瞬时流量应采用记录仪表连续记录瞬时值，其他参数应定时记录。

3.2.3 供热介质流量的检测应考虑压力、温度补偿。流量检测仪表应适应不同季节流量的变化，必要时应安装适应不同季节负荷的两套仪表。

13.2.4 用于供热企业与热源企业进行贸易结算的流量仪表的系统精度，热水流量仪表不应低于1%；蒸汽流量仪表不应低于2%。

13.2.5 热源的调速循环水泵宜采用维持供热管网最不利资用压头为给定值的自动或手动控制泵转速的方式运行。多热源联网运行的基本热源满负荷后，其调速循环水泵应采用保持满负荷的调节方式，此时调峰热源的循环水泵应按供热管网最不利资用压头控制泵转速的方式运行。

循环水泵的入口和出口应具有超压保护装置。

13.2.6 热力网干线的分段阀门处、除污器的前后以及重要分支节点处，应设压力检测点。对于具有计算机监控系统的热力网应实时监测热力网干线运行的压力工况。

13.3 中继泵站参数检测与控制

13.3.1 中继泵站的参数检测应符合下列规定：

1 应检测、记录泵站进、出口母管的压力；

2 应检测除污器前后的压力；

3 应检测每台水泵吸入口及出口的压力；

4 应检测泵站进口或出口母管的水温；

5 在条件许可时，宜检测水泵轴承温度和水泵电机的定子温度，并应设报警装置。

13.3.2 大型供热系统输送干线的中继泵宜采用工作泵与备用泵自动切换的控制方式，工作泵一旦发生故障，连锁装置应保证启动备用泵。上述控制与连锁动作应有相应的声光信号传至泵站值班室。

13.3.3 中继泵宜采用维持其供热范围内热力网最不利资用压头为给定值的自动或手动控制泵转速的方式运行。

中继泵的入口和出口应设有超压保护装置。

13.4 热力站参数检测与控制

13.4.1 热力站参数检测应符合下列规定：

1 热水热力网热力站应检测、记录热力网和用户系统总管和各分支系统供水压力、回水压力、供水温度、回水温度，热力网侧总流量和热量，用户系统补水量，生活热水耗水量。有条件时宜检测热力网侧各分支系统流量和热量。

2 蒸汽热力网热力站应检测、记录总供汽瞬时和累计流量、压力、温度和各分支系统压力、温度，需要时应检测各分支系统流量。凝结水系统应检测凝结水温度、凝结水回收量。有二次蒸发器、汽水换热器时，还应检测其二次侧的压力、温度。

13.4.2 热水热力网热力站宜根据不同类型的热负荷按下列方案进行自动控制：

1 对于直接连接混合水泵采暖系统，应根据室外温度和温度调节曲线，调节热力网流量使采暖系统水温维持室外温度下的给定值。

2 对于间接连接采暖系统宜采用质调节。调节装置应根据室外温度和质调节温度曲线，调节换热器(换热器组)热力网侧流量使采暖系统水温维持室外温度下的给定值。

3 对于生活热水热负荷应采用定值调节，并应符合下列规定：

1) 应调节热力网流量使生活热水供水温度控制在设计温度±5℃以内；

2) 应控制热力网流量使热力网回水温度不超标，并以此为优先控制。

4 对于通风、空调热负荷，其调节方案应根据工艺要求确定。

5 热力站内的排水泵、生活热水循环泵、补水泵等应根据工艺要求自动启停。

13.4.3 蒸汽热力网热力站自动控制应符合下列规定：

1 对于蒸汽负荷应根据用热设备需要设置减压、减温装置并进行自动控制；

2 汽水换热系统的控制方式应符合本规范第13.4.2条的规定；

3 凝结水泵应自动启停。

13.4.4 当热力站采用流量(热量)进行贸易结算时，其流量仪表的系统精度，热水流量仪表不应低于 1%；蒸汽流量仪表不应低于 2%。

13.5 供热管网调度自动化

13.5.1 城镇供热管网宜建立包括监控中心和本地监控站的计算机监控系统。

13.5.2 本地监控装置应具备检测参数的显示、存储、打印功能，参数超限、设备事故的报警功能，并应将以上信息向上级监控中心传送。本地监控装置还应具备供热参数的调节控制功能和执行上级控制指令的功能。

监控中心应具备显示、存储及打印热源、供热管线、热力站等站、点的参数检测信息和显示各本地监控站的运行状态图形、报警信息等功能，并应具备向下级监控装置发送控制指令的能力。监控中心还应具备分析计算和优化调度的功能。

13.5.3 供热管网计算机监控系统的通信网络，宜利用公共通信网络。

14 街区热水供热管网

14.1 一般规定

14.1.1 街区热水供热管网设计时，应计算建筑物的设计热负荷。对既有建筑应调查历年实际热负荷、耗热量及建筑节能改造情况，按实际耗热量确定设计热负荷。

14.1.2 采暖、通风、空调系统供热管网水质应符合下列规定：

1 热力站间接连接系统街区热水供热管网水质，应满足本规范第 10.3.12 条的要求；

2 连接锅炉房等热源的街区热水供热管网水质，应满足现行国家标准《工业锅炉水质》GB/T 1576 对热水锅炉水质的要求；

3 应满足室内系统散热设备、管道及附件的要求。

14.1.3 用于生活热水系统的管网水质的卫生指标，应符合现行国家标准《生活饮用水卫生标准》GB 5749 的规定。

14.2 水力计算

14.2.1 管网管径和循环泵的设计参数应根据水力计算结果确定。当热用户分期建设时，应分期进行管网水力计算，应按规划期设计流量选择管径，分期确定循环泵运行参数。

14.2.2 对全年运行的空调系统管道，应分别计算采暖期和供冷期设计流量和管网压力损失，分别确定循环泵运行参数。

14.2.3 用于采暖、通风、空调系统的管网，设计流量应按本规范第 7.1.1 条计算。用于生活热水系统的管网，设计流量应按现行国家标准《建筑给水排水设计规范》GB 50015 确定。

14.2.4 用于采暖、通风、空调系统的管网，确定主干线管径时，宜采用经济比摩阻。经济比摩阻数值宜根据工程具体条件计算确定。主干线比摩阻可采用 60Pa/m～100Pa/m。

14.2.5 用于采暖、通风、空调系统的管网，支线管径应按允许压力降确定，比摩阻不宜大于 400Pa/m。

14.2.6 用于采暖、通风、空调系统的管网设计，应保证循环水泵运行时管网压力符合下列规定：

1 系统中任何一点的压力不应超过设备、管道及管件的允许压力；

2 系统中任何一点的压力不应低于 10kPa；

3 循环水泵吸入口压力不应低于 50kPa。

14.2.7 用于采暖、通风、空调系统的管网设计，应保证循环水泵停止运行时管网静态压力符合下列规定：

1 系统中任何一点的压力不应超过设备、管道及管件的允许压力；

2 系统中任何一点的压力，当设计供水温度高于 65℃时，不应低于 10kPa；当设计供水温度等于或低于65℃时，不应低于5kPa。

14.2.8 用于采暖、通风、空调系统的管网最不利用户的资用压头，应考虑用户系统安装过滤装置、计量装置、调节装置的压力损失。

14.3 管网布置与敷设

14.3.1 居住建筑管网的水力平衡调节装置和热量计量装置应设置在建筑物热力入口处。

14.3.2 当建筑物热力入口不具备安装调节和计量装置的条件时，可根据建筑物使用特点、热负荷变化规律、室内系统形式、供热介质温度及压力、调节控制方式等，分系统设置管网。

14.3.3 当系统较大、阻力较高、各环路负荷特性或阻力相差悬殊、供水温度不同时，宜在建筑物热力入口设二次循环泵或混水泵。

14.3.4 生活热水系统应设循环水管道。

14.3.5 街区热水供热管网宜采用枝状布置。

14.3.6 在满足室内各环路水力平衡和供热计量的前提下，宜减少建筑物热力入口的数量。

14.3.7 民用建筑区的管道宜采用地下敷设。

14.3.8 当采用直埋敷设时，应采用无补偿敷设方式，设计计算应按现行行业标准《城镇直埋供热管道工程技术规程》CJJ/T 81 的规定执行。

14.3.9 当采用管沟敷设时，宜采用通行管沟或半通行管沟。管沟尺寸及设施应符合本规范第8.2.5~8.2.7条的规定。安装阀门、补偿器处应设人孔。

14.3.10 街区热水供热管网管道可与空调冷水、冷却水、生活给水、消防给水、电力、通信管道敷设在综合管沟内。当运行期间管沟内的温度超过其他管线运行要求时，应采取隔热措施或设置自然通风设施。

14.3.11 街区热水供热管网管沟与燃气管道交叉敷设时，必须采取可靠措施防止燃气泄漏进管沟。

14.3.12 当室外管沟敷设管道进入建筑物地下室或室内管沟时，宜在进入建筑物前设置长度为1m~2m的直埋管段。当没有条件设置直埋管段时，应在管道穿墙处封堵严密。

14.3.13 管沟应采取可靠的防水措施，并应在低点设排水设施。

14.3.14 建筑物热力入口装置宜设在建筑物地下室、楼梯间，当设在室外检查室内时，检查室的防水及排水设施应能满足设备、控制阀和计量仪表对使用环境的要求。

14.4 管 道 材 料

14.4.1 街区热水供热管网管道材料应符合本规范第8章的规定。用于生活热水供应的管道材料，应符合现行国家标准《建筑给水排水设计规范》GB 50015 的规定。

14.4.2 直埋保温管的技术要求应符合现行行业标准《高密度聚乙烯外护管聚氨酯泡沫塑料预制直埋保温管》CJ/T 114 或《玻璃纤维增强塑料外护层聚氨酯泡沫塑料预制直埋保温管》CJ/T 129 的规定。直埋保温管件的技术要求应符合现行行业标准《高密度聚乙烯外护管聚氨酯硬质泡沫塑料预制直埋保温管件》CJ/T 155 的规定。

14.4.3 供热管道及管路附件均应保温。在综合管沟内敷设的管道，当同沟敷设的其他管道要求控制沟内温度时，应按管沟温度条件校核保温层厚度。

14.4.4 直埋敷设管道及管路附件等连接应采用焊接，管路附件应能够承受管道的轴向作用力。

14.4.5 管沟敷设管道连接应采用焊接，阀门等可采用焊接或法兰连接。

14.5 调节与控制

14.5.1 在建筑物热力入口处，供、回水管上应设阀门、温度计、压力表，供、回水管之间宜设连通管，在供水入口和调节阀、流量计、热量表前的管道上应设过滤器。

14.5.2 在建筑物热力入口处，采暖、通风、空调系统应分系统设水力平衡调节装置，生活热水系统循环管上宜设水力平衡调节装置。水力平衡调节装置的安装应符合产品的要求。

14.5.3 当公共建筑室内系统间歇运行时，在建筑物热力入口宜设自动启停控制装置，并应按预定时间分区分时控制。

14.5.4 当在建筑物热力入口设二次循环泵或混水泵时，循环泵和混水泵应采用调速泵。

14.5.5 热量表应符合现行行业标准《热量表》CJ 128 的规定。热量表的安装位置、过滤器的规格应符合热量表产品要求。

14.5.6 管网上的各种设备、阀门、热量表及热力入口装置的使用要求和防水等级，应满足安装环境条件。

14.5.7 有条件时，建筑物热力入口处的温度、压力、流量、热量信号宜传至集中控制室。

引用标准名录

1 《建筑给水排水设计规范》GB 50015
2 《采暖通风与空气调节设计规范》GB 50019
3 《湿陷性黄土地区建筑规范》GB 50025
4 《室外给水排水和煤气热力工程抗震设计规范》GB 50032
5 《建筑照明设计标准》GB 50034
6 《锅炉房设计规范》GB 50041
7 《供配电系统设计规范》GB 50052
8 《低压配电设计规范》GB 50054
9 《膨胀土地区建筑技术规范》GBJ 112
10 《内河通航标准》GB 50139
11 《工业设备及管道绝热工程设计规范》GB 50264
12 《工业锅炉水质》GB/T 1576
13 《声环境质量标准》GB 3096
14 《设备及管道绝热技术通则》GB/T 4272
15 《生活饮用水卫生标准》GB 5749
16 《设备及管道绝热设计导则》GB/T 8175
17 《电能质量 公用电网谐波》GB/T 14549
18 《城镇直埋供热管道工程技术规程》CJJ/T 81
19 《高密度聚乙烯外护管聚氨酯泡沫塑料预制直埋保温管》CJ/T 114
20 《热量表》CJ 128
21 《玻璃纤维增强塑料外护层聚氨酯泡沫塑料预制直埋保温管》CJ/T 129
22 《高密度聚乙烯外护管聚氨酯硬质泡沫塑料预制直埋保温管件》CJ/T 155
23 《污水排入城市下水道水质标准》CJ 3082
24 《火力发电厂汽水管道应力计算技术规程》DL/T 5366

UDC

中华人民共和国行业标准 CJJ

P

CJJ/T 81—2013

备案号 J 1639—2013

城镇供热直埋热水管道技术规程

Technical specification for directly buried hot-water heating pipeline in city

2013-07-26 发布　　2014-02-01 实施

中华人民共和国住房和城乡建设部　发布

前　言

根据原建设部《关于印发〈2007 年工程建设标准规范制订、修订计划(第一批)〉的通知》(建标[2007]125 号)的要求，规程编制组经广泛调查研究，认真总结实践经验，参考有关国外的先进标准，并在行业标准《城镇直埋供热管道工程技术规程》CJ/T 81-98 和广泛征求意见的基础上，修订本规程。

本规程主要技术内容是：1. 总则；2. 术语和符号；3. 保温管及管件；4. 管道布置与敷设；5. 管道应力验算；6. 固定墩设计；7. 管道施工与验收；8. 运行与维护。

本次修订的主要内容为：

1　对适用范围进行调整，扩大了管径的范围；

2　增加管道保温计算；

3　对摩擦力计算、管道局部稳定验算、固定墩设计进行调整；

4　增加运行与维护章节；

5　删除了原规程附录 D 三通加固方案。

本规程由住房和城乡建设部负责管理，由城市建设研究院负责具体技术内容的解释。请各单位在执行本规程过程中，注意总结经验，积累资料，随时将有关意见和建议寄交城市建设研究院(地址：北京市德胜门外大街 36 号；邮政编码：100120)。

本规程主编单位：城市建设研究院
北京市煤气热力工程设计院有限公司

本规程参编单位：中国市政工程华北设计研究院
太原理工大学
哈尔滨工业大学
太原市热力公司
北京特泽热力工程设计有限责任公司
北京豪特耐管道设备有限公司
昊天节能装备股份有限公司
中国石化集团上海工程有限公司
天津市管道工程集团有限公司保温管厂
大连科华热力管道有限公司
唐山兴邦管道工程设备有限公司
大连开元热力仪表管道有限公司
上海科华热力管道有限公司
北京市鼎超供热管有限公司
江苏地龙管业有限公司
天津开发区泰达保温材料有限公司
双鸭山龙唐管道工程有限公司
河北华热工程设计有限公司
河北金润热力燃气工程设计咨询有限公司
天津建塑供热管道设备工程有限公司
大连新光管道制造有限公司
江苏宏鑫管道工程设计有限公司
河北华孚管道防腐保温有限责任公司

本规程主要起草人：冯继蓓　杨　健　杨良仲　王　淮

王　飞　邹平华　张建伟　贾　震
刘　芃　刘世宇　牛小化　钱　琦
贾丽华　郑中胜　方向军　周曰从
邱华伟　杨　秋　丛树界　陈　雷
陆君利　包卫军　瞿桂然　王忠生
张　骐　王向东　于春清　于　宁
宋章根　邵　秋　王　瑨

本规程主要审查人：闻作祥　郭　华　姚约翰　路建初
刘广清　梁　鹂　于黎明　王胜华
杨铁荣　郭幼农　张书忱

目　次

1　总则
2　术语和符号
2.1　术语
2.2　符号
3　保温管及管件
3.1　一般规定
3.2　保温计算
4　管道布置与敷设
4.1　管道布置
4.2　管道敷设
4.3　管道附件与设施
5　管道应力验算
5.1　一般规定
5.2　管壁厚度计算
5.3　直管段应力验算
5.4　直管段局部稳定性验算
5.5　管件应力验算
5.6　管道竖向稳定性验算
5.7　热伸长计算
6　固定墩设计
6.1　管道对固定墩和固定支架的作用
6.2　固定墩结构
7　管道施工与验收
7.1　施工
7.2　管道试验和清洗
7.3　试运行
7.4　竣工验收
8　运行与维护
附录A　全国主要城市地温月平均值
附录B　钢材性能
附录C　转角管段弹性抗弯铰解析计算法
附录D　固定墩和固定支架承受的推力计算
附录E　直埋保温管预热安装
本规程用词说明(略)
引用标准名录
附：条文说明(略)

Contents

1 General Provisions
2 Terms and Symbols
2.1 Terms
2.2 Symbols
3 Pre-insulated Bonded Pipe and Fitting
3.1 General Requirements
3.2 Insulation Calculation
4 Arrangement and Installation of Pipes
4.1 Arangement of Pipes
4.2 Installaion of Pipes
4.3 Fittings and Accessories
5 Stress Checking of Pipes
5.1 General Requirements
5.2 Calculation of Wall Thickness
5.3 Stress Checking of Straight Pipe
5.4 Local Buckling Checking of Straight Pipe
5.5 Stress Checking of Fittings
5.6 Vertical Stability Analysis of Straight Pipe
5.7 Calculation of Thermal Expansion
6 Design of Fixing Support
6.1 Action from Pipeline
6.2 Fixing Support Structure
7 Construction and Acceptance of Pipes
7.1 Construction
7.2 Test and Purging of Pipes
7.3 Trial Operation
7.4 Enginering Acceptance
8 Operation and Maintenance
Appendix A Mean Monthly Soil Temperature for Cities
Appendix B Stee Properties
Appendix C Elastic Bending Hinge Analytic Method of Bending Pipe
Appendix D Calculation of Thrust on Fixing Support
Appendix E Pre-insulated Bonded Pipe Preheating
Installation
Explanation of Wording in This Code (Omitted)
List of Quoted Standards
Addition: Explanation of Provisions (Omitted)

1 总　　则

1.0.1 为规范城镇供热直埋热水管道工程的设计、施工、验收和运行管理，制定本规程。

1.0.2 本规程适用于新建、改建、扩建的设计温度小于或等于150℃、设计压力小于或等于2.5MPa、管道公称直径小于或等于1200mm城镇供热直埋热水管道的设计、施工、验收和运行管理。

1.0.3 在地震、湿陷性黄土、膨胀土等地区，供热直埋热水管道工程除应符合本规程外，还应符合现行国家标准《室外给水排水和燃气热力工程抗震设计规范》GB 50032、《湿陷性黄土地区建筑规范》GB 50025和《膨胀土地区建筑技术规范》GB 50112的相关规定。

1.0.4 城镇供热直埋热水管道工程的设计、施工、验收和运行管理除应符合本规程外，尚应符合国家现行有关标准的规定。

2 术语和符号

2.1 术　　语

2.1.1 直埋热水管道　directly buried heating pipeline

工作管、保温层、外护管形成整体保温结构，直接埋设于土壤中的预制保温管道。

2.1.2 屈服温差　temperature difference of yielding

管道在伸缩完全受阻的工作状态下，工作管管材开始屈服时的温度与安装温度之差。

2.1.3 活动端　free end

管道上安装补偿器和弯管等能补偿热位移的部位。

2.1.4 固定点　fixed point

管道上采用强制固定措施不能发生位移的点。

2.1.5 锚固点　natural fixed point

管道温度升高或降低到某一定值时，直线管道上发生热位移和不发生热位移管段的自然分界点。

2.1.6 驻点　stagnation point

两端为活动端的直线管段，当管道温度变化且全线管道产生朝向两端或背向两端的热位移，管道上位移为零的点。

2.1.7 锚固段　fully restrained section

管道温度发生变化时，不产生热位移的管段。

2.1.8 过渡段　partly restrained section

管段一端为固定点或驻点或锚固点，另一端为活动端，当管道温度变化时，能产生热位移的管段。

2.1.9 单位长度摩擦力　friction of unit lengthwise pipeline

保温管与土壤沿管道轴线方向单位长度的摩擦力。

2.1.10 弯头变形段长度　length of expansion leg

管道温度变化时，弯头两臂产生侧向位移的管段长度。

2.2 符　　号

A——工作管管壁的横截面积；

a——沟槽底宽度；

B——管道壁厚负偏差附加值；

C——土壤横向压缩反力系数；

c——安装工作宽度；
D_c——外护管外径；
D_i——工作管内径；
D_o——工作管外径；
D_w——保温层外径；
E——钢材的弹性模量；
E_a——主动土压力；
E_p——被动土压力；
e——供、回水管中心线距离；
F——单位长度摩擦力；
F_f——活动端对管道伸缩的阻力；
F_{max}——单位长度最大摩擦力；
F_{min}——单位长度最小摩擦力；
F_a、F_b——驻点两侧活动端对管道伸缩的阻力；
f——地基承载力设计值；
f_1、f_2、f_3——固定墩底面、侧面及顶面与土壤的摩擦力；
f_o——初始挠度；
G——包括介质在内的保温管单位长度自重；
G_g——固定墩自重；
G_1——固定墩上部覆土重；
G_W——单位长度管道上方的土层重量；
g——重力加速度；
H——管道中心线覆土深度；
H_1——管道当量覆土深度；
H_w——地下水位线深度；
b、d、h——固定墩宽、厚、高尺寸；
h_1——固定墩顶面至地面的距离；
h_2——固定墩底面至地面的距离；
I_p——直管工作管横截面的惯性矩；
I_b——弯头工作管横截面的惯性矩；
K——抗滑移系数；
K_s——被动土压力折减系数；
K'——弯头工作管柔性系数；
K_0——土壤静压力系数；
K_{ov}——抗倾覆系数；
k——与土壤特性和管道刚度有关的参数；
L——设计布置的过渡段长度；
L'——过渡段内计算截面距活动端的距离；
L_{max}——直管段的过渡段最大长度；
L_{min}——直管段的过渡段最小长度；
L_{pr}——预热管段长度；
L_s——一次性补偿器到固定点或驻点的距离；
ΔL_s——一次性补偿器的计算预热伸长量；

l_e——弯头变形段长度；
$l_{t.max}$——转角管段的过渡段最大长度；
$l_{t.min}$——转角管段的过渡段最小长度；
l_t——转角管段循环工作的过渡段长度；
l_{c1}、l_{c2}———转角管段的计算臂长；
l_{td}——竖向转角管段的变形段长度；
l、l_1、l_2———设计布置的管段长度；
l_a、l_b———驻点两侧过渡段长度；
l_{cm}———转角管段的平均计算臂长；
Δl——管段的热伸长量；
Δl_d——计算截面的热位移量；
Δl_a——假设过渡段的热伸长量；
$\Delta l'$——固定墩微量位移量；
Δl_p——过渡段的塑性压缩变形量；
M——弯头的弯矩变化范围；
N_a——锚固段的轴向力；
N_b——弯头两侧计算臂长相等时的轴向力；
N_s——竖向转角管段弯头的轴向力；
N_1——弯头两侧计算臂长不等时，l_{c1}侧的轴向力；
N_2——弯头两侧计算臂长不等时，l_{c2}侧的轴向力；
$N_{p\cdot max}$——管道的最大轴向力；
$N_{t\cdot max}$——过渡段内计算截面的最大轴向力；
$N_{t\cdot min}$——过渡段内计算截面的最小轴向力；
n——屈服极限增强系数；
P——土压力；
P_d——管道计算压力；
Q——作用在单位长度管道上的垂直分布荷载；
q_s——供水管单位长度热损失；
q_r——回水管单位长度热损失；
R——弯头的曲率半径；
R_h——附加热阻；
R_g——土壤热阻；
R_t——保温材料热阻；
R_0——土壤表面换热热阻；
r——工作管平均半径；
r_{bm}——弯头工作管横截面的平均半径；
r_{bo}——弯头工作管横截面的外半径；
r_{bi}——弯头工作管横截面的内半径；
S_F——单位长度管道上方土体的剪切力；
s——两管道之间的净距；
T——固定墩、固定支架承受的推力；
T'——固定墩承受推力减小值；
T_s——预热管段对固定墩的推力；

ΔT_y——工作管屈服温差；
t_0——管道计算安装温度；
t_g——管道中心线的自然地温；
t'_g——计算点的土壤温度；
t_{ws}——供水管保温层外表面温度；
t_{wr}——回水管保温层外表面温度；
t_s——计算供水温度；
t_r——计算回水温度；
t_1——管道工作循环最高温度；
t_2——管道工作循环最低温度；
t_i——预热开始前的管道温度；
W——管顶单位面积上总垂直荷载；
x——计算点与供水管中心线的水平距离；
X_2——被动土压力作用点至固定墩底面的距离；
X_1——主动土压力作用点至固定墩底面的距离；
ΔX——工作管径向最大变形量；
y——计算点的覆土深度；
Y——温度修正系数；
α——钢材的线膨胀系数；
β_b——弯头平面弯曲环向应力加强系数；
χ——管道壁厚负偏差系数；
δ——工作管公称壁厚；
δ_b——弯头工作管的公称壁厚；
δ_m——工作管最小壁厚；
γ_s——安全系数；
φ—回填土的内摩擦角；
η——许用应力修正系数；
λ——弯头工作管的尺寸系数；
λ_g——土壤导热系数；
λ_t——保温材料在运行温度下的导热系数；
μ——摩擦系数；
ρ——土密度；
ρ_{sw}——地下水位线以下的土壤有效密度；
ϕ——转角管段的折角；
ν——钢材的泊松系数；
$[\sigma]$——钢材的许用应力；
σ_b——钢材的抗拉强度最小值；
σ_j——内压、热胀应力的当量应力变化范围；
σ_s——钢材的屈服极限最小值；
σ_t——管道内压引起的环向应力；
σ_v——管道中心线处土壤应力；
σ_{bt}——弯头在弯矩作用下最大环向应力变化幅度；
σ_{pt}——弯头在内压作用下的最大环向应力；

σ_{max}——固定墩底面对土壤的最大压应力。

3 保温管及管件

3.1 一般规定

3.1.1 保温管及管件应为工作管、保温层、外护管为一体的工厂预制的产品。

3.1.2 在设计温度下和使用年限内，保温管和管件的保温结构不得损坏，保温管的最小轴向剪切强度不应小于0.08MPa。

3.1.3 当工作管使用钢管、外护管使用高密度聚乙烯、保温材料使用硬质聚氨酯泡沫塑料时，保温管及管件应符合现行国家标准《高密度聚乙烯外护管硬质聚氨酯泡沫塑料预制直埋保温管及管件》GB/T 29047的相关规定；当工作管使用钢管、外护管使用玻璃钢、保温材料使用硬质聚氨酯泡沫塑料时，保温管应符合现行行业标准《玻璃纤维增强塑料外护层聚氨酯泡沫塑料预制直埋保温管》CJ/T 129的相关规定。

3.1.4 工作管弯头可采用锻造、热煨或冷弯制成，不得使用由直管段做成的斜接缝弯头。弯头的最小壁厚不得小于直管段壁厚。

3.1.5 工作管三通宜采用锻压、拔制制成。三通主管和支管任意点的壁厚不应小于对应焊接的直管壁厚。

3.1.6 工作管异径管应采用同心异径管，异径管圆锥角不应大于20°。异径管壁厚不应小于直管道的壁厚。

3.1.7 保温层厚度应符合设计规定，并应保证运行时外护管表面温度小于50℃。

3.1.8 外护管两端应切割平整，并应与外护管轴线垂直，角度误差不应大于2.5°。保温管件外护管的材质应与直管段外护管相同，厚度不应小于直管段外护管的厚度。

3.1.9 保温管道工程宜设置泄漏监测系统，泄漏监测系统应与管网同时设计、施工及验收。当管网设计发生变更时，应同时进行泄漏监测系统的设计变更。

3.2 保温计算

3.2.1 直埋保温管的保温厚度应符合下列规定：

1 保温层外表面温度应进行验算，且应小于50℃；

2 当直埋保温管周围设施或环境条件对温度有要求时，应对温度场进行验算。

3.2.2 计算保温层厚度时选用的自然地温数据，可按本规程附录A选取。

3.2.3 管道的热损失应按下列公式计算：

$$q_s=\frac{(R_g+R_t)(t_t-t_g)-R_h(t_r-t_g)}{(R_g+R_t)^2-R_h^2} \tag{3.2.3-1}$$

$$q_r=\frac{(R_g+R_t)(t_r-t_g)-R_h(t_s-t_g)}{(R_g+R_t)^2-R_h^2} \tag{3.2.3-2}$$

$$R_g=\frac{1}{2\pi\times\lambda_g}\times\ln\frac{4H_1}{D_w} \tag{3.2.3-3}$$

$$R_t=\frac{1}{2\pi\times\lambda_t}\times\ln\frac{D_w}{D_o} \tag{3.2.3-4}$$

$$R_h=\frac{1}{4\pi\times\lambda_g}\times\ln\left[1+\left(\frac{2H_1}{e}\right)^2\right] \tag{3.2.3-5}$$

$$H_1=H+R_0\times\lambda_g \tag{3.2.3-6}$$

式中：q_s——供水管单位长度热损失(W/m)；

q_r——回水管单位长度热损失(W/m)；
t_s——计算供水温度(℃)；
t_r——计算回水温度(℃)；
t_g——管道中心线的自然地温(℃)；
R_g——土壤热阻[(m·K)/W]；
R_t——保温材料热阻[(m·K)/W]；
R_h——附加热阻[(m·K)/W]；
R_0——土壤表面换热热阻，可取0.0685[(m^2·K)/W]；
λ_g——土壤导热系数[W/(m·K)]，应取实测数据。估算时湿土可取1.5~2W/(m·K)，干沙可取1W/(m·K)；
λ_t——保温材料在运行温度下的导热系数[W/(m·K)]；
H——管道中心线覆土深度(m)；
H_1——管道当量覆土深度(m)；
D_w——保温层外径(m)；
D_o——工作管外径(m)；
e——供、回水管中心线距离(m)。

3.2.4 保温层外表面温度应按下式计算：

$$t_{ws}=t_s-q_s\times R_t \tag{3.2.4-1}$$

$$t_{wr}=t_r-q_r\times R_t \tag{3.2.4-2}$$

式中：t_{ws}——供水管保温层外表面温度(℃)；
t_{wr}——回水管保温层外表面温度(℃)；
q_s——供水管单位长度热损失(W/m)；
q_r——回水管单位长度热损失(W/m)；
t_s——计算供水温度(℃)；
t_r——计算回水温度(℃)；
R_t——保温材料热阻[(m·K)/W]。

3.2.5 保温管周围土壤温度可按下式计算：

$$t'_g=t_g+\frac{q_s}{4\pi\times\lambda_g}\times\ln\frac{x^2+(y+H)^2}{x^2+(y-H)^2}+\frac{q_r}{4\pi\times\lambda_g}\times\ln\frac{(x-e)^2+(y+H)^2}{(x-e)^2+(y-H)^2} \tag{3.2.5}$$

式中：t'_g——计算点的土壤温度(℃)；
t_g——管道中心线的自然地温(℃)；
q_s——供水管单位长度热损失(W/m)；
q_r——回水管单位长度热损失(W/m)；
λ_g——土壤导热系数[W/(m·K)]；
x——计算点与供水管中心线的水平距离；
y——计算点的覆土深度；
H——管道中心线覆土深度(m)；
e——供、回水管中心线距离(m)。

4 管道布置与敷设

4.1 管道布置

4.1.1 管道的布置应符合现行行业标准《城镇供热管网设计规范》CJJ 34的相关规定。

4.1.2 直埋热水管道与设施的净距应符合表 4.1.2 的规定：

表 4.1.2 直埋热水管道与设施的净距

设施名称			最小水平净距(m)	最小垂直净距(m)
给水、排水管道			1.5	0.15
排水盲沟			1.5	0.50
燃气管道（钢管）	≤0.4MPa		1.0	0.15
	≤0.8MPa		1.5	
	>0.8MPa		2.0	
燃气管道（聚乙烯管）	≤0.4MPa		1.0	燃气管在上 0.5 燃气管在下 1.0
	≤0.8MPa		1.5	
	>0.8MPa		2.0	
压缩空气或 CO_2 管道			1.0	0.15
乙炔、氧气管道			1.5	0.25
铁路钢轨			钢轨外侧 3.0	轨底 1.2
电车钢轨			钢轨外侧 2.0	轨底 1.0
铁路、公路路基边坡底脚或边沟的边缘			1.0	—
通信、照明或 10kV 以下电力线路的电杆			1.0	—
高压输电线铁塔基础边缘(35kV～220kV)			3.0	—
桥墩(高架桥、栈桥)			2.0	—
架空管道支架基础			1.5	—
地铁隧道结构			5.0	0.80
电气铁路接触网电杆基础			3.0	—
乔木、灌木			1.5	—
建筑物基础			2.5(*DN*≤250mm)	—
			3.0(*DN*≥300mm)	—
电缆	通信电缆及管块		1.0	0.15
	电力及控制电缆	≤35kV	2.0	0.50
		≤110kV	2.0	1.00

注：直埋热水管道与电缆平行敷设时，电缆处的土壤温度与月平均土壤自然温度比较，全年任何时候，对于 10kV 的电缆不高出 10℃；对于 35kV～110kV 的电缆不高出 5℃时，可减少表中所列净距。

4.1.3 直埋热水管道的最小覆土深度应符合表 4.1.3 的规定，同时应进行稳定验算。

表 4.1.3 直埋热水管道的最小覆土深度

管道公称直径(mm)	最小覆土深度(m)	
	机动车道	非机动车道
≤125	0.8	0.7
150～300	1.0	0.7
350～500	1.2	0.9
600～700	1.3	1.0
800～1000	1.3	1.1
1100～1200	1.3	1.2

4.1.4 管道穿越水面的布置应符合现行行业标准《城镇供热管网设计规范》CJJ 34 的相关规定。

4.2 管道敷设

4.2.1 管道的敷设坡度不宜小于 2‰，进入建筑物的管道宜坡向干管。管道的高处宜设放气阀，低处宜设放水阀。直接埋地的放气管、放水管与管道有相对位移处应采取保护措施。

4.2.2 管道应利用转角自然补偿。

4.2.3 转角管段的臂长应大于或等于弯头变形段长度。弯头变形段长度应按下列公式计算：

$$l_e = \frac{2.3}{k} \tag{4.2.3-1}$$

$$k = \sqrt[4]{\frac{D_c \times C}{4E \times I_p \times 10^6}} \tag{4.2.3-2}$$

式中：l_e——弯头变形段长度（m）；

k——与土壤特性和管道刚度有关的参数（1/m）；

D_c——外护管外径（m）；

C——土壤横向压缩反力系数（N/m^3）；

E——钢材的弹性模量（MPa）；

I_p——直管工作管横截面的惯性矩（m^4）。

4.2.4 “Z”形、“Π”形补偿管段可分割成两个转角管段，每个转角管段的臂长均应大于或等于管道的弯头变形段长度（图 4.2.4）。

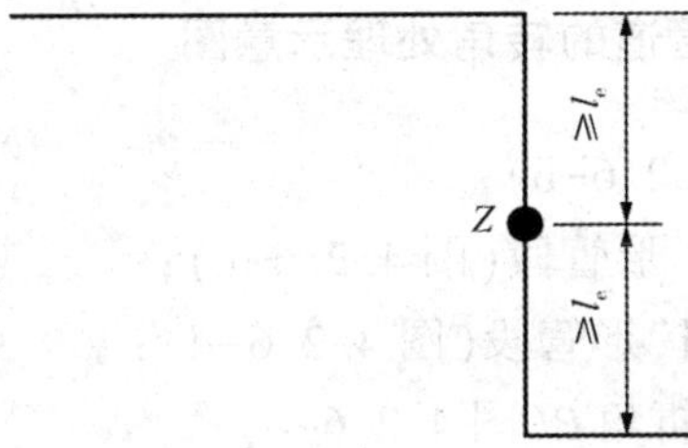

(a) “Z”形管段

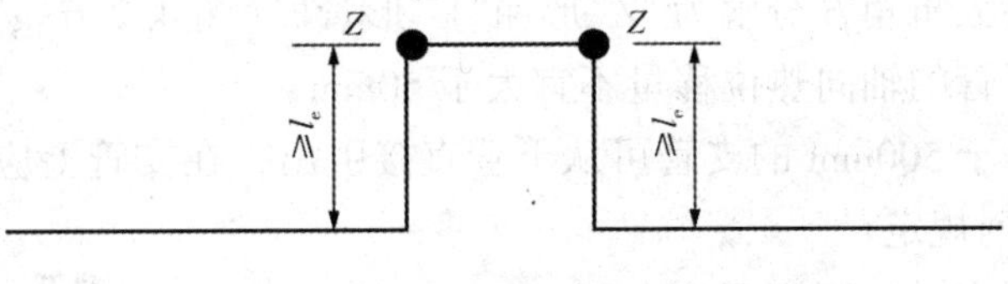

(b) “Π”形管段

图 4.2.4 转角管段布置示意图

4.2.5 管道小角度折角不大于表 4.2.5 的规定时，可视为直管段。

表 4.2.5 可视为直管段的最大折角

管道公称直径（mm） \ 最大平面折角（°）	循环工作温差（t_1-t_2）（℃）								最大坡度变化（%）
	50	65	75	85	105	110	120	140	
≤100	4.3	3.2	3.0	2.4	2.0	1.8	1.6	0	2
125~300	3.8	2.8	2.7	2.1	1.8	1.7	1.4	0	2
350~500	3.4	2.6	2.3	1.9	1.6	1.3	1.3	0	2
600~800	3.4	2.6	2.1	1.7	1.2	0.8	0.1	0	1
900~1200	3.4	2.6	1.6	1.3	0.9	0.7	0	0	1

4.2.6 管道的折角β大于本规程表 4.2.5 的规定时，可采取下列处理措施：

1 采用弯管(图 4.2.6-a)；

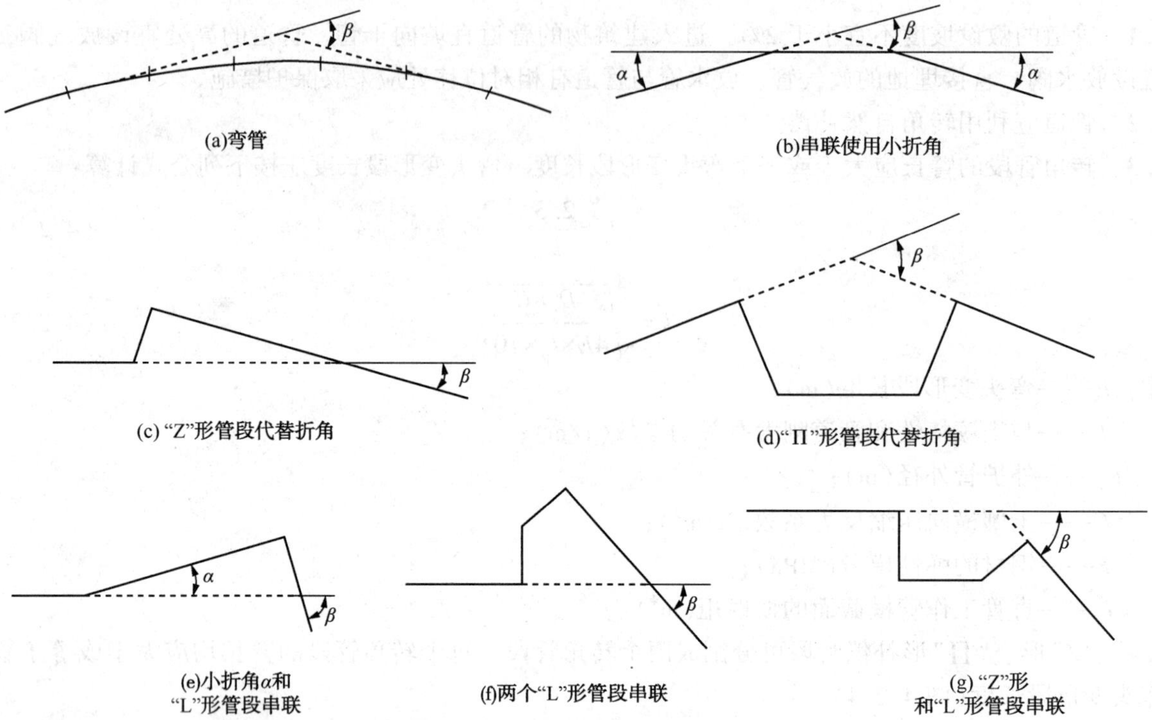

图 4.2.6 管道的转角处理示意图

2 将大折角β分解为几个小折角α(图 4.2.6-b)；

3 串联 2 个弯头，将大折角β转化为“Z”形管段(图 4.2.6-c)；

4 串联 4 个弯头，将大折角β转化为“Π”形管段(图 4.2.6-d)；

5 一个小折角α串联一个弯头，取代大折角β(图 4.2.6-e)；

6 串联 3 个弯头，将大折角β分解为 2 个“L”形管段(图 4.2.6-f)；

7 串联 4 个弯头，将大折角β分解为“Z”形和“L”形管段(图 4.2.6-g)。

4.2.7 直埋管道分支点干管的轴向热位移量不宜大于 50mm。

4.2.8 公称直径小于或等于 500mm 的支管可从干管直接引出，在支管上应设固定墩或轴向补偿器或弯管补偿器，并应符合下列规定：

1 分支点至支管上固定墩的距离不宜大于 9m；

2 分支点至支管上轴向补偿器或弯管的距离不宜大于 20m；

3 分支点至支管上固定墩或弯管补偿器的距离不应小于支管的弯头变形段长度；

4 分支点至支管上轴向补偿器的距离不应小于 12m。

4.2.9 轴向补偿器和管道轴线应一致，轴向补偿器与分支点、转角、变坡点的距离不应小于管道弯头变形段长度的 1.5 倍，且不应小于 12m。

4.3 管道附件与设施

4.3.1 管道附件与设施的布置和敷设应符合现行行业标准《城镇供热管网设计规范》CJJ 34 的相关规定。

4.3.2 阀门应采用能承受管道轴向荷载的钢制焊接阀门。

4.3.3 补偿器、异径管等管道附件应采用焊接连接，补偿器宜设在检查室内。

4.3.4 当管道由直埋敷设转至其他敷设方式，或进入检查室时，直埋保温管保温层的端头应封闭。

4.3.5 异径管或壁厚变化处，应设补偿器或固定墩，固定墩应设在大管径或壁厚较大一侧。

4.3.6 三通、弯头等应力比较集中的部位应进行验算，不能满足要求时，可采取设置固定墩或补偿器等保护措施。

4.3.7 当需要减小管道对固定墩的推力时，可采取设置补偿器或对管道进行预热处理等措施。

4.3.8 固定墩处应采取防腐绝缘措施，钢管、钢架不应裸露。

5 管道应力验算

5.1 一般规定

5.1.1 管道的应力验算应采用应力分类法，并应符合下列规定：

1 一次应力的当量应力不应大于钢材的许用应力；

2 一次应力和二次应力的当量应力变化范围不应大于3倍钢材的许用应力；

3 局部应力集中部位的一次应力、二次应力和峰值应力的当量应力变化幅度不应大于3倍钢材的许用应力。

5.1.2 进行管道应力计算时，计算参数应按下列规定取值：

1 计算压力应取管道设计压力；

2 工作循环最高温度应取供热管网设计供水温度；

3 工作循环最低温度，对于全年运行的管道应取30℃，对于只在采暖期运行的管道应取10℃；

4 计算安装温度应取安装时的最低温度；

5 计算应力变化范围时，计算温差应采用工作循环最高温度与工作循环最低温度之差；

6 计算轴向力时，计算温差应采用工作循环最高温度与计算安装温度之差。

5.1.3 保温管与土壤之间的单位长度摩擦力应按下式计算：

$$F=\mu\left(\frac{1+K_0}{2}\pi\times D_c\times\sigma_v+G-\frac{\pi}{4}D_c^2\times\rho\times g\right) \tag{5.1.3-1}$$

$$K_0=1-\sin\varphi \tag{5.1.3-2}$$

式中：F——单位长度摩擦力（N/m）；

μ——摩擦系数；

D_c——外护管外径（m）；

σ_v——管道中心线处土壤应力（Pa）；

G——包括介质在内的保温管单位长度自重（N/m）；

ρ——土密度（kg/m^3），可取$1800kg/m^3$；

g——重力加速度（m/s^2）；

K_0——土壤静压力系数；

φ——回填土内摩擦角（°），砂土可取30°。

5.1.4 土壤应力应按下列公式计算：

1 当管道中心线位于地下水位以上时的土壤应力：

$$\sigma_v=\rho\times g\times H \tag{5.1.4-1}$$

式中：σ_v——管道中心线处土壤应力（Pa）；

ρ——土密度（kg/m^3），可取$1800kg/m^3$；

g——重力加速度（m/s^2）；

H——管道中心线覆土深度（m）；

2 当管道中心线位于地下水位以下时的土壤应力：

$$\sigma_v=\rho\times g\times H_w+\rho_{sw}\times g(H-H_w) \tag{5.1.4-2}$$

式中：ρ_{sw}——地下水位线以下的土壤有效密度（kg/m^3），可取$1000kg/m^3$；

H_w——地下水位线深度(m)。

5.1.5 保温管与土壤间的摩擦系数应根据回填条件确定，可按表5.1.5采用。

表5.1.5 保温管外壳与土壤间的摩擦系数

回填料	摩擦系数	
	最大摩擦系数 μ_{max}	最小摩擦系数 μ_{min}
中砂	0.40	0.20
粉质黏土或砂质粉土	0.40	0.15

5.1.6 管道径向位移时，土壤横向压缩反力系数宜根据当地土壤情况实测数据确定，当无实测数据时，可按下列规定确定：

1 管道水平位移时，可按 $1\times10^6N/m^3$～$10\times10^6N/m^3$ 取值；

2 管道水平位移，对于粉质黏土、砂质粉土，回填密实度为90%～95%时，可按 $3\times10^6N/m^3$～$4\times10^6N/m^3$ 取值；

3 管道竖向向下位移时，可按 $5\times10^6N/m^3$～$100\times10^6N/m^3$ 取值。

5.1.7 钢材的许用应力应根据钢材有关特性，取下列两式中的较小值：

$$[\sigma]=\frac{\sigma_b}{3} \tag{5.1.7-1}$$

$$[\sigma]=\frac{\sigma_s}{1.5} \tag{5.1.7-2}$$

式中：$[\sigma]$——钢材的许用应力(MPa)；

σ_b——钢材的抗拉强度最小值(MPa)；

σ_s——钢材的屈服极限最小值(MPa)。

5.2 管壁厚度计算

5.2.1 工作管的最小壁厚应按下式计算：

$$\delta_m=\frac{P_d\times D_o}{2[\sigma]\times\eta\times2Y\times P_d} \tag{5.2.1}$$

式中：δ_m——工作管最小壁厚(m)；

P_d——管道计算压力(MPa)；

D_o——工作管外径(m)；

$[\sigma]$——钢材的许用应力(MPa)；

η——许用应力修正系数，无缝钢管取1.0，螺旋焊缝钢管可取0.9；

Y——温度修正系数，可取0.4。

5.2.2 工作管的公称壁厚应按下式确定：

$$\delta\geqslant\delta_m+B \tag{5.2.2}$$

式中：δ——工作管公称壁厚(m)；

δ_m——工作管最小壁厚(m)；

B——管道壁厚负偏差附加值(m)。

5.2.3 管道壁厚负偏差附加值，应根据管道产品技术条件的规定选用，或按下列方法确定：

1 钢管壁厚负偏差附加值可按下式计算：

$$B=\chi\times\delta_m \tag{5.2.3}$$

式中：B——管道壁厚负偏差附加值(m)；

δ_m——工作管最小壁厚(m)；

χ——管道壁厚负偏差系数，可按表 5.2.3 选取。

表 5.2.3　管道壁厚负偏差系数

管道壁厚偏差(%)	0	-5	-8	-9	-10	-11	-12.5	-15
管道壁厚负偏差系数	0.050	0.053	0.087	0.099	0.111	0.124	0.143	0.176

2　当焊接钢管产品技术条件中未提供壁厚允许负偏差值时，壁厚负偏差附加值可采用钢板厚度的负偏差值，但壁厚负偏差附加值不得小于 0.5mm。

5.3　直管段应力验算

5.3.1　工作管的屈服温差应按下列公式计算：

$$\Delta T_{y}=\frac{1}{\alpha\times E}[n\times\sigma_{s}-(1-\nu)\sigma_{t}] \tag{5.3.1-1}$$

$$\sigma_{t}=\frac{P_{d}\times D_{i}}{2\delta} \tag{5.3.1-2}$$

式中：ΔT_{y}——工作管屈服温差(℃)；

α——钢材的线膨胀系数[m/(m·℃)]；

E——钢材的弹性模量(MPa)；

n——屈服极限增强系数，取 1.3；

σ_{s}——钢材的屈服极限最小值(MPa)；

ν——钢材的泊松系数，取 0.3；

σ_{t}——管道内压引起的环向应力(MPa)；

P_{d}——管道计算压力(MPa)；

D_{i}——工作管内径(m)；

δ——工作管公称壁厚(m)。

5.3.2　直管段的过渡段长度应按下列公式计算：

1　直管段过渡段最大长度：

$$L_{max}=\frac{[\alpha\times E(t_{1}-t_{0})-\nu\times\sigma_{t}]A\times10^{6}}{F_{min}} \tag{5.3.2-1}$$

当 $t_1-t_0>\Delta T_y$ 时，取 $t_1-t_0=\Delta T_y$。

2　直管段过渡段最小长度：

$$L_{min}=\frac{[\alpha\times E(t_{1}-t_{0})-\nu\times\sigma_{t}]A\times10^{6}}{F_{max}} \tag{5.3.2-2}$$

当 $t_1-t_0>\Delta T_y$ 时，取 $t_1-t_0=\Delta T_y$。

式中：L_{max}——直管段的过渡段最大长度(m)；

L_{min}——直管段的过渡段最小长度(m)；

F_{max}——单位长度最大摩擦力(N/m)；

F_{min}——单位长度最小摩擦力(N/m)；

α——钢材的线膨胀系数[m/(m·℃)]；

E——钢材的弹性模量(MPa)；

t_{1}——管道工作循环最高温度(℃)；

t_{0}——管道计算安装温度(℃)；

ν——钢材的泊松系数，取 0.3；

σ_{t}——管道内压引起的环向应力(MPa)；

A——工作管管壁的横截面积(m^2)；

ΔT_y——工作管屈服温差(℃)。

5.3.3 在管道工作循环最高温度下，过渡段内工作管任一截面上的最大轴向力和最小轴向力应按下列公式计算：

1 最大轴向力：

$$N_{t\cdot max}=F_{max}\times L'+F_f \tag{5.3.3-1}$$

当 $L'\geqslant L_{min}$ 时，取 $L'=L_{min}$。

2 最小轴向力：

$$N_{t\cdot min}=F_{min}\times L'+F_f \tag{5.3.3-2}$$

式中：$N_{t\cdot max}$——过渡段内计算截面的最大轴向力(N)；

$N_{t\cdot min}$——过渡段内计算截面的最小轴向力(N)；

F_{max}——单位长度最大摩擦力(N/m)；

F_{min}——单位长度最小摩擦力(N/m)；

L'——过渡段内计算截面距活动端的距离(m)；

F_f——活动端对管道伸缩的阻力(N)；

L_{min}——直管段的过渡段最小长度(m)。

5.3.4 在管道工作循环最高温度下，锚固段内的轴向力应按下式计算：

$$N_a=[\alpha\times E(t_1-t_0)-\nu\sigma_t]A\times 10^6 \tag{5.3.4}$$

当 $t_1-t_0>\Delta T_y$ 时，取 $t_1-t_0=\Delta T_y$。

式中：N_a——锚固段的轴向力(N)；

α——钢材的线膨胀系数[m/(m·℃)]；

E——钢材的弹性模量(MPa)；

t_1——管道工作最高循环温度(℃)；

t_0——管道计算安装温度(℃)；

ν——钢材的泊松系数，取0.3；

σ_t——管道内压引起的环向应力(MPa)；

A——工作管管壁的横截面积(m^2)。

5.3.5 对工作管直管段的当量应力变化范围应进行验算，并应符合下列规定：

1 当量应力变化范围应按下式计算：

$$\sigma_j=(1-\nu)\sigma_t+\alpha\times E(t_1-t_2)\leqslant 3[\sigma] \tag{5.3.5-1}$$

式中：σ_j——内压、热胀应力的当量应力变化范围(MPa)；

ν——钢材的泊松系数，取0.3；

σ_t——管道内压引起的环向应力(MPa)；

α——钢材的线膨胀系数[m/(m·℃)]；

E——钢材的弹性模量(MPa)；

t_1——管道工作循环最高温度(℃)；

t_2——管道工作循环最低温度(℃)；

$[\sigma]$——钢材的许用应力(MPa)。

2 当不能满足公式(5.3.5-1)时，管系设计时不应布置锚固段，且过渡段长度应按下式计算：

$$L\leqslant\frac{(3[\sigma]-\sigma_t)A}{1.6F_{max}}\times 10^6 \tag{5.3.5-2}$$

式中：L——设计布置的过渡段长度(m)；

$[\sigma]$——钢材的许用应力(MPa)；

σ_t——管道内压引起的环向应力(MPa)；

A——工作管管壁的横截面积(m^2)；

F_{max}——单位长度最大摩擦力(N)。

5.4 直管段局部稳定性验算

5.4.1 对由于土壤摩擦力约束热胀变形或局部沉降造成的高内力的直管段，不得出现局部屈曲、弯曲屈曲和皱折。

5.4.2 公称直径大于500mm的管道应进行局部稳定性验算，并应符合下式计算规定：

$$\frac{D_o}{\delta} \leqslant \frac{E}{4[\alpha \times E(t_1 - t_0) + \nu \times P_d] + 2\times\sqrt{4\times[\alpha\times E(t_1 - t_0)+\nu\times P_d]^2 - \nu\times E\times P_d}} \quad (5.4.2)$$

式中：D_o——工作管外径(m)；

δ——工作管公称壁厚(m)；

α——钢材的线膨胀系数[m/(m·℃)]；

E——钢材的弹性模量(MPa)；

t_1——管道工作循环最高温度(℃)；

t_0——管道计算安装温度(℃)；

ν——钢材的泊松系数，取0.3；

P_d——管道计算压力(MPa)。

5.4.3 对于承受较大静土压和机动车动土压的管道不得出现径向失稳。

5.4.4 公称直径大于500mm的管道应按下列公式进行径向稳定性验算：

$$\Delta X = \frac{1.728 W \times D_o}{E(\delta^3/r^3) + 2562} \quad (5.4.4\text{-}1)$$

$$\Delta X \leqslant 0.03 D_o \quad (5.4.4\text{-}2)$$

式中：ΔX——工作管径向最大变形量(m)；

W——管顶单位面积上总垂直荷载(kPa)，包括管顶垂直土荷载和地面车辆传递到钢管上的荷载，直埋管道管顶单位面积上总垂直荷载应符合表5.4.4的规定；

D_o——工作管外径(m)；

E——钢材的弹性模量(kPa)；

δ——工作管公称壁厚(m)；

r——工作管平均半径(m)。

表 5.4.4 直埋管道管顶单位面积上总垂直荷载

管顶覆土深度(m)	管顶单位面积上总垂直荷载(kPa)
1.3	62
1.4	60
1.5	58
1.6	56

5.5 管件应力验算

5.5.1 弯头的升温弯矩及轴向力可采用有限元法计算或按本规程附录C的规定计算。

5.5.2 弯头工作管在弯矩作用下的最大环向应力变化幅度应按下列公式计算：

$$\sigma_{bt} = \frac{\beta_b \times M \times r_{bo}}{I_b} \times 10^{-6} \quad (5.5.2\text{-}1)$$

$$\beta_b = 0.9 \times \left(\frac{1}{\lambda}\right)^{\frac{2}{3}} \quad (5.5.2\text{-}2)$$

$$\lambda=\frac{R\times\delta_b}{r_{bm}^2} \tag{5.5.2-3}$$

$$r_{bm}=r_{bo}-\frac{\delta_b}{2} \tag{5.5.2-4}$$

式中：σ_{bt}——弯头在弯矩作用下最大环向应力变化幅度（MPa）；

β_b——弯头平面弯曲环向应力加强系数；

M——弯头的弯矩变化范围（N·m）；

r_{bo}——弯头工作管横截面的外半径（m）；

r_{bm}——弯头工作管横截面的平均半径（m）；

I_b——弯头工作管横截面的惯性矩（m^4）；

λ——弯头工作管的尺寸系数；

R——弯头的曲率半径（m）；

δ_b——弯头工作管的公称壁厚（m）。

5.5.3 弯头工作管的强度验算应符合下列表达式：

$$\sigma_{bt}+0.5\sigma_{pt}\leqslant 3[\sigma] \tag{5.5.3-1}$$

$$\sigma_{pt}=\frac{P_d\times r_{bi}}{\delta_b} \tag{5.5.3-2}$$

式中：σ_{bt}——弯头在弯矩作用下最大环向应力变化幅度（MPa）；

σ_{pt}——弯头在内压作用下的最大环向应力（MPa）；

$[\sigma]$——钢材的许用应力（MPa）；

P_d——管道计算压力（MPa）；

r_{bi}——弯头工作管横截面的内半径（m）；

δ_b——弯头工作管的公称壁厚（m）。

5.5.4 三通等管件工作管应根据内压和主管轴向荷载联合作用进行强度验算，应采用应力测定或有限元法进行疲劳分析，当不能满足应力验算条件时应进行加固。

5.5.5 三通工作管加固应采取下列一项或几项措施：

1 加大主管壁厚，提高三通总体强度（包括采用不等壁厚的锻钢三通）；

2 在开孔区采取加固措施（包括增加支管壁厚），抑制三通开孔区的变形；

3 在开孔区周围加设传递轴向荷载的结构。

5.6 管道竖向稳定性验算

5.6.1 直管段上的垂直荷载应符合下式：

$$Q\geqslant\frac{\gamma_s\times N_{p\cdot max}^2}{E\times I_p\times 10^6}f_o \tag{5.6.1}$$

式中：Q——作用在单位长度管道上的垂直分布荷载（N/m）；

γ_s——安全系数，取 1.1；

$N_{p\cdot max}$——管道的最大轴向力（N），按本规程式（5.3.3-1）或式（5.3.4）计算；

f_o——初始挠度（m）；

E——钢材的弹性模量（MPa）；

I_p——直管工作管横截面的惯性矩（m^4）。

5.6.2 初始挠度应按下式计算：

$$f_o=\frac{\pi}{200}\sqrt{\frac{E\times I_p\times 10^6}{N_{p\cdot max}}} \tag{5.6.2}$$

当f_o<0.01m时，f_o取0.01m。

式中：f_o——初始挠度(m)；

E——钢材的弹性模量(MPa)；

I_p——直管工作管横截面的惯性矩(m^4)；

$N_{p\cdot max}$——管道的最大轴向力(N)，按本规程式(5.3.3-1)或式(5.3.4)计算。

5.6.3 垂直荷载应按下列公式计算：

$$Q=G_w+G+S_F \tag{5.6.3-1}$$

$$G_W=\left[H\times D_c-\frac{\pi\times D_c^2}{8}\right]\times\rho\times g \tag{5.6.3-2}$$

$$S_F=\rho\times g\times H^2\times K_0\times\tan\varphi \tag{5.6.3-3}$$

$$K_0=1-\sin\varphi \tag{5.6.3-4}$$

式中：Q——作用在单位长度管道上的垂直分布荷载(N/m)；

G_W——单位长度管道上方的土层重量(N/m)；

G——包括介质在内的保温管单位长度自重(N/m)；

S_F——单位长度管道上方土体的剪切力(N/m)；

H——管道中心线覆土深度(m)；

D_c——外护管外径(m)；

ρ——土密度(kg/m^3)，可取1800kg/m^3；

g——重力加速度(m/s^2)；

K_0——土壤静压力系数；

φ——回填土内摩擦角(°)，砂土可取30°。

5.6.4 当竖向稳定性不满足要求时，应采取下列措施：

1 增加管道覆土深度或管道上方荷载；

2 降低管道轴向力。

5.7 热伸长计算

5.7.1 两过渡段间驻点位置Z(图5.7.1)应按下式计算：

$$l_a=\frac{1}{2}\left[(l_a+l_b)-\frac{F_a-F_b}{F_{min}}\right] \tag{5.7.1}$$

式中：l_a、l_b——分别为驻点两侧过渡段长度(m)；

F_a、F_b——分别为驻点两侧活动端对管道伸缩的阻力(N)，当F_a或F_b的数值与过渡段长度有关，采用迭代计算时，F_a或F_b的误差不应大于10%；

F_{min}——管道单位长度最小摩擦力(N/m)。

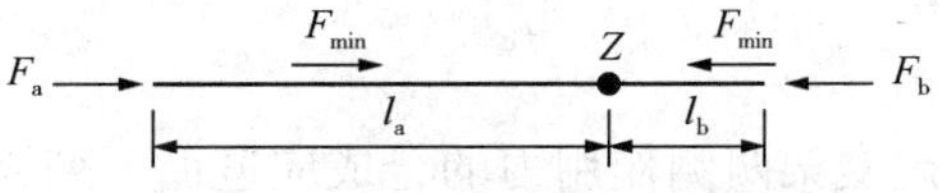

图5.7.1 计算驻点位置简图

5.7.2 管段伸长量应根据该管段所处的应力状态按下列公式计算：

1 当$t_1-t_0\leqslant\Delta T_y$或$l\leqslant L_{min}$，整个过渡段处于弹性状态工作时：

$$\Delta l=\left[\alpha(t_1-t_0)-\frac{F_{min}\times l}{2E\times A\times10^6}\right]\times l \tag{5.7.2-1}$$

2 当$t_1-t_0>\Delta T_y$，且$l>L_{min}$，管段中部分进入塑性状态工作时：

$$\Delta l=\left[\alpha(t_1-t_0)-\frac{F_{\min}\times l}{2E\times A\times 10^6}\right]\times l-\Delta l_{\mathrm{p}} \tag{5.7.2-2}$$

$$\Delta l_{\mathrm{p}}=\alpha(t_1-t_0-\Delta T_{\mathrm{y}})\times(l-L_{\min}) \tag{5.7.2-3}$$

式中：Δl——管段的热伸长量(m)；

Δl_{p}——过渡段的塑性压缩变形量(m)；

α——钢材的线膨胀系数[m/(m·℃)]；

t_0——管道计算安装温度(℃)；

t_1——管道工作循环最高温度(℃)；

$F_{\min}$——管道单位长度最小摩擦力(N/m)；

E——钢材的弹性模量(MPa)；

A——工作管管壁的横截面积(m^2)；

ΔT_{y}——工作管屈服温差(℃)；

$L_{\min}$——直管段的过渡段最小长度(m)；

$L_{\max}$——直管段的过渡段最大长度(m)；

l——设计布置的管段长度(m)，当 $l\geqslant L_{\max}$ 时。取 $l=L_{\max}$。

5.7.3 过渡段内任一计算点的热位移应按下列公式计算：

$$\Delta l_{\mathrm{d}}=\Delta l-\Delta l_{\mathrm{a}} \tag{5.7.3}$$

式中：Δl_{d}——计算截面的热位移量(m)；

Δl——管段的热伸长量(m)，按式(5.7.2)计算；

Δl_{a}——假设过渡段的热伸长量(m)，按式(5.7.2)计算，式中 l 取计算点到活动端的距离。

5.7.4 采用套筒、波纹管、球形等补偿器对过渡段的热伸长或分支三通热位移进行补偿时，选用补偿器的补偿能力应符合下列规定：

1 当过渡段的一端为固定点或锚固点时，补偿器补偿能力不应小于计算热伸长量(或热位移量)的1.1倍；

2 当过渡段的一端为驻点时，补偿器补偿能力不应小于计算热伸长量(或热位移量)的1.2倍，但不应大于按过渡段最大长度计算出的热伸长量的1.1倍。

6 固定墩设计

6.1 管道对固定墩和固定支架的作用

6.1.1 管道对固定墩、固定支架的作用力应包括下列三个力：

1 管道热胀冷缩受到土壤约束产生的作用力；

2 内压产生的不平衡力；

3 活动端位移产生的作用力。

6.1.2 管道作用于固定墩、固定支架两侧作用力的合成应遵循下列原则：

1 合成力应是其两侧管道单侧作用力的矢量和；

2 根据两侧管段摩擦力下降造成的轴向力变化的差异，应按最不利情况进行合成；

3 两侧管段由热胀受约束引起的作用力和活动端作用力的合力相互抵消时，荷载较小方向力应乘以0.8的抵消系数；

4 当两侧管段均为锚固段时，抵消系数应取0.9；

5 两侧内压不平衡力的抵消系数应取1.0。

6.1.3 固定墩、固定支架承受的推力可按本规程附录D所列公式计算或采用计算不同摩擦力工况下两侧推力(考虑抵消系数)最大差值的方法确定。

6.1.4 当允许固定墩微量位移时，固定墩承受的推力减小值应按下列公式确定：

1 一端为锚固段，另一端为过渡段：

$$T'=\sqrt{2\Delta l'\times F_{\min}\times E\times A} \tag{6.1.4-1}$$

式中：T'——固定墩承受的推力减小值(kN)；

$\Delta l'$——固定墩微量位移量(m)，可取5mm~20mm；

$F_{\min}$——单位长度最小摩擦力(N/m)；

E——钢材的弹性模量(MPa)；

A——工作管管壁的横截面积(m^2)。

2 当两端均为过渡段：

$$T'=2\sqrt{\Delta l'\times F_{\min}\times E\times A} \tag{6.1.4-2}$$

6.2 固定墩结构

6.2.1 固定墩应进行抗滑移和抗倾覆的稳定性验算(图6.2.1)。

1 抗滑移验算可按下式计算：

$$K=\frac{K_s\times E_p+f_1+f_2+f_3}{E_a+T}\geqslant 1.3 \tag{6.2.1-1}$$

式中：K——抗滑移系数；

K_s——被动土压力折减系数，无位移取0.8~0.9；小位移取0.4~0.7；

E_p——被动土压力(N)；

E_a——主动土压力(N)；

f_1、f_2、f_3——固定墩底面、侧面及顶面与土壤的摩擦力(N)；

T——固定墩承受的推力(N)。

2 抗倾覆验算可按下式计算：

$$K_{ov}=\frac{K_s\times E_p\times X_2+(G_g+G_1)\times(d/2)}{E_a\times X_1+T(h_2-H)}\geqslant 1.5 \tag{6.2.1-2}$$

$$\sigma_{\max}\leqslant 1.2f \tag{6.2.1-3}$$

$$E_p=\frac{1}{2}\rho\times g\times b\times h(h_1+h_2)\times\tan^2\left(45°+\frac{\varphi}{2}\right) \tag{6.2.1-4}$$

$$E_a=\frac{1}{2}\rho\times g\times b\times h(h_1+h_2)\times\tan^2\left(45°-\frac{\varphi}{2}\right) \tag{6.2.1-5}$$

式中：K_{ov}——抗倾覆系数；

X_2——被动土压力E_p作用点至固定墩底面的距离(m)；

X_1——主动土压力E_a作用点至固定墩底面的距离(m)；

G_g——固定墩自重(N)；

G_1——固定墩上部覆土重(N)；

$\sigma_{\max}$——固定墩底面对土壤的最大压应力(Pa)；

f——地基承载力设计值(Pa)；

b、d、h——固定墩宽、厚、高尺寸(m)；

h_1——固定墩顶面至地面的距离(m)；

h_2——固定墩底面至地面的距离(m)；

H——管道中心线覆土深度(m)；

ρ——土密度(kg/m^3)，可取1800；

g——重力加速度(m/s^2)；

φ——回填土内摩擦角(°)，砂土取30°。

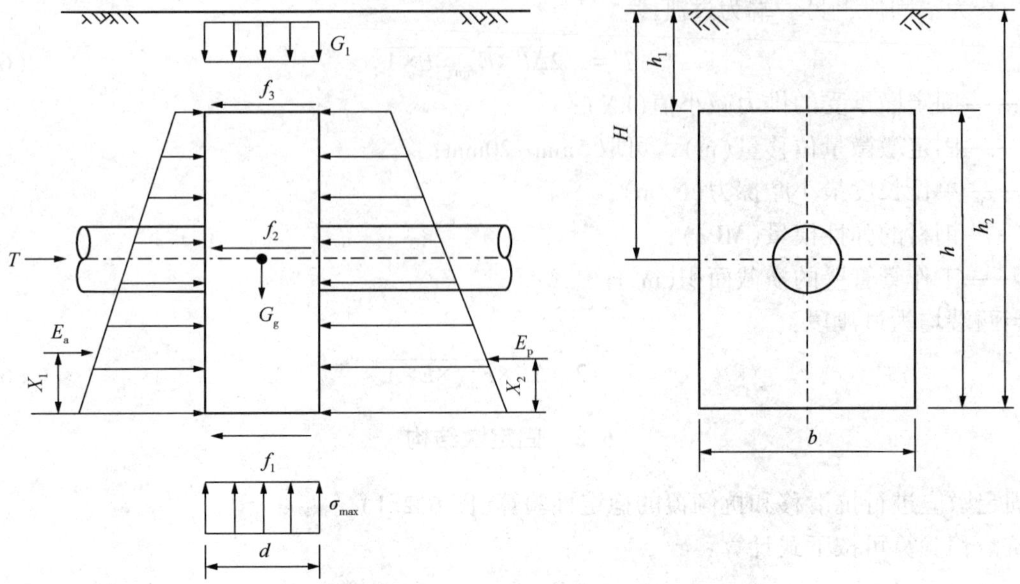

图 6.2.1　固定墩受力示意图

6.2.2　回填土与固定墩的摩擦系数应按表6.2.2选取。

表 6.2.2　回填土与固定墩的摩擦系数

土壤类别		摩擦系数(μ_m)
黏性土	可塑性	0.25~0.30
	硬性	0.30~0.35
	坚硬性	0.35~0.45
粉土	土壤饱和度<0.5	0.30~0.40
中砂、粗砂、砾砂	—	0.40~0.50
碎石土	—	0.6

6.2.3　固定墩的强度及配筋计算应根据受力特点按现行国家标准《混凝土结构设计规范》GB 50010的相关规定执行。

6.2.4　固定墩应采用钢筋混凝土材料结构，并应符合下列规定：

1　混凝土强度等级不应低于C30；

2　钢筋应采用HPB300、HRB335，直径不应小于10mm；

3　钢筋应采用双层布置，保护层不应小于40mm，钢筋间距不应大于250mm；

4　当地下水对钢筋混凝土有腐蚀作用时，应按现行国家标准《工业建筑防腐蚀设计规范》GB 50046的规定对固定墩进行防腐处理。

6.2.5　供热管道穿过固定墩处，除管道固定节两边应设置抗挤压加强筋外，对于局部混凝土高热区应采取隔热或耐热措施。

7　管道施工与验收

7.1　施　　工

7.1.1　管道工程的施工单位应具有相应的施工资质。

7.1.2　施工现场管理应有施工安全、技术、质量标准，健全的安全、技术、质量管理体系和制度。

7.1.3 施工中应执行设计文件的规定，需要变更设计时应按有关规定执行，未经审批的设计变更严禁施工。

7.1.4 施工前应按设计要求对管线进行平面位置和高程测量，并应符合现行行业标准《城市测量规范》CJJ/T8 和《城镇供热管网工程施工及验收规范》CJJ 28 的相关规定。

7.1.5 施工前，施工单位应会同建设、监理等单位，核对管道路由、相关地下管道以及构筑物的资料，必要时应局部开挖核实。

7.1.6 管道穿越其他市政设施时，应对其采取保护措施，并应征得产权单位的同意。

7.1.7 在地下水位较高的地区或雨季施工时，应采取降低水位或排水措施，并应及时清除沟内积水。

7.1.8 在沿车行道、人行道施工时，应在管沟沿线设置安全护栏，并应设置明显的警示标志。施工现场夜间应设置安全照明、警示灯和具有反光功能的警示标志。

7.1.9 直埋保温管和管件应采用工厂预制的产品。直埋保温管和管路附件应符合现行的国家有关产品标准，并应具有生产厂质量检验部门的产品合格文件。

7.1.10 管道及管路附件在入库和进入施工现场安装前应进行检查，其材质、规格、型号应符合设计文件和合同的规定，并应进行外观检查。当对外观质量有异议或设计文件有要求时，应进行质量检验，不合格者不得使用。

7.1.11 土方开挖及回填应按现行行业标准《城镇供热管网工程施工及验收规范》CJJ 28 的相关规定执行，并应符合下列规定：

1 土方开挖中发现地下管线或构筑物时，应与有关单位协商，并应采取保护措施；

2 管沟沟底宽度和工作坑尺寸应根据现场实际情况确定，设计未规定时，可按下列规定执行：

1）槽底宽度可按下式确定：

$$a=2D_c+s+2c \tag{7.1.11}$$

式中：a——沟槽底宽度(m)；

D_c——外护管外径(m)；

s——两管道之间的净距(m)，取 0.25~0.4；

c——安装工作宽度(m)，取 0.1~0.2。

2）管道接头处工作坑的沟槽壁或侧面支承与直埋管道的净距不宜小于 0.6m，工作坑的沟槽底面与直埋管道的净距不应小于 0.5m。

3 沟槽边坡和支承应符合现行国家标准《土方与爆破工程施工及验收规范》GB 50201 的相关规定；

4 沟槽一侧或两侧临时堆土位置和高度不得影响边坡的稳定性和管道安装。

7.1.12 在有限空间内作业应制定实施方案，作业前应进行气体检测，合格后方可进行现场作业。作业时地面上应有监护人员，并应保持联络畅通。

7.1.13 管道及管路附件安装应按现行行业标准《城镇供热管网工程施工及验收规范》CJJ 28 的相关规定执行，并应符合下列规定：

1 同一施工段的等径直管段宜采用相同厂家、相同规格和性能的预制保温管、管件及保温接头。当无法满足时，应征得设计单位的同意；

2 当直埋保温管采用预热安装时，应以一个预热伸长段作为一个施工分段，并应符合本规程附录 E 的规定；

3 安装至回填前，管沟内不应有积水。当日工程完工时，应对未安装完成的管端采取临时封堵措施，并应对裸露的保温层进行封端防水处理；

4 管道安装坡度应与设计要求一致。在管道安装过程中出现折角或管道折角大于设计值时，应与设计单位确认后再进行安装；

5 焊缝内部质量检验应采用射线探伤，当不能采用射线探伤时，应经质检部门同意后，方可采用超声波探伤。焊缝内部质量检验数量应符合下列规定：

1）管道公称直径大于或等于400mm、设计温度大于或等于100℃、压力大于1.0MPa，焊缝应进行100%焊缝内部质量检验；

2）对穿越铁路、公路、河流、桥梁、有轨电车及非开挖敷设的直埋管道，焊缝应进行100%焊缝内部质量检验；

3）对于抽查的焊缝，抽查数量不应少于焊缝总数的25%，且每个焊工不应少于1个焊缝。抽查时，应侧重抽查固定焊口。

6 带泄漏监测系统的保温管的安装还应符合下列规定：

1）信号线的位置应在管道的上方，相同颜色的信号线应对齐；

2）工作钢管焊接前应测试信号线的通断状况和电阻值，合格后方可对口焊接。

7 接头保温应符合下列规定：

1）接头保温应在工作钢管安装完毕及焊缝检测合格、强度试验合格后进行；

2）管道接头使用聚氨酯发泡时，环境温度宜为25℃，且不应低于10℃；管道温度不应超过50℃。

3）接头保温的结构、保温材料的材质及厚度应与预制保温管相同；

4）保温管的保温层被水浸泡后，应清除被浸湿的保温材料方可进行接头保温；

5）接头外护层与其两侧的保温管外护管的搭接长度不应小于100mm。接口时，外护层和工作钢管表面应洁净干燥。如因雨水、受潮或结露而使外护层或工作钢管潮湿时，应进行加热烘干处理。

8 接头外护层安装完成后，应进行100%的气密性检验。

9 施工过程中应对保温管的保温层采取防潮措施，保温层不得进水或受潮。

7.1.14 固定墩、固定支架施工应符合下列规定：

1 固定墩预制件的几何尺寸、焊接质量及隔热层、防腐层应满足设计要求。在固定墩浇注混凝土前应检查与混凝土接触部位的防腐层是否完好，如有损坏应进行修补。

2 固定墩、固定支架的混凝土强度应达到设计强度并回填后，方可进行管道整体压力试验和试运行。

7.2 管道试验和清洗

7.2.1 管道试验和清洗应符合现行行业标准《城镇供热管网工程施工及验收规范》CJJ 28的相关规定。

7.2.2 管道应进行压力试验、清洗。强度试验应在焊接完成、接头保温和安装设备前进行，严密性试验应在管道回填后进行。

7.2.3 压力试验和清洗应具备经建设单位、设计单位和监理单位批准的压力试验和清洗方案规定的条件。

7.2.4 压力试验和清洗前应划定安全区、设置安全标志。在整个试验和清洗过程中应有专人值守，无关人员不得进入试验区。

7.2.5 管道压力试验应符合下列规定：

1 管道压力试验的介质应采用干净水；

2 压力试验时环境温度不宜低于5℃，否则应采取防冻措施；

3 试验压力应符合设计规定。当设计未规定时，强度试验压力应为设计压力的1.5倍，严密性试验压力应为设计压力的1.25倍，且均不得低于0.6MPa；

4 当试验过程中发现渗漏时，严禁带压处理。消除缺陷后，应重新进行压力试验；

5 试验结束后，应及时排尽管道内的积水。

7.2.6 管道清洗应符合下列规定：

1 管道清洗宜采用清洁水；

2 不与管道同时清洗的设备、容器及仪表应与清洗管道隔离或拆除；

3 清洗进水管的截面积不应小于被清洗管截面积的50%，清洗排水管截面积不应小于进水管截面积，排放水应引入可靠的排水井或排水沟内；

4 管道清洗宜按主干线—支干线—支线顺序进行，排水时，不得形成负压；

5 管道清洗前应将管道充满水并浸泡，冲洗的水流方向应与设计介质流向一致；

6 管道清洗应连续进行，并应逐渐加大管内流量，管内平均流速不应低于1m/s；

7 管道清洗过程中应观察排出水的清洁度，当目测排水口的水色和透明度与入口水一致时，清洗合格。

7.2.7 管道试验和清洗完成后，应在分项工程、分部工程验收合格的基础上进行单位工程验收，并应符合现行行业标准《城镇供热管网工程施工及验收规范》CJJ 28的相关规定。

7.3 试运行

7.3.1 试运行应在单位工程验收合格，管道试验和清洗合格后，同时在热源具备供热条件情况下进行。

7.3.2 试运行前应编制试运行方案，对试运行各个阶段的任务、方法、步骤、指挥等各方面的协调配合及应急措施均应作详细的安排。在环境温度低于5℃时，应制定可靠的防冻措施。试运行方案应由建设单位、设计单位和监理单位审查同意并进行交底。

7.3.3 试运行应有完善、可靠的通信系统及其他安全保障措施。

7.3.4 试运行的实施应符合现行行业标准《城镇供热管网工程施工及验收规范》CJJ 28的相关规定。

7.3.5 当试运行期间发现不影响运行安全和试运行效果的问题时，可待试运行结束后进行处理，否则应停止试运行，并应在降温、降压后进行处理。

7.4 竣工验收

7.4.1 竣工验收应在单位工程验收和试运行合格后进行。

7.4.2 竣工验收应按《城镇供热管网工程施工及验收规范》CJJ 28的相关规定执行，验收还应包括下列内容：

1 管道轴线偏差；

2 管道地基处理、胸腔回填料、回填土高度和回填密实度；

3 回填前预制保温管外壳完好性；

4 预制保温管接口及报警线；

5 预制保温管与固定墩连接处防水防腐及检查室穿越口处理；

6 预拉预热伸长量、一次性补偿器预调整值及焊接线吻合程度；

7 防止管道失稳措施。

8 运行与维护

8.0.1 运行、维护应制定相应的管理制度、岗位责任制、安全操作规程、设施和设备维护保养手册及事故应急预案。

8.0.2 运行管理、操作和维护人员应掌握供热系统的运行、维护要求及技术指标，并应定期培训，考核合格后持证上岗。

8.0.3 在检查室等有限空间内的运行维护安全应符合下列规定：

1 作业应制定实施方案，作业前应进行危险气体和温度检测，合格后方可进入现场作业；

2 作业时应进行围挡，并应设置提示和安全标志，夜间进行操作检查时，还应设置警示灯；

3 严禁使用明火照明，照明用电电压不得大于24V。当有人员在检查室及管沟内作业时，严禁使用潜水泵等用电设备；

4 在有限空间内操作时，地面上应有监护人员，并应保持联络畅通；

5 严禁在有限空间内休息。

8.0.4 运行、维护除应符合现行行业标准《城镇供热系统安全运行技术规程》CJJ/T 88 的相关规定外，还应符合下列规定：

1 供热管线及附属设施应定期进行巡检，并应制定巡检方案；

2 当系统出现压力降低、温度变化较大、失水量增大等异常情况时应立即进行全网巡检，并应查明故障原因；

3 巡检发现外界施工占压和可能损坏供热管道及设施时，应及时进行处理，并应在施工阶段加强巡视；

4 巡检发现管道系统泄漏时，应立即设置安全警戒区和警示标志，并采取防护措施；

5 当有市政管线在直埋热水管道上面或侧面进行平行或垂直开槽施工时，应及时告知建设单位采取保护措施。

附录 A　全国主要城市地温月平均值

表 A　全国主要城市地温月平均值

城市	深度（m）	自然地温月平均值(℃)											
		1月	2月	3月	4月	5月	6月	7月	8月	9月	10月	11月	12月
北京	0.0	-5.3	-1.5	5.8	16.1	23.7	28.2	29.1	27.0	21.5	13.1	3.5	-3.6
	-0.8	2.6	1.7	3.6	9.4	15.1	20.2	22.8	23.9	21.5	16.9	11.2	5.6
	-1.6	7.4	5.6	5.4	8.0	11.9	15.6	18.6	21.0	20.6	18.3	14.7	10.6
	-3.2	12.7	11.0	9.8	9.5	10.4	12.1	13.9	16.3	17.3	17.3	16.4	14.8
上海	0.0	4.4	6.2	9.5	15.2	20.2	25.1	30.4	29.9	25.0	18.9	12.8	6.7
	-0.8	9.7	8.9	10.2	13.4	16.7	20.3	24.2	25.9	25.0	21.5	17.5	13.0
	-1.6	13.2	11.4	11.4	12.8	15.2	17.7	20.7	22.9	23.4	21.9	19.4	16.2
	-3.2	17.2	15.8	14.8	14.4	14.8	15.5	16.7	18.2	19.4	19.9	19.7	18.8
天津	0.0	-5.0	-1.0	5.8	16.2	23.2	28.0	29.4	27.2	22.4	13.5	4.0	-2.4
	-0.8	3.3	2.3	4.5	10.3	15.5	19.9	23.0	23.9	21.9	17.8	12.4	7.3
	-1.6	8.1	6.2	6.3	8.9	12.5	16.1	18.9	20.6	20.4	18.7	15.6	11.7
	-3.2	12.9	11.3	10.1	9.8	10.6	12.0	13.7	15.2	16.3	16.7	16.2	14.8
哈尔滨	0.0	-20.8	-15.4	-4.8	6.9	16.8	23.2	25.9	24.1	15.7	5.9	-6.2	-16.7
	-0.8	-4.3	-4.8	-2.9	-0.6	2.4	9.7	15.1	17.3	15.4	10.4	4.8	0.3
	-1.6	2.0	0.3	-0.2	0.1	0.2	3.1	8.8	12.2	12.9	11.1	7.9	4.5
	-3.2	6.0	4.7	3.0	2.4	2.1	2.1	4.0	6.6	8.5	9.2	8.6	7.3
长春	0.0	-17.3	-12.7	-3.7	7.4	16.7	22.7	26.0	23.7	16.3	7.2	-4.0	-13.5
	-0.8	-1.3	-2.0	-1.0	0.0	5.2	12.2	17.1	18.9	16.7	12.1	6.4	2.1
	-1.6	3.3	1.6	1.0	1.0	2.5	7.3	11.5	14.5	14.6	12.7	9.4	6.1
	-3.2	7.2	5.8	4.7	4.0	3.8	4.6	6.5	8.6	10.2	10.6	10.1	8.8
沈阳	0.0	-12.5	-7.8	-0.1	9.8	48.2	23.9	26.9	25.7	18.5	9.6	-0.6	-9.4
	-0.8	1.0	-0.7	-0.6	0.9	7.8	14.5	18.8	20.7	18.6	13.8	8.3	3.9
	-1.6	5.0	3.2	2.3	2.6	5.4	10.6	14.5	17.2	17.3	14.8	11.3	7.6
	-3.2	9.2	7.8	6.8	6.2	6.3	7.9	10.0	12.4	14.0	14.1	12.9	11.0
石家庄	0.0	-3.5	0.2	8.5	18.1	24.5	28.8	29.7	27.6	23.4	14.9	5.1	-2.0
	-0.8	3.4	3.5	7.0	12.9	18.2	22.8	25.6	25.6	23.1	18.2	11.9	6.5
	-1.6	8.0	6.5	7.5	11.1	15.2	19.0	22.0	23.5	22.7	20.2	11.1	11.6
	-3.2	13.9	12.1	11.2	11.4	12.7	14.4	16.3	18.1	18.1	18.9	17.8	16.0
呼和浩特	0.0	-12.8	-7.9	1.8	9.9	18.4	24.4	26.5	23.6	16.5	7.9	-2.4	-10.7
	-0.8	1.3	0.6	0.9	1.4	8.3	14.2	17.6	18.7	16.8	12.9	7.8	3.8
	-1.6	4.1	2.6	1.9	1.7	4.6	9.1	12.1	14.2	4.1	12.5	9.6	6.5
	-3.2	7.8	6.5	5.4	4.6	4.6	6.0	7.8	9.5	10.8	11.3	10.8	9.5
西安	0.0	-0.6	3.6	10.4	17.6	22.4	28.8	30.5	28.6	22.8	15.3	7.4	0.6
	-0.8	4.6	5.0	8.4	12.9	17.0	21.4	24.2	25.1	12.6	18.5	13.2	8.2
	-1.6	8.9	7.6	8.7	11.3	14.4	17.7	20.5	22.4	21.9	19.8	16.5	12.3
	-3.2	14.4	12.8	11.9	12.0	12.9	14.3	15.9	17.7	18.8	18.9	18.1	16.3

表A　全国主要城市地温月平均值(续)

城市	深度(m)	自然地温月平均值(℃)											
		1月	2月	3月	4月	5月	6月	7月	8月	9月	10月	11月	12月
银川	0.0	-9.4	-3.8	4.4	12.8	20.6	27.1	30.2	26.9	20.0	10.3	-0.2	-5.9
	-0.8	1.7	0.4	1.4	6.5	11.9	16.8	20.1	20.9	19.4	15.5	9.5	4.3
	-1.6	5.6	3.9	3.4	5.3	8.8	12.4	15.4	17.3	17.4	15.9	12.5	8.5
	-3.2	10.1	8.6	7.4	6.9	7.6	9.1	10.9	12.6	13.8	14.2	13.6	12.1
西宁	0.0	-8.2	-2.5	6.1	12.2	16.6	21.1	22.2	20.0	15.9	8.6	0.6	-5.8
	-0.8	-0.7	-0.9	2.0	7.1	11.4	15.0	17.0	17.1	15.4	12.0	6.8	2.5
	-1.6	3.4	1.9	2.5	5.3	8.8	11.5	13.7	14.8	14.4	12.8	9.7	6.3
	-3.2	7.9	6.4	5.6	5.8	7.0	8.4	9.8	11.0	11.7	11.7	11.0	9.7
兰州	0.0	-7.4	-1.0	7.9	16.3	20.5	25.7	27.3	24.3	19.5	10.8	2.0	-6.2
	-0.8	1.4	-0.7	4.4	10.6	14.4	18.1	20.9	21.1	19.1	15.1	9.4	4.1
	-1.6	6.2	4.6	5.1	84	11.4	14.0	16.5	17.9	17.6	15.9	12.6	8.9
	-3.2	10.7	9.2	8.3	8.5	9.7	11.0	12.3	13.8	14.6	14.7	13.9	12.5
乌鲁木齐	0.0	-18.3	-12.7	-3.0	10.4	17.5	24.2	27.2	24.8	17.9	7.7	-3.8	-12.4
	-0.8	-0.1	-0.7	0.4	5.0	10.5	15.2	18.4	19.1	17.6	12.7	7.0	2.8
	-1.6	4.6	3.2	2.7	4.3	7.6	11.1	14.0	16.1	16.1	14.0	10.7	7.4
	-3.2	8.8	7.3	6.1	5.6	6.4	7.9	9.9	11.9	13.1	13.2	12.7	11.0
济南	0.0	-1.8	1.5	8.3	17.7	24.9	29.5	30.3	28.8	24.2	16.6	7.4	0.3
	-0.8	5.1	4.8	7.6	13.5	19.0	23.0	26.0	26.4	23.9	20.1	14.8	8.8
	-1.6	10.7	9.4	10.1	12.5	16.6	20.5	22.8	24.5	23.9	21.3	18.3	15.2
	-3.2	16.1	14.4	13.5	13.5	14.7	16.6	18.5	19.9	20.9	20.7	19.7	18.3
南京	0.0	2.7	4.6	10.2	16.2	21.1	27.7	32.6	31.4	24.7	18.4	11.2	5.4
	-0.8	8.8	8.2	9.9	13.7	17.3	21.5	25.0	26.7	25.3	21.6	17.2	12.3
	-1.6	12.6	10.8	11.0	12.9	15.5	18.5	21.4	23.7	24.0	22.1	19.3	15.7
	-3.2	16.9	15.3	14.2	14.0	14.6	15.7	17.2	18.8	20.1	20.5	20.0	18.6
蚌埠	0.0	1.7	5.8	11.5	17.5	22.9	30.1	33.5	32.1	26.0	17.8	10.0	4.2
	-0.8	7.7	8.2	10.4	13.3	16.9	21.3	24.7	25.5	24.1	21.1	16.1	10.4
	-1.6	12.0	10.7	11.5	12.8	15.1	18.0	21.0	22.7	22.0	21.6	18.6	15.3
	-3.2	16.5	15.0	14.1	14.0	14.5	15.5	17.0	18.6	19.7	20.0	19.5	18.2
杭州	0.0	4.8	6.5	11.5	17.6	21.0	27.3	33.9	30.8	25.1	19.0	12.7	7.4
	-0.8	10.1	9.3	11.3	14.8	18.1	21.9	25.7	27.0	25.6	22.2	18.1	13.6
	-1.6	13.9	12.1	12.1	13.9	16.4	19.1	22.1	24.2	24.4	22.7	20.2	16.9
	-3.2	18.2	16.8	15.6	15.2	15.7	16.6	18.0	19.5	20.8	21.2	20.8	19.8
南昌	0.0	5.4	7.5	12.5	18.7	22.5	29.2	35	33.4	29.3	21.3	14.3	8.3
	-0.8	10.9	10.4	12.5	16.4	19.5	23.9	28.1	29.2	27.6	23.7	18.9	14.5
	-1.6	15.1	13.3	13.5	15.4	18.0	20.9	24.0	26	26.0	24.2	21.5	18.2
	-3.2	19.0	17.3	16.3	16.2	17.0	18.3	20.1	21.9	23.0	23.3	22.6	21.1
郑州	0.0	-0.4	4.0	8.6	17.4	24.2	29.5	30.4	28.3	24.0	16.1	7.8	2.1
	-0.8	6.1	6.4	8.6	12.8	17.5	22.2	24.6	25.3	23.4	19.6	14.3	9.5
	-1.6	10.2	9.0	9.6	11.6	14.8	18.4	21.0	22.6	22.3	20.4	17.1	13.4
	-3.2	14.7	13.2	12.4	12.4	13.3	14.9	16.6	183	19.3	19.3	18.8	16.8

表 A　全国主要城市地温月平均值(续)

城市	深度(m)	自然地温月平均值(℃)											
		1月	2月	3月	4月	5月	6月	7月	8月	9月	10月	11月	12月
武汉	0.0	3.0	6.6	11.7	18.6	22.5	29.5	34.0	33.3	28.4	20.3	12.3	6.8
	−0.8	10.0	9.3	11.0	14.6	17.8	21.9	25.0	26.5	25.8	22.3	18.2	13.5
	−1.6	14.3	12.4	12.3	13.9	16.1	18.7	21.4	23.4	23.9	22.7	20.3	17.2
	−3.2	18.3	16.9	15.9	15.5	15.7	16.4	17.5	18.7	19.8	20.4	20.3	19.6
长沙	0.0	4.6	6.6	12.2	18.6	21.6	29.6	35.3	32.2	28.7	20.6	13.0	8.1
	−0.8	10.8	9.6	11.7	15.5	18.4	22.9	27.0	27.9	26.7	23.2	18.2	13.9
	−1.6	14.2	12.2	12.4	14.6	17.0	19.8	23.0	25.1	25.2	23.6	20.3	17.0
	−3.2	18.2	16.5	15.4	15.3	16.2	17.4	19.1	20.9	22.0	22.2	21.4	19.9
广州	0.0	15.9	16.4	20.4	24.5	28.0	29.8	31.8	31.7	30.6	27.3	22.1	17.4
	−0.8	19.1	18.3	19.8	22.4	25.4	27.0	28.4	29.1	28.7	26.9	24.0	20.6
	−1.6	21.3	20.2	20.3	21.9	24.0	25.6	27.0	27.8	28.0	27.2	25.4	22.9
	−3.2	23.7	22.6	21.9	22.0	22.8	23.8	24.6	25.5	26.1	26.3	25.8	24.7
成都	0.0	6.9	9.6	14.8	20.2	23.7	26.8	28.8	27.8	23.8	18.4	13.7	8.6
	−0.8	10.7	10.7	13.2	16.8	19.9	22.6	24.8	25.5	24.2	21.2	17.8	13.9
	−1.6	13.4	12.4	13.3	15.7	18.2	20.4	22.5	23.8	23.6	22.0	19.6	16.5
	−3.2	18.3	17.0	16.3	16.5	17.5	18.6	19.9	21.2	22.0	22.0	21.3	19.9
贵阳	0.0	6.2	8.4	14.7	19.5	21.1	25.0	27.7	27.3	24.0	17.7	13.4	8.3
	−0.8	11.4	10.8	12.9	16.1	18.3	20.7	20.9	23.9	23.3	20.4	17.4	14.4
	−1.6	14.0	12.8	13.2	15.1	17.0	18.9	20.9	22.2	22.4	21.1	18.9	16.5
	−3.2	17.4	16.1	15.3	15.4	16.1	17.1	18.3	19.6	20.3	20.5	19.9	18.8
昆明	0.0	9.7	12.2	17.0	22.1	24.3	22.6	23.0	22.7	21.6	17.2	13.7	10.0
	−0.8	12.4	12.6	14.1	16.4	18.8	19.7	20.6	21.2	21.2	19.4	16.9	14.1
	−1.6	14.7	14.0	14.2	15.3	16.9	18.1	19.0	19.8	20.2	19.6	18.2	16.4
	−3.2	17.4	16.7	16.2	16.0	16.2	16.5	17.0	17.4	17.8	18.1	18.2	17.8
拉萨	0.0	−1.0	3.3	8.4	14.2	20.0	22.6	19.0	18.1	16.2	10.2	3.5	−0.7
	−0.8	2.8	3.4	6.2	9.9	13.1	16.1	16.7	16.6	15.5	12.8	8.1	4.7
	−1.6	4.8	4.4	6.1	8.7	11.4	14.0	15.2	15.6	15.1	13.4	9.9	6.8
	−3.2	—	—	—	—	—	—	—	—	—	—	—	—
台北	0.0	11.7	16.3	18.5	21.9	26.3	28.2	30.4	30.0	28.3	24.6	21.2	18.0
	−0.8	19.8	18.7	19.2	20.7	23.4	25.5	27.5	28.2	28.1	26.4	24.2	21.7
	−1.6	23.1	22.2	21.6	21.3	21.6	22.4	23.3	24.3	25.0	25.2	24.9	24.2
	−3.2	23.6	23.4	23.0	22.7	22.4	22.3	22.5	22.3	22.9	23.3	23.6	23.7

附录 B 钢 材 性 能

B.0.1 常用钢材的力学性能应符合表B.0.1的规定。

表 B.0.1 常用钢材的力学性能

钢号	10	20	Q235B	Q235B
壁厚(mm)	≤16	≤16	≤16	>16
抗拉强度最小值(MPa)	335	410	375	375
屈服极限最小值(MPa)	205	245	235	225
许用应力(MPa)	112	137	125	125

B.0.2 常用钢材的弹性模量E和线膨胀系数α值应符合表B.0.2的规定。

表 B.0.2 常用钢材的弹性模量 E 和线膨胀系数 α

钢材物理特性		弹性模量E (10^4MPa)			线膨胀系数α 10^{-6}[m/(m·℃)]		
钢号		10	20	Q235B	10	20	Q235B
计算温度(℃)	20	19.8	19.8	20.6	—	—	—
	100	19.1	18.2	20.0	11.9	11.2	12.2
	130	18.8	18.1	19.8	12.0	11.4	12.4
	140	18.7	18.0	19.7	12.2	11.5	12.5
	150	18.6	18.0	19.6	12.3	11.6	12.6

附录 C　转角管段弹性抗弯铰解析计算法

C.1　直埋水平转角管段计算

C.1.1　水平转角管段的过渡段长度应按下列公式计算（图 C.1.1）：

$$l_{t.max}=\sqrt{Z^2+\frac{2Z\times[\alpha\times E(t_1-t_0)-\nu\times\sigma_t]A\times10^6}{F_{min}}}-Z \tag{C.1.1-1}$$

$$l_{t.min}=\sqrt{Z^2+\frac{2Z\times[\alpha\times E(t_1-t_0)-\nu\times\sigma_t]A\times10^6}{F_{max}}}-Z \tag{C.1.1-2}$$

$$l_t=\sqrt{Z^2+\frac{Z\times[\alpha\times E(t_1-t_2)-\nu\times\sigma_t]A\times10^6}{F_{min}}}-Z \tag{C.1.1-3}$$

$$Z=\frac{A\times\tan^2(\phi/2)}{2k^3\times I_p(1+C_M)} \tag{C.1.1-4}$$

$$k=\sqrt[4]{\frac{D_c\times C}{4E\times I_p\times10^6}} \tag{C.1.1-5}$$

$$C_M=\frac{1}{1+K'\times k\times R\times\phi(I_p/I_b)} \tag{C.1.1-6}$$

$$K'=1.65\frac{r_{bm}^2}{R\times\delta_b} \tag{C.1.1-7}$$

当 $t_1-t_0>\Delta T_y$ 时，取 $t_1-t_0=\Delta T_y$

式中：$l_{t.max}$——水平转角管段的过渡段最大长度（m）；

$l_{t.min}$——水平转角管段的过渡段最小长度（m）；

l_t——水平转角管段循环工作的过渡段长度（m）；

α——钢材的线膨胀系数［m/（m·℃）］；

E——钢材的弹性模量（MPa）；

t_1——管道工作循环最高温度（℃）；

t_0——管道计算安装温度（℃）；

t_2——管道工作循环最低温度（℃）；

ν——钢材的泊松系数，取 0.3；

σ_t——管道内压引起的环向应力（MPa）；

A——工作管管壁的横截面积（m^2）；

F_{min}——单位长度最小摩擦力（N/m）；

ϕ——转角管段的折角（弧度）；

I_p——直管工作管横截面的惯性矩（m^4）；

I_b——弯头工作管横截面的惯性矩（m^4）；

k——与土壤特性和管道刚度有关的参数（1/m）；

D_c——外护管外径（m）；

C——土壤横向压缩反力系数（N/m^3）；

R——弯头的曲率半径（m）；

K'——弯头工作管柔性系数；

δ_b——弯头工作管的公称壁厚（m）；

r_{bm}——弯头工作管横截面的平均半径（m）；

Z、C_M——计算系数。

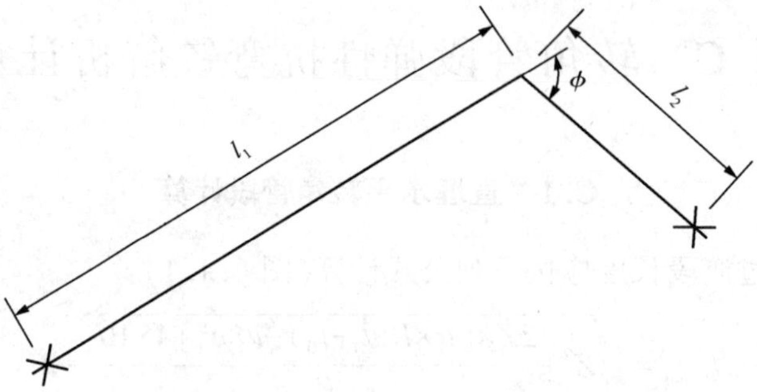

图 C.1.1　水平转角管段示意图

C.1.2　水平转角管段弯头弯矩变化范围计算应符合下列规定：

1　水平转角管段的计算臂长 l_{c1}、l_{c2}。和平均计算臂长 l_{cm}应按下列方法确定：

$$l_{cm}=\frac{l_{c1}+l_{c2}}{2} \tag{C.1.2-1}$$

式中：l_{cm}——水平转角管段的平均计算臂长（m）；

l_t——水平转角管段循环工作的过渡段长度（m）；

l_{c1}、l_{c2}——水平转角管段的计算臂长（m），当 $l_1 \geqslant l_2 \geqslant l_t$时，取 $l_{c1}=l_{c2}=l_t$；当 $l_1 \geqslant l_t \geqslant l_2$，时，取 $l_{c1}=l_t$，$l_{c2}=l_2$；当 $l_t \geqslant l_1 \geqslant l_2$，时，取 $l_{c1}=l_1$，$l_{c2}=l_2$；

l_1、l_2——设计布置的转角管段两侧臂长（m）。

2　弯头的弯矩变化范围应按下式计算：

$$M=\frac{C_M[\alpha \times E \times A(t_1-t_2)\times 10^{-6}-F_{min}\times l_{cm}]\tan(\phi/2)}{k[1+C_M+[A\times \tan^2(\phi/2)]/(2k^3\times I_p \times l_{cm})]} \tag{C.1.2-2}$$

式中：M——弯头的弯矩变化范围（N·m）；

α——钢材的线膨胀系数[m/（m·℃）]；

E——钢材的弹性模量（MPa）；

A——工作管管壁的横截面积（m^2）；

t_1——管道工作循环最高温度（℃）；

t_2——管道工作循环最低温度（℃）；

F_{min}——单位长度最小摩擦力（N/m）；

l_{cm}——转角管段的平均计算臂长（m）；

ϕ——转角管段的折角（°）；

I_p——直管工作管横截面的惯性矩（m^4）；

k——与土壤特性和管道刚度有关的参数（1/m），按公式（C.1.1-5）计算；

C_M——计算系数，按公式（C.1.1-6）计算。

C.1.3　水平转角管段弯头的升温轴向力计算应符合下列规定：

1　水平转角管段的计算臂长 l_{c1}、l_{c2}。和平均计算臂长 l_{cm}应按下列方法确定：

$$l_{cm}=\frac{l_{c1}+l_{c2}}{2} \tag{C.1.3-1}$$

式中：l_1、l_2——设计布置的转角管段两侧臂长（m）；

$l_{t.max}$——水平转角管段的过渡段最大长度（m）；

l_{c1}、l_{c2}——水平转角管段的计算臂长（m）；当 $l_1 \geqslant l_2 \geqslant l_{t.max}$时，取 $l_{c1}=l_{c2}=l_{t.max}$；当 $l_1 \geqslant l_{t.max} \geqslant l_2$时，取 $l_{c1}=l_{t.max}$，$l_{c2}=l_2$；当 $l_{t.max} \geqslant l_1 \geqslant l_2$时，取 $l_{c1}=l_1$，$l_{c2}=l_2$；

l_{cm}——水平转角管段的平均计算臂长（m）。

2　弯头的轴向力应按下列公式计算：

当计算臂长 $l_{c1}=l_{c2}=l_{cm}$时：

$$N_b=\frac{(1+C_M)[\alpha\times E\times A(t_1-t_0)\times10^6-1/2(F_{min}\times l_{cm})]}{1+C_M+[A\times\tan^2(\phi/2)]/(2k^3\times I_p\times l_{cm})} \tag{C.1.3-2}$$

当计算臂长 $l_{c1}\neq l_{c2}$时：

$$N_1=\frac{J_B+J_Q\times n_1}{U} \tag{C.1.3-3}$$

$$N_2=\frac{J_B+J_Q\times n_2}{U} \tag{C.1.3-4}$$

$$J_B=(1+C_M)\left[\alpha\times E\times A(t_1-t_0)\times10^6-\frac{F_{min}}{2}\times\left(\frac{l_{c1}^2+l_{c2}^2}{l_{c1}+l_{c2}}\right)\right] \tag{C.1.3-5}$$

$$J_Q=\tan^4\frac{\phi}{2}\times\left[\alpha\times E\times A(t_1-t_0)\times10^6-\frac{F_{min}}{2}\times(l_{c1}+l_{c2})\right] \tag{C.1.3-6}$$

$$U=1+C_M+\frac{A\times\tan^2(\phi/2)}{k^3\times I_p(l_{c1}+l_{c2})} \tag{C.1.3-7}$$

$$n_1=\frac{l_{c1}-l_{c2}}{l_{c1}+l_{c2}} \tag{C.1.3-8}$$

$$n_2=\frac{l_{c2}-l_{c1}}{l_{c1}+l_{c2}} \tag{C.1.3-9}$$

式中：N_b——弯头两侧计算臂长相等时的轴向力(N)；

N_1——弯头两侧计算臂长不等时，l_{c1}侧的轴向力(N)；

N_2——弯头两侧计算臂长不等时，l_{c2}侧的轴向力(N)；

α——钢材的线膨胀系数[m/(m·℃)]；

E——钢材的弹性模量(MPa)；

A——工作管管壁的横截面积(m^2)；

t_0——管道计算安装温度(℃)；

t_1——管道工作循环最高温度(℃)；

F_{min}——单位长度最小摩擦力(N/m)；

l_{cm}——转角管段的平均计算臂长(m)；

ϕ——转角管段的折角(°)；

k——与土壤特性和管道刚度有关的参数(1/m)，按公式(C.1.1-5)计算；

I_p——直管工作管横截面的惯性矩(m^4)；

l_{c1}、l_{c2}——转角管段的计算臂长(m)；

C_M——计算系数，按公式(C.1.1-6)计算；

J_B、J_Q、U、n_1、n_2——计算系数。

C.2 直埋竖向转角管段计算

C.2.1 竖向转角管段分为两类，一类为弯头在下(曲率中心在上)，其内力计算与水平转角管段相同，应按本规程C.1的规定进行，土壤压缩反力系数取较大值。另一类为弯头在上(曲率中心在下)，弯头两侧管道所受土壤压力近似等于顶起的土体重力，不随位移的增加而增大，计算方法应按本节规定进行。

C.2.2 竖向转角管段的过渡段长度及变形段长度应按下列公式计算(图C.2.2)：

$$l_t=\left(\frac{l_{td}^2}{r}\right)\times\sqrt{\frac{(0.5-\zeta)P}{3F_{min}}\times\tan\frac{\phi}{2}} \tag{C.2.2-1}$$

$$l_{td}=\frac{(1+\zeta)r}{4\tan^{\frac{3}{2}}(\phi/2)S_2}\times(\sqrt{1+S_1\times S_2\times[\alpha\times E(t_1-t_0)-\nu\times\sigma_t]A\times10^6}-1) \tag{C.2.2-2}$$

$$S_1=\frac{16\tan^{\frac{5}{2}}(\phi/2)}{(1+\zeta)^2\times P\times r} \tag{C.2.2-3}$$

$$S_2=\sqrt{\frac{(0.5-\zeta)F_{min}}{3P}} \tag{C.2.2-4}$$

$$\zeta=\frac{l_{td}}{3[l_{td}+K'\times R\times\phi\times(I_p/I_b)]} \tag{C.2.2-5}$$

当 $t_1-t_0>\Delta T_y$ 时，取 $t_1-t_0=\Delta T_y$

式中：l_t——竖向转角管段循环工作的过渡段长度(m)；

l_{td}——竖向转角管段臂长 $l_1\geq l_t$ 时的变形段长度(m)，可用迭代法解出(计算精度 2%)；

r——工作管平均半径(m)；

P——土压力，取变形段管顶平均覆土重(N/m)；

F_{min}——单位长度最小摩擦力(N/m)；

K'——弯头工作管柔性系数，按公式(C.1.1-7)计算；

R——弯头的曲率半径(m)；

ϕ——转角管段的折角(弧度)；

I_p——直管工作管横截面的惯性矩(m^4)

I_b——弯头工作管横截面的惯性矩(m^4)；

α——钢材的线膨胀系数[m/(m·℃)]；

E——钢材的弹性模量(MPa)；

t_1——管道工作循环最高温度(℃)；

t_0——管道计算安装温度(℃)；

ν——钢材的泊松系数，取 0.3；

σ_t——管道内压引起的环向应力(MPa)；

A——工作管管壁的横截面积(m^2)；

ΔT_y——工作管屈服温差(℃)；

S_1、S_2、ζ——计算系数。

C.2.3 当竖向转角管段臂长 $l_1<l_t$(图 C.2.2)时，变形段长度 l_{td}应按下式计算：

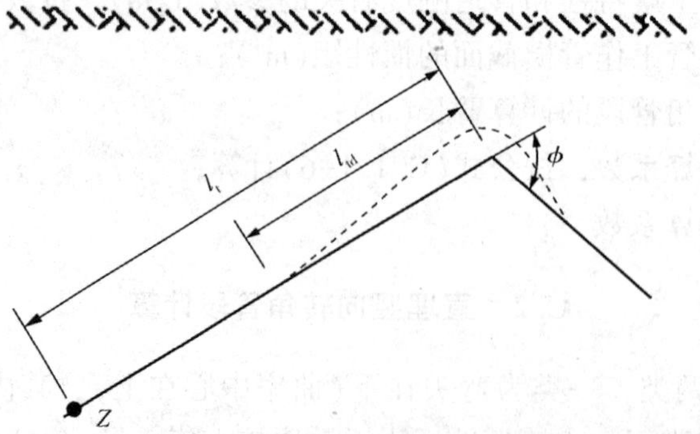

图 C.2.2 竖向转角管段示意图

$$\left(\frac{l_{td}}{l_1}\right)^4=\frac{6r^2}{l_1^2(0.5-\zeta)\times\tan^2(\phi/2)}\times\left[\left(\frac{\alpha\times E\times A(t_1-t_0)\times10^6-0.5F_{min}\times l_1}{P\times l_1}\right)\times\tan\frac{\phi}{2}-\frac{1}{2}(1+\zeta)\left(\frac{l_{td}}{l_1}\right)\right] \tag{C.2.3}$$

式中：l_{td}——竖向转角管段臂长 $l_1<l_t$ 时的变形段长度(m)，可用迭代法解出(计算精度 2%)；

l_1——设计布置的转角管段臂长(m)；

r——工作管平均半径(m)；

α——钢材的线膨胀系数[m/(m·℃)]；

E——钢材的弹性模量(MPa)；

A——工作管管壁的横截面积(m^2)；

t_1——管道工作循环最高温度(℃)；

t_0——管道计算安装温度(℃)；

F_{min}——单位长度最小摩擦力(N/m)；

P——土压力，取变形段管顶平均覆土重(N/m)；

ϕ——转角管段的折角(弧度)；

ζ——计算系数，由式(C.2.2-5)计算。

C.2.4 竖向转角管段弯头的弯矩变化范围、轴向力和横向位移应按下列公式计算：

$$M=\frac{1}{2}\zeta\times P\times l_{td}^2 \tag{C.2.4-1}$$

$$N_s=\frac{P\times l_{td}}{2\tan(\phi/2)}\times(1+\zeta) \tag{C.2.4-2}$$

$$a'=\frac{P\times l_{td}^4}{72E\times I_p}\left[\frac{l_{td}+3K'\times R\times\phi(I_p/I_b)}{l_{td}+K'\times R\times\phi(I_p/I_b)}\right] \tag{C.2.4-3}$$

式中：M——弯头的弯矩变化范围(N·m)；

P——土压力，取变形段管顶平均覆土重(N/m)；

l_{td}——竖向转角管段的变形段长度(m)，按公式(C.2.2)或(C.2.3)计算；

N_s——竖向转角管段弯头的轴向力(N)；

ϕ——转角管段的折角(弧度)；

a'——竖向转角管段弯头端的横向位移(m)；

K'——弯头工作管柔性系数，按公式(C.1.1-7)计算；

I_p——直管工作管横截面的惯性矩(m^4)；

I_b——弯头工作管横截面的惯性矩(m^4)；

R——弯头的曲率半径(m)；

E—钢材的弹性模量(MPa)；

ζ——计算系数，按公式(C.2.2-5)计算。

附录 D　固定墩和固定支架承受的推力计算

D. 0. 1　按本规范第 6. 1 节规定的原则，给出常见的管道布置形式中固定墩承受推力的计算公式。当实际工程中出现不同的布置形式时，可参考相似形式的计算原则确定计算公式。计算公式不考虑固定墩位移的影响。

D. 0. 2　管道典型布置形式的等径等壁厚管道升温时固定墩推力 T 应按表 D. 0. 2 所列公式计算。

表 D. 0. 2　等径等壁厚管道升温时固定墩推力 T

1	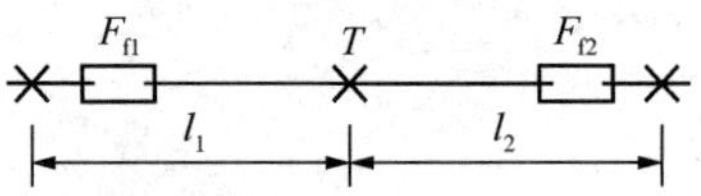	(1) $l_1 \geqslant l_2 \geqslant L_{max}$ $T=0.1N_a$ (2) $l_1 \geqslant L_{max} > l_2$ $T=N_a-0.8(F_{min}\times l_2+F_{f2})$ (3) $L_{max} > l_1 \geqslant l_2 \geqslant L_{min}$ $T=\Psi\times N_a-0.8F_{f2}$ (4) $L_{max} > l_1 \geqslant L_{min} \geqslant l_2$ $T=N_a-\eta\times F_{max}\times l_2-0.8F_{f2}$ (5) $L_{min} \geqslant l_1 \geqslant l_2$ $T=F_{max}\times l_1+F_{f1}-0.8(F_{max}\times l_2+F_{f2})$
2	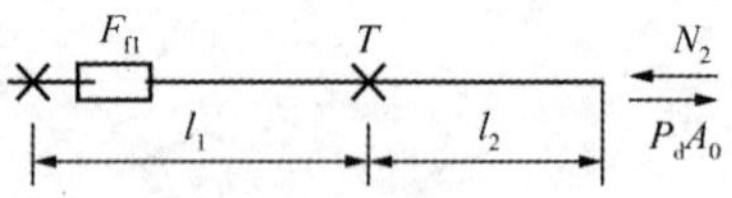	(1) $l_1 \geqslant L_{max}$；$l_2 \geqslant l_{t.max}$ $T=0.1N_a$ (2) $l_1 \geqslant L_{max}$；$l_{t.max} > l_2$ $T=N_a-0.8(F_{min}\times l_2+N_2)+P_d\times A_0$ (3) $l_2 \geqslant L_{t.max}$；$F_{max} > l_1$ $T=N_a-0.8(F_{min}\times l_1+F_{f1})$ (4) $L_{max} > l_1 \geqslant L_{min}$；$l_{t.max} > l_2 \geqslant l_{t.max}$ 当$\overline{l_1} > \overline{l_2}$时 $T=\Psi'\times N_a-0.8N_2+P_d\times A_0$ 当$\overline{l_2} > \overline{l_1}$时 $T=\Psi''\times N_a-0.8F_{f1}$ (5) $L_{max} > l_1 \geqslant L_{min}$；$l_{t.max} \geqslant l_2$ $T=N_a-\eta\times F_{max}\times l_2-0.8N_2+P_d\times A_0$ (6) $l_{t.max} > l_2 \geqslant l_{t.min}$；$L_{min} \geqslant l_1$ $T=N_a-\eta'\times F_{max}\times l_1-0.8F_{f1}$ (7) $L_{min} \geqslant l_1$；$l_{t.min} \geqslant l_2$ 当 $F_{max}\times l_1+F_{f1} > F_{max}\times l_2+N_2-P_d\times A_0$ 时 $T=F_{max}\times l_1+F_{f1}-0.8(F_{max}\times l_2+N_2)+P_d\times A_0$ 当 $F_{max}\times l_1+F_{f1} < F_{max}\times l_2+N_2-P_d\times A_0$ 时 $T=F_{max}\times l_2+N_2-0.8(F_{max}\times l_1+F_{f1})-P_d\times A_0$

表 D.0.2 等径等壁厚管道升温时固定墩推力 *T*(续)

3	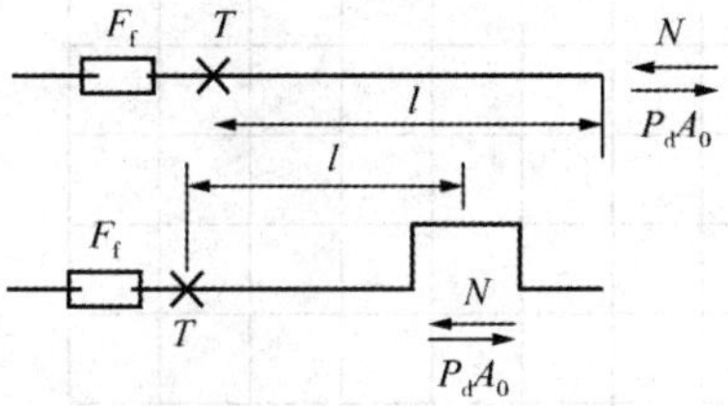	$l \geqslant l_{t.min}$ $T=N_a-0.8F_f$; $l \leqslant l_{t.min}$ $T=F_{max}\times l+N-0.8F_f-P_d\times A_0$
4	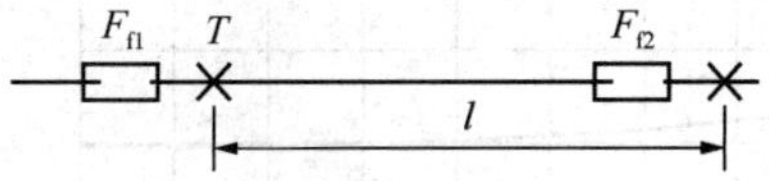	$l \geqslant L_{min}$ $T=N_a-0.8F_f$ $l \leqslant L_{min}$ $T=F_{max}\times l+F_{f2}-0.8F_{f1}$
5	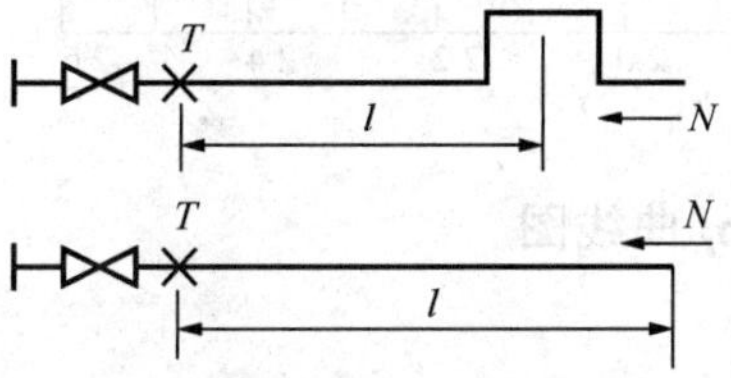	$l \geqslant L_{min}$ $T=N_a$ $l \leqslant L_{min}$ $T=F_{max}\times l+N$
6	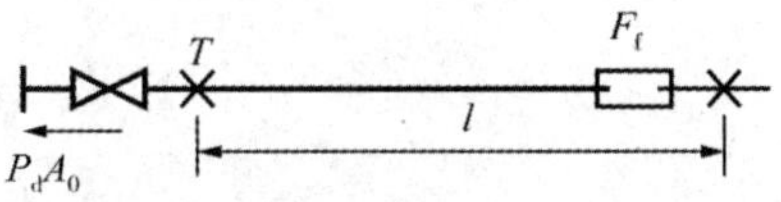	$l \geqslant L_{min}$ $T=N_a+P_d\times A_0$ $l \leqslant L_{min}$ $T=F_{max}\times l+F_f+P_d\times A_0$

注：① Ψ'为按图 D.0.3-1 将横坐标改为$\overline{l_1}/\overline{l_2}$查出的 Ψ 值；

② Ψ''为按图 D.0.3-1 将横坐标改为$\overline{l_2}/\overline{l_1}$查出的 Ψ 值；

③ η'为按图 D.0.3-2 将横坐标改为 $l_2/l_{t.min}$ 查出的 η 值；

④ A_0 为管道流通面积。

D.0.3 表 D.0.2 中的推力系数 Ψ(图 D.0.3-1)和综合抵消系数 η(图 D.0.3-2)应查图取值。

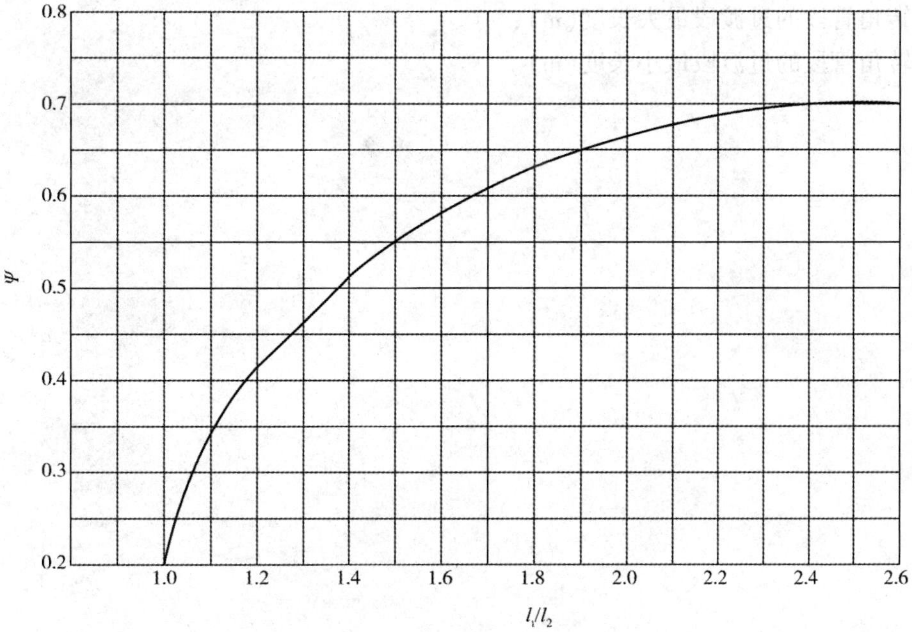

图 D.0.3-1 推力系数 Ψ 曲线图

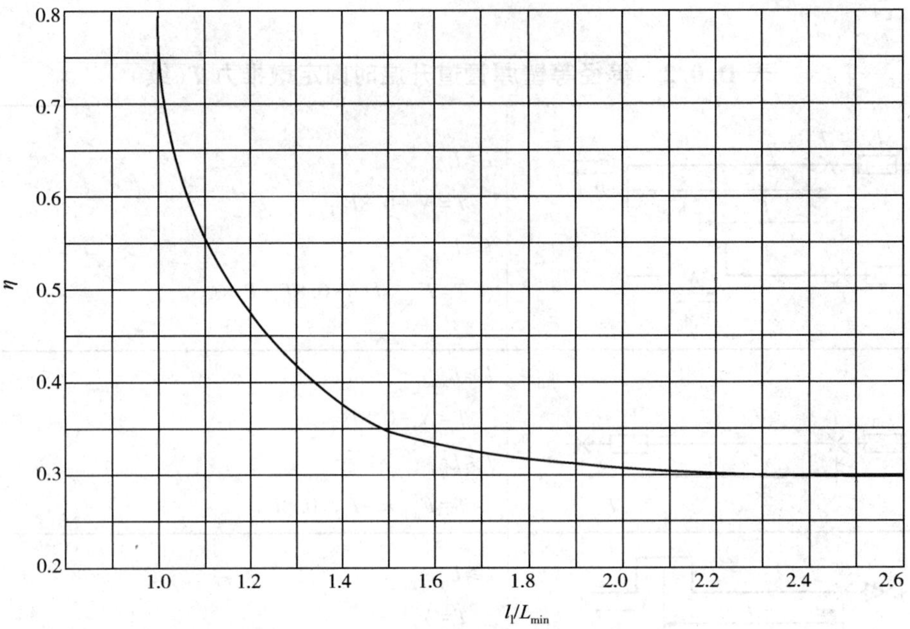

图 D. 0. 3-2　综合抵消系数 η 曲线图

D. 0. 4　表 D. 0. 2 中的判别值$\overline{l_1}$、$\overline{l_2}$应按下列公式计算：

$$\overline{l_1}=\frac{l_1-L_{min}}{L_{max}-L_{min}} \tag{D. 0. 4-1}$$

$$\overline{l_2}=\frac{l_2-l_{t.\,min}}{l_{t.\,max}-l_{t.\,min}} \tag{D. 0. 4-2}$$

式中：$\overline{l_1}$——直管段推力系数判别值；

$\overline{l_2}$——转角管段推力系数判别值；

l_1、l_2——设计布置的管段长度(m)；

L_{max}——直管段的过渡段最大长度(m)；

L_{min}——直管段的过渡段最小长度(m)；

$l_{t.\,max}$——转角管段的过渡段最大长度(m)；

$l_{t.\,min}$——转角管段的过渡段最小长度(m)。

附录E 直埋保温管预热安装

E.0.1 在满足本规程公式(5.3.5-1)的条件时，可采用预热安装方法调整管道对固定墩的推力。

E.0.2 管道计算安装温度应根据固定墩能承受的推力确定。管道对固定墩的推力应按本规程6.1.1、6.1.2条的规定计算。

E.0.3 直埋管道预热段与相邻非预热段应设置固定墩隔开。预热段内不应含有变径和不同材质的钢管。

E.0.4 预热安装宜采用敞沟预热，在不具备敞沟预热的条件下，可采用覆土预热。预热方法可采用电预热、风预热、水预热等。当采用电预热时，供回水管间不能形成短路。

E.0.5 管道预热温度宜高于管道计算安装温度，预热伸长量应达到计算伸长量。

E.0.6 敞沟预热应符合下列规定：

1 应根据预热设备容量和现场实际情况，对管网进行分段预热，预热管段长度不宜小于500m；

2 预热管段的计算安装温度不宜高于管道工作循环平均温度；

3 采用分段预热时，预热管段之间应留有2m~3m的空间，在下一管段进行预热时，上一管段的回缩量宜一并补足，总伸长量应满足要求；

4 预热管段的热伸长量应按下式计算：

$$\Delta l=\alpha(t_0-t_i)L_{pr} \tag{E.0.6-1}$$

式中：Δl——管段的热伸长量(m)；

α——钢材的线膨胀系数[m/(m·℃)]；

t_0——管道计算安装温度(℃)；

t_i——预热开始前的管道温度(℃)；

L_{pr}——预热管段长度(m)。

5 在管道工作循环最高温度时，预热管段对固定墩的推力应按下式计算：

$$T_s=\alpha\times E(t_1-t_0)A\times10^6 \tag{E.0.6-2}$$

式中：T_s——预热管段对固定墩的推力(N)；

α——钢材的线膨胀系数[m/(m·℃)]；

E——钢材的弹性模量(MPa)；

t_1——管道工作循环最高温度(℃)；

t_0——管道计算安装温度(℃)；

A——工作管管壁的横截面积(m^2)。

6 管道上的三通应在预热前安装好，且不得与三通支管连接。如果预热后需在管道上开口加装三通，应在开口前做补强处理；

7 预热前应将管道中的水排尽；

8 预热过程中应采取防止管道横向移动的措施；

9 管沟内不得有可能阻碍管道自由伸长的土石方或结构；

10 预热段全部回填夯实前，应维持预热温度。

E.0.7 覆土预热应符合下列规定：

1 覆土预热宜采用一次补偿器吸收管道的预热伸长量；

2 预热宜与热网试运行合并进行；

3 预热管段的计算安装温度不应高于管道工作循环最高温度；

4 一个预热段设置多个一次性补偿器时，一次性补偿器应均匀布置，每个一次性补偿器的预热伸长量应按下式计算：

$$\Delta L_s = 2L_s\left[\alpha(t_0 - t_i) - \frac{F\times L_s}{2E\times A\times 10^6}\right] \quad (E.0.7-1)$$

式中：ΔL_s——一次性补偿器的计算预热伸长量（m）；

L_s——一次性补偿器到固定点或驻点的距离（m）；

α——钢材的线膨胀系数［m/（m·℃）］；

t_0——管道计算安装温度（℃）；

t_i——预热开始前的管道温度（℃）；

F——预热段管道单位长度摩擦力（N/m）；

E——钢材的弹性模量（MPa）；

A——工作管管壁的横截面积（m^2）。

5　在管道工作循环最高温度时，预热管段对固定墩的推力应按下式计算：

$$T_s = \alpha\times E(t_1 - t_0)A\times 10^6 + F\times L_s \quad (E.0.7-2)$$

式中：T_s——预热管段对固定墩的推力（N）；

α——钢材的线膨胀系数［m/（m·℃）］；

E——钢材的弹性模量（MPa）；

t_1——管道工作循环最高温度（℃）；

t_0——管道计算安装温度（℃）；

A——钢管管壁的横截面积（m^2）；

F——预热段管道单位长度摩擦力（N/m）；

L_s——一次性补偿器到固定点的距离（m）。

6　在管道工作循环最低温度时，管道对一次性补偿器的拉力应按下式计算：

$$P_s = \alpha\times E(t_0 - t_2)A\times 10^6 \quad (E.0.7-3)$$

式中：P_s——一次性补偿器的拉力（N）；

α——钢材的线膨胀系数［m/（m·℃）］；

E——钢材的弹性模量（MPa）；

t_0——管道计算安装温度（℃）；

t_2——管道工作循环最低温度（℃）；

A——工作管管壁的横截面积（m^2）。

7　预热管道外宜包裹塑料薄膜，并按首次升温的摩擦系数计算单位长度摩擦力；

8　一次性补偿器的补偿量应在预热前调整为计算预热伸长量，并应在伸长量到位后将一次性补偿器焊接成整体。

引用标准名录

1 《混凝土结构设计规范》GB 50010

2 《湿陷性黄土地区建筑规范》GB 50025

3 《室外给水排水和燃气热力工程抗震设计规范》GB 50032

4 《工业建筑防腐蚀设计规范》GB 50046

5 《膨胀土地区建筑技术规范》GB 50112

6 《土方与爆破工程施工及验收规范》GB 50201

7 《高密度聚乙烯外护管硬质聚氨酯泡沫塑料预制直埋保温管及管件》GB/T 29047

8 《城市测量规范》CJJ/T 8

9 《城镇供热管网工程施工及验收规范》CJJ 28

10 《城镇供热管网设计规范》CJJ 34

11 《城镇供热系统安全运行技术规程》CJJ/T 88

12 《玻璃纤维增强塑料外护层聚氨酯泡沫塑料预制直埋保温管》CJ/T 129

UDC

中华人民共和国行业标准 CJJ

P

CJJ/ T 104—2014
备案号 J 456—2014

城镇供热直埋蒸汽管道技术规程

Technical specification for directly buried steam heating pipeline in city

2014-04-16 发布　　2014-10-01 实施

中华人民共和国住房和城乡建设部　发布

前　言

根据住房和城乡建设部《关于印发〈2013 年工程建设标准规范制订修订计划〉的通知》(建标[2013]6 号)的要求，规程编制组经广泛调查研究，认真总结实践经验，参考有关国际标准和国外先进标准，并在广泛征求意见的基础上，修订本规程。

本规程的主要技术内容是：1. 总则；2. 术语；3. 管道布置与敷设；4. 管路附件；5. 管道强度计算及应力验算；6. 保温结构和保温层；7. 外护管及防腐；8. 施工与验收；9. 运行管理。

本规程修订的主要技术内容是：1. 对适用范围进行调整，扩大了管径的范围；2. 限定了钢套钢外护管；3. 增加了管道材料要求；4. 增加了抽真空技术要求；5. 增加了管道保温结构；6. 增加了外护管的应力计算和防腐材料要求；7. 合并了测量、安装和验收章节；8. 增加了土壤导热系数。

本规程由住房和城乡建设部负责管理，由中国市政工程华北设计研究总院负责具体技术内容的解释。执行过程中如有意见或建议，请寄送中国市政工程华北设计研究总院(地址：天津市河西区气象台路 99 号，邮编：300074)。

本规程主编单位：中国市政工程华北设计研究总院

本规程参编单位：城市建设研究院
中国中元国际工程公司
北京市煤气热力工程设计院有限公司
上海新华建筑设计有限公司
北京豪特耐管道设备有限公司
大连益多管道有限公司
大连新光管道制造有限公司
天津市管道工程集团有限公司保温管厂
河北昊天管业股份有限公司
唐山兴邦管道工程设备有限公司
天津市宇刚保温建材有限公司
上海科华热力管道有限公司
天津天地龙管业有限公司

本规程主要起草人员：廖荣平　王　淮　杨良仲　蒋建志
赵志楠　杨　健　刘广清　朱　正
方向军　王松涛　孙永林　于　宁
李　志　郑中胜　邱华伟　闫必行
陈　雷　丁　彧

本规程主要审查人：董乐意　张建伟　李先瑞　王　飞
陈鸿恩　栾晓伟　崔跃建　孟继成
廖嘉瑜　王有富　王兆田　杨永峰

目　次

1　总则
2　术语
3　管道布置与敷设
3.1　管道布置
3.2　敷设方式
3.3　管道材料
4　管路附件
4.1　管路附件及设施
4.2　管件及管道连接
5　管道强度计算及应力验算
5.1　工作管
5.2　外护管
6　保温结构和保温层
6.1　一般规定
6.2　保温结构
6.3　真空保温层
6.4　保温计算
7　外护管及防腐
7.1　一般规定
7.2　外护管的刚度和稳定性
7.3　外护管的防腐
8　施工与验收
8.1　一般规定
8.2　管道安装
8.3　保温补口
8.4　真空系统安装
8.5　试压、吹扫及试运行
8.6　施工验收
9　运行管理
9.1　一般规定
9.2　运行前的准备
9.3　暖管
9.4　运行维护
9.5　停止运行
附录A　全国主要城市实测地温(深度0.0m~3.2m)月平均值
附录B　直埋蒸汽管道邻近温度场的计算
附录C　钢管径向变形的计算
本规程用词说明(略)
引用标准名录
附：条文说明(略)

Contents

1 General Provisions
2 Terms
3 Arrangement and Installation of Pipes
3. 1 Arrangement of Pipes
3. 2 Installation Method
3. 3 Material of Pipes
4 Fittings of Pipes
4. 1 Fittings and Accessories
4. 2 Connecting of Pipes and Accessories
5 Calculation of Pipe Strength and Stresses
5. 1 Working Pipe
5. 2 Outer Protective Pipe
6 Insulation Construction and Insulating Layer
6. 1 General Requirements
6. 2 Insulation Construction
6. 3 Vacuum Insulation
6. 4 Insulation Calculation
7 Outer Protective Pipe and Anticorrosion
7. 1 General Requirements
7. 2 Stiffness and Stability of Steel Outer Protective Pipe
7. 3 Anticorrosion of Casing Pipe
8 Construction and Acceptance
8. 1 General Requirments
8. 2 Installation of Pipes
8. 3 Heat Preservation Pipe Patch
8. 4 Installation of Vacuum System
8. 5 Pressure Test, Sweeping and Trial Operation
8. 6 Construction and Acceptance
9 Operation Management
9. 1 General Requirements
9. 2 Preparation of Operation
9. 3 Warming Pipe
9. 4 Operational Maintenance
9. 5 Operational Stop
Appendix A Month Average Ground Temperature(depth: 0. 0m ~ 3. 2m) of Main City
Appendix B Calculation of Directly Buried Steam Pipe Near Temperature Field
Appendix C Calculation of Steel Pipe Radial Deflection
Explanation of Wording in This Specification (Omitted)
List of Quoted Standards
Addition: Explanation of Provisions (Omitted)

1 总　　则

1.0.1 为规范城镇供热直埋蒸汽管道的设计、施工、验收及运行维护，统一技术要求，确保工程质量，做到经济合理、安全适用，制定本规程。

1.0.2 本规程适用于工作压力小于或等于2.5MPa，温度小于或等于350℃，直接埋地敷设的钢质外护蒸汽保温管道的设计、施工、验收及运行维护。

1.0.3 在地震、湿陷性黄土、膨胀土等地区，直埋蒸汽管道工程除应符合本规程外，还应符合现行国家标准《室外给水排水和燃气热力工程抗震设计规范》GB 50032、《湿陷性黄土地区建筑规范》GB 50025和《膨胀土地区建筑技术规范》GB 50112的有关规定。

1.0.4 直埋蒸汽管道的设计、施工、验收及运行维护，除应符合本规程外，尚应符合国家现行有关标准的规定。

2 术　　语

2.0.1 直埋蒸汽管道　directly buried steam pipe

直接埋设于土层中输送蒸汽的预制保温管道。

2.0.2 工作管　working pipe

在直埋蒸汽保温管结构中，用于输送蒸汽的钢管。

2.0.3 外护管　outer protective pipe

保温层外抵抗外力和环境对保温材料的破坏和影响，具有足够机械强度和可靠防水性能的套管。

2.0.4 防腐层　antiseptic layer

为防止外护钢管腐蚀而在其表面覆盖并紧密结合的耐腐蚀材料层。

2.0.5 保温管补口　heat preservation pipe patch

直埋蒸汽管道连接处的保温层、外护管及防腐层的接口处理。

2.0.6 排潮管　casing drain

排出工作管与外护管之间水汽的导管。

2.0.7 内固定支座　inside fixed support

保证工作管与外护管间不发生相对位移的管路附件。

2.0.8 外固定支座　outside fixed support

保证外护管与固定墩间不发生相对位移的管路附件。

2.0.9 内外固定支座　inside and outside fixed support

保证工作管、外护管和固定墩三者间不发生相对位移的管路附件。

2.0.10 辐射隔热层　radiation heat insulation layer

在带有空气层的保温结构中，在空气层壁面设置抛光金属铝箔层，利用其表面低发射率和高反射率的特性，减少表面辐射换热而提高绝热效果的结构。

2.0.11 抽真空　vacuum

使工作管和外护管之间具有一定真空度的工艺过程。

3 管道布置与敷设

3.1 管道布置

3.1.1 直埋蒸汽管道的布置应符合现行行业标准《城镇供热管网设计规范》CJJ 34的有关规定。

3.1.2 直埋蒸汽管道与其他设施的最小净距应符合表 3.1.2 的规定；当不能满足表中的净距或其他设施有特殊要求时，应采取有效保护措施。

表 3.1.2 直埋蒸汽管道与其他设施的最小净距

<table>
<tr><th colspan="3">设施名称</th><th>最小水平净距(m)</th><th>最小垂直净距(m)</th></tr>
<tr><td colspan="3">给水、排水管道</td><td>1.5</td><td>0.15</td></tr>
<tr><td colspan="3">直埋热水管道/凝结水管道</td><td>0.5</td><td>0.15</td></tr>
<tr><td colspan="3">排水盲沟</td><td>1.5</td><td>0.50</td></tr>
<tr><td rowspan="3">燃气管道(钢管)</td><td colspan="2">≤0.4MPa</td><td>1.0</td><td rowspan="3">0.15</td></tr>
<tr><td colspan="2">>0.4MPa，≤0.8MPa</td><td>1.5</td></tr>
<tr><td colspan="2">>0.8MPa</td><td>2.0</td></tr>
<tr><td rowspan="3">燃气管道(聚乙烯管)</td><td colspan="2">≤0.4MPa</td><td>1.0</td><td rowspan="3">燃气管在上 0.50
燃气管在下 1.00</td></tr>
<tr><td colspan="2">>0.4MPa，≤0.8MPa</td><td>1.5</td></tr>
<tr><td colspan="2">>0.8MPa</td><td>2.0</td></tr>
<tr><td colspan="3">压缩空气或 CO_2 管道</td><td>1.0</td><td>0.15</td></tr>
<tr><td colspan="3">乙炔、氧气管道</td><td>1.5</td><td>0.25</td></tr>
<tr><td colspan="3">铁路钢轨</td><td>钢轨外侧 3.0</td><td>轨底 1.20</td></tr>
<tr><td colspan="3">电车钢轨</td><td>钢轨外侧 2.0</td><td>轨底 1.00</td></tr>
<tr><td colspan="3">铁路、公路路基边坡底脚或边沟的边缘</td><td>1.0</td><td></td></tr>
<tr><td colspan="3">通信、照明或 10kV 以下电力线路的电杆</td><td>1.0</td><td></td></tr>
<tr><td colspan="3">高压输电线铁塔基础边缘(35kV～220kV)</td><td>3.0</td><td></td></tr>
<tr><td colspan="3">桥墩(高架桥、栈桥)</td><td>2.0</td><td>—</td></tr>
<tr><td colspan="3">架空管道支架基础</td><td>1.5</td><td>—</td></tr>
<tr><td colspan="3">地铁隧道结构</td><td>5.0</td><td>0.80</td></tr>
<tr><td colspan="3">电气铁路接触网电杆基础</td><td>3.0</td><td>—</td></tr>
<tr><td colspan="3">乔木、灌木</td><td>2.0</td><td>—</td></tr>
<tr><td colspan="3" rowspan="2">建筑物基础</td><td>2.5(外护管≤400mm)</td><td>—</td></tr>
<tr><td>3.0(外护管>400mm)</td><td>—</td></tr>
<tr><td rowspan="3">电缆</td><td colspan="2">通信电缆管块</td><td>1.0</td><td>0.15</td></tr>
<tr><td rowspan="2">电力及控制电缆</td><td>≤35kV</td><td>2.0</td><td>0.50</td></tr>
<tr><td>>35kV，≤110kV</td><td>2.0</td><td>1.00</td></tr>
</table>

注：当直埋蒸汽管道与电缆平行敷设时，电缆处的土壤温度与月平均土壤自然温度比较，全年任何时候，对于 10kV 的电缆不高出 10℃；对于 35kV～110kV 的电缆不高出 5℃时，可减少表中所列净距。

3.1.3 当直埋蒸汽管道与其他地下管线交叉时，直埋蒸汽管道的管路附件距交叉部位的水平净距宜大于 3m。

3.1.4 直埋蒸汽管道的最小覆土深度应符合表 3.1.4 的规定。当不符合要求时，应采取相应的技术措施对管道进行保护。

表 3.1.4 直埋蒸汽管道的最小覆土深度

外护管公称直径(mm)	最小覆土深度(m)	
	车行道	非车行道
≤500	1.0	0.8
600~900	1.1	0.9
1000~1200	1.3	1.0
1300~1600	1.5	1.2

3.2 敷 设 方 式

3.2.1 直埋蒸汽管道的工作管，应采用有补偿的敷设方式。

3.2.2 直埋蒸汽管道敷设坡度不宜小于 0.2%。

3.2.3 当采用轴向补偿器时，两个固定支座之间的直埋蒸汽管道不宜有折角。

3.2.4 无补偿敷设的外护管，直管段允许斜切的最大折角应符合表 3.2.4 的规定。

表 3.2.4 无补偿敷设的外护管，直管段允许斜切的最大折角

外护管公称直径(mm)	取用壁厚(mm)	斜切的最大折角(°)
500	8	1.9
600	8	1.7
700	9	1.7
800	10	1.7
900	10	1.3
1000	11	1.3
1200	13	1.3
1400	15	1.2
1600	18	1.0

3.2.5 当管道由地下转至地上时，外护管应一同引出地面，外护管距地面的高度不宜小于 0.5m，并应设防水帽和采取隔热措施。

3.2.6 当直埋蒸汽管道与地沟敷设管道或井室内管道相连接时，直埋蒸汽管道保温层应采取防渗水措施。

3.2.7 当地基软硬不一致时，应对地基作过渡处理。

3.2.8 在地下水位较高的地区，应进行浮力计算。当不能保证直埋蒸汽管道稳定时，应增加埋设深度或采取相应的技术措施。

3.2.9 当直埋蒸汽管道穿越河底时，管道应敷设在河床的硬质土层上或做地基处理。覆土深度应根据浮力、水流冲刷情况和管道稳定条件确定。

3.3 管 道 材 料

3.3.1 直埋蒸汽管道应采用无缝钢管、电弧焊或高频焊焊接钢管。无缝钢管应符合现行国家标准《输送流体用无缝钢管》GB/T 8163 的有关规定；电弧焊或高频焊焊接钢管应符合现行国家标准《直缝电焊钢管》GB/T 13793、《低压流体输送用焊接钢管》GB/T 3091 和《石油天然气工业管线输送系统用钢管》GB/T 9711 的有关规定。

3.3.2 直埋蒸汽管道的钢材钢号的选择应符合表 3.3.2 的规定。

表 3.3.2 直埋蒸汽管道的钢材钢号

钢号	蒸汽设计温度(℃)	钢板厚度(mm)	推荐适用范围
Q235B	≤300	≤20	工作管、外护管
20、16Mn、Q345	≤350	不限	工作管

4 管路附件

4.1 管路附件及设施

4.1.1 阀门的选择及安装应符合下列规定：

1 直埋蒸汽管道使用的阀门宜为无盘根的截止阀或闸阀；当选用蝶阀时，应选用偏心硬质密封蝶阀；

2 所选阀门公称压力应比管道设计压力高一个等级；

3 阀门应进行保温，其外表面温度不得大于60℃，并应做好防水和防腐处理；

4 井室内阀门与管道连接处的管道保温端部应采取防水密封措施；

5 工作管直径大于或等于300mm的关断阀门应设置旁通阀门，旁通阀门公称直径可按表4.1.1选取。

表 4.1.1 旁通阀门公称直径(mm)

工作管公称直径	*DN*300～*DN*500	*DN*600～*DN*900
旁通阀门公称直径	*DN*32～*DN*50	*DN*65～*DN*100

4.1.2 直埋蒸汽管道应设置排潮管。

4.1.3 排潮管应设置在外护管轴向位移量较小处。在长直管段间，排潮管宜结合内固定支座共同设置。排潮管出口可引入专用井室内，专用井室内应有可靠的排水措施。排潮管外部应设置外护钢套管，排潮管公称直径宜按表4.1.3选取。

表 4.1.3 排潮管公称直径(mm)

外护管公称直径	排潮管公称直径	排潮管外护钢套管外径×壁厚
≤500	40	159×5
600～1000	50	159×5
≥1200	65	159×5

4.1.4 排潮管如引出地面，开口应下弯，且弯顶距地面高度不宜小于0.5m，并应采取防倒灌措施。排潮管宜设置在不影响交通的地方，且应有明显的标志。排潮管和外护钢套管的地下部分应采取防腐措施，防腐等级不应低于外护管防腐层等级。

4.1.5 疏水装置宜设置在工作管与外护管相对位移较小处。疏水管应采用自然补偿布置。

4.1.6 检查井设计应符合下列规定：

1 当地下水位高于井室底面或井室附近有地下供、排水设施时，井室应采用钢筋混凝土结构，并应采取防水措施；

2 管道穿越井壁处应采取密封措施，并应考虑管道的热位移对密封的影响，密封处不得渗漏；

3 井室应对角布置两个人孔，阀门宜设远程操作机构，当井室深度大于4m时，宜设计为双层井室，两层人孔宜错开布置，远程操作机构应布置在上层井室内；

4 疏水井室宜采取主副井布置方式，关断阀门或阀组、疏水口应分别设置在两个井室内。

4.1.7 固定支座的选取和推力计算应符合下列规定：

1 补偿器和三通处应设置固定支座，阀门和疏水装置处宜设置固定支座；

2 当外护管采用无补偿敷设时，宜采用内固定支座；

3 当外护管在管道转角位置无法实现自然补偿时，管道转角两端宜采用内外固定支座和外护管补偿器相结合的方式；

4 内固定支座应采取隔热措施，且其外护管表面温度应小于或等于60℃；

5 直埋蒸汽管道对固定墩的作用力应包括工作管道的作用力和外护管的作用力；

6 固定墩两侧作用力的合成及其稳定性验算和结构设计，应符合现行行业标准《城镇供热直埋热水管道技术规程》CJJ/T 81 的有关规定；

7 内固定支座外护管与工作管间宜设置波纹隔断。

4.1.8 当直埋蒸汽管道保温系统采用抽真空工艺时，应符合下列规定：

1 应采用真空隔断方式进行分段，分段长度不宜大于300m。抽真空设备应根据设计真空度、真空段长度和管径选取；

2 在每个真空分段的两端，应设置真空阀门和真空表接口。

4.2 管件及管道连接

4.2.1 直埋蒸汽管道的管件应符合下列规定：

1 工作管管件应符合现行国家标准《钢制对焊无缝管件》GB/T 12459 或《钢板制对焊管件》GB/T 13401 的有关规定；当采用煨制弯管时，应符合现行行业标准《锅炉管子制造技术条件》JB/T 1611 的有关规定；

2 直埋蒸汽管道和管件应在工厂预制，并应符合现行行业标准《城镇供热预制直埋蒸汽保温管技术条件》CJ/T 200 和《城镇供热预制直埋蒸汽保温管管路附件技术条件》CJ/T 246 的有关规定。管件的防腐、保温性能应与直管道相同。

4.2.2 直埋蒸汽管道、管件及管路附件之间的连接，除疏水器和特殊阀门外均应采用焊接连接，当采用法兰连接时，法兰的密封宜采用耐高温垫片。

4.2.3 当采用工作管弯头做热补偿时，弯头的曲率半径不应小于1.5倍的工作管公称直径。管道位移段应加大外护管的尺寸，并应采用满足热位移要求的软质保温材料。外护管的曲率半径不应小于1.0倍的外护管公称直径。

5 管道强度计算及应力验算

5.1 工 作 管

5.1.1 直埋蒸汽管道系统设计应对工作管道进行强度计算及应力验算。

5.1.2 当工作管强度计算及应力验算时，供热介质计算参数应符合下列规定：

1 管道的设计压力和设计温度值，应取锅炉出口、汽轮机抽(排)汽口或减温减压装置出口的最大工作压力和最高工作温度；

2 安装温度值应取安装期内当地环境的最低温度。

5.1.3 工作管钢材的许用应力，应按下列公式计算，并应取4项计算结果的最小值。常用钢管材料的许用应力可按表5.1.3取值。

$$\sigma = \frac{\sigma_b^{20}}{3} \tag{5.1.3-1}$$

$$\sigma = \frac{\sigma_s^t}{1.5} \tag{5.1.3-2}$$

$$\sigma = \frac{\sigma_{s(0.2\%)}^t}{1.5} \tag{5.1.3-3}$$

$$\sigma = \frac{\sigma_D^t}{1.5} \tag{5.1.3-4}$$

式中 σ ——工作管钢材的许用应力(MPa)；

σ_b^{20}——钢材在20℃时的抗拉强度最小值(MPa)；

σ_s^t——钢材在设计温度下的屈服极限最小值(MPa)；

$\sigma_{s(0.2\%)}^t$——钢材在设计温度下残余变形为0.2%时的屈服极限最小值(MPa)；

σ_D^t——钢材在设计温度下10^5h的持久强度平均值(MPa)。

表5.1.3 常用钢管材料的许用应力

钢管类型	钢号	钢管标准	常温强度指标(MPa)		在不同温度(℃)下的许用应力(MPa)						
			σ_b	σ_s	≤20	100	150	200	250	300	350
焊接钢管	Q235B	GB/T 13793	375	235	113	113	113	105	94	86	77
无缝钢管	20	GB/T 8163	390	245	130	130	130	123	110	101	92
	16Mn	GB/T 8163	490	320	163	163	163	159	147	135	126
	Q345	GB/T 8163	490	320	163	163	163	159	147	135	126

5.1.4 工作管道许用应力取值、管壁厚度计算、补偿值计算及应力验算，应符合现行行业标准《火力发电厂汽水管道应力计算技术规定》DL/T 5366的有关规定。

5.2 外 护 管

5.2.1 外护管的应力验算应采用应力分类法。

5.2.2 当管道进行应力计算时，管道计算温度和压力应按下列规定取用：

1 应力计算最高温度应取95℃；

2 计算安装温度应取安装时当地的最低温度；

3 计算压力应取0.2MPa。

5.2.3 外护管应力验算及竖向稳定性验算，应符合现行行业标准《城镇供热直埋热水管道技术规程》CJJ/T 81的有关规定。管道的壁厚应符合本规程第7.2.2条和第7.2.3条的规定。

6 保温结构和保温层

6.1 一 般 规 定

6.1.1 保温材料应符合现行行业标准《城镇供热预制直埋蒸汽保温管技术条件》CJ/T 200的有关规定。保温材料不应对管道及管路附件产生腐蚀。

6.1.2 硬质保温材料密度不得大于300kg/m^3，软质保温材料及半硬质保温材料密度不得大于200kg/m^3。

6.1.3 硬质保温材料含水率的重量比不得大于7.5%，硬质保温材料抗压强度不得小于0.4MPa，抗折强度不应小于0.2MPa。

6.1.4 接触工作管的保温材料，其允许使用温度应比工作管内的蒸汽温度高100℃以上。

6.1.5 保温结构设计应按外护管外表面温度小于或等于50℃计算保温层厚度。当采用复合保温结构时，保温层间的界面温度不应大于外层保温材料安全使用温度的0.8倍。

6.1.6 当按本规程第6.1.5条规定计算的保温层厚度，不能满足蒸汽介质温度降或周围土壤的环境温度设计要求时，应按设计条件计算确定保温层厚度。

6.1.7 保温计算中，土壤的导热系数应采用管道运行期间的平均值。土壤的导热系数应按实测历史数据的0.9倍~0.95倍取值；当无实测的历史数据时，可按表6.1.7的平均值选取。

表 6.1.7　土壤的导热系数

土壤		湿度(%)	λ[W/(m·℃)]	
			融化状态	冻结状态
粗砂(1mm~2mn)	密实的	10	1.74~1.35	1.98~1.35
		18	2.78	3.11
	松散的	10	1.28	1.40
		18	1.97	2.68
细砂和中砂(0.25mm~1mm)	密实的	10	2.44	2.50
		18	3.60	3.80
	松散的	10	1.74	2.00
		18	3.36	3.50
不同粒度的干砂		1	0.37~0.48	0.27~0.38
砂质粉土、粉质黏土、粉土、融化土		15~26	1.39~1.62	1.74~2.32
黏土		5~20	0.93~1.39	1.39~1.74

6.1.8　保温计算中温度的取值应符合下列规定：

1　当按本规程第6.1.5条或按管道周围土壤的环境温度计算保温厚度时，蒸汽介质温度应取设计最高值；土壤的自然温度应取管道运行期间管道中心埋设深度处最高月平均温度；大气温度应取管道年运行或季节运行期间最热月平均大气温度；

2　当按蒸汽介质温度降计算保温层厚度时，蒸汽介质温度应取设计最高值；土壤的自然温度应取管道运行期间管道中心埋设深度处最低月平均温度；大气温度应取管道运行期间最低月平均大气温度；

3　当计算蒸汽管道年散热损失时，蒸汽介质温度应取年平均温度；土壤的自然温度应取管道中心埋设深度处的年平均地温；大气温度应取年平均大气温度；

4　土壤的自然温度可按当地历年实测数据确定或按本规程附录A确定。

6.2　保温结构

6.2.1　保温结构可采用单一绝热材料层或多种绝热材料的复合层，也可设置辐射隔热层和空气层或抽真空。

6.2.2　同种保温材料应分层敷设，单层厚度不得大于100mm，且各层材料厚度宜相等。

6.2.3　管道保温的形式和结构应符合表6.2.3的规定。

表 6.2.3　管道保温的形式和结构

型式	结　构
内滑动型	工作管—保护垫层—硬质无机保温层—有机保温层—外护管—(保温)防腐层
	工作管—保护垫层—硬质无机保温层—铝箔(布)—有机保温层—外护管—(保温)防腐层
外滑动型	工作管—无机保温层—空气(真空)层—外护管—(保温)防腐层
	工作管—无机保温层—铝箔(布)—无机保温层—铝箔(布)—空气(真空)层—外护管—(保温)防腐层

6.3　真空保温层

6.3.1　真空层(空气层)厚度不宜大于25mm。

6.3.2　当计算真空保温管道年散热损失和外护管外表面温度时，应按运行期间内的平均真空度确定其热阻。

6.4　保温计算

6.4.1　直埋蒸汽管道单管敷设时，保温层厚度应符合下列规定：

1 单层保温结构的保温层厚度应按下列公式计算：

$$\ln D_{\mathrm{w}}=\frac{\lambda_{\mathrm{g}}(t_{\mathrm{w}}-t_{\mathrm{s}})\ln D_0+\lambda_{\mathrm{t}}(t_0-t_{\mathrm{w}})\ln 4H_l}{\lambda_{\mathrm{t}}(t_0-t_{\mathrm{w}})+\lambda_{\mathrm{g}}(t_{\mathrm{w}}-t_{\mathrm{s}})} \tag{6.4.1-1}$$

当$\frac{H}{D_{\mathrm{w}}}<2$时，$H_l=H+\frac{\lambda_{\mathrm{g}}}{\alpha}$，$t_{\mathrm{s}}$取大气温度(℃)；

当$\frac{H}{D_{\mathrm{w}}}\geqslant 2$时，$H_l=H$，$t_{\mathrm{s}}$取直埋管中心埋设深度处的自然地温(℃)。

$$\delta=\frac{D_{\mathrm{w}}-D_0}{2} \tag{6.4.1-2}$$

式中：D_{w}——保温层外径(m)；
D_0——工作管外径(m)；
H_l——管道当量埋深(m)；
H——管道中心埋设深度(m)；
λ_{t}——保温层材料在运行温度下的导热系数[W/(m·K)]；
λ_{g}——土的导热系数[W/(m·K)]；
t_0——工作管外表面温度(℃)，可按介质温度取值；
t_{s}——直埋蒸汽管道周边土壤环境温度(℃)；
t_{w}——保温管外表面温度(℃)，按设计要求确定；
α——直埋蒸汽管上方地表面大气的换热系数[W/(m²·K)]，取10~15；
δ——保温层厚度(m)。

2 多层保温结构的保温层厚度计算应符合下列规定：

1) 散热损失(初算值)应按下式计算：

$$q=\frac{t_{\mathrm{w}}-t_{\mathrm{s}}}{\frac{1}{2\pi\lambda_{\mathrm{g}}}\ln\frac{4H_l}{D'_{\mathrm{w}}}} \tag{6.4.1-3}$$

式中：q——单位管长热损失(初算值)(W/m)；
D'_{w}——根据经验设定的保温层外径(m)。

2) 第一层保温材料厚度应按下列公式计算：

$$\ln D_1=\ln D_0+\frac{2\pi\lambda_1(t_0-t_1)}{q} \tag{6.4.1-4}$$

$$\delta_1=\frac{D_1-D_0}{2} \tag{6.4.1-5}$$

式中：D_1——第一层保温材料外径(m)；
λ_1——第一层保温材料在运行温度下的导热系数[W/(m·K)]；
t_1——第一层保温材料外表面温度(℃)，按设计要求确定；
δ_1——第一层保温层厚度(m)。

3) 第i层保温材料厚度应按下列公式计算：

$$\ln D_i=\ln D_{i-1}+\frac{2\pi\lambda_i(t_{i-1}-t_i)}{q} \tag{6.4.1-6}$$

$$\delta_i=\frac{D_i-D_{i-1}}{2} \tag{6.4.1-7}$$

式中：D_i——第i层保温材料外径(m)；
λ_i——第i层保温材料在运行温度下的导热系数[W/(m·K)]；
t_i——第i层保温材料外表面温度(℃)，按设计要求确定；
δ_i——第i层保温层厚度(m)。

4) 计算得到的D_i，应按公式(6.4.3-1)校核计算散热损失，其校核值与公式(6.4.1-3)计算的散热损失初算值相比较，两个值的相对差值应小于或等于5%。

5）当相对差值大于5%时，应将按公式(6.4.1-6)计算得到的保温层外径，作为新设定的保温层外径，代入公式(6.4.1-3)、公式(6.4.1-4)和公式(6.4.1-6)重新计算散热损失(初算值)、D_1 和 D_i，并应符合本款第4)项的规定。

3 带空气层的保温结构计算应符合下列要求：

1）可采用窄环空间对流和辐射传热计算公式计算空气层等效导热系数。

2）空气层等效热阻应按下式计算：

$$R_e = \frac{1}{2\pi\lambda_e}\ln\frac{D_{ou}}{D_{in}} \tag{6.4.1-8}$$

式中：R_e——空气层等效热阻(m·K/W)；

λ_e——空气层等效导热系数[W/(m·K)]；

D_{ou}——空气层外径(m)；

D_{in}——空气层内径(m)。

3）应按空气层等效热阻与保温层热阻串联的方式，计算保温层的热损失和外表面温度。

4 真空保温结构的计算应符合下列要求：

1）可采用导热、对流、辐射传热计算公式计算真空层等效导热系数。

2）真空层等效热阻应按下式计算：

$$R_z = \frac{1}{2\pi\lambda_z}\ln\frac{D_{zou}}{D_{zin}} \tag{6.4.1-9}$$

式中：R_z——真空层等效热阻(m·K/W)；

λ_z——真空层等效导热系数[W/(m·K)]；

D_{zou}——真空层外径(m)；

D_{zin}——真空层内径(m)。

3）应按真空层等效热阻与保温层热阻串联的方式，计算保温层的热损失和外表面温度。

6.4.2 当直埋蒸汽管道双管敷设时，可按单管敷设条件计算保温层厚度，并可采用本规程公式(6.4.3-2)和公式(6.4.3-3)计算双管敷设条件下的管道间相互影响和热损失，然后计算保温层界面温度和保温管外表面温度。如高于设计要求，应调整保温层厚度。

6.4.3 直埋蒸汽管道热损失的计算应符合下列要求：

1 单管敷设的直埋保温管道的热损失应按下式计算：

$$q = \frac{t_0 - t_s}{\sum \frac{1}{2\pi\lambda_i}\ln\frac{D_i}{D_{i-1}} + R_g} \tag{6.4.3-1}$$

当 $\frac{H}{D_w}<2$ 时，$R_g = \frac{1}{2\pi\lambda_g}\ln\left(\frac{2H_l}{D_w}+\sqrt{\left(\frac{2H_l}{D_w}\right)^2-1}\right)$

当 $\frac{H}{D_w}\geqslant 2$ 时，$R_g = \frac{1}{2\pi\lambda_g}\ln\frac{4H}{D_w}$

式中 R_g——直埋蒸汽管道环境热阻(m·K/W)。

2 双管敷设的直埋蒸汽管道，在计算热损失、界面温度和保温管外表面温度时，应考虑管间相互影响。

1）双管敷设的直埋保温管道的热损失应按下列公式计算：

$$R_a = \frac{(t_{a0}-t_g)\times\sum R_a-(t_{a0}-t_g)\times R_{ab}}{(t_{a0}-t_g)\times\sum R_b-(t_{b0}-t_g)\times R_{ab}}\times R_{ab} \tag{6.4.3-2}$$

$$R_b = \frac{(t_{a0}-t_g)\times\sum R_b-(t_{b0}-t_g)\times R_{ab}}{(t_{b0}-t_g)\times\sum R_a-(t_{a0}-t_g)\times R_{ab}}\times R_{ab} \tag{6.4.3-3}$$

当两条管道埋深相同时：$R_{ab} = \frac{\ln\sqrt{1+\left(\frac{2H}{S}\right)^2}}{2\pi\lambda_g}$

当两条管道埋深不同时：$R_{ab}=\dfrac{\ln\sqrt{\dfrac{S^2+(H_1+H_2)^2}{S^2+(H_1-H_2)^2}}}{2\pi\lambda_g}$

式中 R_a——第一条管道的附加热阻(m·K/W)；

R_b——第二条管道的附加热阻(m·K/W)；

t_{a0}——第一条管道的介质温度(℃)；

t_{b0}——第二条管道的介质温度(℃)；

t_g——直埋管道中心埋设深度处土的自然温度(℃)；

$\sum R_a$——第一条管道的保温热阻(m·K/W)；

$\sum R_b$——第二条管道的保温热阻(m·K/W)；

R_{ab}——双管敷设相互影响系数；

S——两条管道的中心距离(m)；

H——两条管道埋深相同时，管道中心埋设深度(m)；

H_1——两条管道埋深不同时，第一条管道中心埋设深度(m)；

H_2——两条管道埋深不同时，第二条管道中心埋设深度(m)。

2) 计入附加热阻，应按公式(6.4.3-1)分别计算两条管道的热损失。在计算管网的总热损失时，还应考虑阀门、支架等未保温或保温薄弱部分的附加热损失，宜增加10%~15%。

6.4.4 直埋蒸汽管道保温层界面温度和保温管外表面温度的计算应符合下列规定：

1 保温层界面温度应按下式计算：

$$t_i=t_0-q\sum\frac{1}{2\pi\lambda_i}\ln\frac{D_i}{D_{i-1}} \tag{6.4.4-1}$$

2 保温管外表面温度应按下式计算：

$$t_w=t_0-q\sum R \tag{6.4.4-2}$$

式中：$\sum R$——保温层总热阻(m·K/W)。

6.4.5 直埋蒸汽管道邻近温度场，可按本规程附录B计算。

7 外护管及防腐

7.1 一 般 规 定

7.1.1 外护管应能承受动荷载、静荷载及热应力，并应具有密封、防水、耐温、防腐性能。外护管的防腐材料应根据工程实际情况选择。

7.1.2 外护管及管件应根据直埋蒸汽管道的结构形式、敷设环境和运行状况进行设计。直埋蒸汽管道的受力应考虑下列因素：

1 外护管、工作管及其附件、保温层重量；

2 工作管滑动支座、内固定支座传递的作用力；

3 土重量产生的侧向、竖向压力；

4 因温度变化产生的作用力；

5 静水压力和水浮力；

6 车辆等荷载。

7.1.3 外护管应采用无补偿敷设方式。

7.2 外护管的刚度和稳定性

7.2.1 当外护管采用非标准钢管时，应符合现行国家标准《工业金属管道工程施工规范》GB 50235和《工业金属管道工程施工质量验收规范》GB 50184的有关规定。

7.2.2 对不带空气层的保温结构，外护管的外直径与壁厚的比值不应大于140；对带空气层的保温结构，外护管的外径与壁厚的比值不应大于100。

7.2.3 当直埋蒸汽管道埋设较深或外荷载较大时，应按无内压状态验算在外力作用下外护管的变形，外护管直径的变形量不得大于管径的3%，且外护管的变形不应导致保温材料的损坏或阻碍工作管轴向移动。外护管变形量应按本规程附录C的规定计算确定。

7.3 外护管的防腐

7.3.1 外护管应进行外防腐，且应按重腐蚀环境考虑。防腐层与钢管表面应有良好的黏附性、电绝缘性、低吸水性和低水蒸气穿透性，并应便于现场施工。防腐设计应符合现行行业标准《埋地钢质管道外壁有机防腐层技术规范》SY/T 0061的有关规定。

7.3.2 防腐层的长期耐温不应小于70℃。

7.3.3 外护管的防腐材料应符合现行行业标准《城镇供热预制直埋蒸汽保温管技术条件》CJ/T 200和《城镇供热预制直埋蒸汽保温管管路附件技术条件》CJ/T 246的有关规定。

7.3.4 常用的防腐层材料应符合下列规定：

1 聚乙烯防腐层应符合现行国家标准《埋地钢质管道聚乙烯防腐层》GB/T 23257的有关规定；

2 纤维缠绕增强玻璃钢防腐层应符合现行行业标准《玻璃纤维增强塑料外护管聚氨酯泡沫塑料预制直埋保温管》CJ/T 129的有关规定；

3 熔结环氧粉末防腐层应符合现行行业标准《钢质管道单层熔结环氧粉末外涂层技术规范》SY/T 0315的有关规定；

4 环氧煤沥青防腐层应符合现行行业标准《埋地钢质管道环氧煤沥青防腐层技术标准》SY/T 0447的有关规定；

5 聚脲防腐层应符合现行行业标准《喷涂聚脲防护材料》HS/T 3811的有关规定。

7.3.5 防腐层应进行电火花检漏，并应符合现行行业标准《管道防腐层检漏试验方法》SY/T 0063的有关规定。检测电压应根据防腐层种类和防腐等级确定，以不打火花为合格。

7.3.6 外护管采用外防腐的同时，应采取阴极保护措施。

8 施工与验收

8.1 一般规定

8.1.1 直埋蒸汽管道的施工与验收，应符合现行行业标准《城镇供热管网工程施工及验收规范》CJJ 28的有关规定。

8.1.2 直埋蒸汽保温管的管材及管路附件应符合现行行业标准《城镇供热预制直埋蒸汽保温管技术条件》CJ/T 200和《城镇供热预制直埋蒸汽保温管管路附件技术条件》CJ/T 246的有关规定，并应具有产品合格证书。

8.1.3 对生产厂提供的各种规格的管材、管件及保温制品，应抽取不少于一组试件，进行材质化学成分分析和机械性能检验。

8.1.4 直埋蒸汽保温管、管件及附件在吊装、运输和安装时，应采取保护和防水措施。

8.1.5 钢管焊接时，应对保温层及外护管端面采取保护措施。

8.1.6 施工单位应根据工程规模、现场条件和施工图编制施工组织设计，并绘制排管图。

8.1.7 进入现场的预制直埋蒸汽管道和管件应逐件进行外观检验和电火花检测。

8.2 管道安装

8.2.1 安装管道时，应保证两个固定支座间的管道中心线成同一直线，且坡度应符合设计要求。

8.2.2 直埋蒸汽管道在吊装时，应按管道的承载能力核算吊点间距，均匀设置吊点，并应使用宽度大于 50mm 的吊装带进行吊装。

8.2.3 雨期施工应采取防雨排水措施，工作管和保温层不得进水。

8.2.4 直埋蒸汽管道的现场焊接及检验，应符合国家现行标准《现场设备、工业管道焊接工程施工规范》GB 50236、《现场设备、工业管道焊接工程施工质量验收规范》GB 50683 和《城镇供热管网工程施工及验收规范》CJJ 28 的有关规定。

8.2.5 工作管的现场接口焊接应采用氩弧焊打底。焊缝应进行 100%X 射线探伤检查，焊缝内部质量不得低于现行国家标准《无损检测　金属管道熔化焊环向对接接头射线照相检测方法》GB/T 12605 中的Ⅱ级质量要求。

8.2.6 补偿器安装应符合下列规定：

1 补偿器应与管道保持同轴；

2 有流向标记箭头的补偿器安装时，流向标记应与管道介质流向一致。

8.2.7 当施工间断时，工作管端口应采用堵板封闭，钢外护管端口应采用防水材料密封；雨期施工时，应采取防止雨水和泥浆进入管内和防止管道浮起的措施。

8.3 保温补口

8.3.1 保温补口应在工作管道安装完毕，探伤检验及强度试验合格后进行。补口质量应符合设计要求，每道补口应有检查记录。

8.3.2 补口前应拆除封端防水帽或需要清除的防水涂层。保温补口应与两侧直管段或管件的保温层紧密衔接，缝隙应采用弹性保温材料填充。

8.3.3 硬质复合保温结构的直埋蒸汽管道，粘贴保护垫层时，应对补口处的工作管表面进行预处理，其质量应达到现行国家标准《涂覆涂料前钢材表面处理　表面清洁度的目视评定　第 1 部分：未涂覆过的钢材表面和全面清除原有涂层后的钢材表面的锈蚀等级和处理等级》GB/T 8923.1 中 St3 级的要求。

8.3.4 当管段已浸泡进水时，应清除浸湿的保温材料或烘干后，方可进行保温补口。

8.3.5 保温层补口施工应符合下列规定：

1 补口处的保温结构、保温材料等应与直管段相同；

2 保温补口应在沟内无积水、非雨天的条件下进行施工；

3 当保温层采用软质或半硬质无机保温材料时，在补口的外护管焊缝部位内侧，应衬垫耐高温材料；

4 硬质复合保温结构管道的保温施工，应先进行硬质无机保温层包覆，嵌缝应严密，再连接外护管，然后进行聚氨酯浇注发泡；泡沫层补口的原料配比应符合设计要求。原料应混拌均匀，泡沫应充满整个补口段环状空间，密度应大于 50kg/m^3。当环境温度低于 10℃或高于 35℃时，应采取升温或降温措施。聚氨酯质量应符合现行国家标准《高密度聚乙烯外护管硬质聚氨酯泡沫塑料预制直埋保温管及管件》GB/T 29047 的有关规定。

8.3.6 外护管的现场补口应符合下列规定：

1 外护管应采用对接焊，接口焊接应采用氩弧焊打底，并应进行 100%超声波探伤检验，焊缝内部质量不得低于现行国家标准《焊缝无损检测　超声检测　技术、检测等级和评定》GB 11345 中的Ⅱ级质量要求；当管道保温层采用抽真空技术时，焊缝内部质量不得低于现行国家标准《焊缝无损检测　超声检测　技术、检测等级和评定》GB 11345 中的Ⅰ级质量要求；在外护管焊接时，应对已完成的工作管保温材料采取防护措施以防止焊接烧灼；

2 外护管补口前应对补口段进行预处理，除锈等级应根据使用的防腐材料确定，并符合现行国家标准《涂覆涂料前钢材表面处理　表面清洁度的目视评定　第 1 部分：未涂覆过的钢材表面和全面清除原有涂层后的钢材表面的锈蚀等级和处理等级》GB/T 8923.1 中 St3 级的要求；

3 补口段预处理完成后，应及时进行防腐，防腐等级应与外护管相同，防腐材料应与外护管防腐材料一致或相匹配；

4 防腐层应采用电火花检漏仪检测，耐击穿电压应符合设计要求；

5 外护管接口应在防腐层之前做气密性试验，试验压力应为 0.2MPa。试验应按现行国家标准《工业金属管道工程施工规范》GB 50235 和《工业金属管道工程施工质量验收规范》GB 50184 的有关规定执行。

8.3.7 补口完成后，应对安装就位的直埋蒸汽管及管件的外护管和防腐层进行检查，发现损伤，应进行修补。

8.4 真空系统安装

8.4.1 直埋蒸汽保温管的各真空段，宜在对管路系统排潮后抽真空。初次抽真空应采用具有冷凝、排水和除尘功能的真空设备。

8.4.2 真空系统的附件(真空球阀、真空表等)应采用焊接或真空法兰连接。真空表应满足放水的要求。真空表与管道之间宜安装真空阀门。

8.4.3 真空绝对压力应小于等于 2kPa。

8.4.4 在抽真空操作过程中，当真空泵的抽气量达到 $300m^3$ 且管道空腔湿度保持在 50%以上时，应经排潮后方可继续抽真空。

8.5 试压、吹扫及试运行

8.5.1 直埋蒸汽管道安装完成后工作管应进行强度和严密性试验，外护管应进行气密性试验。

8.5.2 强度和严密性试验，应按设计参数和现行行业标准《城镇供热管网工程施工及验收规范》CJJ 28 的有关规定执行。

8.5.3 直埋蒸汽管道应用蒸汽进行吹洗。吹扫的蒸汽压力和流量应按计算确定。当无计算资料时，可按压力不大于管道工作压力的 75%、流速不低于 30m/s 进行吹洗；吹洗次数应根据管道长度确定，但不应少于 3 次，每次吹扫时间不应少于 15min。当吹洗流速较低时，应增加吹洗次数。

8.5.4 外护管气体严密性试验的试验压力应逐级缓慢上升，当达到试验压力后，应稳压 10min，然后在焊缝上涂刷中性发泡剂并巡回检查所有焊缝，无泄漏为合格。

8.5.5 直埋蒸汽管道的试运行，应符合现行行业标准《城镇供热管网工程施工及验收规范》CJJ 28 的有关规定。

8.6 施工验收

8.6.1 直埋蒸汽管道工程的竣工验收，应符合现行行业标准《城镇供热管网工程施工及验收规范》CJJ 28 的有关规定。

8.6.2 施工验收时应对补偿器、内固定支座、疏水装置等管路附件作出标识。对排潮管、地面接口等易造成烫伤的管路附件，应设置安全标志和防护措施。验收时应对标记进行检查。

9 运行管理

9.1 一般规定

9.1.1 运行操作人员、维护人员、调度员应经过技术培训，经考试合格，方可上岗。

9.1.2 直埋蒸汽管道疏水井、检查井及构筑物内的临时照明电源电压不得大于 24V，严禁使用明火照明。当人员在井内作业时，严禁使用潜水泵。

9.1.3 当进入井室、地下构筑物作业前，应进行通风，并应进行检测，确认安全后方可进入操作。

9.1.4 直埋蒸汽管道运行中，当蒸汽流量小于安全运行所需最小流量时，应采取安全技术措施或停止管道运行。

9.2 运行前的准备

9.2.1 已停运两年或两年以上的直埋蒸汽管道，运行前应按新建管道要求进行吹扫和严密性试验。

9.2.2 新建直埋蒸汽管道运行前应做好下列准备工作：

1 编制运行方案；

2 准备交通、通信工具及有害气体检测器、抽水设备、通风设备等；

3 对系统进行全面检查，并应符合下列要求：

1）管道工程施工、验收手续应完备、审批手续应齐全；

2）直埋蒸汽管道覆土层应无塌陷，井室内应无积水、杂物，井盖应完好；

3）阀门操作应灵活，排潮管应畅通。

9.3 暖 管

9.3.1 直埋蒸汽管道冷态启动时应进行暖管。

9.3.2 暖管应在确认运行前准备工作完毕，管道巡线人员、操作人员到位后，方可开始送汽。

9.3.3 暖管开始时，应关闭疏水器前的阀门，打开疏水旁通阀门或启动疏水阀门。

9.3.4 暖管时的工作钢管内蒸汽温度宜控制在150℃以下，暖管时间应以排潮管不排汽而定。

9.3.5 在暖管过程中，当排潮管排汽带压且有响声，稳定24h后仍然未改善时，应停止暖管，分析原因，采取措施处理，经确认处理后方可重新暖管。

9.3.6 在暖管过程中，蒸汽压力应逐步提高至工作压力，宜按下列步骤进行：

1 将管内蒸汽压力升至0.1MPa，稳压暖管30min，无异常现象；

2 将管内蒸汽压力分别逐步升至0.2MPa、0.4MPa和0.6MPa，并分别稳压暖管1h，无异常现象；

3 在0.6MPa压力时仍未见异常，每增加0.2MPa，稳压暖管1h，直至工作压力；

4 疏水旁通阀或启动疏水阀门关闭时间及暖管时间应在运行方案中明确规定；

5 根据管道长度、管径大小，暖管时间可适当增减。

9.3.7 在暖管的过程中，当发现疏水系统堵塞，发生“汽水冲击”、固定支座和设备、设施被破坏等现象时，应立即停止暖管，查找原因，处理后方可再行暖管。

9.4 运 行 维 护

9.4.1 直埋蒸汽管道运行中应进行定期检查。当运行参数发生变化或有灾情时，应增加检查次数。主要检查项目应包括井室、疏水装置、排潮管、补偿器、固定墩等管路附件及设施。

9.4.2 直埋蒸汽管道运行中应定期检查记录直埋蒸汽管道外表面温度，保温层层间温度。

9.4.3 直埋蒸汽管道检查、维修可按现行行业标准《城镇供热系统运行维护技术规程》CJJ 88有关规定执行。

9.4.4 直埋蒸汽管道每两年宜对管道腐蚀情况进行评估、当发现腐蚀加快时，应采取技术措施。

9.4.5 采用真空系统的直埋蒸汽管道，应定期观测并记录真空表读数。当真空绝对压力升至5kPa时，应启动真空泵，将真空绝对压力降至2kPa以下。

9.5 停 止 运 行

9.5.1 停止运行前，应编制停运方案，并应提前通知用户。

9.5.2 停止运行的各项操作，应严格按停运方案和调度指令进行。

9.5.3 停止运行后，管道内凝结水温度低于40℃后，方可打开疏水器旁通阀门，排净管道内凝结水，并应将井室内积水及时排除。

9.5.4 停止运行期间，应对管道进行养护。当停运的时间超过半年时，应对工作管、外护管采取防护措施。

附录A　全国主要城市实测地温(深度0.0m~3.2m)月平均值

表A　全国主要城市实测地温(深度0.0m~3.2m)月平均值

城市	深度(m)	自然地温月平均值(℃)											
		1月	2月	3月	4月	5月	6月	7月	8月	9月	10月	11月	12月
北京	0.0	-5.3	-1.5	5.8	16.1	23.7	28.2	29.1	27.0	21.5	13.1	3.5	-3.6
	-0.8	2.6	1.7	3.6	9.4	15.1	20.2	22.8	23.9	21.5	16.9	11.2	5.6
	-1.6	7.4	5.6	5.4	8.0	11.9	15.6	18.6	21.0	20.6	18.3	14.7	10.6
	-3.2	12.7	11.0	9.8	9.5	10.4	12.1	13.9	16.3	17.3	17.3	16.4	14.8
上海	0.0	4.4	6.2	9.5	15.2	20.2	25.1	30.4	29.9	25.0	18.9	12.8	6.7
	-0.8	9.7	8.9	10.2	13.4	16.7	20.3	24.2	25.9	25.0	21.5	17.5	13.0
	-1.6	13.2	11.4	11.4	12.8	15.2	17.7	20.7	22.9	23.4	21.9	19.4	16.2
	-3.2	17.2	15.8	14.8	14.4	14.8	15.5	16.7	18.2	19.4	19.9	19.7	18.8
天津	0.0	-5.0	-1.0	5.8	16.2	23.2	28.0	29.4	27.2	22.4	13.5	4.0	-2.4
	-0.8	3.3	2.3	4.5	10.3	15.5	19.9	23.0	23.9	21.9	17.8	12.4	7.3
	-1.6	8.1	6.2	6.3	8.9	12.5	16.1	18.9	20.6	20.4	18.7	15.6	11.7
	-3.2	12.9	11.3	10.1	9.8	10.6	12.0	13.7	15.2	16.3	16.7	16.2	14.8
哈尔滨	0.0	-20.8	-15.4	-4.8	6.9	16.8	23.2	25.9	24.1	15.7	5.9	-6.2	-16.7
	-0.8	-4.3	-4.8	-2.9	-0.6	2.4	9.7	15.1	17.3	15.4	10.4	4.8	0.3
	-1.6	2.0	0.3	-0.2	0.1	0.2	3.1	8.8	12.2	12.9	11.1	7.9	4.5
	-3.2	6.0	4.7	3.0	2.4	2.1	2.1	4.0	6.6	8.5	9.2	8.6	7.3

表 A　全国主要城市实测地温(深度 0.0m~3.2m)月平均值(续)

城市	深度(m)	自然地温月平均值(℃)											
		1月	2月	3月	4月	5月	6月	7月	8月	9月	10月	11月	12月
长春	0.0	-17.3	-12.7	-3.7	7.4	16.7	22.7	26.0	23.7	16.3	7.2	-4.0	-13.5
	-0.8	-1.3	-2.0	-1.0	0.0	5.2	12.2	17.1	18.9	16.7	12.1	6.4	2.1
	-1.6	3.3	1.6	1.0	1.0	2.5	7.3	11.5	14.5	14.6	12.7	9.4	6.1
	-3.2	7.2	5.8	4.7	4.0	3.8	4.6	6.5	8.6	10.2	10.6	10.1	8.8
沈阳	0.0	-12.5	-7.8	-0.1	9.8	48.2	23.9	26.9	25.7	18.5	9.6	-0.6	-9.4
	-0.8	1.0	-0.7	-0.6	0.9	7.8	14.5	18.8	20.7	18.6	13.8	8.3	3.9
	-1.6	5.0	3.2	2.3	2.6	5.4	10.6	14.5	17.2	17.3	14.8	11.3	7.6
	-3.2	9.2	7.8	6.8	6.2	6.3	7.9	10.0	12.4	14.0	14.1	12.9	11.0
石家庄	0.0	-3.5	0.2	8.5	18.1	24.5	28.8	29.7	27.6	23.4	14.9	5.1	-2.0
	-0.8	3.4	3.5	7.0	12.9	18.2	22.8	25.6	25.6	23.1	18.2	11.9	6.5
	-1.6	8.0	6.5	7.5	11.1	15.2	19.0	22.0	23.5	22.7	20.2	11.1	11.6
	-3.2	13.9	12.1	11.2	11.4	12.7	14.4	16.3	18.1	18.1	18.9	17.8	16.0
呼和浩特	0.0	-12.8	-7.9	1.8	9.9	18.4	24.4	26.5	23.6	16.5	7.9	-2.4	-10.7
	-0.8	1.3	0.6	0.9	1.4	8.3	14.2	17.6	18.7	16.8	12.9	7.8	3.8
	-1.6	4.1	2.6	1.9	1.7	4.6	9.1	12.1	14.2	14.1	12.5	9.6	6.5
	-3.2	7.8	6.5	5.4	4.6	4.6	6.0	7.8	9.5	10.8	11.3	10.8	9.5
西安	0.0	-0.6	3.6	10.4	17.6	22.4	28.8	30.5	28.6	22.8	15.3	7.4	0.6
	-0.8	4.6	5.0	8.4	12.9	17.0	21.4	24.2	25.1	12.6	18.5	13.2	8.2
	-1.6	8.9	7.6	8.7	11.3	14.4	17.7	20.5	22.4	21.9	19.8	16.5	12.3
	-3.2	14.4	12.8	11.9	12.0	12.9	14.3	15.9	17.7	18.8	18.9	18.1	16.3

表 A　全国主要城市实测地温（深度 0.0m～3.2m）月平均值（续）

城市	深度（m）	自然地温月平均值（℃）											
		1月	2月	3月	4月	5月	6月	7月	8月	9月	10月	11月	12月
太原	0.0	-5.6	-0.9	6.1	15.3	22.1	26.2	27.8	25.3	19.1	11.2	2.3	-4.1
	-0.8	2.4	1.6	3.3	8.4	13.2	17.0	19.9	20.9	18.9	15.1	9.9	5.0
	-1.6	6.7	5.1	5.0	7.2	10.4	13.5	16.1	17.8	17.7	16.0	13.0	9.4
	-3.2	11.2	9.8	8.7	8.4	9.1	10.3	11.8	13.2	14.3	14.6	14.1	12.9
银川	0.0	-9.4	-3.8	4.4	12.8	20.6	27.1	30.2	26.9	20.0	10.3	-0.2	-5.9
	-0.8	1.7	0.4	1.4	6.5	11.9	16.8	20.1	20.9	19.4	15.5	9.5	4.3
	-1.6	5.6	3.9	3.4	5.3	8.8	12.4	15.4	17.3	17.4	15.9	12.5	8.5
	-3.2	10.1	8.6	7.4	6.9	7.6	9.1	10.9	12.6	13.8	14.2	13.6	12.1
西宁	0.0	-8.2	-2.5	6.1	12.2	16.6	21.1	22.2	20.0	15.9	8.6	0.6	-5.8
	-0.8	-0.7	-0.9	2.0	7.1	11.4	15.0	17.0	17.1	15.4	12.0	6.8	2.5
	-1.6	3.4	1.9	2.5	5.3	8.8	11.5	13.7	14.8	14.4	12.8	9.7	6.3
	-3.2	7.9	6.4	5.6	5.8	7.0	8.4	9.8	11.0	11.7	11.7	11.0	9.7
兰州	0.0	-7.4	-1.0	7.9	16.3	20.5	25.7	27.3	24.3	19.5	10.8	2.0	-6.2
	-0.8	1.4	-0.7	4.4	10.6	14.4	18.1	20.9	21.1	19.1	15.1	9.4	4.1
	-1.6	6.2	4.6	5.1	8.4	11.4	14.0	16.5	17.9	17.6	15.9	12.6	8.9
	-3.2	10.7	9.2	8.3	8.5	9.7	11.0	12.3	13.8	14.6	14.7	13.9	12.5
乌鲁木齐	0.0	-18.3	-12.7	-3.0	10.4	17.5	24.2	27.2	24.8	17.9	7.7	-3.8	-12.4
	-0.8	-0.1	-0.7	0.4	5.0	10.5	15.2	18.4	19.1	17.6	12.7	7.0	2.8
	-1.6	4.6	3.2	2.7	4.3	7.6	11.1	14.0	16.1	16.1	14.0	10.7	7.4
	-3.2	8.8	7.3	6.1	5.6	6.4	7.9	9.9	11.9	13.1	13.2	12.7	11.0

表 A　全国主要城市实测地温(深度 0.0m~3.2m)月平均值(续)

城市	深度(m)	自然地温月平均值(℃)											
		1月	2月	3月	4月	5月	6月	7月	8月	9月	10月	11月	12月
济南	0.0	-1.8	1.5	8.3	17.7	24.9	29.5	30.3	28.8	24.2	16.6	7.4	0.3
	-0.8	5.1	4.8	7.6	13.5	19.0	23.0	26.0	26.4	23.9	20.1	14.8	8.8
	-1.6	10.7	9.4	10.1	12.5	16.6	20.5	22.8	24.5	23.9	21.3	18.3	15.2
	-3.2	16.1	14.4	13.5	13.5	14.7	16.6	18.5	19.9	20.9	20.7	19.7	18.3
南京	0.0	2.7	4.6	10.2	16.2	21.1	27.7	32.6	31.4	24.7	18.4	11.2	5.4
	-0.8	8.8	8.2	9.9	13.7	17.3	21.5	25.0	26.7	25.3	21.6	17.2	12.3
	-1.6	12.6	10.8	11.0	12.9	15.5	18.5	21.4	23.7	24.0	22.1	19.3	15.7
	-3.2	16.9	15.3	14.2	14.0	14.6	15.7	17.2	18.8	20.1	20.5	20.0	18.6
蚌埠	0.0	1.7	5.8	11.5	17.5	22.9	30.1	33.5	32.1	26.0	17.8	10.0	4.2
	-0.8	7.7	8.2	10.4	13.3	16.9	21.3	24.7	25.5	24.1	21.1	16.1	10.4
	-1.6	12.0	10.7	11.5	12.8	15.1	18.0	21.0	22.7	22.0	21.6	18.6	15.3
	-3.2	16.5	15.0	14.1	14.0	14.5	15.5	17.0	18.6	19.7	20.0	19.5	18.2
杭州	0.0	4.8	6.5	11.5	17.6	21.0	27.3	33.9	30.8	25.1	19.0	12.7	7.4
	-0.8	10.1	9.3	11.3	14.8	18.1	21.9	25.7	27.0	25.6	22.2	18.1	13.6
	-1.6	13.9	12.1	12.1	13.9	16.4	19.1	22.1	24.2	24.4	22.7	20.2	16.9
	-3.2	18.2	16.8	15.6	15.2	15.7	16.6	18.0	19.5	20.8	21.2	20.8	19.8
南昌	0.0	5.4	7.5	12.5	18.7	22.5	29.2	35.0	33.4	29.3	21.3	14.3	8.3
	-0.8	10.9	10.4	12.5	16.4	19.5	23.9	28.1	29.2	27.6	23.7	18.9	14.5
	-1.6	15.1	13.3	13.5	15.4	18.0	20.9	24.0	26.0	26.0	24.2	21.5	18.2
	-3.2	19.0	17.3	16.3	16.2	17.0	18.3	20.1	21.9	23.0	23.3	22.6	21.1

表A 全国主要城市实测地温(深度0.0m~3.2m)月平均值(续)

城市	深度(m)	自然地温月平均值(℃)											
		1月	2月	3月	4月	5月	6月	7月	8月	9月	10月	11月	12月
郑州	0.0	-0.4	4.0	8.6	17.4	24.2	29.5	30.4	28.3	24.0	16.1	7.8	2.1
	-0.8	6.1	6.4	8.6	12.8	17.5	22.2	24.6	25.3	23.4	19.6	14.3	9.5
	-1.6	10.2	9.0	9.6	11.6	14.8	18.4	21.0	22.6	22.3	20.4	17.1	13.4
	-3.2	14.7	13.2	12.4	12.4	13.3	14.9	16.6	18.3	19.3	19.3	18.8	16.8
武汉	0.0	3.0	6.6	11.7	18.6	22.5	29.5	34.0	33.3	28.4	20.3	12.3	6.8
	-0.8	10.0	9.3	11.0	14.6	17.8	21.9	25.0	26.5	25.8	22.3	18.2	13.5
	-1.6	14.3	12.4	12.3	13.9	16.1	18.7	21.4	23.4	23.9	22.7	20.3	17.2
	-3.2	18.3	16.9	15.9	15.5	15.7	16.4	17.5	18.7	19.8	20.4	20.3	19.6
长沙	0.0	4.6	6.6	12.2	18.6	21.6	29.6	35.3	32.2	28.7	20.6	13.0	8.1
	-0.8	10.8	9.6	11.7	15.5	18.4	22.9	27.0	27.9	26.7	23.2	18.2	13.9
	-1.6	14.2	12.2	12.4	14.6	17.0	19.8	23.0	25.1	25.2	23.6	20.3	17.0
	-3.2	18.2	16.5	15.4	15.3	16.2	17.4	19.1	20.9	22.0	22.2	21.4	19.9
广州	0.0	15.9	16.4	20.4	24.5	28.0	29.8	31.8	31.7	30.6	27.3	22.1	17.4
	-0.8	19.1	18.3	19.8	22.4	25.4	27.0	28.4	29.1	28.7	26.9	24.0	20.6
	-1.6	21.3	20.2	20.3	21.9	24.0	25.6	27.0	27.8	28.0	27.2	25.4	22.9
	-3.2	23.7	22.6	21.9	22.0	22.8	23.8	24.6	25.5	26.1	26.3	25.8	24.7
成都	0.0	6.9	9.6	14.8	20.2	23.7	26.8	28.8	27.8	23.8	18.4	13.7	8.6
	-0.8	10.7	10.7	13.2	16.8	19.9	22.6	24.8	25.5	24.2	21.2	17.8	13.9
	-1.6	13.4	12.4	13.3	15.7	18.2	20.4	22.5	23.8	23.6	22.0	19.6	16.5
	-3.2	18.3	17.0	16.3	16.5	17.5	18.6	19.9	21.2	22.0	22.0	21.3	19.9

表 A 全国主要城市实测地温(深度 0.0m~3.2m)月平均值(续)

城市	深度(m)	自然地温月平均值(℃)											
		1月	2月	3月	4月	5月	6月	7月	8月	9月	10月	11月	12月
贵阳	0.0	6.2	8.4	14.7	19.5	21.1	25.0	27.7	27.3	24.0	17.7	13.4	8.3
	-0.8	11.4	10.8	12.9	16.1	18.3	20.7	20.9	23.9	23.3	20.4	17.4	14.4
	-1.6	14.0	12.8	13.2	15.1	17.0	18.9	20.9	22.2	22.4	21.1	18.9	16.5
	-3.2	17.4	16.1	15.3	15.4	16.1	17.1	18.3	19.6	20.3	20.5	19.9	18.8
昆明	0.0	9.7	12.2	17.0	22.1	24.3	22.6	23.0	22.7	21.6	17.2	13.7	10.0
	-0.8	12.4	12.6	14.1	16.4	18.8	19.7	20.6	21.2	21.2	19.4	16.9	14.1
	-1.6	14.7	14.0	14.2	15.3	16.9	18.1	19.0	19.8	20.2	19.6	18.2	16.4
	-3.2	17.4	16.7	16.2	16.0	16.2	16.5	17.0	17.4	17.8	18.1	18.2	17.8
拉萨	0.0	-1.0	3.3	8.4	14.2	20.0	22.6	19.0	18.1	16.2	10.2	3.5	-0.7
	-0.8	2.8	3.4	6.2	9.9	13.1	16.1	16.7	16.6	15.5	12.8	8.1	4.7
	-1.6	4.8	4.4	6.1	8.7	11.4	14.0	15.2	15.6	15.1	13.4	9.9	6.8
	-3.2	—	—	—	—	—	—	—	—	—	—	—	—
台北	0.0	11.7	16.3	18.5	21.9	26.3	28.2	30.4	30.0	28.3	24.6	21.2	18.0
	-0.8	19.8	18.7	19.2	20.7	23.4	25.5	27.5	28.2	28.1	26.4	24.2	21.7
	-1.6	23.1	22.2	21.6	21.3	21.6	22.4	23.3	24.3	25.0	25.2	24.9	24.2
	-3.2	23.6	23.4	23.0	22.7	22.4	22.3	22.5	22.3	22.9	23.3	23.6	23.7

附录 B 直埋蒸汽管道邻近温度场的计算

B.0.1 单管敷设直埋蒸汽管道邻近温度场，可按下式计算：

$$t_{x,y}=t_g+\frac{t_0-t_g}{2\pi\lambda_g R}\ln\sqrt{\frac{x^2+(y+H)^2}{x^2+(y-H)^2}} \tag{B.0.1}$$

式中：$t_{x,y}$——在(x，y)坐标点土壤的温度(℃)；

x——距管道中心的水平距离(m)；

y——距地表面的垂直距离(m)；

t_g——管道中心埋设深度处土壤的自然温度(℃)；

t_0——蒸汽温度(℃)；

λ_g——土壤的导热系数[W/(m·K)]；

R——管道的保温和土的总热阻(m·K/W)；

H——管道中心埋设深度(m)。

B.0.2 双管敷设直埋蒸汽管道邻近温度场，可按下式计算：

$$t_{x,y}=t_g+\frac{q_1}{2\pi\lambda_g}\ln\sqrt{\frac{x^2+(y+H)^2}{x^2+(y-H)^2}}+\frac{q^2}{2\pi\lambda_g}\ln\sqrt{\frac{(x-C)^2+(y+H)^2}{(x-C)^2+(y-H)^2}} \tag{B.0.2}$$

式中：$t_{x,y}$——在x，y坐标点土壤的温度(℃)；

x——距管道中心的水平距离(m)；

y——距地表面的垂直距离(m)；

t_g——管道中心埋设深度处土壤的自然温度(℃)；

λ_g——土壤的导热系数[W/(m·K)]；

H——管道中心埋设深度(m)；

C——两条管道中心线距离(m)；

q_1——第一条管道单位长度热损失(W/m)；

q_2——第二条管道单位长度热损失(W/m)。

附录 C 钢管径向变形的计算

C.0.1 钢管在外荷载作用下的径向变形，可按下列公式计算：

$$\Delta X=\frac{JKWr^3}{EI+0.061E'r^3} \tag{C.0.1-1}$$

$$I=\frac{\delta^3}{12}\times 1 \tag{C.0.1-2}$$

式中：ΔX——钢管水平径向的最大变形量(m)；

J——钢管变形滞后系数，应取1.5；

K——基座系数，取值应符合表C.0.1的规定；

W——单位管长上的总垂直荷载，包括管顶垂直土荷载和地面车辆传到钢管上的荷载(MN/m)；

r——钢管的平均半径(m);

E——钢材的弹性模量(MPa);

I——单位长度管壁截面的惯性矩(m^4/m);

δ——钢管公称壁厚(m);

E'——回填土的变形模量(MPa),取值应符合表C.0.1的规定。

表C.0.1　标准铺管条件的设计参数

铺管条件	E'(MPa)	基础包角	基座系数K
管道铺设在未扰动的土上,回填土松散	1.0	30°	0.108
管道铺设在未扰动的土上,管道中线以下的土轻轻压实	2.0	45°	0.105
管道敷设在厚度不小于100mm的松土垫层内,管顶以下的回填土轻轻压实	2.8	60°	0.103
管道敷设在砂卵石或碎石垫层内,垫层顶面在管底以上1/8管径处,但至少为100mm,管顶以下回填土夯实,夯实密度约为80%(标准葡式密度)	3.5	90°	0.096
管道中线以下安放在压实的团粒材料内,夯实管顶以下回填土的团粒材料,夯实密度约为90%(标准葡式密度)	4.8	150°	0.085

C.0.2　作用在钢管上的土的垂直压力可按下式计算:

$$W_1 = \gamma h D \qquad (C.0.2)$$

式中:W_1——单位管长上的垂直荷载(MN/m);

γ——回填土的重力密度(MN/m^3);

h——外护管管顶回填土高度(m);

D——外护管外直径(m)。

C.0.3　地面车辆等传递的垂直压力可按下式计算:

$$W_2 = 0.4775\frac{j_c G_v}{h^2}D \qquad (C.0.3)$$

式中:W_2——车辆传递的垂直荷载(MN/m);

G_v——车辆的单轮轮压(MN),按道路或桥梁设计所规定的车辆载重等级取值;

j_c——冲击系数,可按表C.0.3确定。

表C.0.3　冲击系数

覆土埋深h(m)	冲击系数	
	土路面	沥青水泥路面
$h<0.5$	1.6	1.2
$0.5\leqslant h\leqslant 0.8$	1.4~1.2	1.1
$h>0.8$	1.0	1.0

引用标准名录

1　《湿陷性黄土地区建筑规范》GB 50025

2 《室外给水排水和燃气热力工程抗震设计规范》GB 50032

3 《膨胀土地区建筑技术规范》GB 50112

4 《工业金属管道工程施工质量验收规范》GB 50184

5 《工业金属管道工程施工规范》GB 50235

6 《现场设备、工业管道焊接工程施工规范》GB 50236

7 《现场设备、工业管道焊接工程施工质量验收规范》GB 50683

8 《低压流体输送用焊接钢管》GB/T 3091

9 《输送流体用无缝钢管》GB/T 8163

10 《涂覆涂料前钢材表面处理 表面清洁度的目视评定第1部分：未涂覆过的钢材表面和全面清除原有涂层后的钢材表面的锈蚀等级和处理等级》GB/T 8923.1

11 《石油天然气工业管线输送系统用钢管》GB/T 9711

12 《焊缝无损检测 超声检测 技术、检测等级和评定》GB 11345

13 《钢制对焊无缝管件》GB/T 12459

14 《无损检测 金属管道熔化焊环向对接接头射线照相检测方法》GB/T 12605

15 《钢板制对焊管件》GB/T 13401

16 《直缝电焊钢管》GB/T 13793

17 《埋地钢质管道聚乙烯防腐层》GB/T 23257

18 《高密度聚乙烯外护管硬质聚氨酯泡沫塑料预制直埋保温管及管件》GB/T 29047

19 《城镇供热管网工程施工及验收规范》CJJ 28

20 《城镇供热管网设计规范》CJJ 34

21 《城镇供热直埋热水管道技术规程》CJJ/T 81

22 《城镇供热系统运行维护技术规程》CJJ 88

23 《玻璃纤维增强塑料外护管聚氨酯泡沫塑料预制直埋保温管》CJ/T 129

24 《城镇供热预制直埋蒸汽保温管技术条件》CJ/T 200

25 《城镇供热预制直埋蒸汽保温管管路附件技术条件》CJ/T 246

26 《火力发电厂汽水管道应力计算技术规定》DL/T 5366

27 《喷涂聚脲防护材料》HS/T 3811

28 《锅炉管子制造技术条件》JB/T 1611

29 《埋地钢质管道外壁有机防腐层技术规范》SY/T 0061

30 《管道防腐层检漏试验方法》SY/T 0063

31 《钢质管道单层熔结环氧粉末外涂层技术规范》SY/T 0315

32 《埋地钢质管道环氧煤沥青防腐层技术标准》SY/T 0447

UDC

中华人民共和国行业标准

P

CJJ 105—2005

城镇供热管网结构设计规范

Code for structural design of heating pipelines in city and town

2005-09-16 发布

2005-12-01 实施

中华人民共和国建设部 发布

前　言

根据建设部建标[2002]84号文的要求，规范编制组在广泛调查研究，认真总结实践经验，参考有关标准的基础上，制定了本规范。

本规范的主要技术内容：1. 总则；2. 材料；3. 结构上的作用；4. 基本设计规定；5. 静力计算；6. 构造要求。

本规范由建设部负责管理和对强制性条文的解释，由主编单位负责具体技术内容的解释。

本规范主编单位：北京市煤气热力工程设计院有限公司(地 址：北京市西单北大街小酱坊胡同甲40号；邮政编码：100032)。

本规范参编单位：北京市市政工程设计研究总院
北京交通大学
中国市政工程东北设计研究院
中国市政工程西北设计研究院
北京五维地下工程有限公司

本规范主要起草人：陆景慧　雷宜泰　翟荣申　杨成永
田韶英　刘　安　樊锦仁　陈浩生

目　录

1　总则
2　材料
3　结构上的作用
　3.1　作用分类及作用代表值
　3.2　永久作用标准值
　3.3　可变作用标准值及准永久值系数
4　基本设计规定
　4.1　一般规定
　4.2　承载能力极限状态计算规定
　4.3　正常使用极限状态验算规定
5　静力计算
　5.1　管沟及检查室
　5.2　架空管道支架
6　构造要求
附录 A　管沟及检查室结构受热温度计算方法
附录 B　管沟及检查室结构土压力标准值的确定
附录 C　地面车辆荷载对管沟及检查室结构作用标准值的计算方法
附录 D　柔性支架、刚性支架的判别
附录 E　钢筋混凝土矩形截面处于受弯或大偏心受拉(压)状态时的最大裂缝宽度计算
本规范用词说明(略)
条文说明(略)

1 总　　则

1.0.1 为在城镇供热管网结构设计中贯彻执行国家的技术经济政策，做到技术先进、经济合理、安全适用、确保质量，制定本规范。

1.0.2 本规范适用于城镇供热管网工程中下列结构的设计：

　1 放坡开挖或护壁施工的明挖管沟及检查室；

　2 独立式管道支架，包括固定支架、导向支架及活动支架。

1.0.3 直埋敷设热力管道固定墩结构设计及检查室结构抗倾覆、抗滑移稳定验算应符合国家现行标准《城镇直埋供热管道工程技术规程》CJJ/T 81 的规定。

1.0.4 城镇供热管网结构设计，除应符合本规范外，尚应符合国家现行有关标准的规定。

2 材　　料

2.0.1 结构工程材料应根据结构类型、受力条件、使用要求和所处环境等选用。

2.0.2 结构混凝土的最低强度等级应满足耐久性要求，且不应低于表 2.0.2 的规定。对于接触侵蚀性介质的混凝土，其最低强度等级尚应符合现行有关标准的规定。

表 2.0.2　结构混凝土的最低强度等级

结构类别		最低强度等级
管沟及检查室	盖板、底板、侧墙及梁、柱结构	C25
架空管道支架	柱下独立基础	C20
	支架结构	C30

注：非严寒和非寒冷地区露天环境的架空管道支架，其支架结构混凝土的最低强度等级可降低一个等级。

2.0.3 混凝土、钢筋的设计指标应符合现行国家标准《混凝土结构设计规范》GB 50010 的规定。

钢材的设计指标应符合现行国家标准《钢结构设计规范》GB 50017 的规定。

砌体材料的设计指标应符合现行国家标准《砌体结构设计规范》GB 50003 的规定。

2.0.4 位于地下水位以下的管沟及检查室，应采用抗渗混凝土结构，混凝土的抗渗等级应按表 2.0.4 的规定确定。相应混凝土的骨料应选择良好级配；水灰比不应大于 0.5。

当混凝土满足抗渗要求时，可不做其他防渗处理。对接触侵蚀性介质的混凝土，应按现行有关标准或进行专门试验确定防腐措施。

表 2.0.4　混凝土的抗渗等级

最大作用水头与混凝土构件厚度比值 i_w	抗渗等级 Pi
<10	P4
10~30	P6
>30	P8

注：抗渗等级 Pi 的定义系指龄期为 28d 的混凝土构件，施加 $i\times0.1$MPa 水压后满足不渗水指标。

2.0.5 最低月平均气温低于-3℃的地区，受冻融影响的结构混凝土应满足抗冻要求，并按表 2.0.5 的规定确定。

表 2.0.5 混凝土的抗冻等级

工作条件 / 最低月平均气温	位于水位涨落区及以下部位		位于水位涨落区以上部位
	冻融循环总次数≥100	冻融循环总次数<100	
低于-10℃	F300	F250	F200
-3～-10℃	F250	F200	F150

注：1 混凝土的抗冻等级 Fi，系指龄期为 28d 的混凝土试件经冻融循环 i 次作用后，其强度降低不超过 25%，重量损失不超过 5%；

2 冻融循环总次数系指一年内气温从+3℃以上降至-3℃以下，然后回升至+3℃以上的交替次数。

2.0.6 结构混凝土中的碱含量不得大于 3.0kg/m^3。

2.0.7 结构混凝土中的氯离子含量不得大于 0.2%。

2.0.8 在混凝土中掺用外加剂的质量及应用技术应符合现行国家标准《混凝土外加剂》GB 8076、《混凝土外加剂应用技术规范》GB 50119 的规定。

2.0.9 在管道运行阶段，当受热温度超过 20℃时，管沟及检查室结构混凝土的强度值及弹性模量值应予以折减，不同温度作用下的折减系数应按表 2.0.9 的规定确定。结构构件的受热温度可按本规范附录 A 的规定计算确定。

表 2.0.9 混凝土在温度作用下强度值及弹性模量值的折减系数

折减项目	受热温度(℃)			受热温度的取值
	20	60	100	
轴心抗压强度	1.0	0.85	0.80	轴心受压及轴心受拉时取计算截面的平均温度，弯曲受压时取表面最高受热温度
轴心抗拉强度	1.0	0.80	0.70	
弹性模量	1.0	0.85	0.75	承载能力极限状态计算时，取构件的平均温度，正常使用极限状态验算时，取内表面最高温度

注：当受热温度为中间值时，折减系数值可线性内插求得。

2.0.10 位于地下水位以上的管沟及检查室可采用砌体结构。

2.0.11 砌体结构管沟及检查室的砌体材料，应符合下列规定：

1 烧结普通砖强度等级不应低于 MU10；砌筑砂浆应采用水泥砂浆，其强度等级不应低于 M7.5。

2 石材强度等级不应低于 MU30；砌筑砂浆应采用水泥砂浆，其强度等级不应低于 M7.5。

3 蒸压灰砂砖强度等级不应低于 MU15；砌筑砂浆应采用水泥砂浆，其强度等级不应低于 M10。

4 混凝土砌块强度等级不应低于 MU7.5；砌筑砂浆应采用砌块专用砂浆，其强度等级不应低于 M7.5。混凝土砌块砌体的孔洞应采用强度等级不低于 Cb20 的混凝土灌实。

3 结构上的作用

3.1 作用分类及作用代表值

3.1.1 结构上的作用可分为下列三类：

1 永久作用，主要包括结构自重、竖向土压力、侧向土压力、热力管道及设备自重、地基的不均匀沉降等。

2 可变作用，主要包括地面车辆荷载、地面堆积荷载、地表水或地下水的静水压力(包括浮托力)、固定支架的水平推力、导向支架的水平推力、管道位移在活动支架结构上产生的水平作用、架空管道支架上的风荷载、检修操作平台上的操作荷载、温度影响、吊装荷载、流水压力、融冰压力等。

3 偶然作用，指在使用期间不一定出现，但发生时其值很大且持续时间较短，如爆炸力、撞击力等，应根据工程实际情况确定需要计入的偶然作用。

3.1.2 结构设计时，对不同作用应采用不同的代表值：对永久作用应采用标准值作为代表值；对可变作用应根据设计要求采用标准值、组合值或准永久值作为代表值。

作用的标准值，应为设计采用的基本代表值。

对偶然作用应根据工程实际情况，按结构使用特点确定其代表值。

3.1.3 当结构承受两种或两种以上可变作用时，在承载能力极限状态按基本组合设计或正常使用极限状态按标准组合设计中，对可变作用应按组合规定，采用标准值或组合值作为代表值。

可变作用组合值，应为可变作用标准值乘以作用组合系数。

3.1.4 正常使用极限状态按准永久组合设计时，应采用准永久值作为可变作用的代表值。

可变作用准永久值，应为可变作用标准值乘以作用准永久值系数。

3.1.5 使结构或构件产生不可忽略的加速度的作用，应按动态作用考虑，可将动态作用简化为静态作用乘以动力系数后按静态作用计算。

3.2 永久作用标准值

3.2.1 结构自重标准值，可按结构构件的设计尺寸与材料单位体积的自重计算确定。

3.2.2 管沟及检查室结构上的竖向土压力及侧向土压力标准值，应按本规范附录 B 的规定计算确定。

3.2.3 热力管道及设备自重标准值，应按下列规定计算确定：

1 热力管道及设备自重标准值，应为管材、保温层、管内介质及管道附件自重标准值之和。

2 蒸汽管道的管内介质自重标准值，在管道运行阶段，应根据管道运行工况和疏水设备布置情况进行分析，当可能有冷凝水积存时，应考虑管道内的冷凝水积存量；在管道试压阶段，应按管道充满水计算。

3 作用在管道支架结构上的管道自重标准值，应计入管道失跨的影响，作用标准值应按下式计算：

$$G = \lambda q L \tag{3.2.3}$$

式中 G——支架结构上的管道自重标准值(kN)；

λ——管道失跨系数，一般取 1.5，当有可靠工程经验时，可适当减小；

q——单位长度管道自重标准值(kN/m)；

L——管道跨距(m)，若支架两侧的跨距不等时，可取平均值。

对蒸汽管网紧邻管道阀门及弯头的管道支架，在管道运行阶段，作用在结构上的管道自重标准值应按动态作用考虑，动力系数可取 1.5。

3.2.4 地基的不均匀沉降，应按现行国家标准《建筑地基基础设计规范》GB 50007 的有关规定计算确定。

3.3 可变作用标准值及准永久值系数

3.3.1 地面车辆荷载对管沟及检查室结构的作用标准值及准永久值系数应按下列规定确定：

1 地面车辆载重等级、规格形式应根据地面车辆运行情况并结合规划确定。

2 地面车辆的载重、车轮布局、运行排列等，应按国家现行标准《公路桥涵设计通用规范》JTG D60 的规定确定。

3 地面车辆荷载对结构的竖向压力及侧向压力标准值，可按本规范附录 C 的规定计算确定。

4 地面车辆荷载准永久值系数 ψ_q 应取 0.5。

3.3.2 地面堆积荷载标准值可取 10kN/m²，其准永久值系数 ψ_q 可取 0.5。

3.3.3 埋设在地表水或地下水以下的管沟及检查室结构，应计算作用在结构上的静水压力（包括浮托力），作用标准值及准永久值系数应按下列规定确定：

1 水压力标准值相应的设计水位，应按水文部门或勘察部门提供的数据采用。

2 地表水或地下水的静水压力标准值应按设计水位至计算点的水头高度与水的重力密度的乘积计算。

3 地表水的静水压力水位宜按设计频率 1% 采用。相应准永久值系数，当按最高洪水水位计算时，可取常年洪水位与最高洪水位水压头高度的比值。

4 地下水的静水压力水位，应考虑近期内变化的统计数据及对设计基准期内发展趋势的变化进行综合分析，确定其可能出现的最高及最低水位。

应根据对结构的作用效应，选定设计水位。相应的准永久值系数，当采用最高水位时，可取平均水位与最高水位的比值；当采用最低水位时，ψ_q 应取 1.0。

5 浮托力标准值应按最高水位至结构底板底面（不包括垫层）的水头高度与水的重力密度的乘积计算。对岩石地基，当有可靠工程经验时，浮托力标准值可根据岩石的破碎程度适当折减。

6 地表水或地下水重力密度标准值可取 10kN/m³。

3.3.4 固定支架的水平推力，其标准值应根据管网的布置及运行条件确定；相应的准永久值系数 ψ_q 可取 1.0。

3.3.5 导向支架的水平推力，其标准值应根据管网的布置及运行条件确定；相应的准永久值系数 ψ_q 可取 1.0。

3.3.6 管道位移在活动支架上产生的水平作用，其标准值应按下列规定确定；相应的准永久值系数 ψ_q 可取 1.0。

1 对于支架柱嵌固于基础的独立式活动支架，应对支架结构进行刚性支架、柔性支架的判别，判别方法应符合本规范附录 D 的规定。

2 刚性支架上的水平作用，其标准值应按公式 3.3.6-1 和公式 3.3.6-2 计算，荷载作用点取管托底面。

$$F_{mx} = \frac{I_y \Delta_x}{\sqrt{(I_y \Delta_x)^2 + (I_x \Delta_y)^2}} \mu G \tag{3.3.6-1}$$

$$F_{my} = \frac{I_x \Delta_y}{\sqrt{(I_y \Delta_x)^2 + (I_x \Delta_y)^2}} \mu G \tag{3.3.6-2}$$

式中 F_{mx}、F_{my}——分别为管道位移在刚性支架柱上产生的沿截面 x、y 两主轴方向的水平作用标准值（kN）；

Δ_x、Δ_y——分别为管道在支架处沿支架柱截面 x、y 两主轴方向的位移值（mm），应根据管网的布置及运行条件确定；

μ——摩擦系数。不同材料之间的摩擦系数可按表 3.3.6 的规定确定。

I_x、I_y——分别为支架柱截面对于 x、y 两主轴的惯性矩（mm⁴）。

表 3.3.6　不同材料之间的摩擦系数

材料类别	摩擦系数
钢沿钢滑动	0.3~0.35
钢沿混凝土滑动	0.6
聚四氟乙烯沿不锈钢或镀铬钢滑动	0.1
钢沿钢滚动	0.1

注：位于管沟及检查室内或室外露天环境的活动支架，钢沿钢滑动摩擦系数宜按高限取值。

3　柔性支架上的水平作用，其标准值应按公式 3.3.6-3 和 3.3.6-4 计算，荷载作用点取管托底面。

$$F_{tx}=\frac{3EI_y\Delta_x}{H^3} \tag{3.3.6-3}$$

$$F_{ty}=\frac{3EI_x\Delta_y}{H^3} \tag{3.3.6-4}$$

式中　F_{tx}、F_{ty}——分别为管道位移在柔性支架柱上产生的沿截面 x、y 两主轴方向的水平作用标准值(N)；

EI_x、EI_y——分别为支架柱对于 x、y 两主轴的截面刚度(N·mm²)，对钢筋混凝土柱分别取 $0.85E_cI_x$、$0.85E_cI_y$，E 为支架柱材料的弹性模量(N/mm²)，E_c 为混凝土的弹性模量；

H——自支架基础顶面至管道管托底面的支架高度(mm)。

4　悬吊支架上的水平作用，其标准值应按公式 3.3.6-5 和 3.3.6-6 计算，荷载作用点取吊杆支座。

$$F_{dx}=G\frac{\Delta_x}{L_g} \tag{3.3.6-5}$$

$$F_{dy}=G\frac{\Delta_y}{L_g} \tag{3.3.6-6}$$

式中　F_{dx}、F_{dy}——分别为管道位移在悬吊支架吊杆上产生的沿截面 x、y 两主轴方向的水平作用力标准值(kN)；

L_g——吊杆长度(mm)。

5　管道滑动支墩上的水平作用，其标准值应按公式 3.3.6-1 和 3.3.6-2 计算，荷载作用点取管托底面。

3.3.7　架空管道支架结构设计应考虑由管道传来的横向风荷载，其标准值应按下列规定确定；相应的准永久值系数 ψ_q 可取 0。

1　作用标准值应计入管道失跨的影响，并应按下式计算：

$$F_{wk}=\lambda w_k DL \tag{3.3.7}$$

式中　F_{wk}——管道支架上的风荷载标准值(kN)；

λ——管道失跨系数，应按本规范第 3.2.3 条的规定确定；

w_k——风荷载标准值(kN/m²)，应按现行国家标准《建筑结构荷载规范》GB 50009 的规定确定；

D——含保温层的管道外径(m)；

L——管道跨距(m)，若支架两侧的跨距不等时，可取平均值。

2　荷载作用点取管道中心。

3.3.8　热力管道检修操作平台上的操作荷载，包括操作人员、一般工具、零星材料的自重，可按均匀荷载考虑，其标准值可取2.0kN/m²；荷载准永久值系数 ψ_q 可取0.6。

对于露天检修操作平台，当按本规定取用操作荷载时，可不考虑雪荷载的作用。

3.3.9 混凝土结构管沟及检查室，应考虑在管道运行阶段结构内、外壁面温差对结构的作用。壁面温差作用标准值可按本规范附录A的规定计算确定；温度影响作用的准永久值系数 ψ_q 可取1.0。

3.3.10 对于通行管沟及检查室结构，应考虑管道安装及检修阶段的吊装荷载，荷载标准值采用所起吊管道、设备的自重标准值；荷载准永久值系数 ψ_q 可取0。

3.3.11 跨越河流、湖泊的架空管道支架柱上的流水压力标准值，应根据设计水位按下式计算：

$$F_{dw,k} = K_f \frac{\gamma_w v_w^2}{2g} A \tag{3.3.11}$$

式中 $F_{dw,k}$——流水压力标准值(kN)；

K_f——支架柱形状系数，可按表3.3.11的规定确定；

v_w——水流的平均速度(m/s)；

g——重力加速度(m/s²)；

A——支架柱阻水面积(m²)，应计算至最低冲刷线处。

表3.3.11 支架柱形状系数 K_f

形状	方形	矩形	圆形	尖端形	长圆形
K_f	1.47	1.28	0.78	0.69	0.59

流水压力标准值的相应设计水位，应根据对结构的作用效应确定取最低水位或最高水位。当取最高水位时，相应的准永久系数可取常年洪水位与最高水位的比值，当取最低水位时，ψ_q 应取1.0。

3.3.12 跨越河流、湖泊的架空管道支架柱上的融冰压力，其标准值可按下列规定确定。荷载的准永久值系数，东北地区和新疆北部地区 ψ_q 可取0.5；其他地区 ψ_q 可取0。

1 作用在具有竖直边缘支架柱上的融冰压力标准值，可按下式计算：

$$F_{Ik} = m_h f_I b t_I \tag{3.3.12-1}$$

式中 F_{Ik}——竖直边缘支架柱上的融冰压力标准值(kN)；

m_h——支架柱迎水面的体形系数，方形时为1.0；圆形时为0.9；尖端形时应按表3.3.12的规定确定；

f_I——冰的极限抗压强度(kN/m²)，当初融流冰水位时可按750kN/m²采用；

b——支架柱在设计流冰水位线上的宽度(m)；

t_I——冰层厚度(m)，应按实际情况确定。

表3.3.12 尖端形支架柱体形系数 m_h

尖端形支架柱迎水流向角度	45°	60°	75°	90°	120°
m_h	0.6	0.65	0.69	0.73	0.81

2 作用在具有倾斜破冰棱的支架柱上的融冰压力标准值，可按下列公式计算：

$$F_{Iv,k} = f_{Iw} t_I^2 \tag{3.3.12.-2}$$

$$F_{Ih,k} = f_{Iw} t_I^2 \mathrm{tg}\theta \tag{3.3.12.-3}$$

式中 $F_{Iv,k}$——竖向冰压力标准值(kN)；

$F_{Ih,k}$——水平向冰压力标准值(kN)；

f_{Iw}——冰的弯曲抗压极限强度(kN/m²)，可按 $0.7f_I$ 采用；

θ——破冰棱对水平线的倾角(°)。

4 基本设计规定

4.1 一 般 规 定

4.1.1 本规范采用以概率理论为基础的极限状态设计方法，除验算结构抗倾覆、抗滑移及抗浮外，均应采用含分项系数的设计表达式进行设计。

4.1.2 结构设计应计算下列两种极限状态：

1 承载能力极限状态：在管道安装、试压、运行及检修阶段，对应于结构达到最大承载能力，结构或结构构件及构件连接因材料强度被超过而破坏；结构因过量变形而不能继续承载或丧失稳定(如横截面压屈等)；结构作为刚体失去平衡(如滑移、倾覆、漂浮等)。

2 正常使用极限状态：在管道运行阶段，对应于结构或结构构件正常使用或耐久性能的某项规定限值，如结构变形、影响耐久性能的控制开裂或局部裂缝宽度限值等。

4.1.3 管沟及检查室结构及结构构件的承载能力极限状态设计，应包括下列内容：

1 管道运行阶段结构构件的承载力计算。对通行管沟及检查室，尚应进行管道安装或检修阶段起吊管道、设备时结构构件的承载力计算；对需揭开盖板进行管道检修的管沟及检查室，尚应进行管道检修阶段结构构件的承载力计算；对设有固定支架的管沟及检查室结构、蒸汽管网设有活动支架的管沟及检查室结构，尚应进行管道试压阶段结构构件的承载力计算。

2 设有固定支架、导向支架及活动支架的管沟及检查室结构，管道运行阶段结构作为刚体的抗滑移、抗倾覆稳定验算。对设有固定支架的管沟及检查室结构、蒸汽管网设有活动支架的管沟及检查室结构，尚应进行管道试压阶段结构作为刚体的抗滑移、抗倾覆稳定验算。

3 当结构位于地下水位以下时，管道运行阶段的结构抗浮稳定验算。对需揭开盖板进行管道检修的管沟及检查室，尚应进行管道检修阶段的结构抗浮稳定验算。

4 预埋件设计。

4.1.4 固定支架、导向支架及活动支架结构及结构构件的承载能力极限状态设计，应包括下列内容：

1 管道运行阶段结构构件的承载力计算。对固定支架及蒸汽管网的活动支架，尚应进行管道试压阶段结构构件的承载力计算。

2 管道运行阶段架空管道支架基础的抗滑移、抗倾覆稳定验算及地基承载力计算。对固定支架及蒸汽管网的活动支架，尚应进行管道试压阶段支架基础的抗滑移、抗倾覆稳定验算及地基承载力计算。地基承载力计算应符合现行国家标准《建筑地基基础设计规范》GB 50007 的有关规定。

3 预埋件设计。

4.1.5 预制混凝土滑动支墩的结构设计，应包括下列内容：

1 管道运行阶段墩体及其底部坐浆的承载力计算。对蒸汽管网尚应进行管道试压阶段墩体及其底部坐浆的承载力计算。坐浆承载力计算应符合现行国家标准《砌体结构设计规范》GB 50003 的有关规定。

2 管道运行阶段墩体的抗倾覆稳定验算。对蒸汽管网尚应进行管道试压阶段墩体的抗倾覆稳定验算。

3 预埋件设计。

4.1.6 混凝土结构构件上的预埋件设计应符合现行国家标准《混凝土结构设计规范》GB 50010 的有关规定。

4.1.7 管沟及检查室的预制盖板、钢筋混凝土预制装配式管道支架，应进行构件吊装的承载力验算，构件上的作用按其自重乘以动力系数计算，动力系数可取 1.5。

4.1.8 架空管道独立式活动支架不宜采用铰接支架及半铰接支架。

4.1.9 对结构的内力分析，均应按弹性体系计算，不应考虑由非弹性变形所引起的塑性内力重分布。

4.2 承载能力极限状态计算规定

4.2.1 结构按承载能力极限状态进行设计时，除验算结构抗倾覆、抗滑移及抗浮外，均应采用作用效应的基本组合，并应采用下列设计表达式进行设计：

$$\gamma_0 S \leqslant R \tag{4.2.1}$$

式中 γ_0——结构的重要性系数，不应小于1.0；

S——作用效应基本组合的设计值；

R——结构构件抗力的设计值。

4.2.2 作用效应基本组合的设计值，应按下式计算：

$$S=\sum_{i=1}^{m}\gamma_{Gi}S_{Gik}+\psi_c\sum_{j=1}^{n}\gamma_{Qj}S_{Qjk} \tag{4.2.2}$$

式中 γ_{Gi}——第 i 个永久作用的分项系数；

γ_{Qj}——第 j 个可变作用的分项系数；

S_{Gik}——按第 i 个永久作用标准值 G_{ik} 计算的作用效应值；

S_{Qjk}——按第 j 个可变作用标准值 Q_{jk} 计算的作用效应值；

ψ_c——可变作用的组合系数，可取 $\psi_c=0.9$；

m——参与组合的永久作用数；

n——参与组合的可变作用数。

4.2.3 永久作用的分项系数，应符合下列规定：

1 当作用效应对结构不利时，对结构自重应取1.2，其他永久作用均应取1.27。

2 当作用效应对结构有利时，均应取1.0。

4.2.4 可变作用的分项系数均应取1.4。

4.2.5 结构上的作用组合工况应符合下列规定：

1 管沟及检查室结构上的作用组合，应按表4.2.5-1的规定确定。

表4.2.5-1 管沟及检查室结构上的作用组合

工况类别	永久作用					可变作用						
	结构自重	管道及设备自重	土压力		地基的不均匀沉降	地面车辆	地面堆积	静水压力(包括浮托力)	管道水平作用	温度影响	吊装荷载	操作荷载
			竖向	侧向								
(1)	√	√	√	√	△	√		√	√	√	—	△
(2)	√	—	—	√	—	√		√	—	—	—	△
(3)	√	—	√	√	—	√		√	—	—	√	△
(4)	√	√	√	√	—	√		√	√	—	—	△

注：1 工况类别：(1)为管道运行工况；(2)为揭开盖板进行管道检修工况；(3)为通行管沟及检查室在管道安装或检修阶段起吊管道、设备工况；(4)为管道试压工况；

2 表中打"√"的作用为相应工况应予计算的项目；打"△"的作用应按具体设计条件确定采用；

3 地面车辆荷载和地面堆积荷载不应同时计算，应根据不利设计条件计入其中一项；

4 工况(2)在计算静水压力及浮托力时，地下水位不应高于侧墙顶端；

5 工况(2)在计算结构自重时，不应计入预制盖板自重；

6 管道水平作用，包括固定支架的水平推力、导向支架的水平推力及管道位移在活动支架结构上产生的水平作用；

7 操作荷载系指检修操作平台上的操作荷载。

2 管道支架结构上的作用组合，应按表4.2.5-2的规定确定。

表 4.2.5-2　管道支架结构上的作用组合

结构类型	工况及环境			永久作用			可变作用				
				结构自重	管道及设备自重	地基的不均匀沉降	管道水平作用	操作荷载	横向风荷载	流水压力	融冰压力
固定支架	管道运行工况	管沟或检查室内支架		√	√	—	√	—	—	—	—
		架空支架	陆上	√	√	△	√	△	√	—	—
			水中	√	√	△	√	△	√	√	√
	管道试压工况	管沟或检查室内支架		√	√	—	√	—	—	—	—
		架空支架	陆上	√	√	△	√	△	√	—	—
			水中	√	√	△	√	△	√	√	△
导向支架	管道运行工况	管沟或检查室内支架		√	—	—	√	—	—	—	—
		架空支架	陆上	√	—	△	√	△	√	—	—
			水中	√	—	△	√	△	√	√	√
活动支架	管道运行工况	管沟或检查室内支架		√	√	—	√	—	—	—	—
		架空支架	陆上	√	√	△	√	△	√	—	—
			水中	√	√	△	√	△	√	√	√
	管道试压工况	管沟或检查室内支架		√	√	—	√	—	—	—	—
		架空支架	陆上	√	√	△	√	△	√	—	—
			水中	√	√	△	√	△	√	√	△

注：1　表中打"√"的作用为相应工况及环境应予计算的项目；打"△"的作用应按具体设计条件确定采用；

2　对于活动支架，在管道试压工况下应计入管道偏心安装的影响；在管道运行工况下应计入管道运行时热膨胀引起的偏心影响，管道偏心距应根据管网的布置及运行条件确定。

4.2.6　结构在组合作用下的抗倾覆、抗滑移及抗浮验算，均应采用含设计稳定性抗力系数（K_s）的设计表达式。K_s 值不应小于表 4.2.6 的规定。验算时，抗力只计入永久作用；抗力和滑动力、倾覆力矩、浮托力均应采用作用的标准值。

表 4.2.6　结构的设计稳定性抗力系数 K_s

结构失稳特征		设计稳定性抗力系数 K_s
结构承受水平作用，有沿基底滑动可能性		1.3
结构承受水平作用，有倾覆可能性	管沟、检查室	1.5
	滑动支墩、架空管道活动支架	2.0
	架空管道固定支架、导向支架	2.5
管沟或检查室漂浮	管道检修阶段	1.05
	管道运行阶段	1.1

4.2.7　进行结构承受水平作用的抗滑移稳定验算时，抗力应计入由管道及设备自重、结构自重、结构上的竖向土压力形成的摩阻力，对管沟及检查室结构，尚应计入侧向土压力形成的摩阻力；对岩

石地基，当采取可靠嵌固措施时，尚应计入岩石对结构的嵌固作用。结构的抗滑移稳定验算应符合下列规定：

1 架空管道支架结构承受水平作用时的抗滑移稳定可按下式验算：

$$K_s\sqrt{F_{xk}^2+F_{yk}^2}\leqslant(N_k+G_k)\mu \quad (4.2.7\text{-}1)$$

式中 F_{xk}——沿支架结构 x 轴传至基础顶面的水平作用标准值(kN)；

F_{yk}——沿支架结构 y 轴传至基础顶面的水平作用标准值(kN)；

N_k——支架结构自重与管道及设备自重标准值之和(kN)；

G_k——基础自重和基础上的土重标准值(kN)，位于地下水位以下部分应扣除浮托力；

μ——土对基础底面的摩擦系数，可按表 4.2.7-1 的规定确定。

表 4.2.7-1 土对混凝土结构表面的摩擦系数

土的类别		摩擦系数
黏性土	可塑	0.25~0.30
	硬塑	0.30~0.35
	坚硬	0.35~0.45
粉土		0.30~0.40
中砂、粗砂、砾砂		0.40~0.50
碎石土		0.40~0.60
软质岩		0.40~0.60
表面粗糙的硬质岩		0.65~0.75

2 检查室及管沟结构承受管道水平作用时的抗滑移稳定可按下式验算(图 4.2.7)：

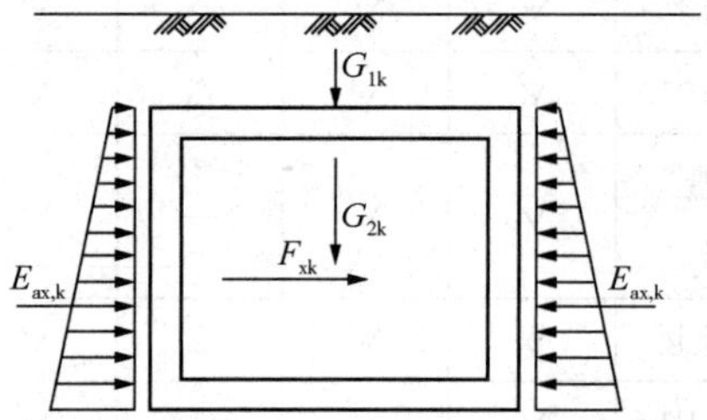

(a)沿检查室结构x轴方向(或管沟结构纵向)立面受力简图

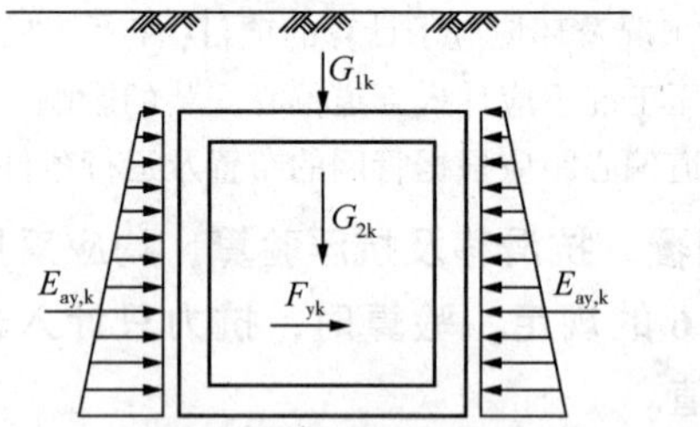

(b)沿检查室结构y轴方向(或管沟结构横向)立面受力简图

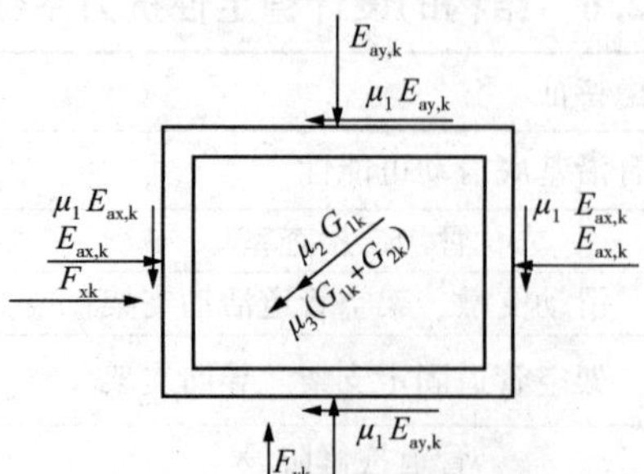

(c)结构平面受力简图

图 4.2.7 检查室(管沟)结构抗滑移稳定验算示意

$$\sqrt{(K_s F_{xk}-2\mu_1 E_{ay,k})^2+(K_s F_{yk}-2\mu_1 E_{ax,k})^2} \leqslant G_{1k}\mu_2+(G_{1k}+G_{2k})\mu_3 \quad (4.2.7-2)$$

式中 F_{xk}——沿检查室结构 x 轴方向(或管沟结构纵向)的管道水平作用标准值(kN);

F_{yk}——沿检查室结构 y 轴方向(或管沟结构横向)的管道水平作用标准值(kN);

$E_{ay,k}$——作用在与检查室结构 y 轴垂直侧墙(或管沟结构侧墙)上的主动土压力标准值(kN),应按本规范附录 B 的规定计算确定;

$E_{ax,k}$——作用在与检查室结构 x 轴垂直侧墙上的主动土压力标准值(kN),应按本规范附录 B 的规定计算确定;对于管沟结构,取 $E_{ax,k}=0$;

G_{1k}——检查室(或管沟)结构上部覆土重标准值(kN),位于地下水位以下部分应扣除浮托力;

G_{2k}——检查室(或管沟)结构自重与管道及设备自重标准值之和(kN),位于地下水位以下部分应扣除浮托力;

μ_1、μ_2、μ_3——分别为土对结构侧面、顶面、底面的摩擦系数,其中土对混凝土结构表面的摩擦系数可按表 4.2.7-1 的规定确定,土对砌体结构表面的摩擦系数可按表 4.2.7-2 的规定确定。

注:当 $K_s F_{xk}-2\mu_1 E_{ay,k}<0$ 时,取 $K_s F_{xk}-2\mu_1 E_{ay,k}=0$;当 $K_s F_{yk}-2\mu_1 E_{ax,k}<0$ 时,取 $K_s F_{yk}-2\mu_1 E_{ax,k}=0$。

表 4.2.7-2 土对砌体结构表面的摩擦系数

土 的 类 别	摩擦面情况	
	干燥的	潮湿的
砂或卵石	0.60	0.50
粉土	0.55	0.40
黏性土	0.50	0.30

4.2.8 结构在管道试压及运行阶段承受水平作用时的抗倾覆稳定验算,抗力应计入管道及设备自重、结构自重及结构上的竖向土压力,并应对地下水位以下部分扣除水的浮托力。

4.2.9 管道运行阶段结构抗浮稳定验算,抗力应计入管道及设备自重、结构自重、结构上的竖向土压力。

管沟及检查室在管道检修阶段揭开盖板时的结构抗浮稳定验算,抗力应只计入结构(不包括预制盖板)自重。

当采取其他抗浮措施时,可计入其有利作用。

4.3 正常使用极限状态验算规定

4.3.1 结构的正常使用极限状态验算,应包括变形、抗裂及裂缝宽度等,并应控制其计算值不超过相应的规定限值。

4.3.2 结构穿越铁路、主要道路及建(构)筑物时,应按现行有关标准的规定进行受弯构件的挠度验算。

4.3.3 钢筋混凝土结构构件在组合作用下,计算截面的受力状态处于受弯或大偏心受拉(压)时,截面允许出现的最大裂缝宽度限值应为 0.2mm。

4.3.4 对正常使用极限状态,作用效应的标准组合设计值应按下式计算:

$$S=\sum_{i=1}^{m} S_{Gik}+S_{Q1k}+\psi_c \sum_{j=2}^{n} S_{Qjk} \quad (4.3.4)$$

式中 S_{Q1k}——诸可变作用的作用效应中起控制作用者;

ψ_c——可变作用的组合系数,应按本规范第 4.2.2 条的规定确定。

4.3.5 正常使用极限状态验算时,结构上的作用组合工况应按本规范第 4.2.5 条中管道运行工况下的作用组合确定。

4.3.6 钢筋混凝土结构构件在标准组合作用下,计算截面处于受弯或大偏心受拉(压)时,其可能出现的最大裂缝宽度可按本规范附录 E 的规定计算确定，并应符合本规范第 4.3.3 条的规定。

4.3.7 钢筋混凝土结构构件在组合作用下，构件截面处于轴心受拉或小偏心受拉时，应按不允许裂缝出现控制，并应取作用效应的标准组合按下式验算：

$$N_k\left(\frac{e_0}{\gamma W_0}+\frac{1}{A_0}\right)\leqslant\alpha_{ct}f_{tk} \tag{4.3.7}$$

式中 N_k——作用效应的标准组合下计算截面上的轴向力(N)；

e_0——轴向力对截面重心的偏心距(mm)；

γ——混凝土构件的截面抵抗矩塑性影响系数，按现行国家标准《混凝土结构设计规范》GB 50010 的规定确定。对矩形截面，$\gamma=1.75$；

W_0——换算截面受拉边缘的弹性抵抗矩(mm^3)；

A_0——计算截面的换算截面积(mm^2)；

α_{ct}——混凝土拉应力限制系数，可取 0.87；

f_{tk}——混凝土轴心抗拉强度标准值(N/mm^2)。

5 静力计算

5.1 管沟及检查室

5.1.1 钢筋混凝土整体现浇矩形管沟的结构计算简图，可按下列规定确定：

1 盖板与侧墙、侧墙与底板的连接均应视为刚接，应按闭合框架进行计算。

2 底板地基反力可按均匀分布简化计算。当管沟净宽度大于 3m 时，宜考虑结构与地基土的共同工作。

5.1.2 钢筋混凝土槽形管沟的结构计算简图，可按下列规定确定：

1 预制盖板可按两端与侧墙铰接的单向板计算。

2 侧墙与底板的计算应考虑管道运行及管道检修揭开盖板两种工况，荷载作用效应应按两种工况的不利者取用。

在管道运行阶段，侧墙上端可视为不动铰支承于盖板，侧墙下端与底板的连接应视为刚接。

在管道检修揭开盖板时，侧墙上端应视为自由端、下端与底板的连接应视为刚接。

3 底板地基反力可按均匀分布简化计算。当管沟净宽度大于 3m 时，宜考虑结构与地基土的共同工作。

5.1.3 砌体结构矩形管沟的结构计算简图，可按下列规定确定：

1 盖板可按两端与侧墙铰接的单向板计算。

2 侧墙与底板的计算应考虑管道运行和管道检修揭开盖板两种工况，荷载作用效应应按两种工况的不利者取用。

在管道运行阶段，侧墙上端可视为不动铰支承于盖板，侧墙下端与底板的连接，当管沟的净宽不大于 3m 时，可视为固定支承于底板；当管沟的净宽大于 3m 时，侧墙与底板的连接宜视为刚接。

在管道检修揭开盖板时，侧墙应按上端自由、下端固定支承于底板进行计算。

3 底板地基反力可按均匀分布简化计算。当管沟净宽度大于 3m 时，宜考虑结构与地基土的共同工作。

5.1.4 钢筋混凝土结构检查室的结构计算简图，可按下列规定确定：

1 当盖板为预制装配时，盖板可按简支于侧墙进行计算；侧墙与底板计算应考虑管道运行和管道检修揭开盖板两种工况，荷载作用效应应按两种工况的不利者取用。

侧墙上端在管道运行阶段，可视为不动铰支承于盖板，在管道检修揭开盖板时应视为自由端，侧墙与侧墙、侧墙与底板的连接均可视为刚接。

2 盖板、底板与侧墙为整体浇注时，侧墙与盖板、侧墙与侧墙、侧墙与底板的连接均可视为刚接。

3 当盖板、底板或侧墙上开有孔洞时，其结构计算简图应根据洞口位置、洞口尺寸及洞口加强措施等条件具体确定。

4 底板地基反力可按均匀分布简化计算。当底板短边的净长度大于 3m 时，宜考虑结构与地基土的共同工作。

5.1.5 砌体结构检查室的结构计算简图，可按下列规定确定：

1 盖板可按简支于侧墙进行计算。

2 当盖板为预制装配，在管道检修阶段需要揭开盖板时，侧墙与底板计算应考虑管道运行和管道检修揭开盖板两种工况，荷载作用效应应按两种工况的不利者取用。

侧墙上端在管道运行阶段，可视为不动铰支承于盖板，在管道检修揭开盖板时应视为自由端，侧墙与侧墙的连接可视为铰接，侧墙下端可视为固定支承于底板。

3 盖板为整体现浇时，侧墙与盖板、侧墙与侧墙均可视为铰接，侧墙下端可视为固定支承于底板。

4 当盖板、底板或侧墙上开有孔洞时，其结构计算简图应根据洞口位置、洞口尺寸及洞口加强措施等条件具体确定。

5 底板地基反力可按均匀分布简化计算。当底板短边的净长度大于 3m 时，宜考虑结构与地基土的共同工作。

5.1.6 位于城市绿地或人行道下的砌体结构检查室，当净空高度不大于 2m、覆土深度不大于 2.4m 时，砌体侧墙厚度可按表 5.1.6 的规定确定。

表 5.1.6 砌体结构检查室侧墙厚度

侧墙净长度 L(m)	最小墙厚(mm)
$L<3.6$	370
$3.6\leq L<5.6$	490

注：1 本表仅适用于块体为烧结普通砖或蒸压灰砂砖，砌筑砂浆为水泥砂浆的砌体侧墙；

2 材料强度等级应符合本规范第 2.0.11 条的规定。

5.2 架空管道支架

5.2.1 柔性支架及刚性支架结构的计算简图，可按下列规定确定：

1 单柱式支架结构，应按上端自由、下端固定进行计算。

2 沿管道纵向为单柱式、沿横向为框(排)架式的支架结构，沿管道纵向，应按上端自由、下端固定进行计算；沿管道横向，可按框(排)架进行计算。

3 沿管道纵、横向均为框(排)架的支架结构，可分解为单片平面框(排)架进行计算。

5.2.2 支架柱计算长度，可按下列规定确定：

1 钢筋混凝土结构支架柱计算长度，可按表 5.2.2-1 的规定确定。

2 钢结构支架柱，沿管道纵向计算长度，可按表 5.2.2-1 的规定确定；单层单跨钢结构支架柱沿管道横向计算长度，可按表 5.2.2-2 的规定确定。

表 5.2.2-1 支架柱计算长度

结构简图			1	2	3
			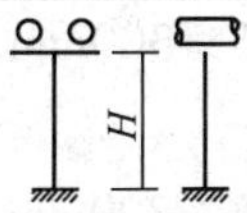	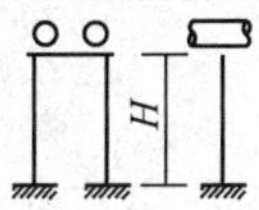	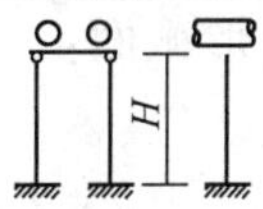
纵向	固定支架、导向支架		$2.0H$	$2.0H$	
	活动支架	刚性支架	$1.5H$	$1.5H$	
		柔性支架	$1.25H$	$1.25H$	
横向			$2.0H$	$1.5H$	

表 5.2.2-1 支架柱计算长度(续)

结构简图	4	5	6
	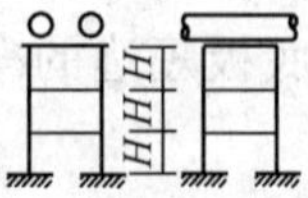	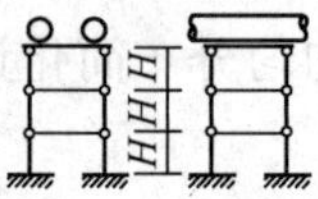	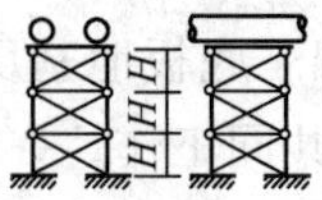
纵向	顶层 1.5H、其他层 1.25H	1.5H	1.0H
横向			

注：1 本表仅适用于柱与基础为刚性连接的情况；

2 简图 2、4 的计算长度值，只适用于梁与柱的线性刚度比≥2 的情况；

3 H 为支架柱的高度，可按下列规定取值：

1）简图 1、2 的 H 值，为支架梁顶面至基础顶面的高度；

2）简图 3 的 H 值，为支架柱顶面至基础顶面的高度；

3）简图 4、5、6 的 H 值，为支架柱水平支点间的距离。

表 5.2.2-2 钢结构支架柱沿横向计算长度

柱与基础连接方式	柱上端横梁线刚度与柱线刚度的比值							
	0	0.1	0.3	0.5	1	3	5	≥10
刚接	2.0H	1.67H	1.4H	1.28H	1.16H	1.06H	1.03H	1.0H
铰接	—	4.46H	3.01H	2.64H	2.33H	2.11H	2.07H	2.0H

注：1 本表仅适用于梁柱节点为刚接情况；

2 梁柱节点为刚接的多层钢结构支架柱，支架底层柱沿横向的计算长度按本表计算；当梁与柱的线性刚度比≥2 时，其他层柱可按表 5.2.2-1 简图 4 取值。

5.2.3 矩形或圆形截面的钢筋混凝土结构支架柱，其最小截面尺寸应符合下列规定：

1 固定支架及导向支架按下列公式验算：

矩形截面：
$$\frac{H_{0x}}{b}\leqslant 30 \text{ 且 } b\geqslant 300\text{mm} \quad (5.2.3\text{-}1)$$

$$\frac{H_{0y}}{h}\leqslant 30 \text{ 且 } h\geqslant 300\text{mm} \quad (5.2.3\text{-}2)$$

圆形截面：
$$\frac{H_{0}}{d}\leqslant 30 \text{ 且 } d\geqslant 300\text{mm} \quad (5.2.3\text{-}3)$$

式中 H_{0x}——支架柱对主轴 x 的计算长度(mm)；

H_{0y}——支架柱对主轴 y 的计算长度(mm)；

H_0——H_{0x}、H_{0y} 二者中的较大值(mm)；

b——支架柱在 x 轴方向上的宽度尺寸(mm)；

h——支架柱在 y 轴方向上的宽度尺寸(mm)；

d——圆形柱截面直径(mm)。

2 活动支架按下列公式验算：

矩形截面：
$$\frac{H_{0x}}{b}\leqslant 40 \text{ 且 } b\geqslant 300\text{mm} \quad (5.2.3\text{-}4)$$

$$\frac{H_{0y}}{h}\leqslant 40 \text{ 且 } h\geqslant 300\text{mm} \quad (5.2.3\text{-}5)$$

圆形截面：
$$\frac{H_{0}}{d}\leqslant 40 \text{ 且 } d\geqslant 300\text{mm} \quad (5.2.3\text{-}6)$$

5.2.4 钢结构支架柱，允许长细比应符合现行国家标准《钢结构设计规范》GB 50017 的规定。

6 构造要求

6.0.1 管沟及检查室结构防水应符合下列规定：

1 结构位于地下水位以下时，应采用抗渗混凝土结构，并根据需要增设附加防水层或其他防水措施。

2 位于地下水位以上的混凝土结构或砌体结构，应考虑地表水及毛细管水等作用，采取可靠的防水措施。

3 柔性防水层应设置保护层。

6.0.2 管沟沿线应设置伸缩缝。对土质地基，伸缩缝的间距应符合下列规定：

1 对钢筋混凝土结构管沟，其间距不宜大于25m。

2 对砌体结构管沟，其间距不宜大于40m。

6.0.3 管沟沉降缝的设置应符合下列规定：

1 管沟的地基土有显著变化或承受的荷载差别较大时，宜设置沉降缝加以分割。

2 检查室沟口外与管沟结合部应设置沉降缝，其距检查室结构外缘不宜大于2m。

3 沉降缝与伸缩缝可结合设置。

6.0.4 伸缩缝与沉降缝的构造，应符合下列规定：

1 缝宽不宜小于30mm，并应贯通全截面。

2 伸缩缝与沉降缝应由止水板材、填缝材料及嵌缝材料三部分构成，并应符合下列规定：

1）止水板材宜采用橡胶止水带。当采用中埋式止水带时，在缝两侧各不小于400mm范围内，混凝土结构的厚度不应小于300mm；对砌体结构管沟，在缝两侧各不小于400mm范围内，应采用混凝土整体现浇结构，其与砌体墙接触面应采用在砌体墙上预留马牙槎接合。

2）填缝材料应采用具有适应变形功能的板材。

3）嵌缝材料应采用具有适应变形功能、与混凝土表面粘结牢固的柔性材料，并具有在环境介质中不老化、不变质的性能。

6.0.5 管沟及检查室钢筋混凝土构件的施工缝设置，应符合下列规定：

1 施工缝宜设置在构件受力较小的截面处。

2 施工缝处应有可靠的措施，保证先后浇筑的混凝土间良好固结，必要时宜加设预埋止水板或设置遇水膨胀的橡胶止水条等止水构造。

6.0.6 钢筋的混凝土保护层厚度应符合下列规定：

1 钢筋混凝土结构构件纵向受力的钢筋，其混凝土保护层厚度不应小于钢筋的公称直径，并应符合表6.0.6的规定。

表6.0.6 纵向受力钢筋的混凝土保护层最小厚度

<table>
<tr><th colspan="3">结构类别</th><th>保护层最小厚度(mm)</th></tr>
<tr><td rowspan="6">管沟及检查室</td><td rowspan="2">盖板</td><td>上层</td><td>30</td></tr>
<tr><td>下层</td><td>35</td></tr>
<tr><td rowspan="2">底板</td><td>上层</td><td>30</td></tr>
<tr><td>下层</td><td>40</td></tr>
<tr><td colspan="2">侧墙内、外侧</td><td>30</td></tr>
<tr><td colspan="2">梁、柱</td><td>35</td></tr>
<tr><td rowspan="3">架空管道支架</td><td rowspan="2">柱下混凝土独立基础</td><td>有垫层的下层筋</td><td>40</td></tr>
<tr><td>无垫层的下层筋</td><td>70</td></tr>
<tr><td colspan="2">混凝土支架结构</td><td>35</td></tr>
</table>

注：管沟及检查室底板下应设有混凝土垫层。

2 箍筋、分布筋和构造筋的混凝土保护层厚度不应小于 20mm。

3 对接触侵蚀性介质的混凝土构件，其混凝土保护层厚度尚应符合现行有关标准的规定。

6.0.7 钢筋混凝土结构构件纵向受力钢筋的配筋率，应符合现行国家标准《混凝土结构设计规范》GB 50010 的规定。

6.0.8 管沟结构的现浇钢筋混凝土构件，其纵向构造钢筋应符合下列规定：

1 构件里、外侧构造钢筋的配筋率均不应小于 0.15%。

2 钢筋间距不宜大于 200mm。

3 钢筋的搭接、锚固应符合现行国家标准《混凝土结构设计规范》GB 50010 中对于受拉钢筋的有关规定。

4 当结构位于软弱地基以上时，其盖、底板纵向构造钢筋的配筋量应适当增加。

6.0.9 采用钢结构的管道支架、钢梯、钢平台及预埋件，其暴露在大气中的构件表面，应采取防锈措施。

6.0.10 管沟及检查室内管道支架采用钢结构时，支架立柱根部应采用混凝土包裹，其保护层厚度不应小于 50mm，包裹的混凝土高出底板高度，在管沟内不应小于 150mm，在检查室内不应小于 300mm。

附录 A 管沟及检查室结构受热温度计算方法

A.0.1 管沟及检查室内空气温度应采用管道运行阶段的最高温度。

A.0.2 地面空气温度应按下列规定确定：

1 确定混凝土的设计强度及弹性模量在温度作用下的折减系数时，应采用管网运行时的最高月平均气温；

2 计算衬砌内外壁温差时，应采用管网运行时的最低月平均气温。

A.0.3 结构层计算点的受热温度（图 A.0.3），可采用平壁法按下式计算：

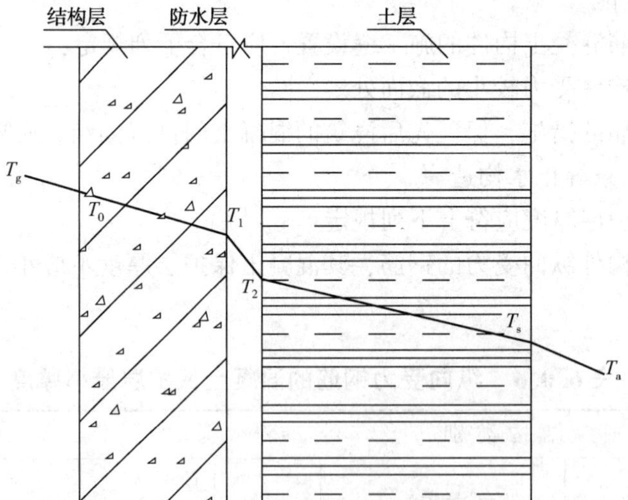

图 A.0.3 传热简图

$$T_j = T_g - \frac{T_g - T_a}{R_t}\sum_{i=0}^{j} R_i \qquad (A.0.3)$$

式中 T_j——计算点的受热温度（℃）；

T_g——管沟内空气温度（℃）；

T_a——地面空气温度(℃)，当计算结构底板的受热温度时为地温：当计算底板最高受热温度时，取 $T_a=15$℃；当计算底板内外壁温差时，取 $T_a=10$℃；

R_t——结构层、防水层及计算土层等的总热阻($m^2\cdot$℃/W)；

R_i——第 i 层热阻($m^2\cdot$℃/W)。

A.0.4 结构层、防水层及计算土层等的总热阻应按下列公式计算：

$$R_t=R_g+\sum_{i=0}^{m}R_i+R_s+R_a \tag{A.0.4-1}$$

$$R_g=\frac{1}{\alpha_g} \tag{A.0.4-2}$$

$$R_i=\frac{h_i}{\lambda_i} \tag{A.0.4-3}$$

$$R_s=\frac{h_s}{\lambda_s} \tag{A.0.4-4}$$

$$R_a=\frac{1}{\alpha_a} \tag{A.0.4-5}$$

式中 R_g——结构层内表面的热阻($m^2\cdot$℃/W)；

R_s——计算土层的热阻($m^2\cdot$℃/W)；

R_a——计算土层外表面的热阻($m^2\cdot$℃/W)；

α_g——结构层内表面的放热系数[W/($m^2\cdot$℃)]，取12W/($m^2\cdot$℃)；

λ_i——结构层及防水层的导热系数[W/(m·℃)]；

λ_s——计算土层的导热系数[W/(m·℃)]；

h_i——结构层及防水层厚度(m)；

h_s——计算土层厚度(m)；

α_a——计算土层外表面的放热系数[W/($m^2\cdot$℃)]，可按表A.0.4的规定确定。

表A.0.4 计算土层外表面的放热系数 α_a

季节	放热系数 α_a[W/($m^2\cdot$℃)]
夏季	12
冬季	23

A.0.5 结构层、防水层及计算土层等的导热系数，应按实际试验资料确定。当无试验资料时，对几种常用的材料，干燥状态下可按表A.0.5的规定确定。具体取值时应考虑湿度对材料导热性能的影响。

表A.0.5 干燥状态下常用材料的导热系数 λ

材料种类	导热系数 λ[W/(m·℃)]
烧结普通砖砌体	0.81
普通钢筋混凝土	1.74
普通混凝土	1.51
水泥砂浆	0.93
油毡	0.17
沥青	0.76
软质聚氯乙烯	0.052
硬质聚氯乙烯、聚乙烯、聚苯乙烯、聚氨酯	0.044
自然干燥砂土	0.35~1.28
自然干燥黏土	0.58~1.45
自然干燥黏土夹砂	0.69~1.26

A. 0. 6 计算土层厚度(图 A. 0. 6)可按下列公式计算：

1 计算结构盖板时，取盖板顶面至设计地面的距离(m)。

2 计算结构侧墙时：

$$h_s = h_1 = 0.505H - 0.325 + 0.050B \cdot H \tag{A.0.6-1}$$

式中 h_1——侧墙外计算土层厚度(m)；

H——结构底板上皮至设计地面竖向距离(m)；

B——结构净宽(m)。

3 计算结构底板时：

$$h_s = h_2 \tag{A.0.6-2}$$

式中 h_2——底板下侧计算土层厚度(m)，当计算底板最高受热温度时，取 $h_2 = 0.3$m；当计算底板内外壁温差时 $h_2 = 0.2$m。

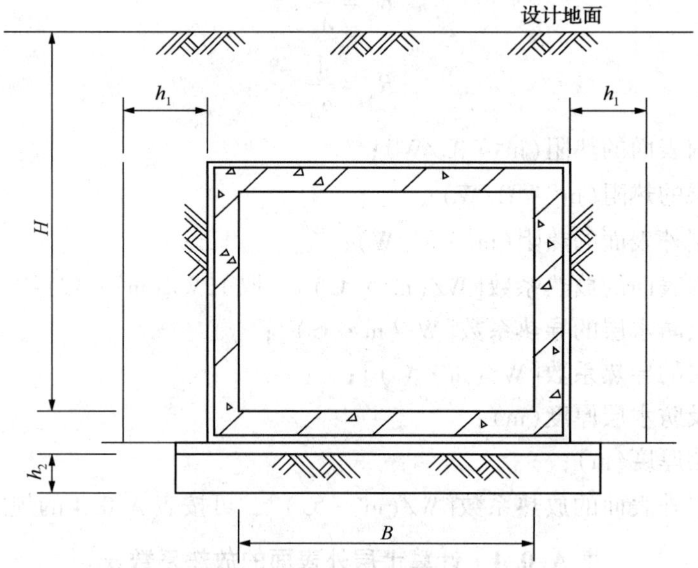

图 A. 0. 6 计算土层厚度示意图

附录 B 管沟及检查室结构土压力标准值的确定

B. 0. 1 管沟和检查室结构上的竖向土压力标准值可按下列规定确定：

1 当设计地面高于原状地面，作用在结构上的竖向土压力标准值应按下式计算：

$$F_{sv,k} = C_c \gamma_s H_s \tag{B.0.1-1}$$

式中 $F_{sv,k}$——结构顶面每平方米的竖向土压力标准值(kN/m^2)；

C_c——填埋式土压力系数，与$\frac{H_s}{B_c}$、结构地基土及回填土的力学性能有关，可取 1.2~1.4；

γ_s——回填土的重力密度(kN/m^3)，可取 18kN/m^3；

H_s——管沟或检查室盖板顶面至设计地面的距离(m)；

B_c——管沟或检查室的外缘宽度(m)。

2 对由设计地面开槽施工的管沟或检查室，作用在结构上的竖向土压力标准值可按下式计算：

$$F_{sv,k} = n_s \gamma_s H_s \tag{B.0.1-2}$$

式中 n_s——竖向土压力系数，通常当结构平面尺寸长宽比小于或等于 10 时，可取 1.0；当结构平面尺寸长宽比大于 10 时，宜取 1.2。

B. 0. 2 作用在管沟和检查室结构上的侧向土压力标准值，应按下列规定确定(图 B. 0. 2)：

1 应按主动土压力计算。

2 当地面平整、结构位于地下水位以上部分的主动土压力标准值可按下式计算：

$$E_{ep,k}=K_a\gamma_s Z \qquad (B.0.2-1)$$

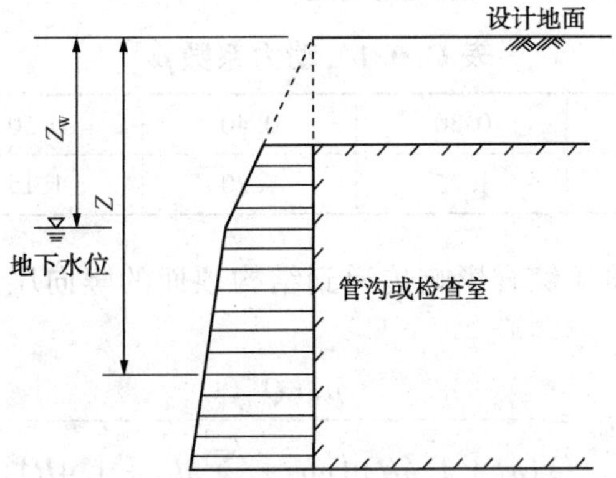

图 B.0.2 管沟或检查室侧墙上的主动土压力分布图

3 结构位于地下水位以下部分的侧向压力应为主动土压力与地下水静水压力之和，此时主动土压力标准值可按下式计算：

$$F'_{ep,k}=K_a[\gamma_a Z_w+\gamma'_s(Z-Z_w)] \qquad (B.0.2-2)$$

式中 $E_{ep,k}$——地下水位以上的主动土压力标准值(kN/m^2)；

$F'_{ep,k}$——地下水位以下的主动土压力标准值(kN/m^2)；

K_a——主动土压力系数，应根据土的抗剪强度确定，当缺乏试验资料时，对砂类土或粉土可取$\frac{1}{3}$；对黏性土可取$\frac{1}{3}\sim\frac{1}{4}$；

Z——自设计地面至计算截面处的深度(m)；

Z_w——自设计地面至地下水位的距离(m)；

γ'_s——地下水位以下回填土的有效重度，可取 10kN/m^3。

附录 C 地面车辆荷载对管沟及检查室结构作用标准值的计算方法

C.0.1 地面车辆荷载传递到结构顶面的竖向压力标准值，可按下列规定确定：

1 单个轮压传递到结构顶面的竖向压力标准值可按下式计算(图 C.0.1-1)：

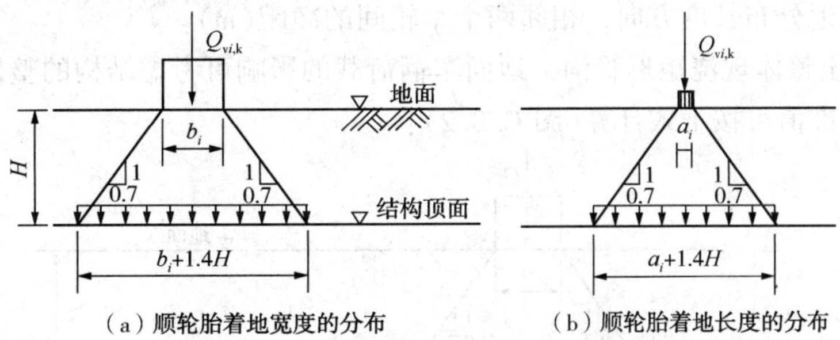

图 C.0.1-1 单个轮压的传递分布图

$$q_{vk}=\frac{\mu_D Q_{vi,k}}{(a_i+1.4H)(b_i+1.4H)} \qquad (C.0.1-1)$$

式中 q_{vk}——轮压传递到结构顶面处的竖向压力标准值(kN/m^2)；

$Q_{vi,k}$——车辆的 i 个车轮承担的单个轮压标准值(kN)；

a_i——i 个车轮的着地分布长度(m)；

b_i——i 个车轮的着地分布宽度(m)；

H——覆土深度(m)；

μ_D——动力系数，可按表 C. 0. 1 的规定确定。

表 C. 0. 1　动力系数 μ_D

覆土深度 H(m)	0. 25	0. 30	0. 40	0. 50	0. 60	≥0. 70
动力系数 μ_D	1. 30	1. 25	1. 20	1. 15	1. 05	1. 00

2　两个或两个以上单排轮压综合影响传递到结构顶面的竖向压力标准值，可按下式计算(图 C. 0. 1-2)：

$$q_{vk}=\frac{\mu_D n Q_{vi,k}}{(a_i+1.4H)\left(nb_i+\sum_{j=1}^{n-1}d_{bj}+1.4H\right)} \tag{C. 0. 1-2}$$

式中　n——车轮的总数量；

d_{bj}——沿车轮着地分布宽度方向，相邻两个车轮间的净距(m)。

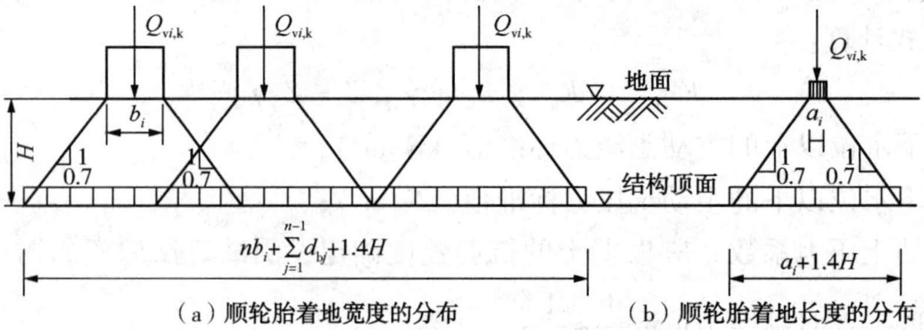

图 C. 0. 1-2　两个以上单排轮压综合影响的传递分布图

3　多排轮压综合影响传递到结构顶面的竖向压力标准值，可按下式计算：

$$q_{vk}=\frac{\mu_D\sum_{i=1}^{n}Q_{vi,k}}{\left(\sum_{i=1}^{m_a}a_i+\sum_{j=1}^{m_a-1}d_{aj}+1.4H\right)\left(\sum_{i=1}^{m_b}b_i+\sum_{j=1}^{m_b-1}d_{bj}+1.4H\right)} \tag{C. 0. 1-3}$$

式中　m_a——沿车轮着地分布宽度方向的车轮排数；

m_b——沿车轮着地分布长度方向的车轮排数；

d_{aj}——沿车轮着地分布长度方向，相邻两个车轮间的净距(m)。

C. 0. 2　对钢筋混凝土整体现浇矩形管沟，地面车辆荷载的影响可考虑结构的整体作用，此时作用在结构上的竖向压力标准值可按下式计算(图 C. 0. 2)：

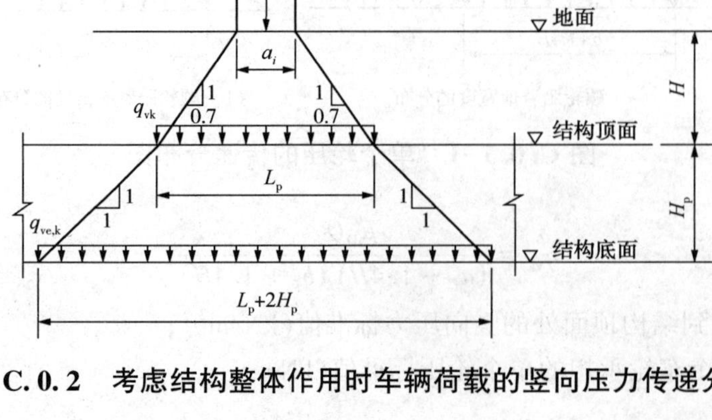

图 C. 0. 2　考虑结构整体作用时车辆荷载的竖向压力传递分布

$$q_{ve,k}=q_{vk}\frac{L_p}{L_e} \quad (C.0.2)$$

式中 $q_{ve,k}$——考虑结构整体作用时车辆轮压传递到结构底面的竖向压力标准值(kN/m^2)；

L_p——轮压传递到结构顶面处沿管沟纵向的影响长度(m)；

L_e——管沟纵向承受轮压影响的有效长度(m)，可取 $L_e=L_p+2H_p$，H_p 为管沟总高度(m)。

C.0.3 地面车辆传递到结构上的侧压力标准值，可按下式计算：

$$q_{hz,k}=K_a q_{vz,k} \quad (C.0.3-1)$$

式中 $q_{hz,k}$——地面以下计算深度 z 处墙上的侧压力标准值(kN/m^2)；

$q_{vz,k}$——地面以下计算深度 z 处的竖向压力标准值(kN/m^2)；

K_a——主动土压力系数，按本规范第 B.0.2 条取值。

当管沟结构覆土深度很小，墙顶处由地面车辆荷载作用产生的竖向压力标准值 q_{vk} 分布长度小于墙侧土体的破坏棱体长度(L_s)时，墙上的侧压力标准值可按下列公式计算：

$$q_{hz,k}=\gamma_s h_s K_a \quad (C.0.3-2)$$

$$h_s=\frac{q_{vk}A_{cv}}{\gamma_s L_s(b_i+d_{bj})} \quad (C.0.3-3)$$

$$L_s=H_p\sqrt{K_a} \quad (C.0.3-4)$$

式中 L_s——墙侧土体破坏棱体在墙顶处的长度(m)；

h_s——墙顶处土体破坏棱体上车辆传递竖向压力的等代土高(m)；

A_{cv}——墙顶处土体破坏棱体上车辆传递竖向压力的作用面积(m^2)。

附录 D 柔性支架、刚性支架的判别

D.0.1 本规范的柔性支架及刚性支架，均指支架柱嵌固于基础的独立式活动支架。其中柔性支架系指支架的刚度较小，支架位移能适应管道变形要求，柱顶与管道没有相对位移；刚性支架系指支架的刚度较大，位移较小，管道通过管托在支架立柱或横梁上滑动或滚动。

D.0.2 柔性支架、刚性支架的判别，应按下列规定确定：

$F_m>F_t$ 时，为柔性支架 (D.0.2-1)

$F_m\leqslant F_t$ 时，为刚性支架 (D.0.2-2)

$$F_m=\mu G \quad (D.0.2-3)$$

$$F_t=\frac{3}{H^3}\sqrt{(EI_x\Delta_y)^2+(EI_y\Delta_x)^2} \quad (D.0.2-4)$$

式中 F_m——作用在支架上的摩擦力(N)；

F_t——支架位移反弹力(N)；

μ——摩擦系数，可按本规范第 3.3.6 条取值；

G——作用在管道支架结构上的管道自重标准值(N)，应按本规范第 3.2.3 条取值；

EI_x、EI_y——分别为支架柱对于 x、y 两主轴的截面刚度($N\cdot mm^2$)，对钢筋混凝土柱分别取 $0.85E_cI_x$、$0.85E_cI_y$，E 为支架柱材料的弹性模量(N/mm^2)，E_c 为混凝土的弹性模量；

H——支架高度(热力管道管托底面至支架基础顶面)(mm)；

Δ_x、Δ_y——分别为管道在支架处沿支架柱截面 x、y 两主轴方向的位移值(mm)，应根据管网的布置及运行条件确定。

附录E　钢筋混凝土矩形截面处于受弯或大偏心受拉(压)状态时的最大裂缝宽度计算

E.0.1　受弯、大偏心受拉(压)构件的最大裂缝宽度，可按下列公式计算：

$$w_{\max} = 1.8\psi \frac{\sigma_{sk}}{E_s}\left(1.5c + 0.11\frac{d}{\rho_{te}}\right)(1+\alpha_1)\nu \quad (E.0.1-1)$$

$$\psi = 1.1 - \frac{0.65 f_{tk}}{\rho_{te}\sigma_{sk}\alpha_2} \quad (E.0.1-2)$$

式中　$w_{\max}$——最大裂缝宽度(mm)；

ψ——裂缝间受拉钢筋应变不均匀系数，当$\psi<0.4$时，应取0.4；当$\psi>1.0$时，应取1.0；

σ_{sk}——按标准组合作用计算的截面纵向受拉钢筋应力(N/mm^2)；

E_s——钢筋的弹性模量(N/mm^2)；

c——最外层纵向受拉钢筋的混凝土保护层厚度(mm)；

d——纵向受拉钢筋直径(mm)；当采用不同直径的钢筋时，应取$d=\frac{4A_s}{u}$；u为纵向受拉钢筋截面的总周长(mm)；

ρ_{te}——以有效受拉混凝土截面面积计算的纵向受拉钢筋配筋率，即$\rho_{te}=\frac{A_s}{0.5bh}$；$b$为截面计算宽度(mm)，$h$为截面计算高度(mm)；$A_s$为受拉钢筋的截面面积($mm^2$)，对偏心受拉构件应取偏心力一侧的钢筋截面面积；

α_1——系数，对受弯、大偏心受压构件可取$\alpha_1=0$；对大偏心受拉构件可取$\alpha_1=0.28\left[\frac{1}{1+\frac{2e_0}{h_0}}\right]$；

ν——纵向受拉钢筋表面特征系数，对光面钢筋应取1.0；对变形钢筋应取0.7；

f_{tk}——混凝土轴心抗拉强度标准值(N/mm^2)；

α_2——系数，对受弯构件可取$\alpha_2=1.0$；对大偏心受压构件可取$\alpha_2=1-0.2\frac{h_0}{e_0}$；对大偏心受拉构件可取$\alpha_2=1+0.35\frac{h_0}{e_0}$；

e_0——纵向力对截面重心的偏心距(mm)。

E.0.2　受弯、大偏心受压、大偏心受拉构件的计算截面纵向受拉钢筋应力σ_{sk}，可按下列公式计算：

1　受弯构件的纵向受拉钢筋应力：

$$\sigma_{sk} = \frac{M_k}{0.87A_s h_0} \quad (E.0.2-1)$$

式中　M_k——在标准组合作用下，计算截面处的弯矩(N·mm)；

h_0——计算截面的有效高度(mm)。

2　大偏心受压构件的纵向受拉钢筋应力：

$$\sigma_{sk} = \frac{M_k - 0.35N_k(h_0 - 0.3e_0)}{0.87A_s h_0} \quad (E.0.2-2)$$

式中　N_k——在标准组合作用下，计算截面上的纵向力(N)。

3　大偏心受拉构件的纵向钢筋应力：

$$\sigma_{sk} = \frac{M_k + 0.5N_k(h_0 - a')}{A_s(h_0 - a')} \quad (E.0.2-3)$$

式中　a'——位于偏心力一侧的钢筋合力点至截面近侧边缘的距离(mm)。

UDC

中华人民共和国行业标准 CJJ

P

CJJ/ T 185—2012
备案号 J 1480—2012

城镇供热系统节能技术规范

Technical code for energy efficiency of city heating system

2012-11-02 发布　　2013-03-01 实施

中华人民共和国住房和城乡建设部　发布

前　言

根据原建设部《关于印发〈2007 年工程建设标准规范制订、修订计划(第一批)〉的通知》(建标[2007]125 号)的要求，规范编制组经广泛调查研究，认真总结实践经验，参考有关国际标准和国外先进标准，并在广泛征求意见的基础上，编制了本规范。

本规范的主要技术内容：1. 总则；2，术语；3. 设计；4. 施工、调试与验收；5. 运行与管理；6. 节能评价。

本规范由住房和城乡建设部负责管理，由北京市煤气热力工程设计院有限公司负责具体技术内容的解释。执行过程中如有意见或建议，请寄送北京市煤气热力工程设计院有限公司(地址：北京市西单北大街小酱坊胡同甲 40 号；邮编：100032)。

本规范主编单位：北京市煤气热力工程设计院有限公司

本规范参编单位：北京市住宅建筑设计研究院有限公司
乌鲁木齐市热力总公司
天津市热电公司
唐山市热力总公司

本规范主要起草人员：段洁仪　冯继蓓　王建国　杨宏斌
刘　芃　贾　震　胡颐蘅　李庆平
路爱武　裴连军　郭　华

本规范主要审查人员：廖荣平　姚约翰　万水娥　黄晓飞
李先瑞　马景涛　陈鸿恩　栾晓伟
田雨辰　张　敏　杨　明

目　次

1　总则
2　术语
3　设计
3.1　一般规定
3.2　供热系统
3.3　热源
3.4　热力网
3.5　热力站
3.6　街区供热管网
3.7　室内采暖系统
3.8　监控系统
4　施工、调试与验收
4.1　一般规定
4.2　热源与热力站
4.3　供热管网
4.4　室内采暖系统
4.5　监控装置
4.6　工程验收
5　运行与管理
5.1　一般规定
5.2　热源
5.3　供热管网
5.4　热力站
5.5　室内采暖系统
5.6　监控系统
6　节能评价
本规范用词说明(略)
引用标准名录
附：条文说明(略)

Contents

1 General Provisions
2 Terms
3 Design
3. 1 General Requirements
3. 2 Heating System
3. 3 Heat Source
3. 4 District Heating Network
3. 5 Substation
3. 6 Block Heating Network
3. 7 Indoor Heating System
3. 8 Monitoring and Control System
4 Construction, Test and Acceptance
4. 1 General Requirements
4. 2 Heat Source and Substation
4. 3 Heating Network
4. 4 Indoor Heating System
4. 5 Monitoring and Control Device
4. 6 Acceptance Check of Construction
5 Operation and Management
5. 1 General Requirements
5. 2 Heat Source
5. 3 Heating Network
5. 4 Substation
5. 5 Indoor Heating System
5. 6 Monitoring and Control System
6 Energy Efficiency Evaluation
Explanation of Wording in This Code (Omitted)
List of Quoted Standards
Addition: Explanation of Provisions (Omitted)

1 总　　则

1.0.1 为贯彻国家节约能源和保护环境的法规和政策，落实建筑节能目标，减少供热系统能耗，制定本规范。

1.0.2 本规范适用于供应民用建筑采暖的新建、扩建、改建的集中供热系统，包括供热热源、热力网、热力站、街区供热管网及室内采暖系统的规划、设计、施工、调试、验收、运行管理中与能耗有关的部分。

1.0.3 在供热系统的设计、施工、改造和运行过程中，应采取合理的技术措施，提高系统的运行效率。

1.0.4 供热项目设计文件应标明与能耗有关的设计指标及参数。工程建设完成后应进行系统调试，调试后应对能耗指标进行检测及验证，其各项指标应达到设计的要求。

1.0.5 供热系统的设计、施工、验收、调试、运行节能除应符合本规范外，尚应符合国家现行有关标准的规定。

2 术　　语

2.0.1 热力网　district heating network

以热电厂或区域锅炉房为热源，自热源经市政道路至热力站的供热管网。

2.0.2 街区供热管网　block heating network

自热力站或用户锅炉房、热泵机房等小型热源至建筑物热力入口的室外供热管网。

2.0.3 分布式循环泵　distributed pump

设置在热力站热力网侧的循环水泵。

2.0.4 水力平衡度　hydraulic balance level

供热系统运行时供给各热力站(或热用户)的规定流量与实际流量之比。

2.0.5 负荷率　heating load ratio

锅炉运行热负荷与额定出力的比值。

3 设　　计

3.1 一 般 规 定

3.1.1 供热系统各设计阶段均应对能耗进行计算，并应与前一设计阶段的设计能耗进行比较。当存在偏差时，应找出偏差原因。

3.1.2 确定供热系统设计热负荷时，应调查核实供热范围内的建筑热负荷与热指标。

3.1.3 供热系统所有设备应采用高效率低能耗产品，选用设备的能效指标不应低于现行国家标准规定的节能评价值。

3.1.4 保温材料的主要技术性能应符合现行国家标准《设备及管道绝热技术通则》GB/T 4272 的规定。

3.1.5 供热系统的附属建筑设计应符合现行国家标准《公共建筑节能设计标准》GB 50189 的规定。

3.2 供 热 系 统

3.2.1 以采暖热负荷为主的供热系统应采用热水作为供热介质。主要热负荷为采暖热负荷的既有蒸汽供热系统，应改为热水供热系统。

3.2.2 热水热力网的供热半径不宜大于 20km，蒸汽热力网的供热半径不宜大于 6km。

3.2.3 热水供热管网供、回水温度应符合下列规定：

1　以热电厂或大型区域锅炉房为热源时，热力网设计回水温度不应高于 70℃，供回水温差不宜小于 50℃；

2 街区供热管网设计供回水温差不宜小于 25℃；

3 利用余热或可再生能源时，供水温度应根据热源条件确定。

3.2.4 供热系统中供热热源的设置应符合下列规定：

1 在有热电厂的地区应以热电厂为基本热源，且应在供热区域内设置调峰热源，并应按多热源联网运行进行设计；

2 当热源为燃煤锅炉房时，宜在热负荷集中的地区设置区域锅炉房；

3 当热源为燃气锅炉房并独立供热时，锅炉房宜设置在热用户街区内，供热范围不宜超出本街区；

4 在天然气供应充足的地区，对全年有冷热负荷需求的建筑，可采用燃气冷热电联供系统。冷热电联供能源站应设在用户附近，其供能半径不宜大于 2km；

5 在有工业余热可利用的地区应优先利用余热供热；

6 在资源条件适宜的地区应优先利用可再生能源供热。

3.2.5 当热水热力网设有中继泵站时，中继泵站宜设置在维持系统水力循环所需总功率最小的位置。

3.2.6 当热水供热系统经能耗比较，适合采用分布式循环泵系统，且符合下列条件时，可在热力站设置分布式循环泵：

1 既有供热系统的增容改造；

2 一次建成或建设周期短的新建供热系统；

3 热力网干线阻力较高；

4 热力站分布较分散，热力网各环路阻力相差悬殊。

3.3 热 源

3.3.1 可行性研究文件应标明下列内容：

1 设计热负荷、供热面积；

2 锅炉额定热效率；

3 供热介质设计温度、压力、流量；

4 供热参数调节控制方式；

5 年供热量、燃料耗量、总耗电量、热网循环泵耗电量；

6 节能措施。

3.3.2 初步设计文件除应标明第 3.3.1 条的内容外，还应标明设备、管道及管路附件的保温方式。

3.3.3 施工图设计文件应逐项落实可行性研究和初步设计文件提出的节能措施和要求，并应标明下列内容：

1 设计热负荷、供热面积；

2 锅炉额定热效率；

3 供热介质设计温度、压力、流量；

4 供热参数调节控制方式；

5 主要用能设备的运行调节方式。

3.3.4 锅炉房设计时应根据热负荷曲线优化锅炉的配置方案，使锅炉房的综合运行效率达到最高。

3.3.5 燃油、燃气锅炉应采用自动调节。当单台锅炉容量大于或等于 1.4MW 时，燃烧器应采用自动比例调节方式。

3.3.6 燃煤锅炉房运煤系统应符合下列规定：

1 运煤系统的布置应利用地形，使提升高差小、运输距离短；

2 运煤系统应设均匀给煤装置或均匀布煤装置；

3 炉排给煤系统宜设调速装置。

3.3.7 燃煤锅炉房除灰渣系统应符合下列规定：

1 除灰渣系统动力驱动系统宜设调速装置；

2 炉前的漏煤应进行回收利用；

3 含碳量高的灰渣应进行回收利用。

3.3.8 燃煤锅炉房烟风系统应符合下列规定：

1 烟、风道布置宜简短；

2 通风阻力应进行计算，每台锅炉所受到的引力应均衡；

3 锅炉鼓风机、引风机宜单炉配置；

4 锅炉鼓风机、引风机应设调速装置。

3.3.9 热水供热管网循环泵应符合下列规定：

1 循环泵性能参数应根据水力计算结果确定。当热用户分期建设，建设周期长且负荷差别较大时，应分期进行水力计算，并应根据计算结果确定循环泵性能参数。既有系统改造时，应按实测水力工况校核循环泵性能参数；

2 循环泵的配置应根据热网运行调节曲线和水泵特性曲线确定，循环泵在整个供热期内应处于高效运行区；

3 循环泵应设调速装置，并联运行的循环泵组的每台泵均应设置调速装置。

3.3.10 有蒸汽汽源时，大型鼓风机、引风机、热网循环泵宜采用工业汽轮机驱动。

3.3.11 锅炉产生的各种余热应进行利用，锅炉房应设下列余热利用设施：

1 燃油、燃气锅炉宜设烟气冷凝装置；

2 燃煤锅炉应配置省煤器，宜配置空气预热器；

3 锅炉间、凝结水箱间、水泵间等房间应采用有组织的通风；

4 蒸汽锅炉的排污水余热应综合利用。

3.3.12 锅炉房的锅炉台数大于或等于 3 台时，应采用集中控制系统。

3.3.13 热源应设置调节供热参数的装置，供热参数应根据供热系统的运行负荷确定。

3.3.14 热源应监测下列参数：

1 供热管道总管的供热介质温度、压力、流量；

2 总热负荷、总供热量；

3 每台锅炉或热网加热器的供热介质温度、压力；

4 每台锅炉的供热介质流量、排烟温度。

3.3.15 热源应计量下列参数：

1 每台锅炉的燃料量、供热量；

2 燃煤锅炉房的进厂燃料量和输煤皮带处的燃料量；

3 供热管网总出口处的供热量；

4 热水供热系统的补水量；

5 蒸汽供热系统的凝结水回收量及热量；

6 供电系统应装设电流表、有功和无功电度表，且额定功率大于等于 100kW 的动力设备宜分别计量。

3.3.16 电气系统应对无功功率进行补偿，最大电负荷时的功率因数应大于 0.9。

3.3.17 当电动机容量大于或等于 250kW 时，宜采用高压电动机。

3.3.18 设计温度大于或等于 50℃的管道、管路附件、设备应保温，保温外表面计算温度不应大于 40℃。

3.4 热 力 网

3.4.1 可行性研究和初步设计文件应标明下列内容：

1 供热范围、供热面积、设计热负荷、年耗热量；

2 多热源供热系统各热源设计热负荷、设计流量、年供热量；

3 供热介质设计温度、压力、流量；

4 热水热力网供热调节曲线；

5 热力网循环泵（包括热源循环泵、中继泵、分布式循环泵）年总耗电量；

6 设备、管道及管路附件的保温方式。

3.4.2 施工图设计文件应标明下列内容：

1 供热介质设计温度、压力；

2 设备、管道及管路附件的保温结构、保温材料及其导热系数、保温层厚度。

3.4.3 热力网主干线宜布置在热负荷集中区域。管线应按减少管线阻力的原则布置走向及设置管路附件。

3.4.4 热力网应设分段阀门，并应符合现行行业标准《城镇供热管网设计规范》CJJ 34 的规定。

3.4.5 高温热水和蒸汽管道阀门的密封等级应符合现行国家标准《工业阀门　压力试验》GB/T 13927—2008 规定的 A 级的要求。

3.4.6 管道、管路附件应采用焊接连接。

3.4.7 供热管道宜采用直埋敷设。热水直埋管道及管件应采用整体保温结构，并应采用无补偿敷设方式。

3.4.8 供热管道、管路附件均应保温，保温结构应具有防水性能。保温厚度计算应符合现行国家标准《设备及管道绝热技术通则》GB/T 4272 的规定。

3.4.9 蒸汽管道支座应采取隔热措施。

3.4.10 蒸汽管道的疏水宜回用。

3.5 热 力 站

3.5.1 可行性研究和初步设计文件应标明下列内容：

1 供热面积、设计热负荷；

2 供热介质设计温度、压力、流量；

3 供热参数调节控制方式；

4 年总耗电量；

5 节能措施。

3.5.2 施工图设计文件应标明下列内容：

1 各系统供热面积、设计热负荷；

2 热力网侧供热介质设计温度、压力、流量；

3 用户侧供热介质设计温度、压力、流量；

4 供热参数调节控制方式；

5 凝结水回收方式；

6 设备、管道及管路附件的保温结构、保温材料及其导热系数。

3.5.3 热力站的供热面积不宜大于 $5\times10^4m^2$，并宜设置楼栋热力站。当热力站用户侧设计供回水温差小于或等于 10℃时，应采用楼栋热力站。

3.5.4 公共建筑和住宅应分别设置系统，非连续使用的场所宜单独设置环路。

3.5.5 用户采暖系统循环泵的设置应符合下列规定：

1 循环泵应采用调速泵，并联运行的循环泵组的每台泵均应设置调速装置；

2 循环泵选型时应进行水力工况分析，水泵特性曲线应与运行调节工况相匹配，循环泵在整个供热期内应处于高效运行区。既有系统改造时，应按实测水力工况进行分析；

3 空调系统冷、热水循环泵应分别选型；

4 当 1 个系统只设 1 台循环泵时，循环泵出口不宜设止回阀。

3.5.6 在热力站设分布式循环泵时，分布式循环泵的设置应符合下列规定：

1 每个系统宜单独设置分布式循环泵；

2 分布式循环泵应采用调速泵；

3 水泵特性曲线应满足热力网流量调节需要，在各种调节工况下水泵均应处于高效运行区。

3.5.7 热力站采暖系统循环泵宜按设定的管网末端压头自动控制循环泵转速。

3.5.8 热力站应自动控制用户侧供热参数，并应根据室外温度变化设定采暖供水温度。

3.5.9 热力网侧的调控装置应符合下列规定：

1 每个采暖系统应设电动调节阀，并应按设定的采暖供水温度自动调节热力网流量；

2 规模较大的热力网，在热力站的热力网总管上宜设自力式压差控制阀；

3 设置分布式循环泵的热力站可不设自力式压差控制阀和电动调节阀，但应按设定的采暖供水温度自动调节分布式循环泵转速；

4 热力站控制系统宜设热力网回水温度限制程序。

3.5.10 热力网侧应设置热量表。

3.5.11 蒸汽热力站应设闭式凝结水回收系统，凝结水泵应自动启停。

3.5.12 输送供热介质的管道、管路附件、设备应进行保温，保温外表面计算温度不应大于40℃。

3.6 街区供热管网

3.6.1 可行性研究和初步设计文件应标明下列内容：

1 供热面积、设计热负荷；

2 供热介质设计温度、压力、流量；

3 调节控制方式、热计量方式；

4 管道及管路附件的保温方式。

3.6.2 施工图设计文件应标注下列内容：

1 每个热力入口的设计热负荷、采暖面积；

2 每个热力入口供热介质设计温度、流量；

3 每个热力入口室内侧资用压头；

4 管道保温结构、保温材料及其导热系数、保温层厚度；

5 热量表的量程范围和精度等级。

3.6.3 在建筑物热力入口处应设置热量表。

3.6.4 新建管网和既有管网改造时应进行水力计算，当各并联环路的计算压力损失差值大于15%时，应在热力入口处设自力式压差控制阀。

3.6.5 当热力入口处设有混水泵时，应采用调速泵。

3.6.6 热水管道宜采用直埋敷设。直埋敷设管道应采用整体结构的预制保温管及管件，并应采用无补偿敷设方式。

3.6.7 管道、管路附件均应进行保温，保温结构应具有良好的，防水性能。保温厚度应符合现行行业标准《严寒和寒冷地区居住建筑节能设计标准》JGJ 26的规定。

3.7 室内采暖系统

3.7.1 施工图设计文件应标明下列内容：

1 建筑设计热负荷及设计热指标；

2 设计供回水温度；

3 室内温度调节控制方法、调节控制装置的技术要求；

4 热力入口及每个热计量(或分摊)环路的设计热负荷、循环流量；

5 热力入口供回水压差。

3.7.2 采暖系统应分室(或分户)设置室内温度调节控制装置，并应满足分户热计量(或分摊)的要求。

3.7.3 当利用低品位热能和可再生能源供热时，宜采用地面辐射采暖、风机盘管等采暖系统。

3.7.4 对位于采暖房间以外的管道及管路附件应进行保温。

3.8 监控系统

3.8.1 供热系统应建立集中监控系统。监控系统应具备以下功能：

1 监控中心应能完成热源、热力网关键点、热力站或热力入口运行参数的集中监测、显示及储存，并应具备能耗分析功能，实现优化调度；

2 监控中心应根据供热管网运行参数，建立管网运行实时水压图；

3 监控中心应根据室外温度等气象条件和供热调节曲线确定供热参数，并应能向热源、热力站下达调度指令；

4 热源供热参数及供热量的调节，应根据监控中心指令由本地监控系统完成；

5 热力站供热参数及供热量的调节，可由本地监控系统完成，也可由监控中心通过远程控制完成。

3.8.2 热源、热力站应设自动监测装置，热力入口可设自动监测装置，并应能向监控中心传送数据。

3.8.3 热源应监测下列参数：

1 热电厂首站蒸汽耗量，锅炉房燃料耗量；

2 供热介质温度、压力、流量；

3 补水量、凝结水回收量；

4 热源瞬时和累计供热量；

5 热网循环泵耗电量；

6 锅炉排烟温度。

3.8.4 热力站应监测下列参数：

1 热力网侧供热介质温度、压力、流量、热负荷和累计热量；

2 用户侧供热介质温度、压力、补水量；

3 热力站耗电量。

3.8.5 热力入口可监测供热介质温度、压力、热负荷和累计热量。

4 施工、调试与验收

4.1 一般规定

4.1.1 供热系统施工组织设计中应有节能措施。施工应加强现场管理，不得浪费材料和能源，且应减少二次搬运。

4.1.2 保温材料的品种、规格、性能等应符合国家现行产品标准和设计要求，产品应有质量合格证明文件，并应对保温材料的导热系数、密度、吸水率进行复验。保温材料进入现场后应按产品说明书进行保管，不得受潮，受潮的材料不得使用。

4.1.3 热水、蒸汽、凝结水系统的设备、管道及管路附件均应进行保温，保温层应粘贴、捆扎紧密、牢固，保护层应进行密封。保温施工完成后应检查保温结构及保温厚度，保温层的实测厚度不应小于设计保温厚度。

4.2 热源与热力站

4.2.1 锅炉安装应符合下列规定：

1 锅炉锅筒(火管锅炉的锅壳、炉胆和封头)、集箱及受热面管道内的污垢应清除干净；

2 锅炉炉墙(包括隔火墙、折烟墙)、炉拱应严密；

3 锅炉炉门、灰门、风门、看火门等应能关闭严实；

4 锅炉风道、烟道内的调节门、闸板应严实，且应开关灵活、指示准确；

5 锅炉挡风门、炉排风管及其法兰结合处、各段风室、落灰门等应平整，密封应严实，挡板开启应灵活；

6 加煤斗与炉墙结合处应严实，煤闸门下缘与炉排表面的距离偏差不应大于5mm；

7 侧密封块与炉排的间隙应符合设计要求，且应防止炉排卡涩、漏煤和漏风。

4.2.2 锅炉安装完成后应进行漏风试验、严密性试验、烘炉、煮炉和试运行。现场组装锅炉应带负荷正常连续试运行48h，整体出厂锅炉应带负荷正常连续试运行24h。

4.2.3 现场组装锅炉验收应进行热效率测定，测试值不应低于设计热效率。

4.2.4 锅炉房和热力站系统安装完成后应检查动力设备调速装置、供热参数检测装置、调节控制装置、计量装置、余热利用装置等节能设施，节能设施应按设计文件要求安装到位。

4.2.5 锅炉房和热力站节能设施应进行调试，各项参数应达到规定的性能指标。

4.3 供热管网

4.3.1 地下管沟、检查室结构的防水和排水措施应符合设计要求，防水等级不应低于2级。位于地下水位以下的管沟、检查室宜采用防水混凝土结构，绿地中的检查室井口应高于地面，且不应小于150mm。

4.3.2 直埋敷设供热管道应采用预制直埋保温管及管件。预制直埋保温管在运输、现场存放、安装过程中，应对端口进行封闭，保温层不得被水浸泡，外护层不得损坏。

4.3.3 直埋保温管接头的保温和密封应符合下列规定：

1 接头施工采取的工艺应有合格的型式检验报告；

2 外护层的防水性能和机械强度应与直管相同；

3 临时发泡孔应及时进行密封；

4 当直埋保温管进入检查室或管沟与其他形式保温结构连接时，直埋保温管保温端口应安装防水端帽。

4.3.4 街区供热管网安装完成后应检查调节控制装置、计量及检测装置等节能设施，节能设施应按设计文件要求安装到位。

4.3.5 供热系统新建完成后或扩建、改造后，街区供热管网应与室内采暖系统联合进行水力平衡调试和检测，各项指标应符合本规范第6章的规定。

4.4 室内采暖系统

4.4.1 散热器应明装。当散热器暗装时，装饰罩应设置合理的气流通道。

4.4.2 室内温度调节控制装置的温度传感器应安装在能正确反映房间温度的位置。

4.4.3 设有水力平衡装置的系统安装完成后，应按规定的参数进行调试或设定。

4.5 监控装置

4.5.1 热工仪表及控制装置安装前应进行检查和校验，精度等级应符合规定，并应有完整的校验记录。

4.5.2 测温元件应安装在能代表测试温度的位置。室外温度传感器应安装在通风、遮阳、不受干扰的位置。

4.5.3 监测与计量装置的输出模式和精度应符合设计文件的要求。

4.5.4 热量和流量仪表安装应符合下列规定：

1 流量传感器前后直管段长度应符合产品要求；

2 热量表应采用配套的温度传感器。

4.5.5 涉及节能控制的传感器应预留检测孔或检测位置，并应在保温结构外做明显标记。

4.5.6 系统安装完成后应对调节阀、控制阀进行调试，系统供回水压差、流量应与规定值一致。

4.5.7 监控系统安装完成后应进行调试和检测，热源、热力网、热力站等关键点的运行数据采集和传送应准确，监控中心的通信、数据计算、监测、显示及储存应符合预定要求。

4.6 工程验收

4.6.1 热源、热网、热力站、室内采暖系统的联合调试和试运行应在采暖期内进行，并应带负荷连续试运行48h，各项能耗指标应达到规定值。

4.6.2 工程验收时应具备下列技术资料：

1 系统严密性试验记录；

2 水力平衡调试记录；

3 系统节能性能检测报告。

4.6.3 供热系统节能性能检测报告应包括下列内容：

1 锅炉的平均运行热效率；

2 热源单位供热量的平均燃料耗量(折算标准煤量)、辅机和辅助设备耗电量；

3 热网循环泵的年耗电量；

4 热力站单位供热面积的年耗热量、耗电量；

5 热源、热力站的补水率；

6 热源、热力站、热力入口的水力平衡度；

7 室内温度实测值与设计值的偏差；

8 各种节能设施的有效性；

9 各种实测数据与节能评价标准的比较。

5 运行与管理

5.1 一般规定

5.1.1 供热单位应定期检测供热系统实际能耗。

5.1.2 供热单位应根据供热系统实际能耗和供热负荷实际发展情况，合理确定该供热系统的节能运行方式。

5.1.3 供热单位应根据实际供热负荷对供热调节方式进行优化，并应绘制供热系统供热调节曲线。

5.1.4 供热单位应建立节能运行与管理制度和操作规程，并应对运行与管理人员进行节能教育和培训。运行与管理人员应执行有关节能的规章制度。

5.1.5 供热单位应对供热系统的运行状况进行记录，并应建立技术档案。技术档案应包括能效测试报告、能耗状况记录、节能改造技术资料。

5.1.6 供热系统的动力设备调速装置、供热参数检测装置、调节控制装置、计量装置等节能设施应定期进行维护保养，并应有效使用。

5.1.7 能量计量仪器仪表应定期进行校验、检修。

5.1.8 当既有供热系统中有国家公布的非节能产品时，应及时进行更换。

5.1.9 对能耗高的既有建筑和供热系统，应对建筑和供热系统进行节能改造。

5.2 热 源

5.2.1 热源运行单位应在运行期间检测下列内容：

1 供热负荷、供热量；

2 供热介质温度、压力、流量；

3 补水量；

4 燃料消耗量及低位发热值；

5 锅炉辅机和辅助设备耗电量、热网循环泵耗电量；

6 锅炉排烟温度；

7 额定功率大于等于14MW锅炉应检测排烟含氧量，额定功率大于4MW小于14MW锅炉宜检测排烟含氧量。

5.2.2 热源运行单位应每日计算下列能效指标，并应逐日进行对比分析：

1 单位供热面积的供热负荷、热网循环水量；

2 单位供热量的燃料消耗量、折算标准煤量；

3 单位供热量的锅炉辅机和辅助设备耗电量；

4 单位供热量的热网循环泵耗电量；

5 热网补水率。

5.2.3 运行人员应定时、准确地记录供热参数。主要监控数据及设备运行状态应实时上传至监控中心。

5.2.4 热源的供热参数应符合供热系统调节曲线。锅炉运行台数应根据热负荷和锅炉的负荷效率特性确定。

5.2.5 燃煤锅炉应燃用与设计煤种相近的燃料，并应按批次进行煤质分析和化验，并应根据煤的特性进行预处理。

5.2.6 燃煤链条炉排锅炉的煤质应符合现行国家标准《链条炉排锅炉用煤技术条件》GB/T 18342的规定。

5.2.7 锅炉燃烧过程应采用自动控制。

5.2.8 锅炉运行时应控制送风量和二次风比例。排烟处过量空气系数不应大于表5.2.8的规定。

表 5.2.8 锅炉运行排烟处过量空气系数

锅炉类型		过量空气系数
层燃锅炉	无尾部受热面	1.65
	有尾部受热面	1.75
流化床锅炉		1.50
燃油、燃气锅炉		1.20

5.2.9 采用负压燃烧的锅炉炉膛与外界的负压差不应大于30Pa，运行时炉门及观察孔应关闭。

5.2.10 锅炉运行时排烟温度不应大于表5.2.10的规定。

表 5.2.10 锅炉运行排烟温度

锅炉容量(MW)	排烟温度(℃)	
	燃油、燃气锅炉	燃煤锅炉
≤1.4	200	180
>1.4	160	

5.2.11 层燃锅炉炉渣或流化床锅炉飞灰中，可燃物含量重量百分比在额定负荷下运行时不应大于表5.2.11的值。

表 5.2.11 可燃物含量重量百分比

锅炉容量(MW)	可燃物含量(%)		
	烟煤Ⅰ	烟煤Ⅱ	烟煤Ⅲ
≤5.6	15	16	14
>5.6	12	13	11

注：当锅炉在非额定负荷下运行时，可燃物含量最大值可取锅炉负荷率与表中数值的乘积。

5.2.12 锅炉应定期检查，并应清除受热面结渣、积灰、水垢及腐蚀物。

5.2.13 蒸汽锅炉房运行应符合下列规定：

1 供应采暖热负荷的蒸汽总凝结水回收率应大于90%；

2 锅炉排污率宜小于10%；

3 排污水应综合利用；

4 疏水器排出的凝结水应设置回收系统进行余热利用。

5.2.14 锅炉在新安装、大修及技术改造后应进行热效率测试。运行热效率测试时间间隔不应超过3年。当锅炉运行热效率不符合本规范第6章规定时，应维修或技术改造。

5.2.15 循环泵应根据实测运行参数调整水泵转速。当供热负荷长期未达到设计热负荷或长期偏离设计热负荷时，应更换水泵。

5.3 供热管网

5.3.1 热力网运行单位应在运行期间检测下列内容：

1 各热源及中继泵站供热介质温度、压力、流量；

2 各热源供热量、补水量；

3 中继泵站耗电量；

4 各热力站热力网侧供热介质温度、压力、流量；

5 各热力站供热量。

5.3.2 街区供热管网运行单位应在运行期间检测下列内容：

1 热力站或热源供热介质温度、压力、流量；

2 热力站或热源供热量、补水量；

3 各热力入口供热介质温度、压力、流量；

4 各热力入口供热量。

5.3.3 运行单位在运行期间应定期计算、分析下列能效指标，并应及时对系统进行优化调整：

1 各热力站或建筑入口单位供热面积的供热负荷；

2 各热力站或建筑入口的水力平衡度；

3 热力网或街区供热管网的补水率；

4 管网单位长度的平均温度降。

5.3.4 新并入集中供热管网的新建、改建和既有系统，在并入前应按本规范第5.3.1条~第5.3.3条规定的内容进行检测和分析，当能效指标低于集中供热系统时应进行调试或改造。

5.3.5 新建及既有街区供热管网，在室外管网或室内系统进行改造后，应在采暖期前进行水力平衡检测和调试，各热力入口的流量和压头应符合水力平衡要求。采暖开始后应根据实际检测数据再次调整热力入口控制装置的设定值。

5.3.6 热网设备、附件、保温应定期检查和维护。保温结构不应有破损脱落。管道、设备及附件不得有可见的漏水、漏汽现象。

5.3.7 地下管沟、检查室中的积水应及时排除。

5.4 热力站

5.4.1 热力站运行单位应在运行期间检测下列内容：

1 热力网侧供热介质温度、压力、流量；

2 热力网侧热负荷、供热量；

3 用户侧各系统供热介质温度、压力、流量；

4 用户侧各系统热负荷、补水量；

5 耗电量。

5.4.2 运行单位在运行期间应定期计算、分析下列能效指标，并及时对系统进行优化调整：

1 单位供热面积的热负荷、耗热量、耗电量；

2 热力网侧单位供热面积的循环流量；

3 用户侧各系统单位供热面积的循环流量；

4 用户侧各系统的补水率。

5.4.3 每年采暖期前应核实供热面积和热负荷。当热负荷或供热参数有变化时，应按预测数据计算并调整循环流量。

5.4.4 系统初调节应在采暖初期进行，供水温度应符合当年的供热调节曲线。

5.4.5 运行人员应定时、准确地记录热力站能耗情况，并应定期对比分析。无人值守的热力站应定时巡视，主要监控数据应实时上传至监控中心。

5.4.6 用户侧供水温度可根据室外气象条件和统一的调度指令设定，并应通过调节热力网流量控制采暖供水温度符合设定值。

5.4.7 循环泵应根据实测运行参数调整水泵转速。当供热负荷长期未达到设计热负荷或水泵运行长期偏离高效区时，应更换水泵。

5.4.8 蒸汽热力站采暖系统的凝结水应全部回收。

5.5 室内采暖系统

5.5.1 当采暖系统的布置形式、散热设备、调控装置、运行方式等改变时，应重新进行水力平衡检测和调节。

5.5.2 供热单位应定期检测、维护或更换热量计量装置或分摊装置。

5.5.3 供热单位应定时巡视记录建筑物热力入口处每个系统的供热参数。当供热参数与规定值偏差较大时，应调节控制阀门。

5.6 监控系统

5.6.1 热源、热网、热力站的运行参数应由热网监控中心进行统一调度，供热参数应根据室外气象条件及热网供热调节曲线确定。

5.6.2 供热调节曲线应根据热用户的用热规律绘制，且应根据实际供热效果进行修正。

5.6.3 每年采暖期前应依据供热面积的增减情况，重新核实新采暖期的热负荷、编制当年的供热系统运行方案、绘制新采暖期的水压图，并应针对每个热用户进行初调节、建立新的水力平衡。

5.6.4 多热源供热系统应根据各热源的能耗指标确定热源的投入顺序。能耗较低的热源应作为基本热源，能耗较高的热源应作为调峰热源。

5.6.5 监控系统采集的热源、热网、热力站、热力入口等处的运行参数应定期进行人工核实，并应及时修正测量误差。

6 节能评价

6.0.1 供热系统所有设备的能效指标不应低于国家现行标准规定的节能评价值。

6.0.2 锅炉运行应符合现行国家标准《工业锅炉经济运行》GB/T 17954 的规定，热效率应达到二等热效率指标，综合技术指标宜达到二级运行标准。

6.0.3 热水锅炉房(不包括热网循环泵)总电功率与总热负荷的比值不宜大于表 6.0.3 规定的数值。

表 6.0.3 锅炉房电功率与热负荷比值(kW/MW)

锅炉类型	电功率与热负荷比值
层燃锅炉	14
流化床锅炉	29
燃油、燃气锅炉	4.5

6.0.4 热网循环泵单位输热量的耗电量不应高于规定值的 1.1 倍。

6.0.5 热水供热系统平均补水率应符合下列规定：

1 间接连接热力网的热源补水率不应大于 0.5%；

2 直接连接热力网的热源补水率不应大于 2%；

3 当街区供热管网设计供回水温差大于 15℃时，热力站(或热源)补水率不应大于 1%；

4 当街区供热管网设计供回水温差小于或等于 15℃时，热力站(或热源)补水率不应大于 0.3%。

6.0.6 蒸汽热源的采暖系统凝结水总回收率宜大于 90%。

6.0.7 供热管网水力工况应符合下列规定：

1 热源、热力站的循环流量不应大于规定流量的 1.1 倍；

2 街区热水管网水力平衡度应在 0.9~1.1 范围内；

3 热源、热力站出口供回水温差不宜小于调节曲线规定供回水温差的 0.8 倍。

6.0.8 室内温度不应低于设计温度 2℃，且不宜高于设计温度 5℃。

6.0.9 供热管道保温应符合下列规定：

1 地下敷设的热水管道，在设计工况下沿程温度降不应大于 0.1℃/km；

2 地上敷设的热水管道，在设计工况下沿程温度降不应大于 0.2℃/km；

3 蒸汽管道在设计工况下沿程温度降不应大于 10℃/km。

引用标准名录

1 《公共建筑节能设计标准》GB 50189
2 《设备及管道绝热技术通则》GB/T 4272
3 《工业阀门　压力试验》GB/T 13927—2008
4 《工业锅炉经济运行》GB/T 17954
5 《 链条炉排锅炉用煤技术条件》GB/T 18342
6 《城镇供热管网设计规范》CJJ 34
7 《严寒和寒冷地区居住建筑节能设计标准》JGJ 26

UDC

中华人民共和国行业标准 CJJ

P

CJJ/ T 220—2014
备案号 J 1826—2014

城镇供热系统标志标准

Standard for city heating system signs

2014-04-29 发布　　2014-12-01 实施

中华人民共和国住房和城乡建设部　发布

前　言

根据住房和城乡建设部《关于印发〈2013 年工程建设标准规范制订修订计划〉的通知》(建标[2013]6 号)的要求，标准编制组经广泛调查研究，认真总结实践经验，参考有关国际标准和国外先进标准，并在广泛征求意见的基础上，编制本标准。

本标准的主要技术内容是：1. 总则；2. 术语；3. 标志分类；4. 安全标志；5. 专用标志；6. 标志制作；7. 使用与维护。

本标准由住房和城乡建设部负责管理，由唐山市热力总公司负责具体技术内容的解释。执行过程中如有意见或建议，请寄送唐山市热力总公司(地址：河北省唐山市卫国北路 7 号，邮编：063000)。

本标准主编单位：唐山市热力总公司

本标准参编单位：城市建设研究院
北京市热力集团有限责任公司
秦皇岛市热力总公司
唐山市热力工程设计院
北京市热力工程设计有限责任公司
承德热力集团有限责任公司
牡丹江热力设计有限责任公司
唐山兴邦管道工程设备有限公司

本标准主要起草人员：简　进　郭　华　罗　琤　张卫忠
安正军　刘　荣　张海宁　王　毅
王云琦　孙福利　于黎明　高　斌
邱华伟　王　鹤　于　洋

本标准主要审查人员：王　淮　陈鸿恩　董乐意　李先瑞
王　飞　栾晓伟　崔跃建　孟继成
廖嘉瑜　王有富　杨永峰

目　次

1　总则
2　术语
3　标志分类
4　安全标志
　4.1　禁止标志
　4.2　警告标志
　4.3　指令标志
　4.4　提示标志
5　专用标志
　5.1　管线标志
　5.2　设施标志
　5.3　供热厂、站内管道标志
6　标志制作
7　使用与维护
　7.1　一般规定
　7.2　使用
　7.3　维护
附录A　常用地面标志
附录B　常用地上标志
附录C　管道常用标志涂刷
本标准用词说明(略)
附：条文说明(略)

Contents

1 General Provisions
2 Terms
3 Sign Classification
4 Safety Sign
4.1 Prohibition Sign
4.2 Warning Sign
4.3 Direction Sign
4.4 Information Sign
5 Special Sign
5.1 Pipeline Sign
5.2 Installation Sign
5.3 Pipeline Sign of Heating Plant and Station
6 Sign Making
7 Usage and Maintenance
7.1 General Requirements
7.2 Usage
7.3 Maintenance
Appendix A Common Types of On-ground Sign Post
Appendix B Common Types of Above-ground Marker Post
Appendix C Examples of Painting on Pipeline
Explanation of Wording in This Standard (Omitted)
Addition: Explanation of Provisions (Omitted)

1 总　　则

1.0.1 为规范城镇供热系统标志的制作、使用和维护管理，发挥标志的警示、提示作用，制定本标准。

1.0.2 本标准适用于城镇供热生产、输配等供热相关场所标志的制作、使用和维护管理。

1.0.3 城镇供热系统标志应由颜色、图形符号及文字构成，且应具有简单、易懂、易识别的特性，应能传达明确而特定的信息。

1.0.4 城镇供热系统标志的制作、使用和维护管理除应符合本标准外，尚应符合国家现行有关标准的规定。

2 术　　语

2.0.1 禁止标志　prohibition sign

禁止不安全行为的图形标志。

2.0.2 警告标志　warning sign

提醒对周围环境引起注意，以避免可能发生危险的图形标志。

2.0.3 指令标志　direction sign

强制做出某种动作或采用防范措施的图形标志。

2.0.4 提示标志　information sign

提示某种信息的图形标志。

2.0.5 专用标志　special sign

表达供热系统特有信息的图形标志。

2.0.6 地面标志　on-ground sign

设置在地面，表明地下供热管线信息的图形标志。

2.0.7 地上标志　above-ground sign

设置在地上且高出地面，表明地下供热管线信息的图形标志。

2.0.8 地下标志　under-ground sign

埋设于地下，表明地下供热管线定位、示踪的图形标志。

2.0.9 有限空间　confined space

封闭或部分封闭，进出口较为狭窄有限，未被设计为固定工作场所，自然通风不良，易造成有毒、有害、易燃、易爆物质积聚或高温、氧含量不足的空间。

2.0.10 标志桩　marker post

表明埋地管线位置、属性和参数的地上标志。

2.0.11 转角桩 corner post

表明埋地管线水平转角位置和参数的地上标志。

2.0.12 测试桩 test post

表明监测和测试管线阴极保护等参数的地上标志。

3 标 志 分 类

3.0.1 城镇供热系统标志可分为安全标志和专用标志。

3.0.2 安全标志可分为禁止标志、警告标志、指令标志和提示标志。安全标志应能明确表达特定的安全信息，可由图形符号、安全色、几何形状和文字构成。

3.0.3 专用标志可分为管线标志、设施标志和供热厂、站内管道标志。专用标志应能明确表达供热系统设施特有的信息，可由图形符号、安全色、几何形状和文字构成。

4 安全标志

4.1 禁止标志

4.1.1 禁止标志的基本形状应为带斜杠的圆边框，文字辅助标志应在其正下方(图 4.1.1)。

图 4.1.1 禁止标志的基本形状

4.1.2 禁止标志的颜色应为白底、红圈、红斜杠、黑图形符号，文字辅助标志的颜色应为红底、白色黑体字。

4.1.3 禁止标志的基本尺寸宜根据观察距离确定，并应符合表 4.1.3 的规定。

表 4.1.3 禁止标志的基本尺寸

观察距离（m）	标志尺寸(mm)				
	外径 d_1	内径 d_2	文字辅助标志宽 b	斜杠宽度 c	间隙宽度 e
10	250	200	75	20	5
15	375	300	115	30	10
20	500	400	150	40	10

4.1.4 禁止标志的名称、图形符号应符合表 4.1.4 的规定。

表 4.1.4 禁止标志的名称、图形符号

序号	名称及图形符号	主要设置范围和地点
1	 禁止吸烟	禁止吸烟的场所

表 4.1.4　禁止标志的名称、图形符号(续)

序号	名称及图形符号	主要设置范围和地点
2		禁止明火的场所
3		乙炔和液化石油气罐瓶、油漆存储区、燃气调压站等场所
4		供热生产、输配等相关场所
5		油库、用电设备等不可用水灭火的场所
6		水泵、风机、发动机、压缩机等禁止随意改变运行或停止状态的设备处

表 4.1.4 禁止标志的名称、图形符号(续)

序号	名称及图形符号	主要设置范围和地点
7		变电室及移动电源开关处等禁止合闸的部位
8		除渣机、传送带等禁止跨越处
9		工作操作平台、脚手架等禁止跳下处
10		锅炉房、热力站内设备之间、消防通道、埋地管道上方等处
11		禁止非工作人员进入的地点

表 4.1.4 禁止标志的名称、图形符号(续)

序号	名称及图形符号	主要设置范围和地点
12		禁止乘坐物料输送带
13		放置消防器材设备的专用场地
14		进行吊装操作的场所
15		禁止改变阀门开关状态的场所
16		禁止攀爬供热管道

表 4.1.4 禁止标志的名称、图形符号(续)

序号	名称及图形符号	主要设置范围和地点
17		有埋地供热管道的地点
18		禁止机动车驶入的区域
19		转动设备检修过程中
20		配电设备、锅炉排渣口、管道泄水口等不允许靠近的危险区域
21		高温供热设备设施处

表 4.1.4　禁止标志的名称、图形符号(续)

序号	名称及图形符号	主要设置范围和地点
22		皮带输送机、破碎机等易于夹住身体部位的装置处
23		供热设施禁止挂物处
24		穿越通行河道的供热管道处
25		禁止随架空供热管道敷设线缆处
26		禁止存放易燃物的场所

表 4.1.4 禁止标志的名称、图形符号(续)

序号	名称及图形符号	主要设置范围和地点
27		禁止氧气、乙炔等助燃和易燃、易爆品混放的场所

4.2 警告标志

4.2.1 警告标志的基本形状应为顶角朝上的等边三角形，文字辅助标志应在其正下方(图 4.2.1)。

图 4.2.1 警告标志的基本形状

4.2.2 警告标志的颜色应为黄底、黑边、黑图形符号，文字辅助标志应为白底、黑色黑体字。

4.2.3 警告标志的基本尺寸宜根据观察距离确定，并应符合表 4.2.3 的规定。

表 4.2.3 警告标志的基本尺寸

观察距离(m)	标志尺寸(mm)					
	三角形外边长 a_1	三角形内边长 a_2	文字辅助标志宽 b	黑边圆角半径 r	黄色衬边宽度 f	间隙宽度 e
10	340	240	100	20	10	5
15	510	360	150	30	15	10
20	680	480	200	40	15	10

4.2.4 警告标志的名称、图形符号应符合表4.2.4的规定。

表4.2.4 警告标志的名称、图形符号

序号	名称及图形符号	主要设置范围和地点
1		易造成人员伤害的场所
2		乙炔、液化石油气罐瓶及燃气锅炉房等易发生爆炸的场所
3		变配电室及控制开关等易发生触电的场所
4		抢修作业现场、生产车间等进行吊装操作的场所
5		沟槽及脚手架、操作平台等易发生坠落的场所

表 4.2.4　警告标志的名称、图形符号(续)

序号	名称及图形符号	主要设置范围和地点
6		有坑洞易造成伤害的场所
7		易出现塌方的场所
8		人、车混合行走的场所
9		锅炉房、首站及中继泵站等噪声较大，易对人体造成伤害的场所
10		热力井室等易缺氧的有限空间

表 4.2.4　警告标志的名称、图形符号(续)

序号	名称及图形符号	主要设置范围和地点
11		热力井室、炉膛等可能存在有害气体的场所
12		输送蒸汽及高温热水等高温介质的管道和设备
13		输送蒸汽及高压热水等高压介质的管道和设备
14		有飞溅物质的场所
15		易造成人员腐蚀伤害的场所

表 4.2.4　警告标志的名称、图形符号(续)

序号	名称及图形符号	主要设置范围和地点
16		运转机械易造成人员伤害的场所
17		焊接等易造成人员眼睛伤害的强光区域
18		维修、抢修现场等易出现落物造成人员伤亡的场所
19		有障碍物、易造成人员绊倒受伤的场所
20		易造成人员滑倒的场所

表 4.2.4　警告标志的名称、图形符号(续)

序号	名称及图形符号	主要设置范围和地点
21		有障碍物、易造成人员磕碰的场所
22		排放蒸汽或热水易烫伤人员的场所
23		热泵泵站内设备的低温附件处
24		施工工地及有尖角散料堆放等易造成脚部伤害的场所
25		焊口探伤等有辐射伤害的场所

4.3 指令标志

4.3.1 指令标志的基本形状应为圆形，文字辅助标志应在其正下方(图 4.3.1)。

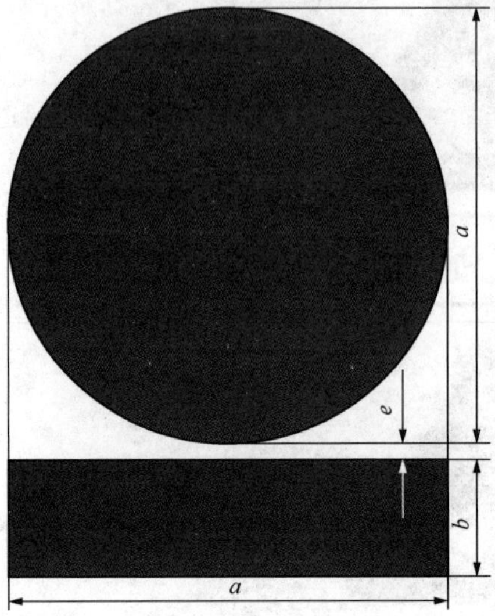

图 4.3.1 指令标志的基本形状

4.3.2 指令标志的颜色应为蓝底、白图形符号，文字辅助标志应为蓝底、白色黑体字。

4.3.3 指令标志的基本尺寸宜根据观察距离确定，并应符合表 4.3.3 的规定。

表 4.3.3 指令标志的基本尺寸

观察距离(m)	标志尺寸(mm)		
	标志外径 *a*	文字辅助标志宽 *b*	间隙宽度 *e*
10	250	75	5
15	375	115	10
20	500	150	10

4.3.4 指令标志的名称、图形符号应符合表 4.3.4 的规定。

表 4.3.4 指令标志的名称、图形符号

序号	名称及图形符号	主要设置范围和地点
1		管道井室、锅炉等自然通风不良、易造成有毒有害物质聚集的有限空间

表 4.3.4　指令标志的名称、图形符号(续)

序号	名称及图形符号	主要设置范围和地点
2		电焊、检修设备操作等有飞溅物质的场所
3		锅炉房、首站及中继泵站等噪声较大的场所
4		电焊、检修设备操作等有飞溅物质的场所
5		作业现场、生产车间等场所
6		设备检修、高温及低温设备抢修等具有腐蚀、灼伤、刺伤等易伤害手部的场所

表 4.3.4 指令标志的名称、图形符号(续)

序号	名称及图形符号	主要设置范围和地点
7		具有灼伤、刺伤等易伤害脚部的场所
8		高温及易发生灼伤、刺伤、溅伤等场所
9		高空作业、下井室等易发生人身跌落事故的作业场所
10		有扬尘或灰尘较大的场所
11		易发生飞溅造成人员受伤的旋转设备处

表 4.3.4 指令标志的名称、图形符号(续)

序号	名称及图形符号	主要设置范围和地点
12		易造成人员缺氧的工作场所
13	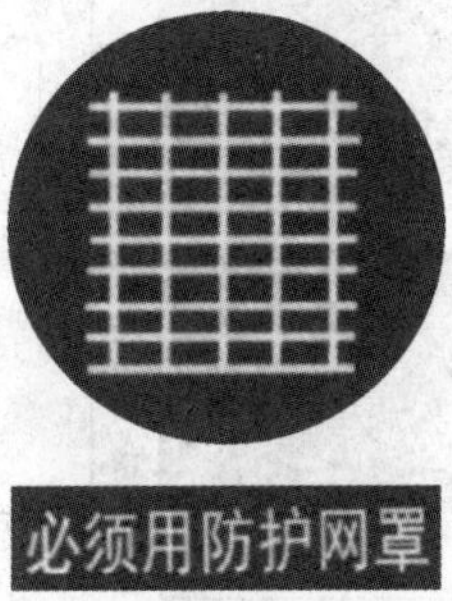	转机入口、排水池、排水沟等易造成伤害的场所
14		因焊接强光、飞溅物等易造成人员受伤的作业场所
15		易由火花导致爆炸的场所
16		易于积累有毒有害气体的有限空间处

4.4 提 示 标 志

4.4.1 提示标志的基本形状应为正方形，文字辅助标志应在其正下方(图 4.4.1)。

图 4.4.1 提示标志的基本形状

4.4.2 提示标志的颜色应为绿底、白图形符号、白字，文字辅助标志应为绿底、白色黑体字。

4.4.3 提示标志的基本尺寸宜根据观察距离确定，并应符合表 4.4.3 的规定。

表 4.4.3 提示标志的基本尺寸

观察距离(m)	标志尺寸(mm)		
	正方形边长 *a*	文字辅助标志宽 *b*	间隙宽度 *e*
10	250	75	5
15	375	110	10
20	500	150	15

4.4.4 提示标志的名称、图形符号应符合表 4.4.4 的规定。

表 4.4.4 提示标志的名称、图形符号

序号	名称及图形符号	主要设置范围和地点
1		供热施工区域

表 4.4.4 提示标志的名称、图形符号(续)

序号	名称及图形符号	主要设置范围和地点
2		安全出口
3		锅炉炉膛、输煤、除尘间等烟尘较严重的场所
4		井室、地下热力站等自然通风不良、易造成有害物质聚集或氧含量不足的有限空间
5		库房、物料堆放区等专用堆放物资、材料的区域

5 专用标志

5.1 管线标志

5.1.1 供热管线标志应能提示埋地管线的走向及相对位置，可分为地面标志、地上标志和地下标志。

5.1.2 供热管线地面标志的基本形状、图形符号和标注文字应符合下列规定：

1 地面标志可包含粘贴标志、地砖标志和井盖标志，常用地面标志应符合本标准附录 A 的规定；

2 粘贴标志和地砖标志上应标注“供热”字样，并可根据需要标注其他说明性文字，字体应采用黑体；

3 标志形状可选用长方形、正方形或圆形，外形尺寸可根据地面实际情况和周围环境的要求确定；

4 井盖标志应包括下列内容：

1）权属单位名称或企业标识；

2）承载等级；

3）制造厂名；

4）生产年份。

5 当地面标志底色为安全色时，图形符号、说明文字的颜色应选用与其相对应的对比色；

6 地面标志图形符号及含义应符合表 5.1.2 的规定。

表 5.1.2 地面标志图形符号及含义

序号	图形符号（$a=5b$）	符号含义
1	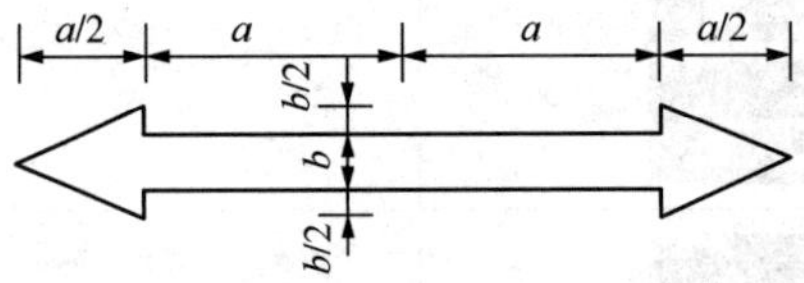	直管道
2	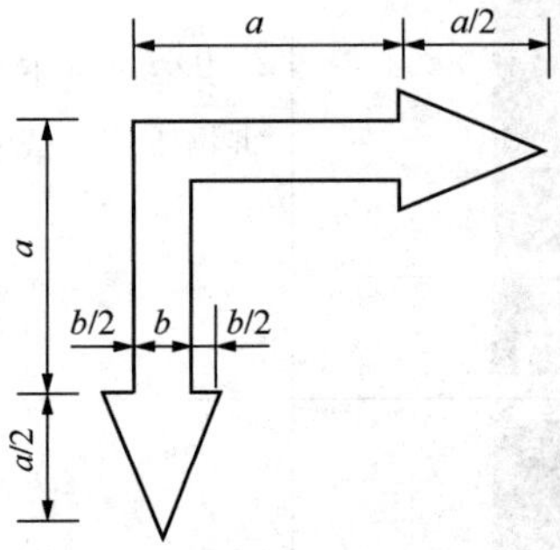	管道直转角
3	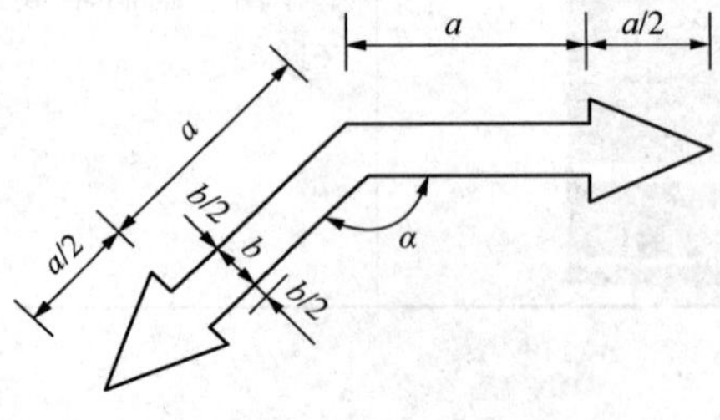	管道任意角度转角
4	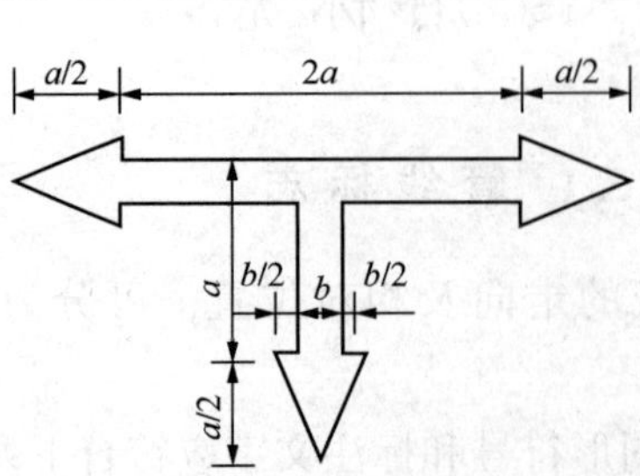	三通

表 5.1.2　地面标志图形符号及含义(续)

序号	图形符号($a=5b$)	符号含义
5	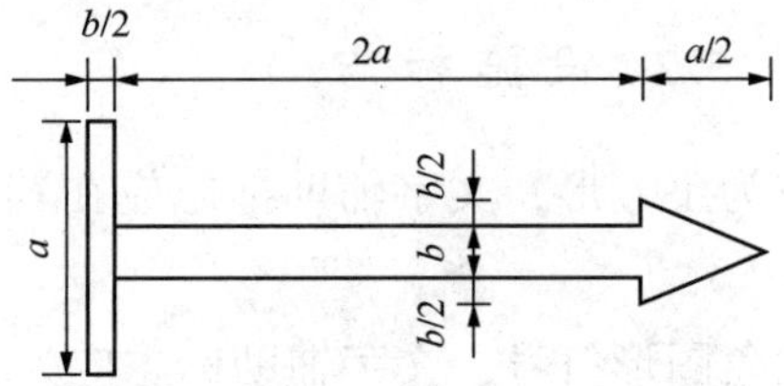	管道末端
6	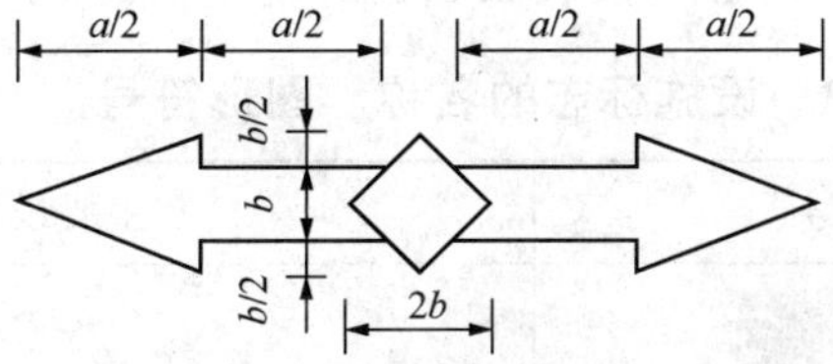	补偿器
7	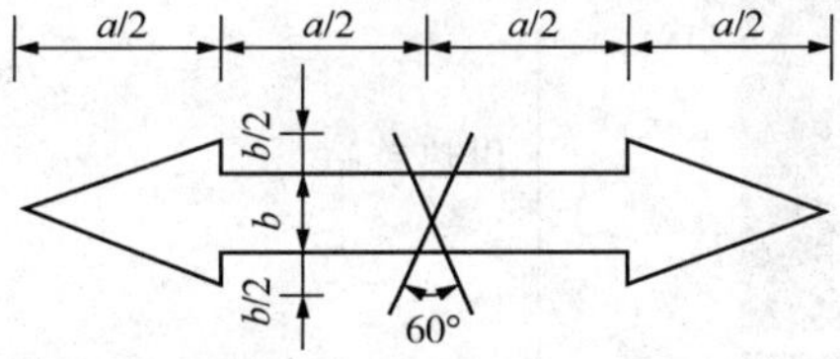	支架、支墩

5.1.3　供热管线地上标志可分为标志桩和警示牌，常用地上标志应符合本标准附录 B 的规定。

5.1.4　标志桩的基本形状、图形符号和标注文字应符合下列规定：

1　标志桩的横断面形状可选用长方形、正方形或三角形；

2　标志桩的基色应为白色，桩顶部可涂刷不小于 100mm 逆反光或自发光材料的安全色；

3　标志桩的图形符号及含义可按表 5.1.4 的规定执行；

4　标志桩应包括管道名称、联系电话，并可包括标志桩编号、埋地管道走向及相对位置、权属单位名称、警示用语、安装日期、里程数等。

表 5.1.4　标志桩的图形符号及含义

序号	分类	图形符号	符号意义	标注文字
1	警示桩		供热管道	供热
2	转角桩	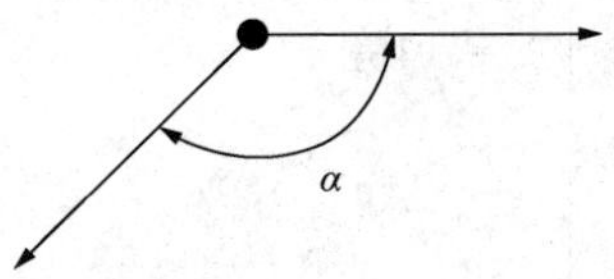	管道水平转角	转角角度
3	测试桩	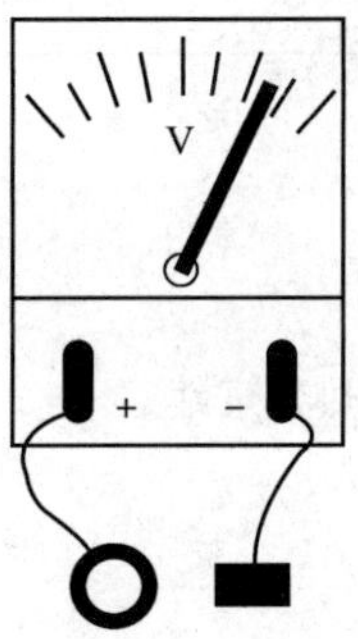	检测阴极保护电压	测试

5.1.5 警示牌基本形状应为长方形，底色应为黄色，文字应为黑色黑体字。内容应包括警示用语、权属单位名称和联系电话，并可包括编号、管道名称、走向及相对位置、安装日期、里程数等。

5.1.6 地下标志宜采用警示带，并应埋设于管道正上方，警示带应标注企业标志及报警电话。

5.2 设施标志

5.2.1 供热设施名称标志的基本形状应为正方形，文字辅助标志应在其正下方，基本尺寸应符合本标准表 4.4.3 的规定。

5.2.2 供热设施名称标志应为绿底、白色图形符号，文字辅助标志应为绿底、白色黑体字。

5.2.3 供热设施名称标志的名称、图形符号可按表 5.2.3 的规定执行。

表 5.2.3 设施标志的名称、图形符号

序号	名称及图形符号	主要设置范围和地点
1	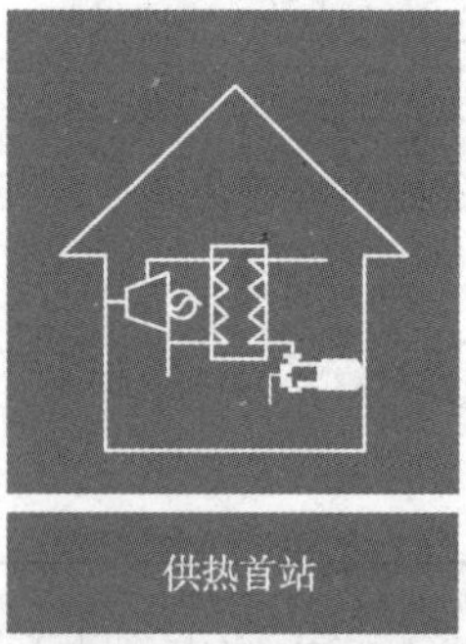	供热首站
2	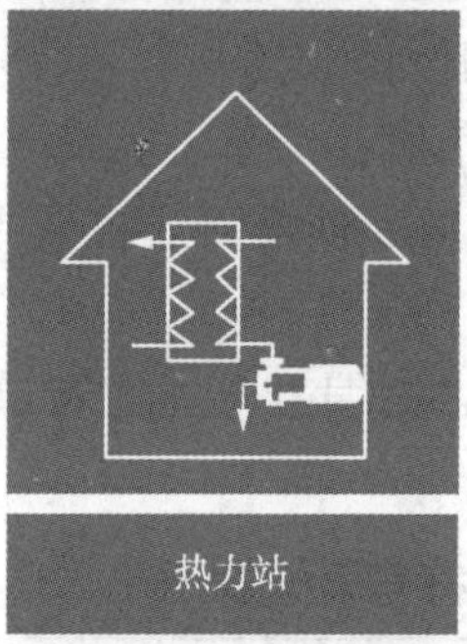	热力站
3	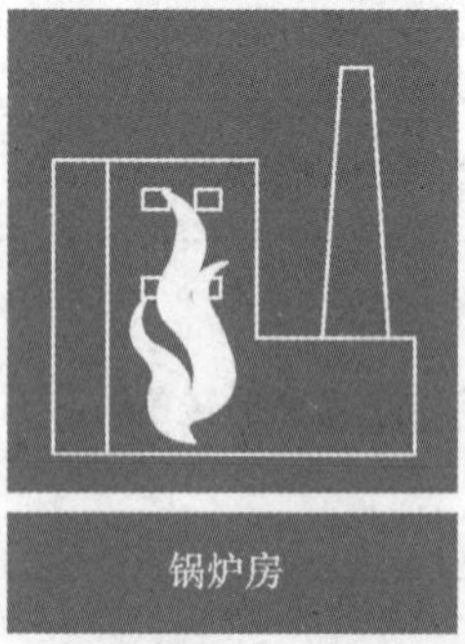	锅炉房
4	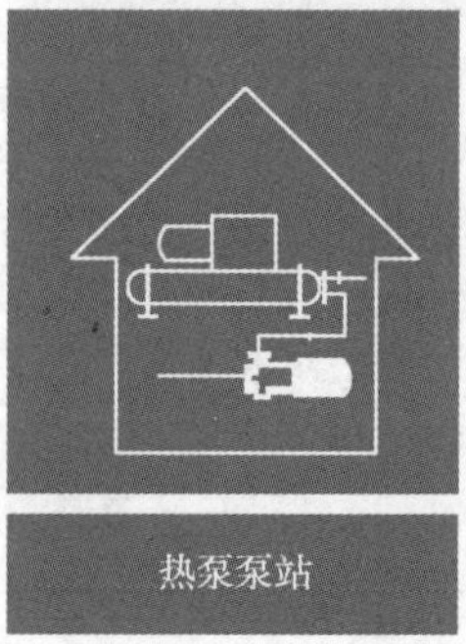	热泵泵站

表 5.2.3 设施标志的名称、图形符号(续)

序号	名称及图形符号	主要设置范围和地点
5	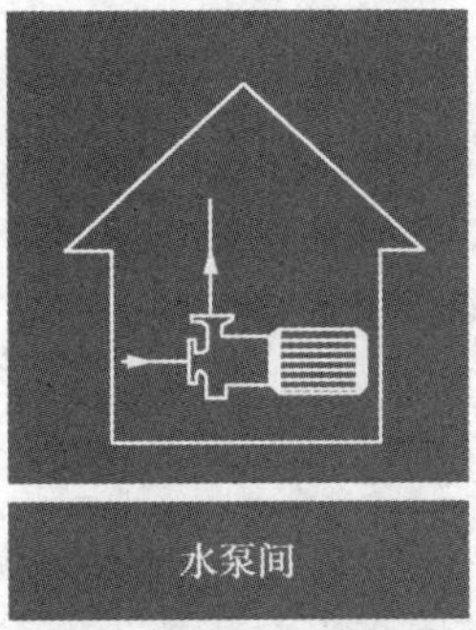	中继泵站、首站、热力站等设置循环水泵的场所
6	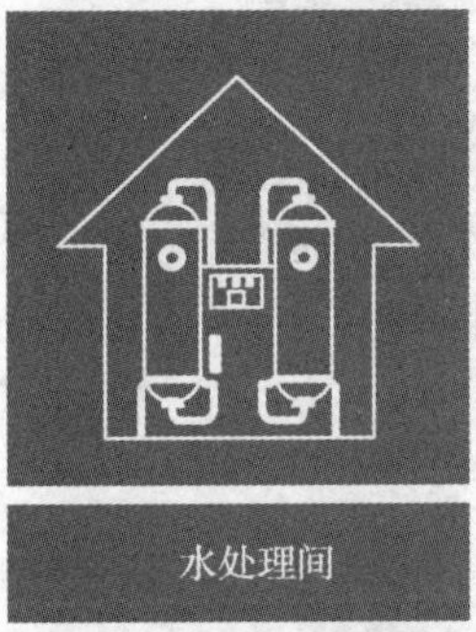	软化水水处理设备的场所
7	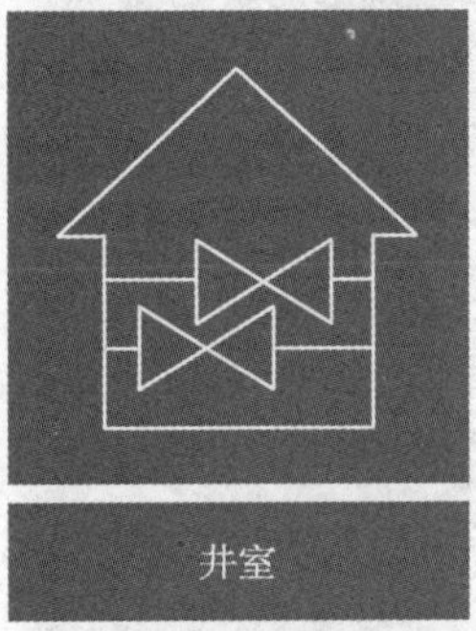	井室
8	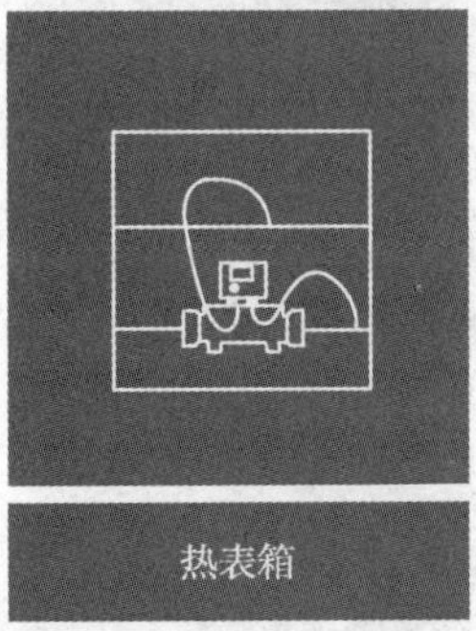	热表箱
9	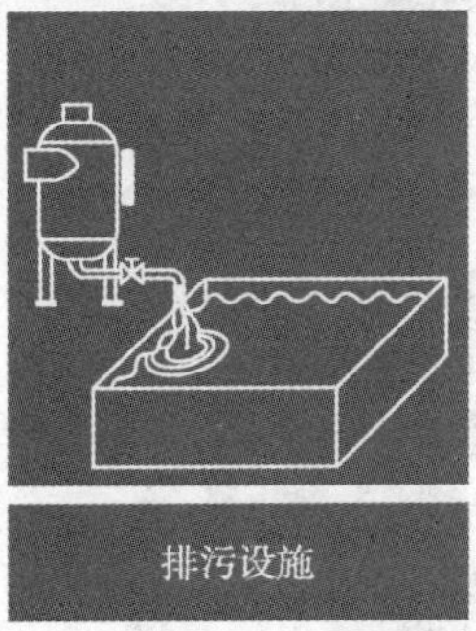	排污设施

表 5.2.3　设施标志的名称、图形符号(续)

序号	名称及图形符号	主要设置范围和地点
10	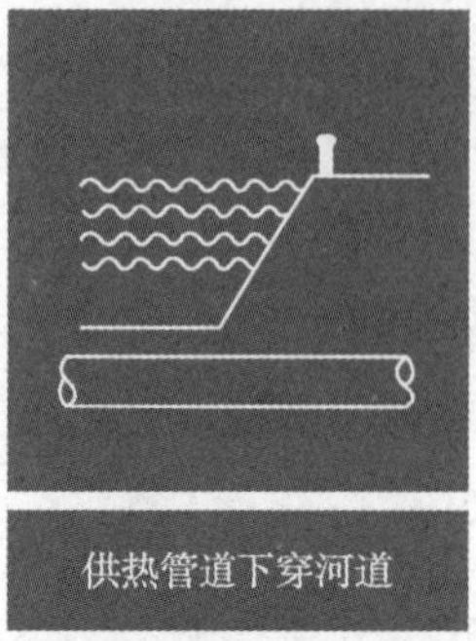	供热管道下穿河道
11	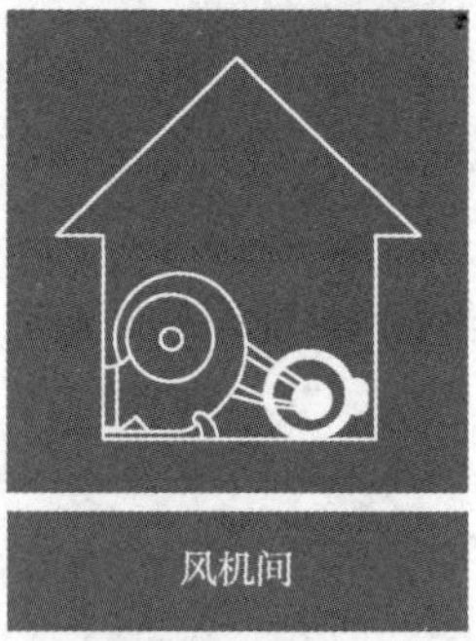	风机间
12	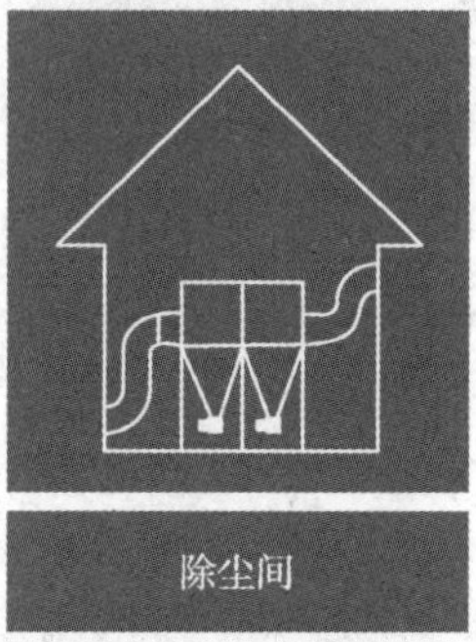	除尘间
13	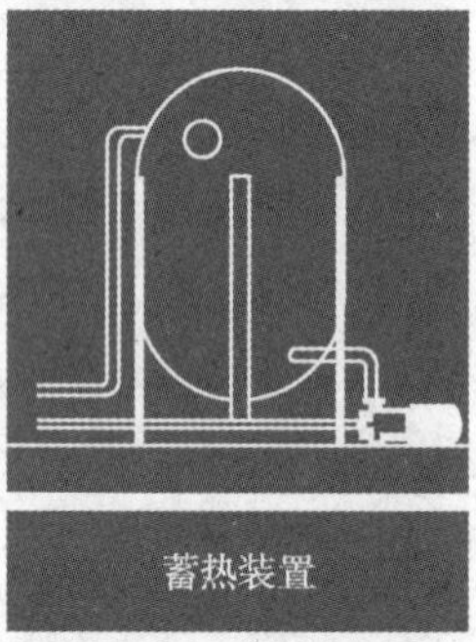	设置蓄热设施的场所
14	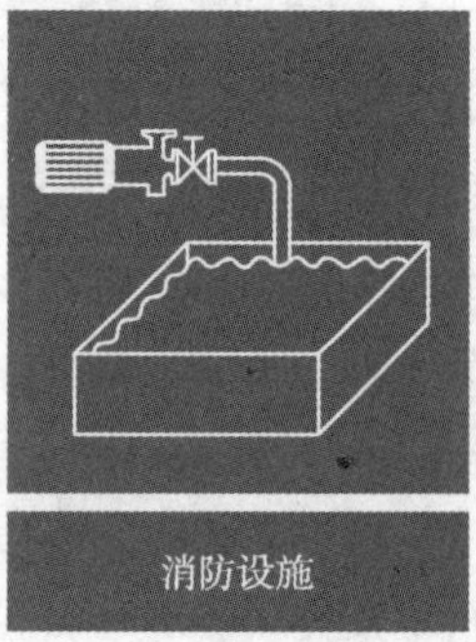	消防设施

表 5.2.3 设施标志的名称、图形符号(续)

序号	名称及图形符号	主要设置范围和地点
15	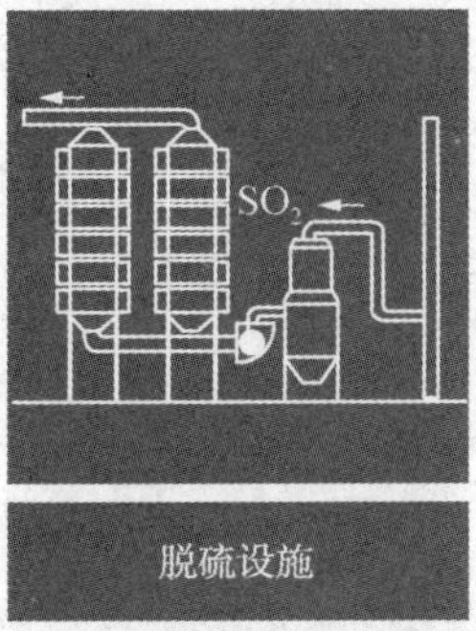	脱硫设施
16	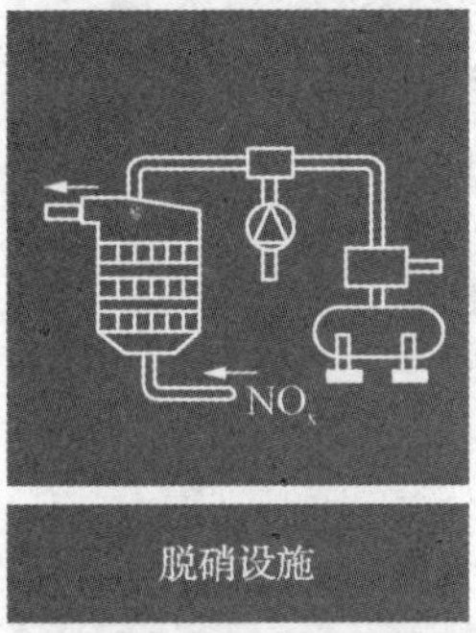	脱硝设施
17	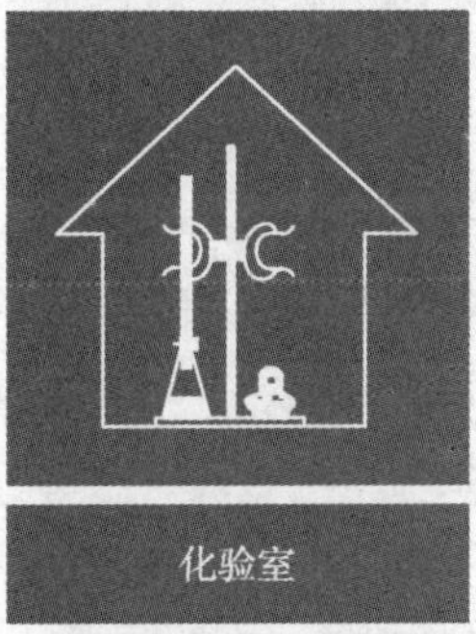	化验室
18	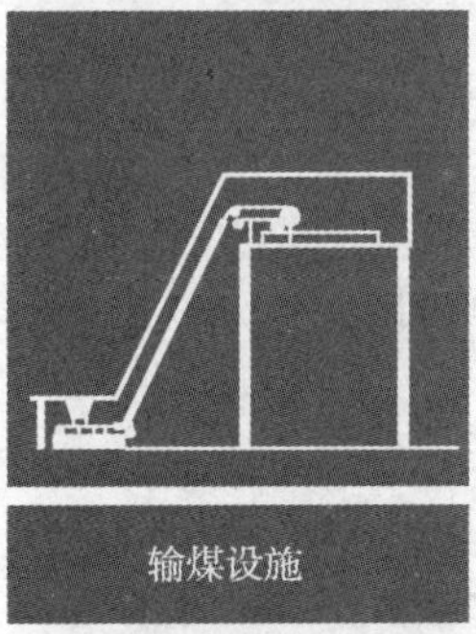	输煤设施
19	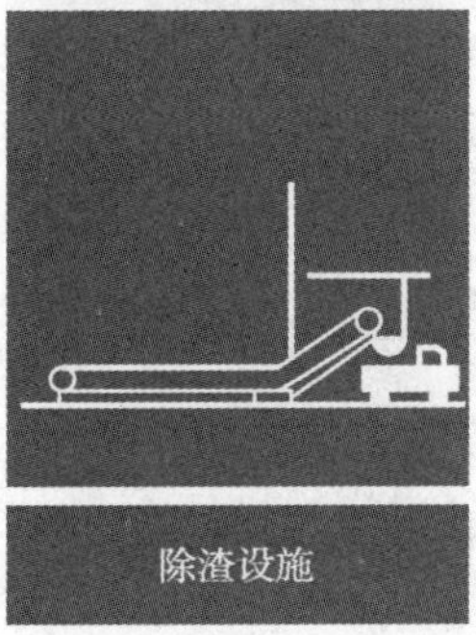	除渣设施

表 5.2.3　设施标志的名称、图形符号(续)

序号	名称及图形符号	主要设置范围和地点
20		设置空气压缩机的场所
21	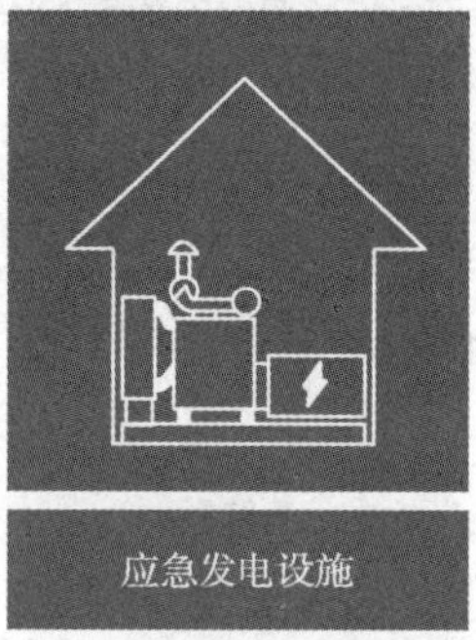	设置发电机的场所
22	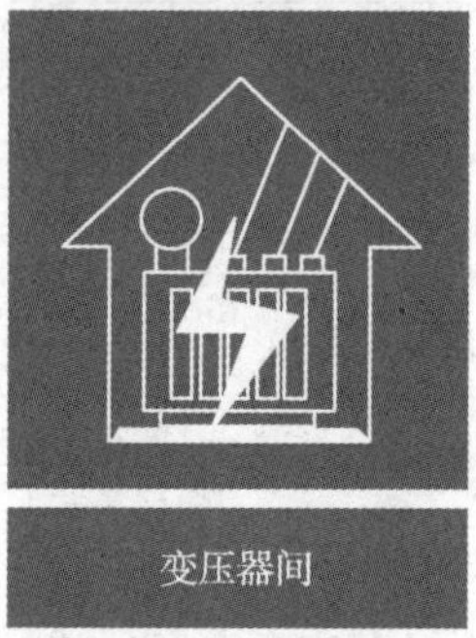	变压器间
23	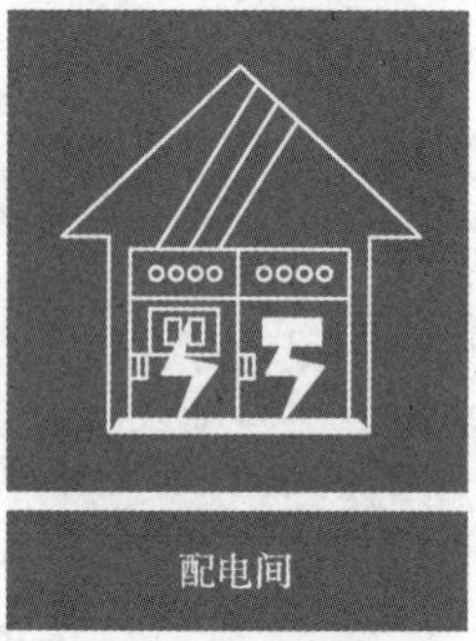	配电间
24	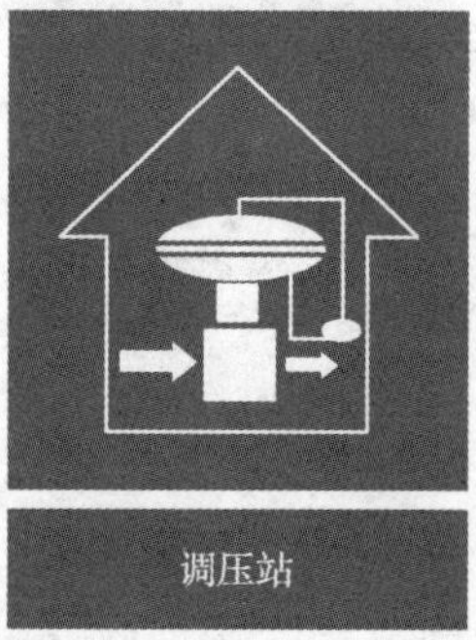	燃气调压站

5.3 供热厂、站内管道标志

5.3.1 供热厂、站内管道标志应采用整体涂色或涂刷色环，并可配以说明性文字和箭头。管道标志应标明管道的介质种类、流向或介质状态等。标志的涂刷可按本标准附录C的规定执行。

5.3.2 供热厂、站内管道整体涂色、色环宜根据管道内的介质种类和用途确定，并可按表5.3.2的规定执行。

表5.3.2 供热厂、站内管道整体涂色、色环涂色

管道名称	基本识别色	色样	颜色编号	备注
一级管网管道	深棕黄		YR07	—
二级管网管道	中(酞)蓝		PB04	包含供冷管道
蒸汽管道	大红		R03	—
锅炉给水(疏水)管	艳绿		G03	包括凝结水管
锅炉排污(排气)管	黑		—	—
软化(补给)水管道	淡绿色		G02	—
热水供应管道	中黄		Y07	—
热泵冷(热)源管道	紫		P02	—
燃气管道	淡黄色		Y06	含人工煤气、天然气等可燃气体燃料

5.3.3 色环涂色应符合本标准表5.3.2的规定。色环宽度宜为150mm，色环两侧宜涂刷宽度为120mm的白色色环，色环设置的位置、数量及间隔距离可根据实际情况确定。

5.3.4 箭头宜涂刷在白底上。箭头涂刷位置、数量及间隔距离可根据实际情况确定。箭头图案的样式及白底尺寸可按表5.3.4的规定执行，箭头的颜色宜符合本标准表5.3.2的规定。

5.3.5 说明性文字宜涂刷在白底上，字体应为黑体。文字及白底尺寸可按本标准表5.3.4的规定执行，颜色宜符合本标准表5.3.2的规定。

表5.3.4 箭头图案的样式、文字及白底尺寸

类别	样式（$a=5b=$管道外径）
箭头	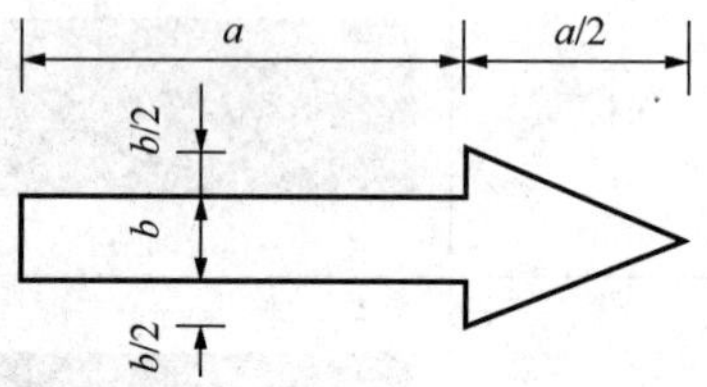
说明性文字	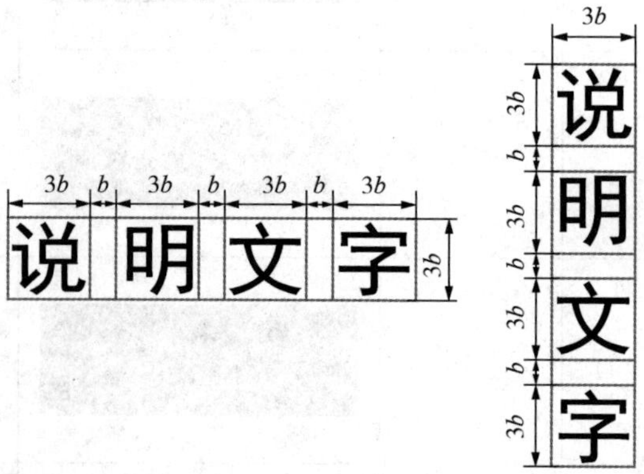
白底	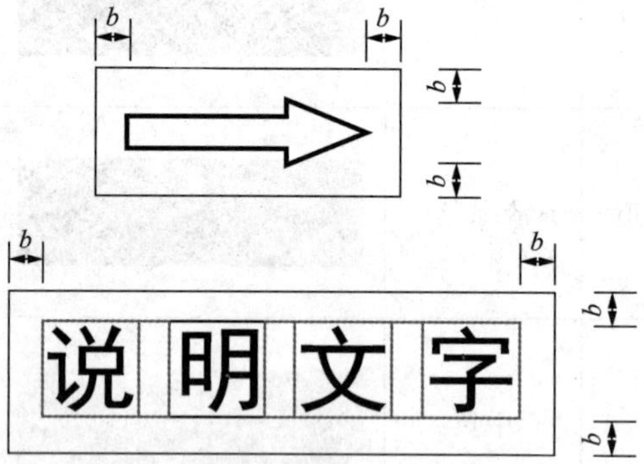
箭头与文字组合	箭头的尾部应在靠近文字侧，间距为1.0b 白底的宽度为文字的白底宽度

6 标志制作

6.0.1 图形符号与文字辅助标志应同时、对应使用。

6.0.2 当采用本标准规定的标志时，不得更改图形符号与文字辅助标志。

6.0.3 标志的基本尺寸除按本标准要求执行外，可根据现场实际情况按比例缩放。当需要新增标志时，应按本标准的有关规定执行。

6.0.4 标志应采用坚固耐用的材料制作，不应使用遇水变形、变质或易燃的材料。有触电危险的作业场所应使用绝缘材料。

6.0.5 室外露天设置的安全标志表面应具有逆反光或自发光功能。

7 使用与维护

7.1 一般规定

7.1.1 标志传达的信息应与所在的场所相对应。

7.1.2 标志应设置在醒目位置。

7.1.3 在需要强调安全的区域入口处，宜将该区域涉及的多个安全标志组合使用，并应按禁止、警告、指令、提示的顺序，先左后右、先上后下排列。

7.1.4 当供热管线穿(跨)越铁路、公路、水域敷设时，应在穿(跨)越两侧及水域适当位置设置标志。

7.2 使　　用

7.2.1 在固定位置使用安全标志及供热设施名称标志时应符合下列规定：

1 标志不宜设置在门、窗、架等可移动的物体上；

2 标志可采用附着式、悬挂式、柱式等安装方式；

3 标志安装应牢固；

4 标志采用悬挂式安装时，其下缘距地面的高度应符合安全要求。

7.2.2 地面标志的使用应符合下列规定：

1 在管道转角、三通、补偿器、末端等处应设置地面标志；

2 地面标志宜设置在管线上方的地面；

3 直线管段设置地面标志的间距不宜大于200m。

7.2.3 地上标志的使用应符合下列规定：

1 地上标志的设置不得妨碍通行；

2 地上标志有标注的一侧应朝向道路。

7.2.4 地下警示带宜敷设在距供热管顶300mm~500mm处。

7.2.5 临时标志的设置应符合安全要求并根据现场实际情况确定。

7.3 维　　护

7.3.1 标志应进行分类登记并归档。

7.3.2 标志应定期检查，当发现丢失、破损或图形符号、文字辅助标志脱落等情况时，应及时补充、修整或更换。

7.3.3 当供热设施或环境发生变化时，应及时增减或变更标志。

附录A　常用地面标志

A.0.1 地面粘贴标志示意(图A.0.1)。

A.0.2 地面地砖标志示意(图A.0.2)。

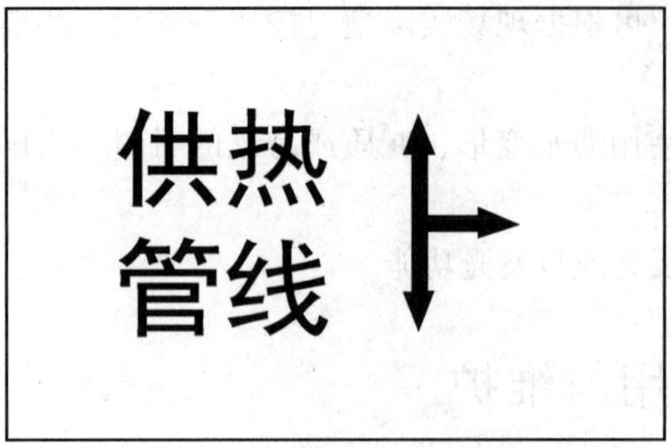

图 A.0.1 地面粘贴标志图　　**图 A.0.2 地面地砖标志图**

A.0.3 地面井盖标志示意(图 A.0.3)。

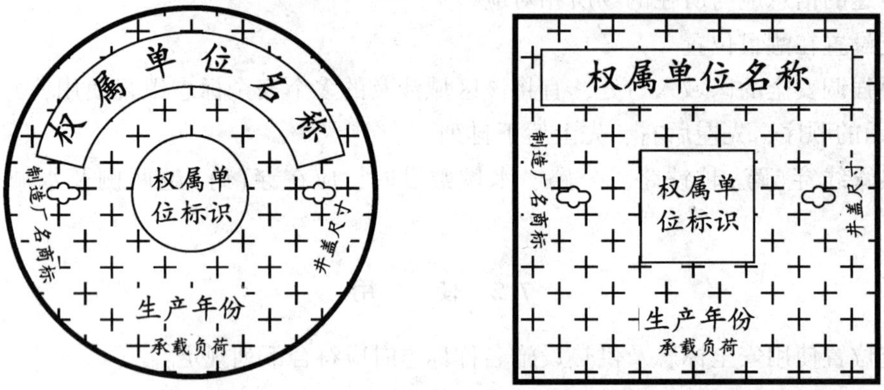

图 A.0.3 地面井盖标志图(圆形及方形)

附录 B 常用地上标志

B.0.1 地上标志桩示意(图 B.0.1)。

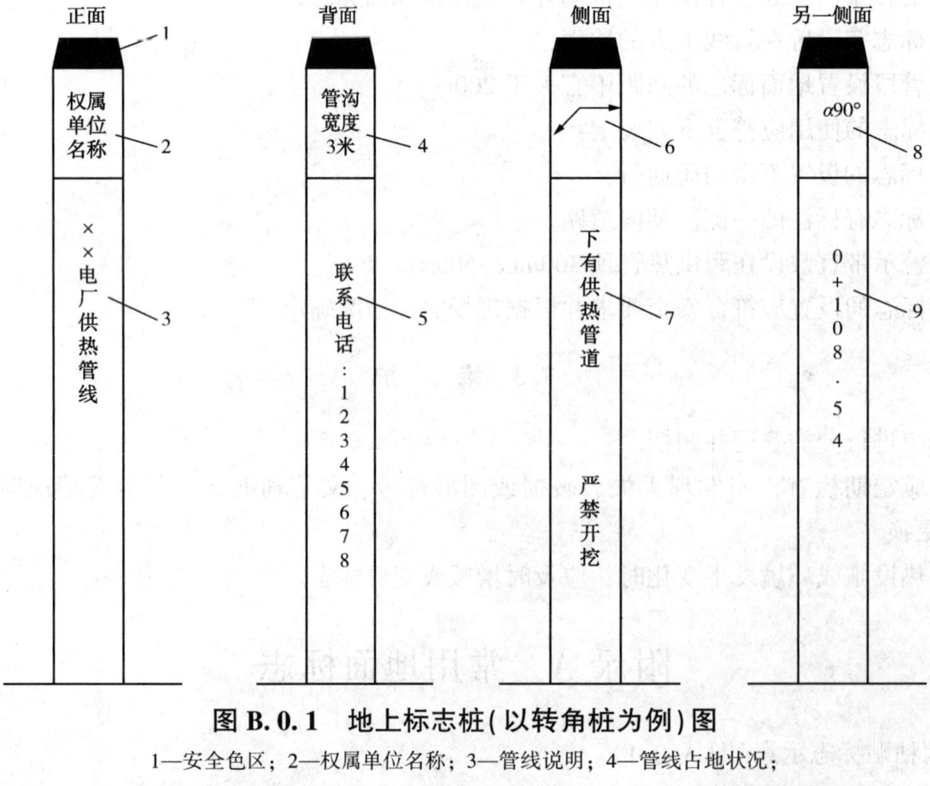

图 B.0.1 地上标志桩(以转角桩为例)图

1—安全色区；2—权属单位名称；3—管线说明；4—管线占地状况；
5—联系电话；6—管线走向；7—警示语；8—管线走向说明；9—里程号

B. 0. 2 警示牌示意(图 B. 0. 2)。

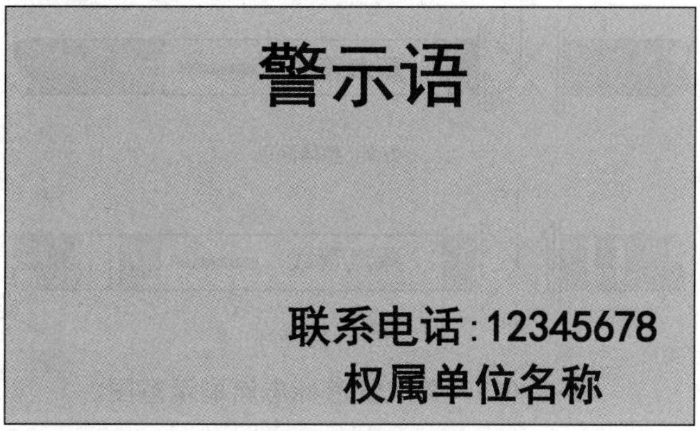

图 B. 0. 2 警示牌示意图

附录 C 管道常用标志涂刷

C. 0. 1 一级管网管道标志涂刷示意(图 C. 0. 1)。

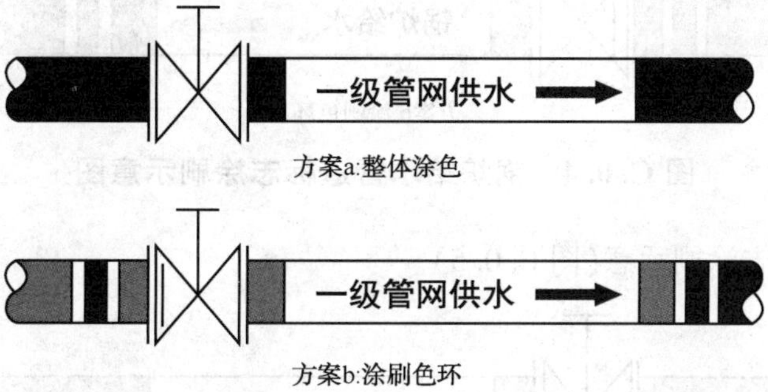

图 C. 0. 1 一级管网管道标志涂刷示意图

C. 0. 2 二级管网管道标志涂刷示意(图 C. 0. 2)。

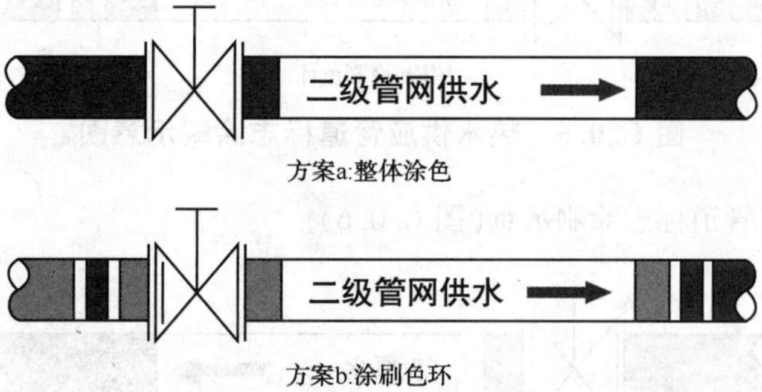

图 C. 0. 2 二级管网管道标志涂刷示意图

C.0.3 蒸汽管道标志涂刷示意(图C.0.3)。

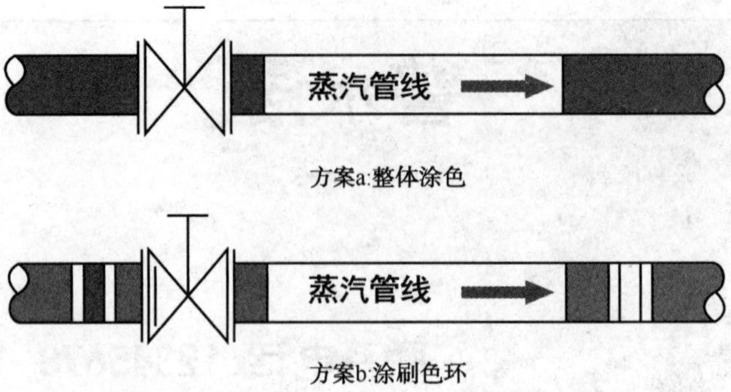

图 C.0.3 蒸汽管道标志涂刷示意图

C.0.4 锅炉给水管道标志涂刷示意(图C.0.4)。

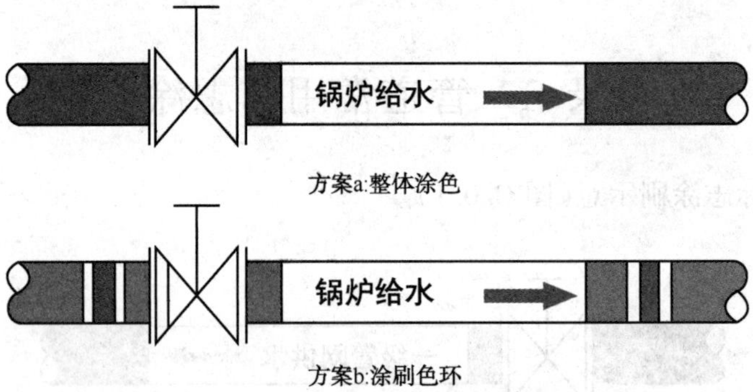

图 C.0.4 锅炉给水管道标志涂刷示意图

C.0.5 热水供应管道标志涂刷示意(图C.0.5)。

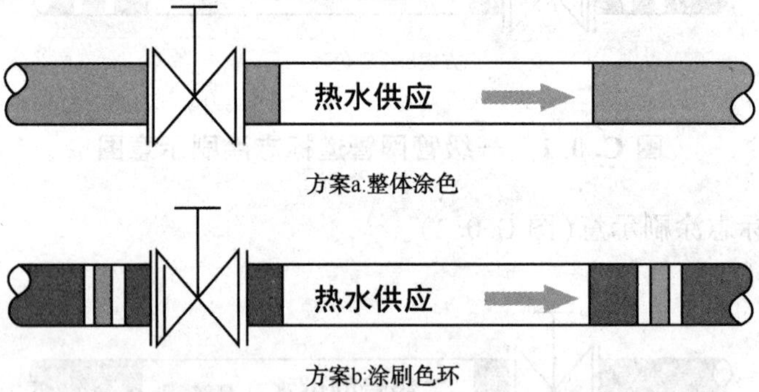

图 C.0.5 热水供应管道标志涂刷示意图

C.0.6 热泵(冷)热源水管道标志涂刷示意(图C.0.6)。

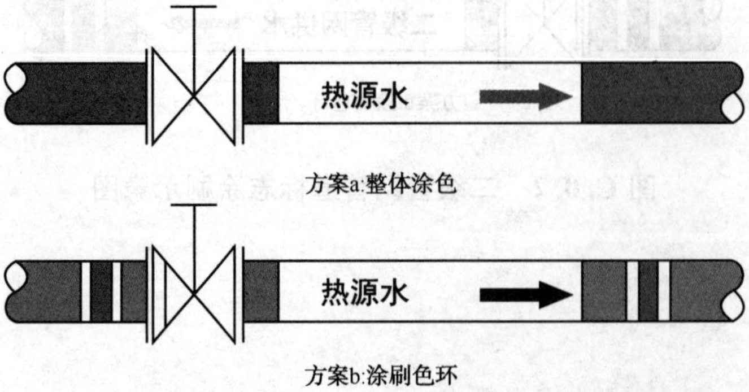

图 C.0.6 热泵(冷)热源水管道标志涂刷示意图

C.0.7 燃气管道标志涂刷示意(图 C.0.7)。

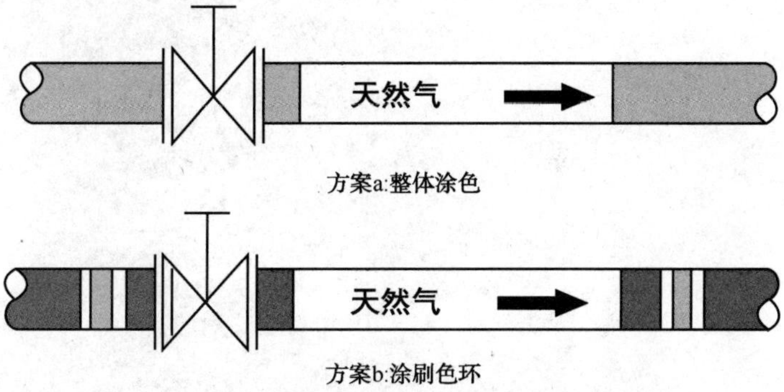

图 C.0.7 燃气管道标志涂刷示意图